John Vermeulen

Zwischen Gott und der See

Roman über das Leben und Werk des

Gerhard Mercator

Aus dem Niederländischen von Hanni Ehlers

Diogenes

Titel der 2004 im Verlag Kramat, Westerlo,
erschienenen Originalausgabe:
›Tussen God en de Zee. Roman over het leven
en werk van Gerard Mercator‹

Umschlagillustration:
Rumold Mercator, ›Orbis terrae
compendiosa descriptio quam ex magna
universali Gerardi Mercatoris...‹,
1587 (Ausschnitt)

www.diogenes.ch
150/05/44/1
ISBN 3 257 06495 0

Vorwort

Gerhard Mercator wurde am 5. März 1512 unter dem Namen Gerhard de Kremer als siebtes Kind einer armen Schuhmacherfamilie in dem flämischen Dorf Rupelmonde geboren. Dank der Unterstützung seines wohlhabenden Großonkels konnte der begabte Gerhard in Löwen studieren. Und das war gut für die Wissenschaft im allgemeinen und für die Seefahrt im besonderen. Denn mit der von ihm entwickelten Methode zur Übertragung der Kugelform der Erde auf eine plane Kartenfläche, der nach ihm benannten Mercator-Projektion, begründete er die moderne Kartographie, die für die Navigation von bahnbrechender Bedeutung war – auch wenn sie erst Jahre nach seinem Tod allgemein anerkannt und in die Praxis umgesetzt wurde.

Gerhard Mercator war freilich weit mehr als nur Kartograph. Er war Humanist, Theologe und Philosoph, und er interessierte sich sehr für die Sternkunde, die sich zu seiner Zeit aus der Astrologie zu entwickeln begann. In diesem Zusammenhang handelte er sich Schwierigkeiten mit der Obrigkeit ein, weil er der ketzerischen Theorie anhing, daß die Erde nicht Mittelpunkt des Universums sei, sondern schlicht mit anderen Planeten um die Sonne kreiste. Auch sein Hang zum Okkulten war nicht überall gern gesehen. Unbedachte Äußerungen, gepaart mit der Mißgunst einiger zwielichtiger Figuren aus seinem Umfeld, brachten ihn schließlich sogar für neun Monate hinter Kerkermauern. Daraufhin entfloh er mit seiner Familie den Niederlanden und ließ sich im deutschen Duisburg nieder, wo das religiöse Klima weit toleranter war. Dort verbrachte er den größten Teil seines Lebens und entwickelte seine bedeutendsten wissenschaftlichen Ideen. Und das bis ins hohe Alter, als er körperlich bereits so hinfällig war, daß er keinen Stift mehr halten konnte.

Das alles ist hinreichend bekannt. Doch wer war der Mensch hinter dem brillanten Wissenschaftler? Wie zuvor schon bei Pieter Bruegel und Hieronymus Bosch habe ich mit diesem Buch versucht, Gerhard Mercator, der in einer der turbulentesten, aber auch aufregendsten Epochen der Geschichte lebte, als Menschen aus Fleisch und Blut zu neuem Leben zu erwecken. *Zwischen Gott und der See* erhebt nicht den Anspruch, ein wissenschaftliches Buch zu sein. Es ist keine distanzierte Biographie, sondern ein Roman, den ich um einige bekannte Fakten aus dem Leben jenes Mannes gesponnen habe, der das Wissen über unseren Planeten maßgeblich und nachhaltig beeinflußt hat. Wer war der Mensch Gerhard Mercator? Ich hoffe, mit diesem Buch eine befriedigende Antwort darauf gegeben zu haben.

John Vermeulen
13. Oktober 2003

I

Nach dem überreichlichen Regen der vergangenen Juniwochen feierte das Flachland endlich ausgelassen Mittsommer. Schneeball, Sumpfkresse und Saatmargerite, Platterbse, Löwenzahn, Wicke und Wasserminze blühten und dufteten im Grün von Feldern und Wiesen. Sie lockten ganze Schwärme emsig auf und ab fliegender Bienen und Hummeln an, die sich in Blütenstaubwolken am Nektar berauschten. Lerchen jubilierten, und Rauchschwalben schienen darin zu wetteifern, wer den Insekten am akrobatischsten nachsetzen konnte.

Der junge Mann, der in Gedanken versunken die staubige Straße entlangtrottete, blieb hin und wieder stehen, um all das erregte Treiben der Natur mit dem Ausdruck leichter Verwunderung zu betrachten. Er war zu lange in dunkle Klassenräume eingesperrt gewesen, wurde ihm bewußt. Und die Jahreszeiten hatten sich abgewechselt, ohne auf ihn zu warten. Wie überhaupt nichts und niemand auf ihn gewartet hatte. Eine ernüchternde Feststellung, daß sich die Welt so wenig um ihn scherte. Und zugleich hatte es auch etwas Beruhigendes, fand er. Denn es bedeutete, daß man für nichts verantwortlich war, und wenn man keine Verantwortungen hatte, konnte man ungehindert seine Freiheit auskosten. Insbesondere jetzt, da er sein Studium vorerst abgeschlossen hatte. Mochte Rektor Pieter de Corte ihm auch ins Gewissen geredet haben, daß dies erst der Anfang sei, daß sein Zeugnis nicht mehr darstelle als eine Befähigung, auf ehrliche, aber bescheidene Weise sein Brot zu verdienen, vorausgesetzt, daß er hart arbeitete.

Nicht länger von den guten Gaben Großonkel Gisberts abhängig sein, dachte Gerhard. Der Gedanke gefiel ihm. Gisbert war Kaplan im Sint-Jans-Hospiz in Rupelmonde und im Gegensatz zum Rest der Familie, der regelmäßig seiner Hilfe bedurfte, um den Kopf über Wasser halten zu können, äußerst wohlhabend.

Es war von jeher Gisberts Wunsch gewesen, daß Gerhard in seine Fußstapfen trat. Gleichsam zum Dank, wenn das auch nicht ausdrücklich gesagt wurde. Daher hatte der Kaplan ihn zunächst bei der Bruderschaft vom Gemeinsamen Leben in 's-Hertogenbosch auf die Schule geschickt. Doch Gerhard war ganz offensichtlich nicht aus dem richtigen Priesterholz geschnitzt. Zu stark war seine angeborene Neigung, allerhand Dinge, vor allem Dogmen, in Zweifel zu ziehen. Und die Schule in 's-Hertogenbosch hatte sich da keineswegs als heilsam erwiesen. Die Brüder vom Gemeinsamen Leben zollten Rom alles andere als blinden Gehorsam, und das blieb nicht ohne Auswirkung auf den jungen Gerhard de Kremer. Mit achtzehn hatte er sich als armer Student an der Universität Löwen eingeschrieben, wo er das Pädagogium ›Castrum‹ besuchte. Seinen Familiennamen latinisierte er zu Mercator Rupelmundanus, weil er fand, daß das besser klang, wenn er das pompöse Rupelmundanus auch rasch wieder fallenließ, als allzusehr darüber gefeixt wurde. Sein Studium der Philosophie hatte Gerhard Mercator noch tiefer über Dinge nachdenken lassen, die in Zweifel zu ziehen unter Umständen gefährlich sein konnte.

Gerhard blieb stehen, um sich umzuschauen, als er einen Pferdekarren hinter sich nahen hörte. Es war ein teilweise beladener zweirädriger Wagen, der von einem schläfrigen Pferd gezogen wurde. Auf dem Bock saßen ein schon etwas älterer Mann und eine junge Frau. Beide blickten sie neugierig auf Gerhard herab.

Wanderer waren hier eher selten, so auf halber Höhe zwischen Löwen und Mecheln. Aber nach einem Wegelagerer sah Gerhard nun wahrlich nicht aus, geschweige denn nach einem jener umhervagabundierenden Soldaten, die, weil sie ihren Sold nicht bekamen, möglichst viele Bürger ihres Geldbeutels beraubten. Die operierten im übrigen nie allein, und Schlupfwinkel, wo sich etwaige Kumpane versteckt halten konnten, gab es hier nicht.

»Guten Tag, junger Mann«, sagte der Mann auf dem Bock, während er das Pferd zum Stehen brachte. »Möchtet Ihr vielleicht bis Mecheln mitfahren?«

Gerhard sah verwundert zu dem anderen auf. In der Regel waren Fremde, die sich auf einer verlassenen Straße begegneten, nicht so freundlich zueinander. »Ich kann Euch nicht bezahlen«, warnte er. »Ich habe kein Geld, nicht einmal einen halben Albus.«

»Meine Tochter wollte, daß ich Euch diese Frage stelle«, erwiderte der Mann. Es klang ein wenig mißvergnügt, als sei er sich mit seiner Tochter uneins, könne sich aber nicht gegen sie durchsetzen.

Erst jetzt fing Gerhard den Blick der jungen Frau auf, die beinahe noch ein Mädchen war. Sie sah ihn mit großen, glänzenden Augen und vagem Lächeln an. Ihr üppiges blondes Haar war nur zum Teil unter einer weißen Haube mit Schößen gebändigt, und sie blies sich aus dem Mundwinkel ein wenig keck eine Locke aus dem rechten Auge. »Wohin geht die Reise?« wollte sie wissen.

»Halt den Schnabel, Barbara«, mahnte sie der Vater barsch. »Man spricht fremde junge Männer nicht so mir nichts, dir nichts an, das geziemt sich nicht für ein Mädchen!«

»Ich bin auf dem Weg nach Antwerpen«, antwortete Gerhard, ohne den Blick von ihr abzuwenden. Und ganz gegen seine Gewohnheit wurde er sich plötzlich stark seines doch etwas unansehnlichen Äußeren bewußt. Er war schlaksig und mager, und sein Kinn überzog ein lächerlicher Flaum, von dem er hoffte, daß dereinst ein Bart daraus würde. Überdies hatten seine Kleider ihre beste Zeit längst hinter sich.

»Bis nach Antwerpen?« Der Mann kratzte sich am Kopf. Seine Haare waren so lang wie die seiner Tochter. »Zu Fuß?«

Gerhard zuckte die Achseln. »Ich wollte lange und tief nachdenken über… über die Dinge.«

»Eine ermüdende Art nachzudenken«, fand die junge Frau. In ihrem Ton schwang kaum verhohlener Spott mit.

»Du sollst den Schnabel halten«, sagte ihr Vater erneut. Doch es klang nicht drohend, sondern eher müde, als habe er sich bereits damit abgefunden, daß seine Tochter ihm ja doch nicht gehorchen werde. »Da müßt Ihr aber gutes Schuhwerk haben«, sagte er zu Gerhard und warf einen Blick auf dessen staubige Füße.

»Mein seliger Vater war Schuhmacher.« Gerhard schaute

auf die Bündel gegerbten Leders, mit denen der Wagen beladen war. »Ein Fach, das mit dem Euren verwandt ist, wie ich sehe.«

»Es ist noch Platz auf dem Bock«, sagte die junge Frau. Sie rückte etwas näher zu ihrem Vater heran und klopfte einladend auf das frei gewordene Fleckchen, wo sie gesessen hatte.

»Ehrlich gesagt...«, Gerhard rieb sich mit dem rechten Handrücken über die Stirn, »beginne ich schon ziemlich durstig zu werden. Ich hätte daran denken sollen, Wasser mitzunehmen. Ich bin ein recht unerfahrener Reisender, fürchte ich. Vielleicht sollte ich Euer freundliches Angebot in der Tat annehmen.«

»Dann steigt halt auf«, sagte der Mann ergeben. »Mein Name ist Jan Schellekens«, stellte er sich kurz darauf vor, als Gerhard neben dem Mädchen Platz genommen hatte und sich der Wagen knarrend in Bewegung setzte. »Und das ist Barbara, meine Tochter.« Es gelang ihm, stolz zu klingen und zugleich mißbilligend zu blicken.

»Gerardus Mercator, Magister artium.« Kaum hatte Gerhard das ausgesprochen, war es ihm ein wenig peinlich. Mit dem gerade erworbenen Titel zu prahlen widersprach seiner bescheidenen Art. Aber er wollte Eindruck auf das Mädchen neben sich machen. Auf dieses anziehende Wesen, dessen Körperwärme er durch seine Kleider dringen spürte. Er war gehalten, sich dicht an sie heranzusetzen, um nicht von dem hin und her holpernden Bock zu purzeln, und sie machte keinerlei Anstalten, von ihm wegzurücken.

Sie hatte ein markantes Profil, wie er aus dem linken Augenwinkel sah, mit kräftigem, aber dennoch weiblichem

Kinn. Die wenigen Mädchen, die er in Löwen kennengelernt hatte, waren ganz anders gewesen: schwächer, verletzlicher, weniger mundfertig. Genau wie seine Schwester, die zufällig auch Barbara hieß. Und seine Mutter war auch bestens darin bewandert gewesen, die eigenen Interessen hintanzustellen. Gerhard hatte schon gedacht, daß alle Frauen so wären oder zu sein hätten.

»Du darfst mich ruhig anschauen, das brauchst du nicht heimlich zu tun.«

»Barbara! Was bist du nur für ein Satansbraten!« bellte ihr Vater. »Verzeiht, Meister«, sagte er entschuldigend zu Gerhard, »aber es scheint, als hätte sie alle Manieren vergessen, die wir ihr so mühsam beigebracht haben.«

»Nicht weiter schlimm«, erwiderte Gerhard, der prompt dunkelrot anlief.

Meister, so hatte man ihn noch nie genannt. Aber es mußte wohl spöttisch gemeint sein, entschied er, wieder einmal gedämpft durch seine angeborene Bescheidenheit.

»Ich bin Gerber«, sagte Schellekens, als wolle er zu einem neutralen Gesprächsthema überwechseln. »Wie Ihr schon erraten hattet.« Er ließ seine improvisierte Peitsche auf den Rücken des Pferdes klatschen. Das Tier reagierte mit einer leicht beschleunigten Gangart, verfiel aber nach fünf Schritten wieder in sein gemächliches Tempo.

»Vielleicht hat mein Vater sogar Schuhe aus Eurem Leder gemacht«, erwiderte Gerhard. Ein schöner Gedanke, schien ihm, denn das hätte ihn und Barbara ja irgendwie verbunden.

Der Angesprochene zuckte die Achseln. »Ich verkaufe mein Leder auf dem Markt in Mecheln, und wohin es danach geht, kümmert mich ehrlich gesagt wenig. Und wenn's Margareta von Österreich wäre, die ja ganz närrisch auf Leder sein soll. Wenngleich ich noch nie einen aus ihrem Hofstaat auf dem Markt gesehen habe.«

»Ich wohne in Rupelmonde.«

»Ach ja, stromaufwärts von Antwerpen, nicht wahr?«

Gerhard nickte, ohne sich bewußt zu sein, daß Schellekens das nicht sehen konnte. »Dort, wo die Rupel in die Schelde strömt. Es ist klein, hat aber Stadtrecht.«

»Ich habe davon gehört«, sagte Schellekens, der nicht sonderlich beeindruckt zu sein schien. »Dort macht man es unsereinem nicht leicht. Nichts darf man dort verkaufen, ohne Zoll zu zahlen.«

»Wir haben ein großes Schloß mit siebzehn Türmen.«

»Ja, ja«, Schellekens verzog den Mund zu einem bitteren Grinsen, »die Grafenburg, berüchtigt für ihren Kerker. Also wenn du mich fragst, macht man um Rupelmonde besser einen weiten Bogen. Es sei denn natürlich, man wohnt da.« Er warf seinem Fahrgast einen Seitenblick zu. »Oh, verzeiht, Meister«, sagte er, als er Gerhards Miene sah, »ich entwickle mich wohl allmählich zum alten Brummbär. Und du hältst die Gosche!« warnte er seine Tochter, die schon Luft holte, um etwas zu sagen.

»Ach, es läßt sich dort ganz gut aushalten«, sagte Gerhard verteidigend. Was ihn in Rupelmonde verankerte, war in erster Linie sein Onkel Gisbert, doch darüber wollte er sich Fremden gegenüber nicht weiter auslassen. »Ihr seid aus Löwen, nehme ich an?« fragte er statt dessen.

»Aus der *Stadt* Löwen«, antwortete Schellekens betont spöttisch.

Schade, daß ich jetzt von dort weggehe, dachte Gerhard. Aber vielleicht kehrte er ja wieder dorthin zurück. Und sei es nur um der langen und tiefschürfenden Diskussionen willen, die er dort mit anderen Studenten führen konnte – und mit manchen Magistern, mit denen er hin und wieder heftig aneinandergeraten war. Insbesondere, wenn es um die Lehre des Aristoteles ging, über die sie sich anscheinend niemals eins werden konnten.

»Vielleicht studiere ich in Löwen noch weiter«, dachte Gerhard laut. »Die Kosmographie zum Beispiel interessiert mich ganz besonders.«

»Weiterstudieren?« Schellekens schüttelte den Kopf. »Als Sohn eines Schusters? Nichts für ungut, Meister«, sagte er hastig, als ihm klar wurde, was er gesagt hatte, »ich wollte nicht anmaßend sein, aber …«

»Ich habe einen wohlhabenden Onkel«, erklärte Gerhard. »Meine Eltern sind beide tot, mein Vater schon seit gut sechs Jahren.«

»Ach ja«, sagte Schellekens, »Ihr sagtet vorhin ›mein seliger Vater‹. Entschuldigt.«

Barbara fragte: »Was ist Kosmographie?«

»Sternkunde«, antwortete Gerhard, und seine Stimme wurde träumerisch, »die Beobachtung und Beschreibung der Himmelskörper und ihrer Bewegungen, die Wissenschaft von Entstehung und Werden des Weltalls …«

»Ich bin Jungfrau«, sagte Barbara. »Mein Sternbild, meine ich.« Sie lachte girrend, als Gerhard schon wieder errötete.

»Ich wollte, ich könnte auch meine Tochter auf dem Markt in Mecheln verkaufen«, knurrte Schellekens.

»Ihr würdet bestimmt einen hohen Preis für sie erzielen«, erwiderte Gerhard kühn.

Schellekens brummte nur etwas Unverständliches in seinen zotteligen Bart und gab seinem Pferd mit abermals geringem Erfolg die Peitsche. Anschließend sagte er: »Ich kann lesen und schreiben und rechnen, aber darüber hinaus geht mein Können nicht.«

»Oh, aber gewiß doch, Euer Können geht durchaus darüber hinaus«, widersprach Gerhard. Er konnte es nicht lassen; wenn er irgendwo einen möglichen Ansatzpunkt für eine Debatte witterte, mußte er reagieren. »Ihr seid ein tüchtiger Gerber und wahrscheinlich auch ein guter Handelsmann. Das muß man unter Können verstehen. Schulwissen ist etwas anderes, das hat man nur im Kopf. Damit kann man weder Möbel tischlern noch Geschirr töpfern.«

»Hm, und wozu, mit Verlaub, soll Schulwissen dann gut sein?«

»Um Antworten auf wichtige Fragen zu finden.«

»Wie zum Beispiel?«

»Wie zum Beispiel...«, Gerhard dachte kurz nach, »wie zum Beispiel: Wie weit ist die Erde vom Mond entfernt?«

»Und was fängt man mit diesem Wissen dann an?«

»Wenn man einmal weiß, wie man diese Entfernung berechnen kann, läßt sich auch bestimmen, wie weit es zur Sonne und zu den Planeten ist. Und vielleicht sogar zu den Sternen.«

»Nichts für ungut, Meister, aber ist das nicht ein wenig vermessen?«

»Wissensdurst hat nichts mit Vermessenheit zu tun. Eher im Gegenteil, man lernt dadurch, demütig zu sein. Denn gerade durch die Erweiterung seines Wissens wird man sich so recht bewußt, wie klein und unbedeutend man selbst ist.«

Schellekens schnaubte. »Dazu brauche ich das ganze Wissen nicht. Und noch etwas: Führt Wissen nicht nur zu weiteren und schwierigeren Fragen?«

»Das ist wohl wahr. Jede beantwortete Frage ist gleichsam ein Schlüssel zu einem Raum voller neuer, unbeantworteter Fragen.«

»Schön gesagt«, bemerkte Barbara. Ihre Miene war ernst, doch ihre Augen sprühten Spott.

»Das ist mir zu schwierig«, sagte ihr Vater. Er spuckte ins Brombeergebüsch am Wegesrand. »*Viel zu* schwierig!«

Barbara fragte: »Habt Ihr eine Unterkunft in Antwerpen, Meister? Des Nachts kann es dort auf den Straßen sehr gefährlich sein, habe ich gehört.«

Gerhard nickte. »Ich habe die Adresse eines Mannes der Wissenschaft, den ich in Löwen kennengelernt habe. Er hat versprochen, mich bei sich aufzunehmen, wenn ich einmal nach Antwerpen kommen sollte.«

»Wie praktisch, wenn man wichtige Leute kennt.«

»Es reut mich inzwischen gewaltig, daß ich dich mitgenommen habe«, sagte Schellekens zu seiner Tochter. Und zu Gerhard: »Ich bitte Euch, nehmt ihr die dreisten Kommentare nicht übel.«

Ihr könnte ich, glaube ich, niemals etwas übelnehmen, dachte Gerhard, der vielmehr seine Freude an ihrer Mundfertigkeit hatte. »Ich vertrete die Ansicht, daß jedem erlaubt sein sollte, seine Wahrheit zu äußern.«

»Gut und schön«, brummte Schellekens, offenkundig wenig überzeugt, »aber ein bißchen Höflichkeit ist doch wohl nicht zuviel verlangt, würde ich meinen.« Und als wollte er seine Worte bekräftigen, zog er dem Pferd eins mit der Peitsche über, einmal mehr ohne sichtlichen Erfolg.

Wenig später kamen in der Ferne die Türme der Sint-Rombouts-Kathedrale und der Sint-Jans-Kirche in Sicht, die hoch über den Stadtwällen der Residenz Mecheln prangten. Dann und wann sahen sie ein Funkeln von der Sonne, die sich im Wasser der weiter vor ihnen zusammenfließenden Zenne und Dijle spiegelte. Und die Straße, die jetzt zwischen Getreidefeldern hindurchführte, wurde durch Fußgänger und vor allem Pferde- und Eselskarren, auf denen sich Handelswaren türmten, allmählich immer belebter. Belebter und staubiger.

Gerhard war dankbar, als Schellekens ihm irgendwann schweigend einen Zinnkrug reichte. Darin war bitter schmeckendes Bier, und Gerhard bedauerte, daß die Höflichkeit es ihm verbot, den Krug ganz leer zu trinken.

Obgleich ihr Karren kaum schneller vorankam als ein Fußgänger, schien es Gerhard, als wäre die Reise im Nu vorbeigegangen. Das macht Barbaras Nähe, sagte er sich, als sie die Wächter am Mechelner Stadttor passierten. Er würde von der dreisten Dirne nur ungern Abschied nehmen.

Schellekens brachte den Karren auf einem großen, lauten Platz unweit des im Bau befindlichen Palastes für den Großen Rat zum Halten. »Vielleicht findet Ihr jemanden, der Euch nach Antwerpen mitnimmt«, sagte er.

Gerhard schüttelte den Kopf. »Das Stück möchte ich unbedingt zu Fuß zurücklegen.« Er gab Barbara die Hand, die sie ungewöhnlich lange drückte. »Ich hoffe, Euch noch einmal wiederzusehen«, sagte er, und selten hatte er diese

Worte so aufrichtig gemeint. »Vielleicht in Löwen«, fügte er hoffnungsvoll hinzu.

Die junge Frau nickte ernst. »Wir sehen einander wieder«, konstatierte sie, »ob wir es nun hoffen oder nicht.« Dabei lächelte sie ein wenig geheimnisvoll.

»Denkt doch tatsächlich, sie könne die Zukunft vorhersagen, die Gans«, sagte Schellekens ungehalten. »Das hat sie von ihrer Mutter.« Er tippte sich kurz an die Stirn. Dann drückte er flüchtig die Hand, die Gerhard ihm spontan reichte. »Viel Glück mit Euren Studien oder was auch immer, Meister.«

Gerhard stieg vom Bock. »Herzlichen Dank«, sagte er noch. Aber Schellekens schwang schon seine Peitsche, und das Pferd zog mit sichtlichem Widerwillen den Karren an.

Gerhard blieb stehen, bis das Gespann hinter der gewaltigen Baustelle verschwunden war. Zu seiner Enttäuschung schaute sich Barbara nicht mehr um.

Begegnungen, dachte er. Sie scheinen zufällig zu sein, doch wie groß ist die Wahrscheinlichkeit, daß ein Mann eine Frau, die... Gerhard hatte sich gedankenverloren umgedreht und stieß beinahe mit einem Mönch in dunkelbrauner Kutte zusammen, der, das Gesicht größtenteils in seiner Kapuze versteckt, dastand und sich das lebhafte Treiben auf dem Platz ansah. Einen Lidschlag lang traf Gerhard der stechende Blick aus zwei hellblauen Augen.

»Entschuldigung, Vater«, sagte Gerhard hastig. »Ich hatte gerade nicht achtgegeben.« Mönche flößten ihm immer eine vage, undefinierbare Angst ein. Irgendwie erinnerten sie ihn an Geister, so als weilten sie schon mit einem Bein in der unstofflichen Welt. Und hinzu kamen die Beziehungen, die manche von ihnen zur allgegenwärtigen gefürchteten Inquisition hatten.

Zu seiner Erleichterung wandte der Mönch den Blick sogleich wortlos wieder ab, als sei es unter seiner Würde, sich weiter mit einem schlaksigen jungen Mann zu befassen, der einen etwas eigenartigen Dialekt sprach und die Augen nicht richtig aufmachte.

Gerhard zog schuldbewußt den Kopf ein und sah zu, daß er wegkam. Eigentlich hatte er sich in der lebendigen Stadt noch ein wenig die Zeit vertreiben wollen, doch die Begegnung mit dem Mönch löste eine Art Fluchtreaktion bei ihm aus. Das passierte ihm bei Geistlichen häufiger. Es kam ihm so vor, als könnten sie ihm in die Seele blicken, und die war nicht so makellos rein, wie sie es hätte sein sollen. Außerdem sorgte er besser dafür, daß er vor Einbruch der Dunkelheit in Antwerpen war.

Er trank an einem Brunnen, so viel er konnte, und begab sich dann mit der Sonne im Rücken zum Nordausgang der Stadt.

Als er Mecheln hinter sich gelassen hatte, versuchte er seinen meditativen Gedankenfluß vom Morgen wiederaufzunehmen. Das gelang ihm nur zum Teil, denn es war schwer, abgeklärt nachzudenken, wenn einem fortwährend das Bild einer jungen Frau mit einer widerspenstigen blonden Haarlocke vor dem spottlustigen Gesicht durch den Kopf spukte.

Schon lange bevor Gerhard Antwerpen erreichte, hatte er den Entschluß gefaßt, in Bälde nach Löwen zurückzukehren. Etliche Gründe sprachen dafür. Barbara war nur einer, und gewiß nicht der wichtigste – machte er sich zumindest weis.

Die Sonne war noch nicht ganz hinter dem westlichen Horizont verschwunden, als Gerhard die Antwerpener Torwächter passierte. Sie stellten ihm keine Fragen, ja, einer von ihnen erwiderte seinen Gruß sogar mit einem freundlichen Nicken. Das hatte Gerhard, wie er wußte, seinem unschuldigen Äußeren zu verdanken. Irgendwie trauten ihm die meisten Menschen nicht so leicht etwas Böses zu. Ein praktischer Umstand, den er sich schon mal zunutze machte.

Er mußte dreimal nach dem Weg fragen, ehe er zu der Adresse fand, die er sich fast ein Jahr zuvor auf einen Zettel geschrieben hatte, Haus ›Almagest‹ in der Vissersstraat.

Man müßte an den Stadttoren eine Zeichnung mit allen Straßen und Plätzen aufhängen, dachte er. Dann würde man auch als Fremder selbst in einer großen Stadt wie Antwerpen mühelos den Weg finden können, ohne andere belästigen zu müssen. Darüber sinnierend, wie denn so eine Zeichnung am besten aussehen könnte, hob er den Türklopfer aus Messing und ließ ihn auf die massive Eichentür fallen. Er erschrak über den lauten Knall, den der Klopfer auf dem Holz machte, und dessen Widerhall in der schmalen Gasse. Doch niemand kam, um ihm zu öffnen. Auch nicht, nachdem Gerhard ein zweites und drittes Mal angeklopft hatte.

Das brachte ihn in eine mißliche Lage. Es würde jetzt bald dunkel sein, und was hatte er nicht schon für schaurige Geschichten über Messerstecher gehört, die in den großen Städten bei Nacht und Nebel die Straßen nach wehrlosen Opfern durchstreiften. Er hatte kein Geld, um die Unterkunft in einem Gasthof zu bezahlen. Und überdies war er schon eine ganze Weile ziemlich hungrig, denn seit dem Morgen hatte er nichts mehr gegessen.

Gerhard trat einen Schritt zurück und schaute an der Fassade des schmalen Hauses empor. Alle Fenster waren fest verschlossen und dunkel. Er sah ein, daß es dumm gewesen war, nicht daran zu denken, daß ein Mann der Wissenschaft wie Rochus nicht jederzeit zu Hause sein würde, selbst dann nicht, wenn die Schulen wie gerade jetzt für eine Weile geschlossen waren. Oder vielleicht gerade dann nicht. Womöglich war der Astronom ja auf Reisen, vielleicht sogar ganz nach Italien. Rochus hatte mehr als einmal davon gesprochen, daß er gerne einmal seine italienischen Kollegen besuchen wollte.

Gerhard seufzte und setzte sich ermüdet auf den Blaustein, der die Eingangsschwelle bildete. Dann lehnte er sich mit dem Kopf gegen das Holz der Tür zurück, das sich noch warm anfühlte vom vergangenen Sonnenschein. Der lange Fußmarsch hatte ihm zugesetzt, auch wenn er das größte Stück von Löwen nach Mecheln nicht hatte zu laufen brauchen. Sogleich machten seine Gedanken wieder einen Sprung zu Barbara. Er stellte sich vor, er würde jetzt mit ihr in einem warmen Alkoven liegen – ein so wohliger Gedanke, daß er seine mißliche Situation darüber für einen Moment vergaß. Mochte es auch ein sündiger Gedanke sein, den sein Onkel Gisbert gewiß nicht gutheißen würde. Wie Onkel Gisbert überhaupt so gut wie alles mißbilligte, was nicht unangenehm, fad oder schmerzhaft war. Seiner Überzeugung nach war Leiden offenbar der wichtigste Zweck des stofflichen Lebens. Wer dem zu entrinnen suchte, war von vornherein verdammt.

Ein unbeladener Pferdekarren und drei oder vier eilige Fußgänger kamen vorüber, doch keiner schenkte Gerhard

Beachtung. Ansonsten blieb es still in der Gasse. Auch die entfernteren Geräusche städtischer Aktivität klangen beim Einbruch der Dämmerung allmählich ab.

Die Tochter eines Gerbers, dachte Gerhard. Er schloß die Augen, während er sich das Bild Barbaras vergegenwärtigte. Es gelang ihm mühelos, und für einen Moment war ihm, als sähe er sie wirklich vor sich und hörte ihre spöttische Stimme. Seltsamerweise erinnerte er sich nicht an die Farbe ihrer Augen, obgleich sie sie keineswegs vor ihm niedergeschlagen hatte. Grau, dachte er, aber er war sich nicht sicher…

Eine Hand, die ihn hart an der Schulter faßte und grob durchschüttelte, riß ihn unsanft aus seinem Traum. Es dauerte einige Sekunden, bevor er begriff, daß er auf der Schwelle von Rochus' Haus eingeschlafen war. Irgendwer hielt ihm eine Öllampe vors Gesicht, um ihn sich genauer anzusehen. Hinter dieser Lampe war alles tiefschwarz, es war inzwischen völlig dunkel geworden.

»Wer bist du, und was tust du hier?«

Die Nachtwache, begriff Gerhard sofort, trotz der rauhen Stimme desjenigen, der ihn angesprochen hatte. Straßenräuber würden so etwas nicht fragen. Dennoch empfand er das kaum als Erleichterung. In Löwen sprang die Nachtwache nicht gerade zimperlich mit einem um, der sich ihrer Ansicht nach verdächtig verhielt.

»Mein Name ist Gerardus Mercator«, sagte er. Er versuchte aufzustehen, doch die Hand auf seiner Schulter hielt ihn davon ab. »Ich komme aus Löwen und bin… äh… und bin auf Einladung von Meister Embrecht Rochus hier, der in diesem Hause wohnt.«

»So, so.« Der Mann mit der Lampe ließ Gerhards Schulter los und trat einen Schritt zurück. »Wenn er Euch eingeladen hat, warum schlaft Ihr dann vor seiner Tür?«

»Meister Rochus ist nicht zu Hause.« Jetzt konnte Gerhard im Schein der Lampe schemenhaft drei weitere Gestalten ausmachen. Alle waren sie schwarz gekleidet, als wollten sie mit der Nacht verschmelzen. »Ich hatte kein Geld für eine Unterkunft«, erklärte er.

»Auch der Kerker ist nicht gratis«, sagte einer der Männer, und ein anderer lachte.

Gerhard versuchte ein zweites Mal, sich zu erheben, und jetzt ließen sie ihn gewähren. »Ich bin kein Dieb«, erklärte er unsicher. »Ich bin...«, er zögerte kurz, »...Magister artium...«

»Magister was?«

»Magister artium. Ich habe gerade mein Philosophiestudium abgeschlossen.«

»Oh, là, là, ein studierter Vagabund«, sagte der, der eben schon das Wort geführt hatte, und wieder lachte der andere. »Da müssen wir dann wohl Meisterdieb sagen, was?«

»Ich bin kein Dieb!« wiederholte Gerhard mit Nachdruck. Die Haltung der Männer begann ihn gehörig zu beunruhigen. Bekanntlich bedurfte es nicht viel, um im Kerker zu landen.

»Durchsucht seine Kleider!« kommandierte der Anführer des Grüppchens.

Das taten sie zu zweit, grob und äußerst gründlich. »Kein Geld, keine Waffe, keine Werkzeuge«, sagte einer von ihnen, als sie fertig waren. Es klang hörbar enttäuscht.

»Dennoch traue ich der Sache nicht«, sagte der Anführer. »Daß einer mit leeren Händen ganz von Löwen kommt, scheint mir unglaubwürdig.« Er hielt seine Lampe hoch, um Gerhards Züge ein weiteres Mal zu studieren.

Gerhard mußte an sich halten, um nicht vor dem penetranten Zwiebelgeruch, der ihm ins Gesicht schlug, zurückzuweichen. »Aber es ist die Wahrheit, Herr.«

»Wir nehmen ihn mit, legt ihm Fesseln an.«

Gerhard versuchte nicht, sich zu wehren, als sie ihn erneut packten und ihm die Hände auf den Rücken banden. Im Kerker würde er nachts jedenfalls sicherer sein als auf der Straße, dachte er philosophisch. Und der Schultheiß würde seiner Erklärung letztlich schon Glauben schenken.

Gerade als sich das Grüppchen in Bewegung setzen wollte, ertönte wie aus dem Nichts eine leise, kultivierte Männerstimme: »Guten Abend, die Herren von der Nachtwache. Was geht hier vor, wenn ich fragen darf?«

»Und wer, bitte schön, seid Ihr?« fragte der Anführer leicht ungehalten.

»Meister Rochus!« entfuhr es Gerhard, als er das im Schein der Lampe geisterhaft bleiche Gesicht mit dem langen blonden Bart erkannte. »Gott sei Dank!« Neben dem Astronom stand noch eine zweite Gestalt. Sie war in der Dunkelheit nur schwer zu erkennen, doch allem Anschein nach war es ein Mönch.

»Seid Ihr der genannte Embrecht Rochus, der Bewohner dieses Hauses?« wollte der Anführer wissen.

Der Angesprochene zog schweigend einen großen Schlüssel hervor und öffnete die Tür des Hauses. Danach sah er den Anführer abwartend an.

»Und kennt Ihr diesen Burschen, der behauptet, von Euch eingeladen zu sein?«

»Ja, ich kenne ihn«, antwortete Rochus. »Er heißt Gerardus Mercator Rupelmundanus, und ich möchte Euch darauf hinweisen, daß dieser Bursche, wie Ihr ihn nennt, ein studierter Mann ist. Ich ersuche Euch mit Nachdruck, ihn auf der Stelle von seinen Fesseln zu befreien.«

Die Männer leisteten seiner Aufforderung Folge, und Gerhard huschte rasch an Rochus' Seite, als suche er Schutz.

»Ich bitte um Verzeihung, Herr«, sagte der Anführer, »aber wir fanden ihn hier auf Eurer Schwelle und...«

Rochus hob abwehrend die Hand. »Ihr tut nur Eure Pflicht, und es ist gut, zu wissen, daß über die Sicherheit der Bürger gewacht wird. Eine gute Nacht weiterhin.«

Die Männer zögerten noch einen Moment, doch als Rochus nicht die erhoffte Bewegung zu seinem Geldbeutel machte, trollten sie sich.

»Geschmeiß!« murmelte Rochus und bedeutete Gerhard und dem Mönch, ihm zu folgen. Er ging ihnen voran ins Haus und zündete links und rechts Kerzen an. »Wer sich zu dieser Arbeit berufen fühlt, muß schon eine Vorliebe für das Dunkle und Verborgene haben. Und wenn sie wirklich einmal auf eine Bande Messerstecher stoßen, dann machen sie einen großen Bogen!« Sie waren in ein kleines Zimmer gelangt, in dem der erregende Duft von Büchern und neuem Leder hing. »Wir waren im ›Roten Löwen‹ an der Ecke, um unseren Durst zu stillen. Ein Wirtshaus, in dem interessante Leute verkehren, mit denen ich mich gern zum Gedankenaustausch zusammenfinde. Ach, verzeih mir meine Unhöflichkeit: Das ist Bruder Monachus von den Minoriten in Mecheln. Monachus ist gleichfalls Astronom.« Rochus zeigte auf einen Ledersessel, in dem ein Stapel Bücher lag.

»Setz dich, Gerhard. Was führt dich denn so unverhofft her? Wenn ich von deinem Kommen gewußt hätte, wäre ich natürlich zu Hause geblieben. Und wie es der Zufall will, ist die Magd gerade für zwei Tage bei ihrer kranken Mutter, sonst hätte sie dich hereinlassen können. Darf ich dir etwas zu trinken anbieten?«

Gerhard entfernte die Bücher vom Sessel und ließ sich müde ins Polster sinken. Mit einem mißtrauischen Blick zu dem schweigsamen Monachus hinüber, der ein wenig abseits in einem Buch zu blättern begann, antwortete er Rochus: »Das war eine spontane Anwandlung, es zog mich mit einem Mal nach Antwerpen... Vielleicht fehlten mir ja unsere Gespräche...«

»Hm, was dir fehlt, Gerhard, ist eine Frau, die dir zu einem geregelten Leben verhilft. Seit meine Frau tot ist, komme auch ich mir nur allzuoft wie ein steuerloses Schiff vor. Ein Mann allein...«, er spähte seinerseits kurz zu Monachus hinüber. »Nun ja, wir haben nicht alle die gleiche Natur. – Wein oder Bier?«

»Wein, bitte.« Gerhard rieb sich die brennenden Augen. Er bemerkte, daß seine Hand zitterte, als sei ihm erst jetzt der Schrecken über das, was draußen geschehen war, in die Glieder gefahren. Er haßte Gewalt und fürchtete sie zutiefst. Und wenn man bei Dunkelheit aufgegriffen wurde, konnte man leicht zusammengeschlagen werden. Daran hatte er vorhin kaum gedacht.

Rochus reichte ihm einen Becher Rotwein. »So, und was sind deine Pläne für die nähere Zukunft?« Er befreite einen zweiten Sessel von einem Stapel Dokumenten und ließ sich mit steifen Bewegungen Gerhard gegenüber nieder.

Gerhard kostete von dem Wein. Der war kühl und süß. »In Löwen haben sie mir für mein Gefühl allzusehr auf die Finger gesehen, bei allem, was ich machte oder las oder schrieb oder auch nur dachte…«

Rochus nickte bedächtig. »Für einen, der nicht der Kirche angehört, ist es auch nicht ungefährlich, über die Dinge nachzudenken.«

Jetzt machte Monachus zum erstenmal den Mund auf. »Auch für diejenigen, die der Kirche angehören, bisweilen nicht«, sagte er in neutralem Ton.

»Aber ich *bin* Christ!« entgegnete Gerhard.

»Das bezweifelt niemand.« Rochus lächelte kurz. »Aber damit gehörst du noch lange nicht der Kirche an.«

Gerhard leerte seinen Becher zur Hälfte und sagte: »Sie können manchmal so verdammt anmaßend sein…« Es klang eher unglücklich denn rebellisch.

»Das sind alle, die absolut davon überzeugt sind, recht zu haben. Eine *conditio sine qua non*, um sich nicht die Wahrheiten anderer anhören zu müssen.« Rochus deutete mit dem Daumen zur Decke. »Ich habe ein Teleskop angefertigt, kann ich damit dein Interesse wecken?«

»Mein Gott, ja!«

»Zum Auffangen des Bildes habe ich ein schwach vergrößerndes Brillenglas verwendet. Stellst du dann mit einem starken Vergrößerungsglas den Brennpunkt scharf ein, kannst du das Bild zigfach vergrößert sehen. Das Ergebnis ist erstaunlich.«

Gerhard vergaß sofort, was ihn gerade noch beunruhigt hatte, und folgte dem Gelehrten auf den Dachboden des Hauses, der als Observatorium eingerichtet war.

Monachus, der nicht mitging, sah Gerhard grüblerisch nach.

Der Dachboden verfügte über ein ungewöhnlich großes Dachfenster, unter dem das schwarz gestrichene hölzerne Fernrohr im Kerzenlicht glänzte. An einer der Wände hing eine große Sternkarte, die Rochus selbst gezeichnet hatte und die er anhand seiner Beobachtungen regelmäßig überarbeitete. Den größten Teil des kleinen Raums nahm ein robuster Tisch ein, auf dem allerlei Instrumente lagen, zum Beispiel ein geometrischer Quadrant und ein Jakobsstab für Winkelmessung und Abstandsbestimmung. Und mitten auf dem Tisch prangte eine Federzuguhr.

»Die stellen sie in Gent her«, sagte Rochus, als er Gerhards neugierigen Blick sah. »Ein schönes Stück Mechanik, und äußerst praktisch.« Er leuchtete sich mit einer Kerze und öffnete ein Türchen im kupfernen Sockel der Uhr. »Schau, die Feder ist in einen drehbaren Zylinder gefaßt, um den sie eine Schnur gewunden haben. Die ist an diesem Konus an der Achse des ersten Rädchens befestigt, der Schnecke dort, siehst du? Beim Aufziehen wird die Schnur vom Zylinder auf die Achse gewickelt. Ist die Feder ganz aufgezogen, greift die Schnur am schmalsten Stück der Achse an, und dann immer weiter zum breitesten Teil hin, bis die Feder abgelaufen ist. So haben sie die nachlassende Zugkraft der Feder gleichmäßig über die gesamte Laufzeit verteilen können. Die auf die erste Achse einwirkende Kraft bleibt immer gleich, und die Uhr geht richtig. Genial, nicht wahr?« Behutsam schloß er das Türchen wieder. »Hat man die Mechanik einmal richtig gestellt, nach einer Sonnenuhr oder einer Sanduhr, ist sie sehr verläßlich.« Er zeigte in eine

Ecke des Dachbodens. »Das dort ist eine Armillarsphäre von Johann Wagner.«

»Was für eine herrliche Konstruktion!« sagte Gerhard, der die Ringkugel in ihrem kunstvoll verzierten Ständer in der dunklen Ecke zunächst gar nicht bemerkt hatte. Mit an Ehrfurcht grenzender Bewunderung fuhr er mit den Fingerspitzen über die vergoldeten Messingringe.

»Eine räumliche und greifbare Wiedergabe des ptolemäischen Systems. Hat ein riesiges Loch in meinen Geldbeutel gerissen, aber ich freue mich, daß ich sie habe.«

»Welche Befriedigung es doch sein muß, solche Instrumente bauen zu können.«

»Hm, meine Befriedigung liegt eher in ihrer Benutzung.« Rochus warf einen Blick durch das Okular seines Fernrohrs. »Ein jeder, der unter Hochmut und Arroganz leidet, sollte das einmal sehen können.« Er trat einen Schritt zur Seite und bedeutete Gerhard, daß er seinen Platz einnehmen solle. »Mit diesem Ring hier stellst du scharf.«

Gerhard folgte seiner Anweisung, und im nächsten Moment benahm es ihm buchstäblich den Atem. »Allmächtiger!« stieß er überwältigt hervor.

»Das ist die denkbar beste Umschreibung«, stellte Rochus ruhig fest.

»Es ist, als ... es ist, als werfe man einen Blick in die Ewigkeit.«

Rochus lächelte vage. »Genau das tust du gerade, junger Freund.«

»Was für ein Sternenmeer!«

»In der Tat, es wird noch viele Jahre dauern, sie alle zu kartieren, falls das überhaupt je gelingen sollte. Mit bloßem

Auge sieht man nur einen schwachen Abglanz dessen, was ich jetzt durch dieses Instrument beobachten kann. Und ich glaube, man könnte es noch viel besser und leistungsstärker machen.«

Gerhard ließ das Fernrohr los und kniff kurz die Augen zu. »Da dreht sich einem der Kopf, und es ist einem, als falle man gleich von der Erde hinunter.«

»Und dabei kannst du hiermit nur ein ganz kleines Stückchen vom Himmel sehen. Ein Fernrohr, das mit derselben Vergrößerung das gesamte Himmelszelt zeigen würde...« Rochus schüttelte den Kopf. »Vielleicht wäre man nach so einem Blick in die Ewigkeit ein für allemal dem Wahnsinn preisgegeben.«

Gerhard fuhr mit den Fingerspitzen über die Holzkonstruktion, wie er es zuvor bei der Armillarsphäre getan hatte. »Es bedarf schon großer Meisterschaft, um etwas so Wunderbares erfinden und anfertigen zu können«, sagte er neidisch. »Ebenso wie die anderen Instrumente hier.«

»Instrumente bauen ist ein Handwerk, das man erlernen kann, Gerhard. Vorausgesetzt, man bringt das nötige Talent dafür mit.«

»Meint Ihr, ich könnte es lernen?«

»Schon möglich, an Begeisterung scheint es dir jedenfalls nicht zu fehlen, und auch die ist sehr wichtig. In Löwen gibt es eine Abteilung, in der unter anderem der Bau von Schiffahrtsinstrumenten gelehrt wird. Ich könnte dich dort Gaspard van der Heyden vorstellen, einem äußerst versierten Goldschmied, der, soweit ich weiß, einen Erdglobus gebaut hat.«

Gerhard nickte vor sich hin, die Finger immer noch auf

der sich warm anfühlenden Ummantelung des Fernrohrs. Es scheint, als will mich das Schicksal nach Löwen zurückführen, dachte er. Er hatte jetzt schon zwei sehr gute Gründe dafür.

»Ich bin nach Antwerpen gekommen, um mich zu besinnen, wie meine weitere Zukunft aussehen soll«, sagte er zu Rochus. »Möglicherweise braucht diese Bedenkzeit gar nicht so lange zu dauern ...«

2

Lanzarote«, konstatierte Kapitän Manasse, »die nördlichste der Kanarischen Inseln.« Mit schwungvoller, selbstzufriedener Gebärde schob er sein Fernrohr zusammen. »Wir sind trotz des Ostwinds nur unwesentlich vom Kurs abgewichen.« Er gab das Fernrohr dem neben ihm stehenden Adelborst, der, eine Hand schützend über den Augen, gleichfalls in Richtung Süden gespäht hatte. »Nun, Herr Rochat?« Manasse betonte das »Herr« mit leichtem Spott. Er hielt nicht viel von Grünschnäbeln, die nur aufgrund ihrer Herkunft den Offiziersrang ansteuerten, bevor sie überhaupt mitbekommen hatten, wie salzig Meerwasser schmeckte. Und daß Julius Rochat überdies ein Bleichgesicht aus dem Norden war, machte es nur noch schlimmer.

Manasse selbst hatte sich seine jetzige Position hart erkämpfen müssen. Vor allem erbrüllt hatte er sie sich, seiner Besatzung zufolge, doch das wurde selten laut gesagt. Es sei denn zu den Ratten im Schiffsraum, wo sich die Mannschaft in schmutzigen Hängematten von der unmenschlichen Plackerei an Deck und in den Wanten erholen mußte.

Schweigend ergriff Julius das Fernrohr und schob es auseinander. Ein Auge zugekniffen, visierte er die Insel an, die kurz zuvor vom Ausguck im Krähennest gemeldet worden war. Sie war nur ein Punkt am Horizont, hob sich aber durch ihr Weiß deutlich vom stahlblauen Himmel über der ebenso blauen See ab.

Julius ließ das Fernrohr sinken und spähte bedenklich zu den Marssegeln hinauf. Die ›Tempus Fugit‹ legte sich unter der steifen östlichen Brise stark auf die Seite, und die Masten knarrten aus Protest gegen die unerbittliche Hand des Rudergängers, der das Schiff dazu zu zwingen suchte, stets möglichst hart am Wind zu fahren, wofür die Takelung der Galeone nicht ausgelegt war.

Kaum einen halben Tag nach ihrer Abfahrt aus Lissabon waren sie in einen Regensturm geraten, und danach war der Wind ausgeschossen, so daß sie weiter aufs Meer hinausgetrieben waren als beabsichtigt. Bis jetzt hatten sie nicht das kleinste bißchen von der afrikanischen Westküste sehen können, so daß ihre tatsächliche Position schon nach wenigen Tagen Fahrt ziemlich unsicher zu werden begann. So dachte zumindest Rochat. Der Kapitän schien sich da weniger Sorgen zu machen oder tat zumindest so.

Zögernd sagte Julius: »Verzeiht, Kapitän, aber ich bin mir nicht so sicher, ob das stimmt.«

»Na, wenn du es wärst, müßten wir ja wohl auch die Uniformen tauschen.« Der Kapitän gab sich keine Mühe, seine Worte durch ein Lächeln zu begütigen. Humor gehörte im übrigen auch nicht zu seinen Stärken.

Vielleicht hat es ja mit dem unscheinbaren Äußeren des Schiffers zu tun, daß er immer so auf Prinzipien herumreiten muß, dachte Julius gelegentlich. Manasse war einen halben Kopf kleiner als er und so mager, daß er seine Uniform in den Schultern ordentlich hatte auspolstern lassen, um nicht gänzlich unsichtbar zu sein. So tuschelte man wenigstens außer Hörweite des Kapitäns unter der Besatzung. Einige behaupteten, sie hätten bei ihm schon den Wind durch die Knochen pfeifen hören.

Um Haltung zu wahren, spähte Julius erneut durch das Fernrohr. »Seit wir aus dem Sturm heraus sind, hatten wir eine konstante Abdrift von mindestens fünfzehn Grad, und wir kommen bei diesem Wind auch nicht gerade zügig voran. Wenn wir dann noch die östliche Strömung berücksichtigen, die...«

»Mein lieber Julius«, unterbrach ihn der Kapitän in einem Tonfall, der einem Rüffel nahekam, »du willst doch wohl nicht etwa meine Berechnungen anzweifeln!« Er nannte seine Offiziere nur beim Vornamen, wenn ihn etwas oder jemand irritierte.

»Verzeiht, Kapitän, aber es wird vorausgesetzt, daß ich eigenständige navigatorische Berechnungen anstelle und die dann überprüfe anhand...«

»Anhand der tatsächlichen Gegebenheiten«, sagte Manasse. Er grinste.

Julius nickte ergeben, während er das Fernrohr zuschob. »Meinen Berechnungen nach müßte jene Insel dort Madeira sein.«

»Das ist doch wohl nicht dein Ernst!« Der Kapitän schüttelte den Kopf. »Darf ich dich darauf hinweisen, daß Madeira fünfundsiebzig Meilen weiter westlich und mindestens ein Etmal nördlich der Kanarischen Inseln liegt?« Er nahm das Fernrohr, das Julius ihm zurückgab, und steckte sich das Instrument hinter seinen breiten Ledergürtel. »Ich fürchte, deine Beförderung muß noch auf sich warten lassen.« Ohne den Blick zum Rudergänger zu wenden, rief er: »Was ist unser derzeitiger Kurs?«

»Zweihundertzehn Grad Süd, Kapitän.«

Manasse nickte zufrieden und sah Julius an. »Was ist der Kartenkurs von Lissabon zu den Kanarischen Inseln, Herr Rochat?«

Julius seufzte innerlich, antwortete aber gefügig: »Zweihundertzehn Grad Süd, Kapitän.« Manasse wußte natürlich so gut wie er, daß das Schiff unter den gegebenen Umständen nicht in die Richtung fuhr, in die der Steven zeigte. Durch die Einflüsse von Wind und Strömung bewegte es sich wie eine Krabbe, der Kurs durch das Wasser konnte um etliche Grad vom Kompaßkurs abweichen. Und so konnte die tatsächliche Position schon nach wenigen Tagen Fahrt himmelweit vom gegißten Schiffsort abweichen, ein Umstand, der schon viele Seeleute das Leben gekostet hatte.

Vielleicht stellt er mich nur auf die Probe, dachte Julius. Denn wenn Manasse wirklich so dumm wäre, hätte er niemals das Kommando über ein Marineschiff erhalten. Es konnte natürlich auch schlichte Halsstarrigkeit sein. Was die heikle Frage aufwarf, was Julius nun tun sollte, um sich möglichst wenig Minuspunkte einzuhandeln.

Als hätte Manasse Julius' Gedankengang mitverfolgt, sagte er: »Die See sieht schmierig aus, was darauf hindeutet, daß wir immer noch in Landnähe sind. Überdies lag heute morgen Wüstensand an Deck, Sand aus der Westsahara, würde ich meinen. Des weiteren schmilzt die Butter, wir dürften uns also erheblich weiter im Süden befinden, als du berechnet hast.« Er sah Julius herausfordernd an. »Aber du bleibst dabei, daß wir vor Madeira liegen?«

»Es wird höchste Zeit, daß eine Methode gefunden wird, nach der man die geographische Länge, auf der man sich befindet, jederzeit exakt bestimmen kann, dann wären derlei Diskussionen nicht mehr nötig.« Eine geschickte ausweichende Antwort, bescheinigte Julius sich selbst.

»Diskussionen, Herr Rochat? Diskussionen?«

Einen Moment lang war Julius' Verärgerung über den hochmütigen Ton des anderen größer als seine Vorsicht. »Mit Verlaub, Kapitän, aber bekanntlich kann es doch vorkommen, daß Wüstensand viele Hunderte Meilen weit mitgeführt wird, sowohl über Land wie über das Meer. Und Butter beginnt häufig schon auf der Höhe von Portugal zu schmelzen, das habe ich selbst feststellen können.«

Ehe der Kapitän etwas erwidern konnte, wurde seine Aufmerksamkeit abgelenkt, weil der Rudergänger aus Unachtsamkeit zu hoch am Wind steuerte. Die Lateinsegel an den hinteren Masten blieben stehen, doch das Großsegel und die Fock fielen kurz ein, um gleich darauf, als der Steuermann seinen Fehler bemerkte und das Schiff hastig abfallen ließ, mit einem gewaltigen Knall wieder Wind zu fangen. Die Masten knarrten beängstigend, und das Schiff krängte einen Moment lang so stark, daß die Offiziere auf dem Achterkastell einen Halt suchen mußten, um nicht zu stürzen.

Ohne sich umzudrehen, kommandierte der Kapitän: »Zehn Stockschläge für den Rudergänger, und laß diesen Stümper ablösen. Jetzt sofort!«

Julius gab den Befehl weiter. Ausnahmsweise konnte er Manasse nur beipflichten. Bei der herrschenden steifen Brise und dem Kurs, den sie fuhren, konnten sich Steuerfehler im Nu verhängnisvoll auf die Takelage auswirken.

Als wenn nichts geschehen wäre, griff der Kapitän ihre vorherige Diskussion wieder auf. »Ihr wollt mir also meine Autorität absprechen, wenn ich Euch recht verstehe«, stellte er in formellem Ton fest.

»Ganz und gar nicht, Kapitän«, entgegnete Julius. »Ich versuche nur, mein Wissen und meine begrenzte Erfahrung zu evaluieren, indem ich sie der Euren, die so viel größer ist, gegenüberstelle. War das nicht der Zweck meiner Ausbildung?« Es hatte zwar ein Weilchen gedauert, doch allmählich bekam er die Kunst des Arschkriechens in den Griff, fand Julius. Wenn er auch nicht so recht wußte, ob er sich darüber freuen sollte.

Manasse nickte langsam vor sich hin. Dann schlug er urplötzlich vor: »Wollen wir eine Wette darüber abschließen? Wenn das dort hinten die Kliffküste von Madeira ist...«, er verzog kurz das Gesicht, »...dann werde ich Euch der Admiralität zur Beförderung vorschlagen, anstatt meinen Bericht mit einer negativen Bemerkung zu versehen. Erkennen wir nachher freilich die Umrisse Lanzarotes und nicht Madeiras, dann ereilt Euch die gleiche Strafe wie den unachtsamen Steuermann.«

Julius zögerte kurz, bevor er unsicher antwortete: »Ich bin kein Glücksspieler, Kapitän.«

»Wenn Ihr so überzeugt seid, daß Ihr recht habt, handelt es sich nicht um ein Glücksspiel, Herr Rochat.«

Das gilt auch für ihn, dachte Julius unbehaglich. Die Selbstsicherheit des anderen ließ ihn plötzlich an sich selbst zweifeln. Freilich lockte ein lohnender Gewinn, falls er doch recht behalten sollte. Und wenn nicht... ach, zehn Stockschläge hatten noch keinen umgebracht. Obwohl natürlich um einiges härter zugeschlagen wurde, wenn es sich um einen Offizier handelte, darauf konnte er sich gefaßt machen. »Und ich würde nicht unbedingt Mut beweisen, wenn ich die Wette ablehnte, nicht wahr, Kapitän?«

»So ist es.« Manasse griff zu seinem Fernrohr und richtete es auf die allmählich größer werdende Insel in der Ferne.

Julius erstarrte, als er sah, wie sich der rechte Mundwinkel des Kapitäns zu einem befriedigten Lächeln kräuselte.

»Aus wie vielen Inseln besteht Madeira noch gleich, Herr Rochat?«

»Äh... nur einer, dachte ich?«

Manasse nickte und reichte Julius das Fernrohr. »Möglicherweise ist es eine Fata Morgana, das kann man auf See nie wissen, aber ich sehe hinter der ersten eine zweite, allem Anschein nach viel größere Insel auftauchen. Könnte das nicht vielleicht Fuerteventura sein, Herr Rochat? Oder sollten wir noch weiter abgedriftet sein, als selbst Ihr zu vermuten wagtet, und nähern uns womöglich gar den Azoren?«

Sobald Julius das Okular auf sein Auge eingestellt hatte und das Bild scharf war, sah er, daß der Kapitän recht gehabt hatte. Er seufzte und ließ das Fernrohr sinken. »Ich verstehe das nicht...«

»Die Besatzung wird sich freuen«, bemerkte Manasse in neutralem Ton.

»Was habe ich falsch gemacht?«

»Ihr habt Euer eigenes Wissen überschätzt, Herr Rochat.«

»Ihr sagt es mir also nicht«, stellte Julius resigniert fest.

»Ich halte es für besser, wenn Ihr selbst auf die Dummheit kommt, die Euch Schiff und Besatzung kosten könnte, wenn Ihr das Kommando hättet. Was wohl glücklicherweise niemals der Fall sein wird.« Der Kapitän steckte sich das Fernrohr wieder hinter seinen Gürtel. »Und sagt dem neuen Steuermann, daß er mindestens fünf Strich höher halten muß.« Er schüttelte den Kopf. »Schwachköpfe allesamt…«

In dem Moment rief der Ausguck aus dem Krähennest: »Schiff in Sicht!«, und zeigte mit ausgestrecktem Arm nach Osten.

»Es sind drei Schiffe«, stellte Manasse gleich darauf fest, als er durch sein Fernrohr in die angegebene Richtung spähte. »Galeassen, Türken wahrscheinlich.« Mit gefurchter Stirn ließ er das Fernrohr sinken.

»Türken?« fragte Julius verwundert. »Hier? Ist ihnen das Mittelmeer etwa nicht groß genug?«

Der Kapitän überhörte ihn. »Sie fahren einen raumeren Kurs als wir, sind also um einiges schneller. Außerdem haben sie Ruderer.« Er klang verbissen. »Wollen uns offensichtlich den Weg nach Lanzarote abschneiden, diese Prahlhänse.«

»Aber wir befinden uns doch nicht im Krieg mit ihnen?«

»Die Türken machen mit jedem Krieg, das sind verdammte Kaper ohne Kaperflagge.«

»Aber welche Beute erhoffen sie sich denn auf einem Marineschiff?«

»Seekarten, Herr Rochat. Überarbeitete und mit vielen Details versehene Seekarten, wie nur wir im Westen sie besitzen, um die geht es ihnen.«

Julius spähte nach Osten. Er hatte gute Augen und konnte die drei Schiffe als weiße Pünktchen gegen das Blau von Himmel und Wasser unterscheiden. Er hatte noch nie ein Seegefecht mitgemacht und spürte, wie die Aufregung seinen Herzschlag beschleunigte.

»Wir haben drei Möglichkeiten«, erklärte Manasse. »Wir können alles auf eine Karte setzen und versuchen, in den Schutz der Kanonen von Lanzarote zu gelangen, bevor uns die Türken angreifen. Oder wir können die Flucht ergreifen. Wenn wir nach Westen abfallen, legen wir ausreichend an Geschwindigkeit zu, um ihnen davonzufahren. Aber dann verlieren wir so sehr an Höhe, daß Cabo Verde unerreichbar wird, solange der Wind nicht dreht. Und ich möchte mich dort gerne noch in diesem Monat der Flotte anschließen.«

»Und die dritte Möglichkeit, Kapitän?« fragte Julius beunruhigt.

Manasse sah ihn an, doch sein Blick war glasig, als sehe er durch den jungen Mann hindurch. »Wir könnten die Sache ausfechten. Sie sind zwar zu dritt und wendiger als wir, aber wir sind viel schwerer bewaffnet.«

»Vielleicht gibt es ja auch eine Zwischenlösung…«, warf Julius zaghaft ein.

Der Kapitän zog skeptisch eine Augenbraue hoch. »Ist Euer strategisches Talent genauso groß wie das navigatorische, Herr Rochat?«

»Wir könnten unseren Kurs beibehalten, bis wir mit Sicherheit wissen, ob sie schnell genug sind, um uns in der Tat den Weg abzuschneiden. Merken wir, daß wir Lanzarote nicht rechtzeitig erreichen können, bleibt immer noch die Möglichkeit, mit Kurs vor dem Wind vor ihnen zu fliehen, bevor wir in ihrer Schußweite sind.«

Manasse nickte mit gespitzten Lippen. »An sich keine schlechte Idee, doch die Sache hat einen kleinen Haken.«

»Äh... ja?«

Manasse hob die Nase in die Luft. »Was, wenn uns der Wind im Stich läßt?«

»Der Wind bläst schon tagelang mit gleichbleibender Stärke aus derselben Richtung.«

»Was rein rechnerisch die Wahrscheinlichkeit erhöht, daß eine Veränderung ansteht.«

Julius ließ die Schultern hängen. »War nur so eine Idee, Kapitän...«

Manasse nickte. »Die einmal mehr beweist, daß kein Kapitän in Euch steckt.«

»Nur, weil ich nicht...«

Manasse schnitt Julius mit einer ungeduldigen Gebärde das Wort ab. »Mangelnder Schneid, Herr Rochat. Mangelnder Schneid. Als ich noch in Eurer Position war, hätte mich kein Kapitän von einer Meinung abbringen können, von der ich selbst überzeugt war.«

Stockschläge sind ein effizientes Mittel gegen zuviel Schneid, dachte Julius, doch er schwieg ergeben.

»Sagt dem Rudergänger, daß er den Kurs halten soll«, kommandierte Manasse, als Julius nicht reagierte. Er zog eine Grimasse. »Wollen doch mal sehen, was Eure strategischen Fähigkeiten in der Realität taugen, Herr Rochat.« Er richtete sein Fernrohr auf die Galeassen im Osten. »Und danach geht Ihr nach unten und trefft die nötigen Vorbereitungen, daß wir notfalls blitzschnell alle Karten und Aufzeichnungen vernichten können.«

Julius war erleichtert, daß er kurz das Kommandodeck verlassen konnte, wenn es ihm auch merkwürdig erschien, daß der Kapitän ihn in einem solchen Augenblick wegschickte. Bis er in dessen Kajüte kam und den Blick über die auf dem großen Tisch ausgebreitete Seekarte wandern ließ. Da ging ihm ein Licht auf. Manasse wollte ihm einfach die Gelegenheit geben, herauszufinden, warum er mit seiner Ortsbestimmung so weit danebengelegen hatte.

Julius beugte sich über die Karte und starrte auf die überreich ausgeschmückte Windrose in der rechten oberen Ecke. Auf der Karte war zu vieles, was die Aufmerksamkeit ablenkte. Dinge, die nichts mit der Navigation zu tun hatten: kunstvoll und detailliert gezeichnete Ungeheuer wie Drachen und Seeschlangen, geflügelte Fische, die mythologischen Figuren der Tierkreiszeichen, lateinische Spruchweisheiten und Ermahnungen … Faktisch waren die Umrisse von Festland und Inseln wesentlich vager und ungenauer gehalten als alle diese unnötigen Dekorationen. Vieles davon war freilich obligatorisch, wie Julius wußte. Die allgewaltige kirchliche Macht stellte auch ihre Ansprüche an die Kartographen. So waren Wissenschaftler und Zeichner genötigt, zwischen Obligatorien und wirklich Bekanntem zu lavieren.

Julius stemmte sich am Tisch ab, als das hohe Achterschiff der ›Tempus Fugit‹ auf der Dünung ziemlich brüsk schlingerte. Eine große Öllampe aus Messing, die über seinem Kopf an einem Decksbalken aufgehängt war, schwang bedrohlich hin und her. Er konzentrierte sich auf die auf der Karte verzeichneten Daten. In einem der lateinischen Erläuterungstexte am Kartenrand war in der linken unteren Ecke von Strömungen in diesem Teil des Ozeans die Rede, wie sie schon häufig von Besatzungen europäischer Kauffahrer, die um Afrika herum nach Indien fuhren, beobachtet worden waren.

Plötzlich schlug sich Julius mit der Hand vor die Stirn. »Du törichter…« Er schüttelte den Kopf. Vielleicht hatte Manasse ja recht. Vielleicht eignete er sich wirklich nicht zum Kapitän. Darüber hatte er sich eigentlich nie Gedanken gemacht, wurde ihm plötzlich bewußt. Bestimmte Umstände hatten dazu geführt, daß er dorthin gelangt war, wo er jetzt stand, und er hatte sich noch nie gefragt, wie es denn weitergehen und wie seine Zukunft aussehen sollte. Daß die militärische Disziplin ihm trotz seiner Privilegien als Adelborst nicht sonderlich zusagte, stand fest. Falls er denn überhaupt Kapitän werden wollte, sah er sich eher auf der Brücke eines Handelsschiffes. Oder noch besser auf einem Schiff, das auf Entdeckungsreise in neue Welten auszog…

»Wenn von der Windrichtung die Rede ist, ist die Richtung gemeint, aus der der Wind kommt«, sagte er zu Manasse, als er wieder neben diesem auf dem Achterkastell stand. »Strömungen dagegen werden nach der Richtung benannt, in die sie führen. Darin lag mein Fehler: Ich dachte, die Strömung hier verliefe von Ost nach West, während es genau andersherum ist. Ich hätte die Strömung von der Winddrift abziehen müssen, anstatt sie zu addieren. Das ist aber auch reichlich verwirrend, wieso benennt man Wind- und Strömungsrichtung nicht auf die gleiche Weise?«

Der Kapitän antwortete nicht. Er spähte durch sein Fernrohr zu den türkischen Schiffen hinüber. Sie waren sichtlich näher gekommen. Es würde eine äußerst knappe Angelegenheit werden, noch rechtzeitig in den Schutz der Kanonen von Lanzarote zu gelangen.

Ohne den Blick von den Schiffen in der Ferne abzuwenden, fragte Manasse: »Unten alles klar?«

Julius hatte die Karten und alle Papiere, die er hatte finden können, mit Schießpulver bestreut und ein Zunderkästchen bereitgestellt. »Ein Funke, und alles ist dahin«, versicherte er.

»Gut.« Manasse gab Julius das Fernrohr. »Was denkt Ihr, Herr Rochat?«

»Sie kommen rasch näher«, antwortete Julius, der dafür kein Fernrohr benötigte. Die drei Galeassen fuhren nun mal einen viel günstigeren Kurs als die ›Tempus Fugit‹.

»Danach hatte ich nicht gefragt.«

»Ich denke, es steht Spitz auf Knopf.«

»Bitte?«

»Ich meine... ich bin mir noch nicht sicher, ob wir es schaffen werden oder nicht, Kapitän.«

»Hm... Es ist fabelhaftes Wetter für ein Gefecht. Ich würde mit dem größten Vergnügen ein paar dieser verfluchten Heiden versenken oder sie wenigstens in ihr Mittelmeer zurückjagen. Diese dreckigen Diebe haben hier nichts zu suchen.« Der Kapitän verschränkte die Hände auf dem Rücken und wippte ungeduldig auf seinen Fußballen.

»Wir können noch ein Weilchen abwarten.«

Manasse nickte. »Wollen wir wetten? Wenn wir es schaffen, werden Euch die zehn Stockschläge erlassen. Schaffen wir es nicht, bekommt Ihr zwanzig.«

»Habe ich eine Wahl, Kapitän?«

Manasse grinste freudlos. »Nein«, sagte er. Und gleich darauf: »Laßt für alle Fälle die Steuerbordkanonen bemannen.«

In dem Moment, da Julius den Befehl weitergab, fühlte er eine Bewegung durch das Deck unter seinen Füßen gehen. Beide Großmarssegel schlugen kurz, und die ›Tempus Fugit‹ richtete sich aus ihrer Seitenlage auf. Masten und Stagen knarrten, als der Druck auf die Takelage nachließ.

Manasse sah Julius ausdruckslos an. »Hatte ich vorhin nicht von der Unberechenbarkeit des Windes gesprochen, Herr Rochat?«

Julius überlief es eiskalt, als er zum Großsegel blickte und sah, wie es seine straff gerundete Form verlor. Die Geschwindigkeit des Schiffes nahm spürbar ab.

»Alle Kanonen bemannen und laden«, sagte der Kapitän in beinahe normalem Gesprächston. Er wirkte plötzlich völlig emotionslos, und das fand Julius um einiges beunruhigender, als wenn er geschimpft und geschrien hätte. »Bewaffnet die Besatzung, und laßt die Enternetze spannen.« Manasse blickte zu den Wimpeln in den Mastspitzen. »Zum Manövrieren reicht der Wind noch aus, vorerst zumindest. Da wollen wir dem Lumpenpack doch mal zeigen, was kämpfen heißt.«

Julius gab die Ordern weiter und richtete das Fernrohr auf die türkischen Galeassen. Die Schiffe hatten den Kurs geändert und kamen jetzt geradewegs auf sie zu, angetrieben von langen Rudern, die in flinkem Rhythmus ins Wasser bissen. Die Türken machten sich nicht die Mühe, sich zu verteilen.

»Um auf uns feuern zu können, müssen sie beidrehen, sobald sie in Schußweite kommen«, sagte Manasse. »Und dann geben wir eine volle Breitseite.«

Die Galeassen waren auch mit einem beeindruckenden Rammsporn ausgestattet, wie Julius nun sah. Vielleicht wollten sie ja den einsetzen, und nicht ihre Kanonen. Doch da er sich nicht vorstellen konnte, daß Manasse das nicht berücksichtigt hatte, hielt er wohlweislich den Mund.

Der Kapitän wippte erneut ungeduldig auf den Zehen, die Hände auf dem Rücken verschränkt. »Laßt Pulverfäßchen mit Lunten präparieren«, kommandierte er. »Die werfen wir ihnen auf die Schiffe, wenn sie es wagen sollten, uns zu entern.« Und noch während Julius die Order durch den dritten Offizier an die Besatzung weitergeben ließ, die auf dem Deck in fieberhafte Aktivität ausgebrochen war, fügte der Kapitän hinzu: »Und laßt Vorkehrungen dafür treffen, daß wir das Schiff in die Luft jagen können, falls wir den kürzeren ziehen. Ich werde mich diesen Hundsföttern nicht ergeben, nie im Leben!« Und als Julius kurz zögerte: »Lieber mit Zunder unterm Arsch ans Himmelstor gelangen als von diesen Barbaren langsam zu Tode gefoltert werden, Herr Rochat!« Mit Zornesfalte auf der Stirn spähte er zu den sich nähernden Galeassen hinüber. »Eine Salve aus allen Geschützen an Steuerbord. Sie sind noch außer Reichweite, aber sie sollen sich ruhig schon mal in die Hosen scheißen. Wenn sie überhaupt welche anhaben!«

Kurz darauf ließ ein zwanzigfacher Donnerschlag die ›Tempus Fugit‹ erzittern. Der schwach gewordene Wind blies beißenden Pulverqualm über die Decks. Etwa auf halber Strecke zwischen dem Schiff und den Galeassen ließen die ins Meer einschlagenden Kanonenkugeln Wasserfontänen aufspritzen. Die türkischen Schiffe rückten ihnen mit gleichbleibender Geschwindigkeit näher.

»Die Richtung stimmt genau«, stellte Manasse fest. »Sobald sie in Schußweite sind, können sie was erleben, wenn sie so dumm sind, sich nicht zu verteilen.«

In dem Moment schrie der Ausguck aus dem Krähennest

ein weiteres Mal, daß ein Schiff in Sicht sei. Diesmal zeigte er vor den Bug.

Der Kapitän riß Julius das Fernrohr aus der Hand und spähte einige Sekunden in Richtung Lanzarote. Dann gab er Julius das Instrument zurück. »*Deus ex machina*«, sagte er. »Die vierte Option, die ich vorhin nicht zu erwähnen wagte, obgleich sie mehr oder weniger auf der Hand lag.«

Als Julius das Fernrohr ausrichtete, sah er, daß sich zwei spanische Galeonen von der Insel lösten und auf sie zuhielten. Sie kamen zwar nur langsam voran, doch die Distanz war nicht mehr allzugroß. Sie würden mit Sicherheit rechtzeitig dasein, um einzugreifen, falls es zu einem Aufeinandertreffen mit den türkischen Schiffen kommen sollte.

»Die ›Mexoco‹ und die ›Córdoba‹. Ich vermutete bereits, daß sie hier auf uns warten würden.« Manasse klang befriedigt, als hätte er das alles so eingefädelt.

Die Besatzung unter dem Enternetz auf dem Oberdeck brach in Jubelgeschrei aus. Die drei türkischen Schiffe wendeten den Steven. In Kiellinie nahmen sie Kurs nach Norden.

»Feiglinge«, sagte Manasse verächtlich. »Schade, daß wir keine Ruderer haben.«

Von einer der Galeonen, die von der Insel her nahten, wurde ein Kanonenschuß abgefeuert, und man hißte Signalflaggen.

»Pech, Herr Rochat«, sagte der Kapitän, das Fernrohr am rechten Auge. Seine Stimme klang wieder leicht spöttisch. »Die Fleischtöpfe der Kanarischen Inseln bleiben Euch vorenthalten, wir haben Order, gleich nach Cabo Verde weiterzufahren.« Er blickte zum Himmel empor. »Hoffen wir, daß der Wind dreht und auflebt.«

Julius nickte stumm. Das ging ihm alles ein bißchen zu schnell, die Aufregung steckte ihm noch in den Knochen. Er schluckte kurz und fragte: »Soll ich die Karten und Dokumente wieder in Ordnung bringen, Kapitän?«

»Eine gute Idee. Aber tut mir bitte den Gefallen, und steckt das Ganze nicht versehentlich in Brand.« Wie gewöhnlich lächelte Manasse dabei nicht.

»Ich werde mir Mühe geben, Kapitän«, antwortete Julius verdrießlich.

Bevor er verschwinden konnte, fragte Manasse noch: »Ach, Herr Rochat, hättet Ihr die zwanzig Stockschläge lieber morgens oder abends?«

Julius seufzte. »Machen wir's abends«, sagte er. »Und vielen Dank, daß ich es mir aussuchen darf.« Wie zu erwarten, prallte sein Sarkasmus gänzlich an seinem Gegenüber ab.

Unter Deck schüttete Julius das Schwarzpulver von den Karten wieder in sein Pulverhorn zurück. Danach sank er auf einen Stuhl nieder und starrte durch eines der Fenster der Achtergalerie auf den dünn gewordenen Kielwasserstreifen hinter dem Schiff. War das nun das Leben, das er sich wünschte? Das bezweifelte er immer mehr. Er liebte das Meer, doch hinsichtlich des militärischen Apparats hatte er große Bedenken. Seinen Vater würde das wohl kaum freuen.

Julius' Blick wanderte zu der Karte vor ihm auf dem Tisch. Sie würden ganz nah an den Kanarischen Inseln entlangfahren. Vielleicht konnte er die Küsten und Klippen, die sie passierten, detaillierter und genauer zeichnen, als das jetzt auf der Karte der Fall war. Es würde sich gewiß ein Kartograph finden, der dafür Geld übrig hatte. Und wenn er seinem Vater beweisen konnte, daß er auf See auch sein

Brot verdienen konnte, ohne eine Uniform anziehen zu müssen...

Julius atmete mit geblähten Wangen aus und erhob sich. Das bißchen Enthusiasmus, das er eben verspürt hatte, verließ ihn schon wieder. Er war zu nüchtern, um an seine eigenen Phantasien zu glauben. Dennoch hielt er an dem Vorsatz fest, während der restlichen Reise möglichst viele geographische Informationen zu sammeln. Gute Karten wurden zusehends geradezu lebenswichtig. Er würde auf jeden Fall ein paar Dukaten damit verdienen können, über die sein Vater keine Kontrolle hatte. Allein dafür war die Sache der Mühe wert.

3

Wie nebenher mit seinem Riemen im langsam strömenden Scheldewasser rührend, steuerte der Lachsfischer sein Boot mit der auflaufenden Flut in den kleinen Hafen hinein. Unweit der stillstehenden Gezeitenmühle legte er am gemauerten Kai an. Er machte das Boot nicht fest, sondern hielt es mit einem Bootshaken längsseits.

Die Mühle würde sich wieder drehen, wenn die Ebbe einsetzte, um dann, je nach Bedarf, Weizen, Roggen oder Baumrinden zu mahlen. Als Kind hatte Gerhard viel Zeit hier am Hafeneingang verbracht, fasziniert von den Schöpfbrettern der Mühle, die durch das rauschend abströmende Wasser in Bewegung gesetzt wurden.

»Tausend Dank«, sagte er zu dem Fischer, der ihn von Antwerpen aus mitgenommen hatte. »Ich wollte, ich könnte es Euch in irgendeiner Weise vergüten.«

»Ach, ein wenig gelehrte Gesellschaft kann nie schaden«, erwiderte der Fischer. Er blickte mißvergnügt zu den Wachen, die neben dem großen Mühlrad auf und ab schlenderten. Einer von ihnen blieb stehen, stemmte die Hände in die Seite und nahm das Boot ins Visier. »Ich ziehe besser gleich wieder von dannen, bevor ich dafür bezahlen muß, daß ich hier angelegt habe.«

Gerhard nickte. Der Fischer hatte ihm erklärt, daß er

wegen des Zolls, den die Stadt von jedem auswärtigen Händler verlangte, nicht mehr bereit sei, noch irgend etwas in Rupelmonde zu verkaufen. Über die unfaire Bevorteilung der örtlichen Händler, die nichts zu entrichten brauchten, wurde in Antwerpen und anderswo tüchtig geschimpft.

Gerhard schwang sich seine verschlissene Leinentasche über die Schulter und kletterte ein wenig ungelenk aus dem wackligen Boot ans Ufer. Danach half er, das Boot abzustoßen, und blieb noch kurz stehen, um dem Fischer nachzuwinken. Der schaute sich jedoch nicht mehr um, sondern hielt mit kräftigen Ruderschlägen wieder auf die in der Mittagssonne glitzernde Schelde zu, wo er sein kleines braunes Luggersegel hißte und vor dem Wind in Richtung Norden davonfuhr.

»De Kremer?« fragte die Wache, als Gerhard auf sie zulief. Der Mann machte ein verblüfftes Gesicht. »Gerhard de Kremer? Das ist aber eine Weile her.«

Erst jetzt erkannte Gerhard den anderen. Der Mann wohnte schräg gegenüber von seinem Elternhaus in der Heuckelstraat. Er war der Sohn eines Hufschmieds und ungefähr in Gerhards Alter. »Ich war einige Jahre in Löwen, um zu studieren.« Er sagte lieber nicht, daß er sich momentan in Antwerpen aufhielt. »Ich nenne mich jetzt Gerhard Mercator.« Er blickte zu der imposanten Burg mit ihren siebzehn Türmen hinüber. Irgendwie ging eine düstere Bedrohung von ihr aus, die ihm aufs Gemüt schlug, wenn er zu lange hinsah. »Ich hoffe, hier hat sich während meiner Abwesenheit nicht allzuviel verändert?«

»Nicht, daß ich wüßte«, antwortete der andere, an dessen Namen sich Gerhard nicht erinnerte. »Euer Großonkel

Gisbert ist noch stets Kaplan im Sint-Jans-Hospiz.« Letzteres klang nicht so, als freute ihn das.

Gerhard lächelte leise. »Geht er immer noch so freigebig mit Bannflüchen und der Androhung von Hölle und Verdammnis um?«

Die Wache verzog das Gesicht. »Mit seinen Strafpredigten beschert der Kaplan so manchem Hospizbesucher schlaflose Nächte.«

»Der Herr erwählt nicht immer die freundlichsten Menschen zu Seinen irdischen Vertretern«, entgegnete Gerhard.

Die Wache schien diese wenig ehrerbietige Bemerkung nicht zu erschrecken. »Wohl wahr«, sagte der Mann nur. Doch als Gerhard weiterging, blickte er dem jungen Mann stirnrunzelnd nach. »Ich frage mich, ob diese Studiererei dem Menschen guttut«, sagte er zu seinem Kumpan, der einen Brocken Graubrot verspeiste. »Führt doch zu nichts, die ganze Denkerei, oder?«

»Genau«, pflichtete ihm sein Kumpan bei. »Schweine denken auch nicht, und schau dir nur an, wie fett die werden! Womit ich nichts über den Hauptmann gesagt haben will.« Er grinste so breit, daß man seine braunen Zahnstümpfe bewundern konnte.

»Was er wohl noch hier sucht? Für einen, der in Löwen studiert hat, ist hier doch nichts mehr zu erleben!«

»Eine Dirne wird dahinterstecken. Was sonst wäre die Mühe eines solchen Fußmarsches wert?«

»Oder Geld, von seinem reichen Onkel, dem Kaplan.«

Der andere nickte, stopfte sich das letzte Stückchen Brot in den Mund und klopfte sich die Krümel vom Küraß. »Eines von beidem wird es gewiß sein.« Nicht, daß es ihn im geringsten kümmerte, doch die Wache war lang und öde, und worüber sollte der Mensch denn sonst reden?

»Magister artium Gerardus Mercator«, sagte Gisbert mit übertriebenem Nachdruck auf dem Titel. »Schön, dich endlich wiederzusehen. Ich möchte ja gerne einmal wissen, was du die ganze Zeit in Antwerpen treibst!« Er gab Gerhard eine kühle Hand und trat dann einen kleinen Schritt zurück, als wolle er den jungen Mann von Kopf bis Fuß in Augenschein nehmen. »Du bist dünner geworden«, stellte er fest. »Hast du Hunger? Durst? In der Küche findet sich bestimmt noch etwas.«

»Ich habe auf dem Weg hierher ein Stück geräucherten Lachs gegessen, von einem Fischer.« Gerhard blickte sich ein wenig unbehaglich in der kleinen Kapelle des Hospizes um, wo sein Onkel das Zepter schwang. »Es ist schönes Wetter, können wir uns nicht draußen unterhalten?«

»Fühlst du dich nicht wohl in der Gegenwart des Herrn? Gibt es womöglich dunkle Flecken auf deiner Seele?«

»Ich bin nicht gekommen, um über meine Seele zu reden, Onkel Gisbert.«

»Ach, nein? Nach allem, was mir so zu Ohren kommt, könnte das aber gar nicht schaden.«

»Nach allem, was Euch zu Ohren kommt?« fragte Gerhard, als sie draußen in der Sonne auf der Bank vor der Kapelle Platz genommen hatten.

»Löwen ist nicht so weit von hier entfernt, wie du zu denken scheinst, und Antwerpen noch weniger. Es spricht sich einiges herum.«

»Das klingt drohend. Ich verstehe nicht, warum.«

»Deine Studien haben dich mundfertig gemacht, und ich höre jetzt, daß sogar dein miserabler elterlicher Akzent fast gänzlich verschwunden ist, und das ist gut. Aber ich habe schwere Bedenken hinsichtlich dessen, was du mit diesen neuen Errungenschaften so alles anstellst.«

»Nichts, wofür ich mich schämen müßte, Onkel Gisbert.«

»Hm, das dürfte wohl davon abhängen, wie stark dein Schamgefühl ausgeprägt ist.«

Gerhard sah seinen Onkel mit etwas zwiespältigen Gefühlen an. Der vierschrötige Mann erinnerte entfernt an eine Kopfweide. Er hatte schlohweißes, buschiges Haar und auffällige schwarze Augenbrauen, unter denen fast ebenso schwarze Augen ihren Blick in die Welt bohrten. Sein Alter war schwer zu schätzen, aber er war auf alle Fälle schon länger Kaplan, als Gerhard auf der Welt war. Trotz seines fortgeschrittenen Alters wirkte Gisbert streitbar und einschüchternd, ein Eindruck, der durch seine Stentorstimme noch verstärkt wurde. Dessenungeachtet war er, wie Gerhard wußte, einer der wenigen Geistlichen, die sich bedürftiger Kümmerlinge aufrichtig annahmen. Nächstenliebe war in seinem Hospiz kein leeres Wort. Wer seinen Onkel um Unterstützung anging, mußte freilich in der Regel eine Strafpredigt in Kauf nehmen.

Gerhard wandte den Blick von den forschenden Augen seines Großonkels ab und heftete ihn auf einige Kinder, die etwas weiter weg johlend mit dem alten Eisenreifen eines Wagenrads spielten. »Was ist falsch daran, wenn man den Dingen auf den Grund gehen möchte?«

»Es ist falsch, wenn es nur zur Untermauerung dessen dient, was dir selbst am besten in den Kram paßt.«

»Mit Verlaub, Onkel Gisbert, aber tun die Theologen nicht genau das in einem fort?«

Es blieb einen Moment still, und Gerhard dachte schon, daß er zu weit gegangen sei, doch dann sagte Gisbert in überraschend mildem Ton: »Seine Heiligkeit, der Papst, ist für dich nicht gerade ein leuchtendes Vorbild, was?« Er seufzte und wandte den Blick gen Süden, ob intuitiv oder absichtlich, war Gerhard nicht so ganz klar. »Alle diese Neuerungen im Denken, die von Italien her zu uns kommen… Ausgerechnet von Italien! Als generierte der Vatikan selbst diese Neuerungssucht.«

»Soll das Denken denn für alle Zeit auf der Stelle treten?«

»Nein, natürlich nicht«, räumte Gisbert ermüdet ein, »aber es kann auch nicht gut sein, wenn durch diese Neuerungssucht die alten Weisheiten mißachtet und an den Rand gedrängt werden.«

»Ihr meint, die alten Weisheiten der Kirche.«

Gisbert sah Gerhard ernst an. »Sieh dich vor mit solchen dreisten Äußerungen, Gerhard. Du bist schon aus dem Alter heraus, da man so etwas mit jugendlicher Unbesonnenheit entschuldigen könnte.«

»Bruder Monachus sagt…«

Gisbert machte eine ungeduldige, abwimmelnde Handbewegung. »Ist das nicht der Franziskaner, der sein Kloster in Mecheln im Stich gelassen hat?«

»Er hatte Streit mit dem Abt, doch der ist beigelegt. Monachus hat in Löwen Astronomie und Geographie studiert. Ich habe schon viele Gespräche mit ihm geführt. Er sagt…«

»Ich will nicht wissen, was er sagt!« unterbrach ihn Gisbert scharf. »Astronomen sind die Allerschlimmsten! Sie schauen sich den Himmel durch ihr Guckrohr an und meinen dann gleich, die Bibel neu schreiben zu müssen! Welche Anmaßung!«

»Ich habe auch schon einige Male einen Blick durch ein Fernrohr werfen dürfen«, sagte Gerhard leise. »Es hat mich nur noch mehr Ehrfurcht vor Gottes Schöpfung empfinden lassen.«

»So? Nun, vielleicht ist deine Seele dann doch noch nicht ganz verloren.«

»Es steht nirgendwo geschrieben, daß wir Gottes Werke nicht studieren und zu begreifen suchen dürfen.«

»Seit wann bist du Schriftgelehrter? Das hättest du zwar werden können, aber du hattest ja andere Interessen.« Gisbert runzelte die Stirn und fragte mit gedämpfter Stimme: »Du hast doch, hoffe ich, nicht irgendwo eine Bibel versteckt?«

Gerhard schüttelte unwirsch den Kopf. »Nein, so dumm bin ich nicht. Und es tut mir leid, daß ich Euch Euren Wunsch nicht erfüllen konnte, Großonkel. Aber ich fühlte mich nicht berufen.«

»Er fühlte sich nicht berufen!« Gisbert schüttelte den Kopf.

Gerhard lehnte sich auf der Bank zurück und blickte zu einer blendendweißen Wolke empor, die wie das Boot des Fischers gravitätisch gen Norden segelte. »Bei näherem Studium erweist sich, daß die Schriften des Aristoteles und anderer Philosophen und Physiker in etlichen Punkten ungenügend mit der Genesis Mose übereinstimmen …«

»Und so hat Magister Mercator beschlossen, sich seine eigene philosophische Wahrheit zusammenzureimen?«

»Äh…« Gerhard zögerte, weil er Gisbert nicht erzürnen wollte. Irgendwie kam er sich in der Gegenwart seines Großonkels immer noch ein wenig wie ein kleiner Junge vor, obwohl er den anderen rein körperlich um Haupteslänge überragte. »Ich möchte es eher so ausdrücken, daß ich beschlossen habe, die Geheimnisse der Natur auf eigene Faust zu erforschen, um… um zu versuchen, Wahrheit und Dichtung voneinander zu trennen.«

»Eine Haltung, für die man dir in Löwen nicht eben Anerkennung gezollt hat, wie ich hörte.«

Das war noch euphemistisch ausgedrückt. In Löwen war hinter Gerhards Rücken tüchtig gehetzt worden. Das war im übrigen auch einer der Gründe dafür, daß er eine Weile von dort weggegangen war. Weggelaufen war eigentlich das treffendere Wort. »Nicht von allen Seiten, das stimmt«, sagte er nur.

Gisbert beugte sich zu Gerhard herüber und legte ihm die Hand auf den Schenkel. »Gerhard…«, er holte tief Luft, als wolle er etwas Schwieriges sagen, »… sieh dich vor, Junge.«

Ein wenig erschrocken über die unerwartete Berührung, starrte Gerhard auf die bleiche Hand auf seinem Bein. »Ich habe nicht vor, mich der Ketzerei schuldig zu machen, Onkel Gisbert, wenn Ihr das meint.«

»Das sei dir auch geraten!« Gisbert zog seine Hand zurück und erhob sich zum Zeichen, daß das Gespräch beendet war. »Aber man braucht sich nicht erst der Ketzerei schuldig zu machen, um die Aufmerksamkeit der Inquisition auf sich zu lenken. Es genügt schon eine allzu vermessene Äußerung, die die Autorität der Kirche in Zweifel zieht und den falschen Leuten zu Ohren kommt. Der Klerus ist außerordentlich irritiert über die zügellosen geistigen Strömungen, die das Denken der Menschen vom tiefen Süden her zu vergiften beginnen. Ganz zu schweigen von dem Gift aus dem Osten.«

»Luther?«

»Ja, Luther!« Gisbert spie den Namen aus, als verursachte er ihm Übelkeit. »Und von den profanen Äußerungen einiger Neutöner, die sich selbst Wissenschaftler nennen, will ich gar nicht erst reden«, fügte er hinzu und blickte dabei drohend auf den jungen Mann herab. Mit gespitzten Lippen sann er noch einen Moment nach, wiederholte aber schließlich nur, als fiele ihm nichts Besseres ein, ein weiteres Mal: »Sieh dich vor, Gerhard.«

Gerhard stand seinerseits auf. »Ich wollte Euch noch um etwas bitten...«, setzte er unsicher an und verstummte beschämt.

Gisbert nickte ergeben. »Geld«, konstatierte er.

»Viel benötige ich nicht, ich habe keine großen Bedürfnisse. Aber wenn der Geldbeutel gar zu leer ist, kann es schon sehr unangenehm sein.«

»Hast du je erwogen, für die Bedürfnisse, die du also offenbar doch hast, zu arbeiten? Studieren und arbeiten, das läßt sich durchaus miteinander vereinbaren!«

»Ich habe dahin gehende Pläne, Großonkel. Doch bis es soweit ist, muß ich noch eine etwas mühevolle Periode überbrücken.« Als Gerhard seinen Großonkel zögern sah, fügte er hastig hinzu: »Ich werde Euch alles nach und nach zurückzahlen.«

»Man höre und staune!« sagte Gisbert skeptisch. Er

wandte sich um und strebte der Kapelle zu, Gerhard mit ungeduldiger Gebärde bedeutend, daß er ihm folgen solle.

Gerhard war erleichtert, daß der Ausflug in seine Geburtsstadt allem Anschein nach nicht vergebens gewesen war. Und es war ihm ernst damit, daß er seinem Onkel alles zurückzahlen wollte. Rochus hatte ihm versichert, daß er mehr als genug würde verdienen können, wenn er einmal die Kunst des Baus von Instrumenten für Seefahrt und Wissenschaft beherrschte. Und er hatte keine Veranlassung, am Wahrheitsgehalt von Rochus' Aussage zu zweifeln, mochte der Gelehrte in den Augen seines Onkels auch zu jenen arroganten Neutönern gehören, die sich Wissenschaftler schimpften.

»Dein Großonkel, der Kaplan, hat wie viele seinesgleichen das Problem, daß ihn allein schon der Gedanke krank macht, es könnte sich etwas in der Welt verändern«, sagte Rochus am selben Abend. »Insbesondere in der kirchlichen Welt, die in ihren Augen als einzige einen legitimen Daseinsanspruch hat.«

Gerhard und er saßen an einem massiven Buchentisch im ›Roten Löwen‹ und tranken Bier aus großen Zinnkrügen. Es waren nur wenige andere Gäste da, so daß sie die Stimme dämpften, damit nicht jedermann mithören konnte. Der Schankraum wurde von Öllampen in ein gelbliches Licht getaucht, und in der Luft hing penetranter Zwiebelgeruch von dem Eintopf, der an diesem Tag jenen Unerschrockenen vorgesetzt wurde, die zu essen wagten, was die Wirtin zusammengepampt hatte.

Nicht weit von den beiden saßen drei spanische Marineoffiziere. Gerhard hatte ihre Galeone bereits am Scheldekai liegen sehen. Sie unterhielten sich laut in ihrer Landessprache und schenkten ihrer Umgebung keinerlei Beachtung.

»Mein Onkel Gisbert mag in mancher Hinsicht konservativ und kurzsichtig sein, aber ich habe ihm auf jeden Fall viel zu verdanken«, entgegnete Gerhard verteidigend. »Ohne ihn hätte ich niemals studieren können, mein Vater hatte nicht die Mittel dafür.«

Für nichts hätte sein Vater die Mittel gehabt, dachte er. Der alte Hubert de Kremer war noch vor Gerhards Geburt mit der ganzen Familie aus dem deutschen Gangelt in die Niederlande übergesiedelt, um sich dort Gisberts Nächstenliebe anheimzugeben. Denn Huberts Arbeit als Schuster hatte gerade eben dazu gereicht, seine sieben Kinder vor dem Verhungern und Erfrieren zu bewahren. Gisberts Großzügigkeit hatte freilich ihren Preis gehabt. Zwei von Gerhards Brüdern waren mehr oder weniger dazu gezwungen worden, Priester zu werden. Auch mit Gerhard hatte Gisbert Ähnliches im Sinn gehabt, zumal sich schon in seiner frühen Kindheit andeutete, daß er mit einem außerordentlichen Verstand gesegnet war. Gisbert hatte ihn schon im Vatikan gesehen. Bis Gerhard dann seine eigene Meinung dazu entwickelte.

»Ach, gewiß ist dein Onkel ein rechtschaffener Mann«, sagte Rochus. »Wie all die anderen Rechtschaffenen, die sofort bereit sind, den Kopf genialer Forscher wie Nikolaus Kopernikus auf Stangen zu spießen, wenn wir es wagen sollten, irgend etwas von unseren Erkenntnissen weltkundig zu machen.«

»Wir?« fragte Gerhard skeptisch. »Wenn *wir* es wagen

sollten?« Das Bier machte ihn ein wenig vorlauter als sonst. Doch das kümmerte ihn jetzt nicht. »Muß ich aus Eurer Wortwahl ableiten, daß Ihr Euch auch zu diesen genialen Forschern zählt?«

Rochus sah Gerhard mit zusammengezogenen Augenbrauen an, als wolle er ihn zurechtweisen, doch dann sagte er: »Als ich zum erstenmal vom heliozentrischen Sonnensystem hörte, das sich unser polnischer Freund vorstellte, fiel es mir wie Schuppen von den Augen.« Er wandte den Blick von Gerhard ab und nahm einen großen Schluck aus seinem Bierkrug. »Es war so logisch, so schön und unwiderlegbar richtig...« Er schüttelte den Kopf. »Der Papst hat auch seine Astronomen, und die haben für ihre Arbeit vielleicht besseres Material zur Verfügung als Kopernikus und ich. Daß die nicht auch längst durchschaut haben, daß die Erde unmöglich der Mittelpunkt des Weltalls sein kann, machen sie mir nicht weis. Im übrigen ist die Auffassung auch gar nicht neu. Schon zweihundert Jahre vor Christus gab es einen griechischen Sternkundler, der zu diesem Schluß kam, Arist... Arist... sein Name ist mir im Moment entfallen. Stell dir das mal vor! Aber der Vatikan ist natürlich in seinem eigenen starren Netz von Dogmen und verdrehten Wahrheiten gefangen...«

Gerhard warf einen raschen Blick in die Runde, doch keiner der anderen Zecher im Schankraum schenkte ihnen Beachtung, die Spanier schon gar nicht. Dessenungeachtet dämpfte er seine Stimme noch ein wenig mehr. »Es dürfte nur sehr wenige geben, die so ohne weiteres glauben wollen, daß die Erde und die anderen Planeten um die Sonne kreisen. Auch mich macht dieser Gedanke immer noch schwindelig.« Er erinnerte sich noch gut an seine Aufregung, als Rochus ihm mit Hilfe seines Fernrohrs seine eigenen Beobachtungen und Berechnungen erläutert hatte. Was Gerhard gesehen hatte, bestätigte Kopernikus' revolutionäre Auffassungen in vollem Umfang. Der Schock dieser Erkenntnis hatte ihn gehörig durcheinandergebracht. Und das war nicht eben besser geworden, als Rochus überdies angedeutet hatte, daß sich die Erde womöglich um die eigene Achse drehte, was den steten Wechsel von Tag und Nacht erklären würde.

»Wenn ihnen die Wahrheit Unbehagen verursacht, klammern sich die meisten Menschen lieber an altvertraute Lügen«, meinte Rochus. »Das ist eine der universellen Torheiten, die mich immer wieder erstaunen. Am Tag, da Kopernikus es wagt, seine Erkenntnisse publik zu machen, erwartet ihn der Kerker – oder Schlimmeres. Zum Glück ist er ein vorsichtiger Mensch, hat man mir zumindest erzählt.«

»Worin bestehen denn die anderen universellen Torheiten?«

»Bitte?« Rochus sah Gerhard einen Moment verwirrt an. Dann schaute er auf seinen leeren Krug und verzog den Mund zu einem schiefen Lächeln. »Unter anderem darin, daß wir uns rühmen, vernunftbegabte Geschöpfe Gottes zu sein, und diese Vernunft dann mit geistigen Getränken lähmen.« Er suchte Blickkontakt zum Wirt und hob seinen Krug. »Heute zahlt mein junger Freund«, sagte er, als der Wirt ihre Krüge füllte. »Ein denkwürdiger Umstand, der es verdient, gefeiert zu werden.«

»Sobald ich ein eigenes Einkommen habe, werde ich Euch die Kosten für mein Logis vergüten«, versprach Gerhard, als der Wirt schweigend davongeschlurft war.

Rochus schüttelte den Kopf. »Unsere anregenden Gespräche sind eine durchaus hinreichende Bezahlung. Obgleich ein bescheidener finanzieller Beitrag an die Wissenschaft natürlich nie zu verachten ist.« Er lächelte und hob seinen Krug. »Auf die Größe des Kosmos und die Nichtigkeit des Menschen.«

Gerhard nickte. »Und auf die, die beides erkennen!«

Am nächsten Morgen spazierte Gerhard zum Kai, um sich die spanische Galeone anzusehen. Doch ihr Liegeplatz am »Steen«, wie die Antwerpener ihre trutzige Kerkerfeste nannten, war bereits verlassen.

Ein kahlköpfiger Alter mit verwittertem Gesicht, der auf einer Rolle Manilaseil saß und in das vorbeiströmende Scheldewasser starrte, hob den Blick und sagte ungefragt: »Sie sind vor einer Stunde mit der Ebbe ausgelaufen.« Er befeuchtete seinen rechten Zeigefinger und hielt ihn demonstrativ in die Luft. »Der Wind hat auf Ost gedreht, bei Einbruch der Abenddämmerung sind sie schon draußen auf See.« Er kniff die Augen gegen das Sonnenlicht zu schmalen Schlitzen zusammen und linste Gerhard an. »Ihr wolltet doch nicht etwa mitfahren?«

»Ich finde Schiffe schön anzusehen, aber damit fahren möchte ich lieber nicht.«

Der Alte nickte und starrte wieder ins Wasser. »Sehr vernünftig, junger Mann, sehr vernünftig. Ich bin fünfzehn Jahre lang zur See gefahren, ich kenne den Weg nach Indien praktisch im Schlaf. Einen nach dem anderen habe ich krepieren sehen. Von meinen Kameraden, meine ich. Hunger, Durst, Skorbut, Schwindsucht und andere furchtbare

Krankheiten, Unfälle, ein paar sind auch ertrunken... Nein, selbst wer seine eigene Mutter umgebracht hat, ist noch zu schade dafür, auf so einem Schiff anzuheuern. Ich hab's überlebt, wenn ich auch nicht weiß, wie. Der Herr ist mir gnädig gewesen.« Er bekreuzigte sich rasch. »Wohlhabend haben sie mich freilich nicht gemacht, die ganzen Entbehrungen. Ich bin noch immer derselbe arme Schlucker wie vor fünfzehn Jahren, als ich zum ersten Mal in See stach.«

»Aber Ihr habt schon etwas von der Welt gesehen.«

»Wasser hab ich gesehen, Tausende von Meilen Salzwasser, das immerzu in Bewegung war. Das Meer bewegt sich immerzu. Sogar wenn es völlig windstill ist, bewegt es sich noch. Und das Schiff bewegt sich mit, Tag und Nacht, monatelang. Verrückt wird man davon! Nein, Junge, der Mensch ist nicht für das Meer geschaffen.«

»Und trotzdem wird es stets mehr Schiffe geben, die immer weiter fahren werden. Der Portugiese Magellan ist sogar ganz um die Erde herumgesegelt. Wenn es stimmt, was er behauptet, denn viele bezweifeln, daß seine Berichte der Wahrheit entsprechen.«

»Ich mag gar nicht daran denken«, sagte der alte Mann, und es klang, als käme es aus tiefstem Herzen. »Ich bin froh, daß ich das alles nicht mehr mitzumachen brauche.« Er hustete und spie einen Spuckebatzen auf die Steine neben seinen Füßen aus.

Gerhard spähte stromabwärts bis über die Stadtwälle hinaus, wo die Schelde eine scharfe Biegung nach Westen, zum Meer hin, machte. Sinnierend sagte er: »Mit besseren Karten und besseren Instrumenten bräuchten ihre Reisen weniger lange zu dauern.«

Der alte Mann nickte. »Und dann könnten diese dämlichen Kapitäne bei aller Wichtigtuerei vielleicht auch mal etwas besser berechnen, wo sie sich denn gerade befinden. Das wissen sie jetzt nämlich die halbe Zeit nicht oder nur annähernd, obwohl sie alle gern so tun, als wüßten sie es sehr wohl.« Er kicherte. »Ich hatte mal einen Schiffer, der am Schlamm, den wir vom Meeresboden heraufholten, riechen konnte, wo wir gerade waren. Und meistens stimmte es sogar. Doch das funktionierte natürlich nur, solange das Meer nicht zu tief war.« Er schaute erneut zu Gerhard auf. »Ihr klingt wie jemand, der eine ganze Weile zur Schule gegangen ist. Warum fangt Ihr nicht schon mal damit an, bessere Karten zu machen?«

Gerhard nickte langsam. »Wer weiß, vielleicht tue ich das eines Tages ...«

4

»*Rue du Temple, monsieur?*«

Der alte Mann, den Julius angesprochen hatte, deutete wortlos in die Richtung, aus der er selbst gerade kam, und ging weiter.

»*Merci*«, schickte ihm Julius sarkastisch hinterher.

In dem Pariser Stadtteil auf dem linken Seineufer war einiges in Bewegung. Schuld daran war unter anderem ein vielbesuchter, großer Markt, wie Julius auf der Suche nach der Rue du Temple wenig später registrierte. Der Markt befand sich nicht, wie sonst üblich, auf einem Platz, sondern in einer breiten Straße, die fast gänzlich durch ihn versperrt wurde. Die Pariser drängten sich in Massen um die lauthals angepriesenen Waren und die vielen Gaukler und Komödianten, die für Kurzweil sorgten.

Julius wurde einige Male von aufdringlichen Händlern festgehalten, die ihm mit flinker Zunge allerlei Plunder aufzuschwatzen versuchten. »Tut mir leid, ich spreche kein Französisch«, log er jedesmal auf niederländisch. Und wenn das nicht half, legte er demonstrativ die Hand auf den Griff seines Dolches. Eine wenig freundliche Gebärde zwar, doch er hatte keine Zeit für Spielchen. Sein Schiff hatte nur für einen Tag in Paris festgemacht, da konnte er keinen unnötigen Aufenthalt gebrauchen.

Die Straße, die er suchte, begann direkt hinter dem Markt. Und mühelos fand er dort das noch sehr neu aussehende große Herrenhaus, das den Namen ›Labore et Constantia‹ trug.

Julius betätigte den Türklopfer und wartete gespannt. Der etwa dreißigjährige, sehr auf der Hut wirkende Mann, der ihm öffnete, war jedoch keineswegs der, den er erwartet hatte. Der Mann hatte pechschwarzes Haupthaar und einen ebensolchen Stoppelbart. Er trug ein hochgeschlossenes Rüschenhemd mit rotem Wams unter einem schwarzen Paltrock mit langen, aufgeschlitzten Ärmeln. Dazu die modische »Heerpauke« mit Braguette, Strumpfhosen und auffällig breite Schuhe. Alles an ihm schrie: Ich bin ein gutsituierter Kaufmann.

»Ja bitte?« sagte er, als Julius schwieg. Seine kultivierte Stimme klang neutral, als interessiere ihn die Antwort im Grunde nicht.

»Mein Name ist Julius Rochat, und ich bin auf der Suche nach einem gewissen Christophe Plantin, der hier seit kurzem residieren soll, wie man mir sagte.«

Der Mann musterte Julius von Kopf bis Fuß. »Ein Marineoffizier, nicht wahr? Und was hat Euch bis an die Seine verschlagen, wenn ich fragen darf?«

»Mein Schiff«, antwortete Julius nicht sonderlich freundlich. Obwohl er selbst aus einer begüterten Familie stammte, hatte er mit Gecken seine Probleme. Er trat einen kleinen Schritt zurück, um auf den Namen des Hauses zu blicken. »Wenn ich an der falschen Adresse bin…«

»Das seid Ihr nicht, aber Monsieur Plantin ist beschäftigt. Was ist der Zweck Eures Besuchs?«

»Mit Verlaub, aber das wollte ich gerne mit ihm persönlich besprechen.« Es störte Julius, daß es der andere offenbar nicht für nötig hielt, sich vorzustellen. Doch er tat vielleicht gut daran, nicht allzu vorwitzig zu werden, denn der Mann strahlte eine natürliche Autorität aus und war auch ganz sicher nicht auf den Kopf gefallen. Einer, mit dem man nicht unbedingt Streit suchen sollte.

»Ihr habt einen eigenartigen Akzent, kommt Ihr vielleicht aus dem Norden?«

Julius nickte. »Ich bin in Gent geboren.«

»Ach, Flandern«, sagte der Mann, der sogleich in akzentfreies Niederländisch überwechselte. »Ein Hort der Ruhe und Beschaulichkeit, verglichen mit dieser Stadt, der alle Edelleute entfliehen, weil das Getöse hier nicht mehr auszuhalten ist.«

Ruhig würde ich die Niederlande nun auch nicht eben nennen, dachte Julius. So gut wie immer war irgendwo Krieg oder irgendein Aufstand. Doch der Lärm auf den Straßen von Paris war in der Tat kaum zu ertragen, das hatte er gerade am eigenen Leibe erfahren. Allerdings hatte er sein Empfinden darauf zurückgeführt, daß er die Stille der See gewöhnt war. »Ich bestehe darauf, Herrn Plantin zu sprechen«, sagte er.

»Ihr besteht darauf«, wiederholte der andere mit leicht spöttischem Unterton, nickte dann aber nachgiebig. »Kommt herein, und seht bitte über die Unordnung hinweg. Christophe ist gerade erst aus dem Süden hierhergezogen, und das Haus muß noch vollkommen eingerichtet werden.«

Julius trat ein und drückte die Tür hinter sich zu, um den Straßenlärm auszusperren. Und dann konnte er sich die

Frage nicht länger verkneifen: »Wer seid Ihr, wenn ich fragen darf?«

»Mein Name ist Heinrich Niclaes, Kaufmann«, antwortete der andere und neigte kaum merklich den Kopf. Dann zeigte er auf einen mit gestreiftem Satin gepolsterten Stuhl, der verloren im ansonsten leeren Vestibül stand. »Nehmt Platz, ich sehe mal nach, ob Christophe Zeit für Euch erübrigen kann.«

Julius leistete seiner Aufforderung Folge und sank auf den Stuhl nieder, dankbar, daß er seinen Füßen einen Moment Ruhe gönnen konnte. Er war weit gelaufen, und das war er nicht mehr gewöhnt.

Jetzt, da er still dasaß, hörte er irgendwo im Haus Stimmen. Es mußten mehrere Männer sein, die, wie ihm schien, in eine Diskussion verwickelt waren. Ihre Stimmen hoben und senkten sich.

»Ich bin Christophe Plantin, was kann ich für Euch tun?«

Julius schrak auf. Er hatte den Blick auf den Holzfußboden gerichtet gehabt, so daß er den jungen Mann, der sich geräuschlos genähert hatte, nicht hatte kommen sehen. Ein wenig ungelenk stand er auf, um sich vorzustellen. »Mir war zu Ohren gekommen, daß Ihr hier in Paris eine Buchbinderei eröffnen wollt.«

»Ich bin immer wieder verblüfft, wie schnell sich Neuigkeiten in der gesamten zivilisierten Welt verbreiten«, sagte Plantin. »Sie scheinen oft schneller zu reisen als die, die Auslöser für sie sind.« Er lächelte kurz. »Eigentlich sollte ich hier einen zweiten Betrieb für meinen Arbeitgeber in Lyon, Robert Macé, aufbauen. Aber angesichts der Möglichkeiten, die sich hier bieten, erwäge ich nunmehr, einen eigenen Betrieb anzufangen. Einen Geldgeber habe ich bereits, das dürfte also schon einmal kein Problem sein.«

Blutjung, dachte Julius, der den einfach gekleideten, schlanken Burschen möglichst unauffällig musterte. Und schon solche ernsthaften Vorhaben. Vielleicht verfügte Plantin in der Tat, wie ihm ein Informant versichert hatte, über außergewöhnliche Fähigkeiten.

Julius hob seine Mappe auf, die er neben dem Stuhl auf den Boden gelegt hatte. »Ich habe einiges, was Euch vielleicht interessieren könnte.« Er knotete die Mappe auf und nahm eines der blauen Blätter heraus, auf die er minutiös die Ostküste Lanzarotes gezeichnet hatte.

»Zeichnungen?« Plantin kam neugierig näher und sah sich das Blatt an, das Julius ihm reichte. Doch schon nach kurzer Betrachtung sagte er mit einer gewissen Enttäuschung: »Was soll ich damit? Ich bin kein Kartograph.«

»Man sagte mir, daß Ihr mit bekannten Kartographen arbeitet oder gearbeitet habt. Ich hoffte, daß wir zu irgendeiner Form von Zusammenarbeit finden könnten.«

Plantin blickte Julius einen Augenblick lang nachdenklich an und wandte sich dann erneut der Zeichnung zu, die er in der Hand hielt. »Auf jeden Fall ist es eine vorzügliche Arbeit, obgleich ich natürlich nicht in der Lage bin, ihre geographische Präzision zu beurteilen.«

»Das kann nur, wer dort gewesen ist und die betreffenden Küsten gesehen hat.«

»Seeleute also.«

»Wenn Ihr eine der vorhandenen Karte danebenlegt, werdet Ihr feststellen, daß meine Zeichnungen etliche Unterschiede aufweisen.«

»Hoffen wir, daß diese Unterschiede auch Verbesserungen sind.«

»Das sind sie«, sagte Julius, der das leise Lächeln des anderen nicht bemerkt hatte.

Plantin nickte langsam. »Ich kann mir vorstellen, daß Eure Arbeit für einen gewissenhaften Kartographen von einigem Wert sein könnte. Möchtet Ihr etwas trinken?«

»Bitte? Äh... ja, gern, der Fußmarsch hierher hat mich durstig gemacht.«

»Kommt mit in den Salon, beziehungsweise das, was der Salon werden soll. Vorerst wohne ich noch auf einer Art Trödelmarkt.«

Während er Julius voranging, sagte Plantin: »Mir war schon aufgefallen, daß sämtliche Karten, die wir in Lyon zum Drucken bekamen, praktisch exakte Kopien bereits existierender Karten waren. Und ich konnte mir eigentlich nicht vorstellen, daß es nichts daran zu ergänzen oder zu verändern gäbe, jetzt, da die Meere immer reger bereist werden.« Er lotste Julius in einen großen Raum, der fast zur Hälfte mit aufeinandergestapeltem Mobiliar und in Tüchern gehüllten Gemälden zugestellt war. Aber wenigstens einige bequeme Sessel und ein niedriges Tischchen hatte man frei geräumt. »Ich hole mal eben was zu trinken«, sagte Plantin. »Wir suchen noch Bedienstete«, fügte er beinahe entschuldigend hinzu. Dann verschwand er durch eine mit glänzendem Leder ausgeschlagene Tür.

Erneut hörte Julius die Stimmen, deutlicher jetzt. Verstehen konnte er aber immer noch nichts. Es klang, als handelte es sich um eine Sitzung, bei der einer nach dem anderen eine Ansprache hielt. Julius mußte sich beherrschen, um nicht an der Wand zu lauschen. Doch er wollte nicht riskieren, daß ihn womöglich sein Gastgeber dabei ertappte, wenn er wie vorhin urplötzlich geräuschlos im Raum stand. So trat er statt dessen an ein großes Fenster und schaute hinaus. Der Salon befand sich auf der Rückseite des Hauses, und er konnte in einiger Entfernung eine gigantische Baustelle sehen. Allem Anschein nach wurde dort eine große Kirche gebaut.

»Die Saint-Eustache«, sagte Plantin, der in der Tat wieder wie ein Geist im Salon aufgetaucht war. Er stellte einen Zinnkrug und Becher auf den Tisch. »Nicht mehr lange, und es gibt in Paris mehr Kirchen als Wohnhäuser. Hoffentlich bringen sie ein wenig mehr Ruhe.«

Julius wartete, bis Plantin in einem der Sessel Platz genommen hatte, bevor er sich gleichfalls setzte. Er nahm den Becher entgegen, den Plantin ihm eingeschenkt hatte, und bemerkte vorsichtig: »Das klingt, als wärt Ihr nicht gerade begeistert von den vielen Kirchen?«

Plantin zuckte die Achseln. »Ach, von mir aus ...« Er beendete den Satz nicht, sondern erhob seinen Becher: »Prosit!« Nachdem sie getrunken hatten, deutete er über seine Schulter. »Ihr fragt Euch vielleicht, was diese Stimmen zu bedeuten haben. Heinrich ist Vorsitzender einer Vereinigung, deren führende Köpfe hier gerade eine Versammlung abhalten.«

»Heinrich? Ach ja, Kaufmann Niclaes, der Herr, der mich hereinließ.«

»Mein Geldgeber«, sagte Plantin in jugendlicher Unbefangenheit. »So reich, wie die Seine tief ist. Er investiert nur in Geschäfte, bei denen er sich sicher ist, daß sie Gewinn bringen. Ich hoffe, er täuscht sich nicht in mir.«

»Möglicherweise ist auch mit meinen Beobachtungen Gewinn zu machen.«

»Euren… ach ja, Euren Zeichnungen.« Nachdenklich starrte Plantin auf die Mappe mit der einen Zeichnung darauf, die Julius auf den Tisch gelegt hatte. »Damit müßte sich etwas anfangen lassen«, räumte er ein. »Doch wenn Ihr beabsichtigt, gutes Geld mit derlei Arbeiten zu verdienen…«, er sah Julius kurz forschend an, »denn ich nehme doch an, daß Ihr kein Altruist seid…?«

»Nicht im mindesten«, gab Julius unumwunden zu.

»Dann würde ich Euch raten…« Plantin lehnte sich in seinem Sessel zurück und nahm nachdenklich einen Schluck aus seinem Becher, ehe er fortfuhr: »Also, was ich sagen will: Ihr als Militär wißt natürlich sehr wohl, wo so etwas in klingende Münze umzusetzen ist.«

»Ihr meint… bei der Marine?«

Plantin nickte. »Gute Karten sind für die Admiralität Gold wert, das dürftet Ihr besser wissen als ich.«

»Hm… als angehender Offizier kann ich schwerlich…«

»Selbstverständlich müßt Ihr im Hintergrund bleiben. Sucht Euch einen kompetenten und vor allem verläßlichen Kartographen, mit dem Ihr zusammenarbeiten könnt, und einen guten Verleger mit Beziehungen zum Hof, und Euer Geldbeutel wird sich schon füllen.«

»Ich hoffte, Ihr würdet dieser Verleger sein.«

»Wer hat Euch an mich verwiesen, wenn ich fragen darf?«

»Ein italienischer Astronom, dessen einigermaßen revolutionäres Werk Ihr publiziert habt.«

Plantin nickte langsam. »Habt Ihr nicht vielleicht Kontakte in England?«

Julius zögerte kurz. Es war nicht immer gefahrlos, derlei rundheraus zuzugeben. Vorsichtig erwiderte er: »Möglicherweise schon, warum fragt Ihr?«

»Jemand, der die Küsten kennt, vorzugsweise ein Seemann?«

Julius runzelte die Stirn. »Klingt, als wolltet Ihr einen Spion aus mir machen.«

»Das würden Euch nur die Engländer verübeln, und wen kümmert schon, was die davon halten?«

Julius nickte langsam. »Es gibt da einen schottischen Leutnant, der… Ach, warum sollte er so etwas für mich tun wollen?«

»Ein Schotte?« Plantin grinste. »Ihr werdet staunen, mit welchem Vergnügen die am englischen Thron sägen wollen. Und wenn Ihr überdies ein paar Dukaten springen laßt… Was ich noch fragen wollte, wenn ich so frei sein darf: Ihr seid die Seefahrt doch wohl nicht schon leid?«

»Ach, ich weiß nicht so recht.« Julius leerte seinen Becher und stellte ihn nachdenklich auf den Tisch. »Ich fürchte, ich habe mit so manchem Probleme, unter anderem mit der sogenannten militärischen Disziplin.«

»Wenn Ihr erst einmal Kapitän seid…«

Julius winkte ab. »Bevor es soweit ist, muß man eine Menge Demütigungen einstecken. Wollt Ihr mal die Narben auf meinem Rücken sehen?«

»Ich wußte gar nicht, daß auch Offiziersanwärter Leibesstrafen unterzogen werden.«

»In doppelter Ausführung.«

»Es gibt also doch noch Gerechtigkeit auf der Welt.«

»Bitte?«

»Nur ein kleiner Scherz«, sagte Plantin beschwichtigend. »Um auf Eure Frage zurückzukommen: Wenn Ihr tatsächlich für wertvolle Verbesserungen der bestehenden Seekarten sorgen könntet, insbesondere der feindlicher Küsten, könntet Ihr damit durchaus Euren Lebensunterhalt verdienen. Eine Zeitlang zumindest. Aber ich rate Euch, deckt Euch im Rücken gegen englische Meuchler.«

»Ich fürchte mich zwar nicht so leicht, aber lebensmüde bin ich deswegen noch lange nicht.«

»Hm... Eure jetzige Position gewährt Euch im konkreten wie im übertragenen Sinne erheblichen Bewegungsraum.«

Julius seufzte. »Ich erwäge derzeit ernsthaft, ob ich nicht wieder studieren sollte. Auf die Weise erwerbe ich mir, denke ich, rascher die nötige Befähigung dafür, das Kommando über ein Schiff zu führen, als wenn ich das wenige an Kenntnissen auflese, das mir prätentiöse Kapitäne krümelchenweise hinwerfen.«

»Ich dachte, der Aufstieg sei nicht nur vom Wissen abhängig?«

»Das ist leider wahr. Aber es wäre schön, wenn ich hin und wieder mal einen höheren Offizier auf seine Dummheiten hinweisen könnte.«

»Wenn Ihr studiert, werdet Ihr freilich nicht in der Lage sein, Beobachtungen fremder Küsten anzustellen.«

Julius sah den anderen einen Moment lang nachdenkend an und meinte dann: »Dafür werde ich dann meine Spione einschalten müssen.«

In dem Augenblick veränderte sich der Klang der Stimmen anderswo im Haus. Es schien, als sei die Versammlung beendet und die Teilnehmer würden durch einen anderen Eingang hinausgelassen.

Julius hatte davon gehört, daß Paris eine Brutstätte allerlei subversiver Aktivitäten sowohl politischer als auch religiöser Natur war. Und er fragte sich jetzt, ob den jungen Plantin und Heinrich Niclaes womöglich noch etwas anderes verband als nur die Beziehung zwischen Unternehmer und Geldgeber. Daß er sich diese Frage stellte, beruhte zum Teil auf seiner angeborenen Neugierde, was Menschen umtrieb, zum Teil aber auch darauf, daß er nicht mit irgendeinem Geheimbund oder so etwas in Zusammenhang gebracht zu werden wünschte, der womöglich früher oder später den Zorn der Inquisition erregte. Er traute sich jedoch nicht, Plantin danach zu fragen, nicht in diesem noch jungen Stadium ihrer Beziehung.

Als Julius stumm blieb, fragte Plantin: »Kennt Ihr einen guten Kartographen in Eurer Region?«

»Nicht direkt, nein. Doch es dürfte kein so großes Problem sein, einen zu finden, scheint mir, denn in den südlichen Niederlanden gibt es etliche.«

»Es ist wohl wahr, daß es mehr als nur einen gibt, aber die meisten tun nicht viel mehr, als eifrig abzukupfern, was andere vor ihnen gestochen haben.« Plantin verzog kurz das Gesicht. »Ich weiß, wovon ich spreche, der Betrieb Macés lebte zu einem gut Teil davon. Es müßte Vorschriften geben, die es verbieten, auf diese Weise vom Werk anderer zu profitieren. Das würde sowohl Verlegern wie Künstlern zugute kommen.«

»Könnt Ihr mir jemanden empfehlen?«

Plantin schüttelte den Kopf. »Nicht auf Anhieb, nein.

Vielleicht später, wenn der Betrieb hier so richtig angelaufen ist und wir einen Stab von Schriftstellern und Zeichnern aufgebaut haben.«

»Beabsichtigt Ihr, für den Rest Eures Lebens in Paris zu bleiben?«

Plantin zuckte die Achseln. »Wer weiß? Vielleicht, wenn ich den Betrieb hier ansiedeln und mir ein Wohnhaus am Stadtrand kaufen kann. Ich weiß es im Augenblick noch nicht. Wenn Antwerpen als Hafen- und Handelsstadt weiterwächst, gehe ich vielleicht dorthin.« Er zuckte ein weiteres Mal die Achseln. »Die Frage steht derzeit nicht an.«

Niclaes erschien in der Türöffnung. »Wenn ich kurz stören darf, Christophe, wir werden im Hôtel de Cluny zum Abendessen erwartet, und dahin ist es ein gutes Stück zu Fuß. Denkst du bitte daran?«

Plantin nickte. »Herr Rochat und ich sind gleich fertig mit unserer Besprechung.«

Der andere nickte und zog sich wieder zurück.

Julius nahm seine Papiere und erhob sich. »Darf ich davon ausgehen, daß wir eine Übereinkunft haben, daß ...«

Plantin erhob sich gleichfalls. »Ich bin Drucker, Buchbinder und Verleger. Sobald Ihr mir etwas beschaffen könnt, das kommerziell für mich von Wert ist, kommen wir ins Geschäft. Und ich nehme an, Euch ist jetzt klar, daß eine bestimmte Art von geographischen Informationen einiges wert sein kann.« Er lächelte freundlich und ging Julius voran zur Eingangstür. Dort schüttelte er ihm die Hand. »Weiterhin gute Reise und... seht Euch ein bißchen vor«, sagte er ernst.

Vielleicht kam es durch Plantins Warnung, denn normalerweise war Julius nicht so achtsam, jedenfalls registrierte er, noch bevor er das Ende der Rue du Temple erreicht hatte, daß ihm jemand folgte. Wie durch einen speziellen Sinn alarmiert, schaute er sich um und sah zwanzig Schritte hinter sich einen Mann, der plötzlich stehenblieb, um mit auffälligem Interesse zum Himmel emporzuschauen. Und als Julius wenig später, in Sichtweite des Marktes, erneut über seine Schulter blickte, sah er denselben Mann hastig in einem Hauseingang verschwinden. Das alles vollzog sich so ungeschickt, daß sich Julius keine allzu großen Sorgen machte. Vielleicht ein Taschendieb, der glaubte, daß jemand in einer Offiziersuniform mit blinkenden Knöpfen vielleicht mehr Geld bei sich haben würde als ein gewöhnlicher Bürger. Straßenräuber wußten offenbar nicht, daß Marineoffiziere oft lange sparen mußten, um sich die eigene Uniform kaufen zu können.

Julius blieb kurz stehen, um nachzudenken. Dieser Bursche spekulierte wahrscheinlich darauf, sich im Marktgedränge an ihn heranpirschen zu können. Wenn er, um das zu verhindern, einen anderen Weg einschlagen wollte, würde er bis zur letzten Kreuzung zurückgehen müssen, und dazu hatte er keine Lust. Außerdem war es meist die schlechteste aller Lösungen, der Konfrontation auszuweichen, hatte ihn sein Vater gelehrt.

Also holte Julius einmal tief Luft, zog seinen Dolch und ging entschlossen zu dem Hauseingang zurück, in dem sich sein Verfolger versteckt hatte. Der Mann hatte Julius nicht kommen sehen und schrie vor Überraschung auf, als der ihn beim Wams packte und aus dem Versteck zog. Julius drückte den Mann unsanft mit dem Rücken gegen die Hauswand und setzte ihm die Klinge seines Dolches an die Kehle. »Was willst du von mir?« raunzte er ihn an, während er ihm mit der anderen Hand das Messer aus dem Gürtel zog.

Der Mann brachte nur ein Gurgeln hervor und starrte Julius mit angstvoll geweiteten Augen an.

»Mußt du dämlich sein, daß du einen Offizier berauben willst!« zischte Julius. »Oder bist du mir aus einem anderen Grund nachgelaufen? Antworte, Mann. Du wärst nicht der erste, dem ich die Kehle durchschneide!« Letzteres war natürlich gelogen, doch Julius legte große Überzeugungskraft in seine Stimme. Und der kalte Stahl, den er dem anderen an die Kehle drückte, blieb auch nicht ohne Wirkung.

»Ich … ich tue nur meine Pflicht … Kapitän!« wimmerte der Mann.

»Deine Pflicht?« fragte Julius erstaunt. »Welche Pflicht? Bist du etwa ein Spion?« Als der Mann nicht sofort antwortete, machte er eine kurze Bewegung mit seinem Dolch. Ein dicker Tropfen Blut rann die Klinge herab. Hinter Julius' Rücken kamen zwei Passanten vorüber, doch er schenkte ihnen keine Beachtung. Sie blieben auch nicht stehen, sondern beschleunigten ihre Schritte, um nur ja nicht in irgend etwas hineingezogen zu werden, womit sie nichts zu tun hatten.

»Das ›Haus der Liebe‹!« jammerte der Mann.

»Bitte?«

»Diese Sekte, diese Versammlung …«

»Was für eine Sekte? Was für eine Versamm …?« Julius fluchte innerlich, als ihm aufging, wovon der andere sprach. »Jetzt hör mir mal gut zu, du Schleicher: Ich habe Christophe

Plantin aus geschäftlichen Gründen aufgesucht. Ich weiß nichts von einer Versammlung, geschweige denn, daß ich etwas damit zu tun hätte!«

»Ja, ja, das sagen alle!« entgegnete der Mann, der angesichts Julius' rechtfertigendem Ton offenbar wieder Mut schöpfte.

»Zum Teufel noch mal, ich bin nie zuvor in Paris gewesen!«

»Das werde ich dann auch so rapportieren, Kapitän.«

Julius zog seine Waffe zurück, ließ aber das Wams des anderen noch nicht los. »Es scheint mir doch sicherer zu sein, gleich kurzen Prozeß mit dir zu machen.«

»Das dürfte Euch Euren Kopf kosten.«

»Davon hättest du dann aber nicht mehr viel, oder?«

»Nochmals, Kapitän, ich erfülle nur meinen Auftrag!«

»Und dieser Auftrag lautet, die Sekte vom ›Haus der Liebe‹ zu observieren? Was sind denn das für Leute?«

»Das ist eine heterodoxe Bande, Kapitän.«

»Eine was?«

»Sie behaupten, Christus sei nicht der leibliche Sohn Gottes, sondern ein… ein Adoptivkind.«

»Hm, das wäre zumindest eine plausible Erklärung für das Mysterium der unbefleckten Empfängnis, scheint mir.«

Der Mann verengte die Augen zu schmalen Schlitzen. »Diese Äußerung riecht schwer nach Gotteslästerung… Kapitän!«

»Blasphemie ist das richtige Wort. Aber diese feine Nuance übersteigt vielleicht das Begriffsvermögen von einem, der nicht mal zwischen einem Kapitän und einem anderen Offiziersrang unterscheiden kann.«

»Ich verstehe Eure Worte nicht, aber sie klingen wie eine Beleidigung.«

»Ach, Mann, geh Pferdeäpfel auflesen, dann tust du wenigstens was Nützliches!« Julius versetzte dem anderen einen Stoß, daß dieser ins Stolpern geriet und beinahe das Gleichgewicht verlor. »Und richte deinem Auftraggeber aus, daß Sekten gleich welcher Art mich nicht interessieren.« Dann wandte er sich ab und marschierte davon. Erst nachdem er ein gutes Stück zurückgelegt hatte, schaute er sich um. Er wurde nicht mehr verfolgt.

Das ›Haus der Liebe‹, murmelte er verärgert vor sich hin. Klang fast wie der Name eines Bordells. Darüber mußte er wiederum grinsen. Freilich war ihm Heinrich Niclaes nicht gerade wie einer vorgekommen, der ein Bordell betreiben würde. Julius beschloß, Plantin einfach danach zu fragen, wenn er ihn das nächste Mal sah.

Falls er Plantin je wiedersah, korrigierte er sich selbst. Aber wie auch immer, er würde auf alle Fälle mit einigen Kartographen sprechen, wenn er wieder zu Hause war.

5

Schräg gegenüber dem Augustinerkloster lag Gerhard bäuchlings im Gras am Rande des breiten Grabens und studierte konzentriert eine Gruppe Sumpfdotterblumen. Die Blüten waren von einem so intensiven Gelb, daß sie ein eigenes Licht auszustrahlen schienen. Neben den Sumpfdotterblumen spießten die Blätter von erstaunlich hoch aufgeschossenem Hechtkraut wie grüne Speerspitzen aus dem Wasser. Hummeln schwirrten emsig um die Blüten herum und in sie hinein, doch die allgegenwärtigen Frösche ließen sie in Ruhe. Vielleicht sind sie vollgefressen, dachte Gerhard, oder sie haben schon schlechte Erfahrungen mit den Stacheln der dicken Insekten gemacht.

Ein Schatten glitt über Gerhard hinweg, und er schaute auf. Als er Rektor Pieter de Corte erkannte, raffte er sich auf und klopfte sich ungeschickt das Gras von den Kleidern.

»Sieh an, Magister Mercator höchstpersönlich«, sagte der Rektor. »Es war mir schon vor einiger Zeit zu Ohren gekommen, daß du dich wieder in Löwen aufhältst. Wie es scheint, aber nicht, um weiterzustudieren?«

»Äh... ja und nein«, antwortete Gerhard unsicher. Der Rektor konnte ziemlich einschüchternd wirken. Und zudem hieß er Gerhards Eigensinn vermutlich nicht eben gut. »Ich möchte noch vieles lernen, aber...« Er zögerte.

»Aber nicht an der Universität?«

»Sagen wir mal, daß ich vorerst eher Bedarf an praktischem als an weiterem theoretischen Wissen habe, Meister.«

»Was du nicht sagst. Und wieviel ist praktisches Wissen wert, in welchem Handwerk auch immer, wenn es nicht von profunden theoretischen Kenntnissen gestützt wird?«

»Die Leute, die mir ihr handwerkliches Können vermitteln, sind auch in der Lage, mich in ihre wissenschaftlichen Kenntnisse einzuführen, Meister.«

»Ach ja, du bist unter anderem bei Sterndeuter Gemma Frisius in der Lehre, wie man mir sagte. Diesem aufgeblasenen und besserwisserischen Friesen, der aber sehr wohl fleißig an der Universität weiterstudiert und doziert.«

»Mit Verlaub, Meister, aber das Medizinstudium, dem er sich neben seiner Dozententätigkeit widmet, ist doch wohl etwas ganz anderes als das handwerkliche Können und Wissen, das ich anstrebe.«

»Und was schlägt dich denn so in den Bann, wenn ich fragen darf? Die Astrologie, die Alchemie, die Weiße Magie? Oder womöglich gar die Schwarze Magie?« Bei letzterem wurde der Ton des Rektors drohend. »Ich entsinne mich nur allzugut, daß du dahin gehend seinerzeit bisweilen ein ungesundes Interesse bekundet hast.«

»Wissenschaftliche Geographie und Mathematik, das sind die Gebiete, die mich besonders faszinieren, Meister. Und infolgedessen auch der Bau von Instrumenten für die Seefahrt und die Landvermessung.«

»Und das alles willst du außerhalb des Kollegs lernen?« Der Rektor schüttelte den Kopf. »Ich wünsche dir viel Erfolg in deinen Bestrebungen, doch zu meinem Bedauern muß ich feststellen, daß nur wenig von den hohen Erwartungen geblieben ist, die ich einst in dich setzte. Wie denkt Kaplan Gisbert denn über das alles? Oder hast du nicht gewagt, ihn davon in Kenntnis zu setzen?«

Gerhard antwortete ausweichend: »Mein Großonkel erwartet vor allem von mir, daß ich so schnell wie möglich lerne, selbst für meinen Lebensunterhalt zu sorgen.«

»Ja, das kann ich mir vorstellen. Er bedauert gewiß, daß er schon so viele Mittel an dich verschwendet hat. Du hättest dich besser von Antwerpen ferngehalten. Mir scheint, daß man dir dort eine Menge Unsinn eingeredet hat.« Der Rektor blickte kurz auf den Graben. »Im übrigen muß ich feststellen, daß du eine höchst entspannte Manier hast, an deinem Können zu arbeiten.«

»Frisius doziert momentan, und Gaspard ist den ganzen Tag in Mecheln, Meister.«

Der Rektor runzelte die Stirn. »Gaspard van der Heyden, der Goldschmied?«

»Goldschmied und Instrumentenmacher, Meister. Er lehrt mich, mit dem feineren Werkzeug seines Handwerks umzugehen.« Und auf den Graben hinter sich deutend, fügte Gerhard in entschuldigendem Ton hinzu: »Die Wunder der Natur üben eine besondere Faszination auf mich aus, vom Größten bis hin zum Allerkleinsten.«

Im Kloster auf der gegenüberliegenden Seite bimmelte irgendwo ein Glöckchen, und der Rektor warf einen kurzen Blick zur teilweise von Wolken verschleierten Sonne hinauf. »Ich muß gehen«, kündigte er an. »Im Gegensatz zu manchen anderen habe ich eine wichtige Aufgabe zu erfüllen.«

Doch bevor Gerhard erleichtert aufatmen konnte, fügte er gebieterisch hinzu: »Komm mit.«

Diese Autorität kraft eines Amtes hat schon etwas Eigenartiges, dachte Gerhard, als er der mageren Gestalt in der dunklen Kleidung nach kurzem Zögern folgte. Er erwog, ob nicht vielleicht seine eigene Untertänigkeit schuld daran war. Denn im Prinzip konnte ihm der Rektor ja nicht mehr viel anhaben. Und nicht zum erstenmal fragte er sich, wo diese Untertänigkeit denn wohl herrühren mochte. Pieter de Corte war rein äußerlich eine wenig beeindruckende Erscheinung, und Gerhard hatte überdies seine Zweifel, daß der Mann mehr im Kopf hatte als er selbst. Es muß wohl an meiner Herkunft liegen, sinnierte er. Er schämte sich zwar nicht dafür, daß sein Vater ein armer Schuster gewesen war, doch auf sein Selbstwertgefühl schlug sich das schon nieder. Ein Rind hatte ja auch nicht die stolze Haltung eines Rassepferdes. Obwohl das Rind vielleicht von größerem Wert für das Gemeinwesen war als das Pferd…

»Hast du mit diesen Neutönern in Antwerpen noch hochtrabende Diskussionen über deine Obsession führen können: die Urteilslehre des Aristoteles?«

Die unerwartete Frage des Rektors, der ihm gut einen Schritt vorausging, ließ Gerhard kurz erschrecken. Bei seiner Antwort blieb er auf der Hut: »Meine Gespräche in Antwerpen waren häufig weniger interessant als die, die ich seinerzeit hier im Pädagogium führen durfte.«

»Ach ja? Und woran mag das wohl gelegen haben, wenn ich fragen darf? An der mangelnden Bildung deiner Gesprächspartner in Antwerpen oder an dem reichlich fließenden Bier in den dortigen Wirtshäusern?«

»Was ist so falsch daran, neue Wege des Denkens beschreiten zu wollen?«

»Es ist unhöflich, mit einer Gegenfrage zu antworten, hast du das schon vergessen?«

»Meister, auch wenn Ihr und manche andere es vielleicht nicht glauben mögt, ich wäre wirklich der letzte, der den bedeutendsten Philosophen des Altertums schmähen wollte. Im übrigen teile ich Aristoteles' Interesse für die Natur und ihre Gesetzmäßigkeiten und stimme mit vielen seiner Schlußfolgerungen überein. Unter anderem damit, daß Werden nicht der Übergang von Nichts zu Nichts ist, sondern von Potenz zu Verwirklichung, so wie aus dem Samen eine Pflanze wird und...«

Der Rektor blieb abrupt stehen, so daß Gerhard um ein Haar mit ihm zusammengeprallt wäre. »Du stimmst mit vielen seiner Schlußfolgerungen überein? Damit gibst du zu, daß du mit anderen nicht übereinstimmst, welche Anmaßung!«

»Mit Verlaub, Meister, aber Aristoteles lebte gut dreihundert Jahre vor Christus. Wird es nach so vielen Jahrhunderten nicht allmählich Zeit...«

»Verwässert Weisheit etwa im Laufe der Jahre? Womöglich hast du nach fünfzehnhundert Jahren auch deine Zweifel an der Lehre Christi?«

Gerhard fühlte sich versucht, vor dem stechenden Blick des Rektors zurückzuweichen, widerstand dem jedoch, wenn auch mit Mühe. Und plötzlich packte ihn die Wut, daß der andere ihn in eine Ecke treiben wollte, in die er überhaupt nicht gehörte. »Erlaubt mir die Bemerkung, daß das ein schiefer Vergleich ist«, sagte er. »Zweifel an den Aussagen eines Wissenschaftlers aus dem Altertum zu äußern ist etwas völlig anderes, als die Lehre von Gottes Sohn zur Diskussion zu stellen!«

Gerhard hatte unwillkürlich lauter und schärfer gesprochen und erschrak selbst über seine Vermessenheit. Zu seiner Verwunderung aber verzog sich der schmallippige Mund des Rektors zu einem Ausdruck zwischen Lächeln und Grinsen. »Eine ausgezeichnete Replik«, sagte er und klopfte Gerhard anerkennend auf die Schulter. Dann wandte er sich grußlos ab und marschierte davon.

Gerhard starrte dem Rektor einige Augenblicke lang verblüfft nach, bis dieser hinter einer Häuserzeile verschwand. Er hatte das beunruhigende Gefühl, daß Pieter de Corte noch nicht mit ihm fertig war.

In eher düstere Gedanken versunken wanderte er in die Innenstadt. Jetzt, da die Studenten für eine Weile ins Innere der Universität weggesperrt waren, war es auf den Straßen und Plätzen trotz des immer noch schönen Septemberwetters eher ruhig.

Wie von selbst lenkten ihn seine Schritte der Leerloierstraat im Westen der Stadt zu. Gleich am ersten Tag seiner Rückkehr nach Löwen hatte Gerhard ausfindig gemacht, wo sich das Haus der Schellekens' befand. Er war schon mehrere Male und zu verschiedenen Tageszeiten daran vorübergeschlendert, doch nie hatte er einen Blick auf Barbara oder ihren Vater erhaschen können. Und er hatte nicht den Mut, einfach bei ihnen anzuklopfen.

Er blieb auf der gegenüberliegenden Seite der gewundenen Gasse stehen, wie er das schon so oft getan hatte, und heftete den Blick auf das runde Namensschildchen neben der Tür. ›'t Schelleken‹ hieß das Haus, das stand dort in schnörkellosen Lettern. Phantasieloser ging es kaum, und doch übte es eine eigenartige Anziehungskraft auf Gerhard aus. Weil *sie* dort wohnte, natürlich. Sonst hätte er, so vernarrt, wie er in elegante Schrifttypen und kunstvolle graphische Ausschmückungen war, das kleine Schild gar nicht registriert.

Auf der Straße war ein junger Bursche dabei, Pferdeäpfel in einen Holzeimer zu lesen, und Gerhard schlenderte zu ihm hinüber. Als der Knabe mißtrauisch zu ihm aufsah, deutete Gerhard auf das Haus. »Weißt du vielleicht, wer dort wohnt?«

Der Blick des Burschen wurde verschlagen. »Und was, wenn ich es wüßte... Herr?« Das »Herr« fügte er ein wenig spöttisch hinzu.

»Dann könntest du es mir sagen.«

Der Bursche machte daraufhin nur eine stumme Gebärde mit Daumen und Zeigefinger. Gerhard seufzte und zog seinen Geldbeutel hervor. Widerstrebend legte er dem Burschen eine Münze in die aufgehaltene, schmutzige Hand.

»Ja, ich weiß es«, sagte dieser. »Wer dort wohnt, meine ich.« Er grinste und setzte seine Arbeit fort.

»Du kannst auch eine Tracht Prügel bekommen«, drohte Gerhard und erschrak selbst über seinen rüden Ton.

»Schellekens, der Gerber«, sagte der Bursche, ohne aufzuschauen.

»Ja, und wer noch?«

Der Bursche grinste erneut. »Barbara, seine wohlgeformte Tochter.« Sein lüsterner Ton reizte Gerhard nun wirklich, ihm eine Maulschelle zu verpassen.

»Hat Schellekens auch eine Frau?«

»Ihr wollt aber viel wissen für so wenig Geld!« entgegnete der Bursche. Doch als sich Gerhard demonstrativ den rechten Ärmel hochzukrempeln begann, antwortete er seufzend: »Die ist ihm weggelaufen, schon vor geraumer Zeit.«

»Weggelaufen?«

»Ja, das tun Frauen schon mal«, erwiderte der Bursche philosophisch. »Wenn ihr Mann sie nicht unter der Knute hat.« Er zwinkerte Gerhard zu.

»Dich sollte man mal mit dem Kopf in die Pferdeäpfel tunken!« fuhr Gerhard ihn daraufhin an.

In dem Moment wurde die Stille in der Straße durch Hufgetrappel gestört. Im Schrittempo näherte sich ein Reiter auf einem häßlichen Schimmel undefinierbarer Rasse. Der kräftig gebaute Mann, der etwa in Gerhards Alter war, hatte ein rotes Gesicht und pechschwarzes Haar, das ungewöhnlich kurz geschnitten war. Sein sorgfältig getrimmter Bart verlieh seinem Antlitz etwas Sardonisches.

Das fand Gerhard jedenfalls, als der Mann sein Pferd vor ›'t Schelleken‹ zum Stehen brachte und absaß. Er schlug die Zügel um einen Eisenring, der zu diesem Zweck in die Hauswand eingelassen war. Mit einem überheblichen Blick in Gerhards Richtung trat er vor die Eingangstür, die sich sogleich wie von selbst öffnete, um ihn einzulassen. Zu sehen war niemand.

»Und wer mag das gewesen sein?« fragte Gerhard mit dem vagen Gefühl, daß er die Antwort lieber nicht hören wollte.

Diesmal antwortete der Bursche prompt: »Clemens de Vilder.« Dazu setzte er ein triumphierendes Gesicht auf, als wüßte er nur zu gut, was Gerhard hier suchte. »Der Freier der hübschen Barbara.«

»Ja, ich kenne Clemens de Vilder«, sagte Gaspard am selben Abend. Er war aus Mecheln zurück, und sie saßen zusammen am Tisch in Gaspards Küche und tranken Wein. »Na ja, seinen Vater zumindest. Der ist Schlachter.«

»Das sind hart arbeitende Leute«, bemerkte Gaspards Frau Lea. Im Gegensatz zu ihrem etwas korpulenten Ehemann war Lea klein, drahtig und flink. Daß sie sechs Kinder geboren und großgezogen hatte, war ihr kaum anzusehen.

Gerhard zog ein schiefes Gesicht. »Hart arbeitende Leute? Was hat der Strolch dann mitten am Tag bei Barbara verloren?«

Gaspard lächelte kaum merklich über den Unmut des jungen Mannes. »Vielleicht war er ja geschäftlich dort, die Schellekens sind schließlich Gerber und beziehen ihre Häute von den Schlachtern.«

Gerhard schnaubte. »Geschäftlich!«

»Eifersucht ist eine furchtbare Krankheit«, bemerkte Lea.

Gerhard funkelte sie hitzig an. »Wer sagt, daß ich eifersüchtig bin?«

»Dein Gesicht sagt das.«

Gerhard seufzte und ließ die Schultern hängen. »Ach, vielleicht habt Ihr ja recht«, räumte er widerstrebend ein. »Ich fand Barbara Schellekens so äh… so mundfertig.« Er verstummte hilflos.

Lea griff zum Weinkrug. »Ein loses Mundwerk hat sie, da muß ich dir recht geben. Noch Wein?«

»Kennt Ihr sie denn so gut?«

»Gut genug. Ihre Mutter habe ich hin und wieder gesehen, bevor sie das Weite gesucht hat und nach Brüssel gegangen ist. Johanna heißt sie. Eine faszinierende Frau, auch wenn sie manchmal Gespenster sieht. Aber ich würde nicht unbedingt mit ihr unter einem Dach leben wollen. Und ich habe die Vermutung, daß ihre Tochter nicht viel anders ist.«

»Na ja, das spielt ohnehin keine Rolle mehr.« Gerhard griff zu seinem wieder aufgefüllten Becher. »Sie ist offenbar schon vergeben.«

»Da bleibt dir also nichts anderes übrig, als dich auf deine Arbeit und dein Studium zu konzentrieren«, sagte Gaspard. Es klang ein wenig vorwurfsvoll, als hielte er es auch für unrecht, daß Gerhard überhaupt an anderes dachte. »Dabei fällt mir übrigens ein: Hinter dem Augustinerkloster steht ein Haus leer, in dem sich unten hervorragend eine Werkstatt einrichten ließe, während oben noch genügend Schlafraum ist.«

Gerhard sah den anderen überrascht an. »Ein Haus?«

»Ein Haus, ja. Ich nehme doch an, daß du irgendwann einmal selbständig arbeiten willst, oder?«

»Irgendwann ja, aber ...«

»Meine Werkstatt ist zu klein, zumal jetzt noch Gemma hinzugekommen ist. Und den sind wir nicht wieder los, bevor er nicht sein Medizinstudium beendet hat, denn Gemma muß nun mal das Brot für seine Familie verdienen. Das, was ihm der Astronomie-Unterricht einbringt, reicht offenbar nicht aus. Wenn du in dem Haus eine Werkstatt einrichten würdest, könnten wir alle dort arbeiten, bis du auf eigenen Beinen stehst.«

»Gaspard, ich habe kein Geld, um so ein Haus zu mieten, geschweige denn, um eine Werkstatt einzurichten!«

»Das Haus ist nicht zu mieten, es steht zum Verkauf. Und Geld kannst du dir leihen.«

»Leihen? Von wem?«

»Ich kann dir die Hälfte vorschießen. Und vielleicht wäre ja dein Großonkel Gisbert bereit, die andere Hälfte dazuzulegen. Sobald du etwas verdienst, kannst du das geliehene Geld in Raten zurückzahlen.«

Gerhard stellte seinen Becher wieder hin, ohne daraus getrunken zu haben. »Ihr meint das tatsächlich ernst!«

Gaspard nickte.

»Ich weiß einfach nicht, was ich sagen soll...«

»Daß du so schnell wie möglich nach Rupelmonde reisen wirst, um die Sache mit deinem Großonkel zu besprechen.«

»Vielleicht kannst du Gerhard einen Brief mitgeben«, regte Lea an.

Gaspard schüttelte den Kopf. »Wenn ein Geschäftsmann in ihm steckt, wie ich es erwarte, dann wird er Gisbert ohne solche Hilfsmittel zu überzeugen wissen. Gelingt es ihm nicht, werde ich die entsprechenden Schlüsse daraus ziehen müssen.« Er sah Gerhard an. »Ich möchte, daß du möglichst bald deinen ersten eigenen Erdglobus fertigst, Junge.«

Später, als Gerhard zu Bett war, wo er eine ruhelose Nacht verbringen würde, fragte Lea ihren Mann: »Treibst du ihn nicht ein bißchen zu sehr an?«

Gaspard schüttelte den Kopf. »Der Bursche hat eine Menge Talent, geschickte Hände und einen hellen Verstand. Je schneller er das alles in klingende Münze umsetzen kann, desto besser.«

»Argumentierst du jetzt nicht zu sehr wie ein Handelsmann?«

»Mag sein, der bin ich ja schließlich auch. Und im übrigen solltest du nicht vergessen, daß Gerhard bereits dreiundzwanzig ist.«

»Schon, aber dennoch...«

Gaspard leerte seinen Becher und stand auf. »Ich weiß, Lea, du vermißt die Kinder, seit sie aus dem Haus sind«, sagte er in begütigendem Ton.

Lea nickte langsam vor sich hin. »Manchmal hat er so etwas Rührendes, Verletzliches... Ich kann ihn mir wirklich nicht mit so einer Xanthippe wie dieser Barbara Schellekens vorstellen.«

Gaspard zuckte die Achseln, nahm eine brennende Öllampe vom Tisch und ging zur Tür. »So, wie es sich anhört, hat die liebe Barbara ja ein passendes Pendant gefunden.«

»Ja, und das ist vielleicht auch gut so. Trotzdem tut es mir leid für Gerhard.«

Gaspard lächelte. »Einmal Mutter, immer Mutter. Ich geh zu Bett, kommst du mit?«

Tiefschwarz waren die Wasserberge und -schluchten, und grün leuchteten darin die Wellenkämme auf, die reißenden Wasserfällen gleich von allen Seiten auf das gepeinigte Schiff herabstürzten. Der Wind heulte wie tausend verdammte Geister, die mit ihrem wütenden Atem die Segel in Fetzen bliesen, als wären sie aus Papier. Die Masten ächzten und knarrten, und unter Deck brachen die Spanten aus dem Rumpf, daß es knallte, als würden Kanonenschüsse abgefeuert. Am dunklen Firmament jagten graue Wolkenfetzen dahin wie hungrige Raubtiere, die einander nachsetzten.

Der Steuermann drehte verzweifelt am Ruder, doch das schwer angeschlagene Schiff gehorchte ihm nicht mehr. In seinem Todeskampf schaukelte und schlingerte es, als wollte es die fürchterlichen Kräfte, die auf es eindroschen, von sich abschütteln.

Der Kapitän konnte sich nur mit größter Mühe hinter der Holzverschanzung, die die Brücke abschirmte, auf den Beinen halten. Mit Bestürzung und Grausen starrte er auf das Pandämonium, das die schlimmsten Alpträume jedes Seemanns bei weitem übertraf. Hinter ihm lagen Matrosen am Fuße des Besanmastes, die in ihrer Todesangst laut wimmerten und beteten. Eine über das Schiff schlagende Monsterwelle riß die Hälfte von ihnen auf Nimmerwiedersehen über Bord.

Und dann, im grellen Schein eines Blitzes, sah der Kapitän die pechschwarz glänzende, lotrechte Felswand, die wie aus dem Nichts direkt vor dem Schiff auftauchte. Und über ihr eine dunkelrote Glut wie von einem gigantischen schwelenden Feuer.

»Die Hölle!« schrie der Steuermann verzweifelt. »Der Sturm führt uns in die Hölle!«

In dem Moment versank das Schiff ein weiteres Mal in einer der tiefen Wasserschluchten, und die Felswand verschwand in schwindelerregendem Tempo hinter der wer weiß wievielten berghohen Welle. Es war, als würde das Schiff zum Mittelpunkt der Erde gesogen. Worauf sich ein neuer Wasserberg gierig und mit einer solch zerstörerischen Kraft auf das Wrack stürzte, daß an zwei Stellen gleichzeitig mit höllischem Krachen klaffende Löcher in das Deck geschlagen wurden.

»Es ist meine Schuld!« jammerte der Kapitän. Er klammerte sich an der Reling fest und sank auf die Knie. »Es ist alles meine Schuld! Ich habe mich dorthin gewagt, wohin sich kein Sterblicher wagen sollte, weil ich nicht mehr wußte, wo wir uns befanden. Meine Berechnungen waren falsch, und wir haben uns auf die weißen Flecken auf der Karte verirrt. O mein Gott, vergib mir! Es ist keine Vermessenheit, kein Hochmut von mir, ich war nur einfach schrecklich dumm! Verschone das Schiff, und verschone meine Besatzung, die keinen Anteil hatte an meinen Fehlern...«

Doch das Tosen der Hölle war so heftig, daß nicht einmal Gott das verzweifelte Flehen des Kapitäns hörte. Die nächste Monsterwelle hob das Wrack wieder bis an den oberen Rand der schwarzen Felsen empor, so daß der Besatzung ein Blick auf die brennende Landschaft dahinter vergönnt war. Blaue Flammen leckten über den rotglühenden Stein, von dem schwarze Rauchwolken aufstiegen. Und auch der Himmel darüber war dunkelrot und mit pechschwarzen Wolken durchsetzt, zwischen denen kreischende Ungeheuer mit gigantischen gezähnten Flügeln kreisten. Jenseits davon hörte das brennende Land plötzlich auf, als begänne dort das große Nichts, das Ende der von stofflichen Wesen bewohnten Welt.

Noch während der Schiffer und die letzten Überlebenden seiner Besatzung mit schreckgeweiteten Augen auf die Hölle starrten, griff eine neuerliche Welle das Schiff im Rücken an und schmetterte es mit alles zerstörender Kraft gegen die Felswand...

»Jesus, Maria, Mutter Gottes!« stöhnte Gerhard laut. Er warf die Flickendecke von seinem verschwitzten Leib und starrte in das Dunkel über sich. Seine Zimmerdecke war beinahe so schwarz, wie es der Himmel in seinem Alptraum gewesen war. Die Nacht war bewölkt und mondlos, und durch das kleine Fenster fiel nur ein spärlicher Streifen Grau herein, in dem man mit einiger Mühe die Umrisse des Bettes und des Schränkchens daneben erahnen konnte.

Der böse Traum verblaßte auch durch das Erwachen kaum, im Geiste sah Gerhard noch jede Einzelheit vor sich, als wäre sie dort eingraviert worden. Er wußte schon, daß ihn das vor Grauen verzerrte Gesicht des Kapitäns noch tagelang verfolgen würde.

Auslöser mußte die erschütternde Geschichte gewesen sein, die ihm jener ehemalige Seemann vor einem Jahr am Antwerpener Scheldekai erzählt hatte. Daß Kapitäne auf großer Fahrt häufig nicht einmal wußten, in welchem Winkel der Welt sie sich denn genau mit ihrem Schiff befanden. Der Gedanke an sich hatte schon etwas Alptraumhaftes. Sogar für jemanden, der noch nie draußen auf dem Meer gewesen war. Es bedeutete, daß man auch den Weg zurück nicht kannte. Wetter und Wind gehorchend, konnte man immer nur weiterfahren und beten, daß man nicht irgendwo auf Felsen auflief... oder noch Schlimmeres.

Bessere Instrumente, aber vor allem auch bessere Globen und Karten, dachte Gerhard. Verläßliche Karten, auf denen Lage und Entfernungen mit der Wirklichkeit übereinstimmten. Die Welt beschreiben, wie sie wirklich aussah. Das war nur zu bewerkstelligen, wenn man von jedem Schiffer, der je die Ozeane befahren und fremde Küsten gesehen hatte, Informationen sammelte. Jedwede Information, die sie je notiert oder behalten hatten, jedes Detail. Und dann mußte eine Methode bedacht werden, wie sich alle diese Informationen in einem großen, übersichtlichen Bild darstellen ließen. Wobei alle Abstände und Lagen so genau wie möglich berechnet wurden. Und wenn man das alles wußte und verzeichnet hatte, mußte man sich noch überlegen, wie ein Schiff, unter Berücksichtigung von Wind und Strömungen, fehlerlos zu jedem gewünschten Punkt auf der Welt zu dirigieren war...

Gerhard seufzte und zog sich die Flickendecke wieder bis unters Kinn. Eine Aufgabe, die viele Jahre in Anspruch nehmen würde, realisierte er entmutigt. Vielleicht sogar eine Lebensaufgabe. Vorausgesetzt, das alles war überhaupt möglich. Vielleicht hatte Gaspard recht, daß er sich besser so schnell wie möglich ernsthaft an die Arbeit machte.

Er drehte sich auf die linke Seite, und sogleich wanderten seine Gedanken wieder zu Barbara, als gehörte sich das so, wenn er sich auf die Seite seines Herzens legte. Er fragte sich plötzlich, ob sie ihn nicht vielleicht doch schon einige Male gesehen hatte, hinter dem Vorhang. Und sich vielleicht deswegen nie zeigte, wenn er in der Nähe war. Das war ein höchst unangenehmer Gedanke. Womöglich saß sie gar oft mit Clemens zusammen und machte sich über ihn lustig.

Und doch hatte sie nach ihm geschielt, damals auf dem Karren, als sie nach Mecheln fuhren. Aber vielleicht machte sie das ja bei jedem Mann. Er war schon vor solchen Dirnen gewarnt worden.

Vielleicht hatte sie ihre Gunst aber auch nur deswegen einem anderen geschenkt, weil er zu lange auf sich hatte warten lassen. Mädchen hatten nun mal verheiratet zu sein, bevor sie zwanzig waren, um nicht zur alten Jungfer abgestempelt zu werden. Besser sogar lange vor ihrem zwanzigsten Lebensjahr. Denn danach wurde es immer schwieriger, noch eine gute Partie zu machen.

Das war es, ging es Gerhard plötzlich auf, da drückte der Schuh. Er *war* einfach keine gute Partie. Er besaß rein gar nichts, und er hatte auch so gut wie kein Einkommen. Es war töricht, zu denken, daß er unter diesen Voraussetzungen das Herz einer Frau erobern konnte.

Er beschloß, sich gleich am nächsten Morgen dieses leerstehende Haus anzusehen. Und mit diesem Vorsatz schlief er wieder ein. Der Traum von dem Schiff, das von einem Sturm auf die Höllenfelsen geworfen wurde, kehrte fürs erste nicht mehr zurück.

6

Der Rat von Brabant hat mir einen außerordentlich interessanten Auftrag erteilt«, verkündete Gemma Frisius und warf mit gespielter Nonchalance das Dokument des Rates, das ihm ein Kurier zugestellt hatte, auf den Tisch, damit Gerhard und Gaspard es sich ansehen konnten. Als keiner von beiden eine Regung zeigte, fuhr er ungeduldig fort: »Sie wollen, daß ich eine Karte des Herzogtums entwerfe und schnellstmöglich mit den Vermessungen beginne.«

Gaspard zog eine Augenbraue hoch. »Du wirst dein Schäfchen schon zu scheren wissen.«

Gemma zog es vor, darauf nicht zu reagieren. »Wir werden das Herzogtum nach meiner Triangulationsmethode vermessen. Ich nehme doch an, du hast mein Buch *Libellus de locorum describendorum ratione* gründlich studiert?«

Gerhard nickte bedächtig. »Selbstverständlich, höchst interessant das alles ...«

Gemma zog die Stirn kraus. »Aber?«

»Aber nicht sonderlich originell.« Gerhard ignorierte den warnenden Blick Gaspards. »Ich habe im Kolleg Schriften von Jacob van Deventer gesehen, in denen er schon vor gut zehn Jahren die gleichen Meß- und Berechnungsverfahren darlegte.« Er sah Gemma an. »War dieser Kartograph nicht seinerzeit Euer Mentor?«

Gemma schnaubte und massierte wie immer, wenn ihn etwas irritierte, zwanghaft sein unbehaartes Kinn. Daß er nicht den geringsten Bartwuchs hatte, wurmte ihn sehr, auch wenn er das stets mit aller Entschiedenheit bestritt. »Ich habe seine Ergebnisse aus meiner Erfahrung und meinen Erkenntnissen heraus ergänzt und verbessert und das Ganze in Buchform niedergelegt. Das ist meines Wissens die gebräuchliche Vorgehensweise. Ist der junge Magister artium da vielleicht anderer Meinung?«

»Ich sagte nur...«

Gaspard fiel ihm hastig ins Wort: »Diese Bemerkung unseres Freundes hier beweist zumindest, daß er dein Buch in der Tat gründlich studiert hat, Gemma. Und daß er weiter denkt, als seine wahrlich nicht unbeachtliche Nase lang ist. Überdies« – er blickte beifallheischend um sich – »hat er mit der außerordentlich durchdachten Einrichtung seines Ateliers hervorragende Arbeit geleistet.«

»Ohne Eure Hilfe hätte ich das niemals geschafft«, entgegnete Gerhard. »Ach, was sage ich, ich hätte überhaupt nicht gewußt, wie ich es hätte anfangen sollen.«

Unwirsch fiel Gemma ein: »Könnten wir uns vielleicht, wenn wir endlich mit der gegenseitigen Lobhudelei fertig sind, weiter darüber unterhalten, wie wir die Kartographierung des Herzogtums im einzelnen angehen sollten?«

»Wir?« fragte Gaspard. »Ich dachte, du hättest den Auftrag erhalten?«

»Es ist eine zu große Arbeit für einen allein, ich brauche euer beider Hilfe. Keine Sorge, ihr werdet dafür bezahlt.« Er sah Gerhard erneut unfreundlich an. »Und du wirst zweifellos eine Menge dabei lernen können.«

»Ich danke Euch, Meister Frisius«, sagte Gerhard, und es gelang ihm nicht ganz, die Ironie aus seiner Stimme fernzuhalten. Aber Gemma achtete nicht darauf.

Gemma achtet nur selten auf derlei Details, stellte Gerhard für sich fest. Dazu war der Wissenschaftler aus Dokkum zu sehr von sich selbst erfüllt. Gerhards Verhältnis zu ihm war sehr viel weniger vertraulich als das zum Goldschmied und seiner Frau, und das nicht nur, weil er eine Weile bei Gaspard Unterkunft gefunden hatte. Gemma war distanziert und herablassend und wähnte sich mit seiner Meinung immer im Recht. Doch er war ein äußerst fähiger Mathematiker und Kartograph, der überdies große Erfahrung auf dem Gebiet der Astronomie und Astrologie besaß. Und der Respekt vor dem Wissen Gemmas war bei Gerhard groß genug, um das wichtigtuerische Gehabe des Wissenschaftlers in Kauf zu nehmen. Zumal er dieses Wissen aufsaugte wie ein Schwamm.

In dem für ihn üblichen deklamierenden Ton fuhr Gemma fort: »Nach meiner verbesserten Triangulationsmethode können wir die zu kartierende Fläche mit einem geodätischen Netz von Vermessungspunkten versehen. Ich gedenke jedenfalls, dieses neue Verfahren erstmals anzuwenden.«

Versuchsweise anzuwenden, dachte Gerhard. Sie hatten nicht einmal das Instrumentarium, das dafür erforderlich war, ein solches Netz mit der nötigen Präzision aufzuzeichnen. Doch er sagte nichts. Die Aussicht darauf, an einem so wichtigen Projekt mitarbeiten zu dürfen, war ihm viel wichtiger, als sein Wissen unter Beweis zu stellen.

Als Frisius gegangen war, sagte Gaspard: »Du solltest

ihm gegenüber besser auf deine Worte achten, mein junger Freund. Große Egos sind schnell gekränkt. Und du hast noch ungeheuer viel von ihm zu lernen.«

Gerhard nickte. »Ich weiß, aber manchmal kann ich einfach nicht mehr an mich halten. Er erinnert mich an einen Hahn auf dem Hühnerhof: Immer die Brust heraus und laut krähen, aber ein Ei legen kann er nicht.«

Wider Willen mußte Gaspard kurz kichern. »Der Punkt ist, daß Meister Frisius sehr wohl die nötigen Eier legen kann«, entgegnete er dann.

»Ja, natürlich, seine Meisterschaft steht außer Frage. Es ist nur so, daß ...« Gerhard zögerte.

»Es ist nur so, daß du dich schwertust mit dem Erwachsenwerden«, ergänzte Gaspard. »Und das erinnert mich an etwas, was du zweifelsohne gern hören wirst.«

Als er schmunzelnd schwieg, fragte Gerhard ungeduldig: »Ja?«

»Als ich vorhin kam, stand eine hübsche Dirne vor dem Haus und sah sich mit großem Interesse dein Schaufenster an. Da es nur wenig darin zu sehen gibt, fand ich das doch recht ungewöhnlich.«

»Eine Dirne?«

Gaspard nickte. »Also habe ich sie gefragt, ob ich ihr irgendwie behilflich sein könnte.«

»Und da antwortete sie: Besser nicht, Meister, es könnte gefährlich sein für Euer Herz!«

Gaspard verzog den Mund. »Jetzt machst du es schon wieder«, sagte er vorwurfsvoll. »Deine spitzen Bemerkungen werden dich noch einmal teuer zu stehen kommen.«

»Es tut mir leid«, sagte Gerhard hastig. »Aber manchmal

ist es, als sei noch ein anderer in mir verborgen, der das Wort an sich reißt, bevor ich selbst dazu komme, etwas zu sagen.«

Gaspard machte ein bedenkliches Gesicht. »Auch mit solchen Geschichten solltest du lieber vorsichtig sein. Ehe du dich's versiehst, wirst du der Hexerei verdächtigt!«

Gerhard seufzte. »Der Mensch muß sich schon gewaltig in acht nehmen, nicht wahr?«

Gaspard nickte und ging zur Tür. »Es sind keine leichten Zeiten, junger Mann. Die in der Luft liegenden Veränderungen, die wie Frühlingsdüfte aus dem Süden herüberwehen, machen die geistliche wie die weltliche Macht höchst nervös. Schon für Lappalien wandern Menschen auf den Scheiterhaufen. Und es sind vor allem die gebildeten Leute, die ins Visier genommen werden. Zumal der Klerus es nicht ausstehen kann, wenn einer sich erdreistet, seinen Verstand zu gebrauchen.« Er zog die Tür auf und ließ einen Streifen Herbstlicht hereinfallen.

»Ja, das hat mir mein Großonkel auch schon alles gesagt... Meister van der Heyden?«

»Was?«

»Diese Dirne?«

»Ach, die...« Gaspard warf einen Blick nach draußen und machte die Tür wieder halb zu. »Sie sagte, sie heiße Barbara Schellekens.« Amüsiert beobachtete er Gerhards Mimik. »Jetzt, da ich sie mit eigenen Augen gesehen habe, kann ich verstehen, warum sie dir den Mund wäßrig macht.«

»Und... äh... hat sie nach mir gefragt?«

»Dazu hatte sie keine Gelegenheit mehr, denn da kam ihr Liebster, dieser Clemens, des Wegs. Wie der mich ansah...« Gaspard schüttelte den Kopf. »Na ja, er ist nicht von ungefähr der Sohn eines Schlachters.« Er zog die Tür wieder auf und trat hinaus. »Bring dich dieser Kleinen wegen nicht in Schwierigkeiten«, sagte er noch, ehe er ging. Es klang sehr ernst.

Wenn man im selben Ort wohnte, mußte man sich früher oder später begegnen, auch wenn einem das Schicksal noch so viele Hindernisse in den Weg legte. Das stellte Gerhard kaum eine Woche später fest, als er zur Messe ging. Normalerweise besuchte er die Gottesdienste in der Universitätskapelle, doch an diesem Tag war er einer Eingebung gefolgt, sich doch einmal an Pracht und Prunk der Sint-Pieters-Kirche zu erfreuen. Ein wenig war Gaspards Frau daran schuld, die ihn schon des öfteren gedrängt hatte, sich an diesem Augenschmaus zu weiden. Kunstwerke übten auf Lea große Anziehungskraft aus, doch wirklich genießen konnte sie deren Schönheit erst, wenn sie ihre Bewunderung mit anderen teilen konnte.

An diesem Sonntagmorgen war die Sint-Pieters nicht ganz voll, aber es gab in Löwen ja auch mehr als nur eine Kirche. Während des nicht sonderlich inspirierten Gottesdienstes ließ Gerhard den Blick über die Reichtümer des Gebäudes wandern, die in der Tat beeindruckend waren. Und da, als seine Augen von den schönen Holzschnitzereien des Doxales abließen und sich dem kunstvoll aus Messing getriebenen Taufbecken zuwandten, das von einigen Kirchgängerinnen teilweise verdeckt wurde, sah er Barbara. Er hatte so oft und so lebendig von ihr geträumt, daß er schon eine einzelne Haarlocke als die ihre erkannte hätte. Sie trug wie bei ihrer ersten Begegnung eine weiße Haube mit auf die Schultern herabfallenden Schößen. Außerdem sah er ein Stück von einem braunen Leibchen mit weiten, pelzgefütterten Ärmeln, die bis zu den Ellenbogen aufgeschlagen waren.

Alle die kostbaren Kunstwerke der Kirche verblaßten neben ihrer Schönheit. Den gesamten restlichen Gottesdienst ließ Gerhard sie keinen Moment mehr aus den Augen. Aber erst als die Messe beendet war und sich die Kirchgänger zum Ausgang schoben, schaute sie sich um und fing wie von selbst seinen Blick auf. Es schien einige Sekunden zu dauern, bevor sie ihn erkannte und ein leises Lächeln ihre Lippen umspielte. Dann wandte sie sich wieder ab und mischte sich unter die anderen Frauen, die die Kirche verließen.

Gerhard bezwang seine Ungeduld und wartete, bis sich seine eigene Reihe in Bewegung setzte. Es schien eine Ewigkeit zu dauern, bevor er ins erlösende Sonnenlicht hinausgelangte. Er war überzeugt, daß Barbara längst fort sein würde, doch dann sah er sie ganz allein ein wenig abseits stehen und warten, und sein Herz machte vor Freude einen Sprung. Er gab sich keine Gelegenheit, sich womöglich eines anderen zu besinnen, sondern steuerte sogleich auf sie zu. Dabei war er so sehr auf das Mädchen fixiert, daß er augenblicklich mit jemandem zusammenprallte. Er spürte den Stoß und hörte den empörten Kommentar, sah aber gar nicht, wer sein Opfer war. Eine Entschuldigung murmelnd, ging er weiter. Als er Barbara erreichte, sagte sie zur Begrüßung:

»Meister Mercator.«

»Welche Ehre, daß Ihr Euch an meinen Namen erinnert«,

erwiderte Gerhard und registrierte vage, daß er das auch tatsächlich so meinte. »Ich... äh...« Er verstummte verwirrt.

Sie war ein ganzes Stück kleiner als er, wie er jetzt feststellte. In seiner Erinnerung war sie größer gewesen. Das kam natürlich daher, daß er sie damals nicht im Stehen gesehen hatte, sie hatten ja nur nebeneinandergesessen...

»Ich bin ganz allein, Ihr dürft mich ein Stückchen begleiten, wenn Ihr mögt.«

»Natürlich«, sagte Gerhard eilends. »Gern. Aber...« Er schaute sich zu der sich rasch verlaufenden Menge um, da er jeden Augenblick erwartete, daß ihn Clemens beim Kragen packen würde.

»Fürchtet Ihr Euch vor meinem Verlobten?«

Das Wort Verlobter hörte sich für Gerhard ganz fürchterlich an. »Ich möchte nichts tun, was...«

»Clemens ist nicht da«, erklärte Barbara kurz. »Und wenn er da wäre, würde es mich auch nicht sonderlich kümmern.«

»Oh!« entfuhr es Gerhard. Er bot ihr seinen Arm an. »Wollen wir über den Markt und an der Universität entlanglaufen?«

»Ihr seid der Meister.«

Der spöttische Unterton, an den er sich so gut erinnerte, hatte kein bißchen nachgelassen. Dies stellte Gerhard fest, während sie den Markt überquerten und dabei auf Reiter und lärmend vorüberholpernde Karren mit von der Messe nach Hause fahrenden Bauern achtgaben. Ihr Spott störte ihn nicht, ja machte sie in seinen Augen sogar noch begehrenswerter. Den leichten Druck ihrer Hand auf seinem Arm genießend, fragte er: »Ich hörte, daß Ihr Euch neulich mein Haus angesehen habt?«

»*Euer* Haus, Meister?«

»Nun ja, eines Tages wird es ganz mir gehören, wenn ich alles zurückgezahlt habe, was mir einige Leute geliehen haben. Das wird aber vielleicht gar nicht mehr so lange dauern. Ich habe vor, bald viel Geld zu verdienen.«

Gib nicht so an! ermahnte ihn ein böses Stimmchen in seinem Kopf, doch der Wunsch, Eindruck auf das Mädchen an seinem Arm zu machen, war viel zu stark.

»Landvermesser und Instrumentenbauer, steht auf Eurem Fenster geschrieben. Kann man damit reich werden?«

»Reicher als damit, Tiere zu schlachten«, rutschte es Gerhard heraus. Er bedauerte seine Worte sofort, doch Barbara verübelte sie ihm offenbar nicht.

»Zumindest scheint es mir eine sauberere Arbeit zu sein«, sagte sie neutral. »Es soll allerdings Menschen geben, die gern die Hände in Blut tauchen.« Letzeres klang rundheraus mißbilligend.

»Spielt Ihr damit auf Euren Verlobten an?«

Barbara sah Gerhard von der Seite an. »Ihr sprecht das Wort aus, als wäre es ein Schimpfwort.«

»Würde es Euch etwas ausmachen, mich beim Vornamen zu nennen?«

»Keineswegs, Meister Gerhard.« Sie lachte. »Aber du hast meine Frage nicht beantwortet.«

Gerhard hielt im Laufen inne, so daß auch Barbara stehenbleiben mußte. Sie erwiderte seinen forschenden Blick, ohne die Augen niederzuschlagen. »Kannst du Ehrlichkeit vertragen, Barbara?«

»Es heißt, damit komme man am weitesten, wenn ich das auch gelegentlich bezweifle. Warum?«

»Ich habe meinerseits auch vor deinem Haus gestanden, mehr als nur einmal. Bis ich einmal Clemens hineingehen sah.«

Barbara nickte, und nun war ihre Miene ernst. »Ich habe dich ein paarmal gesehen, aber mein Vater verbot mir, hinauszugehen und mit dir zu reden.«

»Dein Vater? Was habe ich ihm denn um Himmels willen getan?«

»Nichts, er will nur meine bevorstehende Hochzeit mit Clemens de Vilder nicht gefährden.«

»Oh…«, machte Gerhard und ließ den Kopf hängen. »Oh…«, entfuhr es ihm gleich noch einmal, weil er schon wieder nicht mehr wußte, was er sagen sollte.

»Die Leute gaffen, sollen wir weitergehen?«

Gerhard nickte stumm, und sie setzten ihren Weg fort. Barbaras Hand lag nach wie vor auf seinem Arm. Bis sie bei der Universität anlangten, sagte keiner von ihnen ein Wort. Dann brach Barbara das Schweigen:

»Clemens de Vilder ist nicht meine Wahl, falls du dich das fragst.«

»Das habe ich mir gleich gedacht«, erwiderte Gerhard rasch. »Er… nun ja, ich kann ihn mir nicht mit dir zusammen vorstellen.«

»Seine Eltern und mein Vater haben uns verkuppelt, weil es für alle eine gute Sache wäre, wenn wir heiraten würden. Außer für mich natürlich.«

»Heiraten *würden*?«

»Höre ich deiner Stimme jetzt so etwas wie Hoffnung an?« Barbaras spöttischer Tonfall hatte sich wieder Bahn gebrochen.

Gerhard zuckte unwillig die Achseln. »Du bist mir die ganze Zeit nicht aus dem Kopf gegangen.« Er merkte, daß sie ihn von der Seite ansah, mied aber ihren Blick.

»Tröste dich, ich hatte dich auch nicht vergessen.«

»Es kann doch fast nicht sein, daß sich unsere Wege gekreuzt haben, ohne daß das Schicksal eine besondere Absicht damit verfolgt hätte.«

»Das Schicksal, Gerhard?«

»Das Schicksal, ja. Oder Gott, oder die Vorsehung oder welche höhere Macht auch immer.«

Diesmal war es Barbara, die im Laufen innehielt. Sie sah argwöhnisch zu ihm auf. »He, du bist doch wohl kein Ketzer oder so was? Oder ein Anhänger von... von... ach, wie heißt denn dieser komische Vogel noch gleich? Luther?«

»Was habe ich dann deiner Meinung nach wohl in der Kirche gemacht?«

»Ja, warst du etwa nicht nur auf der Suche nach mir?« Sie lachte, als sie sein Gesicht sah, ging weiter und zog Gerhard dabei mit.

»Du hast häßliche Schuhe an«, konstatierte sie kurz darauf, als sie das Universitätsgebäude hinter sich gelassen hatten.

»Häßliche Schuhe? Dabei sind sie vom besten Schuhmacher Antwerpens.«

»Und außerdem kennst du dich mit Schuhen aus, weil dein Vater Schuhmacher war, nicht?«

»Genau, es freut mich, daß du das behalten hast.«

»Ich habe ein gutes Gedächtnis, für eine Frau zumindest.«

»Sagst du auch hin und wieder einmal etwas ohne Spott?«

»Ach, es ist einfach so vieles lächerlich, was man so um sich herum hört und sieht.«

»Findest du mich vielleicht auch lächerlich?«

»Vorläufig noch nicht besonders.«

»Und Clemens?«

»Das ist nicht fair!«

»Du hast recht, entschuldige.«

»Siehst du, das unterscheidet dich nun wieder von ihm: Er entschuldigt sich nie. Ich bezweifle, daß er das Wort überhaupt kennt.«

»Was tut er dann, wenn er etwas Dummes getan oder gesagt hat?«

»Er schlägt um sich.«

Plötzlich beunruhigt, fragte Gerhard: »Aber dich schlägt er doch wohl nicht, hoffe ich?«

»Noch nicht, nein. Wir sind ja noch nicht verheiratet.«

»Das könnte ich niemals. Eine Frau schlagen, meine ich.«

»Nein?« Barbara grinste, sagte aber nichts weiter.

Unglücklich über die Wendung, die das Gespräch genommen hatte, biß sich Gerhard auf die Lippen. Auch wurde er sich bewußt, daß sie sich, viel zu rasch für seinen Geschmack, der Straße näherten, in der Barbara wohnte, und dies womöglich das letzte Mal gewesen war, daß er mit ihr reden konnte.

Als hätte sie seine Gedanken erraten, sagte sie, während sie erneut stehenblieb: »Wir sind fast da, es wäre mir lieber, wenn du mich jetzt allein weitergehen ließest.«

»Als ich dir das erste Mal begegnete, hatte ich nicht den Eindruck, daß du dich vor deinem Vater fürchtest.«

Sie schwieg einige Augenblicke und erwiderte dann ruhig:

»Ich bin eine Frau, Gerhard. Und Frauen sind in der von deinesgleichen geschaffenen Welt immer die Verlierer.«

Gerhard runzelte die Stirn. »Von meinesgleichen?«

»Von Männern, meine ich.« Barbara seufzte. »Wir sind nun einmal das schwache Geschlecht...« Sie schaute zu ihm auf. »Für einen studierten Mann gibst du dich manchmal ziemlich unbedarft. Oder hattest du wegen der vielen Studiererei keine Zeit, dir anzusehen, wie unsere Welt tatsächlich beschaffen ist?«

Ein wenig gekränkt fragte Gerhard: »Ich gehöre also zum Feind, wenn ich deine Worte richtig deute?«

»Das weiß ich nicht genau, das bleibt noch festzustellen.«

Vielleicht wird sie nie die Chance bekommen, das festzustellen, dachte Gerhard bitter. Doch ihr spöttischer Ton war wieder da, und der gefiel ihm eigentlich besser als ihr Ernst. Er fragte: »Wenn ich es recht verstehe, willst du Clemens also gar nicht heiraten?«

»Das hast du ganz richtig erfaßt, ja.«

In einem Anflug von Kühnheit schlug er daraufhin vor: »Und wenn ich einmal mit deinem Vater sprechen würde?«

»Was?« Barbara sah ihn aufrichtig überrascht an. »Du? Warum solltest du?«

»Ich finde das alles furchtbar ungerecht, und Ungerechtigkeit ertrage ich nicht.«

»Die ganze Welt ist ungerecht, Gerhard.« Ihr Blick milderte sich. »Du bist eifersüchtig auf Clemens!«

»Nein, zornig! Es macht mich wütend, daß dieser... dieser...«

»Du bist eifersüchtig«, wiederholte Barbara mit Entschiedenheit.

Unwillig erwiderte Gerhard: »Ach, und wennschon.«

»Und was gedachtest du meinem Vater zu erzählen?«

»Daß ich eine mindestens ebenso gute Partie für dich bin wie dieser häßliche Schlachterssohn.«

»Clemens ist nicht häßlich.«

Gerhard seufzte irritiert. »Spotte nicht über mich, ich möchte nur dein Bestes.«

»Warum?«

»Weil...« Gerhard schwieg unglücklich. Er war eigentlich recht wortgewandt, aber es gab Dinge, die er nur schwer über die Lippen brachte. Schließlich begnügte er sich mit einem schwachen: »Es tut mir weh, daß dir unschöne Dinge widerfahren.«

Barbara fing seinen Blick auf und hielt diesen fest, als wollte sie Gerhard verzaubern. »Hat Meister Mercator etwa sein Herz an die Tochter des Gerbers verloren?«

»Das könnte durchaus sein«, gab Gerhard nur widerstrebend zu.

Sie faßte seine Hand und drückte sie mit dem Rücken kurz an ihre Wange. Mit sanfter Stimme sagte sie: »Du scheinst viel lieber zu sein als Clemens, und deine Hand ist wesentlich glatter.« Mit einem besiegelnden Klaps auf die Finger ließ sie ihn wieder los. Dann drehte sie sich ruckartig um und ging davon.

Er sah ihr einige Sekunden nach, bevor er in einem Anflug von Panik rief: »Warte mal! Barbara!«

Doch ohne sich umzuschauen, machte sie eine abwehrende Gebärde und beschleunigte ihre Schritte.

Gerhard starrte ihr regungslos nach, bis sie in der Leerloierstraat verschwunden war. Er nahm keine Notiz von

Passanten, die ihn befremdet anstarrten, ja sah sie nicht einmal. Daß es zu regnen begann, registrierte er kaum.

Ich *muß* mit ihrem Vater sprechen, dachte er trotzig. Was konnte ihm denn schon groß passieren? Daß er hinausgeworfen wurde. Oder daß er mit Clemens konfrontiert wurde, einem Kerl, der doppelt so breit war wie er. Es kümmerte ihn nicht. Ganz und gar nicht, und das war kein unangenehmes Gefühl für einen, der im allgemeinen nicht so mutig war. Obgleich da wieder dieses lästige Stimmchen in seinem Kopf war, das ihn mahnen wollte, Torheit sei nicht dasselbe wie Mut.

Erst als das kalte Regenwasser durch seine Kleider zu dringen begann, ging er nach Hause, den Kopf voller wirrer Gedanken.

7

Was liest du denn jetzt wieder? Hast du wirklich nichts Vergnüglicheres zu tun?«

Gerhard schaute von dem Buch auf, mit dem er sich in eine Ecke des Schankraums zurückgezogen hatte. Zwei-, dreimal die Woche ging er nach seinem Tagewerk zum Essen ins ›Pulverfaß‹, ein Wirtshaus in der Nachbarschaft der Universität, wo auch so mancher Student Hunger und Durst stillte. Das Essen war zwar nicht sonderlich schmackhaft, dafür aber preiswert. Überdies sparte er Lampenöl, wenn er den ganzen Abend hier sitzen blieb und las oder studierte.

Der ihn angesprochen hatte war ein gewisser Dolfus, ein Mathematikstudent im letzten Jahr. Der Bursche trug einen blauen Samtanzug wie ein Künstler. Er war der Sohn eines Antwerpener Schiffsmaklers. Aus irgendeinem nicht näher ersichtlichen Grund war ihm sehr an Gerhards Gesellschaft gelegen. Weil er neben mir so mannhaft aussieht, dachte Gerhard manchmal.

Die Hände in die Seite gestemmt, blickte Dolfus auf Gerhard herab. »Du kannst doch nicht die ganze Zeit über den Büchern hocken«, sagte er. »Das ist schlecht für die Augen, von anderen Organen ganz zu schweigen.« Er grinste.

Gerhard schlug widerstrebend sein Buch zu und starrte kurz auf das reich ausgeschmückte Deckblatt. Es war eines der ersten sechs Bücher der Elemente des Euklid, die Frisius ihm leihweise zur Verfügung gestellt hatte. Er hatte früher schon einmal versucht, das Werk zu begreifen, doch da hatte es ihm noch an den nötigen geometrischen Kenntnissen gefehlt. Aus demselben Grund hatte er seinerzeit auch bei Frisius' Astronomiestunden passen müssen. Dann hatte man ihm den Rat gegeben, zuerst und vor allem das *Elementale geometricum* von Johannes Voegelin zu studieren, und dieses flotte Lehrbüchlein hatte ihn ein gutes Stück weitergebracht. Wo er nicht weiterkam, konnte er jederzeit Frisius um Erläuterung bitten, der nur zu gern sein überlegenes Wissen zur Schau stellte.

»Da könntest du vielleicht recht haben«, räumte Gerhard, sich die Augen reibend, ein. Über dem Studieren vergaß er wirklich des öfteren die Zeit und die Welt um sich herum.

»Komm, setz dich zu uns, wir haben gerade eine spannende Diskussion.«

Gerhard schaute interessiert auf. »Ja? Um welchen Zweig der Wissenschaft geht es denn?«

»Den weiblichen.« Dolfus grinste erneut.

»Oh«, entfuhr es Gerhard. »Ich fürchte, dazu kann ich nicht viel beitragen.«

»Das kommt davon, wenn man immerzu nur studiert. Die guten Dinge des Lebens gehen unbemerkt an dir vorüber.«

Komisch, das aus dem Munde eines solchen Grünschnabels hören zu müssen, dachte Gerhard. Dolfus war mindestens fünf Jahre jünger als er. Das änderte freilich nichts daran, daß der Knabe recht hatte. Gerhard war auf dem besten Wege, ein vertrockneter Wissenschaftler zu werden, für den das Leben nur aus Zahlen und Fakten und Denkübungen bestand.

Gerhard klemmte sich sein Buch unter den Arm, nahm seinen leeren Bierkrug und erhob sich. »Ich werde versuchen, nicht allzu langweilig zu sein«, versprach er.

»Dafür wird schon der Wein sorgen.«

»Wein?« Gerhard zögerte. »Das übersteigt momentan ein wenig meine Verhältnisse.«

»Ach, Junge, der Wein kostet hier nicht mehr als das Bier. Das schmeckt man natürlich auch, aber der Mensch kann schließlich nicht alles haben. Und gestatte mir, daß ich dich einlade, ich weiß ohnehin nicht, wie ich meine Apanage ausgeben soll.«

Eines Tages werde ich vielleicht auch Kinder haben, dachte Gerhard, während er sich zu dem fröhlichen Studentengrüppchen setzte. Ob die dann auch mit ihren Freunden mein mühsam verdientes Geld verprassen werden? Diese Aussicht erschien ihm nicht sonderlich verlockend.

Er wandte den Blick dem schwarzhaarigen jungen Mann zu, neben dem er Platz genommen hatte. Der Bursche trug ein fließendes weißes Hemd aus schimmerndem Stoff mit weiten Ärmeln und Schnürverschluß am Kragen, der einen Teil seiner behaarten Brust unbedeckt ließ. Er sah eher wie ein Freibeuter aus denn wie ein Student. Der Eindruck wurde durch seine gebräunte Haut noch verstärkt, die auffällig mit den blassen Gesichtern der anderen am Tisch kontrastierte.

»Ich heiße Julius«, stellte sich der Bursche vor, als er Gerhards Blick auffing. »Appoincté.«

»Appoincté? Welch eigentümlicher Familienname.«

Julius lächelte. »Ein Appoincté ist ein Seekadett, der bereits auf einem Kriegsschiff gefahren ist.«

»Ach so! Mein Wortschatz weist noch viele Lücken auf. Ich heiße Gerhard Mercator, Magister artium.«

»So? In was?«

»In der Philosophie, doch ich befasse mich inzwischen mit ganz anderen Dingen. Und was macht ein Seekadett an der Universität, wenn ich fragen darf?«

»Ich möchte mich in der Mathematik und der Astronomie ausbilden. Eigentlich soll man sich diese Kenntnisse ja auf See aneignen, aber das dauert mir zu lange. Überdies ist das, was man an Bord aufschnappt, gewöhnlich sehr summarisch. Höhere Offiziere neigen dazu, ihren Schülern allerhand Dinge vorzuenthalten, um ihre eigene Überlegenheit zu wahren.«

»Mathematik und Astronomie sind genau die Wissenschaften, in denen auch ich meine Kenntnisse erweitern möchte. Denn soweit ich verstanden habe, besteht großer Bedarf an besseren Verfahren zur Ortsbestimmung für Schiffe auf See, und...«

»Und ob da ein großer Bedarf besteht!« unterbrach ihn Julius leidenschaftlich. »Ich habe schon einmal mitgemacht, daß ein Kapitän in schweres Wetter geriet, ohne auch nur annähernd seine Position zu kennen.« Er schüttelte den Kopf. »Wir trieben bei Nacht und Nebel mitten in ein Gebiet voller kleiner Inseln und Riffe hinein. Und der Alte kniete auf dem Achterkastell und betete. Doch zum Glück bekam er sein Wunder, wir sind ohne Havarie davongekommen.«

»Komisch, das erinnert mich an einen Alptraum...«

»Ja?« fragte Julius neugierig, als Gerhard nicht gleich fortfuhr.

»In meinem Traum wurde so ein aus dem Ruder gelaufenes Schiff geradewegs in die Hölle geschmettert.«

Julius nickte langsam. »Wer zur See fährt, kennt schon bald mehr als nur eine Hölle.«

»Was treibt Menschen wie dich dann aufs Meer?«

»Die Abenteuer, das lockende Unbekannte, Reichtum, Ruhm…«

»Hm, wenn ich nach dem gehe, was mir unlängst in Antwerpen ein ehemaliger Seemann erzählte, findet man diesen Reichtum und diesen Ruhm wohl nicht so ohne weiteres.«

»Manche haben Glück, die meisten leider nicht. Aber man kann dem Glück ein wenig auf die Sprünge helfen, indem man seine Chancen verbessert.«

»Unter anderem dadurch, daß man Mathematik und Astronomie studiert?«

»Ich denke schon.«

Gerhard nickte sinnierend. »Ja, da könntest du durchaus recht haben… Und, wer weiß, vielleicht können wir einander in der einen oder anderen Hinsicht nützlich sein.«

Julius sah ihn interessiert an. »Ach ja? Inwiefern?«

Gerhard wartete kurz mit seiner Antwort, weil der Wirt mit einem großen Krug Wein kam. Als er weg war, sagte er: »Ich möchte eine Weltkarte zusammenstellen, die besser ist als die Martin Waldseemüllers, die du zweifellos kennen wirst, *viel* besser. Dazu benötige ich Informationen aus erster Hand. Über die Meere und ihre Küsten, über Länder und Inseln, über alles, was Seeleute auf ihren Reisen sehen und antreffen.«

»Über *alles*?«

»Nun ja, du weißt schon, was ich meine. Und diese Informationen sind um so wertvoller, wenn sie von Fachleuten mit gediegenen Kenntnissen der Mathematik und der Astronomie aufgezeichnet wurden.«

»Hm…«, machte Julius mit abwägender Miene, »wie wertvoll wäre denn das?«

»Da du Offiziersanwärter bist, kommst du doch gewiß aus begütertem Hause, nehme ich an?«

»Möglich, aber mehr ist immer besser.«

Gerhard seufzte. »Ich beginne, meinen Glauben an die Menschheit zu verlieren.«

Julius grinste. Dann beugte er sich zu Gerhard hinüber, als wolle er nicht, daß die anderen mithörten. »Weißt du… vielleicht war es ja Vorsehung, daß wir einander über den Weg gelaufen sind. Ich würde dir außerordentlich gern dabei helfen, eine wirklich verläßliche Seekarte zu zeichnen. Vielleicht sogar…«, Julius warf einen raschen Blick zu den anderen am Tisch, doch keiner von ihnen schenkte ihnen Beachtung, »…vielleicht sogar von Küsten, die für die spanische Marine von besonderem Interesse sind.«

Gerhard nickte mit gespitzten Lippen. »Das käme mir durchaus gelegen, denn ich habe nicht vor, ein Bettler zu bleiben.«

»Ein nobles Streben, zumal für einen, der seinen Glauben an die Menschheit noch nicht verloren hat.« Julius füllte ihre Becher und hob den seinen. »Auf unsere zukünftige Zusammenarbeit.«

»Auf unsere Zusammenarbeit«, wiederholte Gerhard und setzte seinen Becher an den Mund. Der Wein war furchtbar sauer, und der kleine Rest Bier, der noch im Becher gewesen war, machte es auch nicht gerade besser.

»Warum fährst du nicht selbst eine Weile zur See?«

Gerhard zuckte die Achseln. »Ich mache mir nichts aus dem Reisen, und ich hasse die Unbequemlichkeiten.« Da lob ich mir meine Einbildungskraft, dachte er, doch das sagte er lieber nicht laut. Im Geiste konnte er nicht nur in neue irdische Welten reisen, sondern sogar bis zum Mond und den Planeten. Und das alles im Nu und ohne Navigationsprobleme. Als ihm bewußt wurde, daß er dabei war, über seine eigenen Gedanken zu schmunzeln, setzte er eilig seinen Becher an die Lippen.

»Ich bin mir sicher, daß mein Freund Gerardus ganz meiner Meinung sein wird«, sagte Dolfus im gleichen Moment zu den beiden anderen Studenten am Tisch, mit denen er offenbar eine Meinungsverschiedenheit hatte.

»Entschuldige, aber ich hatte gerade nicht zugehört«, erwiderte Gerhard. »Worum geht es denn?«

»Um ein schlichtes, gelebtes Christentum, wie Alexander Hegius es propagierte.«

Gerhard seufzte. »Hat Pieter de Corte wieder sein Steckenpferd geritten?«

Dolfus zog es vor, darauf nicht weiter einzugehen. »Du hattest doch auch ziemlich heftige Kritik an der traditionellen Lehre der Kirche und deren Bräuchen, oder?«

Wie immer, wenn derlei Themen zur Sprache kamen, schaute sich Gerhard erst kurz um, bevor er antwortete. Das war ihm schon fast zur zweiten Natur geworden, und die Ermahnungen seines Großonkels, daß er sich vorsehen solle, hatten einen nicht geringen Anteil daran. Niemand schien sie freilich besonders zu beachten. Dennoch dämpfte Gerhard die Stimme, als er sagte: »Für mich stellt sich da ein Paradoxon. Und zwar dergestalt, daß die christliche Lehre, wie die Kirche sie heute predigt, ein Hindernis dafür darstellt, ein guter Christ zu sein. Infolgedessen bin ich denn auch ein großer Bewunderer von Desiderius Erasmus. Von ihm las ich erst kürzlich noch *Das Lob der Torheit*, eine Lektüre, die ich jedem von euch wärmstens empfehlen kann. Er prangert darin die Mißstände innerhalb der kirchlichen Welt scharf an, und das überdies mit viel Witz, was das Lesevergnügen noch erhöht.«

»Hm«, machte Dolfus, »ja, ich bin vertraut mit seiner ›Philosophia christiana‹. Was ihn in meinen Augen allerdings verdächtig macht, ist, daß die Machthaber und selbst der Papst ihm nichts in den Weg legen.«

Gerhard nickte.

»Paul III. ist schlau, er möchte Erasmus gern zu seinem Verbündeten gegen die Reformation machen.«

»Aber mit seiner Auslegung der zehn Gebote, die die Menschen zu einer anderen Frömmigkeit und größerer Toleranz anspornen soll, erweist Erasmus doch gerade der Reformation große Dienste, oder?«

»Er bleibt Rom schon treu. Die Frage ist vielleicht, wer nun der Schlauere von beiden ist, Seine Heiligkeit, der Papst, oder Erasmus«, bemerkte Gerhard verschmitzt.

»Zweifelsohne sind beide gelehrte Menschen«, entgegnete Julius. »Und gelehrte Menschen sollten wissen, daß es lukrativer ist, gemeinsame Sache zu machen, denn sich gegenseitig den Schädel einzuschlagen.«

»Amen«, sagte Gerhard und lächelte. Er gewann so langsam den Eindruck, daß Julius ihm ein besserer Freund sein könnte als der stutzerhafte Dolfus.

Als hätte er seinen Gedanken erraten, sah Dolfus ihn herausfordernd an. »Jetzt erzähl mir doch mal, Gerardus Mercator Rupelmondanus, wie du zur Reformation stehst! Mich dünkt, darüber hast du dich noch nie offen geäußert.«

»Und das habe ich auch jetzt nicht vor«, antwortete Gerhard mit einem neuerlichen raschen Blick durch den Schankraum. »Ich möchte lediglich klarstellen, daß ich auf wissenschaftlichem Gebiet ganz offen bin und keinen neuen Gedanken *a priori* verwerfe, ohne mich ernsthaft mit ihm auseinandergesetzt zu haben. Aber das wußtet ihr zweifellos bereits.«

»Keine Antwort ist auch eine Antwort«, konstatierte Dolfus verdrossen. »Aber ich fürchte, wir werden uns damit begnügen müssen.« Er griff zu seinem Becher und leerte ihn in einem Zug. Mit angewidertem Gesicht schenkte er sich dann aus dem Weinkrug nach und kommentierte: »Zum Glück ist die Wirkung süßer als der Geschmack.« Er schielte zu Julius hinüber. »Habe ich Euch schon von dem Seeräuber erzählt, dem ich hier neulich begegnet bin?«

»Achtung, jetzt kommt wieder einer von Dolfus' sogenannten Witzen«, sagte einer, aber Dolfus ignorierte ihn.

»Dem Mann fehlten ein Auge und die rechte Hand. Sie war, wie in diesem Milieu gebräuchlich, durch einen Haken ersetzt. Als ich ihn fragte, wie denn das passiert sei, sagte er, daß er seine Hand beim Entern eines französischen Kauffahrers verloren habe. Sie sei ihm im Gefecht abgehackt worden. Daraufhin wollte ich wissen, wie er das Auge verloren habe ...« Dolfus trank einen Schluck Wein. »›Tja‹, erzählte mir dieser Seeräuber, ›einmal schlief ich auf dem Achterkastell, als mir plötzlich eine Möwe direkt ins Auge schiß.‹« Dolfus grinste. »Ich sagte: ›Aber durch Möwenschiß verliert man doch kein Auge?‹ Worauf der Seeräuber antwortete: ›Nein, aber ich hatte einen Moment lang vergessen, daß ich rechts keine Hand, sondern einen Haken habe.‹«

Wider Willen mußte Gerhard über die Geschichte lachen. Doch in dem Augenblick stieß jemand geräuschvoll die Wirtshaustür auf. Mit einem Schwall kalter Abendluft kam ein kräftig gebauter Mann herein. Er blieb kurz in der Türöffnung stehen, als wartete er bewußt darauf, daß die Unterhaltungen verstummten und jedermanns Aufmerksamkeit ihm galt. Ruckartig sprang sein Blick aus den dunklen Äuglein über die Anwesenden, bis er Gerhard gefunden hatte. »Aha!« sagte er daraufhin zufrieden und drückte mit dem Fuß die Tür hinter sich zu.

»Clemens de Vilder …«, murmelte Gerhard. Vorsichtig stellte er seinen Becher auf dem Tisch ab, die Augen starr auf den Mann gerichtet.

»Ärger?« informierte sich Julius an seinem Ohr.

»Er ist der Verlobte von …« Gerhard verstummte, als Clemens in ihre Richtung kam und sich herausfordernd vor ihrem Tisch aufbaute.

»Ich dachte mir schon, daß ich dich hier finden würde, bei der studierenden Rattenbrut.«

»Also ich muß doch sehr bitten!« protestierte Dolfus. »Wollt Ihr wohl …«

»Halt's Maul!« herrschte ihn Clemens an. »Von euch Grünschnäbeln will ich nichts. Nur mit diesem eingebildeten Nichtstuer hier hab ich ein Hühnchen zu rupfen.«

Der Wirt war zu ihnen herübergekommen. Er wischte sich die Hände an seiner schmuddeligen Schürze ab und tippte Clemens auf die Schulter. »Ich will hier kein Theater«, warnte er ihn unfreundlich. »Wenn du dich prügeln willst, dann draußen!«

»Hier wird nicht geprügelt«, entgegnete Dolfus. »Wir sind hier unter zivilisierten Menschen.«

»Noch *ein* Wort von dir, und ich schlage euch mit den Köpfen zusammen!« raunzte Clemens. Dolfus wurde sichtlich kleiner und sagte nichts mehr.

Der Wirt packte Clemens beim Arm. »Komm«, sagte er nachdrücklich, »hinaus mit dir.« Er wollte Clemens mitziehen, doch der schlug ihm mit wütender Gebärde die Hand weg.

In ruhigem Ton fragte Julius: »Darf ich fragen, Herr, was Ihr gegen meinen Freund habt?« Wie beiläufig legte er dabei die Hand auf den Griff des Dolches, den er am Gürtel trug.

»Deinen Freund?« Clemens lachte höhnisch.

Gerhard spürte, daß alle Blicke im Schankraum, in dem peinliche Stille eingetreten war, auf ihn und Clemens gerichtet waren. Mit etwas schwankender Stimme sagte er: »Ich kann mich nicht erinnern, daß ich Euch in irgendeiner Weise Schaden zugefügt hätte.«

»Ach nein?« Clemens beugte sich vor, stützte sich einem Affen gleich mit den Knöcheln beider Hände auf dem Tisch ab und bellte: »Ich dulde nicht, daß ein Wicht wie du meiner Verlobten Flausen in den Kopf setzt!«

»Aber ich schwöre Euch, ich habe nicht ein einziges ungebührliches Wort zu Barbara gesagt.«

»Barbara? Jungfer Schellekens für dich, hörst du!«

In unverändert ruhigem Ton fiel Julius ein: »Ihr stinkt aus dem Maul, Herr de Vilder. Mich dünkt, Euch fault die Zunge.«

Gerhard überlief es eiskalt, als er Clemens' Gesichtsausdruck sah. »Bitte«, flehte er unglücklich, »es ist nichts geschehen, was Gewalt rechtfertigen könnte!«

Clemens schien ihn gar nicht zu hören. Seine rechte Hand schoß wie eine angreifende Schlange über den Tisch auf Julius' Brust zu, um ihn beim Hemd zu fassen. Julius war freilich eine Spur schneller. Er schlug die Hand weg, sprang auf und zog zugleich aus dem Gürtel seinen Dolch, dessen Klinge er Clemens vors Gesicht hielt. Der mußte sich am Tischrand festhalten, um nicht das Gleichgewicht zu verlieren.

In immer noch erstaunlich ruhigem Ton fragte Julius: »Was mag wohl Jungfer Schellekens dazu sagen, wenn du keine Nase mehr hast? Oder vielleicht ein Auge weniger, wie der Seeräuber unseres Freundes hier?«

Clemens schielte einige Sekunden lang regungslos auf die im flackernden Licht der Öllampen aufblitzende Waffe und trat dann einen Schritt zurück. »Das nächste Mal, wenn du mir über den Weg läufst, werde auch ich bewaffnet sein!« drohte er mit tiefer Stimme. »Und du ...« – sein Blick heftete sich wieder auf Gerhard, der zusammengeduckt und bleich zurückstarrte – »... mit dir bin ich noch nicht fertig. Mach dich auf was gefaßt!« Dann machte er auf dem Absatz kehrt und strebte dem Ausgang zu. So geräuschvoll, wie er gekommen war, verschwand er wieder.

Julius steckte seinen Dolch in die Scheide zurück und

setzte sich. »Solchen Bullenbeißern begegnet man in jeder Hafenstadt«, sagte er. »Meistens haben sie es auf ausländische Seeleute abgesehen.« Er füllte Gerhards Becher auf. »Trink, Junge, du siehst aus, als könntest du es gebrauchen.« Er grinste.

»Höchst unzivilisiert, das alles«, fand Dolfus. »Solche unerquicklichen Zwischenfälle können einem wirklich den ganzen Abend verderben.«

Der Wirt brummte etwas Unverständliches und schlurfte an seinen Schanktisch zurück. Die Gespräche in der Gaststube kamen wieder in Gang.

Gerhard trank so gierig, daß ihm der Wein das Kinn hinunterlief. Er wischte sich mit dem Handrücken über den Mund. Die Hand zitterte sichtlich. »Es tut mir leid, daß ihr das mitmachen mußtet«, sagte er, und zu Julius: »Ich fürchte, ich bin nicht so mutig wie du. Ich hasse Gewalt.«

»Ich auch«, erwiderte Julius. »Aber ich habe es mir nicht immer aussuchen können, mein Leben war vermutlich weniger sicher und geborgen als das deine. Ich empfehle dir, dich fortan nicht mehr unbewaffnet auf die Straße hinauszuwagen, das ist in diesen Zeiten ohnehin unvernünftig.«

»Ich schulde dir Dank.«

»Nicht nötig, ich habe dabei nur an unsere Vereinbarung gedacht.«

Der kleine Scherz konnte Gerhard nicht aufheitern. Daß er jetzt einen streitlustigen Feind hatte, erfüllte ihn mit höchst unguten Empfindungen. »Bitte?« sagte er, als ihm bewußt wurde, daß Julius ihn etwas gefragt hatte.

»Wer ist Barbara Schellekens?« Der Seekadett sah ihn

neugierig an. »Ist sie *so* schön, daß du eine Tracht Prügel für sie in Kauf nimmst?«

Gerhard nahm eine lockerere Sitzhaltung ein und versuchte sich ein wenig zu entspannen. »Ihr Vater hat sie mit diesem Rüpel verkuppelt«, schimpfte er.

»Da gebe ich dir einen guten Rat, wenn du erlaubst«, sagte Julius. »Laß sie ihn ruhig heiraten. Wenn dieses Großmaul der schlechte Liebhaber ist, nach dem er aussieht, wird sie sich nur allzubald dir in die Arme werfen. Und dann kannst du dich mit ihr verlustieren, ohne daß du für ihren Unterhalt aufzukommen brauchst. Eine bessere Lösung ist fast nicht denkbar.« Während die anderen Studenten lachten, fügte er etwas leiser und ernster hinzu: »Solange er dich nicht totschlägt natürlich.« Er klopfte Gerhard kameradschaftlich auf den Schenkel. »Ich weiß, Gerhard, ich weiß: Die Liebe ist oft eine schmerzliche Angelegenheit.« Er zog seine Hand schleunig zurück, als Gerhard mit gerunzelter Stirn darauf blickte. »Entschuldige«, sagte er, »eine schlechte Angewohnheit von mir, daß ich andere immer berühren muß, freundschaftlich, meine ich.« Er wandte das Gesicht ab, als müsse er verbergen, daß es ihm peinlich war.

»Julius …« Gerhard stockte und warf einen Blick zum Ausgang. »Es klingt gewiß töricht, aber … darf ich dich bitten, mich nach Hause zu begleiten?«

Julius nickte. »An deiner Stelle würde ich auch nicht gern allein da draußen im Dunkeln herumlaufen.«

»Du hältst mich doch jetzt hoffentlich nicht für einen Feigling?«

»Es braucht Mut, zuzugeben, daß man Angst hat, Gerhard.«

»Und Clemens ist groß und stark«, räumte Gerhard verdrossen ein, während er sich erhob.

Draußen mußten sie einen Moment warten, bis sich ihre Augen an die Dunkelheit gewöhnt hatten. »Ich bin schon neugierig auf deine Barbara geworden, muß ich gestehen«, sagte Julius.

»Ich möchte lieber nicht darüber reden, wenn du nichts dagegen hast.«

»Blond? Rot? Schwarz?«

»Blond und keck.«

»Aber nicht keck genug, um ihrem Vater Widerworte zu geben?«

»Julius, bitte!«

»Entschuldige, meine Neugierde ist oft größer, als es die Höflichkeit gestattet. Gehen wir?«

Es hatte gegen Abend geregnet, und die runden Pflastersteine der Straße glänzten grau im kalten Licht des Halbmondes. Es war noch nicht allzu spät, und hier und da sah man Passanten zu dritt oder viert und nah beisammen, manche mit flackernden Fackeln in der Hand. Sie huschten eilig dahin, denn in der Dunkelheit empfahl es sich, nicht zu bummeln. Die Dunkelheit war nichts für gottesfürchtige Bürger.

Nachdem sie eine Weile schweigend nebeneinanderher gegangen waren, sagte Gerhard unvermittelt zu Julius: »Vielleicht können wir kurz in ihrer Straße vorbeischauen…«, um seinen Einfall sogleich wieder zu verwerfen. »Ach, nein, das wäre eine Torheit. Womöglich laufen wir Clemens wieder über den Weg.«

»Wohnt sie weit von dir entfernt?«

»Kaum einen Steinwurf weit, in der Leerloierstraat.«

»Dann machen wir das doch kurz!« Julius klopfte Gerhard ermunternd auf die Schulter. »Dieser Clemens sah nicht so aus, als könnte er so schnell laufen wie wir.«

»Nein, lieber doch nicht, vergiß es.«

Es ist der Altersunterschied, dachte Gerhard, der sich ein wenig in Verlegenheit gebracht fühlte. Er hatte schon gelernt, seine spontanen Anwandlungen zu unterdrücken, während Julius nicht lange nachdachte. Aber vielleicht war es ja gerade gut, nicht lange nachzudenken. Selbstbeherrschung konnte auch lähmend wirken. Da stand man dann beherrscht am Rande und dachte nach, und derweil zog ein anderer mit der Liebsten davon.

»Komm, gehen wir zur Leerloierstraat!« besann er sich also plötzlich.

Julius sagte nichts darauf, aber er schmunzelte im Dunkeln vor sich hin.

Die Leerloierstraat lag unbeleuchtet und verlassen da. Aus einem der Häuser drang das schrille Keifen einer Frau bis auf die Straße heraus. Die Entgegnung des Mannes war nicht mehr als ein kaum hörbares Brummen.

Gerhard veranlaßte Julius stehenzubleiben. »Dort, auf der gegenüberliegenden Seite.« Er flüsterte, obwohl weit und breit keine lebendige Seele war, die ihn hätte hören können.

»Geschlossene Fensterläden und kein Licht dahinter, das bringt uns nicht viel weiter.«

Sie ist da, dachte Gerhard. Er konnte Barbaras Gegenwart spüren. Das glaubte er zumindest. »Es steht kein Pferd da, Clemens ist nicht bei ihr… es sei denn, er ist zu Fuß gekommen.«

»Wolltest du vielleicht anklopfen?«

»Gott bewahre!« sagte Gerhard erschrocken.

»Hast du schon einmal mit ihrem Vater gesprochen? Vielleicht kannst du ihn umstimmen.«

»Das hat keinen Sinn, ich habe Barbara ja nichts zu bieten.«

»Ach nein? Vielleicht wirst du einmal reicher als die ganze Familie Clemens zusammen.«

»Bis dahin ist sie bestimmt schon Großmutter.«

»Ich liebe Schwarzseher, sie können so rührend sein.«

Ein wenig gekränkt, holte Gerhard zu einer spitzen Gegenfrage aus: »Wie steht es eigentlich mit deinem Liebesleben?«

Es blieb einen Moment still, ehe Julius in neutralem Ton antwortete: »Ich bin ein ganzes Stück jünger als du, Gerhard. Das hat noch Zeit.«

Gerhard konnte das Gesicht des anderen im Mondlicht sehen, aber Julius' Miene verriet nicht, was in ihm vorging. »Und als Fahrensmann dürftest du ja auch nicht viel zu Hause sein, nicht wahr?«

»Ja, auch das.«

Gerhard hatte das Gefühl, daß Julius etwas Wichtiges verschwieg, doch er hakte nicht weiter nach. Sie kannten einander noch nicht lange genug, um allzu vertraulich zu werden. »Laß uns gehen, das hier hat keinen Sinn.«

Am Ende der Straße schaute sich Gerhard noch einmal um, aber natürlich rührte sich noch immer nichts.

Vielleicht hat Julius recht, dachte er, während sie schweigend zu seinem Haus liefen. Vielleicht sollte er in der Tat tun, was er auch selbst schon einmal gedacht hatte: seinen ganzen Mut zusammennehmen und mit dem alten Schellekens reden. Was konnte schließlich schon passieren? Clemens würde ihn höchstens umbringen. Und wenn er Barbara nicht bekommen konnte, hatte sein Leben ohnehin keinen großen Wert mehr…

8

Gerhard saß in seiner Werkstatt und studierte konzentriert eine Passage in einem Buch des Schweizer Gelehrten Glareanus. Das Buch gehörte Gemma Frisius. Es handelte von der Kunst der Fertigung von Erdgloben aus Papierbrei. Sie wurden zum Abschluß mit einer Gipsschicht überzogen, und auf diese klebte man dann segmentweise die auf Papier gedruckten Meere und Kontinente. Vor allem letzteres beschäftigte Gerhard. Das korrekte Ausschneiden und Zusammenfügen dieser Papiersegmente war äußerst schwierig und das Resultat nie gänzlich zufriedenstellend. Es mußte doch eine einfachere und verläßlichere Methode geben, sagte er sich. Doch sosehr er auch sein Hirn zermarterte, eine Inspiration wollte ihm nicht kommen. Er hatte schon wiederholt mit Frisius über dieses Problem gesprochen, doch ihre Diskussionen endeten regelmäßig damit, daß Frisius ihm Überheblichkeit vorwarf. Es stand Gerhard mit seinem lückenhaften Wissen und seiner mangelnden Erfahrung nicht zu, die Ergebnisse illustrer Wissenschaftler in Frage zu stellen. Daß sich Frisius selbst zu letzteren zählte, sagte er nie ausdrücklich, doch sein Ton und seine Haltung sprachen meistens Bände.

Gerhard beschlich das unangenehme Gefühl, daß er beobachtet wurde, und er sah von dem Buch auf, das vor ihm auf dem Tisch lag. Von dort, wo er saß, konnte er durch das noch kahle Schaufenster auf die Straße hinaussehen. Sein Herz schlug höher, als er die blonde Frau sah, die, die Augen gegen die Spiegelung im Glas mit den Händen abschirmend, von draußen hereinspähte. Zwei Sekunden lang dachte er, es wäre Barbara. Doch dann, als sich die erste Aufregung legte und er genauer hinsah, stellte er enttäuscht fest, daß die Frau älter war.

Als die Frau merkte, daß Gerhard sie gesehen hatte, trat sie einen kleinen Schritt zurück. Sie schien kurz zu zögern, ging dann aber resolut zur Tür. Ihre Haltung und die Art, wie sie sich bewegte, hatten so viel von Barbara, daß Gerhard abermals ganz eigenartig zumute wurde. Erst als die Frau vor ihm in der Werkstatt stand, verflüchtigte sich der Eindruck. Aus der Nähe war die Ähnlichkeit weit weniger frappierend.

»Ich bin Johanna Switten, die Frau von Jan Schellekens«, stellte sie sich vor. »Und Ihr seid Meister Gerhard Mercator, nehme ich an?«

»Ah, Ihr seid Barbaras Mutter«, sagte Gerhard, der sich unsicher erhoben hatte. »Ich glaubte schon, eine gewisse Ähnlichkeit erkannt zu haben.« Unbeholfen deutete er auf einen Stuhl. »Wollt Ihr Euch vielleicht setzen?«

»Nein, danke. Ich bin größer, wenn ich stehe.«

Gerhard war sich nicht ganz sicher, ob die Dame das ernst meinte oder einen Scherz zu machen versuchte. Sie hatte den gleichen kecken Augenaufschlag wie Barbara. Das alles war höchst verwirrend. »Ich glaubte vernommen zu haben, daß Ihr in Brüssel wohnt?«

»Ich bin spornstreichs hierher zurückgekehrt, als ich

Wind davon bekam, welche Dummheit mein werter Ehemann mit unserer Tochter vorhat.«

»Als Ihr … äh … Wind davon bekamt?«

»Barbara hat mir in einem Brief von der Heirat berichtet, die ihr Vater für sie geplant hat.« Johanna schüttelte den Kopf und ließ sich nun doch auf den Stuhl plumpsen, den Gerhard ihr angeboten hatte. »Männer!«

»Möchtet Ihr vielleicht etwas trinken? Wein? Bier? Wasser?«

»Milch bitte.«

Als Gerhard mit der Milchkanne aus dem Keller zurückkehrte, stand Johanna, die Hände auf dem Rücken verschränkt, vor dem Fenster und starrte hinaus, obgleich dort rein gar nichts zu sehen war. Er nahm einen sauberen Becher und schenkte ihr ein. »Sie ist ganz frisch, von heute morgen«, sagte er. Er wußte noch immer nicht so recht, welche Haltung er der Frau gegenüber einnehmen sollte.

»Wer?«

»Die Milch.«

»Oh!« Johanna wandte sich vom Fenster ab und nahm den Becher entgegen. Gierig trank sie ihre Milch, Gerhard dabei nicht aus den Augen lassend, stellte den Becher dann auf den Tisch und sagte: »Ich glaube, ich verstehe, was Barbara an dir findet. Sie möchte gern einen Mann, den sie dominieren kann.«

»Und das würde ihr bei Clemens de Vilder gewiß nicht gelingen«, erwiderte Gerhard, der keine Lust hatte, sich zu verteidigen.

»Da wäre ich mir nicht so sicher. Man sollte nie die Macht einer Frau mit starkem Willen unterschätzen. Es gibt andere

Waffen als rohe Muskelgewalt, um jemanden unterzukriegen.«

»So wie Ihr das sagt, klingt es, als wäre die Ehe eine Art Krieg.«

»Das ist sie auch, junger Mann. Männer und Frauen sind Feinde, und tut man sie zusammen, führt das unweigerlich zum Kampf.« Sie hob abwehrend die Hand, als wollte sie Gerhard die Mühe ersparen, ihr zu widersprechen. »Liebe? Du darfst gern daran glauben. Schaden kann es wohl nicht. Für Bitterkeit ist später noch Zeit genug.«

»Hat... hat Barbara Euch etwa von mir erzählt?«

»Warum sollte ich sonst wohl hier sein?«

»Das wollte ich Euch gerade fragen.«

»Ich möchte nicht, daß meine Tochter ihr Leben an diesen Rohling von einem Schlachterssohn vergeudet, nur weil ihrem Vater eine solche Verbindung zufällig gut in den Kram paßt.«

Gerhard konnte sich des Eindrucks nicht erwehren, daß Johanna eher ihrem Ehemann ein Schnippchen schlagen wollte, als daß sie das Wohl Barbaras im Auge hatte. Vielleicht auch beides, dachte er. Und was kümmerte es ihn, wenn er dadurch doch noch die Chance bekam, Barbara zu... Sein Herzschlag beschleunigte sich. »Was meint Ihr denn, wie man diese Heirat verhindern könnte?«

Ein verächtlicher Zug glitt über Johannas Gesicht. »Ich sehe keine Veranlassung, dir das auf die junge Nase zu binden.« Sie griff zu ihrem Becher, trank ihn aus und stellte ihn mit einem Knall wieder auf den Tisch. Während sie den Blick forschend durch die Werkstatt wandern ließ, fragte sie: »Hast du schon ein eigenes Einkommen?«

Die gleiche direkte Art wie Barbara, konstatierte Gerhard. Bei Johanna gefiel ihm das freilich längst nicht so gut wie bei ihrer Tochter. Unbehaglich antwortete er: »So allmählich. Die Landvermessung bringt mir schon etwas ein, und wenn ich bald meine ersten Instrumente verkaufen kann...« Er verstummte, weil er sich plötzlich schmerzlich bewußt wurde, daß er immer noch keinerlei finanzielle Sicherheit hatte. Pläne, das schon. Jede Menge Pläne. Aber ansonsten vor allem Schulden. Da konnte er noch von Glück reden, daß sein Großonkel als guter Christ keine Zinsen verlangen durfte.

»Wenigstens bist du kein Faulenzer«, stellte Johanna fest. »Und überdies scheinst du gebildet zu sein.«

Gerhard kam sich vor wie ein Rind, das auf seinen Marktwert geprüft wurde. »Leidlich.«

»Damit du mich recht verstehst, junger Mann: Ich will von meiner Tochter später nicht den Vorwurf zu hören bekommen, ich hätte sie dem falschen Mann in die Arme getrieben.«

Weil sie sich dann das hämische Lachen von Jan Schellekens gefallen lassen müßte, dachte Gerhard, behielt das aber wohlweislich für sich.

»Was hast du darauf zu sagen?«

»Daß ich das an Eurer Stelle auch nicht gern zu hören bekommen wollte.«

»Spar dir deine glatten Reden für meine Tochter auf, die muß noch lernen, sie zu durchschauen. Gib mir deine Hand.«

Zögernd legte Gerhard seine rechte Hand in die ihre, die sich kühl und trocken anfühlte. Sie drehte seine Handfläche nach oben und fuhr mit dem Nagel ihres kleinen Fingers über die Linien darin. »Eine besonders lange Lebenslinie«, stellte sie fest. »Allem Anschein nach dürfte meine Tochter also schon mal keine Witwe werden. Hm... ich sehe auch künftigen Erfolg, das ist gut. Und Kinder, mindestens ein halbes Dutzend, Jungen und Mädchen. Darf ich dir mein Beileid bekunden?«

»Ich verstehe nicht, was Ihr meint.«

»Das kommt schon noch. Es liegt in der Natur der Dinge, daß die Jüngeren die Älteren vernichten wollen. Mit jedem weiteren Kind wächst der Druck. Dir stehen harte Jahre bevor.«

»Könnt Ihr das alles aus meiner Hand lesen?«

»Das und noch viel mehr. Eines dieser Kinder...« Johanna verstummte und ließ Gerhards Hand los. Ein wenig unwirsch sagte sie: »Es gibt Dinge, die man besser nicht im voraus weiß.«

»Wie schön, daß Ihr mir noch ein bißchen Ungewißheit laßt.«

»Über etwas zu spotten, was man nicht begreift, zeugt von einem beschränkten Geist.«

»Ihr habt recht, es tut mir leid.« Gerhard blickte kurz auf seine Hand. Er wußte, was eine Lebenslinie war, und er sah jetzt auch, daß sie bei ihm besonders weit reichte. Das war ihm noch nie aufgefallen. Ein hoffnungsvolles Zeichen, dachte er. Wenn man an diesen Hokuspokus glaubte. Handlesen war keine seriöse Wissenschaft wie die Astrologie.

Johanna richtete sich auf. »Gut, ich werde die nötigen Dispositionen treffen.«

»Äh… fürchtet Ihr Euch nicht vor den Reaktionen der de Vilders?«

»Ich nicht.« Johanna sah Gerhard forschend an. »Du etwa?«

»Ja«, gestand Gerhard ehrlich. »Aber Barbara ist mir das wert.«

Johanna verengte die Augen zu schmalen Schlitzen und sah Gerhard so durchdringend an, daß er dachte, sie wolle sein Hirn sondieren. Sie schwieg einige Atemzüge lang, bevor sie sagte: »Auch von dir möchte ich später nicht den Vorwurf hören, ich hätte dich ihr ausgeliefert.«

»Entschuldigt, wenn ich das so sage, aber es kommt mir beinahe so vor, als hieltet Ihr Eure Tochter für eine Art Drachen.«

Gerhard fühlte sich erleichtert, als Johannas Blick von ihm abließ. »Vielleicht ist es nicht ganz so schlimm«, sagte sie. »Wenn du ihr nur ja nicht zu oft widersprichst.« Sie machte keinerlei Anstalten, ihre Worte durch ein Lächeln zu mildern. »Barbara besitzt nicht nur meine Charakterzüge, die natürlich ausgezeichnet sind, sondern auch einige ihres Vaters.«

»Er machte keinen üblen Eindruck auf mich.«

»Pah!« machte Johanna, und es klang, als spie sie etwas Widerwärtiges aus. »Wart nur, bis du ihn erst besser kennst.« Sie wandte sich zur Tür. Mit der Hand auf der Klinke fügte sie hinzu: »Als ob das, was er mit diesem Schlachterssohn vorhat, nicht ein ganz übler Streich wäre!« Sie zog die Tür auf, so daß die Geräusche von der Straße hereinströmten. »Mach dich schon einmal auf eine spannende Zeit gefaßt.« Dann trat sie hinaus und entfernte sich, ohne einen Blick zurückzuwerfen.

Gerhard sank auf seinen Stuhl und füllte Johannas Becher noch einmal mit Milch. Allerlei verwirrenden Gedanken nachhängend, leerte er den Becher mit kleinen Schlucken. Aus dem Studieren würde fürs erste nicht mehr viel werden. Nicht bei dem Sturm, der jetzt in seinem Kopf wütete. Eigentlich hätte er sich über die unverhoffte Wendung, die die Dinge zu nehmen schienen, freuen müssen, doch was er vor allem empfand, waren Unruhe und eine vage Angst, was jetzt auf ihn zukommen würde.

In dieser Nacht wurde Gerhard durch ein heftiges Klopfen unten an der Haustür aus dem Schlaf geschreckt. Es hatte lange gedauert, bis er endlich eingedämmert war, und nun hatte er genausoviel Mühe, wach zu werden. Schlaftrunken rappelte er sich auf die Bettkante hoch und tastete nach dem Zunderkästchen auf dem Nachttisch, um eine Kerze anzuzünden. In der tintenschwarzen Dunkelheit der Kammer blendete der aufleuchtende Docht geradezu in den Augen. Das aufgeregte Klopfen an der Tür hörte derweil nicht auf. Unterdessen würde wohl schon die ganze Straße wach sein. Gerhard nahm den Kerzenhalter und tappte die Treppe hinab.

Auf halber Höhe hielt er plötzlich inne. Erst jetzt kam ihm der Gedanke, daß es meist nichts Gutes zu bedeuten hatte, wenn des Nachts an die Tür geklopft wurde. Und sogleich machten seine Gedanken einen Sprung zu Clemens de Vilder. Doch dann drang neben dem Klopfen eine Stimme an sein Ohr, eine Frauenstimme. »Gerhard? Wenn du jetzt nicht aufmachst, guck ich dich nie wieder an!«

»Barbara?« murmelte Gerhard ungläubig und rannte

auch schon hinunter und zur Tür. Dort schob er das Guckloch auf. Es war jedoch so dunkel auf der Straße, daß er die schemenhafte Gestalt dort draußen nicht erkennen konnte, zumal er sein Sehvermögen bei Dunkelheit durch das Licht der Kerze beeinträchtigt hatte.

Er schloß auf und schob den Riegel zurück. Sogleich wurde die Tür mit solcher Wucht aufgestoßen, daß er fast an die Wand geschmettert wurde. Barbara huschte herein und warf die Tür hinter sich zu. »Wo hast du gesteckt? Ich habe schon wer weiß wie lange gerufen!«

Gerhard starrte sie verstört an, immer noch nicht sicher, ob er wach war oder träumte. »Ich habe geschlafen…«

»Ja, das sehe ich.« Ihr Blick glitt geringschätzig über sein zerknittertes Nachthemd. »Bleiben wir hier stehen?«

Sprachlos ging Gerhard ihr voran zur Küche, wo er eine Öllampe entzündete.

»Ich hab's nicht mehr ausgehalten«, erklärte Barbara. Sie hatte sich auf einen Stuhl gesetzt und starrte in die kleine Flamme der Öllampe auf dem Tisch. »Vater und Mutter streiten, und es nimmt kein Ende, sie hören nicht auf, sich anzuschreien und zu beschimpfen.«

»Deinetwegen?«

Barbara nickte. »Natürlich. Es ist meine eigene Schuld, ich hätte Mutter nicht schreiben dürfen. Obwohl…« Mit einem Mal rebellisch, korrigierte sie sich: »Nein, es ist *nicht* meine Schuld! Ich will heiraten, wen ich will, und nicht diesen…« Sie verstummte und ließ den Kopf hängen. »Ich hasse diesen Clemens, er stinkt nach geronnenem Blut.« Sie schauderte demonstrativ. »Ich fürchte mich vor ihm, Gerhard. Ich bin mir sicher, daß er mich schlagen wird, wenn wir erst einmal…«

Gerhard trat zu ihr und legte ihr den Arm um die Schultern. Er erschrak kurz über seine eigene Dreistigkeit, doch da Barbara nicht reagierte, ließ er den Arm, wo er war. »Wenn es nach deiner Mutter geht, mußt du Clemens nicht heiraten.«

»Vater hat dich einen Habenichts genannt.«

»Das wird nicht so bleiben.«

»Das sagte Mutter auch; sie scheint sich ziemlich sicher zu sein, daß Ruhm und Wohlstand auf dich warten. Mutter denkt, daß sie in die Zukunft blicken kann.« Letzteres klang entschuldigend. »Da frage ich mich, wie sie so dumm sein konnte, meinen Vater zu heiraten.«

»Zum Glück hat sie das getan, sonst würde es dich nicht geben.«

Barbara schaute zu ihm auf. »Siehst du, das ist wieder so etwas, was Clemens nie sagen würde. Er käme nicht im Traum darauf.«

Gerhard holte tief Luft und fragte, bevor er es sich anders überlegen konnte: »Barbara, möchtest du mich heiraten?«

»Ja, alles ist mir lieber als eine Ehe mit diesem Hanswurst.«

Mit einem Anflug von Niedergeschlagenheit ließ Gerhard sie los und sank seinerseits auf einen Stuhl nieder. »Ich hätte nie gedacht, daß ein Jawort so negativ klingen kann«, sagte er.

Barbara sah ihn einige Wimpernschläge lang nachdenklich an, ehe sie sich zu ihm hinüberbeugte und ihm die Hand aufs Knie legte. »Ich meinte es nicht so düster, wie es vielleicht klang. Ich weiß schon gar nicht mehr, was ich tue. Ist das so schwer zu verstehen?«

Unsicher legte Gerhard seine Hand auf die ihre. Ihren Fingern haftete noch etwas von der Kühle der Nacht an. »Ich habe gerade heute noch gedacht, daß ein Leben ohne dich für mich keinen großen Sinn hätte.«

»Das kommt, weil du mich nicht kennst.«

»Deine Mutter sagte auch schon etwas in dieser Richtung. Aber ich kann mir nicht vorstellen, daß du so ein Drachen bist.«

»Vielleicht fehlt es dir nur an Vorstellungsvermögen.«

»Ich glaube nichts davon, Barbara.«

Barbara zog eine Grimasse. »Ich habe den Charakter meiner Mutter, und mit der ist nicht zu spaßen.«

»Jemand, dem das selbst bewußt ist und der das zugibt, der kann niemals schlecht sein.«

»Was heißt schlecht?«

»Was gut oder schlecht heißt, ist eine Frage der Normen.«

»Deiner Normen oder der anderer?«

»Ich wünschte, wir wären schon verheiratet, ich liebe nämlich derlei Diskussionen.«

»Hast du nicht etwas zu trinken für mich?«

»Ja natürlich, entschuldige.« Gerhard sprang auf. »Womit kann ich dir gefällig sein?«

»Wie wär's zunächst einmal mit einem Kuß?« entgegnete Barbara, und als Gerhard zögernd stehenblieb: »Oder weißt du etwa nicht, wie man das macht?« Sie erhob sich und streckte einladend die Arme nach ihm aus. »Halt mich mal eben, Gerhard, ich kann es brauchen.«

Die Umarmung dauerte lang und war von einer Intensität, die Gerhard zugleich erregte und beunruhigte. Und ihm war, als müsse er Gott für die Wärme dieses besonderen Wesens dankbar sein, das er so einfach in den Armen halten durfte.

»Ich möchte hierbleiben«, flüsterte Barbara ihm ins Ohr. »Die ganze Nacht.«

Wieder dieses zweischneidige Gefühl der Erregung und Beunruhigung. »Ach, wäre es doch möglich«, sagte er, während er sie endlich losließ.

»Wieso sollte es nicht möglich sein?«

»Sie werden kommen und dich suchen.«

»Mich suchen? Wahrscheinlich wissen sie nicht mal, daß ich weg bin. Und warum sollten sie hier bei dir anklopfen?«

»Sie werden bestimmt nicht erwarten, daß du zu Clemens gerannt bist.«

»Wovor fürchtest du dich eigentlich?«

Darüber mußte er einige Sekunden nachdenken. »Ich fürchte mich nicht meinetwegen«, antwortete er dann. »Ich möchte nur nicht, daß dir ein Unheil geschieht.«

»Welch mutiger Mann!« Da war er wieder, dieser spöttische Ton.

»Das ist die Wahrheit«, sagte Gerhard mit leichter Verärgerung.

»Das Schlimmste, was mir passieren kann, ist, daß Vater mich an den Haaren nach Hause zurückschleift.« Barbara blickte zur Treppe. »Wenn du nur ein Bett hast, kann ich darin schlafen. Kannst du dich nicht irgendwo auf den Boden legen?«

Die Antwort wurde Gerhard erspart, weil in diesem Moment erneut an die Tür geklopft wurde.

»Tu einfach so, als wärst du nicht zu Hause!« zischte Barbara.

»Das können wir nicht machen, sie werden die Tür eintreten.« Wie um Gerhard recht zu geben, wurde das Klopfen lauter. Eine Männerstimme rief etwas Unverständliches.

»Angsthase!« zischte Barbara.

»Barbara, wir müssen vernünftig sein...« Gerhard nahm die Lampe vom Tisch.

»Was machst du, wenn es Clemens ist?«

Eine Tracht Prügel beziehen, dachte Gerhard. Doch das sagte er nicht laut.

Durch das Guckloch sah er, daß es Barbaras Vater war. Schellekens hielt eine brennende Fackel hoch und schaute zum Fenster im ersten Stock hinauf. Sein Gesicht sah im flackernden Licht der Flamme unheilverkündend aus. Er war nicht mehr der zurückhaltende Mann, den Gerhard von ihrer ersten Begegnung her in Erinnerung hatte.

Gerhard atmete einmal tief durch und öffnete die Tür.

Schellekens trat sogleich einen Schritt vor, um Gerhard aus der Nähe zu betrachten. »Meister Mercator, ja? Ich hatte Euer Gesicht schon fast vergessen.« Er wartete nicht auf eine Antwort. »Ist meine Tochter hier?«

Gerhard versprach sich nichts davon, zu lügen. »Ja, sie ist hier, sie ist weggelaufen, weil...«

Schellekens hörte nicht auf ihn. »Barbara? Mach, daß du nach draußen kommst, auf der Stelle!« rief er.

»Werter Herr Schellekens, das ist jetzt vielleicht ein etwas ungewöhnlicher Moment, aber ich möchte Euch um die Hand Eurer Tochter bitten.« Unruhig wartete Gerhard die Reaktion des anderen ab. Er versuchte, nicht daran zu denken, wie viele Nachbarn das Geschehen unterdessen begierig hinter ihren Fenstern mitverfolgten.

»Ja, ja, ich weiß von eurer Kungelei«, erwiderte Schellekens. »Aber so weit kommt's noch, daß ich meine Tochter einem gebe, der nicht mal einen Brautschatz zusammenklauben kann. Und jetzt kommt sie unverzüglich mit nach Hause!«

Gerhard drehte sich um und rief: »Barbara? Du solltest lieber mit deinem Vater gehen.«

»Ist Mutter noch da?« erklang es fragend aus dem Dunkel des Hauses.

»Nein, die ist weg«, antwortete Schellekens mürrisch. »Die ist zum Schlafen ins Gasthaus gegangen. Und das ist auch nur gut, denn sonst hätte es noch ein Unglück gegeben.« Letzteres murmelte er mehr vor sich hin.

Barbara tauchte im Licht der Fackel auf. Ihr Vater wollte sie wütend beim Arm packen, doch da wich sie sogleich einen Schritt zurück. »Ich kann immer noch hierbleiben«, drohte sie. »Begreif doch endlich, daß du mich nicht mehr wie ein kleines Kind behandeln kannst!«

»Bringst du nicht schon genug Schande über mein Haus, indem du deine Verlobung lösen willst?«

»Wenn du Clemens so großartig findest, dann heirate ihn doch selbst.«

»Ich werde deine Unverschämtheiten nicht mehr lange dulden!«

»Das wird auch nicht nötig sein.«

»Du gehst jetzt mit, oder ich verpflichte dich noch zur Ehe mit diesem...« – Schellekens besann sich – »...oder du heiratest, ohne auch nur einen Albus von mir zu bekommen. Dann wird dir bald aufgehen, wie wichtig es ist, an deine Zukunft zu denken.«

»Meine Zukunft? Deine Zukunft meinst du wohl!«

»Barbara…« Gerhard blickte unglücklich vom einen zum anderen. Vater und Tochter schienen ihn völlig zu ignorieren. »Du solltest besser mit deinem Vater gehen, morgen sieht vielleicht alles ganz anders aus.«

»Ein vernünftiges Wort des Meisters«, sagte Schellekens, und jetzt klang er schon genauso spöttisch wie seine Tochter. »Wir sprechen uns noch«, fügte er an Gerhard gewandt hinzu.

Gerhard sah ihnen nach, bis die Glut der Fackel um die Ecke verschwunden war. Schellekens marschierte forsch vorneweg, Barbara folgte ihm mit zwei Schritten Abstand. Gerhard winkte, als sie sich noch kurz umschaute, doch sie erwiderte den Gruß nicht. Er machte sich bewußt, daß sie ihn nicht sehen konnte. Außerhalb des kleinen Lichtkegels, in dem sie sich bewegte, würde die ganze Welt schwarz sein.

Er sollte weniger studieren und statt dessen härter arbeiten, überlegte er, als er kurz darauf in seinem Atelier stand und sich ein wenig benommen umsah. Nun, da er Barbara einen Antrag gemacht hatte, schien er alles mit anderen Augen zu sehen, als wäre ihm plötzlich seine eigene Umgebung fremd geworden.

In einem Punkt hatte Barbaras Vater leider recht: Mit dem, was er jetzt verdiente, konnte er keine Frau unterhalten. Von den Kosten einer Hochzeitsfeier ganz zu schweigen. Und er traute sich nicht, ein weiteres Mal nach Rupelmonde zu gehen, um seinen Großonkel um Geld anzubetteln.

Gerhard stellte seine Lampe auf ein Schränkchen und ließ sich auf einen Stuhl fallen. Sein Überschwang hatte einen kleinen Dämpfer bekommen, und er versank in düsteres Grübeln.

Vielleicht konnte Gaspard ihm noch etwas vorschießen, dachte er. Die van der Heydens waren ziemlich wohlhabend, und Gaspard glaubte an ihn. Zudem war dessen Frau Lea ihm sehr zugetan. Wenn er es über sie versuchte, würde der Goldschmied schon noch einmal seine Börse für ihn öffnen.

Gerhard tat sich selbst schwer mit dem, was er sich da zurechtdachte. Aber Not kennt kein Gebot, dachte er. Und er hatte fest vor, alles, was sie ihm zusteckten, bis auf den allerletzten Albus zurückzuzahlen. Außerdem, hatte Barbaras Mutter ihm nicht prophezeit, daß ihn Erfolg erwartete?

Gerhard sprang auf und zündete noch einige weitere Lampen an. Er wußte, daß er in dieser Nacht nicht mehr würde schlafen können, also konnte er sich genausogut gleich an die Arbeit machen.

Als das erste Sonnenlicht durch das Schaufenster hereinfiel, war Gerhard über den noch unvollendeten Erdglobus gebeugt, an dessen Fertigung auch Frisius und Gaspard mitgewirkt hatten. Mit seinen geschickten und feinfühligen Fingern bearbeitete er die Gipsoberfläche des Globus von gut einem Fuß Durchmesser so präzise, daß er eine nie dagewesene, nahezu vollkommene Glätte erreichte. Gern hätte er auch noch die zwölf Segmente von Frisius' Karte darauf angebracht. Doch Gaspard, der sie graviert und koloriert hatte, bestand darauf, das selbst zu machen. Er hatte noch nicht genügend Zutrauen zu Gerhard, um ihn die delikate Arbeit an seiner Statt ausführen zu lassen.

Der Erdglobus war von Maximilianus Transylvanus,

einem der Ratsherren Karls V., bestellt worden. Und er sollte etwas für sein Geld bekommen, hatte sich Gerhard geschworen. Dieses Prunkstück würde alle Blicke auf sich ziehen. Was konnte es für einen besseren Ort geben, um den Grundstein für seine zukünftige Reputation zu legen, als den kaiserlichen Hof!

9

Und, wie fühlt es sich an, ein verheirateter Mann zu sein?«

Gerhard mußte erst einen Moment über Julius' Frage nachdenken. Er blickte an diesem vorbei zu Barbara hinüber, die von Frisius ziemlich täppisch zwischen den anderen herumhopsenden Mitwirkenden einer ungelenken Reigenparodie hin und her geschleift wurde. Frisius war leicht beschwipst und mußte sich an seiner Tanzpartnerin festhalten, um nicht zu fallen. Insbesondere wenn der Lautenspieler hin und wieder das Tempo beschleunigte, hatte Frisius Mühe. Barbara schien das freilich eher amüsant als ärgerlich zu finden. Sie lachte jedenfalls die ganze Zeit.

Gerhard hatte noch nicht so recht verinnerlicht, daß er und Barbara vor wenigen Stunden in Sint-Pieters getraut worden waren. Die letzten Wochen waren an ihm vorübergegangen, als wäre er selbst nicht beteiligt gewesen, als wäre er gelebt worden.

Jan Schellekens hatte schließlich dem Druck seiner Frau nachgegeben und Gerhard seine Tochter mehr oder weniger aufgedrängt. Von da an war alles ganz schnell gegangen, so schnell, daß Gerhard das Geschehen irgendwie aus dem Griff geraten war. Während andere allerlei um ihn herum regelten, hatte er wie betäubt daneben gestanden. Auch heute bei der Trauung hatte der Pfarrer seine Frage wiederholen müssen, ob Gerhard Mercator Barbara Schellekens zur Frau nehmen wolle. Gerhard hatte ihn beim ersten Mal einfach nicht gehört.

Gerhard sah Julius von der Seite an. »Kannst du mich das in ein paar Wochen noch einmal fragen?«

Der andere lächelte. »In ein paar Wochen bin ich, so Gott will, irgendwo in der Nähe von Gibraltar. Soll ich dir ein Äffchen mitbringen?«

Gerhard verzog das Gesicht. »Ich denke, wir werden unsere eigenen Äffchen machen.« Irgendwer hatte einen Hochzeitsbaum vor ihrem Haus aufgestellt, und Johanna hatte nochmals gesagt, daß sie mindestens sechs Kinder haben würden. Auch der Pfarrer hatte bei der Trauung vom Kindersegen gesprochen. Gerhard wurde das frustrierende Gefühl nicht los, daß seine eigene Meinung wenig zur Sache tat. Im übrigen hatte er sich noch nie Gedanken darüber gemacht, daß Heiraten auch bedeutete, daß man Kinder bekam. Die Vorstellung beunruhigte ihn ein wenig, obgleich er selbst fünf Brüder und eine Schwester hatte. Vermutlich im Zusammenhang mit den prassenden Studenten, die er gelegentlich im Wirtshaus traf. Eine alles in allem eher weniger erfreuliche Aussicht, schien es.

»Noch etwas von Clemens gehört?«

»Hä?« entfuhr es Gerhard. »Ach, der...« Er zuckte die Achseln, gleichgültiger, als ihm zumute war. »Nein, weder gehört noch gesehen, seit jenem kleinen Vorfall im ›Pulverfaß‹.«

»Du könntest ruhig ein bißchen fröhlicher sein, auf deiner eigenen Hochzeit«, sagte Julius. »Nimm dir ein Beispiel an deiner Braut. Wenn sie so weitertanzt, wirst du heute nacht allerdings nicht mehr viel Freude an ihr haben.«

Julius hatte etwas an sich, was einem manchmal gehörig auf die Nerven gehen konnte, fand Gerhard. Er war zu nüchtern für sein Alter – und hatte dabei zu oft recht. Barbara hüpfte in der Tat in beängstigendem Tempo zwischen den anderen Tänzern hindurch, diesmal in Begleitung eines ihm unbekannten jungen Mannes. Ihre Füße trommelten über den improvisierten hölzernen Tanzboden unter dem Festbaldachin. Sie stießen beinahe einen Tisch um, an dem andere Gäste gerade ihren Reisbrei aßen, doch es schien niemanden zu stören. Man lachte nur übertrieben laut. Selbst das schwüle Augustwetter schien niemanden sonderlich zu beeinträchtigen, obwohl manch ein Festbesucher sein Bier fast genauso schnell wieder ausschwitzte, wie er es getrunken hatte.

Frisius tauchte neben Gerhard auf. Er tupfte sich mit einem sorgfältig gefalteten weißen Tuch die Stirn ab. »Ich wollte dich etwas fragen«, sagte er. »Ich möchte eine Gruppe von etwa zwanzig Studenten in Astronomie unterrichten, aber in meinem eigenen Haus habe ich keinen Platz dafür. Ich hoffte, das vielleicht im Atelier tun zu können.« Er blickte kurz zu Julius, doch der war mit seiner Aufmerksamkeit ganz bei den Tänzern.

Frisius sagt immer »das Atelier«, dachte Gerhard, und nie »dein Atelier«. Als könnte er gewisse Ansprüche auf die Werkstatt geltend machen. Verwundert fragte er: »Aber Ihr unterrichtet doch immer noch Astronomie an der Universität, oder?«

»Hierbei handelt es sich um besondere, auserlesene Studenten. Ich möchte ihnen das neue Denken näherbringen, und ich fürchte, Pieter de Corte wäre darüber nicht entzückt.«

»Hm, ich glaube, der Rektor wird von einigen unterschätzt.«

»Willst du mein Urteilsvermögen in Zweifel ziehen?«

»Wie käme ich dazu?«

Gerhards ironischer Ton schien Frisius zu entgehen. »Ich weiß, was ich tue, Gerhard. Nun, wie denkst du darüber?«

»Birgt das auch keine Gefahren? Ich meine, ist es nicht ungesetzlich, wenn...«

»Ich darf unterrichten, wo und wann und wen ich will. Und daß ich das ungestört tun möchte, ist meine Sache.« Frisius seufzte ungeduldig. »Du brauchst mir den Raum auch nicht gratis zur Verfügung zu stellen.«

»Werde ich während Eurer Unterrichtsstunden noch im Atelier arbeiten können?«

»Ja natürlich, so viel Platz benötigst du ja nicht. Und vielleicht lernst du auch noch etwas bei meinem Kurs.« Als Gerhard immer noch zögerte, sagte Frisius mit kaum verhohlener Verärgerung: »Vielleicht ist jetzt nicht der geeignete Moment, über Geschäfte zu reden, wir werden morgen darauf zurückkommen«, und er entfernte sich.

»Was für ein reizender Mensch!« stellte Julius fest. »Erinnert mich ein bißchen an meinen Vater, der dachte auch immer, daß sich die ganze Welt nur um ihn dreht.«

»Frisius verfügt über ein wesentlich größeres Wissen als alle, mit denen er zu tun hat, und das macht zwangsläufig einsam«, wandte Gerhard begütigend ein.

»Und du bist liebenswürdiger als alle, mit denen du zu

tun hast, das ist auch nicht gut. Du läßt es zu, daß man dir auf der Nase herumtanzt.«

»Ein biegsamer Zweig bricht längst nicht so rasch entzwei wie ein starrer Ast, Julius.«

Zu einer Replik kam Julius nicht mehr, weil sich Barbara zu ihnen gesellte. Sie faßte Gerhard bei den Händen und zog ihn in die Mitte des Raums, da der Lautenspieler zu einer fröhlichen Weise ansetzte. »Du bist der einzige, der nicht mit mir tanzt«, sagte sie vorwurfsvoll. »Du, mein Ehemann!«

Gerhard warf den Festgästen, die Ermunterungen riefen und in die Hände klatschten, einen schiefen Blick zu. Er fühlte sich unter ihren erwartungsvollen Blicken entsetzlich in die Enge getrieben. »Ich kann überhaupt nicht tanzen«, bekannte er leise.

»Tanzen kann jeder«, meinte Barbara. Sie ließ Gerhard los und drehte sich hüpfend um ihn herum, wobei sie im Takt der Musik in die Hände klatschte. »Auf, auf, mein Gemahl, nur nicht so steif!«

Gerhard schaute auf ihre wirbelnden Füße und machte einen schwachen Versuch, sich ihrem Rhythmus anzupassen. Das Gefühl, daß er sich lächerlich machte, wurde sogleich überwältigend. Bis Barbara unvermittelt stehenblieb und mit gerunzelter Stirn über seine Schulter blickte. Als Gerhard sich umdrehte, stand er Clemens de Vilder gegenüber.

»Welch jämmerlicher Auftritt!« sagte Clemens. Die Hände in den Taschen seiner weiten Pluderhose, musterte er Gerhard geringschätzig von Kopf bis Fuß. »Und wegen so einer Schießbudenfigur hat man mich beiseite geschoben. Mich, Clemens de Vilder!«

»Seine Königliche Hoheit, Clemens den Ersten und hoffentlich auch den letzten«, blaffte Barbara.

Gerhard hob beschwörend die Hand. »Bitte, nicht jetzt, nicht heute.« Er hatte keine Angst, stellte er überrascht fest. Vielmehr erzürnte es ihn, daß Clemens so unverschämt war, sein Hochzeitsfest zu stören. »Heute ist kein Tag zum Streiten.«

»Es ist nicht einmal ein Tag zum Tanzen, wie ich gerade gesehen habe«, spottete Clemens. Er wandte sich Barbara zu. »Gab es denn in Löwen keine richtigen Männer mehr? Was kann dir so ein Mickerling schon noch bieten, wenn ein Preisstier wie ich zwischen deinen Beinen gelegen hat?«

Barbara ignorierte die erschrockenen Ausrufe um sie herum. »Daß du dich für ein Rindvieh hältst, ist schon mal ein Schritt in die richtige Richtung«, konstatierte sie. Sie sah aus, als würde sie Clemens jeden Moment an die Gurgel gehen.

Doch bevor es dazu kam, trat ihr Vater dazwischen und baute sich in beschützender Haltung vor ihr auf. Er stand sichtlich unsicher auf den Beinen und lallte ein wenig. »Du hast Geld bekommen, damit du den Anstand wahrst«, sagte er. »Du hast nicht das Recht, dich hier so aufzuführen. Oder möchtest du vielleicht, daß ich ein Wörtchen mit deinem Vater rede?«

»Meinem Alten?« Clemens grinste spöttisch. »Der schlägt dir den Kopf ab!«

Barbara sah ihren Vater verdutzt an. »Du hast diesem Rüpel Geld gegeben?«

»Halt den Schnabel!« bellte Schellekens sie merklich energischer an. »Du hast schon für genug Probleme gesorgt!«

»Und ein weißes Kleid«, stellte Clemens fest. »Ist das nicht das Privileg von Jungfrauen?«

»Pf«, machte Barbara herablassend, »du könntest nicht mal die Jungfräulichkeit eines Kaninchens schänden!«

Clemens' Ausdruck veränderte sich. Er zog die Hände aus den Taschen, und für einen Moment sah es so aus, als wollte er Barbara ohrfeigen.

»Bitte«, flehte Gerhard unglücklich. »Können wir das nicht auf zivilisierte Weise beilegen?«

Barbara sah ihn forschend an. »Willst du es so einfach hinnehmen, daß deine Frau beleidigt wird?«

»Handgreiflichkeiten überlassen wir besser den Wilden. Ich werde ihn beim Schultheiß anzeigen.«

»Ja, tu das«, sagte Clemens. Er grinste freudlos. »Was für ein Hasenfuß. Ohne seinen Freund, den Messerhelden, ist er nicht mal einen Tritt in die Eier wert!«

Gerhard spürte, wie ihm das Blut aus dem Gesicht wich. Doch bevor er etwas unternehmen konnte, tauchte wie aus dem Nichts ein unscheinbares Männlein hinter Clemens auf und zog diesem mit dem Handrücken kräftig eins über. »Und jetzt nach Hause mit dir, du garstiger Rauhbautz!« herrschte er ihn mit einem Stimmvolumen an, das überhaupt nicht zu seinem Äußeren paßte. »Wo sind deine Manieren geblieben? Fort, sag ich!« Er wedelte wütend mit dem Arm.

Clemens starrte den anderen einige Atemzüge lang regungslos an, so als erfaßte er gar nicht, was da geschah. Dann ließ er plötzlich die Schultern hängen und wurde mit einem Mal drei Fingerbreit kleiner. Schweigend drehte er sich um und ging davon, ohne noch irgendwen eines Blickes zu würdigen.

»Ich bitte Euch, verübelt es ihm nicht«, sagte das Männlein zu Schellekens. »Der Junge tut sich momentan ein wenig schwer, ginge es Euch nicht auch so? Noch ein vergnügliches Fest weiterhin.« Worauf er sich seinerseits umdrehte und davoneilte, Clemens hinterher.

»Und der hätte mein Schwiegervater werden sollen«, erklärte Barbara. Dessen polternde Stimme nachahmend höhnte sie: »Der Junge tut sich momentan ein wenig schwer. Der *Junge*!« Sie zog ein angewidertes Gesicht. Dann klatschte sie in die Hände. »Das Spektakel ist vorüber«, sagte sie an die Adresse einiger Festgäste gerichtet, die sie immer noch anstarrten. Und dem Lautenspieler rief sie zu: »Musik!« Der Mann erschrak sichtlich, nahm sein Instrument noch fester in die Hand und stimmte hastig ein Stringendo an. Im nächsten Moment tanzte Barbara schon wieder, als wenn nichts geschehen wäre.

»Eine Dame, mit der du dich fürwahr nicht langweilen wirst«, meinte Julius, der sich mit einem Bierkrug in der Hand neben Gerhard gestellt hatte.

Gerhard, der sich noch nicht von dem unangenehmen Intermezzo erholt hatte, starrte zu seiner Braut hinüber. »Einen kurzen Moment dachte ich…« Er verstummte und schüttelte unwirsch den Kopf. »Woher, zum Teufel, kommt nur so ein dummer Gedanke?«

»Und der wäre?«

Gerhard zögerte kurz, bevor er antwortete: »Mir schoß durch den Kopf, daß Barbara ja vielleicht besser zu Clemens gepaßt hätte.«

»O nein, die würden sich innerhalb kürzester Zeit gegenseitig umbringen. Ich glaube, mit dir ist sie besser dran.«

Julius lächelte. »Ob sie auch für dich die beste Wahl ist, muß sich noch erweisen.«

»Herzlichen Dank.«

Julius legte Gerhard warm die Hand auf die Schulter. »Nochmals, mein lieber Gerardus, du läßt dich viel zu leicht von allen triezen, auch von mir.«

»Ich fürchte, mit Clemens bin ich noch nicht fertig.«

»Hm, nun, da sein Vater ihn vor aller Augen wie ein Kind behandelt hat, gibt er es vielleicht auf. Oder...« – Julius nahm einen Schluck aus seinem Becher – »...oder er hat jetzt erst recht Rachegelüste...«

»Ich bin hundemüde«, erklärte Barbara am selben Abend. Sie ließ sich auf Gerhards Bett plumpsen und gab einen Stoßseufzer von sich. »Was für ein Tag!«

Die letzten Hochzeitsgäste waren nach Hause gegangen, und jetzt, da Gerhard und sie endlich allein waren, spann die ungewohnte Stille sie in einen eher hemmenden Kokon der Intimität ein.

»Ich muß morgen arbeiten, und ich fürchte, mir wird der Kopf nicht danach stehen.« Gerhard kämpfte mit dem Schnürband seines Wamses, das sich unentwirrbar verknotet zu haben schien. Er hatte zum Ende des Festes hin immer mehr Bier getrunken, und nun machte der Rausch allmählich einer wachsenden Übelkeit Platz.

»Ehrlich gesagt hast du mich vorhin ein bißchen enttäuscht«, sagte Barbara. Sie redete vor sich hin, ohne Gerhard anzusehen. »Ich hatte gehofft, daß du Manns genug wärest, Clemens wenigstens einen Stuhl auf seinem Stierschädel zu zertrümmern. Ich an deiner Stelle hätte das jedenfalls getan.«

»Ich habe jetzt keine Lust, darüber zu reden.«

Barbara schlug die Augen zu ihm auf. »Wozu hast du dann Lust?«

Nicht auf sie, dachte Gerhard mit vagem Bedauern. Die Wahrscheinlichkeit war groß, daß er einen Eimer Bier über sie erbrechen würde. »Barbara… was meinte Clemens, als er sagte, daß er zwischen deinen…«

Barbara hob gebieterisch die Hand. »Und darüber möchte *ich* jetzt nicht sprechen!«

»Nein, natürlich nicht.« Gerhard seufzte, zu müde, um sich zu streiten. »Ich muß kurz in den Garten hinaus.«

Die Nacht war um einiges kühler als der vergangene Tag, und die frische Luft tat Gerhard gut. Er lehnte sich mit dem Rücken an die rauhe Steinmauer, die seinen Garten von dem der Nachbarn trennte, und starrte zum hellen Sternenhimmel empor. Nachdem er ein paarmal tief durchgeatmet hatte, verflüchtigte sich der Brechreiz.

Und, wie fühlt es sich an, ein verheirateter Mann zu sein…? Julius' Worte hallten ihm abermals durch den Kopf. Er wußte es immer noch nicht. Noch empfand er lediglich Verwirrung und Unsicherheit. Barbara schien keine derartigen Probleme zu haben. Er fand, sie hatte etwas Besitzergreifendes an sich. Sie bewegte sich in seinem Haus, als hätte sie nie irgendwo anders gewohnt.

Unserem Haus, verbesserte er sich im Geiste. Auch an das Wir und Unser würde er sich gewöhnen müssen.

Er knöpfte seinen Hosenstall auf und pinkelte umständlich an die Mauer. Während er damit beschäftigt war, hörte er im ersten Stock ein Fenster aufgehen.

»Gerhard? Kommst du noch nach oben?«

Barbaras Gestalt zeichnete sich gespenstisch weiß in der dunklen Fensteröffnung ab. Es schien kein Mond, doch das Licht der Sterne genügte, um zu sehen, daß sie nackt war. Einen kurzen Moment sorgte sich Gerhard wegen der Nachbarn, doch dann ging ihm auf, daß die sie unmöglich sehen konnten. Es sei denn, sie trieben sich gleichfalls im Garten herum.

»Ich komme«, sagte er und registrierte schuldbewußt, daß es nicht besonders begeistert klang. Heute war ihre Hochzeitsnacht, und es wurden Dinge von ihm erwartet, denen er sich momentan nicht gewachsen fühlte.

An allem ist nur das Bier schuld, redete er sich ein, während er sein Geschäft erledigte und hineinging. Er hätte nicht so viel trinken dürfen. Julius hatte ihn noch gewarnt. Der gute, viel zu vernünftige Julius. »Man will dann schließlich immer mehr, kann aber immer weniger«, hatte er gesagt.

Barbara erwartete ihn in seinem Bett. Obwohl nur eine Kerze brannte, erschreckte ihn ihre Nacktheit. Er hatte noch nie eine völlig entblößte Frau gesehen, schon gar nicht aus solcher Nähe. Auch seine Schwester nicht, und er war auch nie so unverfroren gewesen, sie womöglich beim Bad zu überraschen oder dergleichen. Die Angst vor den Folgen war immer größer gewesen als seine Neugierde.

Seine Braut schien keine falsche Scham zu kennen. Sie machte nicht die geringsten Anstalten, sich zu bedecken. Gerhard war sich nicht sicher, ob ihm das wirklich gefiel. Er fand, es hatte etwas Huriges. Zumindest nahm er das an, denn auch bei einer Hure war er nie gewesen. Was ihn nicht daran hinderte, es sich lebhaft vorzustellen, denn an Einbildungskraft mangelte es ihm nicht. Und für einen kurzen

Moment tauchte das unangenehme Bild Clemens de Vilders vor seinem geistigen Auge auf. Hatte dieser schreckliche Kerl sie auch so gesehen? Es kostete Gerhard einige Mühe, diesen Gedanken zu verdrängen.

Barbara deutete Gerhards scheuen Blick falsch und grinste. »Bleibst du die ganze Nacht da stehen? Jetzt zieh endlich die Hose aus, und beweis mir, daß du ein Mann bist!«

Ihre Worte hatten die gleiche Wirkung auf Gerhard wie ihre Nacktheit. Das war alles zu keck, fand er. So hatte eine junge Frau nicht zu reden. Oder war er vielleicht ein wenig weltfremd? Julius hatte schon ein paarmal etwas in diesem Sinne geäußert: daß er zuviel über den Büchern hocke und deshalb nicht mehr wisse, womit sich normale, lebendige Menschen beschäftigen. Oder so ähnlich.

Er fragte: »Können wir nicht die Kerze ausmachen?«

»Kommt nicht in Frage, ich muß mich davon überzeugen, daß ich mir nichts habe andrehen lassen.«

Er war jetzt so gut wie nüchtern, registrierte Gerhard, während er Barbara den Rücken zudrehte und sich ungelenk seiner Kleider entledigte, und das half nicht unbedingt. Er nahm sich die Zeit, jedes Kleidungsstück sorgfältig zusammenzulegen, bevor er es auf einem Stuhl deponierte.

»Es dauert noch eine ganze Weile, bis die Kerze heruntergebrannt ist«, gab Barbara hinter ihm zu verstehen. Ihr spöttischer Unterton war unüberhörbar.

Gerhard huschte in einem solchen Tempo zu ihr ins Bett, daß die Kerze heftig flackerte. Doch als er sogleich die Decke über sich ziehen wollte, hielt Barbara seinen Arm fest. »Ich will dich sehen«, sagte sie.

Er schaute in ihre hellen Augen, die im beweglichen Licht

der Kerze blinkten. Oft hatte er davon geträumt, sie von so nah betrachten zu können. Und jetzt, da es endlich soweit war, und noch dazu in seinem eigenen Bett, verspürte er vor allem eine undefinierbare, vage Angst.

Das kommt durch meine Unerfahrenheit, dachte er unglücklich. Und die Tatsache, daß sich Barbara offenbar weit weniger genierte als er, machte alles nur noch schlimmer. Er hätte auf Julius hören und hin und wieder ein Abenteuer suchen sollen.

Er erschrak, als Barbara, ohne den Blick abzuwenden, die Hand auf die empfindsamsten Teile seines Körpers legte. Das war ungewohnt und zugleich sehr erregend, ganz anders, als wenn er selbst es tat. Ihre warmen Finger lösten beunruhigende Schauer des Genusses aus, so als tummelten sich kleine, wollige Tierchen in seinem Unterleib. Und die Reaktion ließ nicht auf sich warten. Ob er sich ihrer schämen oder stolz sein sollte, wußte er nicht so recht.

Die Augen immer noch unverwandt auf ihn gerichtet, wälzte sich Barbara stumm auf ihn und setzte sich auf seinen Schoß. Während sie sich mit der linken Hand auf seiner Brust abstützte, führte sie ihn mit der rechten in sich hinein.

Die Explosion folgte fast sogleich. Es durchfuhr Gerhard so vehement, daß er Barbara beinahe von sich herabgeschleudert hätte. Doch so heftig die Woge des Genusses gewesen war, so rasch war sie auch verebbt. Gerhard erschlaffte, als sei alle Luft aus ihm gewichen. Und wieder fühlte er Scham, weit ärgere noch als zuvor.

»Schade«, sagte Barbara. »Du hattest es wohl sehr nötig, was?«

Gerhard schaute unbehaglich zu ihr auf. Er hätte

schwören können, etwas Triumphierendes in ihrem Blick zu sehen, aber das konnte am Licht liegen und an seinem eigenen Gemütszustand. »Äh... schade?« Seine Stimme klang heiser, und er räusperte sich kurz.

Sie schüttelte langsam den Kopf. »Weißt du denn überhaupt nichts von Frauen?«

Es dauerte einige Atemzüge, bis er eine Eingebung hatte. »Du bist schon seit geraumer Zeit die einzige Frau auf der Welt, für die ich mich interessiere.«

»Es wäre schön, wenn du in manch anderen Dingen auch so gut wärst wie im Umgang mit Worten.« Sie legte sich neben ihm auf die Seite, das Gesicht ihm zugewandt. »Wenn du mich glücklich machen möchtest, wirst du noch viel lernen müssen, Gerhard.«

»Es tut mir leid, daß ich nicht so versiert bin wie Clemens de Vilder.« Die Worte waren heraus, bevor er sich dessen recht bewußt war, und sie taten Gerhard auch sogleich leid.

Barbara sah ihn eine kleine Weile mit gerunzelter Stirn an. Dann nickte sie, als sei sie sich nun über etwas im klaren, und richtete sich auf, um die Kerze auszublasen. Mit dem Rücken zu Gerhard legte sie sich wieder hin. »Laß dich nicht aufhalten, wenn du lieber von ihm träumst als von mir«, sagte sie im Dunkeln. Eine gute Nacht wünschte sie Gerhard nicht.

Gerhard starrte regungslos in die Finsternis, bis sich seine Augen daran gewöhnt hatten und allmählich das Fenster als graues Rechteck in dem pechschwarzen Raum sichtbar wurde. Ihn überkam ein seltsames Verlangen danach, schwerelos zu werden und hinauszuschweben, den Sternen entgegen. Die ganze Welt hinter sich lassen zu können, mit allem, was auf ihr lebte, das mußte ekstatisch sein.

Er hatte noch nie völlig nackt im Bett gelegen, und ihm wurde kalt. Er drehte sich gleichfalls auf die Seite und schmiegte sich an Barbaras Rücken. Barbara bewegte sich nicht, doch als er den Arm um ihre Schulter schlang, legte sie eine Hand auf die seine. Diese kleine Geste stimmte ihn so zufrieden, daß er kurz darauf doch noch mit einem leisen Lächeln auf den Lippen in Schlaf fiel.

10

Der englische Küstenort Deal war nicht groß, trotz seiner Schiffswerft. Wie von Blackburn in seinem Brief beschrieben, gab es in der Tat nur ein einziges Gasthaus, unweit der weißen Kreidefelsen. Auch sein Name stimmte: ›Bossum's Chair‹.

An der Tür zögerte Julius kurz. In dem spärlichen Licht, das zu ihm herausdrang, konnte er sehen, daß seine Stiefel schlammverkrustet waren. Er säuberte sie, so gut es ging, an dem Eisen, das zu diesem Zweck neben der Tür an der Wand angebracht war, strich sich kurz mit der Hand durchs Haar und trat ein.

Daß höchstens ein halbes Dutzend Gäste im Schankraum saßen, mißfiel ihm. Je mehr Volk, desto weniger fiel man als Fremder auf. Aber die meisten Schiffszimmerleute von Deal würden wohl zu dieser späten Abendstunde, jetzt, mitten in der Woche, schon in den Federn liegen.

Blackburn saß allein an einem großen Tisch. Er sah verdutzt auf, als hätte er nicht wirklich erwartet, daß Julius auftauchen würde.

Julius ignorierte die argwöhnischen Blicke der anderen Anwesenden und setzte sich Blackburn gegenüber. Er winkte der gelangweilt dreinblickenden Wirtin. »Bier?«

»Englisches Bier?« Blackburn verzog angewidert das Gesicht. »*Uisce*«, sagte er zur Wirtin, die unterdessen abwartend an ihrem Tisch stand.

Julius bestellte Wein. Als die Wirtin endlich davonschlurfte, fragte er verwundert: »*Uisce?*«

Blackburn grinste. »*Uisce beatha*, Lebenswasser. Ein besonders starkes Getränk aus Getreide. Die Iren haben ihm diesen Namen gegeben. Aber wir Schotten machen das Zeug zehnmal besser. Und stärker.« Als die Wirtin ihnen das Bestellte auf den Tisch gestellt hatte, fragte er: »Wie bist du hergekommen?«

Julius schenkte sich ein. »Ich habe mir ein Fischerboot geborgt. Es liegt unweit von hier zwischen ein paar Felsen am Strand. In der Dunkelheit wird niemand es finden.«

»Du bist geradewegs hierhergesegelt? Dann bist du ein besserer Seemann, als ich dachte.«

»Ich habe einen Kompaß und kenne die Strömungen im Kanal.« Julius verschwieg, daß die Strömung ihn, trotz der relativ kurzen Überfahrt, ein gutes Stück weiter nach Norden abgetrieben hatte als von ihm berechnet. Und daß es reines Glück war, daß er anschließend in die richtige Richtung gelaufen war, denn ihm war keine Menschenseele begegnet, die er nach dem Weg hätte fragen können. »Ich wagte nicht, den Hafen von Deal anzulaufen«, sagte er mit gespielter Selbstsicherheit. »Ich habe zwar eine englische Flagge dabei und spreche die Sprache leidlich, aber man kann ja nie wissen.«

»Bist du über die Goodwins gefahren?«

»Ich bin mir nicht sicher, es war ja stockfinster auf See. Aber ich wußte, daß beinahe Hochwasser war, da läuft man mit einem so untiefen kleinen Boot keine Gefahr, auf einer Sandbank zu stranden. Zumal bei diesem ruhigen Wetter.«

Blackburn nickte und nahm einen Schluck von seinem Getränk, das ein würziges Aroma von erwärmtem Eichenholz verbreitete. Er folgte Julius' Blick, der sich auf die Tasche aus ungegerbtem Leder heftete, die neben ihm auf dem Tisch lag. »Ich habe das eine und andere mitgebracht. Das gilt hoffentlich auch für dich.«

Julius sah sein Gegenüber nachdenklich an. Er hatte Carn Blackburn vor zwei Jahren kennengelernt, als dieser, mit einigen irischen Piraten zusammen, von der französischen Marine auf Ibiza gefangengehalten wurde. Der rauhbeinige blonde Fahrensmann aus Schottland hatte seine Aufmerksamkeit erregt, weil er ein besonders kundiger Zeichner war, der wie Julius selbst ein scharfes Auge für Details besaß. Sie hatten sich mehr oder weniger angefreundet, soweit das unter den damaligen Umständen möglich gewesen war. Und sie hatten einiges vereinbart, für später.

Julius sagte: »Ich möchte zuerst sehen, ob das alles auch den Aufwand lohnt, Carn.«

»Hat es sich denn für mich gelohnt, hierherzukommen? Ich hatte bestimmt eine längere und mühseligere Anreise als du.«

Julius nickte ergeben. »Man hatte mich bereits gewarnt, daß für Schotten das Geld schwerer wiegt als die Freundschaft. Aber keine Bange, ich halte mich an die Abmachungen.«

Blackburn zog eine seiner borstigen blonden Augenbrauen hoch. »Freundschaft?«

»Nun ja, ich dachte…«

»Mein lieber Leutnant, im Grunde sind wir beide Feinde.«

»Ihr Schotten seid jedermanns Feinde«, konstatierte Julius verdrossen. »Sogar die der Engländer, wenn's drauf ankommt.«

Einen Moment lang blickte Blackburn, als würde er zornig werden, doch dann lachte er plötzlich schallend. Er kippte den Rest seines Getränks hinunter und winkte der Wirtin. »Du mußt dieses Lebenswasser auch mal probieren, es macht weniger griesgrämig.« Als die Wirtin ihm den Becher wieder aufgefüllt hatte, klopfte er auf die Tasche auf dem Tisch. »Ein hübsches Stück dieser verdammten englischen Küste, von Eastbourne bis hinauf nach Margate, und dazu ein Teil der Themsemündung. Hiermit hättest du problemlos Deal anlaufen können, anstatt Gott weiß wo an den Strand gespült zu werden.« Blackburn zwinkerte. »Wenn du das alles hübsch kartographieren läßt und den Spaniern verkaufst, kannst du dir gleich einen ganzen Schrank voller neuer Uniformen kaufen.«

»Warum verkaufst du diese Informationen dann nicht selbst an sie?«

Blackburn schnaubte. »Sie würden mich eher einen Kopf kürzer machen als mich bezahlen.«

»Nicht, wenn du ihnen verdeutlichen würdest, daß du noch weit mehr liefern kannst als das hier.«

Blackburn blickte mißtrauisch. »Ich dachte, du wolltest Geschäfte machen?«

Julius zuckte die Achseln. »Ich frage immer nach dem Warum und Wieso, vielleicht eine schlechte Angewohnheit von mir.«

»Ich habe keine Lust, mit den Spaniern in Kontakt zu treten, und mit den Franzosen noch weniger.« Blackburn zog eine säuerliche Grimasse. »Zwei Jahre lang in einem vergitterten Steinloch zu modern hat mir gereicht.«

»Und trotzdem gönnst du ihnen solche wichtigen Informationen?«

»Mit Vergnügen. Da können sie die Engländer angreifen und deren verfluchte Schiffe versenken.«

»Ich bin den Spaniern und Franzosen auch nicht sonderlich zugetan.«

»Das weiß ich, sonst würde ich nicht hier sitzen. Obgleich ... Rochat, klingt das nicht französisch?«

»Mein Vater stammt aus Brüssel, meine Mutter aus Gent.«

»Brüsseler Adel, was?« Blackburn verzog das Gesicht. »Und der Sohnemann vergnügt sich mit Spionage. Warum?«

»Spionage? Bessere Seekarten sind für jeden, der zur See fährt, von unschätzbarer Wichtigkeit.«

»Es handelt sich bei dir also um einen Akt der Selbstaufopferung?« Blackburn brachte es fertig, nicht spöttisch zu klingen.

»Ich möchte Geld verdienen, aber es wird dir nicht gelingen, mir ein schlechtes Gewissen zu machen«, erwiderte Julius ruhig. »Zuverlässige Seekarten sind sehr wohl für alle Fahrensleute von größter Wichtigkeit.«

»Der Meinung werden die Engländer gewiß auch sein, wenn sie dich beim Schlafittchen packen.«

»Zur See fahren ist auch riskant.« Julius blickte erneut auf die Tasche. »Ich habe vor, alles einem befreundeten Kartographen in Flandern zu übergeben. Er ist noch jung, aber er hat Talent, und ich erwarte mir viel von ihm. Ich habe auch schon Kontakt zu einem Drucker aufgenommen.«

»Sobald du mich bezahlt hast, darfst du dir von mir aus den Hintern damit abwischen. Darf ich übrigens auch mal eine neugierige Frage stellen: Wie kommt ein Grünschnabel wie du zu so viel Geld, daß er mich bezahlen kann?«

»Meine Eltern haben Vertrauen in meine Geschäftstüchtigkeit.«

»Ja, das kann ich mir vorstellen.«

Julius blickte sich kurz um und zog dann eine kleine Lederbörse unter seinem Wams hervor, die er Blackburn heimlich über den Tisch zuschob. Blackburn ließ sie so rasch verschwinden, daß es fast wie ein Zaubertrick aussah. »Willst du nicht kontrollieren, ob es denn auch genug ist?«

»Genausowenig, wie du nachsehen mußt, ob meine Zeichnungen ihr Geld wert sind.« Blackburn schob die Tasche in Julius' Richtung. »Wenn du je irgendwem meinen Namen verrätst ...« Er ließ die Drohung in der Luft hängen, ohne den Satz zu beenden.

»Keine Bange. Schließlich werde ich dich, wenn alles gutgeht, noch öfter gebrauchen können.«

»Das höre ich gern«, sagte Blackburn ernst.

»Wie kommst du wieder nach Hause?«

»Diese Woche noch geht ein Schiff von Dover zum Firth of Forth. Von dort komme ich dann schon irgendwie nach Kinghorn.« Blackburn leerte seinen Becher und erhob sich. »Du darfst die Rechnung begleichen.« Ohne weiteren Gruß lief er zum Ausgang und verschwand in die Nacht hinein.

Ich muß verrückt gewesen sein, dachte Julius, als er sich später den gewundenen Pfad über die Kreidefelsen entlangmühte, der ihn wieder zu seinem Boot führen sollte. Es war stark bewölkt und stockfinster, er konnte kaum unterscheiden, wo in der Ferne das Meer endete und wo der Himmel begann. Wie sollte er da bloß den Kompaß lesen? Wahrscheinlich würde er den Kurs in erster Linie anhand des Windes bestimmen müssen. Die Brise aus Südwesten war zum Glück nicht wirklich kalt.

Julius stolperte zum wiederholten Mal über eines der harten Grasbüschel und fluchte laut, während er sich die kostbare Tasche mit den Skizzen fester unter den Arm klemmte. Es war ohnehin kein Mensch da, der ihn hören konnte, die nächtliche Welt schien gänzlich ohne Leben zu sein. Das wunderte ihn ein bißchen. Er hatte erwartet, daß dieser strategisch empfindliche Teil der englischen Küste besser bewacht würde. Aber vielleicht bauten die Engländer auf die abschreckende Wirkung ihrer Kriegsflotte.

Mit ein wenig Glück konnte ihm diese eine kleine Kanalüberfahrt mehr Geld einbringen, als wenn er einem ungehobelten spanischen Kapitän zwei Jahre lang in den Arsch kroch, dachte Julius. Das mußte einem schon einige kleine Unannehmlichkeiten wert sein. Die war er im übrigen gewohnt. Zur See fahren war kein Zuckerschlecken, nicht einmal für einen Offizier. Vor allem nicht für einen Offizier. Das Fußvolk konnte wenigstens unter Deck die Sau rauslassen, um Ärger und Frustrationen abzureagieren. Von den Offizieren wurde zu jeder Zeit die größte Selbstbeherrschung erwartet. Man mußte lernen, mit eiserner Miene zu krepieren.

Julius blieb an einem Pfad stehen, der durch einen Felsspalt steil zum Kieselstrand hinunterführte. Er war sich relativ sicher, daß er hier am frühen Abend heraufgeklettert war.

Durch das Weiß der Felsen konnte er wenigstens ungefähr sehen, wo er ging, als er sich den Pfad hinabkämpfte. Er bewegte sich vorsichtig, denn mit einem gebrochenen Bein würde er nie mehr von hier wegkommen.

Mit heiler Haut unten angekommen, blieb er erneut stehen und blickte suchend um sich. Der mit großen weißen Steinen übersäte Strand wirkte erheblich breiter, als er ihn in Erinnerung hatte. Als er sein Boot erreichte, lag es gut fünfzig Schritt vom Wasser entfernt auf dem Trockenen. Der Anker stak ein wenig töricht in einem Häuflein aufgewühltem Sand.

Julius schlug die Hände vors Gesicht und lehnte sich mit dem Rücken gegen den Bootsrumpf. Er schüttelte den Kopf über die eigene Dummheit. Er war kurz nach dem Tidehochwasser angekommen, hatte aber aus irgendeinem unerfindlichen Grund nicht berücksichtigt, daß dann bei seiner Rückkehr Niedrigwasser sein würde. »Julius der Seemann«, sagte er verächtlich.

Im Grunde war es gar nicht so verwunderlich, daß Kapitäne ihn häufig zum Prügelknaben erkoren, dachte er. Wenn er auch nicht der einzige Adelborst war, der Schnitzer machte. Die Seefahrt war nun mal kein einfaches Gewerbe. Für ein Leben auf See konnte man sich nicht oder kaum auf dem Trockenen rüsten. Und vielleicht lag es ihm auch nicht im Blut. Wer zum Seemann geboren wurde, hatte es da natürlich leichter.

Julius legte seine Tasche auf das Gangbord des Bootes und schlenderte zwischen den Steinen hindurch über den nassen Sand bis zum Wasserrand. Das Boot war viel zu schwer, als daß er es allein hätte von der Stelle bewegen können, ihm blieb nichts anderes übrig, als zu warten, bis das Wasser wieder hoch genug aufgelaufen war. Und das war schätzungsweise erst für den Vormittag des kommenden Tages zu erwarten. Im vollen Tageslicht.

»Das habe ich ja wieder prima hingekriegt«, sagte Julius, an die gleichgültige braune Brandung gewandt. Er stieß mit unnötig viel Kraft einen Stein ins Wasser und lief zu seinem Boot zurück, wo er zum dunklen Rand der weißen Klippe emporschaute, von der er heruntergekommen war. Die Wahrscheinlichkeit, daß jemand nahe genug an der Felskante entlangkommen würde und das Boot hier unten liegen sah, schien ihm weit geringer zu sein als die, daß sie ihn bei Tag draußen auf dem Meer schnappen würden. Also ließ er besser das Mittagshochwasser verstreichen und wartete die Dunkelheit der folgenden Nacht ab. Und hoffte derweil, daß sich das Wetter hielt und vor allem der Wind nicht in die falsche Richtung drehte. Er hatte noch einen Kanten Brot und ein Stück getrocknetes Fleisch und einen Krug Wasser. Das mußte dann eben für fast ein Etmal reichen. Denn er traute sich nicht, nach Deal zurückzukehren, so groß auch die Versuchung war, den Tag mit etwas mehr Komfort und Unterhaltung zu verbringen.

Julius kletterte ins Boot und nahm seinen Mundvorrat aus dem Stück Öltuch, in das er alles verpackt hatte. Das Tuch wickelte er um die Tasche mit den kostbaren Skizzen. Danach streckte er sich rücklings auf der Holzbank in der Plicht aus. Er starrte zum schwarzen Himmel hinauf, bis seine Augen müde wurden und wie von selbst zufielen.

Große, eiskalte Regentropfen, die auf seinem Gesicht zerplatzten, weckten ihn wieder. Es war immer noch dunkel, doch als er sich verwirrt aufrichtete, sah er im Osten das erste Morgengrauen über dem Meer.

Der Regen wurde stärker, und das offene Boot bot keinerlei Schutz. Julius kletterte hinaus und setzte sich auf der windgeschützten Seite des Bootes, den Rücken an den Rumpf gelehnt, auf einen abgeflachten Stein. Ihm war kalt und jämmerlich zumute, aber so blieb er zumindest weitgehend trocken.

Die See rückte sichtlich näher, doch es würde noch eine Weile dauern, bis die ersten kleinen Wellen der flachen Brandung das Boot erreichten.

Julius' Gedanken wanderten zu Gerhard und dessen Frau, die zu dieser Stunde noch zusammen im warmen Bett kuscheln würden. Was treibe ich hier eigentlich? dachte er nicht zum erstenmal. Wenn sie ihn hier erwischten, kam er vielleicht nie mehr aus dem Gefängnis heraus. Und er hatte schon viele Erzählungen über die englischen Kerker gehört. Schaurige Erzählungen. Die Engländer waren für ihren Sadismus bekannt, und der fand seine Krönung in den englischen Gefängniswärtern. Dummerweise stellte Julius solcherlei Überlegungen nie im voraus an.

Zum Teil war sein Vater an allem schuld, glaubte er. Der gab ihm gerade genug Geld, daß er davon leben und sich, wenn nötig, eine neue Uniform kaufen konnte. Mit diesem Geld hatte er nun Blackburn bezahlt und war damit praktisch pleite. Er würde versuchen müssen, hier oder da etwas zu schnorren, bis Gerhard den Teil der englischen Küste, von dem er jetzt Skizzen besaß, kartographiert hatte. Aber wenn er sich so lange über Wasser halten konnte, würde er dann auch auf Rosen gebettet sein. Hoffte er.

Ein kleiner Strahl eiskalten Wassers lief Julius vom Holzrumpf des Bootes über den Rücken. Die nördlichen Gewässer sind fürchterlich, dachte er, während er sich anders hinsetzte. Grau, kalt, naß, unruhig und voller Gefahren. Die südlichen Routen waren von ganz anderem Zuschnitt. Dort machten die Sonne und die exotischen Häfen das Leben eines Offiziers wesentlich erträglicher. Zumindest solange man sich nicht irgendeine scheußliche Krankheit einfing. Er hatte schon mehrere Männer nach dem Besuch eines afrikanischen Bordells krepieren sehen. Wochenlanges Siechtum und ein furchtbarer Tod für zehn Minuten Vergnügen. Man fragte sich, wozu Gott noch eine Hölle brauchte.

Julius kletterte wieder ins Boot zurück und suchte im sich lichtenden Dunkel nach etwas, womit er sich ein wenig vor dem Wetter schützen konnte. Er fand aber nur Reste von einem Fischnetz und muffig stinkenden Abfall, der in dem trüben Wasser auf dem Boden schwamm. Das einzige Stück Öltuch, das er besaß, hatte er um die Ledertasche gewickelt, und das mußte dort bleiben. Er fragte sich, warum er sich nicht auf schlechtes Wetter eingestellt hatte. Weil ich erwartet habe, daß es wohl nicht so schlimm werden würde, beantwortete er sich die eigene Frage. Optimisten waren Trottel, weil sie sich eine Enttäuschung nach der anderen einhandelten.

Da ihm das Boot also keinen Schutz bot, spurtete er zur Klippe hinüber, um sich dort ein trockenes Fleckchen zu suchen. Er fand es unter einem Felsvorsprung, von wo aus er das auflaufende Wasser im Auge behalten konnte.

Das Morgengrau hatte das Land erreicht, und es wurde rasch heller über einer Küste ohne Farbe und ohne Wärme.

Nichts ist so trübselig wie Regen auf See, dachte Julius. Dann sah man nichts als sämtliche Schattierungen von Grau. Und die skelettfarbenen Kreidefelsen der englischen Küste verliehen dem Ganzen obendrein etwas Gespenstisches. Nicht von ungefähr kursierten unter Seeleuten so viele Schauergeschichten über diese Breiten.

Ungeduldig lief Julius durch den strömenden Regen zum Boot und schaute auf die See, die bis auf zehn, zwanzig Schritte näher gerückt war. Noch eine Stunde, und das Wasser würde das Boot erreicht haben, schätzte er. Und eine weitere Stunde, bis er es wieder flott hätte. Er wünschte, er hätte eine Uhr. Von seinem Vater hatte er einmal eine Leidener Taschenuhr geschenkt bekommen, doch die hatte er schon vor geraumer Zeit verhökert, als er wieder mal um Geld verlegen gewesen war.

Er bekam Hunger und kletterte erneut an Bord, um das Stück Brot zu holen. Er fand es auf der Bank, auf die er es gelegt hatte, völlig durchweicht und kurz vor dem Zerfallen. Nur das getrocknete Fleisch war noch eßbar.

Ich bin ein Mensch, der in einem großen Haus leben sollte, mit Bediensteten, die sich um mich kümmern, dachte Julius mit der nötigen Selbstironie. Mit jemandem, der ihm das Bad bereitete, saubere Kleider für ihn bereitlegte und dafür sorgte, daß sein Essen beizeiten auf dem Tisch stand. Und mit jemandem, der ihn vor Dummheiten bewahrte.

Julius setzte sich auf die Bank und kaute resigniert, den Blick aufs Wasser gerichtet, auf dem zähen Fleisch herum. Er war jetzt völlig durchnäßt, so daß ihm der Regen nichts mehr ausmachte. Der Preis für die Zeichnungen würde hoch sein müssen, schwor er sich. Irgendwer würde für dieses

Elend kräftig bezahlen müssen. Er fröstelte, bekam sogleich einen Niesanfall und ärgerte sich erneut über sich selbst. Welcher Seemann brach schon zu einer Kanalüberquerung auf, ohne wenigstens eine Öljacke mitzunehmen? Noch dazu in einem offenen Boot. Und wiederum fühlte er sich von Kartographen und Druckern geprellt, die zu Hause im Trockenen und Warmen saßen, während Trottel wie er...

Unvermittelt beschloß er, nicht bis zur nächsten Dunkelheit zu warten. Die ersten Ausläufer der Brandung rollten jetzt gegen den Spiegel des Bootes. Auf See würde die Sicht wegen des Regens schlecht sein und die Wahrscheinlichkeit, daß er gesehen wurde, somit wohl verschwindend gering. Falls man einem so kleinen Boot überhaupt Beachtung schenkte.

Anderthalb Stunden später hißte Julius das zerfranste Luggersegel und lichtete den Anker. Der Kiel schrammte ein paarmal über Steine, als er mühsam den Steven Richtung offenes Meer herumzog, doch das Boot kam frei. Und dank des günstigen Südwestwinds, der das Segel blähte, nahm es sogar ein ordentliches Tempo auf. Julius steuerte etwas südlicher als Ost, in der Hoffnung, die andere Kanalseite nahe der flandrischen Küste zu erreichen. Dort konnte er dann den kommenden Morgen abwarten, die Mündung der Westerschelde suchen und auf ihr ins Binnenland fahren. Das war in der Finsternis der derzeitigen dunklen Nächte nicht möglich.

Die hohen Kreidefelsen lagen noch nicht weit hinter ihm, als es aufhörte zu regnen. Und kurz darauf brach die Sonne durch die Wolken. Das grelle Licht ließ die See in südlicher

Richtung glitzern, daß es seine Augen blendete, und vom nassen Deck seines Bootes begann Dampf aufzusteigen.

Julius hätte sich eigentlich über die wohltuende Wärme, die durch seine durchnäßten Kleider drang, freuen müssen, doch er war vor allem beunruhigt. Der Himmel über dem Meer wurde rasch heller, und sein braunes Segel würde meilenweit zu sehen sein. Nach einigem Zögern knotete er seine englische Flagge an den Flaggenstock am Heck. Auf derlei fälschliche Flaggenführung stand die Todesstrafe, wenn man erwischt wurde, doch das galt ebensosehr für Spionage. Und so bestand wenigstens eine Chance, daß die Marine ihn ignorierte, wenn sie ihn entdeckte.

Sie ignorierte ihn nicht. Gerade als die Küste hinter ihm zu verschwinden begann und bei ihm schon so etwas wie Erleichterung aufkam, bemerkte er in Richtung Dover die vier vollgetakelten Schiffe. Drei von ihnen fuhren in Kiellinie vor der Küste Richtung Nordosten, direkt vor dem Wind. Eines davon, das ein gutes Stück vor den anderen hersegelte, war ein enormer Viermaster mit Mars- und Bramstengen an den vorderen drei Masten und einem außergewöhnlich hohen Vorderkastell. Julius hatte das Flaggschiff der englischen Marine zwar noch nie mit eigenen Augen gesehen, doch er hatte genug von der ›Great Harry‹ mit ihren einhundertvierundachtzig Kanonen gehört, um sie sofort zu erkennen.

Die größten Sorgen bereitete ihm freilich das vierte Schiff, eine kleine Galeone, die ihren Kurs geändert hatte und geradewegs auf ihn zuhielt. Die Hoffnung, daß man sich um seine Nußschale nicht weiter kümmern würde, war sofort dahin. Und von Fliehen konnte keine Rede sein, denn die Galeone machte mindestens doppelt so viel Fahrt wie sein Boot.

Julius verwünschte sich abermals für seine eigenen Dummheiten und zog mit einem frustrierten Ruck an der Schot in dem vergeblichen Versuch, sein Boot vielleicht doch noch ein wenig zu beschleunigen. Die Folge war jedoch, daß das Boot kurz aus dem Ruder zu laufen drohte und hart anluvte. Letzteres brachte Julius auf eine verzweifelte Idee. Eine Idee, die etwas mit der Erinnerung an sein Abenteuer mit jenen türkischen Galeassen bei Lanzarote zu tun hatte. Sein Boot war zwar bedeutend langsamer als die englische Galeone, doch mit seinem Luggersegel konnte er zweifellos ein gutes Stück höher am Wind fahren als das vollgetakelte Schiff. Es war auch noch weit weg, so daß er auf diese Weise eventuell außer Reichweite gelangte, bevor man auf ihn schießen konnte.

Er legte sich sofort ins Zeug, um die Schot durchzuholen und in den Wind zu drehen. Das Boot krängte bedrohlich, und ab und zu spülte leewärts Wasser über das Gangbord herein. Doch er entfernte sich fürwahr in einem Winkel von etwa dreißig Grad vom Kurs der Galeone. Das englische Schiff fuhr noch eine Weile so weiter, bis man offenbar durchschaute, was der verdächtige Fischer bezweckte, und von ihm abließ. Zu seiner Erleichterung sah Julius das Schiff abfallen, um seinen früheren Kurs wiederaufzunehmen und sich den anderen dreien anzuschließen.

Julius hielt noch eine Weile an seiner Strategie fest, bis er sich ganz sicher war, daß sie ihn ziehen ließen, und fiel dann gleichfalls auf seinen vorherigen Kurs ab, der ihn an die flandrische Küste bringen sollte. Erst jetzt merkte er, wie heftig ihm das Herz schlug. Er holte tief Luft und atmete langsam aus. Und das alles wegen ein paar Goldstücken, dachte er. Auf einmal schien ihm das Ganze der Mühe nicht mehr wert. Vielleicht war er für einen Spion auch einfach nicht aus dem richtigen Holz geschnitzt. Ja, es kam ihm allmählich so vor, als taugte er eigentlich zu gar nichts. Sein Vater, dem das wohl auch schon aufgegangen war, hatte bereits Anspielungen gemacht, daß er sich vielleicht am besten nach einer wohlhabenden Ehefrau umschaute. Er sah gut aus, und zumal wenn er seine Uniform trug, brauchte er sich über mangelnde Beachtung von seiten heiratswilliger Mädchen nicht zu beklagen. Doch aus unerfindlichen Gründen war ihm noch nie eine Frau begegnet, die ihn reizte. Selbst auf dem Gebiet scheine ich zu versagen, dachte er manchmal mit der entsprechenden Portion Bitterkeit. Er beneidete Gerhard, der alle diese Probleme nicht hatte und dessen Leben bereits einen stabilen Rahmen zu haben schien. Obgleich... Julius' Gedanken schweiften zu Barbara, und er fragte sich, ob ein Leben mit ihr wohl so ganz ohne Kummer verlaufen würde. Keine Woche mit ihr, und bei uns würden die Fetzen fliegen, dachte er und mußte unweigerlich grinsen. Aber Gerhard war anders als er, vielleicht würde er diese unberechenbare Frau ja mit seinem ausgeglichenen Naturell zur Ruhe bringen. Das hoffte er für ihn.

Das Wetter wurde immer angenehmer, der Seegang war ruhig, das Boot machte tüchtig Fahrt, wobei hin und wieder fein zerstäubtes Spritzwasser über den Vorsteven geblasen wurde. Julius begann sich ein wenig zu entspannen. Er sah jetzt nichts anderes mehr als Wasser und Himmel, so daß er sich vorkam, als wäre er ganz allein auf der Welt. Und das hatte seinen Reiz. Er war zwar kein Einsiedler, doch es tat gut, hin und wieder einmal ganz für sich zu sein. Die Seefahrt an sich gefiel ihm durchaus, und das Meer war keine schlechte Gesellschaft. Kummer bereitete nur so mancher, mit dem man ein Schiff teilen mußte.

Julius richtete sich etwas bequemer auf dem Ruderbänkchen ein und knöpfte seine Kleider auf, damit sie rascher trocknen konnten. Er wollte einfach tun und lassen können, was er wollte. Und diese Freiheit konnte man sich nur mit Geld erkaufen, zu der Schlußfolgerung war er schon früher gekommen.

Sein Blick wanderte zu der in Öltuch gewickelten Tasche mit den Zeichnungen. Es muß einen schnelleren Weg geben, dieses Ziel zu erreichen, dachte er. Ein bißchen Gefahr bereitete ihm keine schlaflosen Nächte, aber Geduld war weiß Gott nicht seine Stärke.

Er blickte zu dem vor ihm liegenden Horizont. Es würde noch eine ganze Weile dauern, bis er wieder Land sehen würde. Stunden, in denen er nichts anderes zu tun hatte als nachzudenken. Über sein Schicksal und wie er es zum Guten wenden könnte. Es würden keine fröhlichen Gedanken werden.

11

»Eine schöne Arbeit«, lobte Frisius. Das war für seine Verhältnisse schon ein großes Kompliment. »Sehr präzise und mit Liebe gefertigt, das ist nicht zu verkennen.« Er fuhr mit den Fingerspitzen über den Himmelsglobus, an den Gerhard gerade letzte Hand gelegt hatte. Das tat er immer, wenn er etwas andächtig betrachten wollte: mit den Fingern darüberfahren. Man konnte meinen, er sähe auch mit den Fingerspitzen, obwohl seine Augen völlig intakt waren. Er stellte den Globus wieder auf den Arbeitstisch. »Weißt du, daß ich schon einmal den ersten Himmelsglobus in der Hand gehalten habe, der je in Europa gemacht wurde?«

Als Frisius nicht gleich fortfuhr, fragte Gerhard: »Und wo war das, wenn ich fragen darf?«

»In Deutschland, genauer gesagt in Kues, an der mittleren Mosel. Es gibt dort eine Brücke, die Kues mit Bernkastel verbindet, und an der hat ein gewisser Kardinal Cusanus ein Altenhospiz errichtet. Man muß mindestens fünfzig sein, um dort Aufnahme zu finden, ein gesegnetes Alter, das leider nicht viele erreichen. Um das Leben seiner Gäste zu verlängern, ließ Cusanus sie jeden Tag Moselwein von seinem eigenen Weingut trinken. Offenbar glaubte der Kardinal felsenfest an die heilsame Wirkung seines Weins.« Frisius wandte den Blick vom Globus ab und richtete ihn auf Gerhard. »Jedenfalls ist er selbst älter geworden, als es die meisten von uns für sich erhoffen dürfen. Ob das freilich an seinem Wundertrank lag, ist mir nicht bekannt.«

»An diesem Himmelsglobus wird es wohl auch nicht gelegen haben.«

»Ach ja, dieser Globus ...« Erneut spielten Frisius' Finger mit Gerhards Arbeit. »Sie hatten dort zwei, einen aus Holz und einen aus Kupfer. Der aus Holz soll gut zweihundertfünfzig Jahre alt sein und dem königlichen Hof in Böhmen gehört haben. Vielleicht solltest du auch mal dorthin gehen, in dieses Hospiz, meine ich. Es verfügt über eine Bibliothek mit mehr als dreihundert wertvollen Handschriften und gut hundertdreißig Wiegendrucken. Und außer den zwei Himmelsgloben haben sie auch noch etliche andere interessante astronomische Instrumente.«

»Vielleicht tue ich das ja dann, wenn ich fünfzig bin.«

»Wenn du ...? Ach so.« Frisius zog eine Grimasse. »Fünfzig? Es herrschen schon wieder Pest und Hungersnot in den Niederlanden.« Er schüttelte den Kopf. »Hört das denn nie auf?«

»Ich reise höchst ungern, Meister Frisius. Nicht, daß mich die Welt nicht interessiert, im Gegenteil. Doch die Unbequemlichkeiten, die Gefahren, die Risiken ...«

»Für einen so jungen Mann bist du viel zu unbeweglich. Wie geht es Barbara?«

»Sie ist hochschwanger, wie Ihr zweifelsohne bemerkt habt.«

»Einem Himmelsglobus nicht unähnlich«, entglitt es Gaspard. Er saß an einem anderen Tisch und schrieb und hatte sich bis dato aus dem Gespräch herausgehalten. »Ziemlich rasch, muß ich sagen. Wie lange seid ihr jetzt genau verheiratet? Sieben Monate oder so?«

»Ich setze die ererbte Tradition großer Fruchtbarkeit fort«, erwiderte Gerhard in neutralem Ton. »Auch meine Mutter habe ich häufig in gesegneten Umständen erlebt.«

»Ohne Kinder keine Zukunft«, sagte Gaspard.

Frisius, der selbst keine Kinder hatte, kommentierte daraufhin säuerlich: »Ich weiß, mein Leben hat weder Sinn noch Ziel.«

»So hatte ich es nicht gemeint, Gemma«, beschwichtigte ihn Gaspard hastig.

»Es klang aber schon so.« Frisius schnappte sich seinen Mantel vom Stuhl, hängte ihn sich um die Schultern und rauschte zur Tür. »Es ist Zeit, anderer Leute Kinder zu unterrichten«, verkündete er im Hinausgehen. »Das soll ja manchmal auch etwas mit der Zukunft zu tun haben.« Mit lautem Knall zog er die Tür hinter sich zu.

»Der zerbricht eines Tages noch an seinem eigenen Ernst«, meinte Gaspard. Er schlug eine Seite in seinem Buch um und schrieb weiter. Sein Gänsekiel machte nervöse Kratzgeräusche.

»Es mag zwar eine schöne Arbeit sein, aber sie ist bei weitem noch nicht vollständig.«

»Was? Ach, der Globus.«

»Wir besitzen lediglich Informationen über den nördlichen Sternenhimmel sowie über eine Handvoll Konstellationen südlich des Himmelsäquators. Welche Befriedigung wäre es doch, wenn man das gesamte Firmament darstellen könnte, so wie es wirklich ist…«

»Was hindert dich, dich für eine Reise ums Kap einzuschiffen? Dann kannst du den ganzen südlichen Sternenhimmel kartieren.«

»Eine Reise ums Kap, ich darf gar nicht daran denken!« Gerhard schauderte, und diese Reaktion wirkte nicht gespielt. »Schiffe sind herrlich anzuschauen, aber mitfahren? Nein, danke.«

»Verspürst du denn nie den Wunsch, all die neu entdeckten Gebiete mit eigenen Augen zu sehen? All die unbekannten Naturwunder, die fremden Völker, die staunenerregenden Pflanzen und Tiere?«

»Mir genügen die Geschichten, die mir zu Ohren kommen. Es würde mich nicht einmal wundern, wenn die Wirklichkeit weit weniger schön wäre als das, was mir meine Einbildung vorgaukelt.«

»Du bist ein komischer Vogel, Gerhard.«

»Ja, das findet Barbara auch. Allein schon, weil ich nicht übermäßig gern trinke und tanze und feiere.«

Gaspard hörte auf zu schreiben, um Gerhard prüfend anzusehen. »Eine hübsche junge Frau wie Barbara braucht ein wenig Zeitvertreib, Gerhard. Es ist gefährlich, sie zur Langeweile zu verdammen.«

»Ich verdamme sie zu nichts. Und sobald das Kind da ist, wird von der Langeweile auch nicht mehr viel übrigbleiben.«

»So spricht ein wahrer Mann«, sagte Gaspard, aber es klang nicht, als hätte er das als Kompliment gemeint. »Wenn meine Frau dich so reden hören würde...« Er schüttelte den Kopf.

»Ach, Unsinn, ich wollte doch nur sagen...« Gerhard seufzte. »Ich muß mich doch nicht verteidigen!«

Gaspard runzelte die Stirn. »Hast du etwa wirklich Probleme mit Barbara?«

»Ich bin mir nicht ganz sicher, dazu habe ich zuwenig Erfahrung mit dem Verheiratetsein.«

»Wo hapert es denn?«

Gerhard setzte sich auf einen Stuhl und starrte vor sich hin. »Es ist nicht so, wie ich es erwartet hatte.«

»Das besagt meist, daß man zu hohe Erwartungen hatte.«

»Ja, so wird es wohl sein.«

»Gerhard… in Frieden zusammenleben kann man nur, wenn man den anderen so nimmt, wie er ist, nicht nur mit allen guten, sondern auch und vor allem mit allen schlechten Seiten. Diese schlechten Seiten austreiben zu wollen, wie manche es versuchen, ist nicht immer die richtige Lösung.«

»Das solltest du besser Barbara sagen, sie ist diejenige, die immerfort versucht, einen anderen aus mir zu machen.«

»In welcher Hinsicht?«

»Das deutete ich ja gerade schon an, sie findet mich vor allem zu ernst.«

»Da könnte sie durchaus recht haben.«

»Tja, warum solltet Ihr auch für mich Partei ergreifen!«

»Ich versuche nur, objektiv zu bleiben. Und was versuchst du an ihr zu ändern?«

»Ich finde, sie ist manchmal allzu impertinent.«

»Zu ihrem Herrn und Gemahl, meinst du?«

»Ja, ja, spottet nur.«

»Ach, Gerhard, ihr beide seid noch so rührend jung.«

»Denkt Ihr, daß es sich mit der Zeit bessern wird?«

»Das habt ihr selbst in der Hand. Und wenn das Kind erst einmal da ist, wird sich manches von selbst ändern.«

»Zum Guten oder zum Schlechten?«

»Weißt du, was mich immer wieder erstaunt? Daß Menschen mit Verstand und außergewöhnlichen Talenten oft solche Schwarzseher sind.«

»Vielleicht, weil sie Menschen und Dinge so sehen, wie sie wirklich sind«, entgegnete Gerhard verdrossen.

Gaspard erhob sich und trat zu Gerhard, um sich den Himmelsglobus anzusehen. »Gemma hat recht, das ist wahrhaftig eine schöne Arbeit.« Er klopfte ihm auf die Schulter. »Weißt du, du solltest dich auf deine Arbeit konzentrieren und weniger über deinen anderen Angelegenheiten brüten. Es wird schon alles gut werden.«

Gerhard nickte, wenn auch nicht überzeugt. »Da ist noch etwas, worüber ich mit Euch reden möchte.«

»Noch mehr Sorgen?«

»Vielleicht, aber ganz anderer Art.« Gerhard zog eine Schublade seines Arbeitstisches auf und nahm eine schmuddelige Ledertasche heraus. Er öffnete sie und entnahm ihr einige Zeichnungen, die er schweigend auf dem Tisch ausbreitete.

»Was soll das sein? Neue Kunst?« Gaspard griff zu einer der Skizzen und hielt sie ins Licht. Als er die Ortsnamen las, die auf dem Papier verzeichnet waren, erschien eine argwöhnische Falte zwischen seinen Augenbrauen. Ohne Gerhard anzusehen, fragte er: »Das ist doch wohl nicht das, was ich denke, oder?«

»Ein Teil der englischen Kanalküste, gezeichnet von einem schottischen Seemann. Sehr sorgfältig gezeichnet, wie mir versichert wurde.«

»Wie bist du daran gekommen?«

»Sollte die Frage nicht lauten: Wie läßt sich das am besten verwerten?«

»Gerhard, das ist nicht ganz ungefährlich. Herrgott, das ist Spionage!«

Gerhard nickte. »Zum Nachteil der Engländer, das wird auf dieser Seite des Kanals niemand bedauern. Im Gegenteil, würde ich sagen.«

Gaspard legte die Zeichnung zurück und kratzte sich am Kopf. »Ich weiß nicht, Gerhard. Vielleicht hast du ja recht, aber…«

»Ich möchte so schnell wie möglich meine Schulden los sein, Meister van der Heyden, und das hier ist möglicherweise der Beginn der Lösung.«

»Hm, so viel wird dieses Stückchen Küste auch wieder nicht wert sein.«

»Man hat mir versichert, daß noch mehr kommt.«

»Aber wer…? Nein, laß nur, besser, ich weiß es nicht.«

»Zuerst einmal muß ich diese Skizzen kartographisch verarbeiten. Und dann…« Gerhard zögerte kurz. »Meister Frisius prahlt gelegentlich damit, daß er gute Beziehungen zu Frans van Craneveld habe, und van Craneveld ist Ratsherr Karls V., soweit ich verstanden habe.«

Gaspard sah Gerhard ungläubig an. »Jetzt willst du aber sehr hoch hinaus.«

»Ich möchte verhindern, daß womöglich irgendein Stümper Ehre und Verdienst einheimst.«

Gaspard ließ sich mit einer müden Bewegung auf einen Stuhl fallen. »So kannte ich dich noch nicht, Gerhard.«

»Als Handelsmann, meint Ihr?«

»Als geldgierig, meine ich.«

»Not kennt kein Gebot, Meister van der Heyden.«

»Hat Barbara etwas damit zu tun?« fragte Gaspard wie von ungefähr.

»Um solche Dinge kümmert sich meine Frau nicht.«

»Aber sie sähe es gern, wenn du schnell reich würdest.«

»Das bin ich ihr und meinem Kind schuldig«, erwiderte Gerhard, und bevor Gaspard darauf eingehen konnte, fragte er: »Denkt Ihr, Meister Frisius würde mich bei van Craneveld einführen?«

»Hm … vielleicht schon, wenn dabei auch für ihn ein wenig Ehre oder irgendein anderer Gewinn zu holen ist.«

Gerhard schob die Skizzen zusammen und steckte sie in die Tasche zurück. Währenddessen sagte er: »Ich habe über das eine und andere nachgedacht, und ich glaube, es empfiehlt sich, diese Sache noch eine Weile in der Hinterhand zu behalten. Ich habe beschlossen, zuerst eine neue Palästinakarte zu machen, mit der ich mich und meine Arbeit bei Hofe einführe. Um schon mal einige Leute günstig zu stimmen.« Er sah Gaspard an. »Wie denkt Ihr darüber?«

»Wo ist nur der unschuldige Gerhard Mercator geblieben, der hier gestern noch arbeitete?«

»Das ist alles gar nicht so neu, Meister van der Heyden. Ich plane schon seit geraumer Zeit das eine und andere.«

»Eine Karte vom Heiligen Land? Davon gibt es einige, worin soll sich denn die deine von diesen anderen unterscheiden?«

»Zunächst einmal werde ich sie nordwestlich ausrichten und nicht nach Osten.«

»Aber alle richten sie nach Osten aus, das Heilige Land liegt nun einmal im Osten. Warum sollte man das ändern?«

Gerhard kicherte. »Um Papier zu sparen. Papier ist teuer, und bis auf weiteres bin ich noch ein armer Schuldner. Ich werde die Karte auf einzelne Blätter zeichnen, mit Instruktionen, wie der Benutzer diese zusammenzufügen hat. So läßt sie sich überdies handlich verstauen.«

Ungläubig fragte Gaspard: »Was hast du getrunken?«

»Und ich werde die biblischen Ortsnamen ins Niederländische übersetzen. Das werden gewiß viele zu schätzen wissen, da bin ich mir sicher.«

»Nur zu!«

»Aber vor allem ...« – Gerhard griff zu einem Bündel verschnürter Blätter mit Aufzeichnungen, das auf dem Tisch lag, und hielt es demonstrativ in die Höhe – »... vor allem meine Korrekturen werden jedermann ansprechen. Ich habe mir einiges aus Reiseberichten herausgeschrieben, womit ich die bestehenden Karten weitgehend überarbeiten und meine Karte auf den neuesten Stand bringen kann. Überdies werde ich meine Quellen angeben, damit jeder sieht, daß ich nichts erfunden habe. Meine *Amplissima Terrae Sanctae* wird die beste und detaillierteste Karte vom Heiligen Land werden, die je angefertigt wurde.«

»Der Kaiser wird äußerst beeindruckt sein.«

»Warum spottet Ihr über mich, Meister van der Heyden?«

»Entschuldige, Gerhard, aber du überwältigst mich ein bißchen.« Gaspard lächelte schwach. »Vielleicht bin ich allmählich zu alt für solche neuen Ideen.«

»Ich habe noch viel mehr Ideen, aber die müssen erst reifen.« Gerhard legte das Bündel Aufzeichnungen beiseite. »Ich möchte die Welt beschreiben, wie sie ist, rein wissenschaftlich, ohne glühenden Äquator, der jeden versengt, der sich ihm nähert, ohne Amazonen und Zyklopen, die die südliche Halbkugel bevölkern, ohne Nebelbänke, die Schiffe verschlingen, ohne eine brennende Hölle am Nordpol, ohne Erdmagnetismus, der die Nieten aus den Schiffsrümpfen zieht...« Gerhard schüttelte den Kopf. »Ob Papst Paul wohl schon dahintergekommen ist, daß die Geschichte von den drei Kontinenten, die unter den Söhnen Noahs aufgeteilt wurden, jeder Grundlage entbehrt?«

»Gerhard...« Gaspard blickte plötzlich vorwurfsvoll. »Ich rate dir dringend, dergleichen niemals außerhalb dieser vier Wände zu äußern. Ehrlich gesagt höre ich solche Dinge auch nicht gern *innerhalb* dieser vier Wände.«

Gerhard biß sich kurz auf die Unterlippe und nickte langsam. »Ihr habt recht, Meister van der Heyden. Ich habe mich einen Moment fortreißen lassen.«

»Und noch etwas.«

»Ja?«

»Ich habe genug von diesem Meister-van-der-Heyden-Brimborium, tu mir den Gefallen, und nenne mich fortan Gaspard. Und bei Gelegenheit werde ich bei Frisius vorfühlen, ob er bereit ist, van Craneveld auf dich aufmerksam zu machen.«

»Ich danke dir.«

Gaspard sprang mit neuer Energie auf und begab sich wieder an seine Schreibarbeit. »Das ist in meinem eigenen Interesse« – er tauchte seine Feder ins Tintenfaß – »schließlich hast du auch bei mir noch ganz schöne Schulden.« Zum Zeichen, daß das Gespräch beendet war, begann sein Gänsekiel über das Papier zu kratzen.

Barbara kam Anfang November nieder. Draußen kündigten die ersten nassen Schneeflocken den Beginn eines langen, eisigen Winters an. Und das nach der schlechten Ernte infolge des verregneten Sommers, die bereits für eine Hungersnot gesorgt hatte. Im Verband mit der erneuten Pestepidemie, die noch immer nicht ausgewütet hatte, bedeutete ein harter Winter für viele weniger Begüterte Monate unüberwindlichen Elends. Löwen war freilich vorerst noch vor dem Schlimmsten bewahrt geblieben.

»Es ist ein kleiner Mann.« Die Hebamme richtete sich zwischen Barbaras Beinen auf und wickelte das verschmierte Neugeborene in Tücher. Das Kind hatte von allein zu schreien begonnen und brauchte nicht erst einen Klaps auf den Po, um der Welt kundzutun, daß wieder ein neues Leben hinzugekommen war.

»Es ist alles an ihm dran«, sagte die Hebamme, und es klang so stolz, als wäre das ihr Verdienst. »Und gesund ist er allem Anschein nach auch. Habt ihr schon einen Namen?«

»Arnold«, murmelte Gerhard, der seinen Sohn mit einer Mischung aus Abscheu und Verblüffung anstarrte. Er hatte noch nie ein neugeborenes Kind gesehen, und das kreischende, blutige kleine Monster war für ihn ein alles andere als wonniger Anblick. »Nach meinem Lieblingsbruder.«

»So, deinem Lieblingsbruder!« Die Hebamme tauchte ein Tuch in das lauwarme Wasser, das bereitstand, und wusch dem Kind routiniert das Köpfchen ab. »Und warum hast du ihn am liebsten?«

Der heftigen Streitereien wegen, die sich Arnold in einem fort mit zweien unserer anderen Brüder lieferte und die mich sehr amüsiert haben, dachte Gerhard. Mit Gisbert und Dominicus, die beide Priester geworden waren. Arnold hatte keinen großen Respekt vor der Geistlichkeit gehabt, die seiner Meinung nach eine korrupte Bande Machtgieriger war. Aber das sagte Gerhard jetzt lieber nicht laut. Arnold war auch schon zum zweitenmal verheiratet. Seine erste Frau hatte sich aus Verzweiflung aufgehängt, weil sie glaubte, Arnold sei von bösen Mächten besessen.

»Wir verstehen uns einfach gut«, sagte Gerhard ausweichend. Das stimmte nicht ganz, denn es hatte eher mit Bewunderung zu tun. Und vielleicht spielte auch ein wenig Neid mit, weil Arnold immer und überall den Mumm hatte, zu sagen, was seiner Meinung nach Sache war. Ein Mumm, der gelegentlich die Grenze zur Tollkühnheit überschritt.

Gaspards Frau, Lea, fragte: »Und wenn es ein Mädchen geworden wäre?« Sie tupfte Barbara mit einem feuchten Tuch die schweißnasse Stirn ab.

Barbara keuchte noch ein wenig, doch es war eine problemlose, schnelle Geburt gewesen. »Breites Becken«, hatte die Hebamme beifällig gesagt. »Wie dafür gemacht, Kinder zu gebären.« Sie hatte recht bekommen.

»Emerentia«, sagte Barbara heiser. »Wir hätten sie Emerentia genannt.«

Lea hielt verwundert mit dem Tupfen inne. »Emerentia? War das nicht eine römische Märtyrerin?«

»Eben«, antwortete Barbara, »sind das nicht alle Frauen, Märtyrerinnen?«

»Nun ja, zumindest wissen Männer nicht, was Geburtswehen sind«, räumte Lea ein. Sie spülte das Tuch in einer Schüssel kalten Wassers aus und legte es Barbara erneut auf die Stirn.

»Und seine Mutter hieß Emerentia«, sagte Barbara, vage auf Gerhard deutend. »Das scheint ihm ziemlich wichtig zu sein. Und jetzt bin ich müde und möchte mich gern ausruhen, wenn das nicht zuviel verlangt ist.« Sie schloß demonstrativ die Augen.

»Arnold ist sauber«, sagte die Hebamme. »Möchtest du ihn nicht in den Arm nehmen?«

»Später«, antwortete Barbara, ohne die Augen zu öffnen. »Im Moment nicht.«

Gerhard streckte die Arme aus. »Ich schon.« Die Hebamme reichte ihm schweigend das Kind, und er schaute auf dessen zerfurchtes, rotes Gesichtchen. Es hatte aufgehört zu schreien und hielt die Augen fest geschlossen, genau wie seine Mutter.

Er sieht mir überhaupt nicht ähnlich, dachte Gerhard. Aber auch Barbara nicht. Arnold hätte genausogut das Söhnchen von zwei Unbekannten sein können. Doch das würde sich vielleicht noch ändern. Er kannte sich da einfach nicht aus.

Als Gerhard sich wieder der anderen im Raum bewußt wurde, fragte er unsicher: »Muß er denn nichts essen?«

Die Hebamme nickte, während sie ihre Matte zusammenrollte. »Bei der Mutter, aber die hat offensichtlich gerade keine Lust dazu.« Ihrer Stimme war deutlich der Vorwurf anzuhören.

»Das wird schon werden«, beschwichtigte Lea. »Laßt mich mal mit ihr und dem Kind allein.« Und sie scheuchte die anderen zur Tür hinaus. »Du auch«, sagte sie zu Gerhard, während sie ihm das Kind abnahm. »Raus mit dir.«

Später, als sie von den anderen ein wenig abgesondert

einen Becher Wein auf den guten Ausgang tranken, sagte Gaspard: »Deine Barbara… die ist nicht von schlechten Eltern.«

»Aber mutig«, sagte Gerhard. Ohne es zu wollen, schlug er einen verteidigenden Ton an. »Sie hat die ganze Zeit keinen Mucks getan.«

»Das fand ich ja gerade beunruhigend. Starke Frauen machen mich immer nervös.« Gaspard nahm einen Schluck aus seinem Becher. »Ich glaube, ich beginne deine Besorgnis zu verstehen. Obgleich, eine starke Frau an seiner Seite zu haben hat in diesen harten Zeiten gewiß auch sein Gutes.«

»Amen«, sagte Gerhard. Er hob seinen Becher: »Auf meinen Sohn Arnold.«

»Auf deinen Sohn«, sagte Gaspard.

Mit einem etwas unguten Gefühl fragte sich Gerhard, warum diese simplen Worte nicht so ganz aufrichtig klangen. Doch dann gesellten sich die anderen zu ihnen, so daß er vorläufig keine Gelegenheit hatte, weiter darüber zu grübeln.

Bei der Taufe, einige Tage später, sagte Julius: »Ich hatte insgeheim gehofft, daß du deinen Erstgeborenen Julius nennen würdest.«

Gerhard nickte. »Daran habe ich auch gedacht, aber für meine Familie wäre das, fürchte ich, eine herbe Enttäuschung gewesen.«

»Du hast wirklich daran gedacht? Ich hatte das nur als Scherz gemeint.«

»Ja, ich finde, Julius ist ein kraftvoller, gleichsam kaiserlicher Name.« Gerhard sah den anderen von der Seite an.

»Hast du noch Kontakt mit unserem schottischen Freund gehabt?«

Julius schüttelte langsam den Kopf, den Blick auf Barbara gerichtet, die auf der anderen Seite des Zimmers im Mittelpunkt des weiblichen Interesses stand. Obwohl dieses Interesse in erster Linie dem Kind in ihren Armen galt. Sie fing seinen Blick auf und verzog kurz das Gesicht zu einer Grimasse, als sei ihr dieses ganze Theater zuwider. »Kein Kontakt, solange es nicht unbedingt notwendig ist, lautete die Vereinbarung. Wie weit bist du mit dem einen und anderen?«

»Du wirst dich in Geduld üben müssen, Julius, das sagte ich ja schon. Wir gewinnen nichts, wenn wir mit allzuviel Hast zu Werke gehen.«

»Ich steche nächste Woche in See, und diesmal wird es Monate dauern, bis ich zurück bin.«

»So? Wohin geht es denn diesmal?«

»San Salvador.«

»In die neue Welt? Donnerwetter!«

»Du könntest mitfahren.«

»Ich wünschte, ich könnte dorthin kommen, ohne eine solche Reise überstehen zu müssen.«

»Du bist einfach viel zu bequem.«

»Mag sein, aber daran kann ich nichts ändern.«

»Du *willst* nichts daran ändern, meinst du wohl.«

»Ich gehe davon aus, daß du eine hübsche Ausbeute an Zeichnungen für mich mitbringen wirst?«

»Aus Übersee? Was willst du damit anfangen?«

»Ich möchte eine neue Weltkarte entwerfen, und zwar eine, die die Erde wiedergibt, wie sie wirklich ist. Dafür benötige ich alle neuen geographischen Gegebenheiten, deren ich nur habhaft werden kann.«

»Du magst zwar bequem sein, aber an Ehrgeiz mangelt es dir offenbar nicht. Es wird bestimmt Jahre dauern, bevor du die ersten Linien einer solchen Karte ziehen kannst. Ich hoffe nur, daß unser anderes Projekt darüber nicht ins Hintertreffen gerät?«

»Ich habe Frau und Kind und einen Berg Schulden, was denkst denn du?« entgegnete Gerhard leicht verstimmt.

In dem Moment kam Barbaras Mutter zu ihnen herüber. Trotz ihrer breiten Schuhe mit ungewöhnlich dicken Sohlen bewegte sie sich anmutig. Sie trug das Haar im Nacken zusammengebunden unter einer modischen deutschen Haube mit Schleier, die ihrem Antlitz etwas Mysteriös-Eindringliches verlieh. Julius ignorierend, sah sie Gerhard einige Atemzüge lang in die Augen und sagte dann: »Dich umgibt eine Aura der Trübseligkeit, bist du nicht glücklich mit deinem Kind?«

Gerhard wandte sich von ihr ab, weil er sich unter ihrem forschenden Blick unbehaglich fühlte. Ausweichend sagte er: »Ich kann meine Stimmungen nicht nach Belieben den Umständen anpassen.«

Johanna nickte wissend. »Meine Tochter vergällt dir das Leben«, stellte sie fest.

»Ach, vergällen ...«

»Barbara ist wie ein Schiff in aufgewühlter See, Gerhard. Sie braucht eine feste Hand, die sie steuert.«

»Eine hübsche Metapher«, konnte Julius sich nicht verkneifen.

Johanna richtete ihren forschenden Blick kurz auf ihn

und sagte: »Eine irrende Seele, nicht wahr? An Eurer Stelle würde ich die Seefahrt nicht aufgeben, denn sonst findet Ihr vielleicht nie Eure Bestimmung.« Sie lächelte leise über sein verdutztes Gesicht, ehe sie sich wieder von ihm abwandte. Ernst sprach sie weiter: »Ich sehe Wolfsangeln und Fallgruben auf deinem Lebensweg, Gerhard. Doch aus denen kommst du immer irgendwie heraus, nicht mit dem Mut eines Löwen, aber mit der Glätte eines Aals. Und das gilt auch für die Wolfsangel namens Barbara.«

Als sie wieder fort war, sagte Gerhard vor sich hin: »Wenn sie das alles so genau weiß, wie konnte ihre eigene Ehe da zu einer solchen Katastrophe werden?«

»So ist das nun mal bei Wahrsagern«, meinte Julius, »in ihr eigenes Schicksal haben sie nur selten Einblick.«

Gerhard sah den anderen an. »Was meinte sie damit, daß du eine irrende Seele bist?«

Julius zuckte die Achseln. »Sind wir das nicht alle?«

»Ihre Worte schienen dich nicht unberührt zu lassen.«

»Ach, bei solchen Leuten sträuben sich mir immer die Haare. Womit ich nichts Böses über deine Schwiegermutter gesagt haben möchte.«

»Man hat dich noch nie mit einer Liebsten gesehen, vielleicht bezogen sich ihre Worte darauf?«

»War Barbara denn etwa nicht deine erste?«

»Doch, aber …«

»In meinem Leben ist vorläufig kein Platz für eine Frau. Die müßte ja jedesmal monatelang allein zu Hause warten.« Julius war ein wenig heftig geworden. Als ihm das bewußt wurde, sagte er: »Ich finde dieses Thema ziemlich unerquicklich, wollen wir nicht über etwas anderes reden?«

»Natürlich, ich wollte mich nicht in deine Angelegenheiten einmischen. Darf ich dir noch einmal nachschenken?«

Später, als alle nach Hause gegangen waren, fragte Gerhard Barbara: »Du freust dich doch über Arnold, oder?«

Barbara sah ihn stirnrunzelnd an. »Wieso fragst du?«

»Ich weiß nicht. Seit er da ist…«, Gerhard zögerte, »…du bist seither so… äh… distanziert.«

»Ich habe jetzt anderes zu tun, als mich nur um dein Wohl und Wehe zu kümmern.« Barbara trat an die hölzerne Wiege, die Gerhard selbst zusammengezimmert hatte, und blickte auf das schlafende Kind hinab. »Zum Glück hat er ein ruhiges Naturell.«

»Und das ist das einzige, was er mit mir gemein hat, nicht wahr?« bemerkte Gerhard säuerlich.

»Nein, da ist noch etwas. Wenn er an meiner einen Brust nuckelt, faßt er die andere mit dem Händchen.« Barbara grinste, als sie sah, daß Gerhard errötete. »Manchmal bist du rührend«, konstatierte sie. »Und ich weiß noch immer nicht, ob ich das nun lieb oder langweilig finde.«

»Deine Mutter scheint zu denken, daß ich zu milde bin.«

»Meine Mutter hat kein Recht, sich in meine Ehe einzumischen!« brauste Barbara unerwartet heftig auf. »Wenn sie das noch einmal versucht, setze ich sie vor die Tür, hörst du!«

»Ich glaube, sie meinte es gut.«

»Meine Mutter meint nichts gut! Sie liebt es, Menschen gegeneinander aufzuhetzen. Weil sie sich so gern streitet, denkt sie, daß alle so sind.«

»Aber sie hat dich doch von diesem…«

Barbara hob abwehrend die Hand. »Ich bin müde, ich möchte schlafen gehen.«

Von der lauten Stimme seiner Mutter geweckt, fing Arnold an zu weinen. Es klang ganz eigenartig, fast so, als knurrte ein wütender junger Hund.

»Er wird Hunger haben«, meinte Gerhard.

»Vor morgen früh gibt's nichts mehr, wir essen ja nachts auch nichts. Das muß er lernen.«

»Aber …«

»Komm ins Bett, und puste die Kerze aus, im Dunkeln wird er ganz von selbst einschlafen.«

Gerhard zögerte noch einen Moment und blickte auf sein Söhnchen hinab, das jetzt strampelte und den Kopf mit dem rot angelaufenen Gesichtchen unwirsch hin- und herwarf. Doch dann löschte er schließlich die Kerze und legte sich neben seine Frau.

Hellwach lag er in der Dunkelheit und lauschte auf Arnold, der immer heftiger tobte, bis er am Ende vor lauter Erschöpfung einschlief.

»Siehst du?« sagte Barbara, die offenbar auch noch wach war. »So hat meine Mutter es mit mir auch immer gemacht. Man darf sich nicht von seinen Kindern auf der Nase herumtanzen lassen. Genausowenig wie von seinem Mann.«

»Versuche ich das denn, dir auf der Nase herumzutanzen?«

Barbara seufzte. »Das war ein Scherz, Gerhard.« Sie gab ihm einen Klaps auf die Hüfte. »Schlaf jetzt, du mußt morgen ausgeruht sein, um Geld verdienen zu können.«

Kurz darauf hörte Gerhard sie leise und regelmäßig schnarchen. Während er dem Geräusch lauschte, fragte er sich, wie er reagieren würde, wenn er jemand wie Clemens de Vilder wäre. Vermutlich erzürnt aus dem Haus laufen und die Nacht mit Freunden und wilden Weibern im Wirtshaus verbringen. Oder seiner Frau ein paar tüchtige Maulschellen verpassen, damit sie auf andere Gedanken kam. Keines von beidem sagte ihm zu. Weil er eben nicht Clemens de Vilder war. Zwar wollte auch er das Leben nach seinen Vorstellungen einrichten, doch das mit Vernunft und Geduld und nicht mit Gewalt.

Das wird mir schon noch gelingen, versicherte er sich. Wenn er erst reich war und das nötige Ansehen genoß...

12

Kein Brot vom Bäcker heute«, verkündete Barbara schon in der Tür. Mit ihr kam ein Schwall eiskalter Luft herein. Sie ließ sich auf einen Stuhl fallen und beugte sich mit schmerzverzerrtem Gesicht vor, um die durchnäßten Schuhe auszuziehen. »Seine jüngste Tochter ist heute nacht im Schlaf erfroren.« Sie schüttelte den Kopf. »Warum läßt er seine Kinder nicht in der Backstube schlafen? Da ist es doch immer zumindest ein bißchen warm! Oder warum heizt er nicht einfach besser ein? Der kann es sich doch nun wahrlich leisten!« Sie trat sich die Schuhe von den Füßen und knöpfte mit steifen Fingern ihren dicken Mantel auf. Um die Schuhe herum bildete sich eine matschige Schmelzwasserpfütze auf dem Holzboden des Ateliers. »Was für ein gräßliches Wetter! Es friert so sehr, daß die Pferdeäpfel wie Steine aufs Pflaster knallen.«

Gerhard unterbrach seine Arbeit an der doppelherzförmigen Weltkarte, an der er schon wochenlang saß. »Und das Kind ist einfach so erfroren?« Das war das einzige, was er deutlich verstanden hatte.

»Ich hatte keine Lust, mich noch einige Straßen weit durch den Schnee zum nächsten Bäcker vorzukämpfen. Notfalls kann ich auch selbst Brot backen.«

»Mein Gott, wenn man so etwas erleiden muß!«

»Er hat noch sieben Kinder«, sagte Barbara. Ob ihre Gleichgültigkeit gespielt war oder nicht, ließ sich nicht ausmachen.

»Aber Barbara, wie kannst du so etwas sagen?«

»Weil es seine eigene Schuld gewesen sein dürfte. Arnold wird so etwas jedenfalls nicht zustoßen.«

Das stimmte. Seit die Niederlande vom strengsten Winter seit Jahren gegeißelt wurden, schlief ihr Söhnchen zwischen ihnen im Ehebett. Was gleichwohl kein Hinderungsgrund dafür gewesen war, daß Barbara erneut schwanger geworden war. »Mein Mann braucht nur auf mich zu zeigen, und es ist wieder soweit«, hatte sie zu Lea gesagt und hinzugefügt, daß sie sich vorkomme wie ein Kaninchen.

Mit einem Blick auf den Kamin in der Ecke des Ateliers, in dem ein leise knisterndes Feuer brannte, fragte Barbara: »Haben wir genug Holz für die kommenden Wochen?«

»Es reicht schon noch ein Weilchen. Und zur Not fällen wir die Bäume in unserem Garten.«

»Furchtbar, so ein Wetter. Was haben wir Gott angetan?«

»Es ist nicht Gott, sondern die Natur, die das Wetter macht, Barbara. Die Natur führt zu Gott, nicht umgekehrt.«

»Ja, ja, mag sein, aber deswegen ist es nicht weniger kalt. Nur gut, daß das Kloster hinter uns den Nordwind teilweise abfängt. So sind die Augustiner wenigstens zu etwas gut.« Barbara stand auf, raffte ihre nassen Sachen zusammen und ging auf Strümpfen zu der Tür, die vom Atelier in die Küche führte. Als sie aus dem Augenwinkel eine Bewegung am Fenster sah, blieb sie jedoch stehen.

»Ein Mönch«, sagte Gerhard verwundert. »Was steht er da und späht hier herein?«

»Wird wohl ein Bettler sein. Gib ihm nicht zuviel, wir haben nichts übrig.« Barbara verschwand in der Küche.

Gerhard erhob sich und öffnete die Tür. »Wollt Ihr hereinkommen und Euch wärmen?« bot er an.

Der Mönch nickte. »Gott segne Euch«, sagte er, während er an Gerhard vorbei zur Tür hereinschlüpfte. »Ich spüre meine Füße schon gar nicht mehr; so kalt ist es seit Jahren nicht gewesen.« Er zog seine Kapuze nach hinten, so daß Gerhard sein Gesicht sehen konnte.

»Monachus! Was führt dich hierher? Einen Becher warmen Wein?«

»Ja, herrlich!« Ohne zu fragen, lief Monachus zum Kamin und rieb eifrig die bleichen Hände über dem Feuer. Dabei ließ er den Blick durchs Atelier wandern. »Eine schöne Werkstatt hast du hier.«

Gerhard öffnete die Tür zur Küche und rief, als er Barbara dort nicht sah, laut: »Barbara, würdest du bitte etwas Wein aufwärmen?« Barbaras Antwort, die von irgendwo anders im Haus kam, war nicht zu verstehen.

»Ich habe ein Exemplar deiner Karte vom Herzogtum Brabant gekauft«, sagte Gerhard.

»Ach ja, Brabant. Die habe ich vor zwei Jahren gemacht, im Auftrag des Herzogs. Erfreut hat sie ihn nicht.« Monachus kicherte. »Denn nun zeigte sich plötzlich, daß er sehr viel weniger Land besitzt, als er gedacht hatte.«

»Was führt dich von so weit her, noch dazu bei diesem Hundewetter?«

»Ich benötige Material über Löwen, und ich dachte, daß du mir vielleicht behilflich sein könntest. Ich habe zwar hier an der Universität studiert, wie du dich gewiß erinnerst, aber das liegt schon eine Weile zurück.« Monachus wandte sich mit dem Rücken zum Feuer und hob seine Kutte ein wenig an, um auch den Allerwertesten zu wärmen. »Deine Palästinakarte war fürwahr ein gewiefter Einfall, Meister Mercator.«

Gerhard versuchte, nicht auf die milchweißen, krummen Beine des Mönches zu schauen. »Was meinst du damit?«

»Nun ja, das Heilige Land... Reformation und Anabaptismus führen dazu, daß mit einem Mal eine Unmenge von Biblischem gedruckt und gegen alle Vorschriften auch verbreitet wird. Und viele Menschen wollen die Geschehnisse aus der Bibel gern geographisch zuordnen können. Was benötigen sie dazu? Genau, eine Karte vom Heiligen Land. Und, o Wunder, es gibt jetzt sogar eine, auf der die Ortsnamen ins Niederländische übersetzt sind!« Monachus kniff die Augen zu schmalen Schlitzen zusammen. »Weißt du eigentlich, wie viele Exemplare von deiner schlauen Erfindung verkauft worden sind, Gerardus?«

»Höre ich da einen Vorwurf?«

»Nein, einfach nur Neid.« Monachus erlaubte sich ein kleines Grinsen.

»Ehrlich gesagt, als ich die Karte stach, hatte ich etwas ganz anderes damit im Sinn. Daß ich einige Albus an ihr verdient habe, ist reiner Zufall.«

»Zufall gibt es nicht«, entgegnete Monachus. »Der Herr war dir einfach wohlgesinnt. Und das wirst du dann wohl auch irgendwie verdient haben. Oder du mußt dir diese Gunst später noch verdienen.«

Barbara stieß mit dem Ellenbogen die Tür auf. »Der Wein war noch warm gestellt, kommst du dir kurz einen Krug holen, ich knete gerade Teig.« Sie warf einen raschen, forschenden Blick auf Monachus und zog sich wieder zurück.

Als Gerhard mit dem Wein kam, stand der Mönch, die Hände tief in den Taschen seiner Kutte vergraben, an seinem Arbeitstisch und sah sich den Erdglobus an. »Meister van der Heyden hat mal so einen für mich gebaut, vor gut zehn Jahren«, erklärte er. »Es war der erste, der in den Niederlanden gefertigt wurde, und der Meister hatte die neuesten geographischen Entwicklungen eingearbeitet.« Er kicherte kurz. »Die Anschaffung eines derart revolutionären Instruments vor unserem Schirmherren zu rechtfertigen war kein Leichtes. Erzbischof Carondelet hielt seinerzeit nicht viel von all den neuen Sichtweisen. Beinahe hätte man mich deswegen aus dem Franziskanerorden hinausgeworfen. Nun ja, als Vorsitzender des Geheimen Rates von Margareta von Österreich war er natürlich gehalten, äußerst behutsam und regelkonform zu agieren.« Monachus beugte sich vor, um den Globus aus der Nähe zu studieren. »Allem Anschein nach hat Meister van der Heyden unterdessen ein noch größeres Können entfaltet.«

Gerhard reichte dem anderen einen dampfenden Becher. »Diese Arbeit stammt von mir, Gaspard hat mir das eine und andere beigebracht.«

»Wirklich?« fragte Monachus erstaunt. »Meine Glückwünsche, Gerhard. Du bist offensichtlich schon jetzt ein begnadeter Fachmann, trotz deines jugendlichen Alters.« Er trank seinen Becher halb leer, ohne daß es ihm etwas auszumachen schien, daß der Wein recht heiß war, und wischte sich mit dem Handrücken über die Lippen. »Das tut gut, die Kälte war mir schon in die Knochen gekrochen.«

»Hier in der Nachbarschaft ist heute nacht ein Kind erfroren.«

»Wahrscheinlich nicht das erste und auch nicht das letzte. Alle diese Prüfungen sind vielleicht eine Warnung Gottes vor dem Zweifel am regulären Glauben, der in den Herzen einiger aufgekommen ist, deren Geist und Seele schwach sind.«

»Ich vermute, daß die Kinder, die derzeit verhungern und erfrieren, noch nicht viel mit dem Glauben zu tun haben.«

»Nicht die Kinder werden von Gott gestraft, Gerhard. Sie kommen schließlich geradewegs in den Himmel. Ihre Eltern sind es, welche der göttliche Zorn trifft.« Das klang nicht wie eine Zurechtweisung, Monachus sagte es wie beiläufig, als wäre er mit den Gedanken woanders. Sein Blick war immer noch auf den Erdglobus geheftet. »Ist dieses Instrument käuflich?«

»Bitte? Oh! Nein, es tut mir leid, es ist für Maximilianus Transylvanus bestimmt.«

»Ach, den Ratsherrn Kaiser Karls?« Monachus runzelte die Stirn.

Gerhard nickte und fragte sich, warum ihn plötzlich ein leises Schuldgefühl beschlich.

»Nun ja, sagen wir es mal so, ohne Unterstützung von höherer Stelle könnten wir nun einmal nicht arbeiten.« Monachus nahm einen weiteren Schluck aus seinem Becher.

»Noch etwas Wein?«

»Nein, danke. Bei all dem Eis und Schnee draußen ist es schon schwer genug, sich auf den Beinen zu halten.«

Auf den Globus zeigend, sagte Gerhard: »Auch Gemma Frisius hat sein Scherflein dazu beigetragen.«

»Ach ja, der Kaiser von Friesland.« Monachus kicherte.

»Er hat eine Methode erfunden, wie man anhand des Zeitunterschieds die geographische Länge jedes beliebigen Ortes auf der Welt bestimmen kann.«

»Anhand des Zeitunterschieds?« Monachus blickte mit neuer Ehrfurcht auf den Globus. »Dazu müßte man aber über ein außerordentlich genau gehendes Uhrwerk verfügen.«

Gerhard nickte. »Daß die Methode die richtige wäre, läßt sich mathematisch beweisen. Aber in der Tat, es gibt keine einzige Uhr, die genau genug ginge, um die Länge mit genügender Zuverlässigkeit zu berechnen. Eines Tages dürfte es freilich auch sie geben.«

»Hm, das ist zu bezweifeln. Zumal auf See, dort bringen die Bewegungen des Schiffes zwangsläufig jeden Zeitmessungsmechanismus aus dem Takt.«

»Wer weiß, der technische Fortschritt steht nicht still.«

»Gelobt sei der Herr für die Gutgläubigkeit der Jüngeren, ohne sie kämen wir keinen Schritt weiter.«

Es trat eine kurze Stille ein, bis Gerhard fragte: »Du benötigst Material über Löwen?«

»Stimmt.« Monachus lief ans Feuer zurück, als sei ihm wieder kalt geworden. »Ich arbeite an einer Kartensammlung flämischer Städte. Eine davon ist Löwen. Ich suche jemanden, der die Stadt kennt und mir bei den Vermessungen hilft.«

»Stadtpläne? Daran habe ich auch schon einmal gedacht, als ich vor einigen Jahren zum erstenmal nach Antwerpen kam und am eigenen Leib erfuhr, wie gut man einen Stadtplan brauchen kann, um sich zurechtzufinden. Ich stellte mir vor, daß man für Reisende einen Grundriß der Stadt an den Stadttoren aufhängen sollte.«

Monachus zog eine Augenbraue hoch. »An den Stadttoren? Das scheint mir gar keine so schlechte Idee zu sein. Wenn ein jeder Schultheiß auch sogleich anführen wird, daß allerlei Bösewichte von so einem Plan Gebrauch machen könnten.«

»Ach ja...« Gerhard setzte sich auf einen Stuhl. »Das Leben wäre um einiges leichter, wenn es derlei Gelichter nicht gäbe.«

»Da dürften die Schlosser aber anderer Meinung sein.« Monachus sah Gerhard forschend an. »Du hast meine Frage noch nicht beantwortet.«

»Deine Frage, Bruder?«

»Ob du mir hier bei meinen Vermessungen assistieren würdest.«

»Dein Vertrauen ehrt mich.«

»Aber?«

Gerhard kratzte sich am Kopf. »Arbeitet nicht Jacob van Deventer an einer großen Kartensammlung von niederländischen Städten? Das kam mir nämlich zu Ohren, weil er Frisius' Triangulationsmethode anwenden möchte.«

Monachus nickte mit sichtlichem Widerstreben. »Es ist Platz genug für mehr als nur eine solche Sammlung. Und fürs erste ist er noch durch seine Karte von Brabant gebunden.«

»Du willst ihm also voraus sein, wenn ich es recht verstehe?«

»Vielleicht. Und?«

»Ich weiß ehrlich gesagt nicht genau, ob ich genügend freie Zeit erübrigen kann, um dir zu assistieren.«

»*So* beschäftigt?«

Der leicht skeptische Ton, in dem Monachus das gesagt hatte, entging Gerhard nicht. »Ich habe eine Familie zu ernähren und Schulden abzubezahlen, ich kann lediglich Arbeit annehmen, die ausreichend lukrativ ist. Auch wenn ich manchmal anders wollte.«

Monachus nickte ergeben. »Man hatte mich schon vor deinem Handelsgeist gewarnt, Meister Mercator.«

»Die Not zwingt mich dazu, Bruder Monachus.«

»Ich glaube, ich werde meine Auftraggeber schon davon überzeugen können, daß einer wie du zu seiner Zufriedenheit entlohnt zu werden hat.«

»In dem Fall…«

»Wird es dir gelingen, die nötige Zeit zu erübrigen?«

»So ist es«, antwortete Gerhard mit leichtem Seufzen. »Wann gedachtest du mit der Arbeit zu beginnen?«

Monachus blickte mit Abscheu durch das Fenster hinaus. »Sobald es das Wetter zuläßt.«

»Hast du schon eine Unterkunft in Löwen?«

»Pieter de Corte hat mir angeboten, daß ich bei ihm wohnen kann, wenn ich im Gegenzug einige Vorträge am Kolleg halte. Unter anderem über Kartographie.« Monachus schielte zu Gerhard hinüber. »Vielleicht möchtest du sie dir ja auch anhören. Vorausgesetzt natürlich, du kannst die Zeit erübrigen.«

Gerhard ging nicht auf diese kleine Spitze ein. »Das möchte ich mir nicht entgehen lassen«, versprach er.

Barbara kam erst aus der Küche hervor, als Monachus gegangen war. Sie trat ans Fenster und wischte mit dem Ärmel ein Stück der beschlagenen Scheibe frei, um dem Franziskaner nachzuschauen. »Dem traue ich nicht über den Weg«, konstatierte sie.

»Er ist ein großer Wissenschaftler, Barbara. Ich habe ihn in Antwerpen kennengelernt.«

»Wie der mich angesehen hat…«

»Das haben Mönche so an sich, Frauen machen sie scheu.«

»Ja, ja.«

»Ich empfinde es als großes Kompliment, daß er sich für meine Arbeit interessiert.«

Barbara wandte sich vom Fenster ab. »Interesse an jemandes Arbeit kann man auf verschiedenerlei Weise haben. Die Inquisition ist auch immer daran interessiert, was Leute wie du treiben.«

»Mein Gott, Barbara, was redest du denn da? Als würde ich mich der Ketzerei schuldig machen!«

»Gib zu, daß deine Äußerungen oft ziemlich dreist sind. Eh du dich's versiehst, wird dir das von irgendwem böswillig falsch ausgelegt, und schon bist du in Teufels Küche.«

»Ach, Frau, du redest Unsinn.«

»Mönchen traue ich sowieso nicht«, entgegnete Barbara noch und schlurfte dann entschlossen zur offenstehenden Küchentür, durch die der fade Geruch von Sauerteig ins Atelier drang.

Gerhard sah ihr nach, bis die Tür hinter ihr zugefallen war. Ihrer schon weit fortgeschrittenen Schwangerschaft wegen watschelte sie ein wenig. »Die Inquisition!« murmelte er. Kopfschüttelnd nahm er seine Arbeit an der Weltkarte wieder auf.

»…Das Prinzip der Gradmessung ergibt sich aus der von Eratosthenes angewandten Methode. Dabei wählt man sich zwei Punkte auf demselben Meridian, die wir A und B nennen. Dann bestimmt man aus zwei astronomischen Breitengradmessungen den Winkel, den die Vertikale in A mit der Vertikale in B bildet… Ja?« sagte Monachus ein wenig irritiert zu dem Studenten, der die Hand gehoben hatte.

»Verzeiht, Bruder Monachus, aber darf ich fragen, was genau Ihr in diesem Fall mit den sogenannten Vertikalen meint? Mir ist nicht ganz klar, was…«

»Mit Vertikale meine ich die Richtung des Senkbleis«, unterbrach Monachus den Studenten. »Ich dachte, das sei schon seit geraumer Zeit die Definition von vertikal. Oder sehe ich das falsch?«

»Nein, Bruder Monachus«, antwortete der Student fügsam. Er hatte einen roten Kopf bekommen, was nicht besser wurde, als einige andere Studenten kicherten.

Monachus schnaubte und fuhr fort: »Wenn man den Winkel bestimmt hat, den die Vertikale in A mit der Vertikale in B bildet, mißt man den Abstand zwischen A und B auf der Erdoberfläche. So erhält man die Länge eines Grades vom Erdumfang und kann daraus den Gesamtumfang berechnen.« Die Augen auf den immer noch erröteten Studenten geheftet, sagte Monachus: »Schon in ferner Vergangenheit wurden wichtige Gradmessungen angestellt. So zum Beispiel gut hundert Jahre vor Christus von einem stoischen Gelehrten aus Syrien, einem gewissen Poseidonios, der Messungen zwischen Alexandria und Rhodos tätigte. Sein Ergebnis wies eine für die damalige Zeit bemerkenswert geringe Abweichung von plus elf Prozent auf.«

»Kalif al-Mamun von Bagdad hat es später sogar noch besser gemacht«, sagte Gerhard ungefragt. Er war eingetroffen, als die Vorlesung bereits begonnen hatte, und saß ganz hinten, so daß Monachus ihn noch gar nicht bemerkt hatte. »Bei ihm betrug die Abweichung nicht einmal mehr zehn Prozent.«

Monachus warf einen verstörten Blick in Gerhards Richtung. »Stimmt, aber inzwischen war die Wissenschaft auch schon fast tausend Jahre weiter. Kein wirklich rasanter Fortschritt, würde ich meinen. Nehmen wir dagegen den Pariser Arzt Fernel, der vor zwölf Jahren zu Ergebnissen mit einer Abweichung von weniger als einem Zehntel Prozent kam, das nenne ich Fortschritt.«

»Weil der gute Doktor ein sehr genaues Wagenrad hatte«, feixte Gerhard. Einige anwesende Studenten schauten sich verwundert zu ihm um, und einer wagte es sogar, hinter vorgehaltener Hand zu schmunzeln.

Monachus runzelte mißtrauisch die Stirn. »Bitte?«

»Fernel stellte seine Entfernungsmessungen an, indem er die Umdrehungen eines Wagenrads zählte. Aber das wußtet Ihr zweifellos.«

»Wie er die Entfernung bestimmt hat, ist unerheblich«, wies Monachus ihn zurecht. »Jeder kann eine Entfernung abschreiten. Wichtig ist, daß er einen Quadranten benutzte, um die geographische Breite an den Endpunkten des Meridianbogens zu bestimmen.« Monachus wandte sich demonstrativ der ersten Reihe seines Auditoriums zu: »Ein Quadrant besteht aus einem mit einer Gradeinteilung versehenen Viertelkreis und einem beweglichen Arm mit einer Visiereinrichtung. Mit ihm kann man Höhen im Meridian und den Winkelabstand zwischen zwei Objekten messen.«

»Ein Quadrant ist nicht nur ein Meßinstrument«, bemerkte Gerhard in nahezu fröhlichem Ton. »Quadrant nennt man auch jede der vier Teilebenen der durch ein Koordinatensystem zerlegten euklidischen Ebene. Für diejenigen unter euch, die nicht wissen, was ein Koordinatensystem ist...«

»Vielleicht möchte Meister Mercator meine Vorlesung fortsetzen?«

Gerhard registrierte Monachus' Gesichtsausdruck und verstummte für einige Atemzüge. »Verzeiht, Bruder Monachus«, sagte er dann. »Ich habe mich fortreißen lassen. Es war gewiß nicht meine Absicht...« Ihn beschlich Unbehagen, und er hielt inne. »Verzeiht«, sagte er noch einmal.

Rektor de Corte, der neben Monachus' Pult breitbeinig auf einem Stuhl saß, warf in begütigendem Ton ein: »Meister Mercator hat auch früher schon gern das große Wort geführt. Die Vaterschaft scheint ihn nicht weniger ehrgeizig gemacht zu haben.«

»Geographie und Vermessungskunde faszinieren mich einfach sehr«, sagte Gerhard. »Und wenn ich dann eine Autorität wie Bruder Monachus sprechen höre, vergesse ich gelegentlich, wo mein Platz ist.«

Pieter de Corte kannte Gerhard natürlich besser, doch Monachus nahm die schleimige Entschuldigung mit nachgiebigem Nicken an. »Es wäre vielleicht gut, wenn alle Zuhörer und Studenten einen solchen Enthusiasmus an den Tag legten«, stellte er gnädig fest. »Obgleich das Dozieren dann zu einer aufreibenden Tätigkeit werden könnte.« Er lächelte, um zu zeigen, daß dies als Scherz gemeint war. Dann legte er ein blaues Blatt Papier von dem einen Stapel auf seinem Pult auf den anderen. »Gut, nach diesem Intermezzo möchte ich gern zum Stand der Dinge bei der sogenannten Kartenprojektion übergehen.« Er warf Gerhard, der sich schon sichtlich aufrichtete, als rüstete er sich für eine neuerliche Unterbrechung, einen warnenden Blick zu. »Dadurch, daß die Erde kugelförmig ist, läßt sich ihre Oberfläche nicht wie ein Zylinder oder ein Kegel aufrollen und auf Papier übertragen, ohne daß Verzerrungen auftreten. Das geht höchstens bei kleinen Gebieten.« Monachus fuchtelte mit beiden Händen in der Luft herum. »Angenommen, man hat einen durchsichtigen Erdglobus mit einer großen Kerze darin und stellt um diesen Globus einen Zylinder aus Pergament oder Papier, so daß die Zeichnungen vom Globus auf die Innenseite des Zylinders projiziert werden. Der Äquator und alles in seiner unmittelbaren Nähe werden dann wahrheitsgetreu abgebildet. Weiter nach oben und unten hin freilich werden die Meridiane immer weiter auseinanderklaffen, und die Gebiete am oberen und unteren Ende der Erde werden viel größer abgebildet, als sie es in Wirklichkeit sind. Die Kunst besteht also darin, diese Verzerrungen weitmöglichst zu begrenzen, damit dennoch eine brauchbare Karte entsteht. Hiermit befaßt sich die sogenannte Abbildungslehre.« Monachus' Blick wanderte wie von selbst wieder zu Gerhard. Dieser starrte mit einem merkwürdigen Gesichtsausdruck in die Tiefe des Raums, als sähe er irgendwo weit entfernt etwas Besonderes, das allen anderen entging.

»Eine Zylinderprojektion«, murmelte Gerhard, als säße

er ganz allein im Vorlesungssaal. Er nickte heftig. »Natürlich! Wenn wir, anstatt an den Verzerrungen herumzupfuschen, die Meridiane und Parallelen sich senkrecht in einem Gradnetz von gleichen Vierecken schneiden lassen, erhalten wir eine winkeltreue quadratische Plattkarte. Und wenn wir dann noch die Loxodromen begradigen könnten, die...« Er wurde sich wieder seiner Umgebung und Monachus' bohrenden Blicks bewußt und verstummte verwirrt.

In geradezu beängstigend ruhigem Ton fragte der Bruder: »Könntet Ihr vielleicht verdeutlichen, was Ihr damit meint, Meister Mercator? Eine winkeltreue, quadratische Plattkarte? Was sollen wir uns darunter vorstellen?«

Gerhard schüttelte den Kopf. »Ach, mir ist gerade etwas durch den Kopf geschossen, aber...«, er blickte hilflos, »ich weiß nicht, ob...« Er schraubte sich von seinem Stuhl hoch. »Verzeiht, ich muß nach Hause«, murmelte er kaum hörbar, »ich... äh... mir ist nicht wohl.« Während ihm alle verdutzt nachstarrten, zwängte er sich zwischen den gedrängt zusammensitzenden Zuhörern hindurch zur Tür und war auch schon verschwunden.

Draußen stapfte Gerhard so in Gedanken versunken die Straße entlang, daß er nicht einmal bemerkte, daß es zu schneien begonnen hatte. Erst als er beinahe unter ein Pferd geriet, nahm er seine Umgebung wieder wahr. Das Pferd war auf den spiegelglatten Pflastersteinen ausgeglitten und mußte heftig mit den Hufen rudern, um nicht das Gleichgewicht zu verlieren. Es zog einen leeren Karren, der mit der Seite hart gegen eine Hausfassade prallte. Der Wagenlenker sprang fluchend vom Bock und faßte das Pferd roh beim Zaum, bevor es auch noch auf Gerhard schlitterte. Als er sein Pferd wieder unter Kontrolle hatte, stieg er wortlos auf den Bock zurück und setzte seinen Weg fort. Freilich nicht ohne Gerhard einen grimmigen Blick zuzuwerfen, als wäre der Vorfall dessen Schuld.

Mit dem strengen Geruch des nassen Pferdes in der Nase starrte Gerhard dem davonholpernden Karren nach, bis dieser um eine Straßenecke verschwunden war. Vor Schreck schlug ihm das Herz immer noch bis zum Hals. Eine große Schneeflocke fiel ihm hinten in den Kragen, und er fühlte, wie sie in seinem Nacken schmolz und ihm als eiskalter Wassertropfen über den Rücken lief. Fußgänger in dunklen Kleidern hasteten an ihm vorüber, den Kopf zwischen die Schultern gezogen, um sich vor dem schneidenden Nordwind zu schützen, der hungrig durch die schmalen Gassen heulte und aufstäubenden Schnee vor sich hertrieb.

Gerhard fröstelte, zog den Kragen seines Mantels fester zu und ging weiter.

Nach zwanzig Schritten blieb er erneut stehen. Der Einfall, der ihn nach Hause getrieben hatte, hatte sich durch den kleinen Zwischenfall eben verflüchtigt. Einen Moment lang verspürte er so etwas wie Panik, als ihm der Gedankengang, zu dem ihn Monachus' Worte inspiriert hatten, nicht gleich wieder kommen wollte. »Eine Zylinderprojektion…«, murmelte er in sich hinein, »mit geraden Loxodromen…« Er stapfte weiter durch den Schnee, ohne die Passanten zu beachten, die ihn seines Gemurmels wegen mißtrauisch beäugten. »Eine quadratische Plattkarte…«

Ohne weitere Unfälle erreichte er sein Haus. Vage registrierte er die vielen nassen Fußabdrücke auf dem Boden seiner Werkstatt, schenkte dem aber keine weitere Beachtung. Ohne den Mantel abzulegen, trat er sogleich zu dem Erdglobus am Zeichentisch, hob ihn aus seinem Messingständer und hielt ihn gegen das Licht.

Die Küchentür wurde aufgeworfen. »Gerhard?«

Gerhard blickte verwundert auf, als er die Stimme seiner Schwiegermutter erkannte. »Johanna?« Erst jetzt hörte er noch andere Stimmen im Haus.

Sie schmunzelte über seinen Gesichtsausdruck. »Erstaunt, mich hier zu sehen? *Ich* weiß, wann Barbara ihre Mutter nötig hat, Gerhard. Wie ich auch viele andere Dinge weiß.«

»Barbara?« Mit plötzlicher Beunruhigung setzte Gerhard den Globus auf seinen Ständer zurück. »Fehlt ihr etwas?«

»Und ob ihr etwas fehlt! Namentlich so etwa sieben Pfund Lebendfleisch. Herzlichen Glückwunsch, Gerhard Mercator, du hast eine gesunde Tochter.«

»Emerentia«, sagte der Priester, der das Kind soeben über das Taufbecken in der fast leeren Kirche gehalten hatte. »Das heißt soviel wie ›die Verdienstvolle‹, nicht unbedingt ein Name, der zu Bescheidenheit anhält, nicht wahr?«

»Es ist der Name von Gerhards verstorbener Mutter«, erwiderte Barbara hastig, als sie Gerhards Miene ansah, daß die Bemerkung des Priesters nicht gut bei ihm angekommen war. Mit spitzem Finger wischte sie dem Würmchen in ihrem Arm ein Spuckebläschen vom Kinn. Das Kind öffnete die tiefblauen Augen und sah sie mit erstauntem Blick an.

»Die Frage ist, worum man sich verdient gemacht hat«, entgegnete Gerhard säuerlich. »Darüber sagt der lateinische Begriff nämlich nichts aus. Das wird erst die Zukunft zeigen.«

Der Priester nickte gnädig. »Wie bei allen Werken Gottes, nicht wahr?«

»Ja«, sagte Gerhard. »Belassen wir es dabei.« Er entdeckte Monachus, der sich aus einem Grüppchen Anwesender löste und zu ihnen herüberkam. »Bruder Monachus, ich hatte gar nicht bemerkt, daß du hier bist! Ich hoffe, du hast mir verziehen, daß ich so unhöflich war, aus deiner Vorlesung wegzulaufen.«

Monachus verzog den Mund und schaute auf das Kind. »Eher befielen mich Erstaunen und Unglauben, als ich erfuhr, welche Macht dich so plötzlich weggerufen hatte.« Sein Blick heftete sich forschend auf Gerhard. »Wie du so ohne weiteres wußtest, daß deine Frau in den Wehen lag, wirklich bemerkenswert!«

Der Priester wurde mit einem Mal wachsam. »War das so?«

»Ich hatte eine Eingebung...« Gerhard zögerte, da ihn dieses plötzliche Interesse verunsicherte. Im Beisein eines Geistlichen zu behaupten, daß man über eine besondere Gabe verfügte, konnte gefährlich sein. Andererseits wollte er Monachus nicht vor den Kopf stoßen. Er beschloß, sich mit einem Scherz aus der Affäre zu ziehen. »Es wird Emerentia gewesen sein, die mich rief.« Er lächelte, um zu unterstreichen, daß man seine Worte nicht allzu ernst nehmen sollte. »Vielleicht hat sie das ja von ihrer Großmutter.«

»Ihrer Großmutter?« Der Priester war immer noch wachsam. »Der Ehebrecherin Johanna Switten?«

Gerhard schnaubte. »Von Ehebruch ist mir nichts bekannt, aber das kommt vielleicht daher, daß ich mich nicht in anderer Leute Angelegenheiten einzumischen pflege. Laß uns gehen, ich bekomme langsam Hunger.« Letzteres war an Barbara gerichtet.

Barbara wandte sich an Monachus. »Dürfen wir Euch zu einer Brotzeit einladen, Bruder?«

Das war ein reines Ablenkungsmanöver, denn ihr Mißtrauen gegenüber dem Minoriten hatte sich nicht gelegt. Gerhard, der das begriff, fiel denn auch eilig ein: »O ja, dann können wir vielleicht über eine Idee sprechen, auf die du mich bei deiner Vorlesung gebracht hast.«

»Die Einladung ehrt mich, aber leider habe ich noch einige dringende Angelegenheiten zu erledigen. Ein andermal vielleicht.« Monachus verneigte sich vor dem Priester, zog die Kapuze seiner Kutte gegen die winterliche Kälte zu und entfernte sich ohne ein weiteres Wort.

»Der macht mich wahnsinnig«, sagte Barbara, als sie schleunig den Heimweg antraten. »Daß du mit dem zusammenarbeiten kannst!« Sie blickte sich über ihre Schulter noch einmal kurz zu dem Priester um, der ihnen vom Kirchenportal aus nachschaute. Das Grüppchen Interessierter, das der Taufe beigewohnt hatte, war bereits verschwunden.

Gerhard zuckte die Achseln. »Manchmal bringt er mich auf neue Ideen.«

»Ja, ja, mich auch«, brummte Barbara. Sie blieb stehen, um Gerhard Emerentia in die Arme zu legen. »Du bist dran. Wer die Lust will, soll auch die Last tragen.«

Gerhard lächelte, während er das Kind in seinen Armen so gut wie möglich gegen die Kälte zudeckte. »Ich kann meine Tochter schwerlich als Last betrachten.«

»*Unsere* Tochter, meinst du wohl.« Sie gingen weiter. »Und keine Last, sagst du? Wenn du eine Frau wärst, würdest du anders reden. Oder hat sie dir etwa auch den Schoß zerrissen, als sie auf die Welt kam? Und im übrigen frage ich mich: Warum bist du ihr gegenüber so auffallend viel aufmerksamer als gegenüber Arnold?«

Das stimmt, registrierte Gerhard mit einem vagen Schuldgefühl. Er dachte an seinen Sohn, den sie in Johannas Obhut zu Hause gelassen hatten. Arnold weckte bei ihm nicht die gleiche Zärtlichkeit wie Emerentia. Es schien fast, als habe erst die Geburt seiner Tochter Vatergefühle in ihm geweckt. Ausweichend entgegnete er: »Das wird wohl daran liegen, daß sie ein Mädchen ist. Mädchen benötigen nun einmal mehr Aufmerksamkeit und Schutz.«

Vielleicht hat es auch einfach damit zu tun, daß sie mir ähnelt, dachte er. Was man von Arnold nicht behaupten konnte. Außerdem war Arnold ein kleiner Schreihals, der es einem ziemlich schwermachte, ihn zu lieben.

»Was meintest du vorhin damit, daß Monachus dich angeblich auf eine Idee gebracht hat?«

»Wie?« Gerhard hatte ihr nicht zugehört. »Was sagtest du von Monachus?«

Barbara seufzte. »Ach laß nur, es ist auch kein Wetter, um zu schwatzen. Mir frieren schon fast die Lippen zusammen.«

Wenn das doch ginge, dachte Gerhard verdrossen. Es hätte ein festlicher Tag werden sollen, aber Barbara schien ein Talent dafür entwickelt zu haben, jede Fröhlichkeit im Keim zu ersticken. Wo war nur ihre frühere Schalkhaftigkeit hin, er konnte sich das nicht erklären.

Es wird wohl auch an mir liegen, sagte er sich, erneut nicht ganz ohne Schuldgefühle. Seine Arbeit nahm ihn zu sehr in Anspruch.

Zärtlich blickte er auf Emerentias kugelrundes Köpfchen hinab – oder das, was davon sichtbar war. »Weißt du, wenn du ihr Köpfchen auf die Innenseite eines Papierzylinders projizieren würdest, sähe ihr Gesicht darauf ganz normal aus, aber nach oben hin würde ihr Schädel immer breiter wirken…«

»Bitte?« Barbara sah ihn befremdet von der Seite an. »Was faselst du da jetzt wieder?«

Gerhard seufzte. »Nur so eine Idee. Wenn ich die irgendwie umsetzen könnte…« Er ließ den Satz unbeendet in der frostigen Luft hängen, weil die möglichen Implikationen seines Einfalls ihm Schwierigkeiten bereiteten. Schließlich sagte er: »Vielleicht werden wir doch noch reich.« Ihm ging zwar ganz etwas anderes im Kopf herum, aber er wußte, was Barbara am liebsten hören wollte.

Der Gedanke, daß vielleicht Tausende von Schiffen weltweit ihren Kurs anhand von Karten bestimmen würden, die er gestochen hatte, erschien ihm eher beängstigend denn aufregend. Und hoffärtig war er auch. Denn wer war er schon? Wie konnte der unbedeutende Sohn eines bettelarmen Schusters so einfach die Navigation auf den Weltmeeren revolutionieren?

»Etwas mehr Geld wäre mir sehr willkommen«, sagte Barbara. »Wenn wir weiterhin in diesem Tempo Kinder machen…«

Sie erreichten ihr Haus, und Gerhard tastete schweigend nach dem Schlüssel, der an einer Schnur an seinem Gürtel hing. Da er die eingeschlafene Emerentia nicht stören wollte, verrenkte er sich dabei einigermaßen.

Aus irgendeinem Grund fühlte er sich plötzlich entmutigt. Es konnte womöglich noch Jahre dauern, bevor er ein brauchbares meßtechnisches und mathematisches Verfahren entwickelt hatte, um winkeltreue Plattkarten mit geraden Loxodromen zu zeichnen, die… »Entschuldige«, sagte er, als ihm bewußt wurde, daß er wieder nicht zugehört hatte, als jemand etwas zu ihm sagte.

Sie standen in der Küche, und jetzt erst wurde sich Gerhard der Anwesenheit Johannas bewußt und des eigenartigen Blicks, mit dem sie von ihm zu ihrer Tochter sah.

»Du wirst allmählich genauso schlimm wie mein Jan«, warf Johanna ihm vor. »Der hört auch nie zu, wenn ich etwas sage. Ich verstehe selbst nicht, wieso ich wieder bei ihm eingezogen bin.«

»Was ist denn?«

»Ich sagte gerade, daß Clemens de Vilder hier war.«

Gerhard verzog schmerzvoll das Gesicht. »Herrgott, was wollte denn der hier? Eine Karte etwa, damit er das Wirtshaus findet?«

»Ich glaube, ich muß mal ein ernstes Wörtchen mit meiner Tochter reden«, entgegnete Johanna. Dabei sah sie Barbara vorwurfsvoll an.

Barbara erwiderte den Blick ihrer Mutter einige Wimpernschläge lang in brütendem Schweigen, bevor sie hochmütig schnaubte und sich auf dem Absatz umdrehte. »Ich will das nicht hören!« blaffte sie, während sie zur Tür rauschte, die sie mit lautem Knall hinter sich zuwarf.

»Was hat denn das alles zu bedeuten?« Gerhard legte Emerentia in ihre Wiege neben dem Tisch. Das Kind war vom Zuschlagen der Tür aus dem Schlaf hochgeschreckt und gab kleine Protestlaute von sich. »Dürfte ich das vielleicht erfahren, oder geht es mich nichts an?« Er sah Johanna abwartend an.

Johanna taxierte ihn einige Atemzüge lang schweigend, bevor sie müde seufzte und sagte: »Setz dich einen Moment, Gerhard. Und schenk dir schon mal ein Glas Wein ein.«

13

Julius schaute stirnrunzelnd auf den Anschlag, der neben dem Haupteingang des teilweise fertiggestellten Rathauses hing. Ein *Mönch soll mehr recht haben als Millionen von Christen? Das kann nicht sein!* lautete die Überschrift. Und dann folgten eine Reihe von Seitenhieben an die Adresse Martin Luthers sowie ein Dutzend neuer Gesetze gegen Ketzer. Rechts unten stand in zierlichen schwarzen Lettern der Name Kaiser Karls.

»Nicht gut für den Handel«, sagte eine Stimme hinter Julius. »Ganz und gar nicht gut.«

Als Julius sich umdrehte, stand er einem etwas geziert gekleideten, hageren Mann gegenüber, dessen kleine Brille so dicke Gläser hatte, daß seine grauen Augen durch sie doppelt so groß aussahen wie normal.

»Nicht, daß wir über die calvinistischen Schlägertrupps glücklich wären, die Antwerpen in letzter Zeit unsicher machen. Aber, ach, all diese hochtrabenden Anschläge...« Der Unbekannte schüttelte den Kopf. »Das führt doch zu nichts. Alle naslang hängen wieder neue da, und kein Mensch liest sie mehr. Geschweige denn, daß man sich nach ihnen richtet. Der Kaiser tritt blind um sich. Als hätte er nicht schon genügend Feinde.« Der Mann blickte auf die Tasche, die Julius unter dem Arm trug. »Habt Ihr geschäftlich mit der Stadt zu tun, wenn ich fragen darf? Mein Name ist Cornelis de Schrijver, Stadtsekretär.«

»Julius Rochat, Adelborst. Ja, ich bin geschäftlich hier. Aber es sind keine Geschäfte mit der Stadt. Ich warte nur seit Stunden auf jemanden, den ich hier treffen sollte.«

»Wenn dieser Jemand von weit her kommt, wundert mich das nicht. Es sind unruhige Zeiten, Herr. Priestern wird ohne Grund Gewalt angetan, Klöster werden überfallen ...« Der Sekretär schüttelte erneut den Kopf. »Sie zwingen die reichen Bürger sogar dazu, für ihren Schutz zu bezahlen!«

»Sie?«

»Na, die verdammten Calvinisten natürlich. Alles schlecht für die Geschäfte. Wenn es so weitergeht, befinden wir uns bald mitten in einer Handelskrise.«

»Aber die reichste Stadt der Welt dürfte doch wohl einiges einstecken können, oder täusche ich mich?«

»Der Reichtum Antwerpens ist nur dem Handel zu verdanken«, erwiderte der Sekretär mit leicht vorwurfsvollem Unterton. »Zweitausend Schiffe auf der Reede, fünfhundert schwerbeladene Fuhrwerke täglich, die in die Stadt kommen und aus ihr hinausfahren, habt Ihr irgendeine Vorstellung, was das heißt?«

»Viel Geld«, antwortete Julius. Das Gespräch begann ihn zu langweilen, und er spähte über die Schulter des Sekretärs auf den großen Marktplatz.

»Viel Geld, ja, doch um gut Handel treiben zu können, bedarf es der Ruhe und Stabilität.« Der Sekretär schaute böse auf den Anschlag. »Und dann auch noch diese Anabaptisten.«

Julius sah den anderen mißtrauisch an. »Anabaptisten?«

»Die verdammten Wiedertäufer, ja. Anarchisten sind das! Anfangs stellten sie nur die Autorität der Kirche in Frage, aber jetzt wiegeln sie die Menschen schon gegen alles und jeden auf, der in irgendeiner Weise zu leiten und für Ordnung zu sorgen versucht. Noch sind sie hier zwar nicht so aggressiv wie im Ausland, aber ich fürchte, das ist nur eine Frage der Zeit. Anarchie ist leider für viele sehr verlockend. Am liebsten würden uns diese komischen Vögel noch in die Barbarei zurückführen.«

»Ich dachte, die Wiedertäufer predigten in erster Linie die Gleichheit aller Menschen?«

»Menschen sind nicht gleich, junger Mann. Sie sind es nie gewesen und werden es nie sein. Manche werden zum Herrschen geboren, andere zum Dienen. Ohne Hierarchie herrscht nichts als Chaos.«

»Und das ist schlecht für den Handel«, sagte Julius.

De Schrijver zog die Augenbrauen hoch. »Höre ich da Sarkasmus?«

»Keineswegs, ich gebe Euch nur recht.« Julius lächelte freundlich. »Wie sollte ich auch anders, schließlich bin ich selbst Offizier.«

»Vergeßt das nur ja nie«, riet ihm de Schrijver. »Es ist wichtig, die eigene Position zu kennen. Liegt Euer Schiff hier in Antwerpen?«

»Ich fahre zur Zeit nicht, ich bin, wie gesagt, geschäftlich hier.«

»Ach ja, Geschäfte, das ist gut. Und jetzt werde ich mich, mit Verlaub, meinen wichtigen Aufgaben widmen.« Der Sekretär nickte grußeshalber und betrat das Rathaus.

Julius schaute dem Mann nach, bis dieser am Ende der

dunklen Eingangshalle verschwunden war. »Anarchisten!« murmelte er. »Aufgeblasener Federfuchser!«

Beim rhythmischen Klappern von Pferdehufen auf den Pflastersteinen des Marktplatzes wandte er sich dorthin um. Heinrich Niclaes, diesmal in unauffälliger dunkelgrauer Montur, brachte sein Pferd zum Stehen und blickte auf Julius herab. »Sei gegrüßt, junger Mann. Ich bleibe noch kurz sitzen, wenn du erlaubst, mein Allerwertester schmerzt vom langen Ritt, und ich fürchte, ich komme nicht mehr in den Sattel, wenn ich erst mal abgesessen bin. Gibt es hier in der Nähe irgendwo einen anständigen Gasthof?« Er machte sich nicht die Mühe, sich für sein Zuspätkommen zu entschuldigen. Was Julius im übrigen auch nicht erwartet hatte.

»Gasthof ›Brabo‹, dort hinten.« Julius machte eine vage Gebärde mit dem Arm und setzte sich sogleich in die angedeutete Richtung in Bewegung.

Der andere lenkte sein Pferd im Schritt neben ihm her. »Gestern noch Schnee und Eis, heute überall Matsch. Hoffentlich ist dieser elende Winter damit vorbei.«

»Ja«, sagte Julius. »Hoffentlich.«

Beim Gasthof angelangt, ließ sich Niclaes mit schmerzvoll verzogenem Gesicht von seinem Pferd herunter. »Ein verdammt langer Ritt, aber wenn man mit einem Karren fährt, sitzt einem gleich eine Bande Strauchdiebe im Nakken.« Er blickte sich um. »Ich hoffe, sie haben hier jemanden, der sich um das arme Tier kümmert, es sieht ja erbärmlich aus mit all dem Matsch.«

»Wie geht es Meister Plantin?« fragte Julius, als sie mit einem großen Becher Bier vor sich an einem Tisch saßen.

»Der fühlt sich nicht sonderlich wohl in Paris. Das ist im übrigen auch einer der Gründe dafür, daß ich nach Antwerpen gekommen bin. Christophe möchte prüfen, welche Möglichkeiten sich hier für eine Druckerei bieten.«

Julius nickte. »Davon sprach er bereits, als ich ihn damals besucht habe. Ich finde die Idee sehr gut.« Er nahm einen langen Schluck aus seinem Becher und wischte sich mit dem Handrücken den Schaum von der Oberlippe.

»Hier ist es aber, soweit ich weiß, auch nicht so friedlich.«

»In den Niederlanden ist es nie länger als ein paar Monate friedlich, und auch Antwerpen entgeht dem nicht gänzlich. Insbesondere die Calvinisten mit ihrer fanatischen These, daß die Macht Gottes und der Religion Vorrang haben müsse vor jedweden staatlichen Autoritäten und der Politik, bereiten dem Kaiser Kopfschmerzen. Dessenungeachtet mehrt sich der Wohlstand hier kontinuierlich.«

»Verdammte Fanatiker!« entfuhr es Niclaes, während er zu seinem Becher griff. »Wie friedlich wäre doch unsere Welt, wenn solche Idioten endlich aufhörten, alle vor ihren Karren spannen zu wollen!« Er leerte seinen Becher in einem Zug und winkte dem Wirt. »Was versprechen sie sich bloß davon?«

Julius blickte den anderen unter halb geschlossenen Lidern hervor an. »Ist das nicht jeder Überzeugung eigen, daß man andere Menschen überzeugen möchte?«

»Mag sein, doch wir versuchen wenigstens zu predigen, daß…« – Niclaes verstummte, bis der Wirt die zwei vollen Becher auf den Tisch gestellt hatte und wieder davonschlurfte – »…daß man einander gerade *nicht* den Schädel einzuschlagen braucht. Und zwar ganz einfach deswegen, weil alle Menschen gleich viel wert sind, einerlei, wie sie sprechen oder denken.«

»Wir? *Wir* versuchen zu predigen?«

Niclaes grinste freudlos. »Als hättest du nicht längst durchschaut, was wir in Paris machen. Hat man dich denn damals nach deinem Besuch im Hause ›Labore et Constantia‹ nicht auf der Straße belästigt?«

»Das ist dir also zu Ohren gekommen?«

Der Kaufmann winkte ab. »Wer vor dem Kerker bewahrt bleiben will, muß überall Augen und Ohren haben.«

Julius deutete über seine Schulter. »Der werte Stadtsekretär schien auch schon Probleme mit den Wiedertäufern zu haben.«

»Die wiederholte Taufe ist einer der religiösen Aspekte der Sache, mich interessiert eher die politische Seite. Und der guten Ordnung halber: Ich bin kein Wiedertäufer, obgleich mir manche von deren Ideen sympathisch sind. Ich gehöre zum ›Haus der Liebe‹.«

Julius nickte. »Ja, davon habe ich gehört. Christus soll ein angenommener Sohn Gottes gewesen sein, wenn ich recht verstanden habe, nicht?«

»Wie hoffärtig muß man eigentlich sein, um glauben zu können, daß der Sohn Gottes von einem Menschen geboren werden könnte?«

»Ich beschäftige mich nicht so sehr mit solchen Sachen, ich glaube nur, was ich mit eigenen Augen sehe. Und auch das nur bedingt.« Julius grinste kurz. »Ehrlich gesagt, von einem Mann in deiner Position überrascht es mich doch ein wenig, daß ...«

»Daß ich Ausbeutung und Unterdrückung verwerflich

finde? Man kann also nur wohlhabend werden, wenn man verdorben und korrupt ist?«

»Das wollte ich nicht sa…«

»Ach, Julius, du bist selbst ein Adelborst, ein Junker im Kriegsdienst. Und trotzdem wußte ich bei dir gleich auf den ersten Blick, daß du auf unserer Seite stehst. Wenn *dir* das natürlich auch noch nicht klar war.«

»Auf eurer Seite?«

Niclaes senkte die Stimme, bis er fast flüsterte: »Du brauchst nicht erst zum Anabaptismus bekehrt zu werden, junger Mann. Du bist schon von Geburt an ein Wiedertäufer.«

»Aber sagtest du denn nicht, daß du keiner bist?«

»Ich sagte auch, daß deren politische Ideen mir sympathisch sind.«

Julius winkte ab. »Viel zu kompliziert das alles. Bist du geschäftlich nach Antwerpen gekommen oder um Propaganda zu machen?«

»Das freche Mundwerk gehört auch dazu, wenngleich du natürlich immer gut achtgeben solltest, zu wem du so etwas sagst. Und ja, ich bin geschäftlich hier. Unter anderem, weil Christophe die Karte sehen möchte…« – erneut senkte er die Stimme – »…von der englischen Küste, die du deinem Brief zufolge ach so gerne von ihm drucken lassen möchtest.«

Julius legte seine Tasche auf den Tisch. »Die Karte wurde von Gerhard Mercator ausgearbeitet.«

»Von dem habe ich schon viel Gutes gehört.«

»Er arbeitet besonders fachkundig.«

»Und er braucht Geld.«

»Wer nicht?«

»Je mehr, desto besser.«

Julius seufzte. »Kommt mir irgendwie bekannt vor.«

»Nun, drucken ist eine Sache, aber man muß auch noch geeignete Abnehmer finden.«

»Gerhard hat diesbezüglich Kontakt mit jemand am Hofe des Kaisers hergestellt.«

Als Julius nicht gleich fortfuhr, fragte Niclaes ein wenig ungeduldig: »Ja, und?«

»Ein Dutzend Exemplare, um die Karte in der Praxis auszuprobieren. Und danach ... tja, von wie vielen Marineschiffen dürfte wohl die Rede sein?«

»Darauf wirst du gewiß eine Antwort haben.«

»Es sind jedenfalls viele«, erwiderte Julius. Er lächelte. »Und zweifellos wird der Preis auch um einiges höher angesetzt werden können als für eine gewöhnliche Karte. Die Admiralität bezahlt in der Regel gut – wenn man einmal vom Sold ihrer Besatzungen absieht.«

Niclaes klopfte mit der flachen Hand auf Julius' Tasche. »Und das hier ist nur ein Teil der englischen Küste, habe ich das richtig verstanden?«

»Der Rest folgt später ... wenn das hier gut läuft.«

Ernst sagte Niclaes: »An deiner Stelle würde ich regelmäßig hinter mich schauen.«

»Spione, die für die Engländer arbeiten?« Julius nickte. »Ich weiß, daß es sie gibt, zumal in einer Stadt wie dieser. Ich ziehe niemanden ins Vertrauen, den ich nicht gut kenne.«

»Bis auf mich. Und Christophe.«

»Mit diesen Karten ist mehr zu verdienen als mit Verrat, das dürfte, was euch betrifft, eine gute Versicherung sein.«

Niclaes zog eine Grimasse. »Danke für das Vertrauen. Ich bleibe einige Tage hier, kann ich diesen Mercator einmal treffen?«

»Da wirst du dich nach Löwen begeben müssen. Gerhard ist jede Meile zuviel, die er sich vom Fleck bewegen muß.«

Niclaes zog eine Augenbraue hoch. »Und das bei einem Kartographen?«

»Er braucht nicht einmal das Haus zu verlassen, denn er baut sich ein ganzes Netzwerk von Informanten auf. Meist sind es Seeleute. Sie sorgen für einen wachsenden Zustrom von Daten über so gut wie alle bekannten Gewässer. Er sitzt wie eine Spinne in der Mitte des Netzes und widmet sich seiner Sache.«

»Faszinierend, ich möchte wirklich gerne mal mit dem Mann sprechen. Möglicherweise habe ich ja einen lukrativeren Auftrag für ihn, je nachdem, wie sich meine Kontakte hier entwickeln.«

»Das läßt sich arrangieren. Und wenn sich Christophe Plantin auf längere Sicht tatsächlich in Antwerpen niederlassen sollte, bekommt ihr Gerhard vielleicht häufiger zu Gesicht, als euch lieb ist. Er ist ein Perfektionist und nie zufrieden mit dem Druckerzeugnis, das man ihm liefert.«

»Christophe Plantin ist einfach der Beste.«

»Eben. Nur die räumliche Entfernung hält Gerhard davon ab, sich mit ihm zusammenzutun.«

Niclaes lehnte sich zurück und verschränkte die Arme. »Mir fällt auf, daß du mit einer gewissen … äh … Zärtlichkeit von diesem Mercator sprichst.«

»Zärtlichkeit?« Julius blickte aufrichtig erstaunt. »Dessen war ich mir nicht bewußt. Aber, nun ja … ich betrachte Gerhard als einen Freund, und von denen habe ich nicht so viele.«

»Wie ist er eingestellt? Politisch, meine ich.«

»Gerhard hat kein großes Interesse an Machtspielchen, gar keines eigentlich.«

»Als Intellektueller muß er doch irgendeine Lebensanschauung haben.«

»Das ist etwas anderes ...« Julius überlegte kurz. »Löwen ist eine Wiege der Humanisten ...« – er sah den Kaufmann an – » und Gerhard hat einige interessante Bücher in seiner Bibliothek. Unter anderem das *Fundamentbuch* von Menno Simons.« Er wartete neugierig auf Niclaes' Reaktion.

»Hm ...« Der Kaufmann nickte langsam. »Ein wohlmeinender Priester, aber für meinen Geschmack ein bißchen zu weich. Und natürlich nur an den religiösen Aspekten der Bewegung interessiert. Ich glaube sogar, daß er einmal gegen Wiedertäufer gepredigt hat, die allzu aufrührerisch waren.« Er beugte sich wieder vor und stützte die Unterarme auf dem Tisch auf. »So, so, dein Freund hat also durchaus Interesse an den Dingen, die uns beschäftigen?«

»Gerhard hat Philosophie studiert und ist an vielen moralischen Fragen interessiert. Eines seiner großen Vorbilder ist Erasmus. Allerdings stammt er aus einem papistischen Stall. Sein Großonkel, ein Priester aus Rupelmonde, hat ihm das Studium bezahlt. Und er hat Gerhard, glaube ich, sogar noch Geld für die Einrichtung seiner Werkstatt geliehen.«

»Das hat dein Freund schlau angestellt, da Christen ja keine Zinsen verlangen dürfen.«

»Einen gewissen Geschäftssinn kann man Gerhard nicht absprechen«, sagte Julius leicht verschnupft.

»Wann siehst du ihn?«

»Morgen, so Gott will.«

»Dann arrangierst du ein Treffen, ja?«

Es klang eher wie ein Befehl denn wie eine Bitte, doch Julius hatte keine Lust zu widersprechen. »Wie du willst«, sagte er ergeben.

Als Julius gerade sein Pferd anband, sah er aus dem Augenwinkel einen Mönch aus Gerhards Werkstatt kommen. Der Mönch warf ihm einen raschen, finsteren Blick zu, ging aber wortlos davon.

»Gerhard ist nicht da«, sagte Barbara. Sie fischte mit einem Stock ein triefendes Stück weißes Linnen aus einem dampfenden Kessel über dem Feuer. »Er war mit Monachus verabredet, aber der mußte auch schon unverrichteter Dinge wieder gehen.« Sie ließ das Linnen in einen zweiten Kessel klatschen, ohne sich um das aufspritzende heiße Wasser zu scheren. »Und vorhin war ein Abgesandter des Bischofs von Atrecht hier, der wissen wollte, wo dessen Sonnenuhr bleibt. Ich habe ihm weisgemacht, Gerhard hätte momentan nicht die geeigneten Werkzeuge im Haus, um sie mit der nötigen Präzision anzufertigen. Als wenn wir das Geld nicht mehr nötig hätten!«

»Irgendeine Idee, wo…« Julius bemerkte plötzlich das Kind, das in einer Ecke der Küche in seiner Wiege lag. »Ich wußte ja gar nicht, daß das Kind schon da ist.« Er trat an die Wiege und beugte sich über die Kleine, die mit fest geschlossenen Äuglein schlief. »Mein Gott, was für ein Engelchen!«

»Sie heißt Emerentia, und sie ist jetzt zwei Wochen alt.«

Barbara blickte auf Julius' gekrümmten Rücken. »In der Regel sind Männer nicht so versessen auf die kleinen Scheusale.«

»Scheusal? So ein wonniges kleines Ding?«

»Ist es das auch noch, wenn es alles vollspuckt und vollscheißt und dir mit seinem Geschrei nächtelang den Schlaf raubt?«

Julius richtete sich auf und sah sie lächelnd an. »Reden so nicht Männer?«

Barbara fischte ein weiteres Stück abgekochtes Linnen aus dem Wasser. »Das solltest du doch besser wissen.«

»Wie geht es Arnold?«

»Er ist bei seiner Oma, die hat nichts anderes zu tun.«

»Irgendeine Idee, wo ich Gerhard finden kann? Es ist ziemlich wichtig.«

Barbara deutete mit dem Kinn vage in Richtung Norden. »Irgendwo an der Dijle, nehme ich an. Da hockt er meistens und grübelt, wenn's ihn mal wieder umtreibt.«

»Ist denn irgend etwas?«

»Das mußt du ihn fragen. Und würdest du mich jetzt bitte in Ruhe meine Arbeit machen lassen, ich habe noch eine Menge zu tun.«

Nachdem Julius ein Stück am Ufer des Flüßchens entlanggeritten war, fand er Gerhard. Der saß in sich zusammengesunken auf einem wackligen Holzsteg, den sich ein Fischer zusammengezimmert hatte, im Schilf und starrte auf das träge vorüberfließende Wasser. An dem Steg war ein gleichermaßen morsches kleines Ruderboot festgemacht, dessen Bodenplanken in einem Gemisch aus Eis und geschmolzenem Schnee umhertrieben.

Gerhard schaute erst auf, als sich Julius schweigend neben ihn setzte. »Wo kommst denn du plötzlich her?«

»Guten Tag auch.« Julius sah Gerhard einen Moment forschend an. »Probleme?«

Gerhard zuckte unwillig die Achseln, wie ein bockiges Kind.

»Jemand hat mich gebeten, ein Treffen mit dir zu arrangieren.«

Gerhard schien ihn nicht zu hören. Er starrte vor sich ins Leere und sagte: »Arnold ist das Kind von Clemens de Vilder.«

Julius schwieg einige Atemzüge lang. »Woher weißt du das?«

»Clemens sagt es, und Barbaras Mutter auch.«

»Und Barbara selbst?«

»Sagen wir mal, sie streitet es nicht ab. Und der Junge sieht ihm ähnlich. Braucht es noch mehr Indizien?«

»Er sieht ihm ähnlich? Hat der Kleine etwa schon einen Bart oder so?«

»Ich glaube, ich habe es schon immer geahnt, schon von Anfang an ... als Barbara noch mit Arnold schwanger ging.«

»Ach, Gerhard ...« Julius blickte gleichfalls auf den schmalen Wasserlauf, der mit der Ebbe nach Westen strömte, der Rupel zu. »Wenn es wahr sein sollte, ist es passiert, bevor ihr etwas miteinander hattet.«

Gerhard schien ihm nicht zuzuhören. »Ich habe nicht einmal bemerkt, daß sie keine Jungfrau mehr war. Ich hatte ja keine Ahnung. Ich Einfaltspinsel ...«

»Entschuldige, aber ich sehe nicht so recht, was das für ein furchtbares Problem sein sollte.«

»Sie hätte es mir erzählen müssen, Julius.«

»Vielleicht wußte sie ja gar nicht, daß sie schwanger war, als ihr geheiratet habt.«

Gerhard grinste bitter. »Barbara ist längst nicht so unbedarft wie ich!«

»Gerhard... liebst du sie noch?«

»Das ist anzunehmen, denn sonst würde es mir wohl nicht so viel ausmachen.«

»Ein Kind gehört zuallererst der Mutter, würde ich meinen. Macht das den Vater nicht ein bißchen äh... unerheblich?«

»Außenstehende haben immer leicht reden.« Gerhard richtete den Blick auf das Ruderboot. »Wenn ich mich darin mit der Strömung treiben ließe, würde ich am Ende in Rupelmonde landen, wußtest du das?«

»Wenn du durch irgendein Wunder auf die andere Scheldeseite getrieben würdest, ja.«

Gerhard seufzte. »Ich glaube nicht, daß ich in Löwen werde bleiben können. Clemens ist wie ein böser Schatten, der stets über mir hängen wird. Und früher oder später werden es alle wissen. Das mit Arnold, meine ich.« Gerhard sah Julius an. »Ich muß fort von hier, Julius.«

»Und dein Atelier?«

»Ja, das ist das Problem.« Gerhard starrte wieder ins Leere. »Geld«, sagte er bitter. »Immer wieder das verfluchte Geld.«

»Ich vermute, daß Heinrich Niclaes einen interessanten Auftrag für dich hat.«

»Niclaes? Ist das nicht der Geldgeber von Drucker Christophe Plantin, den du in Paris kennengelernt hast?«

»Genau der«, antwortete Julius und sah erleichtert, daß Gerhard ein wenig aufzuleben schien. »Ich weiß nicht, worum es sich handelt, Niclaes tut gern ein wenig geheimnisvoll. Aber er ist ein Mann mit wichtigen Beziehungen.«

»Ist er denn hier?«

»In Antwerpen, er möchte dich kennenlernen.«

Gerhard holte tief Luft und atmete mit geblähten Wangen aus. »Nicht gerade ein glücklicher Moment dafür.«

»Doch, gerade jetzt. Dann kannst du an andere Dinge denken, anstatt dich in deinem Weh zu wälzen wie ein Schwein im Schlamm. Übrigens, ich habe vorhin deine Tochter gesehen, Emerentia.«

Gerhards Gesichtsausdruck veränderte sich. »Sie sieht mir wenigstens ähnlich.«

»Ja, das ist ihre einzige Unvollkommenheit.« Julius grinste und klopfte Gerhard auf die Schulter. »Komm, Junge, an die Arbeit. Es bringt nichts, wenn du dich so grämst.«

Mit sichtlichem Widerstreben raffte Gerhard sich auf. Er schwankte ein wenig. »Mein Hintern ist eiskalt geworden.«

»Laß die Kälte nur ja nicht in dein Herz ein«, erwiderte Julius ernst.

»Gerhard ist nicht da«, bekam Frisius unwirsch zu hören, als er, ohne anzuklopfen, bei Barbara in der Küche auftauchte. »Und ich weiß auch nicht, wann er dasein *wird*.«

Frisius schloß die Tür hinter sich. »Du hast doch gewiß etwas zu trinken für mich, oder?«

»Nimm dir selbst was, ich habe keine Zeit.«

»Du arbeitest zu hart«, sagte Frisius, während er den Bierkrug vom Wandbrett und einen Becher vom Haken darunter nahm. Er machte es sich am Tisch bequem. »Du solltest dir hin und wieder ein wenig Spaß gönnen. Ich weiß, wovon ich rede, ich bin schließlich angehender Chirurg.« Während er sich seinen Becher so vollgoß, daß er überlief, schielte er Barbara, die gebückt am Feuer beschäftigt war, auf die Hüften. »Stimmt es, was ich gehört habe, daß Arnold nicht Gerhards Kind ist?«

»Das geht dich nichts an«, entgegnete Barbara, ohne sich umzudrehen.

Frisius grinste amüsiert. »Und Emerentia, besteht bei ihr Gewißheit?«

Jetzt drehte Barbara sich doch um. Sie stemmte die Hände in die Seite und blickte mit böse gerunzelter Stirn auf Frisius hinab. »Worauf willst du eigentlich hinaus?«

»Man sagt auch, du seist unkompliziert!«

Das Stirnrunzeln verstärkte sich noch. »Unkompliziert? Was willst du damit sagen?«

Frisius trank einen Schluck von seinem Bier und antwortete in vielsagendem Ton: »Mit Männern und so.«

»Mit Männern? Und so?«

»Das posaunt jedenfalls dein früherer Liebster herum.«

»Ich glaube, mein früherer Liebster läuft eines Tages noch in einen Dolch. Und die, die auf sein Geschwätz hören, gleich mit ihm!«

Frisius grinste erneut. »Wütende Frauen fand ich schon immer höchst aufregend.«

Barbara sah ihn sprachlos an. »Was gibt denn das jetzt?« Sie schüttelte ungläubig den Kopf. »Und du willst Gerhards Freund sein? Na warte, wenn er das hört!«

»Ich glaube nicht, daß du es ihm erzählen wirst.«

»Ach nein? Und was sollte mich daran hindern?«

»Ich bin nicht blind, Barbara. Mir ist nicht entgangen, wie du mich manchmal ansiehst.«

»Wie ich dich ansehe? Kann ich denn so gut verbergen, daß ich mich beim Anblick deines bartlosen Kindergesichts jedesmal fast totlachen muß?«

Frisius, der gerade hatte trinken wollen, knallte seinen Becher erzürnt auf den Tisch. »Ich lasse mich nicht beleidigen von einer ... einer ...«

»Aber *ich* soll mich wohl von so einem geilen Schürzenjäger beleidigen lassen, der eine schwangere Frau zu Hause hat, für die er kaum den Lebensunterhalt verdienen kann?«

Frisius kniff die Augen zu kleinen Schlitzen zusammen. »Was hat dir Gerhard alles über mich erzählt?«

»Nicht viel, so interessant bist du nicht. Und Gerhard ist taub, stumm und blind für die Sünden seiner sogenannten Freunde. Wenn sein Respekt vor dir in letzter Zeit auch spürbar nachgelassen hat. So ist das nun mal, wenn der Schüler klüger wird als der Lehrer.«

»Der Schüler klüger als ... Was faselst du denn da, Frau?« Frisius erhob sich und schob seinen Hocker dabei so brüsk nach hinten, daß er umfiel. »Die Niederkunft scheint dir nicht gut bekommen zu sein.«

»Eine Niederkunft bekommt niemandem gut, vor allem lernt man dadurch Männer so zu sehen, wie sie wirklich sind.«

»Du verspritzt wahrlich Gift.« Frisius ging um den Tisch herum, bis er vor Barbara stand. »Und trotzdem glaube ich immer noch, daß du Komödie spielst.« Er legte einen Arm um ihre Taille und kniff ihr mit der anderen Hand schmerzhaft in die linke Brust. Das Gesicht nah an ihrem, sagte er: »Sei nicht dumm, einem einflußreichen Mann wie mir solltest du dich nicht widersetzen.«

Barbara wandte den Kopf vor seinem strengen Schweißgeruch ab und faßte nach dem Stock, mit dem sie das nasse Linnen hantierte. »Wenn du jetzt nicht machst, daß du …«

Die Küchentür wurde aufgerissen. Barbara erstarrte, als sie über Frisius' Schulter hinweg Gerhard dastehen sah und hinter ihm Julius, der mit hereinschaute. Gerhard starrte einige Sekunden lang ausdruckslos auf die Szene am Feuer. Dann drehte er sich langsam um und ging davon.

Julius zögerte kurz, den Blick vorwurfsvoll auf Barbara gerichtet, schloß dann aber sorgsam die Küchentür und folgte Gerhard hinaus.

Barbara kam wieder zu sich, riß den schweren Stock aus dem Linnenkessel und drosch mit einem wütenden Aufschrei auf Frisius ein. Der gab einen Schmerzens- und Empörungslaut von sich, ließ sie los und wich, die Arme schützend vor dem Gesicht, vor ihr zurück. Barbara folgte ihm bis ins Atelier und drosch wie eine Wilde auf ihn ein, bis Frisius notgedrungen auf die Straße hinausflüchtete.

Sie schlug die Tür so heftig hinter ihm zu, daß das ganze Haus erzitterte. Den Stock immer noch in der Hand, sank sie auf einen Stuhl nieder. Sie schloß die Augen und holte bebend Luft. Und da brach sie zu ihrer eigenen Bestürzung in hysterisches Gelächter aus.

14

Darf ich mich vorstellen: Heinrich Niclaes, Kaufmann.« Gerhard nickte. »Julius hat mich über Euch informiert.«

»Und dies ist Willem van den Berg, Buchhändler und Verleger in Antwerpen.« Niclaes machte eine Gebärde zu dem frettchenartigen kleinen Mann in unförmigen schwarzen Kleidern, der ihn begleitete. Van den Berg ließ die ganze Zeit über seine kohlschwarzen Äuglein wachsam durchs Atelier wandern, als komme ihm die Sache nicht koscher vor. »Bartholomeus de Grave und Pieter de Keyzere wären auch gerne dabeigewesen, doch sie sind beide so sehr ausgelastet, daß es ihnen nicht möglich war.«

Verwundert fragte Gerhard: »Bartholomeus de Grave, der Verleger hier aus Löwen?«

»Ebender.« Niclaes deutete auf einen Stuhl. »Hättet Ihr etwas dagegen, wenn ich mich setze, Meister Mercator? Das Reisen ist eine ermüdende Angelegenheit.«

»Natürlich nicht, verzeiht meine Unaufmerksamkeit.« Gerhard zog noch einen zweiten Stuhl für van den Berg heran. »Womit kann ich den Herren dienen?«

Niclaes heftete den Blick auf die kleine Weltkarte, die an der hinteren Wand des Ateliers prangte. »Welch eigenwillige Wiedergabe der Welt.«

»Diese Herzform ist nicht meine Erfindung, die habe ich von dem französischen Mathematiker Finé, der damit die Quadratur des Kreises gefunden zu haben behauptet. Ich habe freilich einiges verbessert und ergänzt. Amerika, Sarmatia und Indien sind entsprechend den neuesten geographischen Daten wiedergegeben. Und der Nordteil Asiens ist, wie Ihr sehen könnt, nach Osten hin nicht mehr mit den Polarregionen verbunden. Auch den Lauf der Flüsse in Asien habe ich demgemäß angepaßt.« Gerhard hatte die Karte mehr oder weniger von dem Erdglobus übernommen, den er zuvor mit Gemma Frisius zusammen angefertigt hatte, doch ihm war nicht danach, das zu erzählen.

»Ist diese Karte schon gedruckt und käuflich?«

Gerhard nickte. »Ich gebe Euch gerne ein Exemplar mit, wenn Ihr Interesse daran habt.«

»Christophe hat ganz gewiß Interesse daran.«

»Um die Druckqualität zu vergleichen, wahrscheinlich.«

Niclaes ging nicht darauf ein. Er sah Gerhard an und fragte: »Würdet Ihr den Auftrag annehmen, eine Karte von Flandern zu zeichnen?«

Gerhard blickte verwundert. »Von Flandern? Das kommt darauf an.«

»Darauf, was für Euch herausspringt?«

»Ich kann es mir nicht erlauben, unentgeltlich zu arbeiten.«

»Wir können Eure Arbeit im Rahmen des Vernünftigen entgelten.«

»Wir?«

»Herr van den Berg und ich vertreten eine Reihe flämischer Händler.«

»Verzeiht, daß ich das ein wenig seltsam finde, aber... Ihr wohnt doch in Paris?«

Niclaes nickte leutselig. »Ich habe viele Handelsbeziehungen in Flandern, insbesondere in Gent und Antwerpen.«

»Und wozu soll diese Karte dienen, wenn ich fragen darf?«

»Sie soll ein Geschenk für Kaiser Karl sein.«

»Ach?«

»Er wird bald in Gent erwartet, und allem Anschein nach dürfte das kein vergnüglicher Besuch werden. Der Kaiser ist aus verschiedenerlei Gründen ziemlich in Harnisch, unter anderem, weil Gent nicht genug zur Finanzierung seiner Kriege beitragen will. Hinzu kommt noch der ganze Aufruhr in der Stadt, der jetzt auch schon auf kleinere Städte überzugreifen beginnt. Das könnte Sanktionen nach sich ziehen, unter denen der Handel am meisten zu leiden hat, und das können wir nicht gebrauchen. Also wollen wir den Kaiser ein wenig milder stimmen, indem wir ihm einige besondere Geschenke machen. Unter anderem eine Karte von Flandern.«

Jetzt machte Willem van den Berg zum erstenmal den Mund auf. »Aber keine gewöhnliche Karte«, sagte er. »Sie muß geeignet sein, Seine kaiserliche Hoheit einzulullen.« Er grinste unangenehm und zeigte dabei zwei Reihen spitzer kleiner Zähne. »Also dürfen nicht die autonomen Distrikte hervortreten, wie auf der Karte von Pieter van der Beke, sondern die Betonung muß auf der Einheit des Gebietes liegen, das dem Kaiser in seiner Eigenschaft als Graf von Flandern untersteht.«

»Ich glaube, ich verstehe schon«, sagte Gerhard. Er zog

eine Grimasse. »Und überdies hat sich Pieter van der Beke mit seiner Haltung beim Genter Aufstand gewaltig die Finger verbrannt, wenn ich richtig informiert bin.«

»Ihr seid gut informiert«, erwiderte van den Berg säuerlich. »Darüber hinaus möchten wir, daß die Namen Eurer vier Auftraggeber auf der Karte aufgeführt werden.«

»Täusche ich mich, oder ist höchste Eile geboten?«

»Der Kaiser ist bereits aus Madrid abgereist«, antwortete Niclaes. »Er reist durch Frankreich und wird im März in Gent erwartet.«

»Das ist allerdings sehr bald. Ich werde keine Zeit haben, eigene Vermessungen im Gelände anzustellen, und ich verfüge auch nicht über die nötigen Mittel, um Assistenten...«

»Dessen sind wir uns bewußt«, unterbrach ihn Niclaes. »Nennt uns Euren Preis.«

»Es ist nicht nur eine Frage des Preises. Seht Ihr, für mich ist jede Karte ein Kunstwerk, bei dem...«

»Nennt uns Euren Preis«, wiederholte Niclaes ungerührt.

Gerhard seufzte ergeben. »Den muß ich erst errechnen.«

Niclaes nickte und erhob sich. »Ihr habt bis morgen Zeit, sonst müssen wir uns anderswohin wenden.«

»Bei allem Respekt, Ihr werdet schwerlich einen anderen Kartographen finden, der so kurzfristig...«

»Für Geld ist alles zu haben, Meister Mercator. Oder zumindest fast alles. Vielen Dank für den Wein, und einen guten Tag.«

Gerhard kratzte sich noch ein wenig verdutzt am Kopf, als er die Tür zur Küche hinter sich aufgehen hörte. »Das schienen mir Herren von Stand zu sein«, sagte Barbara. Sie hatte oben aus dem Schlafzimmerfenster geschaut. »Was wollten sie?«

»Händler, einflußreiche. Sie wollen eine Karte bestellen.« Ihm fiel erst jetzt ein, daß er ihnen gar keinen Wein angeboten hatte. Und Niclaes hatte offenbar das Seine darüber gedacht. Er taugte weiß Gott nicht zum Gastgeber. »Falls ich den Auftrag annehme, können wir wieder einen Teil unserer Schulden abbezahlen.«

»Falls?«

»Ich werde verflucht schnell arbeiten müssen.« Gerhard zupfte sich nachdenklich am krausen Bart. »Vielleicht kann ich einen Stich von der Karte Jacob van Deventers machen, die existiert bisher lediglich als Handschrift. Damit hätte ich eine Menge Zeit gespart. Aber auch dann noch…«

»Das ist nur gut, da hast du keine Zeit für trübe Gedanken.«

»Barbara…« Gerhard drehte sich um und sah seine Frau an. »Ich habe vor, Gemma das Betreten unseres Hauses zu untersagen.«

Barbara sah ihn einen Moment forschend an. »Du glaubst mir also, daß er mich gegen meinen Willen belästigt hat?«

Gerhard wandte den Blick ab und nickte langsam vor sich hin. Er *mußte* das wohl glauben. Zweifel waren das Allerschlimmste, die machten einen allmählich verrückt. Aber Barbara hatte ebenfalls allen Grund, sich Sorgen zu machen. Wenn er ihr Ehebruch vorwarf, konnte er die Ehe ohne weiteres annullieren lassen oder für noch schwerwiegendere Konsequenzen sorgen.

Bitter sagte er: »An allem ist nur Clemens de Vilder schuld, er hat deinen Ruf besudelt und mich zum Gespött gemacht.«

Barbara schüttelte den Kopf. »Dummköpfe, die solches Gerede glauben, Gerhard. Das sind die eigentlichen Übeltäter.«

»Gib zu, daß es schon sehr schwer ist, ihm nicht zu glauben. Sogar deine eigene Mutter …«

Barbara schnitt ihm gereizt das Wort ab: »Meine eigene Mutter hat sehr viel Phantasie, und sie liebt Klatsch und Intrigen. Außerdem ist sie selbst nicht gerade frei von Sünden. Ich glaube, daß sie es einfach tröstlich fände, wenn ihre Tochter auch einmal über die Stränge geschlagen hätte.«

»Welch abartige Argumentation!«

Barbara legte eine Hand auf seinen Arm. »Die Wahrheit ist oft abartig, Gerhard.«

Gerhard starrte einige Atemzüge lang auf ihre Hand, bevor er unsicher die seine darauf legte. Barbaras Finger fühlten sich überraschend warm an, dabei hatte er irgendwie erwartet, daß sie eiskalt sein würden. »Barbara … ich fühle mich in letzter Zeit nicht mehr so wohl in Löwen. Ich glaube nicht, daß ich den Rest meines Lebens hier verbringen möchte.«

»Hat das auch etwas mit dem Theater um Clemens zu tun?«

»Es ist nicht nur das …« Gerhard überlegte, die Hand immer noch auf der Barbaras. »Es ist noch ein ganz vages Gefühl, aber ich habe so eine Unruhe in mir, als ob … als ob mich finstere Mächte bedrohten.«

»Machst du vielleicht gerade etwas, was besser nicht ans Tageslicht kommen sollte?« Barbara zog ihre Hand zurück. »Hat es vielleicht etwas mit der Geheimniskrämerei zwischen dir und deinem Freund Julius zu tun? Was treibt ihr eigentlich?«

Gerhard schloß instinktiv die Küchentür hinter sich, so daß man sie von der Straße her nicht mehr sehen konnte. »Julius beschafft mir lediglich geographische Informationen, wie so viele andere.«

»Warum tut ihr dann manchmal so geheimnisvoll?«

»Tun wir das denn? Dessen war ich mir nicht bewußt.«

»Ach nein? Du schickst mich ja sogar weg, wenn ihr etwas zu besprechen habt.«

»Julius...« Gerhard zögerte mit leichtem Unbehagen, da er Julius versprochen hatte, niemandem, aber auch wirklich niemandem von dessen Spionageaktivitäten zu erzählen, nicht einmal seiner eigenen Frau. »Vor allem nicht deiner eigenen Frau«, hatte Julius betont.

Da kam ihm die Eingebung. »Julius ist Junggeselle, und du lenkst seine Aufmerksamkeit ab.«

Gerhards Worte erreichten ihren Zweck, Barbaras Gesichtsausdruck veränderte sich. »Wirklich?«

Gerhard nickte, obgleich er seinen Freund noch nie etwas in dieser Hinsicht hatte bemerken hören. Überhaupt hatte er von jeher gefunden, daß Julius' Interesse an Frauen auffallend schwach ausgeprägt war. Dennoch beschloß er, noch etwas dicker aufzutragen. »Du solltest deinen Charme nicht unterschätzen, Madame.«

»Nun, dann sei euch verziehen.« Barbara lächelte, und für einen Moment ähnelte sie wieder jenem schelmischen jungen Mädchen von ihrer ersten Begegnung irgendwo auf einer staubigen Straße zwischen Löwen und Mecheln, das Gerhard nur allzu lebhaft in Erinnerung hatte.

»Barbara...« Gerhard zögerte, weil er fürchtete, diesen Moment womöglich zu verderben. »Es ist schon wieder geraume Zeit her, seit wir… äh… Ich meine, durch deine Schwangerschaft und die Niederkunft und…«

»Und deine Griesgrämigkeit in den vergangenen Wochen, nicht?«

Auch die alte Spottlust blitzt wieder auf, stellte Gerhard fest, als er das Schmunzeln sah, das ihre Mundwinkel umspielte. Und auf der Stelle waren Clemens de Vilder und Gemma Frisius und wer weiß nicht noch alles für ihn vergessen. Er zog Barbara an sich und schlang die Arme um sie. Das Gesicht an ihren warmen Hals gepreßt, sagte er halb erstickt: »Ich möchte nicht länger warten.«

Die Karte von Flandern wurde rechtzeitig fertig. Sie war gut vier Fuß breit und enthielt mehr als tausend Orte, die alle mit dem gleichen kleinen Kirchturm gekennzeichnet waren. Gerhard hatte die Karte nach Norden ausgerichtet, mit der Nordsee in der linken Ecke. Im oberen und unteren Rand der Karte hatte er vierunddreißig Medaillons mit den Namen aller Grafen und Fürsten von Flandern angebracht, von den legendären Forestiers bis zu Karl V. An den seitlichen Rändern hatte er die Wappen und Flaggen der Städte eingezeichnet. Jede der vier Ecken der Karte zierte ein aufgerichteter Bär, als Versinnbildlichung der ältesten Adelsgeschlechter Flanderns. Und links in der Mitte, in der Nordsee, prangten in einem Rund die Namen der Kaufleute, die Gerhard den Auftrag erteilt hatten.

Gerhard hoffte, daß die Karte als würdiges Geschenk für den Kaiser Anklang finden würde. Denn er selbst war nicht ganz zufrieden. Der Einzug in Gent war sogar noch früher erfolgt, und so hatte Gerhard die Zeit gefehlt, den Stich zu kolorieren. Auch eine schon eingezeichnete Kartusche hatte er jungfräulich unbeschrieben lassen müssen, anstatt sie mit den notwendigen Angaben seiner Quellen und Erläuterungen seiner Verbesserungen der Vorlage von Jacob van Deventer auszufüllen.

Die Vergütung war auf jeden Fall fürstlich, wenn Gerhard auch nie erfuhr, ob der Kaiser seine Karte überhaupt bekommen hatte. Falls ja, dann hatte sie die beabsichtigte Wirkung wohl verfehlt. Denn kaum einen Monat nach seinem Einzug in Gent wurde die Stadt auf Erlaß des Kaisers empfindlich gestraft. Was die Aufsässigkeit der Genter freilich nur noch weiter anfachte. Sie waren mächtig stolz darauf, daß ihre Stadt nach Paris und Antwerpen die drittgrößte nördlich der Alpen war, und sie kämpften schon seit hundert Jahren darum, sich ihre Privilegien zu bewahren. Und das würden sie auch weiterhin tun, selbst wenn Kaiser Karl sein gesamtes Heer gegen sie aufbot.

»Überall rumort es«, sagte Barbara. Sie hievte mit einiger Anstrengung ihren Leinenbeutel mit Einkäufen auf den Küchentisch und ließ sich ermattet auf einen Stuhl nieder. »Überall wird gemordet und gekämpft, heißt es. Wenn der Tumult mal nicht bis nach Löwen vordringt.«

Gerhard zuckte die Achseln. »Löwen ist eine Stadt von Denkern und nicht von Raufbolden.« Er sann zur Zeit wieder über die Idee nach, die ihn seit jener Vorlesung von Monachus nicht mehr losgelassen hatte, und da interessierte ihn die politische Situation in Flandern nicht sonderlich. Politik hatte für ihn im übrigen nie einen hohen Stellenwert gehabt. Ändern konnte er ohnehin nichts, und so sollte es ihm recht sein, solange er in Ruhe seiner Arbeit nachgehen konnte.

»Hoffentlich wissen das auch die Spanier«, entgegnete Barbara. Sie rieb sich mit beiden Händen über den Bauch. »Was für eine Welt, um Kinder hineinzusetzen...« Sie fixierte Gerhard von der Seite, bis sie sah, daß sie endlich seine Aufmerksamkeit hatte. »Ja, ja, es ist wieder soweit.«

Gerhards Blick wanderte zu ihren Händen. »Nein!« entfuhr es ihm in einer Mischung aus Unglauben und Freude.

»Du bist so fruchtbar wie ein Lachs, vielleicht sollte man dich lieber in die Rupel werfen.«

Gerhard hatte sich erhoben, um seine Frau zu umarmen, doch ihr Ton ließ ihn zögern. »Du freust dich nicht darüber?«

»Das dritte Mal in drei Jahren, ist das ein Grund zur Freude?«

»Für viele, glaube ich, schon.«

»Nicht für mich, die Lasten werden nur noch größer, ganz zu schweigen von den Kosten. Noch ein Bauch mehr, der gefüllt werden muß, und das Leben ist schon so teuer.« Barbara schüttelte den Kopf. »Ich hatte mir das alles anders vorgestellt.«

»Wie denn?«

»Schöner, vergnüglicher, angenehmer, leichter, bereichernder...«

Gerhard setzte sich wieder. Mißmutig sagte er: »Dann hättest du einen Edelmann heiraten müssen.«

»Ich konnte auf die Schnelle keinen finden.«

Das letztere schien Gerhard nicht gehört zu haben. »Und es gibt viele Menschen, die mit sehr viel weniger auskommen müssen als wir.«

»Die interessieren mich nicht.«

Gerhard schüttelte den Kopf. »Vielleicht kommen wir eines Tages noch zu Wohlstand, wer weiß, aber so, wie du darüber denkst, werde ich wenig Freude daran haben.«

Barbara stand auf. »Es genügt, wenn's mir gefällt.« Sie entfernte sich aus der Küche und ließ den Beutel mit den Einkäufen unausgepackt auf dem Tisch liegen.

Es hat mit der Schwangerschaft zu tun, dachte Gerhard mutlos. Die wirkte sich nachteilig auf ihren Charakter aus. Barbara war ganz anders, wenn sie kein Kind erwartete. Das Problem war freilich, daß sie praktisch in einem fort schwanger gewesen war, seit sie geheiratet hatten.

»Ich kann dir da keinen Rat geben, dazu bin ich nicht die geeignete Person«, sagte Julius, als Gerhard ihn wenig später auf das Problem ansprach. Seine Miene drückte Unbehagen aus, als irritiere ihn das Thema und bedaure er schon, bei Gerhard hereingeschaut zu haben. »Ich würde sagen: Wenn du nicht willst, daß deine Frau schwanger wird, dann laß sie in Ruhe.«

»Ja, ja, und wer sich nicht verbrennen will, sollte das Feuer meiden und lieber frieren. Ich hatte gehofft, daß ein weitgereister Mann wie du, der schon so viele fremde Völker gesehen hat, vielleicht etwas mehr über diese Dinge wüßte.«

»Das ist nichts, worüber man im allgemeinen so freiheraus spricht, Gerhard. Wenn es freilich auch immer Ausnahmen gibt.«

»Ja?« hakte Gerhard ungeduldig nach, als der andere nicht fortfuhr.

»Hast du Genever im Haus? Ich könnte was Hochprozentiges gebrauchen.«

Gerhard verdrehte die Augen, ging aber in die Küche, um den Krug zu holen.

Als sich Julius einen kräftigen Schluck zu Gemüte geführt hatte, begann er, starr vor sich hin blickend: »Ich bin einigen heidnischen Völkern begegnet, bei denen die Kopulation eher eine Art Volksbelustigung denn eine diskrete Angelegenheit zwischen Eheleuten war. Bei ihnen war das Leben unbeschwert, sie hatten keine Feinde, gegen die sie kämpfen mußten, und so hatten sie denn auch nicht viel anderes zu tun. Bewohner von Inseln in subtropischen Gewässern ...« – sein Gesicht nahm einen leicht träumerischen Ausdruck an – »paradiesische Orte waren das. Nur leider dachten die Missionare, die wir an Bord hatten, anders darüber. Sie blieben vor Ort, um diesem Spaß ein für allemal ein Ende zu machen. Der Mensch ist nun mal nicht zum Vergnügen da.«

»Natürlich nicht«, sagte Gerhard in dem gleichen ironischen Ton.

»Man hätte erwartet, daß solche Inseln furchtbar überbevölkert wären, zumal sie auch keine dieser scheußlichen ansteckenden Krankheiten zu kennen schienen, wie wir sie hier haben. Aber dem war keineswegs so. Natürlich wollten wir wissen, wie das kam.« Julius nahm erneut einen Schluck Genever und mußte husten. »Der ist aber stark.«

»Und? Wie kam das?«

»Wir dachten, sie hätten vielleicht irgendeinen unchristlichen Zaubertrank, der die Fruchtbarkeit herabsetzte oder etwas in der Art. Aber nein ...«

»Julius, bitte!« empörte sich Gerhard, als der andere erneut eine Pause einlegte.

Julius' Blick wanderte durch das Atelierfenster auf die schmale, verlassene Straße hinaus, die genau zur Hälfte in eine Sonnen- und eine Schattenseite geteilt war. »Wenn sie keine Kinder wollten, benutzten die Männer die… äh… die andere Öffnung ihrer Frauen.«

»Was?«

Julius nickte. »Sodomie nennt es die Kirche. Die Mönche an Bord waren außer sich, als sie das hörten. Obgleich manch einer von ihnen ja nicht davor zurückschrecken soll, junge Knaben auf diese Weise zu schänden. Wenn er nicht klammheimlich zu den Huren geht.«

»Mein Gott!« murmelte Gerhard. »Wenn ich Barbara so etwas vorschlagen würde…« Er schüttelte den Kopf. »Ich darf gar nicht daran denken. Eh man sich's versieht, landet man im Kerker oder noch ärger.«

»Offenbar hatten diese Inselbewohner Götter, die keinen Anstoß daran nahmen.« Julius nahm noch einen Schluck Genever. »Ich habe auch gehört, daß bei manchen Indianerstämmen die Männer ein Stück frische Schweinsblase über ihr Geschlechtsteil spannen, wenn sie Verkehr mit ihrer Frau haben. So kommt es nicht zur Befruchtung, wenn sie nicht wollen.«

»Ein Stück frische Schweinsblase? Willst du mich jetzt zum Narren halten?«

»Ich sage nur, was ich gehört habe, und ich hatte nicht das Bedürfnis, diese Behauptung zu überprüfen.« Julius grinste. »Ohnehin wird auch das gewiß in irgendeiner Weise sündig sein.« Er blickte in Richtung Küchentür. »Wo ist Barbara?«

»Mit den Kindern zu ihrer Mutter. Zwar liegen sich Barbara und Johanna dauernd in den Haaren, aber ohne einander auskommen können sie anscheinend nicht. Frauen sind schwer zu ergründen.«

»Männer auch«, sagte Julius ernst.

Sie schwiegen eine Weile, als müßten sie diese Feststellung erst verarbeiten. Dann fragte Gerhard in ganz anderem Ton: »Wann siehst du deinen schottischen Kontaktmann wieder?«

»Sobald ich Geld habe, um neue Informationen bezahlen zu können.« Julius sah Gerhard abwartend an.

Gerhard nickte. »Das ist jetzt nur noch eine Frage von Tagen. Frans van Craneveld hat eine Empfehlung ausgesprochen, und im Umfeld des Kaisers ist das Interesse an den Karten groß.« Offenbar erheblich größer als an meiner Karte von Flandern, dachte er ein wenig bitter. Aber das sagte er nicht laut. »Möglicherweise kann ich sogar mehr herausschlagen, als ich erwartet hatte. Wir werden uns beide erheblich verbessern.«

»So war das auch gedacht. Ich riskiere schließlich nicht umsonst Kopf und Kragen.«

»Es ist auch für mich nicht ganz ohne Risiko, Julius«, wandte Gerhard leise ein.

»Nein, das wird wohl so sein. Wir dürfen die englischen Spione vor allem nicht unterschätzen.« Wie es Besucher des Ateliers häufig taten, starrte Julius auf die doppelherzförmige Weltkarte an der gegenüberliegenden Wand. »Ich habe mir überlegt... Wenn ich nun der englischen Admiralität die gleichen Dienste erweisen würde?«

Gerhard sah den anderen erschrocken an. »Heißt das, du willst zum Doppelspion werden?«

»Warum nicht? Oder würde es dir etwas ausmachen,

wenn sich die englische und die spanische Flotte gegenseitig den Garaus machten?«

»Aber Julius!«

»Nein, wirklich, wen kümmert's? Uns können sie doch alle beide gestohlen bleiben, wie allen anderen auch. Also?«

»Entschuldige, Julius, aber mir scheint, du spielst mit Selbstmordgedanken. Weißt du, was sie mit einem Doppelspion machen, wenn sie ihn schnappen?«

»Nicht viel mehr als mit einem gewöhnlichen Spion, und sterben kann man nur einmal. Dagegen bringt es doppelt soviel ein.«

Gerhard schüttelte unwirsch den Kopf. »Tut mir leid, aber damit möchte ich nichts zu tun haben, so lukrativ es vielleicht auch sein mag.«

Julius schwieg einen Moment und nickte dann. »Natürlich nicht, du hast eine Familie, auf die du Rücksicht nehmen mußt.« Er erhob sich. »Ich strebe nur nach Freiheit und ein wenig Komfort, darüber hinaus habe ich kein Lebensziel. Kein wichtiges Ziel und keine Verantwortung, das macht das Leben erheblich leichter.« Er blickte auf Gerhard hinab, der sitzen geblieben war und ausdruckslos vor sich ins Leere starrte. »Was nicht ausschließt, daß ich Bewunderung für Menschen hege, die sehr wohl wissen, was sie in diesem Leben erreichen wollen.« Vielleicht eher Neid denn Bewunderung, dachte er. In seinem Leben klaffte eine Leere, die langsam, aber sicher größer zu werden schien, und er hatte keine Ahnung, was er daran ändern konnte, ohne sich Gewalt antun zu müssen.

Gerhard erhob sich gleichfalls und folgte dem anderen zur Tür. »Was man im Leben erreichen will... ich glaube nicht, daß ich mir darüber je Gedanken gemacht habe. Nein, nicht wirklich. Ich möchte einfach nur…« Er dachte nach, während Julius, eine Hand schon an der Türklinke, geduldig wartete. »…Es kostet mich immer unendliche Mühe, über mich selbst zu reden«, räumte er schließlich ein. Er klang verärgert, als sei er nicht gerade entzückt über diese Einschränkung.

Julius sagte nicht, daß ihm das schon früher aufgefallen war, sondern nickte nur ergeben und zog die Tür auf. Ein Hauch von Vorfrühlingsluft kam hereingeweht. »Du solltest hin und wieder mal die Tür offenstehen lassen«, sagte er. »Du vertrocknest noch hier drinnen.« Dann ging er davon, den Kopf zwischen den Schultern und den Rücken gekrümmt, so daß er von weitem zwanzig Jahre älter wirkte.

Während Gerhard noch so dastand und seinem Freund gedankenverloren nachschaute, hörte er vom anderen Ende der Straße her Hufgetrappel näher kommen. Er erstarrte, als er Clemens de Vilder erkannte. Seine erste Regung war zu flüchten, doch er blieb stehen, die Augen auf den sich nähernden Reiter geheftet, der im Schrittempo auf der Schattenseite der Straße ritt. Es hatte kurz den Anschein, als würde Clemens an ihm vorüberreiten, ohne ihn eines Blickes zu würdigen. Doch als er auf seiner Höhe war, sah er Gerhard kurz von oben herab an und zwinkerte ihm dann unverhofft zu. Gleich darauf setzte er sein Pferd in Trab, um sich am Ende der Straße in nichts aufzulösen. So schien es Gerhard jedenfalls, denn er hatte dem Reiter so fest nachgestarrt, daß sich dieser in einer Art Nebel zu entfernen schien und nicht einfach um die Ecke verschwand.

Gerhard ging wieder hinein und verriegelte, ohne darüber

nachzudenken, die Tür, obwohl es erst Mittag war. Es war ein unbewußter Versuch, die Welt auszusperren. Doch es funktionierte nicht, die Unruhe in ihm war wieder da. Und stärker als je zuvor.

15

Blackburn nahm den mit einem Ledersenkel verschnürten Geldbeutel von Julius entgegen und ließ ihn mit einer jähen Bewegung in seinem Wams verschwinden.

»Willst du nicht nachzählen?« fragte Julius.

Blackburn zog eine Grimasse. »Bei einem, der so ehrlich aussieht?« Er schob Julius die in schmutzigen Kanevas verpackte Rolle zu, die neben ihm auf dem Tisch gelegen hatte. »Die Küsten am Solent, und als Sahnehäubchen...« – er senkte die Stimme – »...der Marinehafen von Southampton.«

Julius bedachte die schmuddlige Rolle mit einem geradezu ehrfürchtigen Blick. »Southampton?«

Blackburn schaute rasch zu einem großen Tisch hinüber, an dem einige Fischer ihr Bier tranken. »Ich wette, daß diese Skizzen mehr wert sein werden als das, was du mir jetzt bezahlst.«

»Das gleichen wir dann beim nächsten Mal ab«, entgegnete Julius. Es wäre ihm gar nicht eingefallen, Blackburns Habgier zu zügeln. »Je mehr ich herausschlagen kann, desto größer wird auch dein Anteil.«

Blackburn nickte. »Manchmal fällt einem die Information wie von selbst zu, manchmal ist es ungeheuer schwer, an sie heranzukommen.« Er nahm einen Schluck von seinem Bier und ließ den Blick sinnierend auf der Rolle ruhen. »Ich würde gerne einmal so eine fertig ausgearbeitete Karte sehen.«

»Sie sind viel schöner, als sie es für ihren Zweck sein müßten. Gerhard Mercator ist ein ausgezeichneter Kartograph, und Plantin ist meines Wissens einer der sorgfältigsten Drucker in ganz Europa.«

»Aber seinetwegen muß man schon nach Paris.«

»Vorläufig noch, ja, doch das macht es etwaigen Topfguckern auch zugleich viel schwerer, den Gang der Dinge nachzuverfolgen.«

Julius' Blick wanderte nicht zum erstenmal zu dem schwarzen Fenster des Gasthauses. Er wünschte, er könnte hinaussehen. Die Nacht schien jeden Raum, in dem Licht brannte, gleichsam in eine Gefängniszelle zu verwandeln. Die Dunkelheit draußen isolierte einen vom Rest der Welt, der sehr wohl hereinschauen konnte. Seltsam, daß das Licht einem die Illusion von Sicherheit und Geborgenheit gibt, dachte er. Wo es doch in Wirklichkeit genau andersherum war.

»Dymchurch war nicht unbedingt der geeignetste Ort für unser Treffen«, sagte er. »Ich bin kaum einen Steinwurf von einem Armeeposten entfernt an Land gekommen.«

Blackburn warf seinerseits einen Blick zum Fenster. »Kein einziger Ort an der englischen Küste ist sicher, Julius. Wer es nicht wagt, sein Leben aufs Spiel zu setzen, sollte sich einen anderen Broterwerb suchen.«

Julius nickte in sich versunken. »Ich habe mir Gedanken gemacht...« Er zögerte, nicht sicher, wie der andere auf das, was er sagen wollte, reagieren würde.

»Tu das nur ja nicht zu sehr«, entgegnete Blackburn mit gespieltem Ernst. »Dir Gedanken machen, meine ich.«

»Vielleicht wäre es sicherer, wenn ich auch für die Engländer arbeiten würde.«

Blackburns Grinsen verflog. Er sah Julius so durchdringend an, daß dieser die Augen niederschlug. »Ich habe dich wohl falsch verstanden, das muß an deinem komischen Akzent liegen.«

»In gewisser Hinsicht hat es ein Doppelspion leichter. Ich dachte...«

Blackburn hob warnend die Hand. »Ich will das nicht hören!«

Julius hielt inne. Ihm war unwohl bei der Sache. Vielleicht hätte ich in der Tat besser den Mund gehalten, dachte er. Aber er brauchte Kontakte, und irgendwo mußte er einen Anfang machen. »Ich dachte, daß du mir vielleicht dabei helfen könntest...«

Diesmal fuhr die erhobene Hand mit lautem Knall auf den Tisch nieder. »Kein Wort mehr darüber!«

»Entschuldige«, sagte Julius, über die heftige Reaktion Blackburns erschrocken. Die Gespräche in der Wirtsstube waren verstummt, und jedermann starrte neugierig zu ihnen herüber, der Wirt und seine Frau inbegriffen.

»Für die Engländer spionieren!« zischte Blackburn verächtlich. Er bedeutete dem Wirt mit erhobenem Becher, daß er nachschenken solle, und sagte in gänzlich anderem Ton: »Mein junger Freund hier und ich wollen offenbar dieselbe Frau. Wer den anderen unter den Tisch trinken kann, darf sie haben.«

Rundum wurde gelacht, und man nahm die Gespräche

wieder auf, während der Wirt einen frischen Krug Bier brachte. »Möge der Beste gewinnen«, sagte er ernst. Er kehrte an seinen Schanktisch zurück und flüsterte seiner Frau etwas ins Ohr. Die nickte, rückte ihre weiße Haube zurecht und entfernte sich durch eine Tür hinter dem Schanktisch.

Schweigend füllte Blackburn Julius' und seinen Becher.

»Du wirst wohl recht haben«, sagte Julius ergeben. »Vielleicht bin ich zu vermessen.« Er nippte an dem lauen Bier. Einen Moment lang dachte er voller Heimweh an ein Gasthaus in Löwen, wo das Bier mit Eis frisch gehalten wurde, das im Winter in ein Erdloch eingegraben wurde und erst im Laufe des Sommers schmolz.

Blackburn warf einen Blick zu der Tür, durch welche die Wirtin verschwunden war. »Vielleicht solltest du lieber gehen. Du hast dein Boot doch hoffentlich nicht wieder trockenfallen lassen?«

Julius nickte. »Du hast recht, ich fühle mich hier nicht wohl in meiner Haut.«

Als Julius kurz darauf Dymchurch hinter sich ließ, um der Küste ein Stück in Richtung Süden zu folgen, spürte er, wie ihm die Kälte der Vorfrühlingsnacht durch die Kleider drang. Aus Nordost ging eine Brise, die die eisige Nässe der See mit sich führte. Es war zwar durchaus machbar, über den Kanal zu segeln, aber eine angenehme Rückreise würde es nicht werden. Julius hatte auf eine mildere Nacht gehofft.

Eine schmale Mondsichel tauchte hinter einer scharf konturierten schwarzen Wolke auf. Das wenige kalte Licht genügte, um den Kieselpfad sichtbar zu machen, der sich an den Klippen entlangschlängelte. Links von Julius, gut hundert Fuß tiefer, rauschte die schäumende Brandung an den mit Steinen übersäten schmalen Strand. Er wischte sich die tropfende Nase am Ärmel ab und beschleunigte seine Schritte, damit ihm warm blieb.

Das halte ich nicht lange durch, wurde ihm bewußt. Mochte sich so auch gutes Geld verdienen lassen, die Gefahr und die Unbequemlichkeiten waren ihm zu groß. Vielleicht war er ja gar nicht so abenteuerlich veranlagt, wie er immer gedacht hatte. Oder vielleicht war ihm die heftige Reaktion des Schotten auf den Magen geschlagen.

Er könnte ins Geschäftsleben überwechseln. Eine Bierbrauerei aufmachen schien ihm keine schlechte Idee. Wenn er sparsam mit dem Geld umginge, das ihm seine Spionagearbeit einbrachte, konnte er ein kleines Kapital zusammenbringen, mit dem …

Julius blieb abrupt stehen. Er war sich sicher, daß er etwas gehört hatte, ein unnatürliches Geräusch, so etwas wie Waffenklirren, das der Wind in seinem Rücken zu ihm hergetragen hatte. Im nächsten Moment lag er bäuchlings im Gras und in dem stechend riechenden winterharten Unkraut des Wegrandes. Er war mit dem Knie schmerzhaft auf einem scharfkantigen Stein aufgeschlagen und fluchte innerlich. Doch dann war da wieder dieses klirrende Geräusch, unverkennbar jetzt. Und zugleich hörte er jemanden gedämpft husten. Er drückte sich ins Unkraut, damit nicht sein blasses Gesicht im Mondlicht sichtbar war. Sein Herz schlug so heftig, daß es einige Sekunden dauerte, bevor er die sich nähernden Schritte hörte. Eindeutig keine Spaziergänger, sondern ein Trupp, der festen und zielstrebigen Schrittes auf etwas zumarschierte. Soldaten.

In blanker, kreatürlicher Angst krampften sich seine Eingeweide zusammen, und ohne daß er es selbst merkte, gruben sich seine Fingernägel in den harten Boden. Er kniff Augen und Mund zu, als schwömme er unter Wasser, und betete, sie möchten ihn nicht sehen. Der Krampf in seinen Gedärmen verstärkte sich noch, als die Patrouille ganz in seiner Nähe stehenblieb. Er hörte, wie Zunder angestrichen wurde, und gleich darauf schien die Glut einer entzündeten Fackel durch seine geschlossenen Augenlider. Am beängstigendsten war vielleicht noch, daß kein Wort gesprochen wurde, auch nicht, als sie ihn bei den Oberarmen faßten und brutal hochzogen. Er schlug die Augen auf und blickte direkt in ein rötlich angeleuchtetes Gesicht, eingerahmt von blonden Haarsträhnen, die unter einem Metallhelm hervorhingen. Zwei funkelnde schwarze Äuglein sahen ihn kurz forschend an, bevor das Gesicht wieder verschwand. Irgendwer riß Julius die Arme auf den Rücken und fesselte ihm die Handgelenke. Dann ließ ihn ein schmerzhafter Stoß mit einem harten Gegenstand in die Richtung zurückstolpern, aus der er gekommen war.

Er fragte sich nicht, wie sie ihn entdeckt hatten oder ob er von jemandem verraten worden war. Die einzige, übermächtige Frage, die alle anderen verdrängte und alles andere Denken lähmte, war, ob und wie sie ihn umbringen würden.

»Sieh an, wenn das nicht mein liebster Schwiegersohn ist«, sagte Johanna Switten, als sie die Tür öffnete und Gerhard vor sich sah. »Du wärst mir sogar der liebste, wenn ich mehr als nur einen Schwiegersohn hätte.«

»Wirklich?« Gerhard zögerte plötzlich, ob er ihrer einladenden Geste Folge leisten und eintreten sollte.

»Weil du einer dieser raren Burschen mit Grips bist. Nur schade, daß du ihn nicht immer zu deinem Besten zu benutzen verstehst. Kommst du jetzt herein, oder willst du vor der Tür stehenbleiben?«

Mit dem Gefühl, ein nicht ungefährliches Hindernis zu nehmen, trat Gerhard über die Schwelle und schloß die Tür hinter sich.

»Was führt dich her? Dein Schwiegervater ist nicht da, falls du den suchen solltest. Der ist nach Mecheln.« Johanna deutete auf einen Stuhl. »Bier? Wein? Wasser? Genever?«

»Nichts, danke, ich habe gerade etwas getrunken.« Gerhard setzte sich und sah sich ein wenig unbehaglich in der Küche um, die wesentlich kleiner war als die seine. Er war inzwischen gut vier Jahre verheiratet, kam sich im Haus seiner Schwiegereltern aber noch stets wie ein Fremder vor. Im Grunde fühlte er sich nirgendwo richtig zu Hause. Selbst in seinen eigenen vier Wänden gab es immer noch Momente der Entfremdung.

»Ich wollte dich sprechen«, sagte er.

Johanna schenkte sich aus einem Krug ein Glas Wasser ein und setzte sich zu Gerhard an den Tisch, so nah, daß ihm gar noch unbehaglicher zumute wurde. »Freut mich, daß du hereinschaust, ich langweile mich nämlich zu Tode. Wann bringst du die Kinder wieder einmal zu mir? Und wie weit ist es mit dem vierten?«

»Es wird«, antwortete Gerhard, ein wenig unangenehm berührt durch den leicht mißbilligenden Ton ihrer letzten Frage.

»Ich wußte ja, daß du ein halbes Dutzend machen würdest, aber sie kommen schon arg schnell hintereinander.«

»Das wird der Wille Gottes sein, Johanna.«

Sie warf einen betonten Blick auf seinen Schritt, was Gerhards Unbehagen noch verstärkte. »Der Wille Gottes? Ist das nicht eine etwas anmaßende Bezeichnung für das Ding da?« Johanna grinste. »Du machst Fortschritte, Gerhard, wenigstens wirst du nicht mehr rot. Vielleicht ist aber gerade das auch ein Rückschritt, wer weiß?«

Gerhard begann zu bedauern, daß er nicht doch einen Becher Wein angenommen hatte. Er mochte Johanna durchaus, auf eine vorsichtige Art, doch selbst nach so langer Zeit hatte er noch Probleme mit ihrer ungewöhnlichen Offenheit. »Du ähnelst deiner Tochter neuerdings mehr als sie sich selbst«, entfuhr es ihm.

Johanna spitzte die Lippen, als dächte sie über diese Bemerkung nach. »Soll das jetzt ein Kompliment sein?«

Gerhard seufzte. »Ich vermisse die alte Barbara.«

»Ach, diese vielen Schwangerschaften sind zu einem Teil auch ihr eigener Fehler. Warum preßt sie nicht öfter mal die Beine zusammen?« Johanna lachte, als sie Gerhards Gesicht sah. »Du bist rührend. Komm, gib mir deine linke Hand.«

Gerhard gehorchte mechanisch. Johanna war barhäuptig, und er starrte auf ihren blonden Scheitel, als sie sich über seine geöffnete Hand beugte. Sie wurde grau, sah er nun, das war ihm bisher noch nicht aufgefallen. Der farbliche Kontrast zum Blond war ja auch nicht so groß. Es erschreckte ihn ein wenig. Irgendwie war es ihm nie in den Sinn gekommen, daß Johanna, obgleich Barbaras Mutter, keine junge Frau mehr war. Es war, als halte ihre Lebendigkeit das Alter fern.

»Du hast dir meine Handlinien schon einmal angesehen.«

»Vor vier Jahren und ganz oberflächlich.« Johanna rieb mit dem Daumen über seine Handfläche. »Eine interessante Thenarlinie, stark ausgeprägt. Sie beginnt bei Mons eins und zieht sich bis zum unteren Ende des Hypothenar. Ehrgeizig also, und die Energie, viel zu erreichen, mit einer Vitalität, die zu einem Teil durchaus den tieferen magischen Schichten deiner Seele entspringen könnte. Doch die flache Krümmung des Bogens deutet auf innere Unruhe hin.« Sie sah Gerhard fragend an.

Er nickte. »Ein Schuß ins Schwarze. Aber leiden wir darunter nicht alle, unter innerer Unruhe?«

»Schon möglich...« Johanna beugte sich wieder über seine Hand. »Eine stark gekrümmte Kopflinie, was auf große Einbildungskraft hindeutet. Doch sie zeichnet sich in deiner Hand recht weit oben ab, und das heißt, daß Gefühl und Vernunft bei dir stark miteinander verwoben sind.« Sie sah ihn erneut an. »Das könnte deine objektive Betrachtung von Menschen und Dingen beeinträchtigen, Gerhard.«

»Erzähl mir mehr über diese Unruhe.«

Johanna ließ seine Hand los und lehnte sich zurück. »Wie wär's, wenn du mir jetzt einmal erzähltest, was der wahre Anlaß für deinen Besuch ist?«

Gerhard seufzte. »Ich fürchte, ich bin nicht christlich genug, sonst fände ich möglicherweise Frieden in der Kirche...«

»Frieden?«

»In meinem Kopf kreist und tost es von früh bis spät. Was ich auch tue, ich bringe das nicht mehr zum Stillstand. Es bereitet mir schlaflose Nächte.«

»Dein Nacken ist verkrampft, das sah ich schon, als du vor der Tür standest.«

»Bist du jetzt etwa auch schon Chirurg?«

»Ich bin viel besser in diesen Dingen als einer, der Medizin studiert hat.«

»Die leiden in der Regel auch nicht unter falscher Bescheidenheit, das hast du schon mal mit ihnen gemein.« Gerhards Gedanken wanderten dabei kurz zu Gemma Frisius.

»Deine scharfe Zunge funktioniert jedenfalls noch gut.«

»Verzeih.« Gerhard massierte seine Stirn. »Ich habe schon seit einer Weile das Gefühl, als lege sich ein Schatten über mein Leben.«

»Es sind nun einmal finstere Zeiten. Kriege, Aufruhr, Pest, Hungersnot...«

Gerhard schüttelte ungeduldig den Kopf. »Es ist persönlicher Natur.«

»Wenn ich mir so die Länge deiner Lebenslinie ansehe, würde es mich nicht wundern, wenn du deine eigenen Kinder überlebtest.«

»Es gibt Schlimmeres als den Tod, Johanna.«

»Ja, zum Beispiel mit einem Gerber verheiratet zu sein, der dumm wie Bohnenstroh ist.«

Wider Willen mußte Gerhard lachen. Doch seine Trübseligkeit kehrte sogleich zurück. »Vielleicht könnte jemand, der in der Magie bewandert ist...«

»Ich bin keine Hexe, Gerhard, falls du das denken solltest.«

»Nein, nein!« beteuerte Gerhard eilig, erschrocken über Johannas heftige Reaktion. »Natürlich nicht, ich dachte nur, du kennst vielleicht jemanden, der...« Er verstummte hilflos.

»Für einen Mann der Wissenschaft suchst du deine Zuflucht aber auf ungewöhnlichem Gebiet.«

»Wissenschaft und Magie sind eng verbunden«, entgegnete Gerhard mit vorwurfsvollem Unterton. »Keine Astronomie ohne Astrologie, keine Mathematik ohne mystische Zahlen und Symbole, keine Metallkunde ohne Alchemie. Magie ist kein Teufelswerk, Johanna. Die wahre Magie besteht in den verborgenen Kräften, die in der Natur enthalten sind.«

»Aha, mein Schwiegersohn und seine Natur.« Johanna lächelte.

»Gerade du, die von sich sagt, sie verfüge über besondere Gaben, solltest eigentlich die letzte sein, die darüber spottet.«

Johannas Lächeln verflüchtigte sich. »Und du solltest zwischen Spott und Gerührtheit unterscheiden können.«

Ja, dachte Gerhard, der Gerührtheit, die man empfindet, wenn man den törichten Reden eines Kindes lauscht. Es störte ihn, daß seine Schwiegermutter ihn manchmal nicht für voll zu nehmen schien. Und doch war sie die einzige, mit der er mehr oder weniger offen reden konnte, ohne daß er sich gezwungen fühlte, Dinge zu verschweigen. Sogar mit Julius sprach er über bestimmte Dinge lieber nicht.

Vielleicht wäre ich besser mit Johanna verheiratet als mit ihrer Tochter, dachte er plötzlich und erschrak ein wenig über seinen eigenen Gedanken. Und so fühlte er sich geradezu ertappt, als Johanna unvermittelt ihre Hand auf die seine legte.

Ernst sagte sie: »Und wenn du noch so unhöflich zu mir

bist, du wirst trotzdem immer mein liebster Schwiegersohn bleiben.«

»Auch wenn Barbara am Ende zwölf Kinder hätte?«

Johanna zog ihre Hand zurück. »Es werden sechs sein, das habe ich dir schon vor vier Jahren prophezeit.«

»Wenn du in die Zukunft sehen kannst, warum weißt du dann nicht, was über meinem Kopf hängt?«

»Vielleicht, weil das Problem *in* deinem Kopf steckt?«

»Das ist keine befriedigende Antwort, Johanna.«

»Vielleicht kann dir ein Sterndeuter weiterhelfen. Wie wär's mit Gemma Frisius?« Als Gerhard etwas entgegnen wollte, hob sie beschwichtigend die Hand. »Barbara hat mir die Geschichte seinerzeit erzählt. War es nicht etwas vorschnell, ihn dafür aus dem Haus zu weisen? Jeder Mann probiert es doch einmal, wenn er eine Chance sieht. Und ich muß zugeben, daß Barbara es manchmal auch ein wenig herausfordert.«

»Ich hatte gar keine Gelegenheit, ihn aus dem Haus zu weisen, er hat es von sich aus gemieden«, wandte Gerhard ein.

»Oder er…« Johanna hielt inne, als draußen an der Tür geklopft wurde. »Was für ein Hochbetrieb heute.« Sie erhob sich und verließ die Küche. Unmittelbar darauf war sie wieder zurück. »Ein Kurier für dich«, sagte sie. »Meine Tochter scheint zu wissen, daß du hier bist, sie hat ihn hierhergeschickt.«

Gerhards Beunruhigung schlug sofort von latent auf virulent um. »Ein Bote?«

»Von Nicolas de Granvelle, du wirst morgen bei ihm in Mortsel erwartet. Er ist auf Schloß Cantecroy.«

Gerhard starrte Johanna mit einem Gesichtsausdruck an, als hätte sie soeben sein Todesurteil verkündet. »Muß... muß ich dem Boten keine Antwort mitgeben?«

Johanna schüttelte den Kopf. »Das war kein Ersuchen, Gerhard. Das war ein Befehl.«

Gerhard kannte Nicolas de Granvelle nur aufgrund seiner Reputation als Großkanzler Kaiser Karls und Mitglied des Geheimen Rats. Er wußte auch, daß er den Kaiser auf allen seinen Reisen begleitete und schon auf so manche erfolgreiche diplomatische Mission zurückblicken konnte. Dessen eingedenk hatte er einen imposanten, großen Mann erwartet. Doch de Granvelle war ein ganzes Stück kleiner als Gerhard. Er hatte ein schmales, asketisches Gesicht und trug einen gepflegten, kurzen Bart, der wie sein Haupthaar noch geradezu unnatürlich dunkel war, als ließe er beides färben. Er hatte etwas Verhuschtes an sich, als könnte er jeden Moment wie ein Geist entschwinden, und bewegte sich mit kurzen, nervösen Rucken. Seine Stimme wiederum war überraschend tief und sonor, und er sprach langsam und beinahe schon übertrieben deutlich artikuliert, als wolle er absolut sichergehen, daß ein jeder ihn auf Anhieb gut verstand.

Nicolas de Granvelle empfing Gerhard in einem schlicht eingerichteten Studierzimmer. Der einzige ins Auge fallende Luxus in dem mit Eichenholz getäfelten Raum war ein großer Wandteppich hinter dem Schreibtisch, welcher gleichfalls aus Eiche war. Die ganze Zeit über waren zwei bewaffnete Bedienstete anwesend, die so regungslos in zwei einander gegenüberliegenden Ecken des Zimmers standen, daß man meinen konnte, sie wären aus Stein.

Der Staatsmann setzte sich agil wie ein junger Mann an seinen Schreibtisch, bot Gerhard aber keinen Stuhl an. Er schob einen kleinen Stapel Dokumente beiseite, heftete den Blick auf Gerhard und sagte ohne irgendeine Form von Begrüßung oder Einleitung: »Ich habe einen Auftrag für Euch, Meister Mercator.« Er wartete nicht auf eine Reaktion Gerhards, der sichtliche Mühe mit seiner Haltung hatte. »Einige wissenschaftliche Instrumente Seiner Kaiserlichen Hoheit sind während des Krieges in Sachsen zerstört worden, als das Zelt Feuer fing. Es ist Seiner Majestät und mein ausdrücklicher Wunsch, daß Ihr neue anfertigt.«

Gerhard murmelte etwas, das sich anhörte wie: »Es ist mir eine große Ehre...«

Der Großkanzler ließ ihn nicht aussprechen. »Überdies möchte ich, daß Ihr für mich persönlich einen Erdglobus mit den allerneuesten Euch bekannten Daten anfertigt. Nach dem, was mir zu Ohren gekommen ist, dürfte ein solcher Auftrag für Euch kein Problem sein.«

»Ich wußte nicht, daß meine Reputa...«

»Möglicherweise möchte der Hofastrologe Seiner Majestät auch noch einen neuen Himmelsglobus haben, doch darüber wird später entschieden.« De Granvelle lehnte sich auf seinem Stuhl zurück und verschränkte die langen, mageren Finger. »Wie lange?«

»Äh... wie meinen?«

»Die Zeitspanne, Meister. Wie lange, denkt Ihr, werdet Ihr für die Ausführung dieses Auftrags brauchen?«

»Tja, das kommt darauf an. Welche wissenschaftlichen Instrumente möchte Seine Majestät denn genau ha...?«

»Macht mir nachher gleich eine Liste mit genauer Angabe

der Zeit, die Ihr pro Instrument benötigt. Die Angelegenheit muß noch heute geregelt werden, denn ich reise morgen früh nach Madrid ab.«

»Natürlich, ganz wie Ihr wünscht, Monseigneur...«

So agil, wie er sich zuvor gesetzt hatte, sprang de Granvelle von seinem Stuhl auf. Gerhard schrak regelrecht zusammen. »Bleibt«, kommandierte de Granvelle, während er der Tür zustrebte. »Mein Sohn möchte Euch auch noch kurz sprechen.« Und schon war er verschwunden.

Bevor Gerhard so recht zu sich kommen konnte, trat der junge Bischof Antoine de Granvelle ein. Er war einen halben Kopf größer als sein Vater, glich diesem aber ansonsten aufs Haar. Nur seine Bewegungen waren bedächtiger, und er hatte nicht dieses Verhuschte. Seinem Amt entsprechend trug er ein auffälliges Pallium aus Brokat mit goldfarbenen Stickereien und purpurnen Kreuzapplikationen.

»Mein Vater, der Großkanzler, ist äußerst beschäftigt«, sagte er, und es klang beinahe entschuldigend. »Und Delegieren ist nicht seine Stärke. Nur gut, daß er mit wenigen Stunden Schlaf auskommt.« Er lud Gerhard mit einer Handbewegung ein, sich auf einen unbequem aussehenden Stuhl mit schwarzem Samtpolster zu setzen. »Eine Erfrischung? Einen Römer Wein vielleicht?«

»Äh... nein, Monseigneur, vielen Dank.« Gerhard wartete, bis der andere auf dem Stuhl gegenüber Platz genommen hatte, und setzte sich dann seinerseits, in steifer Haltung.

»Ich hatte mir Euch älter vorgestellt«, erklärte der Bischof. »Das kommt natürlich durch Eure Reputation.«

»Meine Reputation, Monseigneur?«

»Es gibt gewisse Karten von Euch, die einige Leute im Umfeld des Kaisers außerordentlich schätzen.«

Irgend etwas am Ton des anderen mahnte Gerhard zur Vorsicht. Unsicher fragte er: »Gewisse Karten, Monseigneur?«

»Ihr wißt sehr wohl, wovon ich spreche.«

»Es freut mich, wenn ich mit meinem Werk dazu beitragen kann, daß ...«

Der Bischof machte eine ungeduldige Gebärde. »Hat ein Mann namens Julius Rochat irgend etwas mit Euch und diesen Karten zu tun?«

»Äh ...« Gerhard wußte nicht so rasch, was er antworten sollte, zum einen, weil ihn die Frage völlig überrumpelte, zum anderen, weil die Beunruhigung seinen Herzschlag beschleunigte. *Nicht lügen!* warnte ihn eine Stimme in seinem Kopf, als sich die hellgrauen Augen de Granvelles in die seinen bohrten. »Ich kenne ihn, ja, Rochat ist ... äh ... Adelborst.«

»Ein Adelborst? Dann wollen wir hoffen, daß man ihn auch pfleglich behandelt.«

»Verzeiht, Monseigneur, aber ich verstehe nicht ...«

»Vor zwei Tagen erhielten wir die Nachricht, daß Rochat von den Engländern gefangengehalten wird.« Der Blick des Bischofs wurde, so möglich, noch durchdringender. »Unter dem Vorwurf der Spionage.«

»O mein Gott!«

»Dessen Hilfe wird er sicherlich gebrauchen können. Ist er derjenige, der Euch die Daten für Eure Karten von der englischen Küste beschafft hat?«

»Er leitete sie lediglich weiter, er erhielt die Informationen von einem dritten, einem Schotten, dem ich nie begegnet bin. Ich kenne nicht einmal seinen Namen.«

»Das ist dumm, denn die Engländer wollen diesen Mann nur zu gerne fassen, und Euer Freund weigert sich, seinen Namen preiszugeben. Wie er auch den Euren nicht genannt hat, aber uns war die Verbindung natürlich sofort klar.«

»Ihr habt diplomatische Kontakte mit den Engländern?«

»Selbstverständlich.« De Granvelle sah Gerhard abwartend an, so als sei er gespannt, welche weiteren Reaktionen von ihm kommen würden.

»Und was… was sollen wir jetzt machen?«

»Es gibt drei Möglichkeiten.« Der Bischof leckte sich auf überraschend mädchenhafte Art kurz die Lippen. »Entweder Euer Freund nimmt diesen vermaledeiten Schotten nicht länger in Schutz und kommt vielleicht mit einigen Jahren Kerkerhaft davon. Oder er schweigt weiterhin hartnäckig und gelangt nie mehr auf diese Seite des Kanals. Oder, dritte Möglichkeit, wir schlagen den Engländern vor, ihn gegen einen oder mehrere ihrer Spione, die bei uns in Sicherheitsverwahrung sind, an uns auszuliefern. Vorausgesetzt, ihnen ist überhaupt an ihren eigenen Leuten gelegen.«

Zögernd fragte Gerhard: »Würdet Ihr das tun? Ihn austauschen, meine ich?«

»Wie wichtig ist er für Euch?«

Gerhard seufzte. »Julius ist mehr als nur mein Informant, Monseigneur. Wir sind seit Jahren Freunde.«

Der Bischof nickte, als sei ihm das nicht neu. »Und er hat wertvolle Arbeit für den Kaiser verrichtet, mögen seine Triebfedern auch keineswegs altruistischer Natur gewesen sein.« Seine hellen Augen fixierten Gerhard wieder mit beunruhigender Intensität. »Ist er ein guter Christ?«

»Das kann ich nicht beurteilen, Monseigneur. Das maße ich mir nicht an«, antwortete Gerhard vorsichtig. »Aber ein Sünder ist er in meinen Augen jedenfalls nicht.«

»Mir ist zu Ohren gekommen, daß Ihr selbst ein rechter Bewunderer des Kopernikus seid?«

Gerhard wurde ganz bang ums Herz, doch es gelang ihm, den Blick nicht von seinem Gegenüber abzuwenden. »Die Mathematik ist für mich eine äußerst faszinierende Wissenschaft, und Kopernikus ist nun mal ein großer Mathematiker.«

»Der nur allzusehr darauf aus ist, kirchliche Glaubenssätze anzugreifen.«

»Ach, Monseigneur, meines Wissens steht nirgendwo in der Bibel geschrieben, daß es dem Menschen verboten sei, der Natur der Dinge auf den Grund zu gehen.«

»Und wenn dabei Schlüsse gezogen werden, die der Lehre der Kirche widersprechen, dann irrt die Kirche und sollte sich nach der Wissenschaft richten?«

Mißvergnügt erwiderte Gerhard: »Lassen Sie es uns so sagen, daß dann *einer* irrt. Ich fühle mich nicht qualifiziert...«

»Nicht qualifiziert!« De Granvelle lachte hämisch. »Dafür, daß Ihr ein so gelehrter Mann seid, verschanzt Ihr Euch aber äußerst bereitwillig hinter sogenannter Unqualifiziertheit!«

»Es bedarf Gelehrtheit, um sich der eigenen Unwissenheit bewußt zu sein, Monseigneur.«

»Und Zungenfertigkeit ist auch nie zu verachten«, bemerkte der Bischof. Er erhob sich entschlossen. »Ich würde gerne noch länger mit Euch diskutieren, doch das müssen wir bei anderer Gelegenheit nachholen, jetzt fehlt mir die Zeit.«

Gerhard stand seinerseits hastig auf. »Und Julius Rochat?«

»Um Euretwillen werden wir den Engländern einen Austausch vorschlagen. Wenn sie ihn nicht schon zu Tode gefoltert haben. Zwar ist es Usus, daß man Offizieren in Gefangenschaft derlei Demütigungen erspart, aber bei den Engländern weiß man nie.«

»Ich bin Euch sehr dankbar, Monseigneur.«

»Das könnt Ihr beweisen, indem Ihr die größte Sorgfalt auf den Auftrag verwendet, den mein Vater Euch erteilt hat.« Der Bischof wandte sich zur Tür. Bevor er den Raum verließ, drehte er sich noch einmal kurz um. »Und wir würden es sehr zu schätzen wissen, wenn wir weitere Karten von der englischen Küste erhielten. Vielleicht könnt Ihr andere Informanten finden?« Ohne eine Antwort abzuwarten, ging er hinaus.

Vom Rudern erschöpft, zog Julius die Riemen ein und starrte keuchend über die spiegelglatte See. Die englische Küste war noch längst nicht außer Sichtweite, doch er war zu schwach, um weiterzumachen. Er hatte seit Tagen nichts anderes gegessen als ein paar Kanten verschimmeltes Brot, die er mit Wasser hatte hinunterspülen müssen, das nach Fäkalien stank. Und dann hatte man ihn völlig unverhofft und ohne irgendeine Erklärung zu seinem Boot gebracht und gezwungen, augenblicklich in See zu stechen, ohne Proviant und Trinkwasser. Die Soldaten hatten sein Boot durch die

Brandung geschoben und dann ihre Musketen über seinem Kopf abgefeuert, so daß er gerudert war, bis seine Hände blasig waren. Nicht nur aus Angst vor den Kugeln, sondern vor allem, um so schnell und so weit wie möglich von England wegzukommen. Kein Leichtes, so ganz ohne Wind. Und nun waren seine letzten Kräfte aufgebraucht.

Krepieren ist gleich krepieren, dachte Julius mutlos. Ob nun in einem stinkenden Kerker oder in einem steuerlos dahintreibenden Boot. Als er noch eingesperrt gewesen war, hatte er anders darüber gedacht, aber jetzt konnte er keinen großen Unterschied mehr sehen.

Er ließ sich kraftlos von der Bank gleiten und streckte sich rücklings auf den von Wasser durchtränkten Bodenplanken des Bootes aus. Er ignorierte die Kälte, die durch seine schmutzigen Kleider drang, und starrte zum bleigrauen Himmel empor. Erst jetzt begann er zu glauben, daß man ihn wirklich freigelassen hatte und es kein neuerlicher Trick war, um ihm zu entlocken, was man von ihm hören wollte. Er konnte nur vermuten, daß auf höherer Ebene interveniert worden war. Menschen wie ich sind Schachfiguren im Spiel von Politik und Diplomatie, dachte er bitter. Und diese Schachfiguren konnten nach Herzenslust hin und her geschoben werden, wie es denen da oben gerade gefiel.

Mehr oder weniger frei, aber noch lange nicht zu Hause, dachte Julius. Und wenn nicht bald Wind aus der richtigen Richtung aufkam, war es fraglich, ob er je die Küste des Kontinents wiedersehen würde. Eines stand freilich fest, das hatte er sich geschworen: Die englische Küste würde er gewiß nie wiedersehen. Es sei denn von einem Schiff aus, das seine Kanonen auf England abfeuerte.

Seine Gedanken wanderten zu Gerhard, wie so oft in den zurückliegenden Tagen. Laut sagte er: »Ich werde dich vermissen, Meister Gerardus, in der Hölle…«

Julius schloß die Augen, weil sie müde waren, wie sein ganzer Körper müde war. Das Boot schaukelte kaum auf der glatten See, und in der tiefen Stille überkam ihn eine Art Frieden. Fast wäre er schon eingeschlafen, doch dann öffnete er die Augen noch einmal und rappelte seinen schmerzenden Körper hoch. Vielleicht würde er nie mehr aufwachen, wenn er erst einschlief. Und er hatte noch etwas zu tun, er wollte nicht sterben, ohne eine Nachricht für die einzige wahre, unerreichbare Liebe in seinem Leben zu hinterlassen.

Er fand einen rostigen Nagel im Wasser zwischen den Bodenplanken und setzte auf der Ruderbank zu schreiben an, jeden Buchstaben mühevoll in das harte Holz ritzend.

Als er fertig war, eine Ewigkeit später, wie ihm schien, legte er sich wieder hin. Und nun widersetzte er sich dem Schlaf nicht mehr, zu dem ihn die Erschöpfung zwang.

Die nordöstliche Strömung trug das Boot ruhig und stetig dem fernen Ozean zu, doch das kümmerte seinen einzigen Passagier nicht mehr. Julius kümmerte jetzt gar nichts mehr. Daß er den Kampf aufgegeben hatte, befriedigte ihn mehr, als er es sich je hätte vorstellen können.

Mit vierkant gebraßten Segeln fuhr die ›Tempus Fugit‹, zwei weitere Galeonen in respektablem Abstand hinter sich, majestätisch in den Kanal hinein. Die wenige Stunden zuvor aufgekommene Brise aus Südwest blähte die Segel und ließ die Wanten knarren. Nachdem sie zwei Tage lang praktisch steuerlos im unerwartet windstillen Golf von Biskaya umhergetrieben waren, schien es, als machte es dem Schiff nun Freude, über die kurzen Wellen zu tanzen. Ja, es tanzte. Breitbeinig, um das Gleichgewicht nicht zu verlieren, stand Kapitän Manasse auf der Brücke. Auch er hatte seine helle Freude. Endlich begann die Sonne durch die Wolken zu brechen, und bei der Fahrt, die sie jetzt machten, würden sie noch vor Einbruch der Dunkelheit in der Westerscheldemündung vor Anker gehen können. Um dann beim ersten Morgengrauen nach Antwerpen weiterzufahren, wo sie die Wärme der Bordelle erwartete. Manasse hatte in jedem größeren Hafen seine feste Adresse, wo er diskret auf seine Kosten kam. In Antwerpen war das bei Greta, in der Schippersstraat. Greta war eine schon etwas reifere, attraktive Frau mit einigem Erfahrungsschatz. Sie hatte etwas Mütterliches, und das mochte Manasse. Allein schon bei dem Gedanken an sie wurde ihm warm ums Herz.

Ein Schrei des Ausgucks im Krähennest riß ihn aus seinen angenehmen Träumereien. Der Ausguck deutete nahezu recht voraus. »Kleines Boot!« schrie er, so laut er konnte, um das Brausen des Windes und das Rauschen der Bugsee zu übertönen.

Manasse richtete sein Fernrohr auf den ihm angewiesenen Ort und entdeckte auch sogleich das kleine Boot. Der Seegang machte es schwer, das unhandliche Fernrohr ruhig zu halten, doch er konnte sehen, daß kein Segel gesetzt war und niemand am Ruder saß.

»Segel bis auf die Fock streichen und Kurs halten«, sagte Manasse zu dem neben ihm stehenden Offizier. »Das Boot länggseits bringen, ich will es inspizieren.«

Der Offizier gab die Ordern weiter, es wurden Befehle geschrien, und einige Matrosen kletterten in die Wanten, um die Segel zu streichen. Die Bewegungen der ›Tempus Fugit‹ veränderten sich, mit abnehmender Fahrt begann das Schiff schwerer zu stampfen.

»Beidrehen und Fock streichen«, kommandierte Manasse kurz darauf. »Der Signalgeber soll den anderen Kapitänen melden, warum wir stoppen.«

Der Steuermann ließ die langsam auslaufende ›Tempus Fugit‹ so im Wind aufdrehen, daß sie dicht neben dem kleinen Boot trieben.

»Es liegt ein Mann darin«, sagte Manasse, der über die Seite blickte. »Bringt ihn an Bord, und nehmt das Boot in Schlepptau.« Der Bergelohn wird mindestens für einige Fässer französischen Wein reichen, dachte er.

Während die Segel wieder gehißt und neue Signalflaggen gesetzt wurden, verließ Manasse die Brücke, um nach dem Schiffbrüchigen zu sehen. Der Mann lag auf dem Rücken an Deck, und das Wasser, das aus seinen Kleidern sickerte, bildete allmählich eine Pfütze um ihn herum.

»Mausetot, Kapitän«, sagte der Bootsmann, der die Operation geleitet hatte. »Schon eine ganze Weile, wenn Ihr mich fragt.«

Manasse fragte nichts. Schweigend starrte er ungewöhnlich lange auf den Leichnam hinab. Die Umstehenden begannen schon unbehaglich mit den Füßen zu scharren, als er leise vor sich hin sagte: »So, das also war sein Los...«

»Kapitän?« fragte der Offizier, der ihm gefolgt war.

»Julius Rochat, ein Adelborst, dem die Marine offenbar nicht gut genug war.« Kein großer Verlust, dachte er, doch er hütete sich, das laut auszusprechen. Von einem Kapitän erwartete man Respekt vor den Toten. »Ich kenne seinen Vater, ich werde dafür sorgen, daß er es erfährt, sobald wir in Antwerpen sind.« Er wandte sich ab, um auf die Brücke zurückzugehen, als der Bootsmann zögernd sagte:

»Kapitän?«

Manasse blieb stehen. »Ja?«

»Der… äh… Verstorbene hat eine Nachricht hinterlassen, Kapitän.«

»So? Einen Brief? Ein Testament vielleicht?« Es gelang Manasse gerade noch, es nicht spöttisch klingen zu lassen.

»Es sind einige Worte in die Ruderbank geritzt, Kapitän. Ich habe sie abgeschrieben.« Der Bootsmann hielt Manasse einen Zettel hin. Er war stolz darauf, daß er lesen und schreiben konnte, und ließ keine Gelegenheit aus, sein Können zu demonstrieren.

Ungeduldig kommandierte Manasse: »Lies vor, Mann. Ich habe keine Lust, deine Krakel zu entziffern.«

Der Bootsmann faltete seinen Zettel ungeschickt auseinander, räusperte sich demonstrativ und las mit heiserer Stimme vor, was er notiert hatte.

Als der Bootsmann geendet hatte und ihn abwartend ansah, sagte Manasse nachdenklich, an niemanden gerichtet: »Gerhard Mercator? Wo habe ich diesen Namen doch gleich gehört?«

»Die neue Karte von der englischen Küste«, sagte der Offizier neben ihm leise. »Die hat ein gewisser Gerhard Mercator gestochen.«

Manasse nickte. »Genau.« Er streckte die Hand aus. »Gib her«, sagte er zum Bootsmann. »Da das der letzte Wille des

Verstorbenen zu sein scheint, werde ich dafür Sorge tragen, daß die Nachricht der vorgesehenen Person zukommt. Näht den Leichnam in einen Sack ein, und laßt ihn über Bord.«

16

Der Nicolas Perrenot de Granvelle gewidmete Erdglobus hatte einen Umfang von gut vier Fuß. Gerhard hatte eine in zwölf Segmente unterteilte Weltkarte darauf angebracht und die Erde in fünf Teile aufgegliedert: Europa, Amerika, Afrika, Asien und die geheimnisumwitterte, noch weitgehend unbekannte Südpolarregion.

Da Gerhards Informationsnetzwerk mittlerweile beachtliche Ausmaße angenommen hatte, war es ihm möglich gewesen, etliche der Neuentdeckungen spanischer und portugiesischer Seefahrer in die Karte aufzunehmen. Nördlich von Skandinavien hatte er den imaginären magnetischen Pol, die *Magnetum insula*, eingezeichnet. Damit folgte er dem schwedischen Kartographen Olaus Magnus, solange er selbst keine bessere Erklärung für die weltweiten Kompaßabweichungen gefunden hatte.

Auch Meridiane und Breitenkreise hatte er auf dem Globus angebracht und den Nullmeridian durch die Kanarische Insel Fuerteventura gezogen. Ein Zirkel auf dem Äquator gab den Maßstab an. Auf den Weltmeeren hatte er da und dort Kompaßkurse markiert, die er *directiones* genannt hatte. Und als zusätzliches Orientierungsmittel für Seeleute hatte er jeweils dort, wo sie auf der Welt zu sehen waren, Sterne mit ihren Namen eingetragen.

Der Globus drehte sich in einem Holzständer, dessen kreisrunder oberer Rand den in dreihundertsechzig Grad unterteilten Horizont bildete. Auf diesem hatte Gerhard überdies die zwölf Tierkreiszeichen, die Jahreseinteilung des römischen Kalenders in Niederländisch und Lateinisch und die saisonbedingten Winde vermerkt. Ein Messingmeridian rund um den Globus, der zugleich als Halterung diente, trug Angaben zu den Klimazonen und markierte die Polhöhe.

Alle Namen und Texte auf der Karte hatte Gerhard in der zierlichen Kursivschrift *Cancelleresca* des venezianischen Druckers Aldus Manutius kalligraphiert. Gerhard gefiel die Kursivschrift ganz außerordentlich, so sehr, daß er im Jahr zuvor ein kleines Lehrbüchlein darüber verfaßt hatte. Und diese Veröffentlichung erwies sich als recht erfolgreich.

Mit all seinen Feinheiten war der Erdglobus eine ausnehmend schöne Arbeit geworden. Und so erhielt Gerhard denn auch schon knapp drei Wochen nach der Ablieferung einen ausführlichen Brief vom Großkanzler, in dem dieser ihm eingehend für die Ausführung dankte und seine Arbeit rühmte.

Ganz gegen seine sonstige Bescheidenheit rahmte Gerhard den Brief spontan ein und hängte ihn in seinem Atelier an prominenter Stelle an die Wand. Wie es der Zufall wollte, war Gemma Frisius der erste Besucher, der einen Blick darauf werfen konnte.

Gerhard war in der Küche beschäftigt gewesen. Als er die Eingangstür hörte und ins Atelier lief, sah er Frisius mit auf dem Rücken verschränkten Händen den eingerahmten Brief studieren.

»Außerordentlich schmeichelhaft«, sagte Frisius, ohne sich umzusehen. »Auch für mich, da dieser Erdglobus ja zu einem nicht unerheblichen Teil auf meinen Arbeiten basiert.«

Gerhard schloß die Küchentür hinter sich. »Was suchst du hier, wenn ich fragen darf?«

»Immer noch böse auf mich«, stellte Frisius fest. »Trotz allem, was ich für dich getan habe.« Er trat einen Schritt beiseite, um einen anderen Text zu lesen, der an der Wand hing. Danach blickte er mit hochgezogenen Augenbrauen über seine Schulter. »Von deinem Freund, Julius Rochat?«

»Meinem verstorbenen Freund«, antwortete Gerhard unwillig. »Gott hab ihn selig.«

Im Boot lag er, fern aller Menschen.
Unbewegt die See, kühl das Sternenlicht.
Eine letzte Träne weint' er um was nie war.
Sinnlos das Leben, das endlich vorbei.
Und so verlosch er, fern aller Menschen.

Frisius beugte sich vor, um einen schwerer zu entziffernden Nachsatz zu lesen. »*Meiner einzigen Liebe, Gerardus Mercator.*« Er sah Gerhard an. »Seine einzige Liebe?«

»Julius war ein wenig poetisch veranlagt, wie du siehst. Er wird das Wort Liebe benutzt haben, um die Tiefe seiner Freundschaft zu unterstreichen.«

»Ach, so ist das.« Frisius erlaubte sich ein schmales Lächeln. »Aber schon ein bißchen seltsam, daß du derlei Herzensergüsse hier für jedermann sichtbar aufhängst.«

»Julius hat mir viel bedeutet, ich möchte seine Abschiedsworte sehen und lesen können, sooft mir danach ist. Im übrigen frage ich mich, wieso ich dir darüber irgendeine Rechenschaft schuldig sein sollte.«

Frisius rieb sich nachdenklich über das bartlose Kinn. »Dein Ton und deine Worte klingen scharf.«

»Es ist und bleibt für mich nun einmal unverzeihlich, wenn jemand meine Frau belästigt.«

»Barbara ist sehr anziehend, Meister Gerhard. Es dürfte gewiß häufiger vorkommen, daß ein Mann Bewunderung für sie zeigt und dabei in deinen Augen einen kleinen Schritt zu weit geht, nicht? Du solltest dich eher geschmeichelt fühlen.«

Gerhard sah den anderen eine Weile in dumpfem Schweigen an. Dann fragte er um keinen Deut freundlicher: »Nochmals, was hast du hier verloren?«

»Ich gebe einen Kurs über die Lehren des Kopernikus und fragte mich, ob das nicht etwas für dich wäre. Schaden könnte es dir jedenfalls nicht.«

Gerhard trat an seinen Arbeitstisch. Während er ziellos einige Gegenstände auf dem Tisch hin und her schob, fragte er:

»Du gehst davon aus, daß du den Unterricht, der dem Klerus nicht schmeckt, wie eh und je hier abhalten kannst, nehme ich an?«

Frisius schüttelte den Kopf. »Es wird dich vielleicht erstaunen, aber auch Pieter de Corte ist dem bahnbrechenden Werk unseres polnischen Freundes nicht abgeneigt. Ich habe seinen Segen, den Kurs an der Universität durchzuführen.«

»So? Das ist fürwahr ein Fortschritt.«

Bevor Frisius auf Gerhards spöttischen Ton reagieren konnte, ging die Küchentür auf, und Arnold kam mit einem

Stück Brot in der Hand hereingeschlendert. Frisius frech mit seinen dunklen Augen fixierend, hockte er sich auf den Boden, um sein Brot zu verspeisen.

In aufgesetzt freundlichem Ton fragte Frisius: »Und wen haben wir denn da?«

»Ich bin Arnold«, antwortete das Kind. »Und du?«

»Arnold, bitte!« wies Gerhard ihn zurecht. »Was habe ich dich in puncto Höflichkeit gelehrt?«

Der Junge ignorierte ihn und nahm einen weiteren Bissen von seinem Brot. »Catharina ist eine Hexe«, sagte er mit vollem Mund.

»Du gemeiner Rotzlöffel!« Gerhard war außer sich. Er wies böse zur Tür: »Fort mit dir, ich will dich hier nicht mehr sehen!«

»Catharina ist meine neue Schwester«, sagte Arnold ungerührt zu Frisius. »Sie ist häßlich und schreit immerzu. Und spucken tut sie auch. Bah!«

Gerhard faßte Arnold beim Arm, riß ihn wütend hoch und schleifte ihn in die Küche zurück. »Wenn ich dich hier noch einmal sehe, setzt es Prügel!« warnte er, bevor er die Tür hinter dem Kind zuschlug.

»Ein munteres Bürschchen«, stellte Frisius fest. »Wie alt ist er jetzt?«

»Fünf. Catharina ist seine gerade geborene Schwester. Er ist nicht sehr glücklich über sie.«

»Das sechste schon?«

Gerhard nickte widerwillig. »Und mein letztes.«

»So? Wie gedenkst du das denn anzustellen?«

»Mir wurde prophezeit, daß es bei sechsen bleiben würde.«

»Von einem Sterndeuter? Wieso hast du nicht mich gefragt, dir dein Horoskop ...«

»Wenn ich ein Horoskop benötige, berechne ich es schon selbst. Hattest du noch etwas anderes zu besprechen? Ich habe nämlich zu arbeiten.«

»Arnold ist dir überhaupt nicht ähnlich.«

»Er ähnelt auch Barbara nicht«, entgegnete Gerhard stur. »Nun?«

Frisius seufzte. »Mein lieber Gerardus, ich kann dir noch immer von großem Nutzen sein, aber ich kann dir genausogut Steine in den Weg legen. Und mein Einfluß ist groß, auch wenn du zu denken scheinst, du könntest jetzt auf die Gönnerschaft der de Granvelles bauen. Die Herren haben im übrigen fürs erste alle Hände voll damit zu tun, Antwerpen gegen Maarten van Rossum und Willem van Gulik zu beschützen. Dieses fidele Gespann erobert alles, was sich nur erobern läßt. Und der Rest wird einfach niedergebrannt. Was waren das für Zeiten, als Margareta von Österreich noch lebte. Unter ihrer Regentschaft hatten wir in den Niederlanden wenigstens ein *bißchen* Ruhe. Und zudem hatte sie Sinn für Wissenschaft und Kultur.«

»Ist das deine Art, meine Sympathie wiederzugewinnen?«

»Deine Sympathie habe ich nie gehabt, und die brauche ich auch nicht. Aber ich verlange deinen Respekt.«

»Es tut mir leid, Meister Frisius, den Respekt hast du verspielt.«

Frisius spitzte die Lippen und nickte. »So sei es denn.« Dann rauschte er wütend hinaus und zog mit dröhnendem Knall die Tür hinter sich zu.

»Aufgeblasener Wicht!« murmelte Gerhard.

»Mit wem sprichst du?« fragte Barbara von der geöffneten Küchentür aus.

»Frisius war hier.«

»Frisius? Was wollte denn der?«

»Was weiß ich, dich vielleicht?«

»Oh, geht das jetzt wieder los?«

Gerhard massierte sich mit beiden Händen die Stirn. »Entschuldige, aber der Kerl macht mich wahnsinnig. Und dann noch Arnold mit seinem vorlauten Mundwerk.«

Barbara runzelte die Stirn. »Was ist mit Arnold?«

»Dem müssen wir dringend Flötentöne beibringen, bevor es zu spät ist. Notfalls gebrauchen wir den Stock.«

»Das wirst du hübsch bleiben lassen!«

»Du nimmst den Jungen zu sehr in Schutz. Deshalb führt er sich ja so auf, weil er weiß, daß er keine Strafe bekommt.« Gerhard sah Barbara an. »Was ist für dich so Besonderes an Arnold, abgesehen von seinen schlechten Manieren?«

»Ist der arme Junge etwa weniger wert, weil er dir nicht ähnelt? In meinen Augen ist das eher ein Vorteil.«

»Manche finden ja, ich hätte eine scharfe Zunge, aber die haben dich noch nicht gehört. Sag mal...« Gerhard blickte plötzlich beunruhigt. »Du bist doch nicht wieder schwanger?«

»Nicht, daß ich wüßte. Es reicht doch jetzt wohl auch, nicht?«

»Warum bist du dann so giftig?«

Barbara sah ihn mit zusammengekniffenen Augenlidern an, als wollte sie ihm am liebsten an die Gurgel gehen. »Bist du immer noch so vernarrt in Emerentia?«

Gerhard runzelte die Stirn. »Was hat denn meine Tochter damit zu tun?«

Barbara schüttelte langsam den Kopf. »Heuchler!«

»Aber Barbara! Was...«

Arnold tauchte neben Barbara in der Türöffnung auf. Er umschlang ihr linkes Bein und lehnte sich entspannt dagegen wie gegen einen Pfeiler. »Ich finde dich häßlich«, sagte er zu Gerhard.

Gerhard holte tief Luft. »Nicht mehr lange, und...« Er ballte die Faust.

»Du kannst dem Kind nicht vorwerfen, daß es ein scharfes Auge hat«, entgegnete Barbara. Sie beugte sich zu Arnold hinunter und fragte ernst: »Und wie findest du deine Mutter, Schatz?«

Arnold schaute kurz überlegend zu ihr auf und antwortete: »Alt.«

In der abrupten Stille, die daraufhin eintrat, sagte Gerhard ausdruckslos zu Barbara: »Du weißt, wo der Stock liegt.«

Barbara richtete sich auf. »Ein angehender Mann«, sagte sie säuerlich. Dann verzog sie sich wieder nach hinten, Arnold unsanft vor sich her schubsend.

Gerhard starrte kurz auf die Tür, die hinter Barbara zugeschlagen war. Ihr Verhalten wurde für ihn zu einem immer schmerzlicheren Rätsel.

Seine Augen suchten Julius' Zeilen an der Wand. Das begann zur Gewohnheit zu werden, er machte das inzwischen jedesmal, wenn sein Gedankenfluß ins Stocken zu geraten drohte.

Frisius' Worte hatten eine schlummernde Idee aufgerührt, wurde ihm plötzlich bewußt. Und sogleich rückte der Ärger mit seiner Frau in den Hintergrund. Eine winkeltreue, quadratische Plattkarte, dachte er. Mit Schieflaufenden, die alle Meridiane unter gleichem Winkel schneiden. Aber wie zum Teufel konnte man einen kugelförmigen Körper so auf eine plane Fläche bringen, daß die unweigerlichen Verzerrungen nicht völlig aberwitzige Entfernungen…?

Unbewegt die See, kühl das Sternenlicht…

Gerhards Gedanken wanderten zu Julius, der sterbend in seinem Boot gelegen hatte, ohne daß es eine Menschenseele irgendwo auf der Welt gekümmert hätte. Er versuchte sich vorzustellen, wie er sich wohl gefühlt haben mochte. Einsam, das ging deutlich aus Julius' Zeilen hervor. Julius war von jeher ein etwas einsamer Mensch gewesen. Im Grunde hatte er nur sehr wenig über seinen Freund gewußt. Julius hatte nur selten von sich erzählt. Und er selbst hatte nie versucht, tiefer in ihn zu dringen. Aus Diskretion oder eher, weil es ihn nicht wirklich interessiert hatte? Diese Frage konnte er sich nicht so ohne weiteres beantworten. Vielleicht war er auch sich selbst gegenüber nicht aufrichtig genug, um der Wahrheit ins Auge zu sehen, dachte er. Ziffern und Zahlen schienen ihn mehr zu faszinieren als Menschen…

Seine Gedanken machten erneut einen Sprung. Wenn er nun den früheren Einfall weiterverfolgte und versuchte, einen durchsichtigen Erdglobus anzufertigen, in den er eine brennende Kerze stellen konnte. Wenn er dann einen Papierzylinder um den Globus stellte, würden die Kartensegmente vom Globus auf dem Papier durchscheinen. Zu den Polen hin würden die Quadrate des Gradnetzes wegen des größeren Abstands des Papiers vom Globus immer größer werden, aber…

Warum war Julius in seinem Boot gestorben? Er war Seemann gewesen, die Kanalüberfahrt dürfte für ihn nur ein Katzensprung gewesen sein. Und sein Leichnam habe keine sichtbaren Zeichen von Mißhandlungen aufgewiesen, hatte man Gerhard erzählt.

Sinnlos das Leben, das endlich vorbei.

Ich fühle mich schuldig, wurde Gerhard bewußt. Weil Julius für mich arbeitete, als sie ihn gefaßt haben. Und daß das Leben sinnlos für ihn war, war vielleicht auch zu einem Teil meine Schuld. Weil seine Freundschaft stärker war als die meine. Er liebte mich, und ich, ich habe ihn benutzt.

Gerhard ging in die Küche. Barbara saß am Tisch und stillte Catharina. Er starrte eine Weile sinnierend auf dieses Bild hinab. »Wenn ich stürbe, wie wäre dir da zumute?«

Barbara blickte mißtrauisch zu ihm auf. »Was ist denn das jetzt wieder für eine Frage?« Ihr Gesichtsausdruck veränderte sich. »Sag mal, du bist doch wohl nicht krank, oder?«

»Nicht, daß ich wüßte. Nur…« Gerhard seufzte, er wußte plötzlich nicht mehr so recht, was er denn eigentlich hatte fragen wollen.

Barbara stand auf, um das Kind in seine Wiege zu legen. Dann schnürte sie mit entschlossenen Bewegungen das Mieder ihres Kleides zu. »Wag es ja nicht, mich mit deinen sechs Kindern sitzenzulassen!« drohte sie. »Was hast du auf dem Herzen?«

»Ich glaube, es hat mit Julius zu tun.« Gerhard ließ sich auf den Stuhl sinken, von dem Barbara gerade aufgestanden war. Er fühlte noch ihre Wärme auf der Sitzfläche.

»Julius war ein Abenteurer. Denk bloß nicht, du hättest etwas mit seinem Tod zu tun.« Als Gerhard sie erstaunt ansah, fügte sie hinzu: »Dachtest du, ich merke nicht, was dich grämt?«

»Ich hätte viel mehr für ihn tun können, glaube ich...«

»Ach, komm, du hast ihn in deinem Haus empfangen, du hast ihn gut bezahlt, was hättest du denn noch für ihn tun sollen?«

Gerhard nickte. »Du wirst wohl recht haben«, sagte er ohne Überzeugung.

»Sonst noch etwas? Ich habe nämlich jede Menge Arbeit.«

Gerhard erhob sich. »Laß dich nicht aufhalten«, sagte er und ging in sein Atelier zurück.

Sie macht den Haushalt und kümmert sich um die Kinder, dachte er. Was konnte *sie* noch mehr für ihn tun?

Er hörte Hufgetrappel und schaute auf die Straße hinaus. Er erstarrte, als der Reiter vor seinem Haus anhielt und, eine Hand über den Augen, um das blendende Licht abzuschirmen, durchs Fenster hereinspähte. Es war noch jemand bei ihm, ein Fußgänger, doch den konnte Gerhard kaum sehen. Der Reiter winkte ihm, und wider Willen ging Gerhard zur Tür. »Ja?« sagte er unfreundlich.

»Guten Tag auch«, sagte Clemens de Vilder von seinem Pferd herab. »Dieses Subjekt hier scheint dich zu suchen. Er spricht ein unverständliches Gebrabbel, aber ich habe ein paarmal deinen Namen herausgehört.«

»Ach?« war das einzige, was Gerhard dazu sagte, denn er wußte nicht so recht, wie er auf den beinahe beiläufigen Ton des anderen reagieren sollte. Bis dieser fragte:

»Wie geht es Arnold?«

Gerhard erstarrte erneut. »Was geht das dich an?«

»Ich finde, er ist ein nettes Kerlchen.« Clemens grinste kurz und setzte dann ohne ein weiteres Wort seinen Weg fort.

»*Master* Mercator?«

Gerhard hatte den Unbekannten einen Moment lang vergessen. »Entschuldigt.« Er riß den Blick von dem sich entfernenden Reiter los. »Mit wem habe ich das Vergnügen, wenn ich fragen darf?« Leicht verwundert musterte er den etwas seltsam ausstaffierten Mann mit den roten Haaren und dem roten Bart. Der Mann hatte eine braune Ledertasche bei sich, die er an einem breiten Riemen über der Schulter trug.

»*Do you speak English?*«

Gerhard nickte und antwortete auf englisch: »Und Lateinisch, Französisch, Spanisch und Deutsch. Aber Euer Englisch hört sich für mich ein wenig ungewöhnlich an.«

»Ich bin Schotte«, antwortete der andere, wobei er sich sichtlich in die Brust warf.

»Schotte? Was verschafft mir die … Seid Ihr …?«

Der andere nickte, als sei er erleichtert. »Carn Blackburn.« Er reichte Gerhard die Hand.

Ein wenig unsicher schüttelte der sie. Sie fühlte sich kalt und rauh an. »Ihr seid aber weit weg von zu Hause.«

»Das ist das Schöne am Wasser, es trennt uns nicht nur voneinander, sondern kann uns auch verbinden. Zumindest wenn man es zu befahren versteht.« Blackburn blickte kurz zum Ende der Straße und deutete dann mit dem Kopf in Richtung von Gerhards Atelier. »Können wir bitte drinnen weiterreden?«

»Ja, natürlich.« Gerhard trat einen Schritt beiseite, um den anderen durchzulassen, und schloß die Tür hinter ihm. »Setzt Euch. Durstig?«

Blackburn winkte ab. »Ich komme gerade aus dem Gasthaus. Ich wußte von Julius, daß Ihr in Löwen wohnt, aber ich hatte Eure Adresse nicht. Und ich fand niemanden, der meine Sprache verstand. Der Reiter von vorhin schien Euch freilich zu kennen.« Er setzte sich auf einen Stuhl an Gerhards Arbeitstisch und ließ den Blick neugierig über die darauf ausgebreiteten Siebensachen wandern.

»Was führt Euch her, Herr Blackburn?« Das war eine rhetorische Frage, denn der Schotte konnte ihn nur aus einem einzigen Grund aufgesucht haben, wie Gerhard sehr wohl erfaßte.

Die grünen Augen Blackburns wandten sich Gerhard zu. »Jetzt, da unser Verbindungsmann tot ist...« – er zuckte kurz die Achseln – »... da dachte ich mir, warum sollten wir unsere Geschäfte nicht direkt miteinander abwickeln?«

»Könnt Ihr mir mehr darüber erzählen, was genau Julius widerfahren ist?«

Blackburn wandte sich von Gerhard ab und blickte nach draußen. »Bei unserem letzten Treffen haben wir offenbar jemanden auf uns aufmerksam gemacht, ein großer Fehler für Spione.«

»Aber Euch hat man unbehelligt gelassen?«

»Wir sind in entgegengesetzte Richtungen auseinandergegangen. Nur einer wurde gefaßt.«

»Man hat ihn freigelassen, wußtet Ihr das? Gegen einige englische Spione, die hier gefangengehalten wurden.«

»Ich weiß nur, daß er tot ist.«

»Wie habt Ihr das herausgefunden? Ich meine, es dürfte in Schottland wohl kaum Anschläge gegeben haben, auf denen Julius' Tod bekanntgemacht wurde.«

»Ich habe Augen und Ohren, und ich habe Beziehungen.«

Gerhard nickte langsam. »Er starb in seinem Boot, warum, wissen wir nicht. Erschöpfung wahrscheinlich. Der Kapitän, der ihn fand, sagte, es sei einige Tage lang windstill gewesen. Und vielleicht war er schon durch die Kerkerhaft geschwächt.«

»So dürfte es wohl gewesen sein.«

»Das scheint Euch nicht sonderlich zu beeindrucken, oder?«

»Meister Mercator...« – Blackburn seufzte leicht irritiert und nahm eine andere Sitzhaltung ein – »...Spione werden manchmal gefaßt, und wenn das geschieht, werden sie im allgemeinen nicht sehr freundlich behandelt. Mir scheint, daß Julius alles in allem sogar noch Glück hatte, er hätte auf schlimmere Art enden können.«

»Julius war mein Freund, Herr Blackburn«, wandte Gerhard vorwurfsvoll ein.

»Entschuldigt, aber ich versuche, bei meiner Arbeit möglichst nüchtern zu bleiben. Gefühlsduseleien sind nur hinderlich. Und nenn mich bitte Carn, ich hasse dieses formelle Getue.«

»Was schlägst du also vor?«

Blackburn sah Gerhard einen Lidschlag lang berechnend an. »Was du Julius bezahlt hast, plus zehn Prozent.«

»Das hieße, daß du deinen Verdienst mehr als verdoppelst.«

»Es wird mich auch doppelt soviel Anstrengung kosten wie zuvor, und du hast ja jetzt gesehen, wie groß die Gefahren sind.«

Gerhard deutete auf die Tasche, die der andere noch keine Sekunde losgelassen hatte. »Hast du mir etwas mitgebracht?«

»Natürlich, ich hatte keine Lust, die ganze Reise umsonst zu machen.«

»Wie kommst du an diese Skizzen?«

Blackburn lächelte schwach. »In diesem Handel kann es nur von Vorteil sein, wenn man so wenig wie möglich übereinander weiß. Die einzige entscheidende Frage sollte sein, welchen Wert diese Skizzen für dich haben.« Sein Blick wurde erneut berechnend. »Soweit ich verstanden habe, ist das hier einiges wert.«

Gerhard sog hörbar Luft durch die Nase ein. »Weißt du, was ich glaube, Carn? Daß du und ich niemals Freunde werden.«

»Ist auch nicht nötig, ein zuverlässiger Handelspartner ist alles, was ich brauche.«

»Warum nimmst du all die Risiken auf dich?«

»Ich habe keine andere Arbeit, und ich muß fünf Mäuler stopfen. Außerdem hasse ich die Engländer. Braucht es noch mehr Gründe?«

»Das genügt«, erwiderte Gerhard. Sein ironischer Unterton schien dem anderen zu entgehen. Gerhard ging zur Tür und schob den Riegel vor. »Laß mich mal sehen, was du mitgebracht hast.«

Die Zeichnungen waren gut, wie immer. Viel besser als das meiste von dem, was Gerhard regelmäßig von überall auf der Welt erhielt. Nachdem Blackburn gegangen war, schaute er sie sich noch längere Zeit an, nicht ohne eine gewisse Erregung. De Granvelle würde zufrieden sein, dachte er. Und der Großkanzler zahlte gut.

Und doch war da etwas, was ihm nicht behagte. Er traute Blackburn nicht, und dessen offensichtliche Gefühllosigkeit mißfiel ihm ganz besonders.

Unvermittelt fragte er sich, ob er es vielleicht als ein Zeichen des Schicksals betrachten sollte, daß Blackburn von Clemens de Vilder zu seinem Haus geführt worden war. Zumindest verstärkte es jenes unterschwellig vorhandene Gefühl, daß dunkle Mächte auf ihn lauerten. Doch fürs erste konnte er daran nichts ändern. Er würde bis auf weiteres mit Blackburn zusammenarbeiten müssen.

»Wo bist du mit deinen Gedanken?« fragte Barbara am selben Abend, als sie im Bett lagen und die Kinder endlich alle still waren.

»Ich muß morgen nach Gent, und du weißt, wie unlieb mir das ist.« Er hatte ihr nichts von Blackburn erzählt und hatte auch nicht vor, es jetzt zu tun. In dem Punkt hatte der Schotte recht. Je weniger andere über seine Angelegenheiten wußten, desto besser.

»Nach Gent?«

»Der Abt von Sint-Pieters liegt mit dem Propst von Sint-Baafs im Zwist über irgendeinen Besitz, dessen Maße nicht mit dem übereinzustimmen scheinen, was die Herren im Kopf hatten. Sie wollen, daß ich die nötigen Vermessungen anstelle, um die Sache beizulegen.«

»Hauptsache, sie zahlen dir genug.«

Gerhard richtete sich auf, um die Kerze neben dem Alkoven auszupusten. »Wenn ich dafür reisen muß, ist es nie genug«, sagte er im Dunkeln. »Aber es gibt nun einmal Verpflichtungen, denen man sich nicht entziehen kann.«

Es blieb einen Moment still, dann sagte Barbara kühl: »Verpflichtungen, denen du dich nicht entziehen kannst? Sagst du das jetzt, um mich an meine Pflichten zu erinnern? Willst du etwa noch ein siebtes Kind?«

»Nein«, antwortete Gerhard prompt und war selbst ein wenig erstaunt über seine Entschiedenheit. Er gab Barbara unter der Decke einen Klaps auf die Hüfte. »Niemand wirft dir mangelnde Pflichterfüllung vor, Barbara. Solltest du allerdings der Meinung sein, daß *ich*, was meine ehelichen Pflichten betrifft, zu wünschen übriglasse, dann laß es mich wissen.«

Er drehte Barbara den Rücken zu, schloß die Augen und versuchte alle bösen Gedanken zu verbannen, die zu Alpträumen führen konnten.

17

Ist auch kein Ungeziefer in dem Mehl?« fragte Barbara den Markthändler. »Beim letztenmal habe ich eine Handvoll toter Kakerlaken darin gefunden, von den Rattenhaaren ganz zu schweigen.«

»Kakerlaken sind überaus nahrhaft«, parierte der Mann. »Das macht die Kinderchen groß und stark.« Er zwinkerte Dorothea zu, die neben Barbara stand und argwöhnisch zu ihm aufblickte. Hastig verbarg sie das Gesicht in Barbaras Röcken.

»Füllt mir mal diesen Sack.« Barbara zog einen zusammengefalteten Leinensack aus ihrem Einkaufskorb und gab ihn dem Händler. Dann zupfte sie ihren Geldbeutel auf und fischte einige Stüber heraus. »Getrocknete Äpfel haben wir auch schon nicht mehr«, sagte sie zu ihrer Mutter, die neben ihr stand. »Gerhard hat letzten Winter unseren Apfelbaum gefällt und verheizt. Bestimmt nicht die letzte Dummheit, die er begangen hat.« Wachsam behielt sie die Hände des Markthändlers im Auge, während dieser mit einer hölzernen Meßkelle den Leinensack füllte.

Johanna antwortete nicht. Mit einer bösen Falte zwischen den Augenbrauen lauschte sie einer abgerissenen Kreatur, die neben dem Stand auf einem Karren stand und laut auf die Passanten einredete, von denen freilich nur hin und wieder einmal einer für einige Sekunden stehenblieb: »... und es ist eine Blamage für den Gemahl, wenn seine Frau ihn in zerknittertem Rock zur Messe begleitet oder es nicht versteht, die Flöhe aus dem Bett fernzuhalten und in der Fastenzeit ein Abendmahl für Gäste zuzubereiten. Die Frau hat die Liebe Gottes und das Seelenheil dadurch zu erwerben, daß sie dem Wohle ihres Gemahls dient. Sie hat daher liebevoll, demütig und gehorsam zu sein, ihm Kinder zu gebären, Geduld zu zeigen, wenn er etwas Törichtes tut, und die nötige Nachsicht zu üben und diskret die Augen abzuwenden, wenn er anderen Frauen Beachtung schenkt. Die Ehefrau muß darin bewandert sein, das Haus zu lüften und von Schmutz zu befreien, Fettflecken, Fliegen und Läuse zu entfernen. Sie muß auf die Qualität des Weines achten...«

»Gott im Himmel!« entfuhr es Johanna empört. »Hast du nicht einen faulen Apfel, den ich dem Idioten an den Kopf werfen kann?« Die Frage war an den Markthändler gerichtet.

Der Angesprochene schien etwas entgegnen zu wollen, doch in dem Moment erhob sich am anderen Ende des Marktes ein heftiger Tumult; man hörte das laute Getrappel vieler Pferdehufe auf dem Pflaster und empörte Rufe und Flüche von Menschen, die offenbar aus dem Weg springen mußten. Dann wurden berittene Soldaten sichtbar, angeführt von zwei reichgekleideten Reitern, die allem Anschein nach das Sagen hatten. Zwischen den im Schritt gehenden Pferden stolperte ein Dutzend Gefangener in Ketten. Ihre Fußfesseln klirrten über die Pflastersteine.

»Sie gehen Richtung Kolleg«, sagte Barbara. »Sch«, beruhigte sie Catherina auf ihrem Arm, die zu weinen anfing. »Die Soldaten kommen nicht unseretwegen.«

Johanna sah ihre Tochter mit einem merkwürdigen Ausdruck an. »Bist du dir da so sicher?«

»Wie meinst du das?«

Johanna blickte in die Richtung, in welche die Reiter verschwunden waren. Das Hufgeklapper verhallte, und das Treiben auf dem Markt nahm wieder seinen normalen Gang; nur einige Jungen liefen den Soldaten hinterher. »Ich habe so ein eigenartiges Gefühl, Barbara...«

Barbara drückte Catharina fester an sich. Sie hatte es sich längst abgewöhnt, über die seltsamen Eingebungen ihrer Mutter zu spotten. »Laß uns nach Hause gehen«, sagte sie.

Sie fanden den Zugang zu ihrer Straße von den Soldaten versperrt. Niemand durfte hinein oder heraus. Als sie sich durch die rasch anwachsende Menge der Neugierigen hindurchgezwängt hatten und Barbara erklärt hatte, wer sie war und wo sie wohnte, begleiteten zwei Soldaten sie und Johanna zu ihrem Haus, als wären sie Verbrecher. Dort sah Barbara mit einer Mischung aus Wut und Entsetzen, daß die Tür zum Atelier aufgebrochen worden war.

Gerade trat ein Mann mit sorgfältig getrimmtem schwarzen Bart heraus. Er war fast vollständig in einen pelzbesetzten roten Mantel gehüllt. Unwirschen Schrittes hielt er auf sein Pferd zu, das von einem Soldaten für ihn bereitgehalten wurde. Als er Barbara erblickte, blieb er stehen, die Augen forschend auf sie gerichtet.

Catharina hatte erneut zu weinen angefangen, und Barbara drückte Johanna das Kind in die Arme. »Was hat das hier zu bedeuten?« Aufgebracht und beunruhigt zugleich sah sie den Mann an. »Was gibt Euch das Recht…«

»Ich bin Oberster Ankläger des Rates von Brabant.« Der Mann musterte sie von Kopf bis Fuß. »Und Ihr seid Frau Schellekens, nehme ich an.«

»Ja, die bin ich.«

Der Oberste Ankläger hielt mit behandschuhter Hand ein aufgerolltes Papier hoch. »Ich habe hier einen Haftbefehl gegen einen gewissen Gerd Schellekens, wohnhaft hinter den Augustinern.«

Barbara lief es eiskalt über den Rücken. »Gerd Schellekens? Meint Ihr vielleicht meinen Ehemann, Gerhard Mercator?«

»Das würde ich meinen, ja. Offenbar wurde die Klage irrtümlich unter Eurem Familiennamen registriert.«

»Die Klage? Welche Klage?«

»Ich habe eine Liste mit dreiundvierzig Personen hier in Löwen, die unstatthafter lutherischer Sympathien verdächtig sind. Euer Gemahl ist einer davon.«

»Aber das ist Unsinn! Mein Mann…«

»Wir haben in Eurem Haus belastendes Beweismaterial gefunden, Frau.« Der Ankläger deutete auf zwei Soldaten, die einen Stapel Bücher aus dem Haus trugen. »Eine Vielzahl von Publikationen, die ein guter Christ nicht zu lesen, geschweige denn zu besitzen hat. Unter anderem die Schrift *Von der Freiheit eines Christenmenschen* von Luther selbst. Und Euer Mann scheint auch eifrig mit einem Heinrich Niclaes in Paris zu korrespondieren, der uns als Anführer einer geheimen und verbotenen heterodoxen Sekte namens ›Haus der Liebe‹ bekannt ist.« Der Ankläger sah

Barbara scharf an. »Aber das wußtet Ihr natürlich schon alles.«

»Mein Mann widmet sich der Wissenschaft und korrespondiert mit vielen anderen Gelehrten, wie er auch alle diese Bücher liest, um sich über die Entwicklungen in der Welt auf dem laufenden zu halten. Was ist falsch daran?«

»Diese sogenannte Gelehrtheit ist kein Freibrief dafür, die Lehre der wahren Kirche anzweifeln zu dürfen, Frau. Und der beste Beweis gegen Euren Mann ist wohl, daß er geflohen ist. Wer hat ihn gewarnt?«

»Aber Gerhard ist überhaupt nicht geflohen! Wir wußten ja nichts von Eurem Kommen. Sein Großonkel ist vor wenigen Tagen gestorben, und er ist nach Rupelmonde gefahren, um den Nachlaß zu regeln.«

»Nach Rupelmonde? Schön, dann kann der zuständige Landvogt ihn dort gleich in der Grafenburg einsperren lassen.« Der Ankläger griff nach den Zügeln seines Pferdes, setzte den linken Fuß in den Steigbügel und schwang sich mit einer fließenden Bewegung in den Sattel. »Mich dünkt, Löwen ist eine regelrechte Brutstätte subversiver Elemente. Höchste Zeit, daß hier einmal gründlich ausgemistet wurde.« Worauf er sein Pferd wendete und ohne ein weiteres Wort davonritt. Die Soldaten folgten ihm.

Fassungslos starrte Barbara dem sich entfernenden Trupp nach, bis sie zur Besinnung kam und ins Haus rannte.

Das Atelier hatte sich in der kurzen Zeit in einen Trümmerhaufen verwandelt. Der Arbeitstisch war umgestürzt, und die Werkzeuge und Instrumente lagen überall auf dem Boden verstreut. Bücher und Dokumente waren aus den Regalen geworfen und die Abbildungen von den Wänden gerissen worden. Barbara starrte einige Atemzüge lang ungläubig auf das Chaos und lief dann in banger Erwartung in die Küche. Aber zu ihrer Erleichterung hatten die Eindringlinge den Rest des Hauses offenbar unberührt gelassen.

»Irgend jemand muß Gerhard verleumdet haben«, sagte Johanna, die ihrer Tochter etwas langsamer gefolgt war. Die Kinder standen schweigend da; sie begriffen nichts von alledem. Catharina hatte aufgehört zu weinen. Sie streckte die Ärmchen nach Barbara aus, die das Kind übernahm. »Und dann der Name Schellekens. Wer ist denn so dumm, daß er nicht einmal Gerhards Nachnamen kennt?«

»Da wüßte ich einige«, antwortete Barbara bitter. Sie sank auf einen Stuhl nieder. »Was nun? Heutzutage kann man schon enthauptet werden, wenn man in der Kirche einen Furz gelassen hat!«

Johanna legte Barbara die Hand auf die Schulter. »Gerhard hat Beziehungen zu den höchsten Kreisen.«

»Ja, ja, die einen fallenlassen wie einen Pferdeapfel, wenn man der Ketzerei beschuldigt wird. Die müßten selbst einmal in Verdacht geraten.«

»Barbara, sie haben Gerhard doch noch nicht mal festgenommen.«

»Ach, der läuft doch offenen Auges in die Falle! Und das ausgerechnet jetzt, wo es uns endlich ein wenig besserging.«

Johanna zog die Hand zurück und seufzte. »Früher warst du nie so selbstsüchtig, Barbara.«

»Früher hatte ich keine sechs Kinder zu ernähren. Und überdies kann ich mich noch auf die Rechnung für seine Kerkerhaft gefaßt machen!«

»Gerhard hat nichts verbrochen, sie werden ihn schon wieder freilassen.«

»Ist das eine Vorahnung, oder stellst du jetzt nur vage Vermutungen an?«

»Es gibt doch keine Beweise oder Zeugen dafür, daß er gegen die Kirche agitiert hat, oder?«

»Mutter, du weißt genausogut wie ich, daß der Beklagte in der Pflicht ist, seine Unschuld zu beweisen, und nicht andersherum!«

»Wir könnten auf alle Fälle schon einmal Pfarrer Braems bitten, Gerhard ein Zeugnis auszustellen, daß er ein guter Christ ist. Das wird er gewiß für ihn tun wollen.«

Barbara nickte ohne große Überzeugung. »Das können wir machen, ja...« Sie schaute zu Johanna auf, und ihre Augen verengten sich. »Wenn ich den erwische, der uns das angetan hat!«

»Den zeige ich an«, sagte Johanna. Und es klang, als sei es ihr ernst damit.

Mitten in der Nacht wurde Gerhard im Sint-Jans-Hospiz aus seinem Bett geholt. Im flackernden Schein qualmender Fackeln legte man ihm Fesseln an, und dann wurde er ohne irgendeine Erklärung von einem halben Dutzend Soldaten durch die dunklen Straßen Rupelmondes zur Grafenburg getrieben und dort in den Kerker geworfen.

Gerhard fiel schmerzhaft mit den Knien auf den Steinfußboden. Er versuchte, nicht zu stöhnen, während er sich auf die Seite fallen ließ und die Beine ausstreckte. Es war stockfinster in dem Verlies, doch bevor die Soldaten mit dem letzten Licht verschwunden waren, hatte er die bleichen Gesichter von anderen Gefangenen gesehen, die in derselben Zelle eingesperrt waren. Und er hörte jetzt auch irgendwo in der Nähe der Außenwand eine Kette rasseln. »Potzblitz, wenn das nicht Meister Mercator ist«, sagte eine jungenhafte Stimme. »Seid Ihr es wirklich, Meister?«

Gerhard setzte sich auf und schob sich auf dem Hosenboden rückwärts, bis er an eine eiskalte Wand stieß. Er versuchte, etwas zu sagen, doch seine Stimme war so heiser, daß er sich selbst nicht verstand. Er räusperte sich und versuchte es erneut: »Ja, ich bin Gerhard Mercator. Mit wem habe ich die Ehre?«

»Die Ehre!« spottete jemand.

»Mein Name ist unwichtig«, sagte die jungenhafte Stimme. »Ich studiere in Löwen. Man hat mich verhaftet, weil ich gotteslästerliche Dinge verbreitet haben und Calvinist sein soll. Man hat mindestens fünfundzwanzig Leute aus Löwen eingekerkert. Und einer von ihnen soll schon enthauptet sein.«

Gerhard blickte entsetzt in die Richtung, aus der die Stimme kam, und wünschte, er könnte das Gesicht des Sprechers sehen. »Fünfundzwanzig …? Meine Frau! Sie haben doch wohl nicht meine Frau …?«

»Ich kenne Eure Frau nicht, Meister. Aber Frauen waren nur wenige darunter.«

»Die hätten sie mal zu uns setzen sollen«, sagte eine andere Stimme, »für die paar Tage, die wir vielleicht noch zu leben haben …«

»Aber warum nur, mein Gott?« fragte Gerhard verzweifelt. »Ich habe niemandem etwas getan!«

»Zuviel laut gedacht, vielleicht«, mutmaßte der Student.

»Das scheint derzeit höchst gefährlich zu sein. All das neue Gedankengut macht den Klerus offenbar furchtbar nervös.«

»Oder vielleicht paßt einem deine Visage nicht«, sagte die andere Stimme. »Bei mir war's mein Bruder, da bin ich mir sicher. Er will schon lange meinen Kopf, weil unser Alter mich immer vorgezogen hat. Und da braucht so ein Schweinehund nur zum Schultheiß zu gehen und ihm zu erzählen, du hättest an die Kirche gepinkelt, schon bist du dran. Denk mal drüber nach, wer deine Feinde sind, Meister Mercator, oder wie du auch heißen magst. Nicht, daß es dir viel nützen wird, aber du hast hier ohnehin nichts anderes zu tun.«

Feinde ..., dachte Gerhard. Er schloß die Augen, weil sie zu brennen begannen von der intensiven Starrerei in der Dunkelheit, in der ja doch nichts zu sehen war. Doch das Denken fiel ihm nicht leicht, denn er hatte sich noch nicht von dem Schrecken erholt. Gemma Frisius vielleicht? Gerhard konnte sich nur schwer vorstellen, daß sich der hochmütige Frisius zu einer so feigen Tat herablassen würde. Oder der Propst von Sint-Baafs, der den kürzeren gezogen hatte, als Gerhard den Disput über ein Stück Land zwischen ihm und dem Abt von Sint-Pieters beigelegt hatte? Hatte Bruder Monachus vielleicht zwei Gesichter? Jemand von der Universität?

Ich habe zu oft mit zu vielen Menschen über die Bibel und die Lehre Christi diskutiert, wurde ihm jetzt klar. In diesen unsicheren Zeiten war es fürwahr gefährlich, Bibeltexte auf persönliche Weise auszulegen und die selbsterklärte Unfehlbarkeit der weltlichen Vertreter Gottes zu hinterfragen. Wohlmeinende Menschen hatten ihn mehr als nur einmal davor gewarnt.

Seine Gedanken wanderten erneut zu Barbara und den Kindern. Die Ungewißheit über ihr Schicksal war für ihn plötzlich noch weit schlimmer als die grausame Tatsache seiner eigenen Gefangenschaft. Er fragte: »Du sagtest, daß sie schon jemanden enthauptet haben. War das ein Mann oder eine Frau?«

»Ich glaube, es war ein Mann«, sagte der Student. »Frauen werden meistens lebendig begraben oder auf dem Scheiterhaufen verbrannt.«

»Warum haben sie ihn hingerichtet?«

»Wohl, weil er gestanden hat. Wenn du leugnest, wirst du so lange gefoltert, bis du gestehst, und wenn du einmal gestanden hast, wirst du umgebracht. So läuft das hier. Du kannst dir also eine Menge Elend ersparen, wenn du gleich alles zugibst, was sie dir zur Last legen.«

»Würde ich nicht machen«, meinte der andere. »Man sollte den Hunden doch das bißchen Vergnügen gönnen.« Er hustete und spie im Dunkeln einen Spuckebatzen aus. Gerhard pries sich glücklich, daß es nicht in seine Richtung war.

»Ich hätte dieses Jahr mein Studium der Philosophie abgeschlossen«, sagte der Student. »Alle Anstrengungen für die Katz.« Es klang, als würde er gleich in Tränen ausbrechen.

Philosophie, dachte Gerhard. Offenkundig ein gefährliches Studienfach, weil es zum Denken anregte.

»Und womit befaßt sich Euer Gelehrtheit?« erkundigte sich der ältere Mitgefangene in spöttischem Ton.

»Ich bin in erster Linie Kartograph und Instrumentenbauer«, antwortete Gerhard. Ihm war eigentlich überhaupt nicht danach, zu plaudern, aber glattweg nicht zu antworten, brachte er nicht fertig.

»Ach ja, jetzt weiß ich auch wieder, wer du bist. Du hast einen kleinen Laden bei den Augustinern, nicht?«

»Ein Atelier«, sagte Gerhard. »Ich habe dort ein Atelier.«

»Oh, verzeiht, Meister. Das ist natürlich ein großer Unterschied!«

Gerhard reagierte nicht. Er war den Sarkasmus des anderen allmählich leid. Oder war der vielleicht nur aufgesetzt? Vielleicht war dem Mann ja sterbensbang, und er versuchte das auf diese Weise zu überspielen. »Ist doch jetzt ohnehin alles einerlei«, sagte er müde.

Er zog die Beine an, um eine bequemere Haltung zu finden. Die mit einer Eisenkugel beschwerte Kette an seinem Fußgelenk rasselte dabei unheimlich über den Boden. Eingekerkert zu werden, ohne daß man etwas verbrochen hat, ist furchtbar, dachte er. Aber ob es wohl weniger schlimm wäre, wenn man etwas auf dem Kerbholz hatte? Oder gar noch schlimmer? Er konnte es sich nicht beantworten.

Und warum sitze ich eigentlich nicht allein in einer Zelle? fragte er sich plötzlich. Soweit er wußte, wurden doch Leute, die ein und dergleichen Sache verdächtig waren, nie zusammen eingesperrt, damit sie ihre Aussagen nicht aufeinander abstimmen konnten. Aber das galt vielleicht nicht für Ketzerei. Oder vielleicht herrschte Platzmangel in der schon teilweise verfallenen Grafenburg.

Er versuchte, nur ja nicht an die Folterbank zu denken,

die ihn vielleicht erwartete. Er ertrug keine Schmerzen und würde wahrscheinlich sofort alles gestehen, was sie nur wollten. Das schien wohl auch das Vernünftigste zu sein, wenn es ohnehin keinen Ausweg gab.

Realismus und Fatalismus, dachte er. Daran mußte er sich zu klammern versuchen. Denn wenn er seiner Einbildung und seinen Ängsten freien Lauf ließe, würde er bald wimmernd auf allen vieren kriechen.

»*Practica inquisitionis hereticae pravitatis*«, sagte der Inquisitor und hob das Buch in die Höhe, das er in der Hand hielt. »Zu den Ketzern zählen vor allem Katharer, Waldenser, Pseudo-Apostel, Juden, Hexen und … Wahrsagerinnen.« Er blickte auf Barbara und Johanna hinab, die, in ein Schandkleid gehüllt, mit gesenktem Haupt neben einer frisch ausgehobenen Grube knieten. »Nur der Allmächtige kann wissen, was die Zukunft bringen wird. Ein Sterblicher, der behauptet, das ebenfalls zu können, maßt sich eine göttliche Eigenschaft an und ist somit ein Betrüger und ein Gotteslästerer oder sogar eine Hexe. Hier zu unseren Füßen sehen wir eine sogenannte Wahrsagerin und ihre Tochter. Es hat dem Vogt gefallen, beide dazu zu verurteilen, daß man sie lebendig begrabe. Alsdann sollen ihre Gebeine verbrannt werden, auf daß ihre Sünden ein für allemal beseitigt sind.«

Der Inquisitor machte eine theatralische Handbewegung zu einer in Schwarz gekleideten Gestalt hin, die geduldig auf einem großen Spaten lehnte. Der Mann warf sich in die Brust und trat auf die Grube zu. Dabei schien er wie ein Schatten über den Boden zu gleiten, anstatt auf zwei Beinen zu gehen.

»Ich ersuche beide Verurteilte, sich freiwillig in die Grube zu begeben«, sagte der Inquisitor. Als keine der beiden Frauen reagierte, gab der Inquisitor dem Henker erneut ein Zeichen, worauf dieser seinen Spaten hob, als wolle er Barbara damit auf den Hinterkopf schlagen. In dem Moment fiel Licht auf das Gesicht des Mannes, so daß Gerhard ihn erkannte.

»Nicht!« Gerhard wollte aufspringen, wurde aber von seiner Kette daran gehindert. »Nicht!« schrie er abermals. »Du gemeiner Lump!« Er ruckte so heftig an seiner Kette, daß ihm ein heftiger Schmerz durch das linke Bein fuhr.

Der Schmerz weckte Gerhard aus seinem Alptraum. Er war sich sicher, daß er nicht geschlafen hatte, und dennoch hatte ihn ein böser Traum heimgesucht. Offenbar war auch schon einige Zeit vergangen, seit sie ihn in den Kerker geworfen hatten, denn es fiel fahlgraues Licht durch ein Luftloch hoch oben in der Wand ihm gegenüber.

»Mann, machst du einen Radau!« sagte der Student. »Deine Frau ist nicht zu beneiden.«

Gerhards wie wild schlagendes Herz beruhigte sich wieder ein wenig. Er konnte jetzt vage und schemenhaft die hellen Flächen der Gesichter seiner Mitgefangenen sehen. Und neben sich einen Haufen Stroh, auf den er sich hätte legen können. Er war im Dunkeln gerade ein kleines Stückchen zu weit nach rechts gerutscht.

»Ich muß eingeschlafen sein.« Es klang, als fühlte er sich deswegen schuldig. »Ich hatte einen bösen Traum…« Er wurde sich bewußt, daß es keinen Sinn hatte, zwei Unbekannten seine Träume mitzuteilen. »Kein Wunder, an einem so scheußlichen Ort wie diesem«, sagte er. Und erneut regte sich die Angst, die Angst vor dem, was der Tag bringen würde. Vor allem vor den Nachrichten, die der Tag vielleicht über Barbara bringen würde.

»Bete mal zu unserem Herrgott, daß deine Familie für deinen Unterhalt hier bezahlt«, sagte der ältere Mann, der geraten zu haben schien, woran Gerhard gerade dachte. »Sonst lassen sie dich auch noch verhungern.«

»Und für den Barbier«, sagte der andere. »Nachher kommt der Barbier, denn sie wollen, daß wir anständig aussehen, wenn wir vor dem Vogt erscheinen. Aber der Barbier arbeitet natürlich auch nicht unentgeltlich.«

»Sie beschlagnahmen alles, was du besitzt«, meinte der andere. »Aber falls du irgendwann wieder rauskommst, und ich sage bewußt *falls*, bekommst du zurück, was nach Abzug der Kosten übrig ist. Viel ist das meist nicht, habe ich mir sagen lassen. Da kann ich direkt von Glück sprechen, daß ich fast nichts besitze.« Er ließ ein spöttisches Lachen ertönen, das sogleich in Husten und Röcheln überging. »Diese Feuchtigkeit macht mich krank«, erklärte er, als sich der Anfall gelegt hatte. »Wenn sie mich hier sitzen lassen, krepiere ich von ganz alleine, da brauchen sie keinen Henker zu bezahlen.«

»Du schwatzt zuviel«, sagte der Student.

»Fällt dir denn was Besseres ein?«

»Gut überlegen, was wir sagen werden, wenn sie uns verhören.«

»Als wenn das auch nur das geringste ausmachen würde!«

»Man kann immer noch Glück haben.«

»Wenn ich Glück hätte, wäre ich reich und hätte nicht so eine häßliche Frau und solche blöden Kinder.«

»Also bitte!« sagte Gerhard indigniert.

»Ach je, der hochwohlgeborene Meister fühlt sich gestört«, sagte der ältere Mann. »Du solltest lieber eine eigene Zelle beantragen, sonst mußt du noch auf den gleichen Haufen scheißen wie wir!«

»Laß ihn doch in Ruhe«, erwiderte der Student vorwurfsvoll.

»Ich hasse Vornehmtuer«, maulte der andere, doch nach einem weiteren Hustenanfall zog er es vor, zu schweigen.

Gerhard schloß wieder die Augen und ließ das Kinn auf die Brust sinken. Die Kälte war ihm jetzt in den ganzen Körper gekrochen, und er preßte die Lippen aufeinander, um nicht hörbar mit den Zähnen zu klappern. Draußen fror es tüchtig, und die Lüftungslöcher des Kerkers waren nicht verglast. Die allgegenwärtige Feuchtigkeit war fast so schneidend wie der kalte Nordwind draußen. Sobald er Besuch bekam, mußte er um Decken bitten. Ohne Decken konnte man den Winter hier nicht überleben. Im stillen betete er, daß der erste Besucher Barbara sein würde. *Falls* er überhaupt Besuch bekäme.

»Es wurden mehrere Studenten und ein Dozent festgenommen«, sagte der Rektor. »Ich kann schwerlich für jeden ein Zeugnis ausstellen.« Er saß sichtlich angespannt hinter seinem Eichenschreibtisch. »Mein Gott, Zustände sind das, ich habe die ganze Nacht kein Auge zugetan.«

Barbara blickte einige Atemzüge lang mißbilligend auf ihn hinab. »Ich bitte nicht um ein Zeugnis für alle, ich brauche lediglich eines für Gerhard. Pfarrer Braems hatte keinerlei Probleme damit, schriftlich zu bestätigen, daß Gerhard ein guter Christ ist, warum könnt oder wollt Ihr das nicht auch tun?«

»Weil der Herr Rektor an seine eigene Haut denkt«, sagte Johanna neben ihr.

Der Rektor schlug erbost mit der flachen Hand auf den Tisch. »Es ist die Pflicht eines Gemeindepfarrers, Ketzer ausfindig zu machen, und nicht andersherum!« bellte er.

Johanna machte eine beschwichtigende Gebärde. »Entschuldigt, aufgrund der Ereignisse sind wir wohl alle sehr angespannt. Auch wir haben nicht geschlafen!« Letzteres klang schon wieder ein wenig vorwurfsvoll.

Die böse Stirnfalte des Rektors verschwand nicht. »Woher wollt Ihr so genau wissen, daß Gerhard verhaftet wurde? Habt Ihr etwa schon Nachricht darüber erhalten?«

»Er sollte heute früh nach Hause kommen, und jetzt ist es schon weit über Mittag hinaus«, antwortete Barbara.

»Er kann aufgehalten worden sein. Es hat wieder geschneit, vielleicht …«

»Wir wissen es«, sagte Johanna ungeduldig. »Das könnt Ihr uns glauben.«

»Nun ja, eine große Überraschung ist es nicht. Meister Mercator hat bisweilen Mühe, seine Zunge im Zaum zu halten, nicht wahr?«

»Offenbar ist er in Löwen nicht der einzige.«

»Nein«, räumte der Rektor verkniffen ein. »Das ist ein schwerer Schlag für die Reputation unserer Universität. Wenn wir nicht …«

»Ein Zeugnis«, unterbrach ihn Barbara ungeduldig. »Bitte!« Es gelang ihr nicht recht, das »Bitte« so untertänig klingen zu lassen, wie es sich gehörte.

Der Rektor sah sie einige Augenblicke lang brütend an, zog aber schließlich doch ein Blatt Papier zu sich heran und nahm den Gänsekiel aus dem eleganten silbernen Tintenfaß, das auf dem Tisch stand. Die Augen schon auf das Papier gerichtet, deutete er mit der anderen Hand auf einige Stühle. Während Barbara und Johanna Platz nahmen, begann seine Feder mit eckigen Strichen über das Papier zu kratzen. »Ich richte dieses Schreiben an die Statthalterin der Niederlande, Maria von Ungarn, in Brüssel«, sagte er, ohne sein Gekritzel zu unterbrechen. »Ich hatte schon einmal Kontakt mit ihr. Möglicherweise ist sie bereit, ein Wort bei ihrem Bruder einzulegen.« Er blickte auf. »Bei Kaiser Karl...«

Sie brachten Gerhard in einen großen Raum mit hoher Decke und, bis auf ein großes Kruzifix, kahlen Wänden. Einziges Möbelstück in dem Raum war ein wuchtiger Schreibtisch aus einem dunklen, fast schwarzen Holz. Hinter dem Tisch stand ein überreichlich verzierter, mit rotem Samt gepolsterter Sessel, der beinahe schon wie ein Thron aussah. Auf dem Tisch lagen Schreibutensilien und ein großes, in Leder gebundenes Buch, das ein wenig abgegriffen aussah. Vier hohe, schmale Bleiglasfenster ließen das Licht in dem Raum grünlich erscheinen. Neben diesen Fenstern hingen große Öllampen in schmiedeeisernen Halterungen. Darüber waren Rußflecken an den farblosen, rauhen Wänden.

Einer der Wächter in dem Raum riß mit ausladender Gebärde eine Tür auf, als leiste er irgendeinem Signal Folge, das Gerhard entgangen war. »Lodewijk Steelant, Vogt des Waaslandes«, verkündete er in feierlichem Ton.

Flinken Schrittes trat ein in braunes Leder und einen schwarzen Mantel gekleideter, magerer Mann ein, ein dünnes Bündel Dokumente unter dem Arm. Während er auf dem Sessel hinter dem Schreibtisch Platz nahm, warf er Gerhard einen kurzen, forschenden Blick zu. Aus seinen Bewegungen sprachen Eile und Ungeduld. »Das ist der erste von wie vielen heute?« fragte er in den Raum hinein. Derweil breitete er die mitgebrachten Papiere vor sich auf dem Tisch aus.

»Meister Gerhard Mercator aus Löwen, Herr Vogt«, antwortete der Wächter, der ihm die Tür geöffnet hatte. »Es warten noch fünf Männer und eine Frau.«

»Und alle aufgrund der gleichen Beschuldigungen«, stellte der Vogt kopfschüttelnd fest. »Was sind das nur für heidnische Zeiten?« Sein Blick richtete sich forschend auf Gerhard, der unbehaglich das Gewicht vom einen Bein auf das andere verlagerte. Seine Waden waren verkrampft vom langen Sitzen in der eiskalten Zelle.

»Ich verstehe diese Beschuldigung nicht, Herr Vogt. Ich bin immer ein frommer Christ gewesen und habe meine kirchlichen Pflichten nie vernachlässigt.« Es erstaunte Gerhard etwas, daß seine Stimme mehr oder weniger normal klang.

»Hm, die Anklage ist freilich eindeutig.« Der Vogt blickte wieder in seine Papiere. »Ihr sollt mit lauter Stimme und vor vielen Zuhörern die ketzerischen Behauptungen nämlichen Luthers bekräftigt und unterstützt haben. Ketzerisches Verhalten, das Euch angesichts Eures Status und Eurer Verantwortung als Mann der Wissenschaft doppelt schwer anzulasten ist.«

»Lügen, Herr Vogt. Übelste Verleumdung.«

Der Vogt sah Gerhard nicht an. »Das sagen sie alle. Bis sie auf der Folterbank liegen, da tönen sie dann schon ganz anders. Zieht Ihr das vielleicht einem nur vernünftigen, raschen Geständnis vor?«

»Ich frage mich, wer mich derart angeschwärzt hat.«

Jetzt schaute der Vogt auf. »Wenn Ihr nur ein kleines bißchen von der Rechtsprechung verstündet, wüßtet Ihr, daß dem Beklagten niemals die Identität des Klägers eröffnet werden darf.«

»Kommt der Name Clemens de Vilder irgendwo in Euren Papieren vor, wenn ich fragen darf, Herr Vogt?«

»Dieselbe Rechtsprechung schreibt mir auch vor, den Beklagten gegenüber geduldig und freundlich zu sein. Doch das hat Grenzen, Meister Mercator!«

Gerhard ließ die Schultern hängen. »Dieser Mann ist mir nicht wohlgesinnt, Herr Vogt. Und ich sah ihn in einem Alptraum, deshalb.«

»Aha, Ihr zeigt zu alledem ein ungesundes Interesse für okkulten Hokuspokus, wie ich sehe?« Der Vogt tippte mit spitzem Zeigefinger auf das vor ihm liegende Dokument. »Die Mutter Eurer Ehefrau ist eine sogenannte Wahrsagerin?«

Gerhard preßte kurz die Lippen aufeinander, bevor er antwortete: »Johanna Switten übt sich ein wenig in unschuldigem Handlesen, das ist alles.«

»Und ihre Tochter Barbara Schellekens, Eure Ehefrau, hat sie auch derlei besondere Begabungen?«

»Meine Frau ist eine gute Christin und eine gute Mutter, Herr Vogt, und nichts sonst.«

»Und mehr bedarf es auch nicht«, spottete der Vogt.

Gerhard holte tief Luft. »Ist meine Frau… Hat man sie auch festgenommen?«

Der Vogt fixierte Gerhard scharf. »Eine gute Christin und gute Mutter? Warum sollte man?«

»Ich bin auch ein guter Christ und ein guter Vater«, entgegnete Gerhard mutlos. »Und Ihr seht mich hier stehen.«

»Hm…« Mit zwei Fingern hob der Vogt das vor ihm liegende Dokument hoch, als ekelte ihn davor. *»Am fünften Tag schuf Gott die Tiere und die Fische im Wasser und die Vögel in der Luft, und Er sah, daß es gut war. Am sechsten Tag schuf er jedoch eine andere Art, die zu einer Bedrohung für Seine anderen Geschöpfe werden sollte, und Er sah, daß es nicht gut war. Doch da war es offenbar schon zu spät, um noch etwas daran zu ändern…«* Der Vogt blickte über das Papier hinweg zu Gerhard. »Eure eigenen gotteslästerlichen Worte, Meister Mercator?«

»Aber wer…?«

»Ich wies Euch bereits auf Eure Verantwortung als Mann der Wissenschaft hin, Meister. Die Menschen, vor allem die jungen Menschen, hören Euch mit einer gewissen Ehrfurcht zu und nehmen sich Eure Äußerungen zu Herzen, wie Ihr merkt.«

»Ich sagte das Zitierte während einer Vorlesung vor Studenten, es war nicht ernst, sondern scherzhaft gemeint. Man lachte im übrigen auch darüber, man hat mich ganz gewiß nicht falsch verstanden.«

»Man lachte, Meister Mercator? Muß ich dem entnehmen, daß Ihr über die Schöpfungsgeschichte und die Bibel spottet?«

Gerhard ließ den Kopf hängen. »Was ich auch sage …«

»Und dann ist da noch diese berüchtigte Karte von Euch«, fuhr der Vogt ungnädig fort. »Vom Heiligen Land. Die erfreut sich großen Interesses, nicht wahr?«

»Äh … ja?«

»Was natürlich darauf zurückzuführen ist, daß sie für Menschen, die die Bibel studieren wollen, außerordentlich hilfreich ist.«

»So scheint es, ja.«

Der Vogt schlug laut mit der Hand auf den Tisch. »Als wüßtet Ihr nicht, daß es Laien strengstens verboten ist, eine Bibel zu besitzen!«

»Nein, Herr«, erwiderte Gerhard niedergeschmettert. »Das wußte ich in der Tat nicht. Ich verfolge das alles nicht so genau.«

»Er verfolgt das alles nicht so genau. Ihr seid mir ja ein schöner Wissenschaftler!«

»Verzeiht, Herr Vogt, ich war mir wirklich keines Unrechts bewußt.«

»Ja, das glaube ich sofort!« sagte der Vogt, und in seiner Stimme schwang unverhohlene Verachtung mit. »Dennoch gibt es etwas, das für Euch spricht.« Es klang, als sagte er das nur widerwillig. »Die Beteuerung Eurer Frau, daß Ihr nicht vor dem Recht geflohen wärt, entspricht den Nachforschungen zufolge der Wahrheit. Wie verlautet, wart Ihr in der Tat im Zusammenhang mit dem Tod Eures Großonkels …« – der Vogt beugte sich über seine Papiere – »… Kaplan Gisbert de Kremer hier in Rupelmonde. Ein angesehener Mann und nicht ganz unvermögend.« Er lehnte sich in seinem Sessel zurück und zupfte mit Mittel- und Zeigefinger der linken

Hand bedächtig an seinem Bart. »Seid Ihr der einzige Erbe, Meister Mercator?«

»Verzeiht, Herr Vogt, aber was hat diese Frage mit meiner Verhaftung zu tun?«

»Bisweilen kann eine großzügige Schenkung an die Kirche die Beweislast erheblich mindern, Meister Mercator«, erwiderte der Vogt ernst.

»Warum sollte ich mich von einer Schuld loskaufen, die ich nicht begangen habe?«

»Um Euch vor schlimmerem Unheil zu bewahren, das müßte ein studierter Mann wie Ihr doch von sich aus begreifen.«

»Ich mag zwar studiert haben, aber derlei … äh … Situationen sind mir gänzlich fremd, Herr Vogt.«

Der Vogt nickte ergeben. »Ihr wollt also lieber vor dem Tribunal erscheinen?«

»Ich will lieber nach Hause, zu meiner Frau und meinen Kindern. Ich habe nichts verbrochen.«

Der Vogt nickte. »Meine Arbeit wäre weitaus reizvoller, wenn Beklagte wie Ihr weniger leicht berechenbar wären.« Er nickte einem der Wächter zu. »Bringt Meister Mercator in die Zelle zurück, und führt den nächsten Gefangenen vor.« Er würdigte Gerhard keines Blickes mehr.

18

Es tut mir außerordentlich leid, was deiner Familie widerfahren ist, das ist sehr schlimm«, sagte Frisius, und es gelang ihm sogar, es aufrichtig klingen zu lassen.

Eher aus Gewohnheit denn aus Höflichkeit deutete Barbara auf einen Stuhl. »Möchtest du dich nicht setzen? Aber mach es kurz, Bartholomäus und Rumold sind krank, ich kann sie nicht lange allein lassen.«

»Ich habe auch nicht so viel Zeit.« Frisius ließ den Blick durch das wieder vollkommen aufgeräumte Atelier wandern. »Die Banausen haben wenigstens keinen bleibenden Schaden angerichtet, wie ich sehe?«

»Na ja, wenn man von dem finanziellen absieht. Und Gerhards Aufenthalt in der Grafenburg ist auch nicht gerade wohlfeil.«

»Kommst du zurecht? Ich könnte dir eventuell etwas leihen.« Frisius sah Barbara berechnend an. »Zinslos.«

Barbara schnaubte. »Ich habe nicht vor, mich von dir bespringen zu lassen, um die armseligen Zinsen zu sparen.«

Frisius zog eine schmerzliche Grimasse. »Ich hätte dich für klüger gehalten. Was, wenn nachher das letzte Geld verbraucht ist und sie dein Haus einfordern?«

»Dann setze ich sie vor die Tür, wie ich das auch gleich mit dir tun werde.«

»Barbara…« Frisius seufzte mißvergnügt. »Ich bin bei diesem schlechten Wetter eigens hierhergekommen, um dir zu helfen.«

»Auf diese Art von Hilfe kann ich so gut verzichten wie auf eine neuerliche Schwangerschaft!« Barbara deutete mit dem Kopf zur Tür. »Ich habe zu tun, besser, du gehst jetzt.«

»Das könnte dir noch leid tun.«

»Ach, mir tut schon so vieles leid, da werde ich auch das noch verkraften können.«

»Und was, wenn Gerhard nie mehr freikommt?«

Barbara fixierte Frisius einige Atemzüge lang, bevor sie argwöhnisch fragte: »Warum sollte er nicht freikommen? Weißt du etwa mehr darüber? Oder…« – sie trat drohend einen Schritt auf ihn zu – »…oder hast du womöglich gar etwas damit zu tun, daß sie ihn verhaftet haben?«

»Gott bewahre!« erwiderte Frisius empört. »Hältst du mich wirklich für so niederträchtig?«

»Da bin ich mir noch nicht so ganz sicher. Männer, die ihre dreckigen Klauen nicht von der Frau eines anderen lassen können, sind sehr mit Vorsicht zu genießen.«

Jetzt lief Frisius rot an. »Ich bin es leid, mich derart beleidigen zu lassen von… von…«

»Von dem Gegenstand deiner unbefriedigten Lustgefühle?«

»Vielleicht hätten sie besser dich in den Kerker geworfen!« blaffte Frisius. Und ohne ein weiteres Wort rauschte er hinaus und verschwand mit wehendem Mantel im stetig herabrieselnden Schnee.

Barbara ließ sich auf einen Stuhl am Arbeitstisch sinken und vergrub das Gesicht in den Händen. Den kalten Wind, der hungrig durch die noch offenstehende Tür hereinwehte, registrierte sie gar nicht. »O Herr, laß es ein Ende haben!« betete sie laut. Hinter der geschlossenen Küchentür wurde das Kreischen sich streitender Kinder laut, doch auch das kümmerte sie nicht. »Was habe ich verbrochen, was habe ich getan...?«

»Du hast dir ganz einfach den falschen Kerl ausgesucht.«

Einen Moment lang dachte Barbara, Frisius hätte wieder kehrtgemacht, doch als sie aufschaute, stand Clemens de Vilder in der Tür. Er schloß die Tür hinter sich und trat ins Atelier, als wäre das selbstverständlich. Ja, er blickte sich dabei um, als trüge er sich mit der Absicht, die Räumlichkeiten zu erwerben.

»Mit welchem Recht...«, brauste Barbara auf.

Clemens machte eine beschwichtigende Gebärde. »Wir wollen nicht streiten, das macht nur den Kindern angst.« Die Augen auf eine Kopie der Karte von Flandern geheftet, die an der Wand hing, fragte er: »Wie geht es Arnold? Entwickelt er sich zu einem so prächtigen Burschen wie sein Vater?«

»Was suchst du hier?«

Clemens sah sie an und lächelte. »Ach, ich dachte mir... da dieser langweilige Federfuchser nun schon ein Weilchen aus dem Haus ist, dürften bei dir allmählich gewisse Bedürfnisse aufkommen. Du und ich wissen ja, wie heißblütig du bist, nicht wahr, Barbara?«

Barbara erhob sich langsam von ihrem Stuhl und wies mit ausgestrecktem Finger zur Tür. »Mach, daß du wegkommst, oder ich zeige dich beim Schultheißen an!«

»Anzeigen? Ts, ts, ts, und was willst du mir zur Last legen? Daß ich gerne einmal meinen Sohn sehen möchte?

Weiß dein dröger Gerhard eigentlich, daß Arnold nicht von ihm ist?« Er kicherte kurz: »Ich frage mich übrigens, wie viele der fünf anderen von ihm sind, wenn ich mir so anschaue, wer hier alles ein und aus geht.«

»Ich habe soeben einem angesehenen Mann die Tür gewiesen, der genauso töricht dahergeredet hat wie du. Und der war längst nicht so dreist.«

»So? Ein angesehener Mann mit unzweideutigen Absichten? Warum hast du ihn weggeschickt? Wollte er nicht genug zahlen?«

Barbara seufzte. Mit einem Mal machte sie das alles eher müde als wütend. »Bin ich froh, daß ich dich nie geheiratet habe!«

Clemens lachte spöttisch. »Mit einem Gotteslästerer, der im Kerker sitzt, bist du natürlich viel besser dran.«

Barbaras Augen verengten sich. »Warst du es, der diese Lügen über Gerhard verbreitet hat?«

»Das wirst du wohl niemals erfahren, liebste Barbara«, entgegnete Clemens unverändert spöttisch.

Barbara spitzte die Lippen. »Da wäre ich mir an deiner Stelle nicht so sicher. Ich kenne Menschen, denen weder Wahrheit noch Lüge verborgen bleiben, weil sie bis ins Innerste deiner Seele schauen können.«

»Du meinst doch wohl nicht deine närrische Mutter?«

»Menschen, die in deine Träume eindringen können, die dich derart das Fürchten lehren können, daß du die Wahrheit herausschreist, um von diesen höllischen Ängsten erlöst zu sein, die dich so wahnsinnig machen können, daß du dir eigenhändig ein Messer ins Herz stichst, weil du das Leben nicht mehr erträgst…«

Jetzt war Clemens der Spott vergangen. »Was faselst du denn da?«

Barbara spürte seine plötzliche Beunruhigung. Mit gesenkter Stimme sagte sie: »Sie haben die Falschen in den Kerker geworfen, Clemens. Aber wie sollte es auch anders sein… die, die wahrhaftig über teuflische Kräfte verfügen, lassen sich nicht von Sterblichen ergreifen. Dennoch sinnen sie auf Rache gegen die, die ihnen übelwollten. Und sie werden nicht ruhen, ehe ihre Rachegelüste nicht befriedigt sind.«

»Dummes Geschwätz!« sagte Clemens, doch er erschrak sichtlich, als eines der Kinder in der Küche plötzlich laut schrie.

»Du wirst noch den Tag verfluchen, da dich dein Vater gezeugt hat, und ich und viele andere werden lachend zusehen.«

In dem Moment öffnete sich die Tür, und Johanna trat ein. Sie sah Clemens forschend an, während sie sich den Schnee von den Ärmeln klopfte. »Was will denn der hier?« fragte sie Barbara.

»Heute geben sich die Herren die Klinke in die Hand, um mir unzweideutige Angebote zu machen«, antwortete Barbara, ohne den Blick von Clemens abzuwenden. »Aber wenn du mich fragst, ist der hier überdies ein Verleumder und Verräter.«

Johanna runzelte böse die Stirn und fuhr Clemens an: »Schämst du dich nicht, eine unglückliche und wehrlose Frau zu belästigen?«

»Ich wollte doch nur…«

»Schämst du dich nicht?« wiederholte Johanna mit einer Stimme, so schneidend wie zerbrochenes Glas.

»Mir scheint, sie haben in der Tat die Falschen in den Kerker geworfen«, polterte Clemens, doch es war offenkundig, daß er damit vor allem seine eigene Unsicherheit kaschieren wollte. »Vielleicht hätten sie euch beide festnehmen sollen!« rief er noch, und dann rannte er hinaus, als wäre ihm der Teufel auf den Fersen.

Barbara sank wieder auf den Stuhl nieder. Kaum hörbar sagte sie vor sich hin: »Was will er nur? Warum kann er nicht einfach aus meinem Leben verschwinden?«

Johanna sah ihre Tochter an. »Du hast seinen Sohn, Barbara. Die Ähnlichkeit ist mittlerweile unübersehbar, und das hat er natürlich auch schon gemerkt.«

»Ach, was spielt es auch noch für eine Rolle.«

»Barbara...« Johanna faßte Barbara beim Kinn und zwang ihre Tochter, sie anzusehen. »Gerhard kommt schon wieder nach Hause.«

Barbara seufzte und stieß Johannas Hand weg. »Unser Ruf ist ein für allemal befleckt.«

»Euer Ruf?« Johanna lachte höhnisch. »Du bist hier in Löwen, Mädchen. Hier blicken sie mit Bewunderung zu dir auf, wenn du wegen Ketzerei im Kerker gesessen hast.« Sie stellte sich hinter Barbara, faßte sie unter den Armen und hievte sie mit überraschender Kraft hoch. »Komm, mach etwas Wein für uns beide warm. Ich muß dir etwas über einen Engländer erzählen, der hier in Löwen studiert.«

Barbara zog überrascht die Augenbrauen hoch. »Was hast du mit einem Engländer zu schaffen?«

»Er studiert Mathematik und Astronomie und möchte Gerhard schon lange kennenlernen.«

»Dann sag ihm mal, wie er nach Rupelmonde findet. Und was hat den Knaben überhaupt zu dir geführt?«

»Er interessiert sich ganz außerordentlich für Magie.«

»Aha.«

»Im übrigen ist John Dee schon lange kein Knabe mehr, und er verkehrt in höheren Kreisen.«

Barbara ging ihrer Mutter voran in die Küche. »Hast du ihn in deinen kleinen Zirkel aufgenommen?«

»Er ist sehr gerissen und äußerst versiert in der Aufdeckung geheimer Intrigen. Vielleicht findet er ja heraus, wer Gerhard in den Kerker gebracht hat.«

Barbara blieb stehen, um Johanna anzusehen. »Und dann?«

»Wenn wir das wüßten, könnten wir vielleicht etwas unternehmen.« Johanna senkte die Stimme, und ihre Augen bekamen den stechenden Blick, vor dem sich Barbara als Kind manchmal gefürchtet hatte. »Wie zum Beispiel, den Schuldigen dazu zu bewegen, seine Klage zurückzuziehen ...«

Die tiefstehende Wintersonne, die hinter einer teilweise eingestürzten Mauer der Grafenburg hervorsprang, stach Gerhard so sehr in die Augen, daß er völlig geblendet war. Es war Tage her, seit er zum letztenmal unter freiem Himmel gewesen war, und so war ihm im ersten Moment selbst das normale Tageslicht unerträglich gewesen. Hastig blickte er zu Boden, auf die Kette mit der Eisenkugel an seinem Fußgelenk, die bei jedem mühevollen Schritt widerstrebend ein Stück weiterrollte. Das Rasseln seiner Kette mischte sich mit dem des Dutzends anderer Gefangener zu einem makaberen Chor. Sie wurden allesamt zum Ausgang der Burg getrieben.

»Vorwärts, faules Pack!« brummte ein Bewacher und stieß einen Gefangenen mit der Rückseite seiner Hellebarde ins Kreuz, so daß der Mann strauchelte und beinahe stürzte. »Sonst kommen wir noch zu spät, und ich will das Spektakel nicht verpassen.«

Auf dem Platz vor der Burg, am Ende der langen Brücke über den Burggraben, mußten die elf Männer und eine Frau stehenbleiben. Furchtsam blickten sie auf den Volksauflauf, der sich dort versammelt hatte. Es war bereits März, aber immer noch bitterkalt. Das hatte die sensationslüsterne Menge freilich nicht abhalten können. In dicke, dunkle Kleider gehüllt, drängten sich die Leute mit roten Nasen und dampfendem Atem erwartungsvoll um den Blaustein in der Mitte des Platzes. Beim Erscheinen der Gefangenen erhob sich aufgeregtes Gemurmel, und hier und da wurde ein Schimpfwort gerufen. Es war nicht ganz deutlich, ob es den Gefangenen galt oder dem Schultheißen und dem Vogt, die in Begleitung eines Priesters und einiger Büttel mit einem Verurteilten am Blaustein warteten.

Gerhard fröstelte unter der zerfransten grauen Pferdedecke, in die er sich gehüllt hatte, um sich, so gut es ging, vor dem schneidenden Wind zu schützen. Die Hälfte der Gefangenen hustete und nieste, aber davon war er bisher verschont geblieben. Mochte er von der Statur her auch eher schwächlich wirken, so war er doch mit einer guten Gesundheit gesegnet. Obgleich er sich in den letzten Tagen alles andere als kräftig gefühlt hatte.

Sein Blick huschte scheu zu dem Verurteilten hinüber, der

mit gesenktem Kopf neben dem Blaustein stand. Der Mann war ihm nicht bekannt. Und dabei überkam ihn eine vage Erleichterung, für die er sich sogleich schämte. Hinter dem Verurteilten stand, auf ein mächtiges Beil gelehnt, der Henker. Die ganz in Schwarz gekleidete, gedrungene Gestalt, deren Gesicht unter einer Kapuze mit Augenschlitzen versteckt war, sah dem Henker aus Gerhards Alptraum beunruhigend ähnlich. Aber diesmal war es nicht nur ein Traum.

Der Vogt gab einem wartenden Ausrufer ein Zeichen, worauf dieser ein Stück Pergament entrollte. Das Gemurmel der Menge erstarb. Mit tragender, feierlicher Stimme verlas der Mann das Geschriebene.

Der Verurteilte war ein Mann namens Dieter van Es, ein Hufschmied aus Rupelmonde. Er hatte, nachdem man ihm Daumenschrauben angelegt hatte, gestanden, ein Anhänger Luthers zu sein. Um für die Bürger Rupelmondes und die anderen der Ketzerei verdächtigten Gefangenen ein Exempel zu statuieren, sollte er öffentlich enthauptet werden.

Als der Ausrufer geendet hatte, wurde der Verurteilte von zwei Wächtern gezwungen, sich hinzuknien und den Kopf auf den Blaustein zu legen. Sie hatten ihm keine Augenbinde angelegt, und so konnte Gerhard von dort, wo er stand, sehen, wie der Mann die Augen so wild hin und her rollte, als wollten sie sich aus ihren Höhlen befreien.

Der Priester trat vor. Er murmelte ein Gebet und flehte dann leise um Gottes Vergebung für den Sünder, der gleich vor Seinen Thron geführt werden würde.

»Fünfzig Stockschläge für jeden, der wegsieht oder die Augen schließt!« bellte ein Bewacher den Gefangenen zu, als der Henker in die Hände spuckte und sein Beil hob.

Wie hypnotisiert starrte Gerhard auf die Schneide des Beils, die im Sonnenlicht blitzte. Der Henker ließ das Beil mit solcher Wucht herniederfahren, daß der Stahl ein summendes Geräusch machte, bevor er sich mit einem dumpfen Schlag in den Nacken des Verurteilten grub. Dennoch wurde dessen Kopf nicht sogleich vom Rumpf abgetrennt. Er baumelte noch töricht an einem Rest von Haut und Sehnen, bis der Henker erneut das Beil hob und der Stahl singend einen Funken aus dem Blaustein schlug. Der Kopf fiel fein säuberlich in den Korb mit Sägespänen, und der Rumpf glitt seitlich zu Boden. Blut spritzte pulsierend aus dem verbliebenen Stück Hals, als pumpte das Herz des Opfers einfach weiter. Hier und da ertönten Beifallsrufe, aber die meisten Menschen blieben still. Manche Zuschauer wollten näher kommen, um sich den Leichnam anzusehen, wurden aber von den Bütteln mit ihren Hellebarden unsanft auf Distanz gehalten.

Gerhard kniff die Augen zu, öffnete sie jedoch rasch wieder, als er erneut das Bild des herabfallenden Kopfes vor sich sah.

Vogt Steelant war zu ihnen herübergewandert. Die Hände entspannt auf dem Rücken, musterte der Magistrat die Gefangenen der Reihe nach, bis sein Blick auf Gerhard ruhen blieb. »Nehmt das als Exempel«, sagte er ruhig, und es war Gerhard, als spräche der Vogt ganz allein zu ihm. »Wer erst auf der Folterbank gesteht, den erwartet der Tod. Wer sofort ein Geständnis ablegt, darf sich eine mildere Strafe erhoffen.« Er winkte einem der Bewacher. »Bring sie wieder zurück.«

Kardinal de Granvelle blickte irritiert von seiner Arbeit auf, als sein Sohn ungebeten sein Arbeitszimmer betrat.

»Ich dachte mir, das hier würde dich sicher interessieren«, sagte Antoine und legte ein Blatt Papier auf die Schreibplatte seines Vaters. »Gerardus Mercator wurde der Ketzerei beschuldigt und verhaftet.«

»Vor mehr als einem Monat schon? Und das erfahren wir erst jetzt?« Der Kardinal nahm das Dokument auf und ließ den Blick flüchtig über dessen Inhalt gleiten.

»Unsere Kontakte zu Mercator sind eher diskret verlaufen, davon wissen nur wenige.«

»Hm ... die Beweislage ist allem Anschein nach ziemlich dürftig.«

»Das ist meist so, wenn es um Ketzerei geht«, erwiderte Antoine unbeeindruckt. »Und dieser Ankläger des Rates von Brabant ist hin und wieder auch ein wenig übereifrig. Die Frage ist freilich: Was können wir tun? Wir brauchen Mercator noch.«

»Gelehrte«, sagte der Kardinal in vorwurfsvollem Ton. »Immer ist irgendwas mit ihnen.« Er spitzte die Lippen und studierte ein weiteres Mal das Dokument, das sein Sohn ihm gebracht hatte. »Die Minderbrüder von Mecheln? Was haben die mit ihm zu tun?«

»Er soll einem von ihnen Briefe geschrieben haben, in denen er inakzeptable Thesen in bezug auf die von Thomas von Aquino geheiligte Lehre des Aristoteles vertritt. Wegen einer Meinungsverschiedenheit mit einigen Dozenten über das gleiche Thema hat er vor zehn Jahren auch schon einmal die Schule verlassen.«

»Er soll ›einem von ihnen‹ Briefe geschrieben haben?«

»Vermutlich einem Bruder, auf den man bereits ein Auge hatte, weil er auch nicht ganz koscher war.«

»Wo sind diese Briefe?«

»Das weiß ich nicht, ich habe diese Mitteilung gerade erst erhalten, zusammen mit einer Bittschrift Marias von Ungarn. Sie empfiehlt, die Sache von einem Studenten untersuchen zu lassen, einem gewissen John Dee.«

Der Kardinal blickte verwundert auf. »Maria von Ungarn?«

»Offenbar hat der Rektor der Löwener Universität sie angeschrieben. Hierzulande kennt ja jeder irgendwen.«

»John Dee, das klingt verdächtig englisch. Laß doch einmal Nachforschungen anstellen, wer er ist.«

Antoine nickte und deutete auf das Dokument auf dem Schreibtisch. »Es soll auch ein Zeugnis vom Gemeindepfarrer Gerhards vorliegen, der …«

»Das ist wertlos, das weißt du so gut wie ich. Ein Pfarrer soll ein wachsames Auge auf Ketzer halten, aber nicht Zeugnisse zu ihrer Entlastung schreiben. Sorg dafür, daß ihm auf die Finger geklopft wird.«

Antoine nickte erneut. »Ich werde das Nötige in die Wege leiten.«

»Ich möchte diese Briefe sehen. Und laß den Ankläger wissen, daß er Mercator unter keinen Umständen verurteilen darf, solange mir nicht sämtliches Beweismaterial vorgelegen hat. Wie schon gesagt: Wir brauchen den Mann noch.«

»Wenn die Anklage tatsächlich begründet sein sollte, werden wir nicht viel dagegen ausrichten können. Nicht einmal, wenn wir den Kaiser hinzuziehen.«

»Nein«, räumte der Kardinal grimmig ein. »Dann werden

sie sich gleich beim Papst Rückendeckung holen.« Er gab seinem Sohn das Papier zurück. »Ich habe jetzt bis auf weiteres keine Zeit, mich damit zu befassen.«

Gerhard starrte grübelnd auf den Sonnenstrahl, der durch das Lüftungsloch der Zelle fiel und einen rechteckigen Lichtfleck an die gegenüberliegende Wand projizierte. »Wenn man ein durchsichtiges Stück Papier mit einer Zeichnung darauf ins Licht hält, kann man diese Zeichnung auf ein zweites Stück Papier werfen.« Er hielt seine Hand in den Sonnenstrahl und schaute auf den schwarzen Schatten im Lichtfleck. Sogleich spürte er, wie sich sein Handrücken erwärmte. Es war inzwischen April geworden, und die Frühlingssonne begann an Kraft zu gewinnen.

Der Student, der immer noch die Zelle mit ihm teilte – er hatte sich inzwischen als Ludo vorgestellt –, fragte gelangweilt: »Fällt dir nicht mal was Neues ein?«

Gerhard ließ sich nicht beirren. »Die Methode, nach der Kartographen bisher immer die Erdoberfläche auf Plattkarten übertragen haben, ist sehr ineffizient. De facto sind diese Karten für die Seefahrt nur mäßig geeignet. Man kann es schon fast ein Wunder nennen, daß die meisten Kapitäne trotz allem an ihrem Zielort ankommen. Ich sage bewußt *die meisten*, denn nicht immer geht es gut aus. Sieh mal, wenn man die Richtungen sauber einzeichnet, stimmen die Längen nicht. Und wenn man die Oberflächenmaße berücksichtigt, werden wiederum die Richtungen verfälscht.«

»Mein Gott, Gerhard, wir hocken hier in einer Zelle, die nur wenige Schritt groß ist. Was kümmert es mich, was irgendwo draußen auf der Welt auf See geschieht!«

»Wir haben nichts Besseres zu tun.« Gerhard bewegte seine Finger, versuchte in dem Lichtfleck Schattenfiguren zu machen, wie er es vor langer Zeit bei seiner Mutter gesehen hatte. Es gelang ihm, ein passables Kaninchen zu formen. »Ich hatte mir schon vor einer Weile überlegt: Wenn ich nun einen durchsichtigen Erdglobus anfertige und dorthinein eine brennende Kerze stelle...«

»Dann kannst du die Erdteile und die Meere an die Wand projizieren«, fuhr Ludo fort, der nun doch ein gewisses Interesse zu entwickeln begann.

»Ja, aber äußerst verzerrt. Wenn man jedoch einen Papierzylinder um diesen Globus stellt, der diesen auf der Höhe des Äquators berührt...«

Ludos Kette rasselte, als er sich hinkniete. »Dann werden alle Punkte des Globus auf das Papier geworfen, so daß man sie nachzeichnen kann.«

»Natürlich. Und was haben wir dann, wenn wir den Zylinder auseinanderrollen?« Mercator ließ die Hand sinken, weil ihm die Schulter steif wurde. »Eine Karte mit dem Äquator in seiner wahren Länge, an dem die Breitenkreise parallel laufen und die Längenkreise senkrecht dazu. Was schon einmal ein besonders übersichtliches Bild ergeben würde.« Gerhard zog seine Kette heran und setzte sich mit hochgezogenen Knien auf den Haufen Stroh, der als Schlafplatz diente. Nachdenklich starrte er an die wenig inspirierende, rauhe Wand auf der gegenüberliegenden Zellenseite. »Leider werden aber so nicht alle Orte auf der Erde ihrer exakten geographischen Länge und Breite entsprechend abgebildet. Je weiter vom Äquator entfernt, desto größer die Abweichung.«

»Ich fürchte, jetzt wird's mir zu kompliziert«, sagte Ludo. »Was meinst du dazu, Dieter?« Letzteres war an ihren anderen Zellengenossen gerichtet. Der Mann lag rücklings auf dem Stroh ausgestreckt und antwortete nicht. Er hatte fast die ganze vergangene Nacht schrecklich gehustet und schien nun vor Erschöpfung eingeschlafen zu sein.

Unvermittelt sprang Gerhard wieder auf. Den Blick im Halbdunkel der Zelle unverwandt auf Ludo gerichtet, murmelte er: »Und wenn ich nun die Breitengradabschnitte zu den Polen hin allmählich vergrößerte, in dem Maße, wie sich die Breitenparallelen im Verhältnis zum Äquator vergrößern? Warte mal...« Er setzte sich wieder, langsam jetzt. Seine Kette rasselte, und das Stroh raschelte. »... Dann würden die nördlichen Gebiete zu groß werden. Aber ist das so wichtig?«

»Keine Ahnung...«

»Wenn die Verbindungslinie zwischen zwei Orten die Parallelkreise und die Meridiane unter genau demselben Winkel schneidet wie auf dem Globus, dann... dann spielen diese Verzerrungen für die Navigation überhaupt keine Rolle! Das ist es!« Gerhard sprang erneut auf. »Ich muß nach Hause, ich muß hier raus!«

»Ja, das wollen wir alle.«

»Ich habe etwas gefunden, was einen jeden Schiffskapitän auf den sieben Weltmeeren entzücken wird!«

»Das wird den Vogt vermutlich wenig beeindrucken. Sag mal, Dieter liegt aber verdammt still da, finde ich...«

»Ach, der alte Krächzer schläft endlich, laß ihn doch.«

»Man könnte fast meinen, er atmet nicht.« Ludo kroch so weit zu der liegenden Gestalt hinüber, wie es seine Kette zuließ. Deren Länge war so berechnet, daß die Gefangenen einander nicht berühren konnten. »Dieter? Hörst du mich, Dieter?«

»Es dauert mindestens ein Jahr, so eine Weltkarte zu stechen.« Gerhard starrte auf die eisenbeschlagene, schwere Eichentür der Zelle. »Warum, zum Teufel, halten sie mich hier immer noch fest?« Man hatte ihn nicht verurteilt, ja er war nicht einmal verhört worden. Aber man machte auch keinerlei Anstalten, ihn freizulassen. »Das Beweismaterial wird geprüft«, war das einzige, was ihm ein unwilliger Wächter vom Vogt hatte ausrichten lassen. Oder der Mann hatte sich das selbst ausgedacht, um von Gerhards Drängelei erlöst zu sein.

Gerhard setzte sich wieder, mutlos jetzt. Er hatte Barbara seit seiner Verhaftung nicht mehr gesehen. Und die Kinder… Er fragte sich, ob sie ihn wohl noch wiedererkennen würden, wenn er hier herauskam. Falls überhaupt, denn unterdessen waren schon wieder zwei Gefangene hingerichtet worden. Diesmal auf dem Scheiterhaufen.

»Gerhard…« Ludo kniete bei dem regungslos daliegenden Dieter und blickte sich zu Gerhard um. »Ich glaube, er ist tot.«

»Was?« Gerhard kroch seinerseits so weit wie möglich zu dem anderen hinüber. In der Ecke, in der Dieter lag, war es recht dunkel, doch daran hatten sich Gerhards Augen längst gewöhnt, und so konnte er sehen, daß sich Dieters Brust in der Tat nicht mehr hob und senkte.

»Was machen wir jetzt?«

Gerhard konnte nur fassungslos auf die Leiche starren. Dieter ist entkommen, dachte er. In eine andere Welt geflüchtet, wo ihm kein irdischer Sterblicher noch etwas anhaben kann. Hoffentlich war es eine bessere Welt als diese.

»Er muß hier weg, bevor er anfängt zu stinken«, sagte Ludo, pragmatisch wie immer.

Gerhard nickte. »Wir können versuchen, einen Wärter zu rufen.« Was nicht leicht sein würde, wie er wußte. Die Mauern und die Tür waren dick. Erst vor ein paar Tagen hatte jemand in einer anderen Zelle die halbe Nacht lang um Hilfe geschrien, und niemand war gekommen, um nach ihm zu sehen. Nicht bevor die Sonne aufgegangen war und die Bewacher mit verschimmeltem Brot und einem Becher trüben Wassers kamen, die sie durch eine Luke unten in der Tür hereinschoben.

Ludo rappelte sich auf und legte die Hände zu einem Trichter um den Mund. »Wächter! Wir haben hier einen Toten!«

Niemand erschien, auch nach wiederholtem Rufen nicht. Die einzige Reaktion kam von anderswo im Kerker, wo durch die Mauern gedämpfte Stimmen entrüstet »Ruhe!« schrien.

»Mit Leichen hab ich's nicht so«, meinte Ludo, der sich wieder auf die Knie niedergelassen hatte, als sei ihm das Stehen zu anstrengend. Er kroch möglichst weit von dem Toten weg. »Man weiß ja nie, was sie…« Er ließ das Ende des Satzes in der Luft hängen. »Die Kirche ist schuld daran, die jagt einem mit all ihren greulichen Geschichten über umherirrende Seelen und so eine Heidenangst ein.«

»Jetzt wird mir klar, warum sie dich festgenommen haben«, sagte Gerhard brummig. Er setzte sich auf seinen Platz. »Wir geben ihnen nachher Bescheid, wenn sie uns das Essen bringen.«

Der Tote ließ ihn ziemlich kalt. Er war abgestumpft, seit er im Kerker saß, und das war für ihn ein sowohl beruhigender wie alarmierender Gedanke. Als er dagegen den Faden seines vorherigen Gedankengangs über die Kartenprojektion weiterspann, war auch gleich die Erregung wieder da. »Ich könnte der Seefahrt zu einem enormen Fortschritt verhelfen«, sagte er laut. »Mit meiner Karte und einem Uhrwerk, das auch an Bord eines Schiffes richtig läuft, wird es möglich sein, seine Positon an jedem Punkt der Welt auf etwa eine Meile genau zu bestimmen.« Zum wiederholten Male sprang er ungeduldig auf. »Sie dürfen mich hier nicht verfaulen lassen! Vielleicht kann ich einen Brief an Nicolas de Granvelle richten. Wenn ich ihm meine Erkenntnisse erläutere...« Gerhard verstummte. Dann war es gut möglich, daß ein anderer die Lorbeeren ernten würde, dachte er. Aber vielleicht war das immer noch besser als die Möglichkeit, daß... »Hä?« machte er, als ihm bewußt wurde, daß Ludo etwas gesagt hatte.

»Ich sagte: Ich glaube nicht, daß sie sich hier große Mühe geben werden, Briefe von Gefangenen an den richtigen Adressaten weiterzuleiten.«

Nein, dachte Gerhard entmutigt, da hat er wohl recht. Den Gefangenen standen zwar Papier und Schreibwerkzeug zu, doch auf das halbe Dutzend Briefe, das er Barbara geschickt hatte, war nie eine Antwort gekommen. »Sie müssen mich freilassen!« begann er erneut.

»Ja«, sagte der andere säuerlich. »Und mich auch, aber wie machen wir ihnen das begreiflich?«

»Man hat mir ein langes Leben prophezeit.« Gerhard hielt die linke Hand in das Bündel Sonnenlicht und studierte seine Lebenslinie. Von ihr ging etwas Hoffnungsvolles aus, fand er. Zumal Johanna schon so manches Mal richtiggelegen hatte.

»Ach, Meister Gerhard, wenn du wüßtest, was mir schon alles prophezeit wurde…«

»Wir sind noch nicht tot«, tröstete Gerhard den anderen und vor allem sich selbst. Sein Blick wanderte zu Dieters Leichnam hinüber. Aber es braucht dazu verdammt wenig, dachte er.

19

Pieter de Corte sah seinen jungen Besucher verstört an. »Du schon wieder?«

»Mit Verlaub, Herr Rektor, ich weiß, daß Ihr ein vielbeschäftigter Mann seid, aber es ist sehr dringend. Ich benötige alle Informationen über Gerardus Mercator, deren ich habhaft werden kann.«

»Höchst unerfreulich, dieses ganze Theater um Meister Mercator. Doch woher dieses ungewöhnliche Engagement deinerseits?«

»Seine Familie hat mich beauftragt, Nachforschungen darüber anzustellen, was an den Anschuldigungen gegen ihn wahr ist.«

»Dich beauftragt? Bist du etwa auf einmal Rechtsgelehrter geworden? Du studierst doch Astronomie und Mathematik, und damit bist du noch nicht einmal fertig!«

John Dee räumte das mit einem Nicken ein. »Das ist mir bewußt, Herr Rektor. Aber die Ehefrau Meister Mercators und deren Mutter glauben, daß ich über gewisse Talente verfüge, die hilfreich sein könnten.«

»Talente?« Der Rektor blickte mißtrauisch. »Du bist doch wohl kein Wahrsager oder irgend etwas dergleichen?«

»Ich versichere Euch, daß meine Untersuchungsmethoden rein wissenschaftlicher Natur sind, Herr Rektor.«

»Wie alt bist du eigentlich?«

»Das weiß ich nicht.«

»Das weißt du nicht?«

»Ich bin Waise, man hat mich in Antwerpen von der Straße aufgelesen.«

»Man?«

»Arthur Dee, mein Ziehvater, ein Tuchkaufmann aus Bristol, der geschäftlich dort war. Er hatte keine eigenen Kinder.«

»Ein einflußreicher und wohlhabender Tuchkaufmann, nehme ich an?«

Dee nickte ernst. »Meines Wissens sind alle englischen Tuchkaufleute eher wohlhabend.«

»Und daher weißt du also nicht, wie alt du bist.«

»In etwa schon. Älter als zwanzig und jünger als dreißig.«

Der Rektor seufzte ergeben. »Warum hat man dich nicht auf eine englische Hochschule geschickt?«

»Man hat mich nicht geschickt, ich bin aus freien Stücken hierhergekommen.«

»So?« machte der Rektor verwundert.

»Ich wollte auf die beste Hochschule der Welt«, präzisierte Dee, als wäre es nichts Besonderes.

Der Rektor zog eine Grimasse. »Sind alle Engländer solche Schönredner?«

»Meine Wurzeln liegen in den Niederlanden und… nun ja, mir fehlte etwas, und da dachte ich, es könnte mich zu einem vollständigeren Menschen machen, wenn ich hier studierte.«

Pieter de Corte steckte den Federkiel, mit dem er gerade geschrieben hatte, in das Tintenfaß auf seinem Schreibtisch und massierte seine Wangen. Er tat das so vehement, daß es den Anschein hatte, als wollte er sein Gesicht ausradieren. Danach waren sie hochrot. »Ehrlich gesagt möchte ich mit der ganzen Sache Mercator am liebsten nichts mehr zu tun haben. Ich habe mir damit schon eine tüchtige Blamage eingehandelt.«

»Wieso?«

Der Rektor zögerte kurz, bevor er sagte: »Ach, ich kann es dir auch ruhig erzählen. Ich hatte Maria von Ungarn eine Bittschrift geschickt, sie möge beim Kaiser ein gutes Wort für Mercator einlegen. Das hat sie auch getan, soweit ich verstanden habe. Doch dann kam ihr zu Ohren, daß er aus Löwen geflohen war, um sich seiner Festnahme zu entziehen.«

»Das stimmt nicht, er...«

Der Rektor hob abwehrend die Hand. »Ich weiß, ich weiß, doch die offizielle Version ist die einzige, die in dieser Sache zählt. Maria von Ungarn hat ihr Gesuch an den Hof daraufhin sofort widerrufen und mir die Leviten gelesen.« Er deutete auf einen Stuhl. »Tu mir den Gefallen, und setz dich, es ist schrecklich ermüdend, zu dir aufschauen zu müssen.«

Dee gehorchte. »Aber inzwischen ist doch bewiesen, daß Meister Mercator tatsächlich einen anderen Grund hatte, sich aus Löwen zu entfernen?«

»Ja, aber das kommt jetzt alles viel zu spät.«

»Hm... Was ich fragen wollte: Wenn ich es recht verstanden habe, war er Kustos der Universität?«

Pieter de Corte nickte mit säuerlicher Miene. »Ich weiß, worauf du hinauswillst. Auf jenes seinerzeit von Herzog Jan IV. erteilte Privileg, nicht wahr?«

»Ich wußte nicht, daß es von Jan IV. stammte, aber in der Tat, darauf spielte ich an, ja.«

»Diese Verordnung ist immer noch gültig. Unsere Kustoden können nur von einem Tribunal der Universität gerichtet werden, was immer sie auf dem Kerbholz haben mögen.«

»Aber?«

Der Rektor grinste bitter. »Du hältst dich wohl für sehr schlau, was? Auch dieses Vorrecht hat Meister Mercator durch seine vermeintliche Flucht aus Löwen verwirkt.«

»Fürwahr eine überaus unglückliche Verkettung von Umständen.«

»Das ist noch sehr gelinde ausgedrückt.«

»Wie verlautet, soll er einen oder mehrere kompromittierende Briefe an einen Minderbruder in der Mechelner Abtei geschickt haben?«

»Wie hast du denn das nun wieder herausgefunden?«

Dee sah sein Gegenüber einige Atemzüge lang schweigend an. »Sagen wir mal, es hat etwas mit jenen besonderen Talenten zu tun, die man mir zuschreibt.«

Der Rektor zog eine Grimasse. »Und einflußreiche Eltern sind natürlich auch nicht zu unterschätzen.« Im Korridor vor Pieter de Cortes Arbeitszimmer wurden lebhafte Studentenstimmen laut. Der Rektor wartete einen Moment, bis sie vorüber waren und der Lärm verhallte. »Wenn diese Briefe in der Tat existieren, können sie von großer Wichtigkeit sein. Vielleicht kannst du deine besonderen Talente einmal an den Mechelner Franziskanern erproben.«

»Eine Frage, Herr Rektor: Wißt Ihr vielleicht, was für ein Mensch Lodewijk Steelant ist?«

»Der Vogt des Waaslandes?« Der Rektor blähte die Wangen und blies die Luft aus. »Man sagt, er sei nicht gerade zimperlich. Ich bin ihm nie persönlich begegnet.«

Dee blickte von Pieter de Corte zu dem kleinen, staubigen Fenster rechts vom Schreibtisch hinüber. »Ich frage mich, wie man zu einer solchen Position gelangt. Wie man Vogt oder auch Schultheiß wird, meine ich.«

Der Rektor schaute sinnierend auf das weiche Profil des anderen, das von halblangen, hellblonden Haaren teilweise verdeckt wurde. Von der Seite sah der Bursche erheblich jünger aus. »Wenn du gern Magistrat werden möchtest, wird es höchste Zeit, daß du dein Studienfach wechselst.«

Dee schüttelte langsam den Kopf. »Ich könnte nicht mit Gesetzen umgehen, mit denen ich nicht einverstanden bin.« Es klang, als bedauerte er das.

Der Rektor nickte kaum merklich. »Nimm dich in acht, wem gegenüber du dich so äußerst, John Dee«, sagte er ernst.

Die Zellentür öffnete sich quietschend und ließ einen Wärter mit einem großen Schlüsselring in der Hand ein. Ein zweiter Wärter blieb neben der geöffneten Tür stehen. Er schaute sichtlich gelangweilt auf den Rücken seines Kollegen, als dieser sich über Gerhards Beine beugte, um seine Fußfessel aufzuschließen.

»Aufstehen«, sagte der Wärter. Er trat die Kette beiseite, als ärgerte sie ihn. »Und keine Sperenzchen. Du hast Besuch.«

Gerhard rappelte sich ungläubig auf. »Besuch? Meine Frau?«

Der Wärter grinste. »Wenn das deine Frau wäre, wolltest du wahrscheinlich nie mehr hier raus.«

Sie brachten Gerhard in einen weißgetünchten Raum, in dem lediglich ein wackliger Tisch und zwei unbequeme Stühle standen. Das Licht fiel durch ein schmales vergittertes Fenster herein. Auf einem der Stühle saß ein blonder junger Mann, der sich erhob, als der Wärter mit Gerhard erschien. »John Dee«, stellte er sich selbst vor. Seine hellblauen Augen blickten fest in die Gerhards, während er ihm die Hand schüttelte. »Student der Astronomie und Mathematik in Löwen.«

»Ich glaube nicht, daß …«, setzte Gerhard zögernd an.

»Wir haben einander nie kennengelernt, aber gesehen habe ich Euch schon einige Male. Es war längst meine Absicht, Euch einmal aufzusuchen und den einen oder anderen Rat einzuholen, doch bisher hatte ich noch keine Gelegenheit dazu.«

»Das trifft sich gut«, entgegnete Gerhard leicht verschnupft. »Ich habe jetzt alle Zeit der Welt. Zumindest, solange sie mich nicht einen Kopf kürzer machen.« Er sah den anderen forschend an. »Aber ich nehme an, daß Ihr aus einem ganz anderen Grund hier seid.«

Dee nickte, und sie setzten sich jeder an eine Seite des Tisches. Der Wärter entfernte sich, verließ aber nicht den Raum. Er postierte sich an der Tür, den Blick ins Leere gerichtet.

»Es tut wahrhaftig gut, wieder einmal auf einem Stuhl zu sitzen«, sagte Gerhard. »Das ist lange her. Auch, daß ich mit jemandem sprechen konnte, jemandem von draußen, meine ich.«

Das Wort draußen hatte eine völlig andere Bedeutung bekommen, seit er im Kerker saß. Draußen stand für eine gigantische Welt, an der er keinerlei Anteil mehr hatte. Das hatte er, als er von seinem Arbeitszimmer aus die ganze Erde zu kartieren versucht hatte, bei weitem nicht so stark empfunden wie hier.

»Es war nicht leicht, Euch besuchen zu dürfen, aber ich bin ziemlich hartnäckig.«

»John Dee, ist das nicht ein englischer Name? Ihr seid doch wohl hoffentlich kein Spion?«

»Eure Ehefrau und deren Mutter haben mich ersucht, wenn möglich etwas gegen die Klage zu unternehmen, die gegen Euch angestrengt wurde.«

»So?« Gerhard betrachtete den anderen mit neuem Interesse. »Da verfügt Ihr wohl über besondere Qualitäten?«

»Weit weniger als Ihr, fürchte ich. Aber es gelingt mir manchmal, Türen zu öffnen, die anderen verschlossen bleiben.«

»Kryptisch, aber hoffnungsreich.«

Dee blickte kurz zu dem Wärter hinüber, der ihn freilich ignorierte. »Manches darf, fürchte ich, nur kryptisch formuliert werden. Und ich weiß auch nicht, wieviel Zeit man mir gewährt, ich werde mich also kurz fassen.«

Zeit, dachte Gerhard. Auch der Begriff hatte sich verändert. Im Kerker verging die Zeit sechsmal langsamer als draußen. Wodurch man paradoxerweise, in Tagen und Monaten und Jahren gerechnet, auch sechsmal schneller alterte. So schien es zumindest.

Bevor Dee fortfahren konnte, fragte Gerhard: »Meint Ihr, Ihr könntet auch meiner Frau die Tür zur Grafenburg öffnen?«

»Man kann alles versuchen.«

»Wie geht es ihr?« Unruhig wartete Gerhard auf die Antwort.

»Ich habe den Eindruck, sie ist vor allem böse.«

»Ja, das ist ganz Barbara.«

Dee stützte die Ellenbogen auf den Tisch und verschränkte die Finger. »Ich wollte mit Euch über diese Briefe sprechen, die Ihr an die Mechelner Franziskaner geschrieben habt.«

»Ich habe keine Briefe an die Franziskaner geschrieben. Der einzige Franziskaner, dem ich je begegnet bin, ist ein gewisser Monachus, ein Astronom. Aber wir haben nie miteinander korrespondiert.«

»Seid Ihr Euch da ganz sicher?«

»Ich verfüge über einen ziemlich klaren Geist.«

»Ja, natürlich«, sagte Dee hastig. »Ich wollte Euch nicht beleidigen, aber das ist sehr wichtig. Soweit ich verstanden habe, stützt sich die Klage gegen Euch nämlich in erster Linie auf einen oder mehrere Briefe, die also gar nicht geschrieben wurden.« Dee spitzte kurz die Lippen, bevor er hinzufügte: »Jedenfalls nicht von Euch.«

»Und auf das belastende Material, das man in meinem Atelier gefunden haben will.«

Dee nickte. »Die berüchtigte Karte vom Heiligen Land sowie einige verdächtige Bücher. Das und die Briefe würden normalerweise ausreichen, um jemanden definitiv zu verurteilen.«

»Worauf wartet man dann noch?«

»Ich vermute und hoffe, daß irgendwer Eure Verurteilung verhindert. Habt Ihr eine Ahnung, wer das sein könnte?«

»Ich wüßte nicht, so wichtig bin ich nicht.«

»Hm, dessen wäre ich mir nicht so sicher, Meister Mercator.«

»Nutzlos, jemandem zu schmeicheln, der keinerlei Macht mehr besitzt.«

Dee seufzte. »Warum denkt nur ein jeder, ich versuchte ihm zu schmeicheln?«

Weil wir in diesen finsteren Zeiten keine Freundlichkeit mehr gewöhnt sind, dachte Gerhard. »Entschuldigt, ich meinte es nicht so, wie es vielleicht klang.«

»Habt Ihr Feinde, Meister Mercator? Leute, die Euch gern auf den Scheiterhaufen bringen würden?«

Gerhard verzog das Gesicht. »Der Klerus, wie es scheint.«

Dee schüttelte den Kopf. »Irgendwer muß sie auf die Idee gebracht haben.«

»Ich weiß es beim besten Willen nicht. Ich bemühe mich immer, andere nicht zu behelligen.«

Dee nickte, starrte kurz auf einen Punkt in der Mitte des Tisches und erhob sich dann resolut. »Das bringt mich nicht weiter. Ich sehe mich gezwungen, nach Mecheln zu reisen und zu sehen, ob ich dort schlauer werde. Wie war noch gleich der Name dieses Astronomen, den Ihr kennengelernt habt?«

»Monachus. Aber ich glaube niemals, daß er etwas damit zu tun hat.« Gerhard sah Dee nachdenklich an. »Noch kurz etwas ganz anderes, wenn ich darf: Ein Freund von mir, ein Marineoffizier, der den Namen Julius Rochat trug, ist vor einiger Zeit vor der englischen Küste umgekommen, als er etwas für mich erledigte. Zuvor hatte er eine Weile bei der englischen Marine im Kerker gesessen.«

Dee warf einen Blick in Richtung des Wärters und setzte sich wieder. »Etwas erledigte, Meister Mercator?«

Gerhard nickte und senkte die Stimme. »Es hatte mit Spionage zu tun, mehr oder weniger jedenfalls. Er betätigte sich als Bote. Ich vermute, daß ihn jemand verraten hat.«

»Wie es meist das Los von Menschen ist, die sich auf diese Weise betätigen.«

»Julius war ein *Freund*«, empörte sich Gerhard.

»Verzeiht meinen Ton. Aber warum erzählt Ihr mir das?«

»Ihr seid Engländer, und Ihr habt offenbar Spaß daran, Nachforschungen anzustellen. Ich frage mich, ob Ihr nicht herausbekommen könntet, wer Julius verraten hat.«

»Täusche ich mich, oder habt Ihr selbst eine Vermutung, wer es gewesen sein könnte?«

»Ich habe kein großes Vertrauen zu dem Mann, mit dem Julius zusammenarbeitete: Carn Blackburn, ein Schotte.«

»Ein Schotte?« Dee verzog den Mund zu einem schiefen Grinsen. »Trau nie einem Schotten!« Er wurde wieder ernst. »Und warum sollte er Euren Freund verraten haben? War vielleicht eine Belohnung auf dessen Kopf ausgesetzt?«

»Carn streicht jetzt, da Julius ausgeschaltet ist, mehr Geld ein.«

»Ah, so ist das.« Dee sah Gerhard an. »Aber momentan habt Ihr andere Sorgen, möchte ich meinen.«

»Eben nicht, ich habe hier entsetzlich viel Zeit, über allerlei Dinge nachzudenken.«

Dee nickte und erhob sich zum zweitenmal. »Ich reise auf alle Fälle nach Mecheln. Alles Gute, Meister Mercator.«

»Ihr habt mir noch nicht geantwortet.«

»Was Euren Freund Julius betrifft? Vielleicht kenne ich da jemanden, der sich bei Gelegenheit diskret für mich erkundigen kann.«

»Ihr braucht das nicht unentgeltlich zu tun.«

»Darüber reden wir später, wenn Ihr wieder frei seid.« Dee gab Gerhard erneut die Hand. »Ich hoffe, Euch beim nächsten Mal unter anderen Umständen treffen zu können.«

»Das hoffe ich auch«, erwiderte Gerhard, und selten hatte er etwas so aus tiefstem Herzen gesagt.

Es wurde schon Abend, als Dee in Mecheln ankam. Er war müde und schmutzig von dem Ritt, und er beschloß, die Nacht in einem Gasthof zu verbringen, um sich dann am nächsten Morgen frisch und ausgeruht zur Abtei der *Fratres minores* zu begeben. Ohne größere Mühe fand er auch ein Haus, wo man ein Zimmer für ihn und Platz im Stall für sein Pferd hatte. Zum Abendessen bekam er einen Teller Suppe, die so dick war, daß sein Löffel darin stehenblieb, und einen Teller Reisbrei gleicher Konsistenz. Er ignorierte die beiden Dirnen, die vom Schanktisch aus nach ihm schielten, und zog sich nach dem Essen gleich in sein Zimmer zurück.

Das Bett war frei von Flöhen und anderem Ungeziefer, und Dee schlief wie meistens ausgezeichnet. Gegen Mitternacht wurde er kurz vom Lärm einer Schlägerei hinter dem Gasthof geweckt, doch bevor er sich dazu hatte durchringen können, ans Fenster zu treten, war es schon wieder still.

Beim ersten Morgengrauen erhob er sich zu einem Frühstück aus Graubrot mit Käse und machte sich dann zu Fuß auf den Weg zur Franziskanerabtei, den ihm der Wirt des Gasthofs gewiesen hatte.

Es war ein kalter Tag, und über den Niederungen hing Nebel, so daß es eher herbstlich wirkte denn frühlingshaft. Aber Dee hatte ohnehin kein Auge für seine Umgebung. Im

Gegensatz zu Gerhard Mercator konnte er den kleinen Dingen der Natur nicht viel abgewinnen. Sein Interesse galt eher dem, was über den Wahrnehmungsbereich der normalen Sinne hinausging.

Der Abt der Franziskaner empfing ihn überraschend freundlich. Irgendwie hatte Dee etwas anderes erwartet. »Meister Gerardus Mercator hat nur einen einzigen Brief geschrieben, soviel kann ich Euch sagen«, sagte er nachdenklich, als Dee ihm erklärt hatte, was der Anlaß seines Besuches war. Er sah Dee lange an, als versuchte er einzuschätzen, was von dem jungen Mann zu halten war. »Aber darüber hinaus ... Es wird Euch zweifellos bekannt sein, daß wir gehalten sind, nicht an der Widerlegung von Anklagen wegen Ketzerei mitzuwirken, nicht? Überdies ist unser Orden ein ganz entschiedener Gegner der Reformation.«

»Eben. Kommt es Euch da nicht merkwürdig vor, daß ein gebildeter Mann wie Meister Mercator einen solchen Brief ausgerechnet an einen Franziskaner geschickt haben soll? Ich bin ihm begegnet und hatte nicht den Eindruck, daß er sich mit Selbstmordgedanken trägt.«

»Mit Verlaub, Herr ... äh ... wie war noch gleich Euer Name?«

»John Dee.«

Dee ließ den Blick kurz durch die gefängnisähnliche Zelle wandern, in der der Abt ihn empfangen hatte. Trotz der offenstehenden Tür hatte die Atmosphäre etwas Stickiges. Die Armseligkeit des Raums stand in krassem Kontrast zu der wohlgenährten Erscheinung des großen, nicht mehr ganz jungen Franziskaners. Seine rosigen Wangen ließen darauf schließen, daß er sich viel draußen an der frischen

Luft aufhielt – oder vielleicht allzuoft den Weinkeller der Abtei frequentierte. »Ich verstehe Euren Standpunkt, Vater«, sagte Dee. »Regeln sind dazu da, eingehalten zu werden. Doch es gibt auch noch so etwas wie Gerechtigkeit, nicht wahr? Und da Ihr ohne Zweifel ein gewissenhafter Geistlicher seid, kann Euch der Gedanke nicht unberührt lassen, daß möglicherweise ein fälschlich beschuldigter Mann, ein Vater von sechs Kindern, im Kerker sitzt, ja vielleicht sogar sterben muß.«

»Ein unangenehmer Gedanke, in der Tat«, räumte der Abt ein, doch seinem Ton nach schien er das als rein akademische Frage zu betrachten.

»Und was stellt Euer Gewissen dann mit dem Gedanken an, daß es vielleicht in Eurer Macht liegt, ein großes Unrecht zu verhindern, Ihr aber wegen irgendeiner kleinen Regel nicht bereit seid, entsprechend zu handeln?«

Der freundliche Gesichtsausdruck des Abtes verflog. »Hört mal, junger Mann, ich war bereit, Euch zu empfangen, weil ich den Eindruck hatte, daß Ihr ein vernünftiger und höflicher Student seid. Mit Unverschämtheit aber werdet Ihr nichts erreichen, auch wenn wir nur ein Bettelorden sind!«

Dee ließ den Kopf hängen und demonstrierte Demut, die er nicht empfand. »Vergebt mir meine jugendliche Unbesonnenheit, Vater. In meinem Eifer, das Rechte zu tun, vergesse ich manchmal meine gute Erziehung.«

»Ach ja…« – ein wenig unerwartet schlug ihm der Abt ermunternd auf die Schulter – »…es ist jungen Leuten nun einmal eigen, ihre Grenzen zu erproben. Und an Eurer Motivation ist nicht viel auszusetzen, wenn es auch unangebracht ist, dabei das Urteilsvermögen und die Weisheit der befugten Magistraten in Zweifel zu ziehen.«

»Ich möchte gewiß nicht anmaßend sein, Vater, doch auch Magistraten sind nur Menschen, und Menschen können sich irren. Sie sind ja nicht einmal Geistliche, welche schließlich weit besseren Einblick in unsere Seelenregungen haben.«

Der Abt lächelte vage. »Schmeichelei ist mir zwar lieber als Unverschämtheit, doch auch sie wird Euch nicht helfen, Herr Dee.«

»Bestünde vielleicht die Möglichkeit, Bruder Monachus zu sprechen?«

Der Abt schüttelte langsam den Kopf. »Ich kann Euch versichern, junger Mann, daß er Euch auch nicht weiterhelfen kann. Überdies ist er ein vielbeschäftigter Mann, denn er hat die Leitung der Butterprozession übernommen, die übermorgen stattfindet.«

Dee nickte resigniert. »Dann werde ich unverrichteter Dinge nach Löwen zurückkehren müssen.«

Der Abt deutete zur Tür. »Ich wünsche Euch alles Gute für Euer weiteres Studium.«

Entmutigend, dachte Dee, als er die Abtei kurz darauf durch das kleine Holztor verließ. Obwohl er jetzt wußte, daß es nur *einen* vermeintlichen Brief von Gerhard Mercator gab.

Plötzlich hörte er eilige Schritte hinter sich. Als er sich beunruhigt umschaute, sah er einen Mönch auf sich zukommen. Zu seiner Verblüffung faßte der Mann ihn beim Ärmel, schaute sich seinerseits kurz zur Abtei um und zog Dee dann in das Gebüsch am Wegrand. »Ich möchte Euch etwas erzählen, aber es ist besser, wenn man mich nicht mit Euch sprechen sieht.« Der Mönch keuchte ein wenig vom Rennen, er sah auch wahrlich nicht nach jemandem aus, der viel Bewegung hatte. »Ich hörte, worüber Ihr mit dem Abt gesprochen habt, die Tür stand offen…« Er mußte niesen und wischte sich mit dem Ärmel seiner Kutte die Nase ab. »Ich bin Monachus. Ihr fragtet nach mir, also sagt Euch der Name etwas?«

»Äh… ja, Ihr seid Astronom, nicht?« Dee versuchte sich nicht anmerken zu lassen, daß ihm die Heimlichtuerei des anderen ein wenig genant war. »Und ein vielbeschäftigter Mann, wenn ich es recht verstanden habe.«

Monachus nickte. Er trat nervös einen Schritt zur Seite, um nochmals zur Abtei schauen zu können. »Dieser Brief von Gerardus Mercator, über den Ihr mit dem Vater Abt gesprochen habt… ich habe ihn gesehen.«

Sofort hatte Dee die Peinlichkeit vergessen. »Ach?«

»Normalerweise würde ich mich ja nicht einmischen, doch ich habe große Achtung vor der Arbeit Mercators und…«

»Ihr habt unlängst sein Atelier besucht, wenn ich richtig informiert bin?«

Monachus nickte, und dann schien er das plötzliche Mißtrauen Dees zu bemerken. »Glaubt mir, ich habe nichts mit seiner Verhaftung zu tun, auch wenn ich mit manchen seiner Ansichten vielleicht nicht so ganz einverstanden bin. Ich mag zwar ein Minderbruder sein, aber ich bin auch ein Mann der Wissenschaft, Herr Dee.« Letzteres klang ein wenig vorwurfsvoll.

In der katholischen Kirche wimmelt es von Wissenschaftlern, deren Hauptaufgabe darin besteht, die Arbeit anderer auseinanderzunehmen, wenn sie sich nicht mit den Dogmen der Kirche vereinbaren läßt, dachte Dee. Aber jetzt war gewiß weder der Zeitpunkt noch der Ort für derlei Diskussionen. »Dieser Brief?« hakte er ungeduldig nach.

»Dieser Brief, ja… Ich bin fest davon überzeugt, daß er nicht von Mercator selbst geschrieben wurde.«

»Ist das Euer Ernst?«

»Gerardus Mercator ist ein sehr gebildeter Mann, und der Sprachgebrauch in diesem Brief war der eines Menschen, der kaum lesen und schreiben kann. Und wie käme Mercator auf die Idee, mit dem Namen seiner Frau zu unterzeichnen?«

Dee nickte. »Das habe ich mich natürlich auch schon gefragt.«

»Es kann nur mit der Dummheit desjenigen zu tun haben, der den Brief geschrieben hat.«

»Eigenartig, daß sich die zuständigen Magistrate keine solchen Fragen stellen.«

»Weil sie Gerardus Mercator nicht kennen und sich daher auch nicht die Mühe machen, näher auf derlei Dinge einzugehen.«

»Im Gegensatz zu Eurem Abt scheint Ihr den Herren Magistraten nicht gerade wohlgesinnt zu sein, oder?«

Monachus besann sich einige Atemzüge lang auf eine Antwort. »Sie tun, was ihnen aufgetragen wurde. Was ich davon halte, ist unerheblich.«

»Wo ist dieser Brief jetzt?«

»Er wurde an den Rat von Brabant weitergeleitet. Vermutlich hat der ihn als Beweisstück Vogt Lodewijk Steelant ausgehändigt.«

Dee nickte grimmig vor sich hin. »Offenbar werde ich

mich gegen diesen Mann behaupten müssen, und das mit leeren Händen. Er wird gewiß beeindruckt sein.«

Monachus sah Dee einen Moment forschend an. »Unterschätzt Euch nicht, junger Mann. Ihr habt zumindest viel Mut. Nicht einmal hochrangige Herren wagen es, sich in derlei Angelegenheiten einzumischen, so sehr fürchten sie um ihren eigenen Ruf.«

Fürchten sie um ihren Besitz, dachte Dee. Die Inquisition lauerte ja fortwährend auf wohlhabende Bürger, weil bei ihnen weit mehr zu holen war als bei armen Hungerleidern. »Ich danke Euch, Bruder Monachus«, sagte er. »Da ich Astronomie studiere, werden wir uns in Zukunft vielleicht noch begegnen.«

»So Gott will«, entgegnete Monachus. Dee erwartete, daß sich der andere nun bekreuzigen würde, doch das tat er nicht. Er huschte so klammheimlich davon, wie er gekommen war.

»So Gott will«, wiederholte Dee leise vor sich hin, als er den Rückweg zum Gasthof fortsetzte. Eine behutsame Manier, sich voneinander zu verabschieden, fand er. Man forderte die höheren Mächte damit nicht heraus.

Zu seiner Überraschung mußte er nur zwei Tage warten, um von Vogt Steelant empfangen zu werden. Eine noch größere Überraschung war, daß der Magistrat ihn dazu in seine private Wohnung im Schatten der Kruibeker Kirche lud. Es war ein eher bescheidenes Haus, dessen Untergeschoß fast gänzlich von einem geräumigen Arbeitszimmer mit Blick auf einen großen, verwahrlost wirkenden Garten ausgefüllt wurde.

»Ich habe wenig Zeit«, erklärte der Vogt. »Ich stehe unmittelbar vor der Abreise nach Gent. Aber ich wollte Euch doch noch kurz sprechen. Damit Eure irritierenden, wenn auch interessanten Bemühungen in der Sache Mercator gleich ein Ende haben.«

Nervös blickte Dee auf den in braunes Leder gekleideten kleinen Mann, der mit kurzen, ungeduldigen Schritten in seinem Arbeitszimmer auf und ab ging und hier und da Papiere hervorzog, die er in eine bereitstehende Tasche warf. Steelant bot ihm nicht an, sich zu setzen. Dee hätte im übrigen auch nicht gewußt, wo, denn auf sämtlichen Stühlen stapelten sich Bücher und anderes mehr.

»Ich fahre nicht gerne nach Gent«, sagte Steelant. »Immer rumort es dort, immer gibt es Krawalle oder Kämpfe. Die Genter sind die größten Starrköpfe der Niederlande, sie scheinen zu denken, sie seien eine Art auserwähltes Volk oder dergleichen.« Er blieb stehen, stemmte die Hände in die Seite und sah seinen Besucher unter dunklen Augenbrauen hervor an. »Gut. John Dee, nicht wahr? Sohn von Arthur Dee, Tuchkaufmann aus Bristol. Reicher Tuchkaufmann, dürfen wir wohl sagen. Ein angesehener Mann. Doch nach Euren Studienfächern zu urteilen, scheint Ihr nicht vorzuhaben, seine Geschäfte später fortzusetzen?«

Es überraschte Dee nicht, daß der Vogt Informationen über ihn eingeholt hatte. »Ich habe noch nicht über meine Zukunft entschieden. Mathematik und Astronomie interessieren mich einfach sehr.«

Steelants dunkle Augen nahmen Dee prüfend ins Visier. »Nur Mathematik und Astronomie?«

»Und noch viele andere Dinge, ich habe ein breites Interesse an allem, was in der Welt vor sich geht.«

»Wie bist du in die Grafenburg gelangt, wenn ich fragen darf?«

Dee erschrak nicht über diese Frage, da er darauf vorbereitet war. »Ich habe ganz einfach den Hauptmann der Wärter bestochen.«

Die Augenbrauen des Vogts schossen erstaunt in die Höhe. »Es trifft mich immer wieder wie ein Schlag, wenn jemand schlicht und einfach die Wahrheit sagt. Selten, so selten ...«

»Ich hatte nichts Unrechtes im Sinn, ich wollte nur ...«

Der Vogt hob warnend die Hand. »Bei Studenten wie dir herrscht offenkundig ein gewisses Mißverständnis darüber vor, was recht und was unrecht ist. Meister Mercator sitzt wegen Ketzerei ein und darf infolgedessen keinen Besuch erhalten.«

»Natürlich, sonst hätte ich ja niemanden zu bestechen brauchen.«

Der Vogt starrte Dee einige Sekunden lang stirnrunzelnd an. Dann wischte er kurzerhand einen Stapel Bücher von einem Stuhl auf den Boden und ließ sich ermüdet darauf fallen. »Bist du nun ungemein dreist oder ungemein dumm oder beides?«

Dee blickte leicht verwundert auf den Staub, den die herunterfallenden Bücher vom Holzfußboden hatten aufwölken lassen. »Entschuldigt, Herr Vogt, ich wollte nicht unhöflich sein. Doch da es ohnehin schon schwer genug ist, herauszufinden, was wahr und was erfunden ist, halte ich es für das beste, mich klar und deutlich auszudrücken. Zumal jemandem wie Euch gegenüber, der versiert darin ist, falsche Vorwände und verschwommene Aussagen zu durchschauen.«

Der Vogt grinste kaum merklich. »Weißt du, was mein seliger Vater immer sagte? Fliegen fängt man mit Honig und nicht mit Essig.«

»Weise Worte.«

»Dacht ich's mir doch, daß du ihm zustimmen würdest. Und deine Direktheit hat etwas Erfrischendes, muß ich zugeben. Warum kümmert dich das Schicksal dieses Kartographen so sehr? Hast du etwas mit ihm zu tun?«

»Ich kannte Meister Mercator nicht persönlich, bevor ich ihn in der Grafenburg aufsuchte. Aber ich hatte ein langes Gespräch mit seiner Frau und seiner Schwiegermutter und habe mich danach auch noch mit anderen Menschen unterhalten, die ihn kennen. Das hat mich zu der Überzeugung gelangen lassen, daß er unschuldig ist.«

»So, so«, sagte der Vogt. »John Dee, angehender Sterndeuter und Mathematiker, ist von der Unschuld eines meiner Gefangenen überzeugt. Haben sich denn in Löwen keine Advokaten mehr gefunden?«

»Ich habe mit einem gerade fertigen Juristen über das eine und andere gesprochen. Er riet mir davon ab, mich in die Sache einzumischen. Selbst er würde die Finger davon lassen, wenn man ihn um seine Vermittlung bäte, sagte er.«

»Sehr vernünftig von diesem Juristen. Tja, aber es findet sich doch immer einer, der glaubt, es besser zu wissen.«

»Der Brief an die Minderbrüder von Mecheln, auf den sich die Klage gegen Meister Mercator stützt, ist offenkundig nicht von ihm selbst geschrieben worden.«

»Ach? Und worauf stützt Ihr diese Feststellung, wenn ich fragen darf, Herr Dee?«

Dee versuchte, sich durch den spöttischen Ton des Vogts nicht aus dem Konzept bringen zu lassen. »Der Brief wurde unverkennbar von jemandem verfaßt, der kaum des Schreibens mächtig ist. Ich habe daher die Theorie, daß irgendwer Mercator einen üblen Streich spielen wollte. Und das ist ihm auch gelungen.«

»Der bewußte Brief befindet sich in meinem Besitz, Ihr könnt ihn also nicht gesehen haben.«

»Ich habe mit jemandem gesprochen, der ihn gesehen hat.«

»Herr Dee hat mit jemandem gesprochen, der den Brief gesehen hat! Und darf ich vielleicht auch den Namen dieses indiskreten Franziskaners erfahren? Denn nur ein solcher kann es gewesen sein.«

»Es war in der Tat ein Minderbruder, doch aus verständlichen Gründen hat er mir seinen Namen nicht genannt«, gab Dee vor. »Und ich habe natürlich auch nicht danach gefragt.«

»Das war äußerst unklug. Auf der Folterbank kannst du dir viel ersparen, wenn du die dir gestellten Fragen sogleich beantwortest.«

»Aber Ihr seid doch inzwischen bestens im Bilde, daß ich nichts als die Wahrheit sage, da bin ich mir ganz sicher, Herr Vogt.«

»Der Trick mit dem Honig«, konstatierte Steelant, aber diesmal lächelte er nicht. Mit einer Energie, als hätte er schon viel zu lange stillgesessen, sprang er wieder auf. »Ich muß gehen«, verkündete er entschieden.

Hastig sagte Dee: »Herr Vogt, darf ich Euch untertänigst bitten, diesen Brief noch einmal zu prüfen?«

Steelant griff zu seiner Tasche. »Es steht dir frei, zu bitten, worum du willst, junger Mann. Zumal, wenn du es untertänigst tust.« Er wies zur Tür. »Die Unterredung ist beendet.«

Dee verließ den Raum. Steelant folgte ihm und schloß mit dröhnendem Knall die Tür hinter sich. Ein Bediensteter eilte herbei, um dem Vogt die Tasche abzunehmen.

»Herr Vogt...« Dee zögerte, weil er fürchtete, die Geduld des Magistrats schon allzusehr auf die Probe gestellt zu haben.

Steelant seufzte. »Sprich, Junge!«

»Ließe es sich vielleicht einrichten, daß Meister Mercator Besuch von seiner Frau empfangen darf?«

»Nein, aber du kannst jederzeit versuchen, den neuen Hauptmann der Wärter zu bestechen.«

Dee blickte dem Vogt nach, der zu einem wartenden Pferdekarren hinüberrauschte. Er nimmt mich nicht ernst, dachte er frustriert.

Er ging zu seinem Pferd und schwang sich in den Sattel. Der Karren des Vogts rumpelte laut auf dem Pflaster vorüber. Der Kutscher ließ seine Peitsche knallen, der Magistrat nahm keine Notiz mehr von Dee.

Dee setzte sein Pferd in entgegengesetzter Richtung in Bewegung. Das einzige, was er noch versuchen konnte, war, den Verfasser oder die Verfasserin dieses vermaledeiten Briefes zu finden und an den Schandpfahl zu bringen, dachte er. Falls das überhaupt noch etwas nützte. Offenkundig lebten die Vertreter von geistlicher und staatlicher Macht und deren

Untertanen in völlig verschiedenen Welten, und zwischen ihnen klaffte ein breiter Graben, der sich allein mit einem Gefühl für Gerechtigkeit nicht überbrücken ließ.

20

In einer klaren Nacht kann man mit bloßem Auge fünftausend Sterne sehen«, sagte Gerhard. Er blickte abwesend zu dem Lüftungsloch hinauf, durch das diffuses Morgenlicht hereinfiel.

»Hast du sie etwa gezählt?« fragte Ludo skeptisch.

»Ein Freund, der Sternkundler ist, hat das getan, mit einem Fernrohr, das er selbst konstruiert hat. Und die Zahl bezieht sich nur auf die Nordhalbkugel. Von der Südhalbkugel aus sieht man ganz andere Sterne, und vermutlich noch einmal genauso viele. Das macht zusammen zehntausend Sterne.«

»Eine ganze Menge.«

»Nicht wahr? Aber wenn du durch das Instrument meines Freundes schaust, siehst du plötzlich so viele funkeln und blitzen, daß dir ganz schwindlig wird. Millionen.«

»Unglaublich, alle diese Löcher im Firmament, durch die das Himmelslicht scheint.«

Gerhard schaute im Halbdunkel der Zelle in das blasse Gesicht des Studenten. »Jetzt sag bloß nicht, daß du diesen kindlichen Unsinn glaubst?«

»Das hat man uns früher in der Katechese erzählt.«

»Manche behaupten, daß jeder Stern eine Sonne sein könnte, so wie die unsrige.«

»Na, *das* finde ich noch viel unglaublicher!«

»Das würde implizieren, daß die Erde nicht mehr ist als ein unscheinbares Stäubchen im Weltall«, sagte Gerhard sinnierend. »Und wo plaziert uns diese Hypothese? Als Menschen, meine ich?«

»Wenn ich du wäre, würde ich solche Gedanken nicht zu laut aussprechen«, warnte Ludo und blickte reflexartig zur Zellentür. »Viel Gutes hat dir diese Bescheidenheit offenbar nicht gebracht. Großmäuler regieren die Welt, Meister Mercator. Je dümmer einer ist, desto lauter ruft er, und je lauter er ruft, desto mehr Respekt haben die Menschen vor ihm. Der wahre Intellekt schweigt und wird überrollt. Wie hat man so was noch gleich im Kolleg genannt?«

»Ein Paradoxon. Das sind aber reichlich düstere Worte für einen so jungen Mann.«

»Könnte das vielleicht etwas mit diesem Verlies hier zu tun haben?«

»Weißt du, was ich eigenartig finde? Du hast mir noch nie erzählt, ob du draußen jemanden hast. Ein Mädchen, meine ich, eine Verlobte.«

Ludo schwieg einen Moment, ehe er antwortete: »Dafür bin ich zu häßlich. Wenn ich Liebe will, muß ich dafür bezahlen. Und meistens habe ich kein Geld. Mein Vater muß sich krumm arbeiten, damit ich studieren kann. Ich war die Hoffnung der Familie auf bessere Zeiten.«

»Warst?«

»Ich träumte heute nacht, ich wäre tot und stünde vor dem Himmelstor. Der Herr fragte mich, welche Worte ich gern von den Trauernden bei meinem Begräbnis hören wollte.«

Wider Willen fragte Gerhard neugierig: »Und? Was hast du geantwortet?«

»Ich sagte ...« – Ludo grinste – »... er *lebt* noch!«

Gerhard seufzte. »Das hast du dir gerade ausgedacht, stimmt's?«

»Ich kann sehr witzig sein, wenn ich will. Die Welt wird mich vermissen.«

Mich wird die Welt nicht vermissen, dachte Gerhard. Mochte er vielleicht auch in der Lage sein, das Bild von ihr ein für allemal zu verändern. Doch er saß hier zur Untätigkeit verdammt hinter dicken Steinmauern. »Warum siegt stets die Torheit über die Vernunft?«

»Das sagte ich doch gerade. Weil die Torheit mehr Radau macht.«

»Das ist zu einfach, es muß noch eine andere Erklärung geben.«

»Wer weiß? Vielleicht ist Torheit ja die Norm der Natur. Sie kommt jedenfalls unendlich viel häufiger vor als Vernunft. Ein Zeichen an der Wand, scheint mir.«

Vielleicht hat dieser Grünschnabel sogar recht, dachte Gerhard bitter. Allenthalben regierte die Dummheit. Und da die Menschen, die zuviel nachdachten, überall verfolgt und sogar zur Strecke gebracht wurden, würde sich das nur noch verschlimmern. Bis die Torheit auf ganzer Linie triumphierte. Chaos und Torheit ... wenn es in der Tat das war, worauf die Natur zielte, dann konnte man als Mensch nichts dagegen ausrichten.

»Ein anregender Gesprächspartner bist du heute nicht gerade, Ludo«, schloß Gerhard am Ende seines Gedankengangs.

»Ich kann auch den Mund halten, wenn Euch das lieber ist, Meister Mercator.« Es klang gleichgültig.

»Ach, man sollte eher denken, daß nur Idioten immer fröhlich sind.«

»Ein Hoch auf die Idioten!« Ludo verstummte für eine Weile, bis er unversehens fragte: »Würdet Ihr mir den Gefallen tun, Eure Frau zu beschreiben, Meister Mercator?«

Die Frage befremdete Gerhard nicht. Menschen, die eingesperrt waren, klammerten sich an ihre Traumvorstellungen, und diese Traumvorstellungen brauchten von Zeit zu Zeit neue Nahrung.

»Barbara?« Er mußte kurz nachdenken. Jemand, den man so gut kannte, war oft schwieriger zu beschreiben als ein oberflächlicher Bekannter. Wahrscheinlich weil man ihn mit der Zeit anders betrachtete als nur mit den Augen. »Sie ist blond...«

»Das sind viele.«

Gerhard dachte erneut nach. »Sie ist eine starke Frau, ein wenig eigensinnig und auch sehr mundfertig.«

»Sie ist also nicht einfach, meinst du. Ist sie auch schön?«

»O ja, Barbara ist äußerst anziehend, selbst jetzt noch, nachdem sie sechs Kinder geboren hat. Und dann ihr spöttisches Lächeln...« Gerhard versank kurz in Träumereien.

»Hast du dann keine Angst, daß sie... ich meine...«

»Daß sie mir untreu ist, jetzt, da ich hier sitze? Das ist nicht ihre Art, und außerdem hätte sie gar keine Zeit für solche Spielchen.«

»Spielchen?«

»Ach ja, wie soll man das närrische Getue sonst nennen?«

Irgendwo wurde eine Tür aufgeworfen, und draußen auf dem Gang näherten sich schwere Schritte.

»Wir bekommen heute aber früh zu essen«, bemerkte Gerhard.

Ludo reagierte nicht, starrte nur regungslos auf die Zellentür. Wenige Sekunden später wurde der schwere Riegel beiseite geschoben, und die Tür öffnete sich ächzend, um zwei Wärter einzulassen. Einer von ihnen blieb wie üblich an der Tür stehen, der andere schloß Ludos Fußfessel auf und zerrte den jungen Mann unsanft hoch. Wortlos und ohne Gerhard eines Blickes zu würdigen, stieß er Ludo vor sich her zur Zelle hinaus. Die Tür schlug zu, und es wurde wieder still im Kerker.

Ludo kam nicht mehr zurück. Erst drei Tage später erfuhr Gerhard, daß man den jungen Mann gehängt hatte, nachdem er auf der Folterbank Ketzereien gestanden hatte.

»Clemens de Vilder?« Der Wirt vom ›Pulverfaß‹ sah John Dee nicht sonderlich freundlich an. »Den kennen wir, ja. Was wollt Ihr von ihm?«

»Ich möchte mit ihm sprechen, über ... äh ... Geschäfte.«

»Geschäfte, hä? Nun, viel wird dabei nicht herauskommen, es geht ihm nicht gut.« Der Wirt deutete mit dem Kinn in eine dunkle Ecke der Wirtsstube.

Dee erkannte Clemens von der Beschreibung her, die Barbara ihm gegeben hatte, vor allem an seinem auffälligen schwarzen Bart. Der Mann saß in sich zusammengesunken da und starrte ins Leere. Vor ihm auf dem fleckigen Tisch standen ein Bierkrug und ein Becher.

Dee ging zu dem Tisch hinüber und schüttelte kurz den

Bierkrug. Als er sah, daß dieser leer war, gab er dem Wirt ein Zeichen. Der brachte sofort einen vollen und einen zweiten Becher. Etwas Unverständliches brummelnd, stellte er beides auf den Tisch und verschwand wieder. Clemens rührte sich nicht.

Dee zog sich einen Stuhl heran. »Mein Name ist John Dee«, sagte er, während er sich setzte. »Ich wollte gern kurz mit Euch sprechen.«

Clemens blickte ihn aus blutunterlaufenen Augen glasig an. »Haben die Hexen dich geschickt?« Seine Stimme klang rauh, so als hätte er sie schon geraume Zeit nicht mehr benutzt.

Dee zog fragend die Augenbrauen hoch. »Die Hexen?«

»Die Hexen, ja, die Hexen!«

»Guter Mann, ich weiß nicht, wovon Ihr sprecht.« Dee füllte die Becher.

Clemens de Vilder sah zwar aus, als habe er schon mehr als genug intus, aber das traf sich vielleicht ganz gut.

»Diese dreckigen Hündinnen haben mich verflucht.«

»Diese dreckigen Hündinnen?«

Clemens holte bebend Luft und ergriff den Becher, den Dee ihm reichte. »Barbara Schellekens und ihre schreckliche Mutter. Und bestimmt auch die andere Teufelsbrut, mit der sie Umgang haben. Und wie sitze ich jetzt hier!« Er leerte den Becher zur Hälfte und stellte ihn vorsichtig auf den Tisch, als sei er sich der Bewegungen seiner Hand nicht sicher.

»Soweit ich sehen kann, hast du nur etwas zuviel getrunken«, stellte Dee fest.

Clemens sah ihn unfreundlich an. »Was willst du von mir?«

»Wie ich schon sagte: Ich wollte kurz mit dir sprechen.«

»Ich bin krank.«

Dee begann ein wenig ungeduldig zu werden. »Wenn du krank bist, solltest du zum Chirurgen gehen und nicht ins Wirtshaus.«

»Ich kann nicht mehr schlafen, böse Träume, furchtbare Träume... Dämonen hausen in meinem Kopf.«

»Böse Träume? Könnte das nicht andere Gründe haben als Hexerei?«

Clemens blickte mit einem Mal argwöhnisch. »Was faselst du da?«

»Nun ja, diese Dämonen in deinem Kopf. Vielleicht ist das ja einfach nur dein Gewissen, das sich regt.«

»Und was sollte ich auf dem Gewissen haben?« Clemens' Augen verengten sich. »Sag mal, wer zum Teufel bist du eigentlich, daß du so etwas zu sagen wagst?«

»Einfach einer, der nach der Wahrheit sucht.«

Clemens sackte wieder in sich zusammen. »Sind wir das nicht alle?«

Mach sie betrunken, und sie werden zu Philosophen, dachte Dee. Aber er würde sich ein bißchen vorsehen müssen. Denn auch wenn der andere betrunken war, blieb er noch groß und stark. Er beobachtete Clemens scharf und fragte: »Soweit ich verstanden habe, hast du ein Problem mit Gerhard Mercator?«

»Hast du mir nicht zugehört? Ich habe ein Problem mit seiner Frau und ihrer Mutter. Diesen Schlangen!«

»Jedes Problem hat eine Ursache, Clemens.«

»Eine Ursache? Das Hexenweib fand mich nicht gut genug für seine Tochter.«

»Wie viele Jahre sind darüber schon vergangen?«

»Vergangen? Vergangen? Nichts ist vergangen, es ist noch immer so!«

»Als gäbe es keine anderen Frauen als Barbara Schellekens.«

»Darum geht es nicht«, entgegnete Clemens unwirsch.

»Nein? Worum denn dann? Daß du nicht bekommen hast, was du wolltest?«

»Ich will nicht mehr mit dir reden«, sagte Clemens. Er leerte seinen Becher und füllte ihn gleich wieder auf. Während er das tat, ließ er einen Rülpser, der bis ans andere Ende der Wirtsstube zu hören war.

Dee wandte angewidert den Kopf vor dem Alkoholdunst ab, der ihm entgegenschlug. »Ein Mann sitzt unschuldig im Kerker und wird womöglich sogar hingerichtet.«

»Als wenn mir das leid täte.«

»Warum bist du dann so angeschlagen?«

»Sagte ich nicht, daß ich nicht mehr mit dir reden will?«

»Hexerei!« Dee schüttelte den Kopf. »Du hast sehr wohl etwas auf dem Gewissen. Wenn du mich fragst, vergehst du schier vor Schuldgefühlen.«

Über den Rand seines Bechers hinweg schielte Clemens ihn gemein an. »Ich kann dir dein großes Maul auch zuschlagen!«

»Wenn es dir gelingt, dich auf den Beinen zu halten, meinst du.«

Einen Moment lang sah es so aus, als wollte sich Clemens erheben, doch er besann sich und blieb sitzen. »Schmeißfliege!« murmelte er.

Dee nahm einen Schluck von seinem Bier. »Groll ist ein

überaus schlechter Ratgeber.« Er sah Clemens abschätzend an. Als der nicht reagierte, fuhr er fort: »Sie haben dich verhext, weil sie wissen, daß du diesen verleumderischen Brief an die Franziskaner geschrieben hast.«

Clemens knallte seinen Becher so heftig auf den Tisch, daß das Bier herausschwappte und einen weiteren nassen Fleck auf dem Tisch bildete. »Lügen, alles dreckige Lügen!«

In ruhigem Ton sagte Dee: »Hexen wissen alles, Clemens de Vilder.«

Clemens verengte die wäßrigen Augen zu Schlitzen. »Du bist einer von ihnen!« Er wies mit ausgestrecktem Finger beschuldigend auf Dees Brust. »Ich wette, die Federn in deinem Kopfkissen sind so kraus wie nur was!«

»Warum bekennst du nicht einfach deine Schuld? Dann wärst du von einer großen Last befreit. Und vielleicht wäre der Fluch dann aufgehoben.«

Clemens sackte erneut in sich zusammen. »Der Schweinehund hat mir meinen Sohn gestohlen…«

»Deinen Sohn?«

Clemens nickte vor sich hin. »Arnold, er ähnelt mir, ich verstehe nicht, daß dieser Federfuchser das nicht sieht.«

Dee sah den anderen lange an. Clemens stieß ihn ab. Johanna hatte ihm das eine und andere erzählt, und er war intuitiv davon überzeugt, daß der andere tatsächlich den bewußten Brief geschrieben hatte. Doch zugleich empfand er so etwas wie Mitleid mit diesem Schafskopf. In sanftem Tonfall sagte er: »Seine Liebste an einen Rivalen zu verlieren ist schmerzlich und demütigend.«

Clemens blickte widerwillig auf. »Was weißt du darüber?«

»Aber Rache ist das allerschlechteste Heilmittel.«

»Ach ja? Und was wäre denn ein gutes Heilmittel, du Klugscheißer?«

»Eine andere Frau.«

»Es gibt nur eine Frau, die mein Kind hat.«

Dee seufzte. »So kommen wir nicht weiter. Was willst du denn? Hier langsam vor dich hin krepieren?«

»Was kümmert es dich?«

Plötzlich wütend, brauste Dee auf: »Was mich kümmert, ist, daß durch dein Zutun ein unschuldiger und wertvoller Mensch im Kerker verfault!« Daß die Gespräche in der Wirtsstube schlagartig verstummten, registrierte er nicht. Er beugte sich vor und zischte, das Gesicht nah an dem von Clemens: »Du bist ein elender Lump, und wenn du nicht zur Besinnung kommst, werde ich dafür sorgen, daß dich der Fluch der Hexen noch weiter zugrunde richtet!« Worauf er eine Münze auf den Tisch warf und energischen Schrittes hinausging.

Clemens starrte mit großen Augen auf die Tür, die hinter Dee zugefallen war. Seine Eingeweide fühlten sich an, als wäre ein Knoten darin, der von einer unsichtbaren Hand zusammengezogen wurde. Er erschrak heftig, als ihm jemand die Hand auf die Schulter legte. Es war die Frau des Wirts. »Meinst du nicht, du solltest nach Hause gehen?« sagte sie. »Du siehst gar nicht wohl aus.«

Clemens schaute unsicher zu ihr auf. Die Wirtin war ein häßlicher Mensch mit großen, gelben Zähnen und einer Warze auf der Knollennase. Sie hatte pechschwarze Äuglein und einen stechenden Blick. Und die Nägel ihrer knorrigen Hand auf seiner Schulter waren lang und spitz.

Clemens wich so heftig vor ihr zurück, daß sein Stuhl mit einem Knall umfiel. »Du bist auch eine!« stammelte er.

Die Frau hatte ihn erschrocken losgelassen. »Was gibt denn das jetzt wieder?«

Aber Clemens hörte nicht mehr zu. Auf einen Schlag völlig nüchtern, rannte er zur Tür und nach draußen. Er rannte, bis er die Kirche erreichte. Dort tauchte er beide Hände ins Weihwasserbecken und wusch sich gehetzt Kopf und Gesicht. Das Wasser fühlte sich eiskalt an, und seine Haut spannte, als würde sie gefrieren. Am Ende sank er triefend und erschöpft auf die Knie nieder und heftete den Blick fest auf den Altar. Die blassen Gesichter einiger Kirchgänger, die sich beunruhigt zu ihm umschauten, nahm er gar nicht wahr. Er versuchte mit aller Macht zu beten, doch er fand nicht die Worte.

»Sieh an, wenn das nicht Clemens de Vilder ist.«

Als Clemens zitternd den Blick hob, sah er, daß der Pfarrer neben ihm stand und ernst auf ihn herabblickte.

»Seelenpein, mein Sohn?«

Statt zu antworten, begann Clemens krampfhaft zu schluchzen.

Der Pfarrer faßte ihn bei der Schulter und zog ihn mit sanftem Zwang hoch. Er machte eine beschwichtigende Gebärde zu den anderen Kirchgängern. »Komm mit zum Beichtstuhl«, sagte er. »Ich vermute, daß du mir und dem Herrn etwas zu erzählen hast.«

»Der Barbier«, kündigte der Wächter an.

»Ich brauche keinen Barbier«, entgegnete Gerhard. »Welchen Sinn soll das haben, mich sieht ja doch keiner!«

»Der Herr Vogt besteht darauf, daß die Gefangenen gepflegt vor ihm erscheinen, wenn er Recht spricht.«

»Der Vogt?« Gerhard erhob sich langsam von dem Häuflein Stroh, auf dem er wie gewöhnlich gesessen und gegrübelt hatte. »Wird er mich jetzt endlich verurteilen?«

Der Wärter antwortete nicht. Er trat einen Schritt beiseite, um einen untersetzten Mann hereinzulassen, der ein Holzkistchen mit Haarschneide-Utensilien an der einen Schulter hängen hatte. In der anderen Hand hielt er einen dreibeinigen Schemel. Den stellte er vor Gerhard hin. »Nehmt bitte Platz«, ersuchte er ihn freundlich. Er blickte kurz zu dem Lüftungsloch hinauf. »Viel Licht ist hier nicht, aber wir werden das Beste daraus machen.« Er zog demonstrativ die Nase hoch. »Es riecht hier alles andere als frisch. Ihr seid Euch im klaren, daß Eure Hinterbliebenen mich für meine Dienste zu bezahlen haben?«

Schweigend ließ sich Gerhard auf dem Schemel nieder. Der Barbier griff zu einer großen Schere und begann mit flinken Bewegungen Gerhards krausen Bart in Form zu stutzen.

»Und wie komme ich zu dieser Vorzugsbehandlung?« fragte Gerhard.

Der Barbier nahm eine schmalere Schere und machte sich an Gerhards Haupthaar. »Ich weiß nicht, was Ihr meint.«

»Meinem Zellengenossen hat man nicht die Haare geschnitten, bevor man ihn aufgehängt hat.«

»Darüber weiß ich nichts. Vielleicht konnte er es nicht bezahlen?«

Gerhard starrte auf die Haarbüschel, die über seine Brust herabrieselten und in seinem Schoß liegenblieben. Jemanden zu verurteilen und hinzurichten schien nicht viel Zeit zu kosten, wenn sie erst einmal dabei waren. Bei Ludo war es auch schnell gegangen.

Er war sich nicht sicher, ob er Angst vor dem Tod hatte. In den letzten Wochen hatte er oft darüber gebrütet, aber er war zu keinem Ergebnis gekommen. Es war nicht ausgeschlossen, daß er nachher laut wimmernd zum Galgen geschleppt werden mußte. Und der Gedanke, daß er in Einsamkeit sterben mußte, daß er seine Frau und seine Kinder nicht mehr, niemals mehr sehen würde, war ihm ganz furchtbar. Auch nach so langer Zeit war das noch immer kaum zu fassen.

»So«, sagte der Barbier. Er schien mit dem Ergebnis seiner Arbeit zufrieden. »Das sieht schon erheblich besser aus.« Er hängte sich sein Kistchen mit Gerätschaften wieder über die Schulter und wartete, bis Gerhard aufstand, damit er seinen Schemel mitnehmen konnte. »Einen schönen Tag noch«, sagte er.

Gerhard starrte dem Barbier nach, bis dieser verschwunden war. Sein Abschiedsgruß hat sich nicht einmal ironisch angehört, dachte er mit leichter Verwunderung.

Der Wärter löste seine Fußfessel. »Den Gestank abwaschen und andere Kleider anziehen«, kündigte er an. Ungeduldig wies er zur Tür, wo sein Kollege wartete. »Mach schon.«

Sie brachten ihn in einen kleinen, kahlen Raum, wo sie ihn nötigten, seine Kleider auszuziehen. Es war ziemlich kalt, und überdies gossen sie ihm noch einen Eimer eiskaltes Wasser über den nackten Leib. Anschließend schrubbten sie ihn mit einer groben Stielbürste ab. Abtrocknen durfte er sich selbst. Danach wurden ihm eine weiße Hose und ein unförmiges graues Hemd zugeworfen. Er war noch magerer geworden, als er es ohnehin schon gewesen war, und die

Sachen waren ihm viel zu weit, aber sie waren wenigstens sauber, so daß er sich weniger erbärmlich fühlte.

Nach gut einer Stunde Wartens wurde er zum zweitenmal seit seiner Gefangennahme dem Vogt vorgeführt. Der empfing ihn nicht allein. Links und rechts von ihm saßen zwei gewichtig blickende Herren, die scheinbar sehr geschäftig auf dem Tisch liegende Papiere ordneten. Einer der beiden hielt sich dabei eine kleine Brille an einem Stiel vor die Augen, über die hinweg er Gerhard demonstrativ betrachtete, als dieser vor den Vogt geführt wurde. Beigeordnete, vermutete Gerhard. Zeugen, die das Todesurteil mit unterzeichnen mußten.

Der Vogt hatte mit irritierend kratzender Feder etwas in ein Buch geschrieben. Nun lehnte er sich auf seinem Sessel zurück und verschränkte die Arme vor der Brust. In dieser Haltung studierte er Gerhard eine ganze Weile schweigend, bevor er endlich sagte: »Ihr seid der genannte Gerardus Mercator?«

Gerhard hatte eine trockene Kehle und schluckte kurz mühsam. »Äh ... ja, Herr Vogt.«

Er hatte Angst. Angst vor der unnatürlichen Macht dieser drei finster blickenden Männer hinter dem Tisch. Vor ihrer Macht und seiner eigenen Machtlosigkeit. Und das durfte nicht sein. Daß sie so einfach über Leben und Tod anderer entscheiden konnten, war unfaßbar. Dieses Privileg gebührte allein Gott oder der Natur. Es erschien ihm ungeheuerlich anmaßend. Zumal sie mit ziemlicher Sicherheit nicht einmal klüger waren als er selbst. Denn sonst wäre ihnen längst aufgegangen, daß die Anwürfe gegen ihn haltlos waren. Gerade ihre Dummheit hatte schon so vielen Unschuldigen den Tod gebracht. Auch wenn die *Inquisitio hereticae pravitatis* weiß Gott keine einfache Sache war, wie Gerhard schon vor Jahren in der Schule gelernt hatte. Als hätten seine Lehrer damals schon gewußt, was ihn erwartete...

Gerhard schrak auf. Er war so sehr in seine Gedanken versunken gewesen, daß er gar nicht mitbekommen hatte, was der Vogt zu ihm sagte: »... womit das wichtigste Euch belastende Beweisstück in dieser Sache – *in casu* Anschuldigung wegen Ketzerei – nach dem Geständnis des Verfassers, daß es sich um fälschlich unter dem Namen Gerd Schellekens geschriebene, unwahre Erklärungen gehandelt habe, hinfällig ist.«

Gerhard war sich sicher, daß er sich verhört haben mußte, zumal der Vogt in einem Ton sprach, dessen Strenge so gar nicht zu diesen befreienden Worten paßte. Dessenungeachtet schlug ihm das Herz angesichts dieses völlig unerwarteten Hoffnungsschimmers plötzlich bis zum Hals.

»Da gleichwohl der Besitz subversiver Karten, Bücher und anderer anstößiger Schriften in der Werkstatt des Angeklagten zweifelsfrei nachgewiesen wurde, wird der genannte Gerardus Mercator zu neun Monaten Haft verurteilt, von denen drei Monate bereits abgesessen sind. Die sechs verbleibenden Monate beginnen ab dem heutigen Tag, dem achtzehnten April im Jahre des Herrn fünfzehnhundertvierundvierzig.«

Wie betäubt starrte Gerhard auf den Hammer aus Maulbeerholz, der mit einem trockenen Schlag auf den Schreibtisch das Urteil besiegelte, ohne daß man ihn gefragt hätte, ob er vielleicht noch etwas zu sagen habe.

Einer der Beigeordneten gab den wartenden Bewachern ein Zeichen, und Gerhard wurde wieder weggeführt. Er war immer noch nicht überzeugt, daß er dem Tod entronnen war. Und als sie ihn nicht zu seiner Zelle führten, erfaßte ihn sogleich wieder die Angst. Sie brachten ihn jedoch in den Raum, in dem er seinerzeit mit John Dee zusammengetroffen war. Und im nächsten Moment stand er Barbara und ihren Töchtern Emerentia und Dorothea gegenüber.

Die Mädchen schauten mit großen, fragenden Augen zu ihm auf. Barbara blickte eher böse, als hätte sie gerade etwas Unangenehmes mitgemacht. Doch als Gerhard sie umarmte, kullerten ihr Tränen über die Wangen. Unwirsch wischte sie die verräterischen nassen Spuren mit dem Handrücken weg. »Ich kann nicht lange bleiben«, schickte sie gleich vorweg, als wüßte sie nach so langer Zeit nichts anderes zu sagen. »Gaspard wartet draußen auf mich, er hat uns mit seinem Karren hergebracht.« Sie schaute zu, wie Gerhard beide Mädchen zugleich hochhob. Er drückte sie so fest an sich, daß Dorothea erschrak und zu weinen begann. »Wir erhielten gestern abend Nachricht, daß ich dich endlich sehen dürfe.« Barbara nahm ihm Dorothea ab und beruhigte das Kind.

»Gestern? Ich bin gerade eben erst verurteilt worden.« Gerhard zögerte kurz. »Kannst du mir vielleicht Papier und Zeichenutensilien besorgen? Ich muß noch sechs Monate hierbleiben.«

»Noch sechs Monate? *Sechs?*« Barbara verdrehte die Augen. »Das machen sie nur, um das Gesicht zu wahren, denn sie wissen, daß du nichts verbrochen hast!«

»Sie hätten mich genausogut hängen können, Barbara.«

»Ja, wohl wahr.« Dorothea hatte sich wieder beruhigt, und Barbara ließ das Kind hinunter. Es versteckte sich hinter Mutters Röcken und lugte unsicher zu Gerhard herüber.

»War es Clemens?« fragte Gerhard leise.

»Natürlich, wer sonst?« antwortete Barbara unwillig. Und als wollte sie das Thema wechseln, schimpfte sie: »Sie wollen, daß ich herkomme, um für deine tägliche Verpflegung zu sorgen, aber wie soll ich das um Himmels willen bewerkstelligen? Mit sechs Kindern! Sind sie denn von allen guten Geistern verlassen?«

»Da läßt sich bestimmt etwas regeln. Gegen Bezahlung können wir vielleicht jemanden...«

»Bezahlung? Womit? Denkst du vielleicht, ich habe einen Esel, der Gold scheißt? Nicht mehr lange, und ich muß betteln gehen, damit deine Kinder zu essen haben!«

Anstatt zu antworten, zog Gerhard sie erneut an sich, mitsamt Emerentia, die er immer noch auf dem Arm hatte. »Es wird schon alles gut«, flüsterte er ihr ins Ohr. Und zum erstenmal seit Monaten glaubte er seinen eigenen Worten. Obgleich sich Barbara wie eh und je wieder kalt und distanziert anfühlte.

21

Es war erst Oktober, doch der eisige Wind, der um die trutzigen Mauern der Grafenburg pfiff, trug schon die schneidende Kälte eines neuerlichen ungnädigen Winters mit sich.

Gerhard kniff die tränenden Augen zu Schlitzen zusammen und zog sich die Kapuze seines Mantels über den Kopf, was ihn wie einen Mönch aussehen ließ. So lief er die lange Brücke über den Burggraben hinunter zu dem unten wartenden Pferdekarren, der ihn nach Hause bringen sollte.

Monatelang hatte er auf diesen Tag hingelebt und sich vorgestellt, daß er die Burg tanzend verlassen würde. Doch nun, da es soweit war, kam er sich ohne die Zellenwände und ohne Bewacher ungeschützt vor. Und auch seltsam leicht, als könnte der Wind ihn jeden Augenblick davontragen. Er blieb sogar kurz stehen, um am Brückengeländer Halt zu suchen, weil er in der Tat schwankte. Nicht vor Schwäche, denn es war ihm gelungen, gesund zu bleiben, sondern weil ihn die plötzliche Freiheit schwindlig machte.

»John Dee!« rief er überrascht aus, als er beim Karren anlangte. »Ich erwartete Gaspard van der Heyden.« Er stieg auf den Bock, was ihm schwerfiel, da ihn der Kerkeraufenthalt noch steifer gemacht hatte, als er es schon von Natur aus war. Seinen fleckigen Leinenbeutel, in dem er Papier und Zeichenutensilien trug, legte er sorgsam unter die Sitzbank.

»Meister van der Heyden ist krank, und Eure Frau konnte der Kinder wegen nicht mitkommen.« Dee griff zur Peitsche und tippte das Pferd vorsichtig damit an. Seine Ermunterung fiel freilich so ungeschickt aus, daß das Tier einen erschrockenen Satz machte. »Ich bin das nicht gewöhnt«, sagte Dee. »Mit einem Karren zu fahren, meine ich. Das ist etwas ganz anderes, als im Sattel zu sitzen.«

»John…« Gerhard sah den anderen von der Seite an. »Ich habe so eine Vermutung, daß ich mein Leben weitgehend dir zu verdanken habe. Sehe ich das richtig?«

»Nein, Meister Mercator, das seht Ihr falsch. Ihr habt Euer Leben einigen Frauen zu verdanken, die Clemens de Vilder verhexten.« Dee grinste beschwichtigend: »Jedenfalls denkt *er* das. Und ich muß zugeben, daß ich ihn in diesem Glauben noch bestärkt habe. Manche Leute sind leicht zu beeinflussen.«

»Du gehst ja recht unbeschwert darüber hinweg.«

»Ich bin nun einmal keine trübsinnige Natur.« Sie hatten den nahezu verlassenen Marktplatz von Rupelmonde überquert, und Dee tippte das Pferd erneut mit der Peitsche an, um es zu einer schnelleren Gangart zu ermuntern.

»Wie steht es mit deinen Studien?«

»Hm, sagen wir mal, ich bin auf einem guten Weg. Es scheint nicht mehr undenkbar, daß sie mich eines Tages Meister nennen werden.«

»Hast du schon Pläne für dein weiteres Leben gemacht?«

Dee schüttelte den Kopf. »Ich plane nie langfristig. Das

hat keinen Sinn, da man nicht wissen kann, wie lange man noch zu leben hat.«

»Ich dachte, du seist keine trübsinnige Natur?«

»Ich mache mir nur nichts vor, das hat nichts mit Trübsinn zu tun.«

»Du könntest für mich arbeiten, bis du etwas Lukrativeres findest.«

Dee sah Gerhard an. »Könnt Ihr mich denn bezahlen, Meister Mercator?«

»Ich hatte gehofft, daß du es um der Ehre willen tun würdest. Und du darfst mich gern Gerhard nennen.«

»Um der Ehre willen, hm...« Dee schien darüber nachzudenken.

Als seine Antwort nicht sofort kam, sagte Gerhard säuerlich: »Du hast recht: Wie ehrenvoll kann es denn schon sein, für einen zu arbeiten, der im Gefängnis gesessen hat?« Er seufzte und zog seinen Mantelkragen gegen die Kälte fester zu. »Wird mich das jetzt für den Rest meines Lebens brandmarken?«

Hastig entgegnete Dee: »Ich dachte gar nichts dahin Gehendes, Meister... äh... Gerhard.«

Gerhard nickte, als wisse er es besser und finde sich damit ab. »Weißt du, John, ich habe früher schon mit dem Gedanken gespielt, die Niederlande zu verlassen. Ich habe mich hier nie wirklich wohl gefühlt, und jetzt erst recht nicht mehr. Ich glaube, ich werde das jetzt mal in die Wege leiten. Sofern meine finanzielle Situation es zuläßt.«

»Wohin gedachtest du denn zu gehen?«

»Ich bin hier geboren, hier in Rupelmonde. Aber meine Eltern kamen ursprünglich aus Deutschland. Die Armut hatte sie hierher verschlagen. Und was mich nun wieder dorthin zurücktreibt, ist mein Unmut über die moralische Engstirnigkeit hierzulande.«

»Ist dein Urteil nicht getrübt durch das, was dir ein einzelner angetan hat?«

»Nein, John. Wie ich gerade sagte, habe ich längst daran gedacht, meine Zelte hier abzubrechen.«

»Zurück nach Deutschland also?«

Gerhard nickte stumm vor sich hin.

»Warum nicht nach Italien? Dort soll, soweit ich verstanden habe, eine neue Freiheit heranwachsen, wie sie auf der ganzen Welt nicht ihresgleichen kennt. Wissenschaft und Kunst gedeihen dort wie Weizen auf frisch gedüngtem Boden.«

»Ich kann die Hitze nicht ertragen«, antwortete Gerhard ernst. »Genausowenig wie die Kälte übrigens. Ein gemäßigtes Klima ist das, was ich brauche.«

»Wie denkt denn deine Frau über all das, wenn ich fragen darf?«

»Nach dem, was geschehen ist, wird es mir nicht schwerfallen, sie zu überzeugen.«

»Du hast sechs Kinder, die werden alle eine fremde Sprache lernen müssen.«

»So viel anders ist die deutsche Sprache nicht, und Kinder lernen das wie von selbst.« Gerhard blickte auf Dees beinahe feminines Profil. »Ich gewinne allmählich den Eindruck, daß du mir mein Vorhaben ausreden willst.«

»Nein, gewiß nicht, ich versuche nur eine Unterhaltung zu führen. Und ach, es wird doch wohl auch nicht gleich morgen sein, nicht wahr?«

»Hm, es könnte durchaus schnell gehen. Ich habe im Kerker eine Idee ausgearbeitet, wie…« Gerhard verstummte. Er wurde sich plötzlich bewußt, daß er den anderen noch gar nicht richtig kannte. Es war leicht, Dee zu vertrauen, doch so ging es einem mit gewieften Betrügern auch. »Ich glaube nicht, daß es mir an gutbezahlter Arbeit mangeln wird«, schloß er unverbindlich.

»Du vertraust mir nicht«, stellte Dee ruhig fest. »Ich würde das an deiner Stelle wahrscheinlich auch nicht so ohne weiteres tun. Aber wie soll das werden, wenn ich für dich arbeite?«

»Ach, du hast dich also doch dazu entschlossen?«

»Wie kommst du darauf?«

»Du sagtest, wenn und nicht falls.«

»Wenn und nicht falls? Oh, das muß ein Mißverständnis sein, für derlei Feinheiten sind meine Sprachkenntnisse offenkundig noch ungenügend.«

Gerhard lächelte vage. Es könnte durchaus vergnüglich sein, mit John Dee zusammenzuarbeiten, dachte er. Der Bursche war gescheit und hielt Augen und Ohren weit offen.

»Du hast mich noch nicht gefragt, ob ich schon etwas über deinen Freund, den seligen Julius Rochat, und den Schotten Carn Blackburn in Erfahrung gebracht habe.«

Gerhard war in die Betrachtung der langsam vorübergleitenden Landschaft versunken gewesen, in der die leeren Äcker und die Bäume mit ihrem schon weitgehend verdorrten Laub bereits einen trostlosen, winterlichen Anblick boten. Es dauerte daher einige Sekunden, bis er gewahr wurde, was Dee gesagt hatte. Gespannt fragte er: »Und? Hast du etwas herausbekommen?«

Dee nickte, und seine Miene wurde grimmig. »Mein Gott, hasse ich Verräter«, sagte er.

Sie waren einige Steinwürfe von Mecheln entfernt, als sie ein Stück abseits des Weges zu ihrer Rechten einen brennenden Bauernhof sahen. Die Scheune brannte lichterloh, und auch aus einem Teil des Wohnhauses schlugen bereits die Flammen. Die schwarzen Rauchwolken wurden vom Wind über den Hof und die angrenzenden Ländereien hinweggepeitscht. Ein Pferd kam in wilder Panik geradewegs auf Dees und Gerards Karren zugaloppiert. Erst im allerletzten Moment änderte es die Richtung und stürzte sich, ohne den spitzen Dornen Beachtung zu schenken, unter lautem Knacken in die dichte Brombeerhecke am Wegrand. Schnaubend und mit weit ausgreifenden Vorderläufen entfernte es sich aus ihrer Sicht.

»Lieber Himmel!« entfuhr es Gerhard, der heftig erschrocken war. Ihr eigenes Pferd war so abrupt stehengeblieben, daß sie beinahe vom Bock geschleudert worden wären. Gerhard spähte zu dem Feuer hinüber. Vielleicht sind dort Menschen in Not, wollte er sagen, doch Dee hatte ihr Pferd schon mit energischem Peitschenschlag in Bewegung gesetzt.

Er lenkte den Karren auf den mit Schlaglöchern durchsetzten Pfad, der zu dem Bauernhof führte, und hielt erst an, als sie die Hitze des Feuers in ihren Gesichtern spürten. Ihr Pferd legte die Ohren an und wich mit den Augen rollend zurück.

»Da liegen Menschen«, rief Dee. Er sprang vom Bock und rannte zu den Körpern der Erwachsenen und Kinder hinüber, die reglos beim Haus auf dem Boden lagen, nicht weit von der offenen Tür entfernt, aus der Rauch schlug. Gerhard folgte ihm etwas mühseliger.

Wenige Schritte von den Körpern entfernt bremste Dee plötzlich so brüsk ab, daß er fast gestürzt wäre. »Nicht!« rief er Gerhard zu, der nichtsahnend weiterlaufen wollte. »Die Pest!« Er wich zurück und hielt Gerhard mit einer Hand auf.

Jetzt sah auch Gerhard die eiternden Beulen im Gesicht des ihnen am nächsten liegenden Opfers, eines jungen Mannes, der mit weit geöffneten Augen in den Himmel zu starren schien.

»Sie sind bestimmt alle tot«, sagte Dee. »Und wenn nicht, wird es gewiß nicht mehr lange dauern.« Mit eigenartigem Gesichtsausdruck blickte er auf die reglosen Körper, so als schäme er sich für seinen Abscheu und seine Angst.

Das Geräusch von zersplitterndem Glas lenkte ihre Aufmerksamkeit ab. Durch eines der Fenster auf der Seite des Hauses, die vom Feuer noch verschont geblieben war, kam ein Mann herausgeklettert. Er schien Gerhard und Dee gar nicht zu sehen. Er blieb stehen, um einige gefüllte Jutesäcke entgegenzunehmen, die ein zweiter Mann hastig nach draußen warf. Danach sprang auch dieser aus dem Fenster. Sie rafften die Säcke zusammen und suchten das Weite.

»Verdammt, das sind Plünderer. Dreckige Diebe!« Dee machte Anstalten, den beiden Männern nachzusetzen, doch diesmal war es Gerhard, der ihn zurückhielt. Es waren nämlich noch zwei weitere Kerle aufgetaucht, die sich offenbar auf der Rückseite des Wohnhauses zu schaffen gemacht hatten. Mit voll beladenen Armen kamen sie um das Haus herumgerannt. Sie bemerkten den Karren von Dee und Gerhard und liefen sogleich darauf zu.

Dee fluchte erneut, als er erfaßte, was sie vorhatten. Seine rechte Hand wanderte zu dem Dolch, den er am Gürtel trug, doch er zögerte. Gerhard dagegen vergaß seine Steifheit und stürmte unbewaffnet, wie er war, den beiden Räubern hinterher. Die hatten inzwischen den Karren erreicht. Sie warfen ihre Beute hinein und stiegen auf den Bock. Der eine ergriff die Zügel und versuchte das Pferd in Richtung Straße zu lenken. Er blaffte eine Verwünschung, als das nervöse Tier nicht gehorchte, sondern mit eckigen Bewegungen rückwärts trippelte.

Jetzt hatte Gerhard den Karren erreicht. Er packte den einen Plünderer bei der Hose und versuchte wütend, ihn vom Bock zu zerren. Der Plünderer trat nach ihm, verfehlte ihn aber. Da griff er zur Peitsche und schlug nach Gerhard. Das dünne Peitschenende schnitt Gerhard schmerzhaft über die Wange, doch er ließ nicht los. Im Gegenteil, er wurde so rabiat, daß der Plünderer den Halt verlor. Noch einmal versuchte dieser, nach seinem Angreifer zu treten, kam dadurch jedoch endgültig aus dem Gleichgewicht und wurde vom Bock gerissen. Er schlug hart auf dem schlammigen Boden auf und blieb einen Moment wie betäubt auf dem Rücken liegen. Sein Handlanger fluchte und wetterte und ließ schließlich die Zügel auf das immer noch unwillige Pferd klatschen, um vielleicht doch noch davonzukommen, aber nun war Dee zur Stelle. Er hatte seinen Dolch gezogen und stieß ihn dem Plünderer in den Oberschenkel. Der Mann kreischte laut auf, ließ die Zügel los und griff sich ans Bein, aus dem Blut quoll. Dee riß ihn vom Bock und rammte ihn hart gegen die Seitenwand des Karrens. Der Mann klappte vornüber, als würde er zusammenbrechen, richtete sich aber blitzschnell wieder auf und hatte ein Messer in der Hand. Mit einem wilden Schrei stürzte er sich auf Dee. Der sprang erschrocken beiseite, glitt jedoch aus. Im nächsten Augenblick lag er im Schlamm und sein Kontrahent auf ihm. Er bekam die Hand mit dem Messer zu fassen, doch der Mann war stärker als er. Mit verzerrtem Gesicht wand er die Waffe herum und richtete sie auf Dees ungeschützte Kehle. Doch plötzlich ging durch seinen Körper ein Ruck, und er sank leblos nieder.

Dee bugsierte den schweren Körper von sich herunter und rappelte sich hastig auf.

»Alles in Ordnung?«

Mit großen Augen starrte Dee Gerhard an, der den Plünderer mit einem Stein bewußtlos geschlagen hatte. »Mann, bist du ein Berserker!« Immer noch keuchend hob er seinen Dolch auf und wischte ihn am Ärmel des bewußtlosen Mannes ab. Auch dessen Handlanger lag regungslos im Schlamm.

»Ich fahre eigentlich nie aus der Haut«, sagte Gerhard. Er ließ den Stein aus seiner Hand fallen. »Aber ich hasse Räuber, Diebe und Plünderer.« Seine Stimme klang seltsam verzerrt, als versuchte er zu kaschieren, daß er außer Atem war. »Und wenn sie sich an meinem Hab und Gut vergreifen, gerate ich in Harnisch.«

»Dieser Karren gehört dir nicht einmal, Gerhard.«

»Nein, aber die Zeichungen und Notizen dort unter der Bank.«

»Und dafür riskierst du deine Haut?«

Ohne zu antworten, stieg Gerhard, wesentlich energischer

als zuvor, auf den Bock. »Bloß weg hier, bevor die Rabauken zu sich kommen.«

Dee steckte seinen Dolch in die Scheide und stieg gleichfalls auf den Karren. Mechanisch griff er nach den Zügeln und setzte das Pferd in Bewegung. Das Tier fiel von sich aus in einen flinken Trab, als sei es froh, diesen Ort verlassen zu können.

»Der Plunder dieser Diebesbande liegt noch im Karren, was machen wir damit?«

»Wir werden schon irgendeinen armen Tropf finden, der das gebrauchen kann«, meinte Gerhard.

Eine Weile saßen die beiden Männer schweigend Seite an Seite, während die Landschaft an ihnen vorüberglitt.

Irgendwann sagte Gerhard: »Es gibt zwei Dinge, die das Schlechteste in dir hervorrufen: Hunger und Lust. In den ersten Monaten im Kerker hatte ich oft argen Hunger. Und mehr als einmal habe ich wider alle Vernunft den Drang verspürt, Ludo sein Brot zu stehlen.«

»Was hat dich davon abgehalten?«

Gerhard grinste bitter. »Ich fürchtete, er würde stärker sein als ich.«

»Hm, nach dem zu urteilen, was ich vorhin gesehen habe …«

»Manchmal bin ich über mich selbst erstaunt. Es gibt übrigens noch jemanden, dem ich liebend gern sein Fett geben würde.«

»Clemens de Vilder?«

Gerhard schüttelte den Kopf. »Einem schottischen Verräter«, sagte er grimmig. »Aber ich fürchte, ich weiß nicht recht, wie man das anstellen muß.« Er sah Dee von der Seite an. »Du verfügst offenkundig über so einige interessante Beziehungen, vielleicht könntest du…« Er verstummte und blickte wieder geradeaus. »Um so etwas darf ich dich nicht bitten.«

»Hm… denk daran, was Clemens widerfahren ist. Wenn die Dämonen einmal losgelassen sind…«

Gerhard schauderte. »Laß gut sein, wir sprechen ein andermal darüber«, sagte er. Er spähte zu den Stadtmauern von Mecheln hinüber, die vor ihnen sichtbar wurden. »Wollen wir kurz in der Stadt einkehren? Ich habe ziemlichen Durst bekommen. Du darfst bezahlen.«

»Guter Gott, warst du rabiat!« sagte Barbara in derselben Nacht vorwurfsvoll. »Was haben sie denn im Kerker bloß alles mit dir angestellt?«

Gerhard glitt von ihr herunter. Er war erschöpft, das spürte er erst jetzt. Wenn er die Augen schloß, würde er gewiß bis weit in den nächsten Tag hinein schlafen. Bis vor wenigen Augenblicken hatte ihn eine Kraft vorangetrieben, von der er zuvor nicht einmal gewußt hatte, daß er sie besaß. Aber das war jetzt vorbei. Sein verschwitzter Körper wurde schlapp, und das Denken fiel ihm plötzlich schwer.

»Ich weiß nicht, was ich tue, wenn du mich wieder schwanger gemacht hast.«

»Das habe ich nicht.«

»Wie willst du das so genau wissen? Einen Knoten hast du ja offensichtlich nicht hineingemacht, oder?« Sie schnippte gegen seinen geschrumpften Penis und wischte sich danach den Finger demonstrativ an ihrem Nachthemd ab. »Und wo ist die ganze Urgewalt plötzlich hin?«

In dich übergegangen, dachte Gerhard. Vielleicht beziehen Frauen daraus ihre Kraft, rätselte er. Jedenfalls waren sie nach dem Liebesspiel immer sichtlich stärker als der Mann. »Du wirst nicht mehr schwanger, Barbara. Das weiß ich einfach.«

»Wie praktisch, so ein Wahrsager im Haus! Kannst du auch vorhersagen, wann wir wieder Geld haben werden? Es wird von Tag zu Tag kälter, und die Kinder haben nicht einmal etwas Vernünftiges, Warmes zum Anziehen.«

»Barbara … ich habe viel Zeit zum Nachdenken gehabt.«

»Das verheißt meist nicht viel Gutes.«

»Ich möchte, so gut es geht, sparen, um von hier wegzukönnen.«

Barbara stützte sich auf einen Ellenbogen, um Gerhard ansehen zu können. Mit gefurchter Stirn fragte sie: »Aber Reisen waren dir doch immer ein Greuel!«

»Von hier wegziehen möchte ich, fort aus diesem Land, für immer. Ich möchte nach Deutschland.«

Mit einer gewissen Erleichterung legte sich Barbara wieder hin. »Davon hast du früher schon einmal geredet.«

»Diesmal ist es mir ernst.« Gerhard legte eine Hand auf ihre Hüfte, die sich klamm anfühlte. »Hier werde ich mich immer wie ein Gefangener fühlen, auch ohne Kerkermauern um mich herum. Wenn die Worte eines Idioten schon ausreichen können, um dich in den Kerker oder gar an den Galgen zu bringen …« Gerhard nahm die Kerze vom Nachttisch und starrte in die Flamme. »Die Niederlande werden von Haß und Wut regiert, von Korruption, Machtgier und Besitzstreben, von Kurzsichtigkeit und Unwissenheit, von Unterdrückung und fehlgeleitetem religiösen Fanatismus …

Und von Plünderern.« Letzteres fügte er wie nach näherer Betrachtung hinzu.

»Und du denkst, in Deutschland ist es besser?«

»Ja, davon bin ich überzeugt.«

»Meistens bist du dir deiner ja nicht so sicher, vielleicht hat dir die Gefangenschaft sogar gutgetan.«

»Herzlichen Dank! Dieser Kerker hat mich jedenfalls eines gelehrt.«

»Und das wäre?«

»Daß ich dich vermisse, wenn du nicht da bist«, antwortete Gerhard. Trotz allem, dachte er. Er blies die Kerze aus und schmiegte sich an Barbara.

Einen Moment lang fühlte sich ihr Körper hart und abweisend an, doch dann entspannte sie sich.

Als fügte sie sich in das Unvermeidliche.

»Bilsenkraut«, sagte der Chirurg. Er war in aller Herrgottsfrühe vom Schultheißen aus dem Bett geholt worden, um eine männliche Leiche zu untersuchen, die ein Jäger am Ufer der Dijle gefunden hatte. Er warf die Blätter weg, die er zwischen den Fingern zerrieben hatte, und ließ sich steif auf die Knie nieder, um demonstrativ am Mund des Toten zu schnuppern. »Er hat davon gegessen, das steht außer Frage.«

»Oder man hat ihn gezwungen, davon zu essen«, wandte der Schultheiß ein. Die Hände in die Seite gestemmt, stand er da mit dem Rücken zur Leiche und starrte auf das langsam strömende Wasser der Dijle. »Hexen nehmen das Zeug, um zu tanzen und zu fliegen, gewöhnliche Sterbliche sterben daran.«

»Wir haben Hexenringe gefunden«, meldete eine der

Stadtwachen. »Drei, dort hinten. Und auch große. Aber keine Fußspuren, außer denen des Opfers.« Er schaute sichtlich beunruhigt zu seinen beiden Kumpanen hinüber, die die Umgebung nach möglichen Hinweisen auf teuflische Riten absuchten. »Vielleicht wäre es besser… ich meine, sollten wir nicht einen Priester holen?«

»Alles zu seiner Zeit«, entgegnete der Schultheiß, »alles zu seiner Zeit. Keine sichtbaren Verletzungen?« fragte er den Chirurgen. »Messerstiche? Blaue Flecke? Beulen?«

Der Chirurg schüttelte den Kopf, bedauernd, wie es schien. »Vergiftung aufgrund Verzehr von Bilsenkraut, erzwungen oder nicht, scheint mir die richtige Diagnose.« Er erhob sich und zog mit schmerzvoller Grimasse kurz sein eines Bein an. Das Knie knackte hörbar. »Wer hätte das je vom Sohn van de Vilders gedacht, so ein kräftiger Bursche…«

Der Schultheiß drehte sich endlich um und blickte auf den Leichnam hinab. Er zog ein mißbilligendes Gesicht, als nehme er es dem Toten übel, daß er seinen geregelten Tagesablauf gestört hatte. »So ein Streithammel, meint Ihr wohl. Er war in letzter Zeit häufiger betrunken als nüchtern, habe ich mir sagen lassen.«

»Seinem Vater zufolge dachte Clemens, man hätte ihn verhext. Und wenn ich mir das hier so ansehe…« Der Chirurg machte eine vage Gebärde um sich herum.

»Hm…« Der Schultheiß winkte den beiden Wachen, die etwas weiter weg das Gelände durchforsteten. In Löwen zu einer Hexenjagd blasen zu müssen war das Allerletzte, woran ihm lag. Darauf war niemand erpicht. Und er hatte in seiner Studentenstadt, in der immer irgend etwas war, schon genug zu tun. »Bringt ihn ins Totenhäuschen«, sagte er. »Uns bleibt hier nichts mehr zu tun.« Er schaute zu, wie die Wachen den Leichnam an Armen und Beinen faßten und ihn mit sichtlicher Mühe hochhoben.

»Er ist ziemlich schwer«, klagte einer der Männer.

»Wohl nicht genug Bilsenkraut gegessen«, bemerkte der Schultheiß und erlaubte sich ein schiefes Lächeln. »Legt ihn wieder hin, und geht einen Karren holen.«

Er selbst ging, gefolgt vom Chirurgen, zu seinem wartenden Pferd. Bevor er aufsaß, fragte er: »Was meint Ihr, einigen wir uns darauf, daß er sich freiwillig an dem Zeug totgefressen hat? Wenn nicht das, hätte er sich wahrscheinlich totgesoffen. Unnötige Komplikationen sind so verzichtbar wie Flöhe.«

Der Chirurg nickte ergeben. »Für ihn ist es ohnehin einerlei.«

»Ihr sagt es. Am besten überbringt Ihr seiner Familie die Nachricht.« Damit schwang sich der Schultheiß in den Sattel und ritt in ruhigem Tempo davon.

Der Chirurg blickte ihm kurz nach und heftete den Blick dann wieder auf die nahe am Wasser liegende Leiche. Zwei der Männer des Schultheißen hielten bei ihr Wache, der dritte war in die Stadt zurückgegangen, um einen Karren zu holen. Eigentlich habe ich weniger Mühe mit Menschen, die an der Pest gestorben sind, dachte der Chirurg schaudernd. Bei denen konnte man zwar auch nichts mehr ausrichten, aber man war sich zumindest einigermaßen sicher, daß nicht der Teufel die Hände im Spiel gehabt hatte.

22

Die Aula der Universität war gut gefüllt. Nicht nur mit Studenten und Dozenten, wie Gerhard bemerkte, sondern auch mit Vertretern der Admiralität und anderen, die beruflich mit der See zu tun hatten. Er fragte sich, ob sie gekommen waren, um ihn sprechen zu hören oder Gemma Frisius. Hoffentlich sowohl als auch, dachte er.

Was ihm nicht so behagte, war, daß auch einige Geistliche hinter Pieter de Corte auf den Holzbänken Platz genommen hatten. Möglicherweise waren sie aus reinem Interesse hier, doch seit er im Kerker gesessen hatte, war Gerhard außerordentlich mißtrauisch geworden. So hörte er nur mit einem Ohr auf die Ansprache von Pieter Was, dem Abt von Sint-Gertrudis und Hüter der Universitätsprivilegien, der als Moderator auftrat.

»In der Navigation meinen wir mit dem Wort ›Kurs‹ die auf rechtweisend Nord bezogene Richtung, in der ein Schiff fährt. Man spricht denn auch vom rechtweisenden Kurs...« Der Abt hielt irritiert inne, als die Tür der Aula einigermaßen unsanft aufgerissen wurde und ein Kurier eintrat.

Der Mann klopfte sich die Schneeflocken vom Mantel, blickte kurz unsicher in die Runde und steuerte dann auf den Ehrentisch zu. Dabei hob er demonstrativ ein mit rotem Lack versiegeltes Kuvert in die Höhe. »Einer der verehrten

Anwesenden müßte ein gewisser Meister Gerardus Mercator sein?«

»Das bin ich.« Gerhard nahm das Kuvert von dem Mann entgegen und legte es ungeöffnet vor sich auf den Tisch. Es trug das Siegel von Nicolas de Granvelle. Er seufzte. Der Großkanzler wollte wohl wissen, wo die neuen Instrumente für den Kaiser blieben.

Pieter Was bedeutete dem Kurier ungeduldig, daß er sich entfernen solle, und fuhr mit seiner Darlegung fort: »... Außer dem zuvor genannten rechtweisenden Kurs kennen wir noch den Kompaßkurs, der nicht exakt derselbe ist. Er ist der tatsächlich am Magnetkompaß gesteuerte Kurs, der sich als Kurswinkel zwischen Kielrichtung und magnetischer Nordrichtung darstellt. Mit anderen Worten... rechtweisender Kurs und Magnetkompaßkurs differieren stets voneinander. Diese Differenz heißt Mißweisung. Die Mißweisung wird vor allem dadurch verursacht, daß die wahrgenommene Position des magnetischen Nordpols, irgendwo am Himmel, je nachdem, wo auf der Erde man sich gerade befindet, Abweichungen aufweist. Diese Abweichungen...«

»Verzeiht, Herr Abt«, unterbrach ihn Gerhard, »ich möchte Euch nicht zurechtweisen, doch meiner Überzeugung nach befindet sich der magnetische Nordpol keineswegs *irgendwo am Himmel*, wie Ihr es ausdrückt.«

Pieter Was sah Gerhard irritiert an, und ein Raunen ging durch die Aula. »Eurer Überzeugung nach, Meister Mercator?«

Gerhard fing den warnenden Blick John Dees auf, der zufällig neben Pieter de Corte saß. »Ich befasse mich schon seit Jahren mit Untersuchungen zur magnetischen Deklination oder, einfacher ausgedrückt, zu den Kompaßablenkungen. Und ich verfüge über Hunderte von Beobachtungen von verschiedenen Orten auf der Erde. Allmählich habe ich genügend mathematisches Beweismaterial dafür, daß sich der magnetische Nordpol in der Nähe des geographischen Nordpols befinden muß. Nicht irgendwo am Himmel wandernd also, sondern fest und unbeweglich hier auf der Erde.«

Als das Raunen in der Aula abgeebbt war, fragte Frisius in skeptischem Ton: »Fest und unbeweglich, Meister Mercator? Die Erde? Wird es nicht langsam höchste Zeit, daß wir dieses veraltete geozentrische Weltbild des Ptolemäus ins Reich der Fabel verweisen?« Er grinste kurz. »Gegebenenfalls zusammen mit dem himmlischen magnetischen Nordpol?«

Mit einem raschen Blick zu Pieter de Corte fragte der Abt in gestrengem Ton: »Wärt Ihr vielleicht so freundlich, zu verdeutlichen, was genau Ihr damit meint, daß das Weltbild des Ptolemäus, wie wir es hier an der Universität lehren, veraltet sein soll, Meister Frisius?«

»Was ich meine, ist, daß es nie gestimmt hat. Das wissen wir dank der Beobachtungen des Kopernikus. Die Erde hängt nicht fest und unbeweglich in der Unendlichkeit, sondern kreist schlicht mit den anderen Planeten zusammen um die Sonne. Nach gründlichem Studium des Werkes *De revolutionibus orbium coelestium* bin ich…«

»Meister Frisius…« Pieter Was blickte jetzt wirklich böse. »Darf ich Euch darauf hinweisen, daß das sogenannte heliozentrische Weltbild, womit sich dieser ketzerische Pole so gern in den Vordergrund spielt, von Seiner Heiligkeit, dem Papst, verworfen wurde?«

Gerhard lehnte sich auf dem Holzgestühl zurück, auf dem er mit den anderen zusammen am Ehrentisch saß. Es war ihm ganz lieb, daß Frisius in die Schußlinie gesprungen war und nun alles abbekam. Er selbst war den Gedanken des Kopernikus zwar auch nicht abgeneigt, doch seit der Grafenburg hütete er sich davor, derlei Meinungen in aller Öffentlichkeit zu äußern. Überdies fand er das heliozentrische Konzept ziemlich verwirrend. Schon bei einer stillstehenden Erde war es schwer genug, ein gut funktionierendes und stimmiges Navigationssystem auszutüfteln. Entsetzlich schwer. Er war schon seit mehr als einem Jahr wieder auf freiem Fuß, und noch immer hatte er seine im Kerker entstandene Idee kaum weiterentwickeln können. Was freilich auch und vor allem an der vielen anderen Arbeit lag, mit der er in einem fort eingedeckt wurde. Insbesondere die Instrumente für Kaiser Karl kosteten ihn immens viel Zeit und Energie, während seine wissenschaftliche Forschung kläglich liegenblieb. Und natürlich konnte er das Geld für diese Aufträge nur allzugut gebrauchen. Barbara würde ihm das Fell über die Ohren ziehen, wenn…

Gerhard erschrak, als er gewahr wurde, daß sich der Abt an ihn gewendet hatte. »…Wenn sich der magnetische Nordpol auf der Erde befinden sollte, wie Ihr so vermessen behauptet, wie soll dieser Ort dann Eurer Meinung nach aussehen, Meister Mercator?«

»Tja, wie sollte dieser Ort Eurer Meinung nach aussehen, wenn er sich am Himmel befände?« entgegnete Gerhard. Einige Zuhörer lachten, und das gab ihm den Mut, noch einmal nachzulegen: »Wenn es dem Herrn gefallen hätte, am Himmel eine Navigationshilfe für Seeleute anzubringen, dann hätte er sie doch gewiß stabiler und verläßlicher gemacht, dünkt mich.« Er sah, daß Pieter de Corte ihn mit gerunzelter Stirn ansah. »Womit ich natürlich nichts Schlechtes über Gottes Werke gesagt haben will«, sagte Gerhard. »Ich möchte lediglich die These aufstellen, daß es sich hier einfach nicht um ein Werk Gottes handelt, so simpel ist das.«

Ein Student meldete sich und fragte: »Was ich gerne wissen würde, ist, wie diese Kompaßablenkung beziehungsweise diese... äh... Deklination denn berechnet wird.«

»Durch ein nautisches Dreieck«, antwortete Frisius, bevor Gerhard etwas sagen konnte. »Das ist ein Dreieck an der Himmelskugel mit dem Himmelsnordpol, dem Zenit des Wahrnehmers und der Position eines Gestirns als Eckpunkten. Durch Anwendung der Formeln der sphärischen Trigonometrie können Höhe, Azimut und Deklination berechnet werden.«

»Wenn das alles so genau berechnet werden kann, wozu brauchen Seeleute dann noch einen Kompaß?«

»Weil sie nicht die ganze Zeit dastehen und messen und berechnen können«, antwortete Frisius ungeduldig. »Genügt das als Antwort?«

»Ja, Meister Frisius«, erwiderte der Student, der keineswegs zufriedengestellt zu sein schien.

Es stimmt nicht, dachte Gerhard. Weil Frisius von einer anderen Deklination sprach, die nichts mit Kompaßabweichungen zu tun hatte. Doch er hielt den Mund. Vielleicht wurde es Zeit, sich einen eigenen Terminus für die magnetische Deklination auszudenken, um Verwechslungen vorzubeugen. »Variation«, sagte er laut. Alle Gesichter drehten sich in seine Richtung. »Magnetische Variation...« – die Aufmerksamkeit war ihm unbehaglich – »das fiel mir nur gerade so ein.« Es klang gut, und fortan würde er diesen Terminus auf seinen Karten benutzen, beschloß er. Was immer die Frisiusse und Wasse auch davon halten mochten.

»Ich habe manchmal den Eindruck, daß sich Meister Mercator noch nicht ganz von seinem Aufenthalt in der Grafenburg erholt hat«, bemerkte Frisius beiläufig. Diesmal hatte er die Lacher auf seiner Seite.

»Ich muß doch sehr bitten, Meister Frisius«, ermahnte ihn Was.

Gerhard packte das Kuvert und seine Papiere zusammen, schob dezidiert seinen Stuhl zurück und erhob sich. Als alle zu ihm hinschauten, sagte er ruhig: »Ich war eingeladen, aus meiner Erfahrung über die meßtechnischen Verfahren der Ortsbestimmung zu sprechen. Das würde ich immer noch mit Vergnügen tun, doch dann ein andermal, in Abwesenheit störender Elemente.«

Niemand hielt ihn zurück, als er die Aula verließ.

Den Blick zum Ausgang gerichtet, sagte Pieter de Corte zu John Dee: »Meister Mercator hat sich ganz offenkundig verändert.«

Wen wundert's, dachte Dee. Doch er zog es vor, zu schweigen. Sein Vater hatte ihn schon früh gelehrt, mit seiner Meinung hinter dem Berg zu halten, wenn man es mit Menschen zu tun hatte, denen man nicht hundertprozentig traute. Und Geistliche gehörten seinem Vater zufolge immer dazu, selbst wenn sie es gut zu meinen schienen.

»Du bist schon zurück?« fragte Barbara.

Gerhard warf seinen Mantel auf einen Stuhl. Er blickte kurz auf Dorothea und Rumold, die in einer Ecke der Küche auf dem Fußboden saßen und mit irgend etwas für ihn Unersichtlichem beschäftigt waren. Nur Dorothea erwiderte seinen Blick mit einem kleinen Lächeln, worauf sie sogleich wieder mit ihrem Spiel fortfuhr.

»Hattest du vielleicht jemand anderen erwartet?« fragte er.

»Deine Spitzen kannst du dir sparen.«

»Pardon, ich vergaß, daß Spitzen dein Privileg sind.«

Barbara sah ihn forschend an. »Hat es etwas mit diesem Kurier zu tun, den ich weitergeschickt habe, oder war es wieder Frisius?«

»Frisius«, antwortete Gerhard bitter und setzte sich. Er griff zu dem Kuvert, das er in der Aula erhalten hatte, und erbrach das Siegel. Die Augen auf das Schreiben geheftet, sagte er: »Er geht mir zusehends auf die Nerven. Andererseits ...« – er beugte sich über den Tisch, um den Bierkrug heranzuziehen – »... vielleicht habe ich auch nur nach einem Vorwand gesucht, um weggehen zu können. Ich habe anderes zu tun.« Er faltete den Brief wieder zusammen und steckte ihn in sein Wams.

»Du wirst dir noch das Wohlwollen der Universität verscherzen.«

Gerhard schenkte sich einen Becher Bier ein. »Die können mir den Buckel runterrutschen«, sagte er mürrisch.

»Früher hättest du anders geredet.«

Früher, dachte er. Bevor man mir ohne einen legitimen Grund neun Monate meines Lebens geraubt hat. Seither hatte er Probleme mit Menschen. Er ertrug es nicht mehr, wenn man sich ihm entgegenstellte. Jedenfalls nicht, wenn es reine Willkür war. Wie ein Frisius, der nur deswegen öffentlich mit ihm in Diskussion trat, weil er sich interessant machen wollte. »Dieser selbstgefällige, aufgeblasene Frosch… Einer von vielen Gründen, die fürs Umziehen sprechen.«

»Luther ist tot.«

»Was?«

»Es war am Rathaus angeschlagen.«

Gerhard mußte diese Nachricht erst verarbeiten. Sie berührte ihn, aber er wußte nicht genau, in welcher Weise. »Ermordet, nehme ich an?«

»Das stand nicht da.«

Wie seltsam, dachte Gerhard. Der Mann, mit dem er manchen zufolge angeblich sympathisierte, war plötzlich nicht mehr. »Wohlan, mein Gott hat mir unwürdigem, verdammtem Menschen, ohne alle Verdienste, rein umsonst und aus eitel Barmherzigkeit gegeben durch und in Christo vollen Reichtum aller Frömmigkeit und Seligkeit, daß ich hinfort nichts mehr bedarf, denn zu glauben«, zitierte er. »*Von der Freiheit eines Christenmenschen*…« Er schüttelte den Kopf. »Gleichwohl, Luther war ein großer Denker.« Er trank langsam von seinem Bier und starrte dabei ins Leere. »Wußtest du, daß für ihn nach der Theologie die Musik das wichtigste Element für die innere Befreiung des Menschen war?«

»Gerhard… ich mag diesen hehren Ton nicht, in dem du über den Mann sprichst.«

Gerhard nickte. Zum Glück ist wenigstens die Freiheit

des Denkens unantastbar und wird es auch immer bleiben, dachte er. »Ich werde überhaupt nicht mehr von ihm reden«, versprach er und lächelte Barbara gespielt freundlich an.

Ihre Aufmerksamkeit wurde jedoch abgelenkt. Sie schnupperte in die Luft und warf einen Blick zum Kamin, in dem einige Holzscheite glühten. »Riechst du das auch?«

Gerhard schnupperte seinerseits und nickte. »Verbranntes Papier.« Er stand auf. »Wo sind die anderen Kinder?«

»Oben ... dachte ich.« Intuitiv lief Barbara zu der Tür, die ins Atelier führte. Als sie diese aufstieß, wurde der Brandgeruch plötzlich stärker, und weißer Rauch quoll herein. »Arnold!« Sie rannte ins Atelier hinein.

Als Gerhard ihr erschrocken folgte, sah er, daß der Globus brannte, an dem er in den Pausen zwischen seiner anderen Arbeit gebastelt hatte. Dieser Globus hatte ihm dazu dienen sollen, seine Ideen hinsichtlich einer zylindrischen Kartenprojektion in der Praxis zu erproben. Vor zwei Tagen erst hatte er mit großer Sorgfalt die beiden letzten Papiersegmente darauf angebracht.

Arnold sah sich fasziniert das Feuer an. Er schien sich keiner Schuld bewußt.

Barbara rannte in die Küche zurück, griff zu dem Eimer Wasser, der am Kamin stand, und stürmte wieder ins Atelier, um das Feuer zu löschen. Das glückte gleich beim erstenmal. Der hohle Globus zischte und qualmte, und die Flammen schrumpften und gingen aus.

Gerhard riß Arnold vom Boden hoch und gab ihm eine Ohrfeige, noch ehe der Junge den Mund aufmachen konnte. »Du wolltest wohl das ganze Haus anzünden, was?«

Anstatt zu antworten, fing Arnold an zu plärren, und

zwar so laut und schrill, daß es in den Ohren weh tat. Gerhard wollte ihm noch eine zweite Ohrfeige geben, doch Barbara hinderte ihn daran. »Er kann doch nichts dafür«, sagte sie.

»Was?« Gerhard ließ den Jungen los und sah seine Frau ungläubig an. »Ist er denn plötzlich schwachsinnig geworden oder wie?« Er achtete nicht auf Arnold, der mit seinem Gebrüll aufhörte und die Gelegenheit nutzte, um sich aus dem Staub zu machen.

»Er hat gesehen, wie du mit der Kerze hantiert hast«, Barbara deutete auf den schwelenden Globus. »Er wollte dich einfach nachahmen, er hat wohl gedacht, daß es sich so gehört.«

»Das glaubst du doch selbst nicht!«

»So sind Kinder nun mal. Aber davon weißt du natürlich nichts, du siehst sie ja kaum.«

»Barbara, weißt du eigentlich, wieviel Arbeit ich in diesen Globus gesteckt habe?«

»Das hat nichts damit zu tun.«

»Aber was hast du nur mit diesem Lauselümmel, daß du ihn immer...«

»Wolltest du ihn etwa dafür totschlagen?«

»Da bringst du mich auf einen Gedanken!« blaffte Gerhard.

»Reagier dich nicht an dem Jungen ab! Es ist nicht seine Schuld, daß du im Kerker gesessen hast!«

»Nein, aber die seines Vaters!«

Barbara starrte ihn einige Augenblicke lang mit offenem Mund an, ehe sie in unheilschwangerem Ton fragte: »Was willst du damit sagen?«

Gerhard schob sie beiseite. »Ich bin nicht so unbedarft, wie du manchmal zu denken scheinst!«

Arnold war nicht mehr da, er hatte sich offenbar nach oben geflüchtet. Gerhard marschierte schon zur Treppe, als er das ängstliche Gesichtchen Dorotheas bemerkte. Rumold schaute nur verständnislos.

Gerhard blieb stehen und preßte kurz die Augen zu, um sich zu mäßigen. Es hatte keinen Sinn, Arnold den Hintern zu versohlen. Er gehörte zu der Sorte Kindern, bei denen eine körperliche Züchtigung eher die entgegengesetzte Wirkung hatte.

»Wer hat dir das erzählt?«

Gerhard hatte nicht gemerkt, daß Barbara ihm gefolgt war. »Ich bin durchaus in der Lage, meine eigenen Schlüsse zu ziehen. Hörst du jetzt endlich auf mit der Heuchelei?«

Barbara sank auf einen Stuhl nieder und ließ den Kopf hängen. »Als ich dich geheiratet habe...« – sie seufzte und schwieg einen Moment – »...ich wußte gar nicht, daß ich schwanger war...«

Gerhard nickte. Er ließ das Treppengeländer los und setzte sich auf die Tischkante. »Und danach hast du dich nicht mehr getraut, mir die Wahrheit zu sagen. Dachtest du vielleicht, ich würde dich vor die Tür setzen?«

»Ich weiß nicht mehr, was ich dachte...«

»Hast du dich noch mit Clemens getroffen, nachdem wir verheiratet waren?«

»Nein!« rief Barbara aufbrausend aus. »Jedenfalls... nicht so, wie du meinst.«

»Wie ich meine?«

»Er hat noch einige Male versucht, sich mir zu nähern,

aber da war er jedesmal schneller wieder draußen, als er hereingekommen war.«

»Du hättest es mir damals einfach erzählen müssen, Barbara.«

»Ich wollte dir nicht unnötig weh tun.«

»Ja, das glaube ich dir sofort!« höhnte Gerhard, abermals irritiert.

Er ging ins Atelier, um die Überreste von dem verbrannten Erdglobus wegzuräumen. Viel war nicht davon geblieben, und bis auf den Messingständer war nichts mehr davon zu gebrauchen. Gerhard fegte alles zusammen und warf es in den Garten, auf den Haufen der Überreste von früheren mißglückten Arbeiten. Als er dabei aufschaute, sah er oben hinter dem Vorhang des Schlafzimmerfensters das blasse Gesicht Arnolds, der zu ihm herunterspähte. Der Junge duckte sich geschwind aus seiner Sicht, als fühlte er sich ertappt.

»Ich kann nicht behaupten, daß ich traurig war, als ich hörte, daß Clemens krepiert sei«, sagte Gerhard, als er wieder in die Küche zurückkam. »Aber jetzt bezweifle ich allmählich, daß das wirklich eine so gute Nachricht war, wie ich zunächst dachte.«

Barbara sah ihn argwöhnisch an. »Was willst du damit sagen?«

»Sein böser Geist könnte womöglich in seinen Sohn übergegangen sein.«

»Und jetzt? Willst du etwa das unschuldige Kind aus dem Hause ekeln?«

»Ich fürchte, daß eher das Umgekehrte der Fall sein wird.« Gerhard griff zu seinem Mantel. »Ich muß nach

Mortsel, du brauchst mich vor morgen mittag nicht zurückzuerwarten.«

»Nach Mortsel? So plötzlich?«

Gerhard klopfte auf sein Wams, wohin er das Schreiben gesteckt hatte. »Nicolas de Granvelle hat mich für morgen früh zu sich bestellt. Er schreibt nicht, wozu, aber es hat bestimmt mit den Instrumenten zu tun.«

Und damit trat er in die kalte Winterluft hinaus.

Trotz der verschneiten Straßen traf Gerhard früher in Mortsel ein, als er erwartet hatte. Er erwog kurz, nach Antwerpen weiterzufahren, doch angesichts der Tatsache, daß er dann am nächsten Morgen wieder das ganze Ende hierher zurückmußte, und das bei den drohenden weiteren Schneefällen, war ihm das zuviel. Also suchte er nach einem Gasthof, wo man ein Bett für ihn und einen Platz im Stall für sein Pferd hatte. Er fand ihn in der Nähe der im Bau befindlichen Sint-Benedictus-Kirche, kaum einen Steinwurf vom Schloß Cantecroy der de Granvelles entfernt.

Wegen des Frosts ruhten die Arbeiten an der Kirche. Steine, Holz und anderes Baumaterial bildeten ein bizarres, trübsinniges Stilleben im Schnee. Gerhard hatte von seinem Karren aus kurz darauf geblickt. Irgendwie hatte die verlassene Baustelle ihn eher an eine alte Ruine gemahnt als an das optimistische Projekt einer neuen Kirche.

»Ich kann Euch eine ruhige Nacht garantieren«, versprach der Wirt des Gasthofs ›Die Nachteule‹. Der Mann war klein und dürr, im Gegensatz zu seiner Frau, die gut und gerne den dreifachen Umfang hatte. »Schlechte Ernten und die Pest sind nicht gut für den Umsatz, ganz zu schweigen von diesem nicht enden wollenden elenden Winter. Nur ein weiteres Zimmer ist belegt, von einem Ehepaar aus Duisburg. Der Mann ist geschäftlich hier, morgen reisen sie weiter nach Gent.«

»Duisburg? Das ist doch in Deutschland, nicht?«

Der Wirt nickte eifrig, als er Gerhards Interesse bemerkte. »Am Niederrhein, im Kleverland, wie man mir sagte.«

»Eine beträchtliche Reise, zumal jetzt im Winter.«

»Kommt darauf an, wie eilig man es hat. Der Herr Maurus scheint sich Zeit zu nehmen.«

»Der Herr Maurus?«

»So heißt der Herr im Zimmer neben dem Euren, Ambrosius Maurus. Seine Frau heißt Gertrude Vierlings. Sie ist um einiges jünger als er.«

»Du schwatzt zuviel«, ermahnte ihn die Wirtin, die gerade schmutziges Geschirr zum Abwasch zusammenstellte.

Der Wirt tat, als hätte er sie nicht gehört. »Er macht Uhren, soweit ich verstanden habe. Schöne und sehr teure Uhren, wie gewöhnliche Menschen sie nicht kaufen können.«

»Wie *er* sie nicht kaufen kann, meint er«, sagte die Wirtin, mit dem Daumen auf ihren Mann deutend. »Weil er harte Arbeit scheut wie der Teufel das Weihwasser. Wenn mehr als zwei Zimmer belegt sind, ächzt und keucht er schon. Wie soll man da je reich werden?«

»Duisburg«, sagte Gerhard sinnierend. »Die Leute würde ich gerne kennenlernen.«

»Ich glaube, sie werden nicht mehr lange auf sich warten lassen. Sie hatten einen Termin auf Schloß Ter Varent, danach wollten sie hier das Abendessen einnehmen.«

»Jetzt wißt Ihr so gut wie alles«, sagte die Wirtin zu Gerhard. »Das einzige, was er Euch noch nicht erzählt hat, ist, wie schön er Frau Vierlings findet. Aber das liegt natürlich nur daran, daß ich jetzt daneben stehe.«

»Nichts gegen meine Frau, sie ist wirklich die Allerbeste«, sagte der Wirt. »Aber meckern kann sie!« Er zwinkerte Gerhard zu.

»Ich bin eine Meckertante, und mein Mann ist eine Schwatzbase«, sagte die Wirtin. »Geben wir nicht ein schönes Paar ab? Vielleicht sollten wir gemeinsam auf dem Markt auftreten.«

Die Entgegnung des Wirts ging in dem Heidenlärm unter, mit dem sie die Teller in einer Schüssel zu spülen begann.

Ambrosius Maurus und seine Frau trafen in der Tat wenig später ein. Sie gingen sogleich auf ihr Zimmer. Die Frau nickte Gerhard kurz zu, der allein am Tisch saß und einen Becher Wein trank.

Er blickte den beiden nach, während sie, die Frau voran, die knarrende Holztreppe in den ersten Stock hinaufgingen. Gertrude Vierlings war tatsächlich äußerst attraktiv. Die Wirtin hatte nicht übertrieben. Ihr dunkel gekleideter Mann wirkte dagegen etwas verhuscht, und er ging gekrümmt, als hätte er an einer unsichtbaren Last zu tragen. Allem Anschein nach hatte er Mühe, mit seiner jungen Frau Schritt zu halten.

»Eintopf mit Saubohnen und Speck, ist das gut genug für den Meister?«

Gerhard schrak auf. Er war noch so sehr mit den Gedanken bei Gertrude Vierlings gewesen, daß er die Wirtin gar nicht hatte kommen hören. »Ja, natürlich. Ich beginne so langsam Appetit zu bekommen.«

Die Wirtin nickte stumm und entfernte sich wieder. Bei jedem Schritt verlagerte sie das Gewicht so nachdrücklich vom einen Bein auf das andere, daß sie watschelte wie eine Ente.

Wie immens verschieden die Natur die Menschen machen kann, dachte Gerhard, während er ihr nachschaute. Es gibt so viele Millionen, und nicht einer ist wie der andere. Erstaunlich...

Vergleichbares dachte er erneut, als er später an diesem Abend den Blick zwischen Ambrosius Maurus und dessen Gemahlin hin- und herwandern ließ. Unterschiedlicher hätte das Paar nicht sein können. Gerhard war neugierig, wie sie einander wohl gefunden hatten, doch er traute sich nicht, danach zu fragen.

Der Wirt hatte sie einander vorgestellt, und sie hatten sich zu Gerhard an den Tisch gesetzt. Da sie die einzigen Gäste im Gasthof waren, hatte die Atmosphäre etwas Intimes angenommen. Zumal auch der Wein reichlich geflossen war.

Als das Gespräch irgendwann kurz verstummte, erhob sich Ambrosius unvermittelt. »Ich bin bettreif«, erklärte er überflüssigerweise, denn er sah sehr müde aus und wankte ein wenig, als koste es ihn Mühe, sich auf den Beinen zu halten. »Plaudere du ruhig noch ein bißchen weiter, wenn du magst«, sagte er zu seiner Frau. »Ich gehe schlafen, du brauchst mich morgen früh nicht zu wecken.« Er strich ihr kurz übers Haar, winkte Gerhard zu und steuerte mit wackligen Beinen auf die Treppe zu. Sowohl Gerhard als auch Gertrude sahen ihm ein wenig besorgt nach, bis er mühsam die Stufen erklommen hatte und in seinem Zimmer verschwand.

»Er dürfte eigentlich nicht mehr reisen«, sagte Gertrude zu Gerhard. »Schon gar nicht im Winter. Das ist alles viel zu anstrengend. Von den Gefahren ganz zu schweigen. Aber Ambrosius ist ja nur zu gern in Sachen Uhren unterwegs, das ist sein Leben.« Sie hob ihren Römer. »Das und seine politischen Ambitionen. Er hofft, eines Tages Bürgermeister von Duisburg zu werden.«

Gerhard sah, wie sie ihre volle Unterlippe an den Römer drückte, und dachte sündige Gedanken, die ihn verwirrten. Er war von Natur aus weiß Gott kein Leichtfuß, doch Gertrudes Nähe hatte eine überaus wärmende Wirkung auf ihn. Sie hatte dunkles, fast schwarzes Haar, das sie unbedeckt, zu einem Zopf geflochten und hochgesteckt trug, und dunkelbraune Augen. Alles an ihr war dunkel, sogar ihre Haut war leicht getönt, als stammte sie aus südlichen Gefilden. Sie hatte fein gezeichnete, ausdrucksstarke Augenbrauen, die fortwährend in Bewegung waren, wie um ihren Worten zusätzlichen Nachdruck zu verleihen. Und noch nie hatte Gerhard solche makellosen, weißen Zähne gesehen. Bei jedem Lächeln reflektierten sie das Licht der Öllampen. Und Gertrude lächelte oft, zumal jetzt, da Ambrosius weg war.

Unweigerlich verglich Gerhard sie mit Barbara. Obgleich Gertrude so völlig anders war, daß es einen Vergleich fast unmöglich machte.

Er füllte ihre Römer wieder auf. Es kümmerte ihn nicht, daß er ganz gegen seine Gewohnheit auf dem besten Wege war, sich zu betrinken. Der Wein nahm ihm die Scheu, die er sonst Frauen gegenüber hatte. Er hielt das geschliffene Glas gegen eine Lampe, um sich die Lichtreflexe anzusehen, und sagte: »Noch nie habe ich in einem Gasthof einen Römer statt eines Bechers bekommen.«

Gertrude lächelte ein weiteres Mal. »Daran ist mein Mann schuld, er strahlt etwas von einem Edelmann aus. Das ist er zwar keineswegs, aber manchmal hat es durchaus seine Vorzüge.«

Wenn hier jemand eine edle Ausstrahlung hat, dann sie, dachte Gerhard, aber er behielt das kleine Kompliment für sich. Statt dessen bemerkte er in neutralem Ton: »Es verblüfft mich, daß ihr die hiesige Sprache so gut sprecht.«

»Ambrosius und ich sind beide niederländischer Abstammung. Unsere Eltern sprachen untereinander und mit uns häufig niederländisch.«

»Wie ist das Leben in Duisburg?«

»Langweilig.« Wieder dieses Lächeln. »Es gibt kaum mehr als fünfhundert Häuser, stellt Euch das vor. Und drum herum hat man noch dazu eine Mauer gebaut, als wär's wer weiß was für eine Stadt. Mir kommt es vor wie ein großes Gefängnis. Aber die Umgebung außerhalb der Stadtwälle ist schön, das muß ich zugeben. Die Ratsdörfer Duisern, Wanheim, Angerhausen, schöne Wälder ...«

»Klingt verlockend.«

»Hm, ich weiß nicht. Es kann dort gehörig stinken. Der Marktplatz und die wichtigsten Straßen der Stadt sind zwar gepflastert, doch Tag für Tag ziehen die Bauern mit ihrem Vieh darüber hinweg, und überdies wird der Hausmüll nur zu besonderen Anlässen fortgeräumt. Wenn es gar zu arg wird, wirft man Sand darüber und pflastert neu.«

»Das ist hier auch nicht viel anders.«

»Was nicht heißt, daß es gut ist.«

»Gibt es bezahlbare Häuser zu kaufen?«

»Für einen Pfeffersack vielleicht, ja.«

»Einen was?«

»So nennt man bei uns die wohlhabenden Kaufleute. Eine Handvoll davon sind noch aus besseren Zeiten übrig. Ich glaube, seinerzeit handelten sie vor allem mit Gewürzen. Die meisten sind aber längst weggezogen, Duisburg ist im Niedergang.«

»Für mich hört sich das stets anziehender an.«

Gertrudes linke Augenbraue ging verwundert in die Höhe. »Hast du etwa vor, nach Deutschland zu ziehen?«

»Sagen wir mal, der Gedanke ist mir nicht unangenehm.«

»Doch wohl nicht etwa nach Duisburg?«

Bis vor ein paar Stunden hätte ich nie und nimmer daran gedacht, mußte Gerhard sich selbst eingestehen. »Jedenfalls nicht in eine Großstadt, ich hasse das Getriebe. Und meine Arbeit kann ich praktisch überall machen. In Duisburg würde ich wenigstens schon jemanden kennen.« Zur Abwechslung war jetzt er es, der lächelte.

Gertrude sah ihn einige Atemzüge lang schweigend an, die dunklen Augen in die seinen versenkt. »Du wärst auf jeden Fall ein Gewinn für Duisburg«, sagte sie schließlich.

»Ich freue mich, daß du so darüber denkst.« Gerhard fürchtete, rot zu werden, und griff hastig zu seinem Römer.

»Ich meine: Ein Kartograph und Instrumentenbauer würde das Ansehen so eines Weilers bestimmt erhöhen.«

»Ach so.«

Gertrudes Augenbrauen bildeten jetzt einen leicht herausfordernden Winkel. »Wer weiß, vielleicht könntest du ja mit meinem Mann zusammenarbeiten. Er spricht manchmal davon, wie wichtig eine exakte Zeitmessung für die Navigation sein könnte.«

Gerhard nickte, froh, wieder auf vertrautes Gebiet zu gelangen. »Wenn er eine Uhr konstruieren könnte, die auch auf einem schwankenden Schiff immer die genaue Zeit angibt, würde ihm jede seefahrende Nation zu Füßen liegen.«

»Er sagt, daß es auch morgen gewiß noch nicht soweit sein wird.«

»Ich weiß, es ist ein komplexes technisches Problem.«

»Ich finde es schon faszinierend, was du machst.«

»Uhren bauen ist auch keine Kleinigkeit, Gertrude.«

»Nein, ein Schwein schlachten auch nicht. Alles eine Frage der Ambitionen.« Gertrude nippte an ihrem Wein, ohne wirklich davon zu trinken. Gerhard über den Römer hinweg ansehend, fragte sie: »Deine Frau, Barbara heißt sie, nicht wahr? Was ist sie für ein Mensch?«

Gerhard zögerte kurz, ein wenig verwirrt über ihre direkte Frage. »Mein Gott, was soll ich dir jetzt darauf antworten?«

»Nach all den Jahren wirst du sie doch wohl ein wenig kennen, nehme ich an?«

Ist das so?, fragte sich Gerhard. Die Barbara von heute war so ganz anders als die von einst; sie war zwar irgendwie noch vorhanden, trat aber nur noch selten hervor. Als er Barbara zum erstenmal begegnet war, war er genauso von ihr beeindruckt gewesen wie jetzt von Gertrude, stellte er mit einer Mischung aus Erstaunen und Unmut fest. Obwohl, genauso… Er war damals viel jünger gewesen. Unvermittelt fragte er sich, wie er wohl auf Barbara reagiert hätte, wenn er ihr jetzt zum erstenmal begegnet wäre und nicht vor gut zehn Jahren. Er versuchte es sich vorzustellen, doch es gelang ihm nicht.

»Ich habe meine Schwierigkeiten mit dieser Frage«, bekannte er. Und ich rede nicht gern über andere, dachte er.

»Ein Zeichen an der Wand«, meinte Gertrude ernst. Ihre Augenbrauen blieben, wo sie waren, als wartete sie noch ab, was weiter kommen würde.

»Wieso?«

»Entweder ist eure Beziehung abgekühlt, und du möchtest lieber nicht darüber sprechen, oder du möchtest nicht zu begeistert klingen, weil du fürchtest, es könnte mich stören.« Ihre rechte Augenbraue hob sich herausfordernd.

»Wieso sollte dich das stören?«

»Gut pariert«, erwiderte Gertrude, und da war ihr Lächeln wieder. Doch dann schaute sie kurz nach oben. »So nett ich das alles hier auch finde, ich möchte meinen Mann nicht zu lange allein lassen.«

»Nein, natürlich nicht«, sagte Gerhard hastig. »Ich will im übrigen auch zu Bett, denn ich muß morgen einen frischen Kopf haben.« Als sich Gertrude erhob, tat er es ihr nach, und sie gingen gemeinsam zur Treppe.

»Schlaft wohl, zusammen«, sagte der Wirt an ihre Rükken gewandt. Gerhard wußte nicht recht, ob das doppeldeutig gemeint war, aber es genügte, ihn ein weiteres Mal so zu verwirren, daß er über die unterste Stufe stolperte.

»Der Wein«, log er.

Gertrude lächelte nur.

Nicolas de Granvelle empfing Gerhard nicht in seinem Amtszimmer, sondern in einer Art Salon, unten im Schloß.

Dort brannte ein Feuer im Kamin, das viel zu groß war für den kleinen Raum. Er war von einer geradezu tropischen Wärme und dem scharfen Geruch von erhitztem Harz erfüllt.

Gerhard mußte geraume Zeit warten und kochte unterdessen fast in seinen Winterkleidern. Er betrachtete gerade interessiert ein kleines Gemälde von einer brennenden Galeone, das an einer der Wände hing, als er hinter sich den Großkanzler kommen hörte.

»Das hat Pieter Bruegel gemalt«, sagte de Granvelle. »Ein besonders großes Talent. Wohnt in Antwerpen.« Seine Bewegungen waren noch jäher als sonst, als hätte er keine Zeit zu verlieren. Er hatte eine Mappe mit Papieren in der Hand, in denen er eifrig blätterte, während er sprach. Er lud Gerhard nicht ein, sich zu setzen. »Drei Dinge…« Er schlug die Mappe zu und sah Gerhard an. »Der Kaiser wird ungeduldig.«

Gerhard nickte ein wenig unbehaglich. »Ich verstehe, daß die Geduld Seiner Hoheit auf die Probe gestellt wird, aber ich konnte neun Monate lang nicht arbeiten und…«

De Granvelle hob gebieterisch die Hand. »Ich bin über Eure Probleme im Bilde. Sagt mir lediglich konkret, wie lange es noch dauern wird, bis die Instrumente für den Kaiser fertig sind.«

»Es sind aufwendige Arbeiten, ich kann und will es mir nicht erlauben, etwas liederlich Ausgeführtes abzuliefern. Und…«

»Wie lange noch, Meister Mercator?«

»Ich könnte zur Überbrückung schon einmal die Hälfte liefern, wenn das weiterhilft.«

Ungeduldig fragte de Granvelle: »Warum beantwortet Ihr nicht einfach die Frage, die ich Euch gestellt hatte?«

Gerhard zögerte einige Augenblicke, bis er mit plötzlicher Vermessenheit hervorstieß: »Ich habe auch nie eine Antwort auf die Frage erhalten, warum ich neun Monate lang unschuldig eingesperrt bleiben mußte.« Sein Ausbruch reute ihn sofort, als er die mißbilligende Miene de Granvelles sah. Beunruhigt wartete er auf dessen Erwiderung.

»Über diese sogenannte Unschuld läßt sich diskutieren, aber unabhängig davon: Ein wenig Dankbarkeit stände Euch gut zu Gesicht. Wenn wir nicht eingeschritten wären, hättet Ihr nicht einmal mehr die Gelegenheit gehabt, hier derart dreiste Reden zu führen.« Die Stimme des Kanzlers verriet keinerlei Regung, und das verlieh seinen Worten etwas weit Drohenderes, als wenn er sie geblafft hätte.

Gerhard neigte den Kopf. Die Antwort befriedigte ihn nicht, aber er war schon froh, daß er etwas Derartiges hatte bemerken können, ohne daß man ihn gleich vor die Tür setzte. Oder Schlimmeres. »Verzeiht, Monseigneur«, sagte er mit gespielter Demut. »Der Kerker hat mir nicht gutgetan, ich bin immer noch nicht wieder ganz ich selbst. Natürlich bin ich zutiefst dankbar für die Unterstützung, die mir zuteil wurde.«

»Womit ich immer noch nicht weiß, wann die Instrumente für den Kaiser geliefert werden können.«

»Es ist momentan außerordentlich schwierig, die richtigen Materialien zu bekommen, weil ...«

De Granvelle hob in gespielter Verzweiflung die Hand. »*Wann*, Meister Mercator?«

»Äh ... gönnt mir noch die Zeit bis zum Ende dieses Jahres, Monseigneur.«

»Endlich! Zweitens: Der Kaiser benötigt eine Karte von Europa, und zwar eine, auf der die wichtigen Einflußsphären deutlich abgehoben sind.«

»Und das ist ebenfalls höchst dringlich, nehme ich an?«

»Wie lange?«

»Monseigneur…« Gerhard machte ein unglückliches Gesicht. »Ihr wollt mir Termine abverlangen, die ich vielleicht nicht einhalten kann.«

»Einigen wir uns also auf ›so schnell wie möglich‹. Und nun zum dritten: Unsere Kontakte mit der Admiralität.« De Granvelle sah Gerhard forschend an. »Ich vermute, Euer schottischer Informant hat Euch in der Grafenburg nicht aufgesucht?«

Gerhard biß sich kurz auf die Unterlippe.

»Meine Situation läßt sich am besten so umschreiben, daß neun Monate meines Lebens komplett verschwunden sind.«

Der Großkanzler nickte langsam, als verstehe er das zwar, schreibe die Schuld daran aber doch Gerhard zu. »Dessenungeachtet… ich ersuche Euch dringend, auch in diesem letzten Punkt Euer Bestmögliches zu tun. Hier sind wichtige Interessen im Spiel.«

Hoffentlich ist die Vergütung dementsprechend, dachte Gerhard. Aber er wagte es nicht, noch mehr Öl ins Feuer zu gießen. Und es würde ohnehin das letzte Mal sein. Denn der Kartensatz von der englischen Küste, den er de Granvelle zugespielt hatte, war jetzt beinahe vollständig.

»Gut, das war's.« Der Großkanzler klemmte sich seine Papiere unter den Arm und deutete auf das kleine Gemälde, das Gerhard zuvor betrachtet hatte. »Falls Ihr an einer

Arbeit von Pieter Bruegel interessiert seid, könnte ich ein Treffen für Euch arrangieren.«

»Das ist außerordentlich freundlich von Euch«, erwiderte Gerhard überrascht. »Aber ich fürchte, daß ich vorerst nicht das Geld dafür habe.«

»Das dürfte gewiß auch nur eine Frage der Zeit sein, je nachdem, wie schnell Ihr Eure Aufträge fertigstellt.« Ohne eine Miene zu verziehen, ging der Kanzler davon.

Zu Fuß, so wie er auch gekommen war, kehrte Gerhard zu seinem Gasthof zurück. Die frostige Luft tat ihm gut. Der Besuch in Schloß Cantecroy hatte ihn erhitzt, und das nicht nur wegen der Tropenwärme im Salon.

Ambrosius und Gertrude waren schon abgereist, und das enttäuschte ihn mehr, als er sich selbst eingestehen wollte. Der Gedanke, daß er diese außergewöhnliche Frau vielleicht nie wiedersehen würde, schien ihm schwer zu ertragen. Da half es auch nicht viel, wenn er sich sagte, daß er sich wie ein Narr gebärdete. Auf dem Nachhauseweg spürte er, wie sich die zuvor vertriebene Kälte wieder in seinem Körper breitmachte. Ob das nur am Wetter lag, war fraglich.

23

Trotz des günstigen Windes fuhr Carn Blackburn nicht bis ganz an die Antwerpener Reede. Kurz vor der breiten Südbiegung, die die Schelde unmittelbar vor der Stadt machte, steuerte er sein Boot zum Ufer an Backbord und ließ es ausgleiten, bis es völlig im Schilf verschwunden war. Dort warf er den Anker und holte das Segel ein. Vom belebten Fahrwasser aus war nun nur noch ein Stückchen vom Mast zu sehen. Wem das zufällig ins Auge fiel, der würde denken, dort läge ein Fischer oder ein junges Liebespaar hätte sich hier ein unbeobachtetes Fleckchen gesucht. Und der nahe Kai war verlassen, außer dicht stehenden Eichen und Buchen und hoch aufgeschossenem Gras war dort nichts zu sehen.

Blackburn schätzte kurz die Höhe der Flut ein, griff zu seiner Tasche und kletterte über Bord. Er plumpste fast bis zur Taille ins Wasser, doch das kümmerte ihn wenig. Es war schönes Frühlingswetter, und die Sonne war noch nicht ganz untergegangen. Bis er die Stadt erreicht hatte, würde er so gut wie trocken sein. Die Tasche über den Kopf haltend, watete er mühevoll durch den klebrigen Schlamm ans Ufer. Dort goß er das Wasser aus seinen Stiefeln und wischte sie, so gut es ging, mit Gras sauber, bevor er sich auf den gewundenen Trampelpfad entlang der Schelde begab, der in die Stadt führte.

Er hatte darauf bestanden, Gerhard in Antwerpen zu treffen. In dem kleineren Löwen fiel er zu sehr auf, und überdies hätte er dann ein beträchtliches Stück weiter fahren müssen. In Antwerpen dagegen, wo täglich Hunderte von Booten aller Art kamen und gingen, war man so gut wie unsichtbar. Die Wahrscheinlichkeit, daß er hier in einen englischen Dolch laufen würde, war äußerst gering.

Zügig, die unangenehm nasse Hose ignorierend, schritt Blackburn seiner Verabredung beim ›Steen‹ entgegen, der als Kerker dienenden alten Befestigungsanlage, die er in der Ferne, von der tiefstehenden Sonne angestrahlt, am Wasser aufragen sah.

Er hatte das Schlußstück von den Beschreibungen der englischen Südküste in seiner Tasche, und es würde wahrscheinlich das letzte Mal sein, daß er Geschäfte mit Mercator machte. Das bedauerte er nicht. Zwar lohnte die Vergütung, jetzt, da er direkt mit seinem Abnehmer zusammenarbeiten konnte, die Mühe. Doch die Risiken und Anstrengungen waren auch dementsprechend; jede Reise kam einer Herausforderung des Schicksals gleich.

Daß ihn das Schicksal bereits im Visier hatte, konnte er freilich nicht wissen.

Gerhard saß mit Blick auf die Vorderseite des Steen auf einer Bank am Stadtgraben, der im rechten Winkel zur Schelde verlief, und blickte über den Strom hinweg auf das rege Treiben an der Antwerpener Reede. Diese Reede war für ihn der größte Anziehungspunkt in Antwerpen. Es war ihm ein Rätsel, wie alle diese Schiffe und Boote anscheinend so zielstrebig auf dem schnell fließenden Gewässer durcheinanderwuseln konnten, ohne daß es zu nennenswerten Unfällen kam. Das Licht begann schwächer zu werden, hie und da gingen sogar schon die ersten Laternen an, doch die Geschäftigkeit auf dem Wasser setzte sich unvermindert fort.

Schiffern und Steuerleuten hatte von jeher Gerhards vorbehaltlose Bewunderung gegolten. Ohne sie hätte der wichtigste Teil seiner Arbeit jeder Grundlage entbehrt. Und ohne sie wäre die Welt noch stets lächerlich klein und würde es vielleicht auch für immer bleiben. Glücklicherweise war der Respekt, den er den Seeleuten zollte, auch gegenseitig. Die weltweite Korrespondenz, die er mit ihnen führte, wuchs stetig an. Dank dieses andauernden Informationsflusses waren ihm immer präzisere Arbeiten möglich. Und er konnte überkommene Dogmen in Frage stellen, wie etwa das der Lage des magnetischen Nordpols...

Gerhard warf einen vorsichtigen Blick um sich. Hafenarbeiter und Spaziergänger kamen an ihm vorüber, aber niemand schenkte ihm Beachtung. Bei Dunkelheit würde das hier nicht unbedingt der sicherste Aufenthaltsort sein, doch Blackburn hatte es so gewollt. Er fühlte sich unter freiem Himmel wohler als in einem Wirtshaus, wo man nie genau wußte, von wem man beobachtet wurde, hatte er Gerhard geschrieben.

Gerhard erschrak, als sich der Gegenstand seiner Überlegungen plötzlich neben ihm auf die Bank schob. Er hatte Blackburn überhaupt nicht kommen sehen. »Da bist du«, stellte er überflüssigerweise fest.

»Und das recht pünktlich, was hattest du denn erwartet?«

Wir begrüßen einander nicht einmal, dachte Gerhard. Höflichkeiten waren nicht Carns Sache. Gerhard fing einen unangenehmen Geruch nach fauligen Algen und trocknendem Schlamm auf. Sein Blick wanderte zu den verschmutzten Stiefeln und der Hose Blackburns. »Hast du am Kai keinen Platz gefunden?«

»War mir zu gefährlich.« Blackburn sah Gerhard an. »Wie war's im Kerker?«

»Im Kerker ...« Gerhard dachte kurz über diese unerwartete Frage nach und erwiderte dann verstimmt: »Jetzt weiß ich jedenfalls, wie sich Julius gefühlt haben muß, bevor sie ihn in den Tod jagten.«

Blackburn starrte Gerhard einige Sekunden lang an und beschloß dann, das Thema fallenzulassen. Er stellte die Tasche auf, die er auf dem Schoß hielt.

»Hast du mein Geld?«

Bis auf weiteres ist es immer noch mein Geld, dachte Gerhard. Er war ungewöhnlich irritiert, versuchte sich aber zu mäßigen. »Wie kannst du es so eilig haben, nach einer derart langen Reise?«

»Ich will so schnell wie möglich zu meinem Boot zurück, um die bald einsetzende Ebbe auszunutzen. Und ich fühle mich auf fremdem Boden nicht wohl in meiner Haut. Kannst du das ein bißchen verstehen?«

»O ja«, sagte Gerhard. »Das muß Julius auch gedacht haben, wenn er bei Nacht und Nebel an der englischen Küste an Land ging.«

»Dieser Adelborst war wohl dein ganz spezieller Freund, was?« Es gelang Blackburn gerade noch, seine Frage nicht höhnisch klingen zu lassen. Er schob Gerhard seine Tasche hin. »Wollen wir dann mal tauschen?«

Ich habe einen Dolch, dachte Gerhard. Unter Umständen

könnte ich ihm den ins Herz stoßen, in einem Überraschungsangriff. Ja, dazu wäre ich imstande, dachte er mit einem eigenartigen Anflug von Erregung. Und vielleicht wäre ihm das sogar eine große Genugtuung. Sein Groll hätte für eine solche Tat ausgereicht. Doch es kamen immer noch Passanten vor und hinter ihnen vorüber, und die Wahrscheinlichkeit, daß man ihn ergreifen und im Steen abliefern würde, war groß. Zwar würde es dem Schultheißen um einen toten Schotten möglicherweise nicht leid sein, doch der Gedanke, erneut in den Kerker zu müssen, war Gerhard unerträglich. Nicht mein Gewissen hält mich davon ab, dachte er verwundert, sondern lediglich die Angst davor, bestraft zu werden. Aber wie hatte Dee noch gesagt: Es gab andere Methoden.

»Dein Geldbeutel?«

»Wie? Oh!« Gerhard erlaubte sich ein schiefes Lächeln. »Du hörtest dich gerade an wie ein Straßenräuber.« Er zog einen Geldbeutel unter seinem Wams hervor und gab ihn Blackburn, worauf er von diesem die Tasche entgegennahm. Er kontrollierte nicht, was darin war, und Blackburn ließ den Geldbeutel seinerseits ungeöffnet zwischen seinen Kleidern verschwinden.

Welch eigentümliches Vertrauen, dachte Gerhard, der sich über manche menschlichen Verhaltensweisen immer wieder wundern konnte. Er weiß, daß er mir übel mitgespielt hat, und ich weiß, daß ich ihm das heimzahlen werde, und dennoch…

»Ich muß dann wieder, Meister Mercator.« Blackburn warf einen wachsamen Blick umher und erhob sich. Es wurde jetzt rasch dunkler, und damit verschwanden auch die Passanten. Ein Stück von ihnen entfernt war jemand dabei, mit einer Fackel an einem langen Stock Straßenlaternen entlang des Stadtgrabens zu entzünden. Die Petroleumlampen warfen in regelmäßigen Abständen gelbe Lichtkreise auf das Pflaster. Lichtkreise, welche die einbrechende Dunkelheit besonders zu betonen schienen.

Ohne Blackburn anzusehen, sagte Gerhard: »Ich weiß, daß du Julius an die Engländer verraten hast, Carn.«

Es dauerte eine Weile, bevor Blackburn reagierte. »So?« sagte er dann. Seine Stimme klang neutral, doch seine rechte Hand bewegte sich wie von selbst zu seinem Dolch. »Und wer hat dir das erzählt, wenn ich fragen darf?«

Gerhard hatte die Handbewegung des anderen aus dem Augenwinkel wahrgenommen, doch seine Stimmung war nicht danach, sich deswegen zu fürchten. »Daß du's nur weißt: Um dieser Schandtat willen bist du verflucht.«

»Ich bin froh, daß ich dich nicht mehr zu sehen brauche.«

»Das kann ich mir vorstellen. Es sei denn natürlich, ich lande gleichfalls in der Hölle.«

»Ich habe keine Zeit für diesen Unsinn.« Carn machte Anstalten, sich zu entfernen.

»Du bist verflucht, Carn«, wiederholte Gerhard. »Und nicht nur von mir.«

Carn blieb zögernd stehen. Argwöhnisch fragte er: »Was meinst du damit?«

»Ein anderer, der mir übel mitgespielt hatte, ist kürzlich tot aufgefunden worden. Er lag inmitten von Hexenringen.«

»Soll ich mich jetzt fürchten?«

Gerhard hörte der Stimme des anderen die aufkommende Verunsicherung an. »Was du auch tust, du wirst deinem Schicksal nicht mehr entrinnen«, sagte er und schaute

Blackburn kurz in die glänzenden Augen. Dann wandte er den Blick ab.

Als er wieder aufsah, war Blackburn fort. Wie ein Geist nahm gleich darauf ein anderer Mann aus den Schatten Gestalt an. Ein Großteil seines Gesichts war hinter einem schwarzen Tuch versteckt, das er sich bis über die Nase gebunden hatte, und auf dem Kopf trug er eine Mütze, die bis dicht über die Augen heruntergezogen war.

»War er das?« zischelte der Mann.

Gerhard nickte stumm. Er kannte den Mann nicht, und er wußte nicht, was er tun würde, das hatte Dee geregelt. Er wollte es auch nicht wissen. »Sein Boot liegt irgendwo im …«, begann er und deutete mit dem rechten Arm in Richtung Schelde, doch der Geist hatte sich schon wieder in den Schatten aufgelöst, aus denen er hervorgetreten war.

Gerhard erschauerte, als wäre gerade der leibhaftige Tod an ihm vorübergegangen. Plötzlich ungeduldig, sprang er auf und kehrte der Schelde den Rücken, um sich in die Innenstadt zu begeben. Er hatte ein dringendes Bedürfnis nach der Wärme lebendiger Menschen.

»Als ich letztens in Mortsel war, habe ich jemanden aus Duisburg kennengelernt«, erzählte Gerhard seiner Frau, die gerade den Atelierfußboden fegte. Er nahm einen Stichel aus dem Holzregal zu seiner Seite und fühlte mit dem Daumen bedächtig über dessen abgeschrägte Spitze.

»Duisburg?«

»In Deutschland, am Niederrhein.«

»Ach?« Barbara hielt mit dem Fegen inne. »Einen interessanten Jemand?«

»Wie?« Gerhard fragte sich, warum er sich plötzlich ertappt fühlte. »Äh… ja, das kann man wohl sagen. Einen Uhrmacher.«

»Und?«

»Er hat mir von Duisburg erzählt. Scheint ein angenehmer Ort zum Wohnen und Arbeiten zu sein.«

»Warum erzählst du mir das erst jetzt?«

»Was?«

»Na, daß du dort jemanden kennengelernt hast!«

»Ich habe nicht mehr daran gedacht«, log Gerhard geschwind. »Ambrosius Maurus hieß er. Er und ich könnten eventuell zusammenarbeiten.«

»Und daran hast du also die ganze Zeit nicht mehr gedacht?«

»Warum bist du so mißtrauisch?«

»Mißtrauisch? Warum sollte ich? Ich finde es nur komisch, daß du jetzt plötzlich davon anfängst.«

»Meine Gedanken wanderten zufällig gerade in die Richtung.« Gerhard kontrollierte, ob die Kupferplatte, die vor ihm auf dem Tisch lag, gut befestigt war, bevor er den Stichel auf eine der mit einer Nadel angebrachten Linien setzte. Es war die erste von sechs Platten, die er für die Europakarte benötigen würde.

»Wie weit ist Duisburg von hier entfernt?«

»Das kann ich dir so aus dem Kopf nicht genau sagen, zweihundert Meilen vielleicht.«

»Zweihundert Meilen!«

»So weit ist das gar nicht.«

»Ach nein? Für einen, der es haßt, zu reisen, gehst du ja erstaunlich großzügig über derlei Entfernungen hinweg!«

»Umziehen ist etwas anderes als reisen.«

»Ja natürlich, es ist viel leichter.«

Gerhard seufzte und legte den Stichel wieder hin. Mit Barbara in seiner Nähe konnte er nicht gut arbeiten, wie er schon des öfteren hatte feststellen können. Sie zu ignorieren war praktisch unmöglich, und sich mit zwei Dingen gleichzeitig zu befassen war ihm von jeher schwergefallen. Unwillkürlich fragte er sich, ob das auch mit Gertrude so wäre. »Vielleicht fahre ich einmal dorthin«, äußerte er. »Um das Terrain zu sondieren, sozusagen. Mich nach den Hauspreisen zu erkundigen und dergleichen.«

Barbara sah ihn ungläubig an. »Du? Zweihundert Meilen reisen? Einfach so? Ich fasse es nicht!«

»Nun ja, natürlich nicht zu meinem Vergnügen. Aber man kann schwerlich in einen Ort umziehen, den man noch nie gesehen hat. Angenommen, es ist dort ganz anders als erwartet?« Er wandte den Blick von Barbara ab, weil er das beunruhigende Gefühl hatte, daß sie ihm geradewegs in den Schädel hineinsah und seine sündigen Gedanken lesen konnte.

»Und … muß ich dann mitkommen?«

»Nein!« antwortete Gerhard hastig. Viel zu hastig, wie ihm leider zu spät bewußt wurde. »Die Unbequemlichkeiten möchte ich dir nicht zumuten. Und was sollten wir dann mit den Kindern machen?«

»Ob es mir also gefällt in diesem Duisberg …«

»Duisburg.«

»Einerlei. Ob es mir dort gefällt, spielt also keine Rolle?«

»Doch, natürlich, aber ich denke doch, daß ich das für uns beide beurteilen kann.«

»Gerhard…« Barbara stellte den Besen an die Wand und wischte sich die Hände an ihrer Schürze ab. »Deine Eltern waren Auswanderer, du hast praktisch keine Wurzeln hier. Aber ich bin in Löwen geboren und aufgewachsen!« Sie schüttelte unmutig den Kopf. »Was soll ich in einem fremden Land, wo ich keine Menschenseele kenne und… mein Gott, dessen Sprache ich nicht einmal verstehe?«

»Ambrosius und Gertrude sprechen schon mal Niederländisch.«

Barbara runzelte die Stirn. »Ambrosius und wer?«

Gerhard hätte sich die Zunge abbeißen können. »Gertrude Vierlings, Ambrosius' Frau. Sie begleitete ihn auf seiner Reise, weil er nicht mehr so bei Kräften ist.«

»Und wie alt ist diese Gertrude?« fragte Barbara unterkühlt.

»Keine Ahnung, du weißt ja, daß ich nur schwer einschätzen kann, wie alt jemand ist.«

»Jünger als ich? Hat sie Kinder?«

»Ich weiß es nicht, Barbara! Was tut denn das jetzt alles zur Sache?«

»Ist sie hübsch? *Das* wirst du doch wohl einschätzen können, nehme ich an?«

»Sie ist *so* schön, daß ich nächtelang deswegen wach gelegen habe, ist es das, was du hören wolltest?«

»Ich möchte einfach wissen, warum du plötzlich unbedingt so weit reisen willst.«

»Denkst du etwa, ich mache mir die ganze Mühe nur wegen einer Frau? Einer verheirateten Frau noch dazu?«

Barbara sah Gerhard einige Atemzüge lang sinnierend an. »Nein, ehrlich gesagt, nicht. Aber kenne ich dich denn so ganz? Womöglich ist sie bei weitem nicht jung genug für dich.«

»Was meinst du denn nun damit?«

»Daß ich mehr weiß, als du denkst.«

»Du redest wirres Zeug, Frau!« Gerhard griff zu seinem Punzenhammer. »Ich bin dieses Gespräch leid. Hättest du die Güte, mich jetzt weiterarbeiten zu lassen?«

Ich hätte lügen sollen, dachte er, während er verärgert seinen Stichel in das weiche Kupfer trieb. Barbara hätte nicht zu wissen brauchen, daß ich nach Duisburg will, ich hätte ihr etwas anderes weismachen sollen, etwa daß ich zu Georg von Österreich bestellt worden sei. Der Bischof hatte einen Himmelsglobus bei ihm bestellen lassen, insofern wäre gar nichts Merkwürdiges daran gewesen. Aber lügen war nicht seine Stärke, und er fand es schrecklich ermüdend, in einem fort aufpassen zu müssen, daß er sich nicht verriet.

Und außerdem stimmt es ja, was ich gesagt habe, dachte er trotzig. Man konnte nicht einfach umziehen, ohne zu wissen, wohin man da geriet.

Hoffentlich waren Ambrosius und seine Frau dann nicht gerade wieder auf Reisen...

Plötzlich hielten Gerhards Hände in der Bewegung inne. Was hatte Barbara eigentlich damit gemeint, daß Gertrude womöglich bei weitem nicht jung genug für ihn sei? Er starrte einige Sekunden lang vor sich hin, konnte sich aber keinen Reim darauf machen.

Resolut legte er schließlich sein Werkzeug beiseite und erhob sich. »Ich brauche frische Luft«, sagte er zu sich selbst – Barbara war bereits in der Küche verschwunden – und trat in die milde Frühlingssonne hinaus.

Seine Schritte lenkten ihn wie von selbst zum Ufer der Dijle. Nicht gänzlich überraschend sah er dort John Dee auf einer Bank sitzen. Diese Bank war einer von Dees Lieblingsplätzen zum Nachdenken zwischen den Unterrichtsstunden. Der junge Mann saß regungslos da, die Arme zu beiden Seiten auf der Rückenlehne der Bank ausgebreitet, als wäre er gekreuzigt, und starrte auf den schmalen Wasserlauf. Er blickte verwundert zu Gerhard auf, als dessen Schatten über ihn fiel. »Nicht bei der Arbeit?«

»Es wurde mir gerade ein bißchen zuviel.« Gerhard setzte sich neben den anderen. »In letzter Zeit vergesse ich manchmal schon fast, wie grün das Gras und wie blau der Himmel ist.« Er sah Dee an. »Du wolltest doch für mich arbeiten, oder? Ein wenig Hilfe wäre mir sehr willkommen.«

Dee nickte. »Demnächst habe ich mehr Zeit.« Als er Gerhard zu einem weiter entfernten Stückchen Wiese hinüberstarren sah, sagte er: »In der Tat, dort haben sie die Leiche von Clemens de Vilder gefunden.«

Gerhard nickte abwesend. »Es wird wohl immer ein Rätsel bleiben, wie er an sein Ende gekommen ist.«

»Magie.«

»Hexerei war das Wort, das die Runde machte, wenn auch im Flüsterton.«

Dee schlug die Beine übereinander und faltete die Hände um sein Knie. »Jahrhundertealte, mittels geheimer und verbotener Schriften überlieferte Handlungen, begleitet von Sprüchen, die übernatürliche Kräfte wachrufen und vielleicht sogar dazu zwingen, die Ziele des Magiers zu verwirklichen.«

»Wovon sprichst du?«

»Das ist die Definition des Begriffs ›Magie‹, wie wir sie in der Schule gelernt haben.« Dee grinste. »Und dann ging man sogleich dazu über, uns den Unterschied zwischen Magie und Religion, zwischen der verbotenen Lehre des Teufels und dem einzigen wahren Glauben beizubringen.«

Gerhard streckte die Beine aus und lehnte sich zurück. Wenn man im Freien war, hatte das den Vorteil, daß man von niemandem unbemerkt belauscht werden konnte. Innerhalb der vier Wände konnte man sich nie sicher sein, ob nicht vielleicht jemand mit gespitzten Ohren hinter der Tür oder um die Ecke stand. »Besteht denn da ein Unterschied?«

»Pieter de Cortes Ansicht nach geht es bei der Religion um persönliche Mächte, sagen wir die Heilige Dreifaltigkeit. Die haben einen unwiderstehlichen Willen, dem unter anderem der Mensch unterworfen ist. Man kann sie höchstens anbeten und um ihren Beistand anflehen. Bei Magie dagegen geht es um unbenannte Kräfte. Wenn sie auf die richtige Weise wachgerufen und gelenkt werden, können diese Kräfte helfen, die Ziele des Magiers zu verwirklichen.«

»Wie auch deine Gebete erhört werden können, wenn der Herr dir wohlgesinnt ist. Nochmals, besteht da ein Unterschied?«

»Hm…« Dee schien kurz nachzudenken. »Der wichtigste Unterschied ist vielleicht, daß Magie auch Schaden zufügen kann.«

»Aha, Schwarze Magie.« Gerhard blickte erneut zu jenem Stückchen Wiese hinüber. »Versuchst du mir jetzt zu sagen, daß Clemens ihr zum Opfer gefallen ist?«

»Jedenfalls wurde er einige Male verflucht.«

»Das mag sein, auch von mir. Aber ich verfüge nicht über Zauberkräfte.«

Dee sah Gerhard an. »Bist du dir dessen so sicher?«

»Na, hör mal!«

»Einer von denen, die ihn verflucht haben, muß über besondere Kräfte verfügen, sonst wäre Clemens de Vilder nicht gestorben.«

»Wenn du mich fragst, hat sein Gewissen ihm den Rest gegeben, und er hat sich ganz einfach totgesoffen.«

»Dann mußt du aber a priori glauben, daß es so etwas wie ein Gewissen gibt.«

»Eine Diskussion, die bis ins Unendliche weitergeführt werden kann, darauf lasse ich mich nicht ein.«

Dee lächelte. »Ich vergaß einen Moment, daß du Philosophie studiert hast.«

Gerhard hörte nicht mehr zu. Vor gar nicht so langer Zeit hatte ich tatsächlich für einen Moment kein Gewissen, dachte er mit der gleichen vagen Verwunderung, die er damals empfunden hatte. Und plötzlich wurde ihm bewußt, daß schon zwei Männer gestorben waren, deren Tod er sich inbrünstig gewünscht hatte. Unmutig über seinen eigenen Gedankengang schüttelte er den Kopf. »Es wird wohl meine Schwiegermutter gewesen sein, sie brüstet sich damit, eine Art Hexe zu sein. Obgleich man das Wort in ihrem Beisein nicht aussprechen darf.«

»Wer weiß ...« Dee heftete den Blick auf die leuchtendgelben, üppig wuchernden Sumpfdotterblumen im seichten Wasser am Uferrand. »Du kannst jemandem einen Gedanken einpflanzen, der in seinem Hirn derart weiterwuchert, daß das Opfer verrückt davon wird und möglicherweise sogar daran stirbt. Die Frage ist nur, ob es sich dann um Magie handelt. Per definitionem schon, würde ich sagen. Hier ist doch eine unbenannte Kraft am Werke, die dazu beiträgt, die Zielsetzung desjenigen zu verwirklichen, der die Kraft wachgerufen hat, nicht?«

»Du redest ziemlich abstrakt für einen, der Mathematik und Astronomie als Hauptfächer gewählt hat.«

»Ehrlich gesagt: Ich finde das ganze Leben eher abstrakt. Oder vielleicht sollte ich ›das Zusammenleben‹ sagen. Warum nur machen die Menschen einander so gern die Hölle heiß?«

Gerhard nickte resigniert und blickte zum Himmel empor. »Wir kommen am besten mit Menschen aus, die genau die gleichen Ansichten haben wie wir selbst. Ergo, sorg dafür, daß jeder so denkt wie du, und du lebst in einer perfekten Welt.« Er sah Dee an und lächelte. »Da drückt der Schuh, junger Freund. Die meisten betrachten es als ihre Lebensaufgabe, andere davon zu überzeugen, daß sie recht haben, notfalls mit dem Schwert in der Hand. Ohne diesen universellen Drang wäre das Leben auf dieser Welt erheblich sicherer und angenehmer.«

»Und was ist das Remedium? Wie können wir diesen Drang aus der Welt schaffen?«

Gerhard zuckte die Achseln. »Der Schöpfer in seiner allmächtigen Weisheit wird schon einen Grund gehabt haben, warum er uns so gemacht hat.«

»Nicht eben eine wissenschaftliche Erklärung.«

»Aber eine praktische. Das ist wiederum das Schöne an der Religion. Man kann alles damit erklären, ohne allzuviel nachdenken zu müssen.«

»Höre ich da einen gewissen Sarkasmus heraus?«

»Das würde ich doch nicht wagen!«

Eine Weile saßen sie schweigend nebeneinander, jeder in seine eigenen Gedanken versunken. Bis Dee fragte: »Wie weit bist du jetzt mit dieser neuen Kartenprojektion, die du dir in der Grafenburg ausgedacht hast?«

Gerhard seufzte. »Ich wünschte, du hättest mich das nicht gefragt, jetzt verspüre ich plötzlich wieder diesen leidigen Drang, weiterzuarbeiten.« Er erhob sich. »Ich könnte deine Hilfe wirklich gut gebrauchen, John.«

»Nur noch ein Weilchen Geduld«, versprach Dee. »Wenn du nichts dagegen hast, begleite ich dich ein Stück. Ich muß zum Unterricht zurück.«

Während sie auf die Stadt zugingen, sagte Gerhard: »Ich plane, in einem der kommenden Monate, wenn es meine Arbeit zuläßt, nach Deutschland zu reisen, nach Duisburg.«

»Reisen? Nach Deutschland? Du?«

Gerhard verdrehte die Augen. »Gerade meinte ich, meine Frau reden zu hören.«

»Du mußt immerhin zugeben, daß das keine alltägliche Mitteilung ist. Was ist denn so Besonderes an Duisburg, wenn ich fragen darf?«

Die Versuchung, ihm von Gertrude zu erzählen, war groß, aber Gerhard widerstand ihr. Es wäre nicht klug. Und auch wenig erwachsen. Möglicherweise würde Dee es nicht einmal verstehen. »Ich habe jemanden von dort kennengelernt. Und mir scheint, es könnte ein durchaus angenehmer Ort zum Wohnen sein.«

Dee nickte ernst. »Du bist nicht der einzige, der daran denkt, von hier wegzuziehen, Gerhard. Das Klima in den

Niederlanden wird zunehmend grimmiger, man hat noch zehn weitere Inquisitoren ernannt. Bald wagt niemand mehr, den Mund aufzumachen.«

Angst, dachte Gerhard. Allesamt fürchten wir uns vor etwas oder jemandem, vor bekannten oder unbekannten Mächten, voreinander, vor uns selbst. Manchen ist offensichtlich sehr daran gelegen, diese Ängste bei den Bürgern zu schüren und wachzuhalten. Und man kann nichts dagegen tun. »Mich erreichen fortwährend Berichte von neu entdeckten Inseln«, sagte er. »Viele davon sind unbewohnt. Manchmal träume ich davon, auf so eine Insel zu ziehen, weit weg von allem und jedermann...«

»Da müßtest du aber verdammt weit reisen!«

»Ja«, sagte Gerhard ernst. »Das ist es, was mich davon abhält.«

Der Strandräuber Karel hatte schon seit einigen Tagen den Mast im Auge, der unveränderlich an derselben Stelle im Schilf zu sehen war, ungeachtet des Wasserstands der Schelde. Möglicherweise war es ein abgetriebenes Boot, nach dem noch keiner suchte, und das könnte ihm einen hübschen Batzen einbringen. Dumm war nur, daß er das Boot selbst vom Kai aus nicht sehen konnte. Wenn freilich jemand an Bord wäre, würde sich der Mast gelegentlich hin und her bewegen, und das tat er nie. Es sei denn, der Wind spielte mit ihm oder die Wellen rollten bis ins Schilf hinein.

Nachdem sich Karel drei Tage lang die Augen aus dem Kopf geschaut hatte, beschloß er, nicht länger zu warten. Mit einem stabilen Stock als Stütze kämpfte er sich zunächst durch den sumpfigen Schlamm und dann durch das untiefe

Wasser zu dem verführerischen Mast voran. Ohne Mißgeschicke gelangte er an sein Ziel.

Das Boot war, wie Karel nun mit einigem Bedauern feststellen konnte, nicht abgetrieben. Es lag hier einfach vor Anker. Und dann bekreuzigte sich der Strandräuber hastig. Am Vorsteven trieb, mit der Ankerleine fest um den Hals, eine schon mächtig aufgequollene Leiche, das Gesicht im Ausdruck des Entsetzens erstarrt. Offenkundig war der Mann beim Ankerlichten über Bord gefallen und hatte sich in der Leine verstrickt.

Karel, der bis zur Taille im leise rauschenden Wasser der gerade ansteigenden Schelde stand, blickte geraume Zeit unentschlossen auf die Leiche. Am Ende brachte er es dann aber doch nicht fertig, einen Toten zu bestehlen, dazu saß die Furcht vor der Hölle zu tief. So wandte er sich denn bedauernd ab und watete mit seinem Stock ans Ufer zurück.

Wieder auf dem Trockenen angelangt, entfernte er sich eilends in Richtung Stadt, ohne sich auch nur noch ein einziges Mal umzuschauen. Bei Leichen von Unbekannten, die auf eigentümliche Weise zu Tode gekommen waren, konnte man nie wissen.

24

Das Problem besteht darin, daß der Korpus durchsichtig genug sein muß, um das Licht einer Kerze hindurchzulassen, aber dennoch so stabil, daß er sich nicht verformt«, sagte Gerhard. »Meinen besten Versuch hat Arnold angezündet. Aber er hätte vielleicht ohnehin nicht gut funktioniert, denn nachdem ich die Segmente der Weltkarte darauf geklebt hatte, ließ der Globus kaum noch Licht durch.«

Dee blickte verdutzt. »Angezündet? Arnold?«

»Es wird gewiß irgendeine Lösung geben, aber ich komme nicht darauf.« Gerhard klang frustriert. »Diese Kartenprojektion ist eine Idee, die enorme Möglichkeiten in sich birgt, da bin ich mir absolut sicher. Aber rein technisch bekomme ich sie einfach noch nicht in den Griff. Ich habe auch so wenig Zeit.«

»Warum nimmst du keine Glaskugel?«

Gerhard sah Dee verwundert an. »Eine Glaskugel?«

»Ja, wieso nicht? Ein Glasbläser kann so eine Kugel in genau der gewünschten Größe anfertigen, mit einer Öffnung darin, so daß du einen Kerzenhalter hineinstellen kannst.«

»Zerspringt denn das Glas nicht durch die Wärme?«

»Na gut, dann also zwei Öffnungen, an den Polen, eine oben und eine unten, so daß die Kerze Luft bekommt und die Wärme entweichen kann. Wie bei einer Öllampe.«

Gerhard ließ sich auf einen der Stühle an seinem Arbeitstisch sinken. »Ein gläserner Globus, natürlich! Warum habe ich nicht selbst daran gedacht?«

»Weil du nicht so genial bist wie ich.«

Gerhard nickte, als stimme er dem zu. »Gibt es hier in Löwen einen Glasbläser?«

»Ich kenne einen in Mecheln.«

»Würdest du …«

»Ich bin noch nie in meinem Leben so viel in der Gegend herumgereist wie jetzt, seit ich dir helfe.«

»Ich bin dir sehr dankbar dafür, Dee. Du ersparst mir sehr viel Zeit.«

»Soll ich dann bei Gelegenheit auch mal für dich nach Duisburg fahren?«

Gerhard lächelte schwach. »Ich fürchte, *das* werde ich selbst tun müssen.«

»Das dachte ich mir schon«, sagte Dee ernst.

Gerhard wollte noch etwas entgegnen, doch da ließ sie ein entsetzliches Geschrei im Garten hochfahren. Gerhard sprang auf und rannte nach hinten.

Die kleine Catharina war mit einer Schnur an den Baum gebunden worden, so fest, daß sie sich kaum rühren konnte. Und Arnold war gerade dabei, ihr mit einem Löffel den Sand von einem Ameisenhaufen in den Halsausschnitt ihres Kleidchens zu schaufeln. Die roten Ameisen krabbelten ihr schon zu Dutzenden kreuz und quer über das Gesicht.

Ehe sich Gerhard so recht bewußt war, was er tat, hatte er Arnold eine so schallende Ohrfeige verpaßt, daß der Junge vornüberstolperte und fiel. Er fing darauf so heftig an zu brüllen, daß es noch Straßen weiter zu hören sein mußte.

Dabei schlug er mit beiden Fäusten wie verrückt auf den Boden ein.

Hastig befreite Gerhard Catharina von ihren Fesseln und riß ihr das Kleid vom Körper. Ihre blasse Haut wimmelte nur so von Ameisen. Hier und da bildeten sich die ersten roten Flecke, wo die aufgeschreckten Insekten sie gebissen hatten. Mit dem zusammengeknüllten Kleidchen schlug und wischte Gerhard, so gut es ging, die meisten von ihnen vom Körper seiner Tochter herunter. Das Kind schrie nicht mehr, sondern schaute mit großen, angstvoll geweiteten Augen zu, was sein Vater machte.

»Was ist denn das hier für ein Krach?« fragte Barbara, die neben Gerhard aufgetaucht war.

»Wasser!« bellte Gerhard nur, während er weiter wie besessen die Ameisen abschlug. »Einen Eimer Wasser!«

»Was ist mit Arnold?« Barbara wollte zu dem Jungen hinüberlaufen.

»Jetzt mach, daß du Wasser holst, verdammt noch mal!«

Barbara blieb stehen und starrte Gerhard wie vom Donner gerührt an. Dee rannte bereits zum Brunnen.

Es brauchte drei Eimer, bis Catharina von den letzten Ameisen befreit war. Danach trug Gerhard das zitternde Kind in die Küche und rieb die roten Flecken auf seinem Körper mit Essig ein. Die ganze Zeit hatte Catharina keinen Mucks mehr getan. Erst als Arnold in der Türöffnung erschien, fing sie an zu weinen.

Arnold schien seinen Tobsuchtsanfall vergessen zu haben. Er blickte einige Atemzüge lang auf seine jüngere Schwester und begann dann breit zu grinsen. »Du siehst aus wie ein häßliches, dürres gerupftes Huhn!« sagte er.

In dem Moment tauchte seine Mutter hinter ihm auf. »Würde mir jetzt endlich jemand sagen, was passiert ist? Hat deine Schwester dich geschlagen?«

»Nein, verflucht, das war ich!« blaffte Gerhard. »Und irgendwann schlag ich ihn noch tot!«

»Aber um Himmels willen, Gerhard! Kennst du denn gar keine Scham?« Barbara faßte Arnold beim Arm und lotste ihn zum Tisch. »Setz dich, Junge, Mama macht dir ein bißchen Milch warm.«

»Wenn du das wagst, gieß ich sie ihm über seinen garstigen Kopf!«

Arnold schaute kurz unsicher vom einen zum anderen und entschied sich offenkundig dafür, daß Weinen von Vorteil sein könnte. Er fing von neuem an zu plärren.

Jetzt sagte Dee zu Barbara: »Ich will mich ja nicht einmischen, aber diese Ameisen… das war Arnolds Werk.«

Barbara sah Dee böse an. »Ein paar Ameisen, ist das so schlimm? Seit wann dürfen Kinder nicht mehr spielen?«

»Du kannst gerne warme Milch machen«, sagte Gerhard zu ihr, scheinbar ruhig, doch mit einem unheilverkündenden Unterton, »mit viel Zucker, aber für Catharina. Und Arnold verschwindet ins Kinderzimmer, den will ich für den Rest des Tages nicht mehr sehen!«

Barbara öffnete schon den Mund, um etwas zu entgegnen, doch als sie Gerhards Miene sah, besann sie sich. »Tu, was dein Vater sagt, Junge«, sagte sie sanft zu Arnold. Dann ging sie schweigend in den Keller, um Milch zu holen.

»Ich glaube, ich fahre am besten jetzt gleich nach Mecheln, was meinst du?« schlug Dee vor, dem die ganze Situation unangenehm war.

Gerhard nickte grimmig. »Und laß lieber gleich drei Globen machen, denn hier im Haus will schon mal etwas entzweigehen.«

Am nächsten Tag war Catharina krank. Ihr Kopf fühlte sich an, als stünde er in Flammen, und dabei klapperte sie vor Kälte. Barbara warf Gerhard zwar nicht direkt vor, daß es seine Schuld sei, doch ihr Gesicht sprach Bände, als sie ging, um den Chirurgen zu holen.

Kurz darauf kehrte sie mit Frisius zurück. »Gemma war der einzige, der gleich kommen wollte«, sagte sie zu Gerhard, noch bevor dieser eine Bemerkung machen konnte.

Gerhard schnaubte. »Ja, weil er immer noch keine Patienten hat!«

Frisius warf einen Blick auf Catharina, die in einem improvisierten Bettchen am Feuer lag. »Wie du zweifellos wissen dürftest, habe ich meine medizinischen Studien erst kürzlich abgeschlossen, und seither hatte ich genügend anderes zu tun. Doch wenn Meister Mercator kein Vertrauen in mein Können hat, steht es ihm frei, sich einen anderen Arzt zu suchen.« Er machte Anstalten, wieder hinauszugehen, oder tat zumindest so, als ob.

Gerhard winkte ungeduldig ab. »Du oder ein anderer, was macht's?«

»Immer noch keine hohe Meinung von der Medizin, wie ich feststelle«, bemerkte Frisius. Mit ergebener Gebärde stellte er seine Tasche auf den Tisch. »Wollen wir uns die Kranke einmal ansehen.«

Gerhard behielt ihn argwöhnisch im Auge, doch Frisius ging versiert und selbstbewußt zu Werke.

»Es ist auf alle Fälle nicht die Pest«, sagte Frisius. »Das ist doch schon mal eine große Beruhigung, nicht wahr? Ich vermute, daß sich deine Tochter eine Lungenentzündung zugezogen hat.« Er blickte sich vorwurfsvoll zu Gerhard um. »Ich hörte, daß du eimerweise kaltes Wasser über sie gegossen hast? Noch dazu unter freiem Himmel?«

»Ich habe ihm einfach die Wahrheit erzählt«, sagte Barbara, als Gerhard sie böse ansah. Es klang herausfordernd.

Gerhard seufzte. »Sag uns lieber, was zu geschehen hat.«

»Hm…« Frisius richtete sich auf. »Ich habe eine neue Behandlungsmethode entwickelt, die sich schon einige Mal als höchst wirksam erwiesen hat.«

»Ach? Größere Brenngläser, um deine Patienten zu foltern? Oder noch dickere Blutegel, um das letzte bißchen Leben aus ihnen herauszusaugen?«

»Das Übel auf die gleiche Weise aus dem Körper hinauszutreiben, wie es hineingekommen ist«, sagte Frisius ungerührt. »Vollkommen logisch, wenn man es sich überlegt.«

Gerhard runzelte die Stirn. »Wie meinst du das? Mit kaltem Wasser etwa?«

»Mit kaltem *und* heißem Wasser, abwechselnd. Du setzt die Patientin zunächst in einen Zuber mit so heißem Wasser, daß es gerade eben nicht die Haut verbrennt, und gleich darauf in einen zweiten Zuber, der mit eiskaltem Wasser gefüllt ist. Das wiederholst du dreimal.«

»Mein Gott, willst du das Kind etwa umbringen?«

Frisius zuckte die Achseln. »Ich kann dich zu nichts zwingen, aber du solltest wissen, daß eine Lungenentzündung häufig tödlich ausgeht, wenn man keine entsprechenden Maßnahmen ergreift.«

»Ich hänge noch einen zweiten Kessel übers Feuer«, sagte Barbara und entfernte sich, um das Gesagte sogleich in die Tat umzusetzen.

Plötzlich unsicher starrte Gerhard auf Catharina. Auf ihrer Stirn perlten Schweißtropfen, und sie atmete schnell und flach. Ihre fieberglänzenden Augen waren zur Zimmerdecke gerichtet, als gäbe es dort etwas Interessantes zu sehen.

»Stirbt sie jetzt?« Gerhard hatte Arnold nicht herunterkommen sehen. Die Hände auf dem Rücken, schaute der Junge interessiert auf seine Schwester hinab. »Wo begraben wir sie denn dann?«

»Nach oben mit dir!« zischte Gerhard. Und als Arnold nicht sofort gehorchte, half er mit einem Tritt nach. Der Junge bedachte Gerhard darauf mit einem haßerfüllten Blick, der nichts Kindliches mehr hatte, machte dann aber doch lieber, daß er davonkam.

»Immer werden die Falschen krank«, sagte Frisius.

Aus irgendeinem Grund ließ diese Bemerkung Gerhard zu einem Entschluß kommen. »Gut, wir versuchen's«, sagte er. »Aber wehe dir, wenn es nicht gut ausgeht.«

»Wie es ausgeht, das liegt immer in Gottes Hand, Gerardus. Wenn du Klagen hast, mußt du bei Ihm anklopfen.«

Catharina reagierte kaum, als sie sie bis zum Kinn in das heiße Wasser tauchten. Doch als sie sie in den Zuber mit dem kalten Wasser hinüberhoben, kreischte sie ohrenbetäubend.

Gerhard mußte die Zähne zusammenbeißen. Und nach dem zweiten Mal konnte er es nicht mehr mit ansehen. Er ging in den Garten hinaus und lief dort auf und ab, bis es im Haus wieder still wurde.

»Es scheint ihr besserzugehen«, sagte Barbara, als Gerhard wieder in der Küche auftauchte. Sie blickte mißbilligend auf seinen Rücken, als er sich über Catharina beugte. »Man könnte tatsächlich meinen, die Behandlung hat ihr geholfen.«

Die Kleine schlief, wie Gerhard ungläubig und zugleich mit unendlicher Erleichterung sah. Sie schwitzte nicht mehr, und ihr Kopf fühlte sich weniger heiß an. Ihre Atmung war praktisch normal. »Wo ist Gemma?«

»Weg.« Es klang ein wenig unwirsch. »Er hat gesagt, daß wir ihr vor dem Schlafengehen einen Sud aus Petersilie geben sollen, und viermal am Tag einen Sud aus Thymian mit Honig.«

»Warum ist Gemma schon gegangen? Ich möchte mich bei ihm bedanken.«

Barbara seufzte müde. »Ich habe ihn weggeschickt.«

»Warum?«

Sie wandte sich ab. »Er war der Meinung, daß er mich ebenfalls untersuchen müsse.«

Gerhard nickte ergeben. »Er kann es nicht lassen. Weil er vielleicht ermuntert wird?«

»Kann doch sein, daß er fand, ich sähe ein bißchen krank aus.«

»Warum hast du ihn dann weggeschickt?«

Barbara griff zu dem Tuch, mit dem sie Catharina trockengerieben hatte. »Ich habe ihn gebeten, einmal wiederzukommen, wenn du in Duisburg bist.« Und ohne Gerhards Reaktion abzuwarten, ging sie in den Garten hinaus, um das Tuch zum Trocknen aufzuhängen.

»Ich habe deine Tochter nicht mehr im Griff«, sagte Gerhard zu Johanna Switten. Sie saßen zu zweit auf einer Bank im Garten hinter dem Haus von Barbaras Vater. Dort häufte sich zwar jede Menge Plunder, doch der war mit leuchtendgrünem Efeu überwuchert, und es war ruhig hier.

Ernst erwiderte Johanna: »Ach, Junge, du hast Barbara doch nie im Griff gehabt.«

»Die Ausrede mit den Schwangerschaften gilt schon lange nicht mehr. Muß denn die Ehe zwangsläufig in Kampf ausarten?«

»Zu einer Ehe gehören immer zwei. Sobald einer von beiden die Oberhand zu gewinnen sucht, gerät das Ganze aus den Fugen.«

»Hast du bei deinem Mann die Oberhand zu gewinnen versucht?«

»Das war nicht weiter schwer, Jan ist ein Schafskopf.«

Und wenn er sich widersetzte, hast du für eine Weile das Weite gesucht, dachte Gerhard bitter. Er trank einen Schluck von dem Bier, das Johanna ihm eingeschenkt hatte. Es war lauwarm und schmeckte fad, doch er sagte nichts. »Ich frage mich, ob ich mich überhaupt für die Ehe eigne.«

»Und das überlegst du dir nach sechs Kindern?«

»Ich hatte gehofft, daß es mit dem Älterwerden besser würde. Aber allmählich beginne ich zu glauben, daß niemand sich für die Ehe eignet.«

»Wieso? Die Ehe ist doch etwas ganz Natürliches?«

»Wenn sie das wäre, wären auch alle Tiere verheiratet.« Aber die werden sich hüten, dachte er.

Johanna lachte. »Was für ein Gedanke!«

Sie ist schön, wenn sie lacht, dachte Gerhard, der Johannas Mienenspiel studierte. Das tat er öfter, denn für ihn war sie nach wie vor eine faszinierende Frau. Sie hatte etwas, was ihrer Tochter fehlte. Wenn er auch nicht so recht in Worte fassen konnte, was das für eine Eigenschaft sein mochte.

»Wie geht es Catharina?«

»Noch nicht ganz auf dem Damm.«

»Du solltest ihr täglich einen kleinen Becher Wein mit Salbei geben, nach dem Essen. Das ist gut für die Atemwege, und es beruhigt. Eine gute Handvoll frische Salbeiblätter acht Tage lang in einem Krug Wein ziehen lassen. Danach den Wein durch ein Nesseltuch seihen und in einer geschlossenen Flasche aufbewahren.«

»Acht Tage ziehen lassen? Bis dahin wird Catharina deinen Zaubertrank hoffentlich nicht mehr benötigen.«

»Dann nimmst du ihn eben selbst, für deine Gemütsruhe. Er wirkt Wunder, du wirst sehen.« Johanna nahm Gerhard ins Visier. »Deine Pläne, nach Deutschland umzusiedeln, tun Barbara auch nicht gerade gut, Gerhard.«

»Ich kann hier nicht bis ans Ende meiner Tage bleiben«, sagte Gerhard entschieden. »Ich fühle mich hier gefangen, eingeengt, unterdrückt, gemaßregelt. Man muß ständig auf der Hut sein, was man tut oder sagt oder liest oder schreibt. Es ist beinahe so, als lebte man in einem Kerker ohne Mauern. Und es wird von Tag zu Tag schlimmer.«

»Übertreibst du jetzt nicht? Du hast gerade erst die Ermächtigung dazu erhalten, selbst Bücher zu drucken und zu verbreiten. Da dürfte dir die Kanzlei doch durchaus wohlgesinnt sein, würde ich meinen.«

»Es sind noch andere Mächte als die Kanzlei am Werke, Johanna.«

»Du bist also fest entschlossen, deine Schwiegermutter allein hier zurückzulassen?«

Gerhard dachte, daß Johanna scherzte, aber sie blickte ernst. »Jetzt sag bloß nicht, daß du dich einsam fühlst.«

»Die meisten Menschen sind mir herzlich egal, aber nicht meine Tochter. Und du auch nicht.«

»Vielleicht kannst du ja mit uns kommen.« Das rutschte Gerhard so spontan heraus, daß er selbst darüber erschrak.

Johanna sah ihn verdutzt an. »Ist das jetzt dein Ernst?« Sie beugte sich zu ihm hinüber und gab ihm einen Kuß auf die Stirn. »Du bist lieb, aber Jan würde nie von hier wegwollen.«

Gerhard glaubte zwar kaum, daß ihr Mann ein Hinderungsgrund für sie sein würde, doch er sagte nichts. Auch weil er ein wenig verwirrt war über den unerwarteten Kuß. Der Abdruck ihrer Lippen brannte noch eine ganze Weile auf seiner Stirn. »Ich glaube, ich werde dich vermissen«, entfuhr es ihm.

Johanna nickte sehr langsam und sah ihm grübelnd in die Augen. »Und ich glaube, es ist besser, wenn du jetzt nach Hause gehst.« Betont energiegeladen sprang sie auf. »Ich habe noch eine Menge Arbeit.« Als sie ihm die Haustür öffnete, sagte sie noch: »Denk dran, Wein mit Salbei.«

»Ich werde das gleich in die Tat umsetzen«, versprach Gerhard.

Er fertigte einen Ständer mit einem horizontalen Holzring an, in den er den Glasglobus zur weiteren Bearbeitung setzen konnte. Darüber hinaus brachte er auf dem Ständer eine Halterung für eine Kerze an, die genau in der Mitte des Globus brennen würde.

Die Segmente der Weltkarte zeichnete er auf das dünnste Papier, das er finden konnte. Das war der schwierigste Teil der Aufgabe, zumal er möglichst präzise arbeiten wollte. Überdies mußten alle Linien scharf und kontrastreich sein, damit ein brauchbares Bild projiziert werden konnte. Als er endlich mit der minutiösen Zurechtschneiderei und Kleberei fertig war und die erste Kerze entzündete, war das Resultat allerdings wunderbar. Der Erdglobus leuchtete wie ein von der Sonne beschienener Planet, den man durch ein starkes Fernrohr betrachtete.

»So muß die Erde aussehen, wenn man sie vom Mond aus ansehen könnte«, sagte Dee, der bei dem Experiment dabei war.

Gerhard blickte skeptisch. »Mit all den Meridianen und Parallelkreisen darauf?«

Dee ließ sich seine Bewunderung nicht verderben. »Es ist phantastisch, Gerhard. Ein Geschenk für einen König oder Kaiser.«

»Da bringst du mich auf eine Idee: Vielleicht könnte ich Kaiser Karl als Mäzen für die erste Weltkarte gewinnen, die ich mit meinem Projektionssystem anzufertigen gedenke.«

Gerhard nahm ein großes Blatt Papier und bog es zu einem Zylinder, den er über den Globus stellte. Schweigend starrte er auf die Linien und Gebilde, die von innen auf das Papier projiziert wurden. Auf Äquatorhöhe zeichneten sie sich exakt und scharf ab, zu den Polen hin wurden die Konturen dicker und verschwommener, und die Erdteile wurden in die Breite gezogen, genauso, wie er es erwartet hatte.

»Wie gedenkst du die Zeichnung auf das Papier zu übertragen?« fragte Dee. »Innen kommst du nicht heran, und an der Außenseite sind die Linien so gut wie unsichtbar.«

»Das kommt durch das Tageslicht. Heute abend wird das Ergebnis erheblich besser ausfallen. Und ich brauche ja nur die Umrisse zu übernehmen, der Rest läßt sich später ausfüllen.«

»Du hast dann aber schon ein Spiegelbild.«

Gerhard nickte. »Natürlich, aber das läßt sich leicht umkehren.«

»Und anhand so einer Karte könnte man also problemlos navigieren?«

»In jedwede Richtung, dafür hat man die Loxodromen.«

»Hm...« Dee kratzte sich hinter dem rechten Ohr und beugte sich über den Globus. »Ich sehe dennoch ein Problem.«

»Ja?« fragte Gerhard ein wenig ungeduldig, als Dee nicht sogleich fortfuhr.

»Wie gedenkst du zu erreichen, daß Länder und Orte ihren tatsächlichen Entfernungen voneinander und ihrer exakten geographischen Länge und Breite entsprechend positioniert sind, ohne daß das Ganze untauglich wird?«

Gerhard nickte. »Darüber habe ich mir im Kerker den Kopf zerbrochen. Ich glaube, das erreiche ich, indem ich die Breitengrade zu den Polen hin nach und nach vergrößere, und zwar im selben Maße, wie die Parallelkreise im Verhältnis zum Äquator größer werden.« Er legte den Papierzylinder beiseite und blies die Kerze aus. Ein dünnes, blaues Rauchfähnchen kräuselte sich aus dem Globus, das den anregenden Duft von verbranntem Wachs verbreitete. »Das einzige, was wir jetzt noch brauchen, um die Position eines

Schiffes überall auf der Welt genau bestimmen zu können, ist die genaue Zeit. Und so weit scheinen wir leider noch lange nicht zu sein. Jede unserer derzeitigen Uhren wird auf einem Schiff bei Seegang sofort aus dem Takt geraten. Man wird erst einen völlig neuen Mechanismus entwickeln müssen, und das braucht einen langen Atem.« Gerhards Gedanken machten einen kleinen Sprung zu Ambrosius Maurus, verweilten aber nur wenige Sekunden bei dessen Uhren. Denn sogleich überstrahlte das Bild Gertrudes alle anderen Gedanken.

»Was glaubst du, wann du die erste neue Weltkarte fertig haben könntest?«

»Das kann noch geraume Zeit dauern, ich habe zuviel anderes zu tun.« Gerhard sah Dee an. »Täusche ich mich, oder klingst du eher skeptisch?«

»Ich weiß nicht so recht, irgendwie kommt mir das alles ein bißchen seltsam vor.«

»Ich wünschte, ich könnte damit weitermachen, um dir und der verfluchten Universität und der ganzen Welt zu zeigen, *wie* seltsam meine Idee ist! Aber ich brauche nun einmal Geld, und das so schnell wie möglich. Diese verdammte falsche Beschuldigung!«

»Verzeih, ich wollte dich nicht beleidigen.«

»Nein, natürlich nicht. Es ist vernünftig, Dinge in Frage zu stellen, dazu bist du schließlich Wissenschaftler.«

Ein ganzes Jahr im Rückstand, dachte Gerhard grimmig. Wie viele Schiffe würden jetzt dank Clemens de Vilder und dem allzu mißtrauischen Klerus wohl noch an Klippen zerschellen?

25

Woher kommt Ihr, Herr, und was ist der Zweck Eures Besuches in Duisburg?« informierte sich die Torwache. Der Mann faßte Gerhards Pferd beim Zaum, als wollte er verhindern, daß ihm das Gespann entwischte. Dabei blickte er aber freundlich und hatte sogar seine Hellebarde an der Seitenwand seines Schilderhäuschens stehenlassen. Sein Kumpan stand breitbeinig vor einem Strauch und urinierte. Er schaute sich nicht einmal um. Offenbar hatten die Wachen hier nicht so häufig mit Gesindel zu tun.

»Ich komme aus Löwen und besuche einen Geschäftspartner«, sagte Gerhard. Da seine Deutschkenntnisse nur rudimentär waren, sprach er ein mit viel Niederländisch durchsetztes Kauderwelsch. Doch das schien der Wache keine Probleme zu bereiten. Vielleicht war man hier Ausländer gewöhnt. »Den Herrn Ambrosius Maurus, so heißt er. Er wohnt in der Oberstraße.«

»So? Da kommt er ganz aus Löwen zu unserem verehrten Herrn Maurus, unserem Bürgermeister?«

»Das muß ein Irrtum sein, Ambrosius Maurus ist Uhrmacher von Beruf.«

Die Wache nickte nachgiebig. »Möglich, daß er auch das ist, doch er wurde vor einigen Monaten sehr wohl zum Bürgermeister ernannt.«

»Ich war darüber im Bilde, daß er derlei Ambitionen hatte, aber ich wußte nicht, daß es schon soweit ist. Ich habe ihn zuletzt in Mortsel, in Flandern, gesprochen, und das ist schon eine Weile her.«

Die Wache ließ das Pferd los. »Ihr wißt, wie Ihr die Oberstraße findet?«

»Das wird mir schon gelingen«, antwortete Gerhard, der aus Erfahrung wußte, daß er besser der eigenen Nase folgte, als zu versuchen, aus der Wegbeschreibung eines anderen schlau zu werden.

Wenig später ratterten die eisenbeschlagenen Räder seines Karrens über die runden Pflastersteine einer von alten Buchen gesäumten Allee. Sie führte geradewegs auf die Salvatorkirche im Stadtzentrum zu, deren Turm in einiger Entfernung vor ihm zu sehen war.

Auf halber Strecke hielt Gerhard sein Pferd auf dem Sandstreifen am Rande der Allee an. Es gab keinen weiteren Verkehr auf der Straße und auch keine Fußgänger.

Gerhard holte tief Luft und lauschte auf die Stille. Weiter im Stadtzentrum würde es gewiß weniger ruhig sein, doch hier ließ es sich gut aushalten, so im Schatten der Buchen mit ihrem dichten Laub, in dem unsichtbare Vögel den Sommer besangen. Er war müde von der Reise, und die Versuchung war groß, sich in den Karren zu legen und eine Weile die Augen zu schließen. So kurz vor dem Ziel hatte er es seltsamerweise auch gar nicht mehr so eilig. Was wohl vor allem mit dem zunehmenden Bewußtsein zu tun hatte, daß er sich töricht aufführte. Erstmals geregt hatte sich dieses Bewußtsein, als er die Stadtwälle von Duisburg am Horizont hatte auftauchen sehen. Das Kribbeln im Bauch, das ihn die Reise über begleitet hatte, war einfach kindisch. Er hatte so etwas nicht mehr erlebt, seit er vierzehn war und zum erstenmal in seinem Leben den interessierten Blick einer Dirne aufgefangen und begriffen hatte, was dieser Augenaufschlag bedeuten konnte. Und nun ist Gertrude auch noch die Frau des Bürgermeisters, dachte er, beschämt über seine Überlegungen.

Seine Gedanken wanderten zu Barbara. Es war ihre Schuld, dachte er in einem Anflug von Trotz. Sie erfüllte zwar gewissenhaft ihre Pflichten als Mutter und Ehefrau, doch sie gab ihm schon lange keine Wärme mehr, und gerade danach hatte er jetzt ein großes Bedürfnis. Nach weiblicher Wärme. Oder vielleicht auch mütterlicher Wärme. Nach dem Trost eines warmen Frauenkörpers, an den er den Kopf schmiegen konnte, damit das Wüten in seinem Hirn zur Ruhe käme. Das Verlangen nach diesem Trost war bisweilen schmerzlich groß. In Gerhards Herz war eine Leere, von der er nicht wußte, wie sie zustande gekommen war. Und deren er sich erst bewußt geworden war, als er Gertrude kennengelernt hatte.

Gerhard blickte zum Turm der Salvatorkirche hinüber. Gertrude hatte ihm erzählt, daß die Stadtoberen von Duisburg vor einigen Jahren alle wertvollen religiösen Gegenstände und kirchlichen Besitztümer in der Stadt requiriert hatten. Sie hatten all das zu Geld gemacht, um die höheren Steuern begleichen zu können, die der Herzog von Kleve der Stadt abverlangte. Zwar hatte man den Kirchen und Orden einige der Besitztümer später zurückgegeben, darunter die Monstranz der Salvatorkirche, doch das war erst geschehen, als die Bürger zu murren begannen. So etwas wäre in den Niederlanden unmöglich gewesen, dachte Gerhard. Die Angst vor der Geißel Roms war dort viel zu groß.

Er nahm die Zügel auf und setzte sein Pferd wieder in Bewegung. Der Abend war nicht mehr ganz fern, und er mußte noch eine Unterkunft finden, bevor er Ambrosius und Gertrude seine Aufwartung machte.

Die beleibte Dienstmagd, die Gerhard die Tür öffnete, musterte ihn von Kopf bis Fuß. Unfreundlich sagte sie: »Ja?«

»Ich bin Meister Gerardus Mercator, ein Bekannter des Herrn Maurus und seiner Frau.«

»Habt Ihr eine Verabredung, Meister?« Aus der Betonung des Titels sprach leichter Hohn.

»Äh… nein. Aber ich komme eigens aus Löwen.«

»Ich weiß bei Gott nicht, wo Löwen liegt. Im Ausland wohl, Eurer sonderbaren Sprache nach zu urteilen.« Die Magd blickte, als halte sie das für keine gute Referenz.

Gerhard wurde allmählich ein wenig ungehalten. »Würdet Ihr jetzt bitte Euren Meister rufen?«

»Der verehrte Bürgermeister ist im Rathaus.«

»Und Frau Vierlings?«

Die Magd zögerte, aber als sie Gerhards Blick sah, sagte sie ergeben: »Ich werde nachfragen, ob sie Euch empfangen kann.«

Sie bat Gerhard nicht, einzutreten, ließ aber wenigstens die Tür halb offenstehen. Sie blieb geraume Zeit fort, und Gerhard wollte sich schon auf die Schwelle setzen, als sie wieder auftauchte.

»Frau Vierlings ersucht Euch, im Empfangszimmer zu warten«, verkündete sie. Ihr Ton klang womöglich noch mißbilligender. Sie ging Gerhard voran in einen kleinen Raum, der mit allerlei Mobiliar vollgestellt war, als würde er als Lager benutzt. Eine der Wände wurde fast gänzlich von einem Gemälde mit einer Jagdszene eingenommen. Es war eine Komposition, bei der die Aufmerksamkeit einzig und allein auf einen in Todesangst flüchtenden Fasan gelenkt wurde.

Die Magd deutete auf eine mit braunem Leder gepolsterte Sitzbank. »Ihr könnt dort Platz nehmen oder stehen bleiben, wie Ihr wollt.« Mit diesen Worten entfernte sie sich wieder.

Gerhard mußte plötzlich daran denken, daß er schon einige Zeit seines Lebens in Salons und Wartezimmern verbracht hatte. Ein jeder, der ein gewisses Ansehen genoß, schien so einen Raum zu besitzen. Je mehr Ansehen, desto größer dieser Raum, und desto beeindruckender das obligatorische Gemälde. Und desto länger ließen sie einen warten.

Thomas van Aken, las Gerhard in der rechten unteren Ecke des Gemäldes. Kein wirklich grandioser Meister, und er war auch schon viele Jahre tot. Offenkundig war Ambrosius Maurus nicht wirklich wohlhabend, oder sein Geschmack war ein wenig mittelmäßig.

Er hörte die kurzen, schnellen Schritte, an die er sich von dem Gasthof in Mortsel her nur allzugut erinnerte. Gertrude erschien mit breitem Lächeln in der Türöffnung. Sie streckte beide Hände aus, um die seinen zu drücken. »Gerardus Mercator, also bist du doch gekommen!«

»Natürlich.« Gerhard verwünschte die Regeln der Etikette, die es ihm verboten, ihre glatten, warmen Hände länger festzuhalten als für eine formelle Begrüßung nötig. Und die ihm ebenso verboten, ihr zu gestehen, daß er vor allem ihretwegen nach Duisburg gekommen war. »Ich bin hier, um ein wenig das Terrain zu sondieren, wie ich schon in Mortsel sagte.«

»Ach, Menschen sagen so vieles, was sie nicht wirklich meinen.« Sie lächelte begütigend.

»Das tue ich nur wenn nötig«, sagte Gerhard. Er lächelte gleichfalls.

»Vielleicht habe ich gute Neuigkeiten für dich.« Gertrude deutete auf die Sitzbank. »Nimm Platz. Soll ich etwas zu trinken bringen lassen? Und du bleibst doch zum Essen, nehme ich an?« Sie wandte den Kopf zur Tür. »Beate!«

Die Magd war so rasch zur Stelle, daß sie an der Tür gelauscht haben mußte. »Ja, gnädige Frau?«

»Wein für uns beide«, kommandierte Gertrude. Sie fragte Gerhard nicht, wonach ihm war. »Ambrosius ist inzwischen Bürgermeister geworden«, sagte sie, als die Magd fort war. Sie setzte sich mit einigem Abstand neben Gerhard auf die Bank. »Es ist dem Guten also doch endlich geglückt.«

Gerhard nickte. »Ich hörte es bereits am Stadttor.« Er starrte fasziniert auf Gertrudes bewegliche Augenbrauen. »Waren das die guten Neuigkeiten?«

»Die guten …? Nein, das Haus nebenan, an der Ecke, steht wahrscheinlich in absehbarer Zeit zum Verkauf. Und ich dachte so bei mir: Vielleicht hat Gerhard Interesse daran. Danach hattest du dich doch seinerzeit erkundigt, nicht?«

»Nebenan?«

»Die Besitzerin ist kürzlich Witwe geworden und plant, zu ihrer Familie nach Köln zu ziehen. Sie hat zwar drei Kinder, doch die wohnen über das ganze Land verteilt. Es ist so gut wie sicher, daß sie das Haus verkaufen wird. Wenn auch vorerst noch niemand weiß, wann.« Gertrude machte eine ausholende Armbewegung. »Es ist ein Haus wie dieses, mehr oder weniger zumindest. Da ist jede Menge Platz für ein Atelier, und es hat noch einige weitere Zimmer. Und einen großen Garten mit vielen Bäumen.«

»Das klingt in der Tat sehr interessant.« Wie ein verbotener Traum, der Wahrheit werden könnte, dachte Gerhard, der Mühe hatte, seine Begeisterung zu verbergen. »Vielleicht sollte ich mich einmal mit der Dame unterhalten. Oder wäre das nicht passend?«

»Ich mache dich bei Gelegenheit mit ihr bekannt, ich glaube nicht, daß es Eile hat. Es ist gut möglich, daß du noch eine Zeitlang woanders unterkommen mußt. Mein Mann kann dir gewiß dabei behilflich sein.« Gertrudes Augenbrauen bildeten einen ernsten Doppelbogen. »Ich sähe es ehrlich gesagt viel lieber, wenn du hier nebenan einzögest als irgendein Wildfremder. Man weiß ja nie, was für seltsame Vögel man zu Nachbarn bekommt.«

»Warte, bis du meine Kinder gesehen hast!«

Gertrude schwieg einige Augenblicke, bevor sie leise sagte: »Ich habe nur eins, eine Tochter. Sie heißt Christina. Mehr war uns nicht vergönnt. Aber sie ist ein wunderbares Mädchen, also dürfen wir nicht undankbar sein.«

Die Magd erschien mit einem Krug Wein und zwei Römern. Schweigend stellte sie alles auf einen kleinen Tisch aus massivem Holz und verschwand wieder.

»Nur nicht beachten«, sagte Gertrude, als sie sah, wie Gerhard der Magd nachschaute. »Beate hat manchmal eine etwas merkwürdige Art, aber im Haushalt ist sie eine Perle.« Sie füllte die Römer und reichte Gerhard den einen. Der

Wein war von einem tiefen Rot. »Auf deinen zukünftigen Erfolg in Duisburg«, sagte sie. Als sie getrunken hatten, fragte sie: »Und? Was hält deine Frau von deiner Idee, hierherzuziehen?« Wie um seinen Blick zu meiden, beugte sie sich vor, um ihren Römer auf dem Tischchen abzustellen.

»Hm... sagen wir, sie ist weniger davon begeistert als ich.«

Gertrude nickte. »Frauen sind seßhafter als Männer. Ich darf gar nicht daran denken, wie es wäre, wenn man mich aus meiner vertrauten Umgebung wegholen würde und ich irgendwo weit von hier entfernt noch einmal neue Wurzeln schlagen müßte.«

»Kommt darauf an, was man zurückläßt, würde ich meinen. Und... mein Gott, es ist doch nicht so, daß ich nach Indien oder Amerika emigrieren möchte!«

»Würde dich das nicht reizen? Geheimnisvolle ferne Länder, wo alles noch neu ist und darauf wartet, entdeckt zu werden?« Gertrude beobachtete Gerhard andächtig, als wäre ihr die Antwort auf diese Frage sehr wichtig.

»Ich setze keinen Fuß auf ein Schiff, solange ich es irgend vermeiden kann.«

»Und du bist Kartograph und baust Navigationsinstrumente?«

»Du ahnst ja gar nicht, wie viele Orte ich schon besucht habe – in meiner Vorstellung.« Gerhard lächelte. »Ich fürchte, die Wirklichkeit wäre in den meisten Fällen eine Enttäuschung.«

»Geistig rege und körperlich faul«, stellte Gertrude fest. »Tja, irgendwer muß ja die Denkarbeit machen, nicht?« Sie griff zu ihrem Römer. »Ich fürchte, ich muß dich wieder wegschicken, denn ich habe noch Arbeit. Aber ich bestehe darauf, daß du später zum Essen zu uns kommst.« Sie trank ihren Römer leer. »Hast du schon eine Unterkunft? Wir haben nämlich ein Gästezimmer, weißt du.«

Gerhard erhob sich. »Das ist sehr freundlich von dir, aber ich würde es nicht wagen, eure Gastfreundschaft über Gebühr zu strapazieren.« Und *wagen* ist hier durchaus das richtige Wort, dachte er mit Bedauern. Der Gedanke, in Gertrudes Haus übernachten zu können, war nur zu verlockend. »Ich werde einen Spaziergang durch die Stadt machen, bevor es gänzlich dunkel ist.«

»Und schau dir schon einmal das Haus nebenan an, man kann ja nie wissen.«

Als hätte es dieser Ermunterung noch bedurft, dachte Gerhard, als er vorläufig Abschied genommen hatte und wieder draußen stand. Doch als er Gertrudes Bild nicht mehr unmittelbar vor Augen und ihren süßen Duft nicht mehr in der Nase hatte, kehrte wie von selbst seine übliche Nüchternheit zurück. Und da fragte er sich, wohin das eigentlich alles führen sollte. Er hatte eine Familie, und Gertrude war mit dem Bürgermeister von Duisburg verheiratet. Niemals würde er ihr anders denn freundschaftlich begegnen können. Aber die Versuchung würde gleichwohl bleiben und würde vielleicht nur noch größer werden, wenn er tagtäglich in ihrer Nähe war. Wie dumm mußte man sein, um so etwas zu tun?

Doch das Eckhaus war nicht schlecht, konnte er feststellen, als er bis in die angrenzende Seitengasse darum herumging. Es war zweigeschossig, hatte noch einen Dachboden darüber und befand sich allem Anschein nach in gutem Zustand. Der Garten war zur Straße hin von einer langen, weißgetünchten Mauer eingefaßt, über die im hinteren Teil Zweige von einer Eßkastanie hingen. Auch zu Gertrudes Haus hin trennte eine Mauer den Garten von der Straße. Sie war etwa zehn Schritt lang und recht hoch, und darin war eine eisenbeschlagene Holztür, durch die man direkt von der Straße in den Garten gehen oder fahren konnte. An der Tür hing ein großes Vorhängeschloß.

An diesem Schloß blieb Gerhards Blick für einige Momente haften, und er versank in düstere Gedanken. Er hatte etwas gegen Schlösser, denn sie symbolisierten Unzugänglichkeit, das Unerreichbare, Verbotene. Schließlich aber ermannte er sich und ging weiter in die Stadt hinein. Nach Gertrudes Haus schaute er sich bewußt nicht mehr um, auch wenn es ihm schwerfiel.

»Wenn du Wert darauf legst, kann ich dich bei Gelegenheit Wilhelm dem Reichen, dem Herzog von Kleve, vorstellen«, sagte Ambrosius abends. »Wie verlautet, sind seine Pläne, hier in Duisburg eine Universität zu errichten, bereits weit gediehen. Dann wird zweifellos ein Bedarf an Dozenten entstehen.«

Gerhard sah Ambrosius überrascht an. Nicht ganz ohne Argwohn fragte er sich, womit er diese Freundlichkeit verdient hatte. Vorsichtig sagte er: »Ein Lehrstuhl in Mathematik würde mir schon liegen. Und möglicherweise könnte ich sogar einige weitere Dozenten aus Löwen dazu bewegen, hierherzukommen. Ich bin nicht der einzige, der sich angesichts der wachsenden Unfreiheit in den Niederlanden nicht mehr wohl fühlt.«

»Gut«, sagte Ambrosius, der mit dieser Antwort aufrichtig zufrieden zu sein schien. »Dann veranlassen wir das.« Er warf einen abgenagten Hähnchenflügel in eine Kasserolle, die zu diesem Zweck auf dem Tisch stand, und tupfte sich den Spitzbart mit einer Serviette ab.

»Wäre das nicht ein wenig übereilt?« fragte Gertrude. »Gerhard wohnt noch längst nicht hier. Falls er überhaupt je hierherzieht, denn soweit ich verstanden habe, ist seine Frau von dieser Idee nicht sonderlich angetan.«

»Barbara wird mich schwerlich davon abhalten können«, sagte Gerhard. Er kaute bedächtig auf einem Stück Graubrot, das er reichlich mit gesalzenem Schmalz bestrichen hatte. Das wohlschmeckende Brot kam nicht vom Bäcker, sondern wurde von der Dienstmagd gebacken. »Ich glaube, ich habe schon ein wenig mein Herz an Duisburg verloren.«

Das entsprach weitgehend der Wahrheit. Duisburg schien ein unprätentiöses, aber rühriges Städtchen von Armbrustern, Bierbrauern, Dachdeckern, Stellmachern, Wollwebern, Töpfern und Musikanten, von Plattnern und Hufschmieden, Steinmetzen und Zimmerleuten, Zinngießern und Seilern, Färbern, Gerbern, Schneidern, Böttchern, Schustern und Glasern zu sein. Und Bauern natürlich. Obgleich auch die meisten Städter ein paar Schweine hielten, wie sich zeigte. Die Tiere durften sich im Herbst, wenn es auf die Schlachtung für die Feiern am Jahresende zuging, an den Eicheln und Bucheckern fettfressen, die in den hie und da bis an die Stadtmauern heran wachsenden Wäldern von den Bäumen regneten.

»Es ist nicht alles Gold, was glänzt«, warnte Ambrosius. »Das dürfte ich als Bürgermeister vielleicht nicht sagen, aber

Tatsache ist, daß die Obrigkeit die Bürger mit der Verordnung, sämtliche Reetdächer durch Ziegeldächer zu ersetzen, in den vergangenen Jahren ziemlich in Unkosten gestürzt hat. Mit Fug und Recht natürlich, denn bei dem Reet bedurfte es nur eines kleinen Funkens, und das Dach brannte wie eine Fackel. Aber dennoch, für nicht wenige war das ein beträchtlicher finanzieller Aderlaß.«

»Und du hast dafür gesorgt, daß die Ärmsten einen Zuschuß bekamen«, sagte Gertrude. »Warum bist du immer so bescheiden?«

Ambrosius blickte gleichgültig. »Ein Mensch tut, was er kann...«

»Ein weiterer Grund, hierherzuziehen«, sagte Gerhard. »Der Bürgermeister dieser Stadt.« Das stimmte wirklich, registrierte er mit gewissem Erstaunen. Ambrosius Maurus gefiel ihm. Er fühlte sich diesem Mann irgendwie verwandt. Und das hatte nur zum Teil mit dessen Frau zu tun, dachte er nicht ohne Bitterkeit.

»Du wirst schon anders tönen, wenn du erst einmal mitbekommst, was du hier an Steuern bezahlen mußt, um Geschäfte machen zu dürfen.« Ambrosius grinste boshaft. »Deshalb ermuntern wir ja Leute wie dich, zu uns zu kommen... das freut den Stadtsäckel.« Er zwinkerte Gertrude zu.

»Ehrlichkeit ist etwas, was ich sehr hoch schätze«, sagte Gerhard. Er hatte das Zwinkern gesehen und beneidete Ambrosius wahrhaftig um seine Vertrautheit mit der eigenen Frau. Ich wünschte, auch ich könnte ehrlich sein, dachte er. Ich wünschte, wir lebten in einer Gesellschaft, in der es nicht sündig wäre, seine wahren Gefühle zu zeigen.

»Damit du hier deinen Beruf ausüben kannst, wirst du wohl Bürger der Stadt werden müssen, und dazu bedarf es einer speziellen Registrierung.«

»Das wird doch bestimmt nicht schwer zu regeln sein«, meinte Gertrude mit einem Blick zu ihrem Ehemann.

»Ich möchte aber gern, daß alles vorschriftsmäßig abläuft«, sagte Gerhard.

Gertrude hob eine Augenbraue. »Ich wußte gar nicht, daß du so gesetzesfürchtig bist!«

»Ich möchte einfach nicht jedesmal Herzklopfen bekommen, wenn ein Unbekannter an meiner Haustür erscheint.«

Ambrosius nickte, als könne er das gut nachvollziehen. »Wenn du den Bürgereid ablegst und Registrierungssteuern bezahlst, bringt dir das Sonderrechte und Schutz, aber es zieht auch einige weniger angenehme Verpflichtungen nach sich.«

»Wie zum Beispiel?« fragte Gerhard mißtrauisch.

»Wie zum Beispiel das Wachehalten und die bewaffnete Verteidigung der Stadt in Notfällen.«

»Und was, wenn man nicht mit Waffen umgehen kann?«

Ambrosius grinste. »Das lernst du ganz von selbst, wenn einer seine Schwertspitze auf dein Herz richtet.« Er füllte seinen Römer mit Wasser aus einer Karaffe, die auf dem Tisch stand. »Du bist doch persönlich frei, nehme ich an? Duisburg wünscht nämlich keine Konflikte mit Herren, die ihre Leibeigenen verfolgen.«

Gerhard nickte. »Ich bin zwar nicht so frei, wie ich es mir manchmal wünschen würde, aber das hat nichts mit Herren zu tun, die einen Anspruch auf mich hätten.« Es reute ihn sogleich, daß ihm das so herausgerutscht war, doch Ambrosius schien nichts dahinter zu vermuten.

»Niemand ist so frei, wie er es gern sein wollte«, stellte er lediglich fest. Er trank sein Wasser aus und stellte den Römer dann so vorsichtig auf den Tisch, als fürchtete er, das kostbare Kristall zu zerbrechen. »Ach, angesichts deiner Reputation als Wissenschaftler kann ich den Stadtrat vielleicht davon überzeugen, daß die Eidesleistung bei dir nicht vonnöten ist. Das hat nichts mit einer Umgehung der Gesetze zu tun, sondern ist eine Vorgehensweise, wie sie bei Zugezogenen, die man als wertvoll betrachtet, häufiger angewandt wird.«

»Wenn du meinst...«

»Ambrosius winkte ab. »Ich sehe schon zu, was das beste für dich ist.«

»Ich danke dir.«

Ambrosius nickte und sagte dann in gänzlich anderem Ton: »Aufgrund meiner offiziellen Funktion wird leider kaum noch etwas aus meiner Uhrmacherei. Ich hätte nicht erwartet, daß das Bürgermeisteramt so viel von meiner Zeit in Anspruch nehmen würde.«

»Das ist aber schade«, erwiderte Gerhard, froh, daß er auf ein neutrales Thema überwechseln konnte. »Ich hatte mich aufrichtig auf eine gewisse Zusammenarbeit gefreut.«

Ambrosius zuckte die Achseln, als sei es ihm nicht so wichtig. »Man kann nicht alles haben.«

Nein, dachte Gerhard, die Augen auf Gertrudes Hände gerichtet, um ihrem Blick nicht zu begegnen. Man konnte nicht alles haben.

Die Dirne im Gasthof war kaum schön zu nennen, doch sie strahlte Freundlichkeit aus, und ihr frisch gewaschenes blondes Haar roch gut. Letzteres merkte Gerhard, als sie sich ungebeten neben ihn an den Tisch setzte, wo er noch einen Genever als Schlaftrunk zu sich nahm.

»Du siehst bedrückt aus, Fremder«, sagte sie. »Ich mag keine bedrückten Menschen.«

»Ach nein? Und warum suchst du dann ihre Gesellschaft?«

»Möchtest du lieber allein bleiben? Dann dränge ich mich nicht weiter auf.«

Gerhard schaute kurz in ihre hellblauen Augen, in denen so auf den ersten Blick nichts Arglistiges zu lesen war. »Ich weiß nicht«, antwortete er wahrheitsgemäß. Die Dirne war sehr weiblich, und er spürte körperlich, wie ihre Wärme auf ihn abstrahlte. »Ich bin verheiratet, weißt du. Ich habe eine Familie.«

Sie lachte kurz, wobei sie ein recht makelloses Gebiß zeigte. Nur ein Schneidezahn oben stand ein wenig schief. »Haben das nicht die meisten Männer, eine Familie?«

»Ich nehme an.«

»Und lösen sich deine männlichen Bedürfnisse dann in Wohlgefallen auf?«

Gerhard seufzte. Ihm war nicht nach derlei Diskussionen. »Manchmal schon.«

»Und meistens nicht.« Sie lachte erneut. »Ich heiße Phaedra.«

»Was für ein schöner Name«, sagte Gerhard aufrichtig.

»Es ist leider nur mein Künstlername.« Sie kicherte über sich selbst.

»Dein Künstler …? Oh! Ich heiße Gerhard.«

»Und woher kommst du, Gerhard?«

»Irgendwo aus den Niederlanden.«

»So weit war ich auch schon.«

»Löwen«, sagte Gerhard. Ist doch auch egal, dachte er. Er kippte den Rest seines Genevers hinunter und bedeutete dem Wirt mit erhobenem Glas, daß er noch etwas bringen solle. »Du auch?«

Phaedra nickte. »Dasselbe«, sagte sie zum Wirt, der das schon vorausgesehen zu haben schien, denn er hatte ein zweites Glas und den Geneverkrug bei sich.

»Ich ziehe vielleicht hierher, hier nach Duisburg, meine ich.«

»Es gibt schlimmere Orte.«

»Das klingt nicht gerade begeistert.«

»Ach, wo man im Mist wühlt, stinkt es.«

»Ich dachte, Bitterkeit sei ein Vorrecht des reiferen Alters?«

»Bitterkeit? Ich bin überhaupt nicht bitter.« Phaedra lachte breit, als wollte sie ihre Worte damit unterstreichen. »Hängt nur davon ab, wem man gerade begegnet.«

»Das ist bei dir also jeden Tag anders.«

»Oft mehrmals am Tag.« Sie lachte wieder, diesmal über Gerhards mißbilligendes Gesicht. »Nicht alle Hurenläufer sind Schweine.«

»Dazu kann ich bei Gott nichts sagen.« Ihre Welt und die meine sind Tagereisen voneinander entfernt, dachte er. Oder etwa nicht? Er schaute ihr erneut in die verwirrenden blauen Augen und versuchte zu lesen, was in ihrem Kopf vorgehen mochte. Es gelang ihm nicht. »Wie alt bist du?«

»Noch viel zu jung und schon viel zu alt. Gilt das nicht für jeden?«

»An welcher Schule hast du Philosophie studiert?«

»An der Schule, von der die Lehrer ihr Wissen beziehen.«

»Jesus!« sagte Gerhard. »Wie gerät eine mit so viel Köpfchen in dieses Gewerbe?«

»Just weil ich ein bißchen nachdenken kann. Sein Leben lang für den gleichen langweiligen Kerl die Beine breit machen und für ihn und seine Kinder die Putzfrau spielen und zur Belohnung nicht mehr als hin und wieder eine Tracht Prügel. Oder Tag für Tag andere Gesellschaft und mit einem hübschen Batzen Geld in der Tasche nach Hause gehen, wenn du's leid bist. Wofür würdest du dich entscheiden, wenn du eine Frau wärst?«

»Tja, so wie du es jetzt darstellst…«

»Eine ehrliche Antwort, Gerhard!«

»Nein, ich könnte deine Arbeit nicht machen, für kein Geld der Welt.«

»Wieso nicht?«

»Weil ich mich vor Männern ekle.« Er grinste und hob sein Glas. »Prosit!«

»Womit verdienst du deinen Lebensunterhalt?«

»Hm, wie soll ich das erklären…« Nachdenklich stellte Gerhard sein geleertes Glas ab. »Sagen wir mal, ich versuche, die Welt zu beschreiben, wie sie ist.«

»Und dafür bekommst du Geld?«

»Manche haben sehr viel Geld dafür übrig.«

»Da mußt du ja wohl der Prinz der Weltbeschreiber sein.«

In den Adelsstand erhoben durch eine Hure, dachte Gerhard. Ein interessanter Gedanke, fand er. Aber das konnte auch am Genever liegen. »Es war ein anstrengender Tag, ich glaube, ich gehe jetzt besser zu Bett.«

»Ganz allein?« Sie legte den Arm um seine Schulter und kitzelte ihn im Nacken.

Dieser warme Arm war durchaus nicht unangenehm, und unsicher ließ Gerhard sie kurz gewähren. »Nochmals, Phaedra, ich bin verheiratet.«

»Hab ich mich doch wieder mal ausgerechnet in den Kerl verguckt, der seiner Ehefrau treu ist!« Doch sie ließ ihre Hand, wo sie war.

Bin ich das? fragte sich Gerhard. Meiner Ehefrau treu? Was, wenn Gertrude hier so neben ihm gesessen hätte wie dieses Mädchen? Allein der Gedanke erregte ihn schon, stellte er mit einem gewissen Unmut über seine eigene Reaktion fest. Doch Gertrude war unerreichbar, würde vielleicht für immer unerreichbar bleiben.

»Ich bin nicht teuer«, flüsterte ihm Phaedra ins Ohr. »Nicht für dich.«

»Was ist so Besonderes an mir?«

»Du bist freundlich, und du bist nicht aufdringlich. Männer, die mich nicht gleich bespringen wollen, ziehen mich immer sehr an.«

Gerhard nickte vor sich hin. Die Anziehungskraft der Dinge, die man nicht bekommen kann, dachte er. »Möchtest du mit mir ins Bett gehen, ohne … äh … ohne intime Dinge zu tun?« Wie auch immer, ihr Busen hatte doch mehr für sich als ein mit Stroh gefülltes Kissen.

Phaedra schien nicht erstaunt zu sein. »Nur bei dir schlafen, meinst du? Von mir aus, aber das ändert nichts am Preis.«

Das hätte sie nicht sagen dürfen, dachte Gerhard, der spürte, wie seine Stimmung angesichts dieses Handels umschlug. »Ach, laß«, sagte er und hatte Mühe, seine Verärgerung nicht durchklingen zu lassen. »Vielleicht ein andermal.«

Er erhob sich, nickte dem Wirt zu, der seinen Gruß abwesend erwiderte, und ging zur Treppe, die zu den Fremdenzimmern im ersten Stock führte.

Er fühlte Phaedras Blick in seinem Rücken, und einen Moment lang reute ihn sein brüskes Verhalten. Doch bezahlte Wärme war nicht das, was er brauchte, das wußte er. Gespielte Liebe würde die nagende Leere in seinem Herzen nicht vertreiben können, sondern womöglich noch verschlimmern.

Es dauerte lange, bevor Gerhard einschlafen konnte; die Aufregungen des zurückliegenden Tages waren stärker als seine Müdigkeit. Erst nachdem er sich selbst befriedigt hatte und mit einer gewissen Abgeklärtheit an Gertrude denken konnte, stellte sich die Gemütsruhe ein, die ihn in den Schlaf hinübergleiten ließ.

26

Gerhard stellte seine Reisetasche an ein Tischbein und ließ sich steif auf einem Stuhl nieder.

Barbara hantierte mit dem Rücken zu ihm am Küchenschrank. Sie hatte sich kaum umgeschaut, als Gerhard hereingekommen war. Einen Moment lang verspürte er die Anwandlung, einfach wieder zu gehen. Und wenn er nicht so müde gewesen wäre, hätte er es vielleicht sogar getan.

Er holte tief Luft und sagte: »Ich komme den weiten Weg von Duisburg, ich bin müde und schmutzig. Könntest du mich da nicht wenigstens begrüßen?«

»Müde und schmutzig? Waschen sich die Duisburger Huren etwa nicht?«

Gerhard bohrte den Blick in ihren Nacken, als wollte er sie so zwingen, sich umzudrehen und ihm Beachtung zu schenken. »Unterwegs habe ich mich gefreut, daß die Reise nun bald hinter mir liegt. Ich hatte mir zumindest ein wenig Freundlichkeit erhofft, ist das so viel verlangt?«

Barbara warf das Staubtuch weg, mit dem sie zugange gewesen war. »Wenn du so gerne zu Hause bist, warum fährst du dann immer häufiger weg? Schaut ihn euch an, den Mann, der das Reisen haßt!« Jetzt sah sie ihn endlich an, die Hände herausfordernd in die Hüften gestemmt. »Und, wie lief es in Duisburg?«

»Gut, danke. Und wie war es hier?«

Barbara schnaubte, nahm das Staubtuch wieder auf und ging zur Treppe.

»Nun warte doch einen Moment!« Gerhard vergaß seine Müdigkeit, sprang auf und faßte Barbara beim Arm, um sie zurückzuhalten. Als er spürte, wie sehr sich ihr Arm versteifte, fragte er verzweifelt: »Mein Gott, woher denn bloß diese Feindseligkeit?«

Barbara umfaßte das Treppengeländer, als suchte sie Halt. Sie sah Gerhard mit einem Blick an, aus dem er nicht schlau wurde. »Ich bin einfach unglücklich!« entfuhr es ihr barsch. »Und du tust mir weh!«

Gerhard zögerte einige Augenblicke, ließ dann aber ihren Arm los und setzte sich wieder. Dabei schoß ihm unvermittelt ein stechender Schmerz ins Kreuz, und er mußte sich beherrschen, um nicht aufzustöhnen. Als er saß, ebbten die Schmerzen wieder ab. »Bin ich etwa nicht gut zu dir? Habe ich dich je geschlagen? Hast du schon einmal Hunger leiden müssen, seit wir verheiratet sind? Und überdies bin ich allmählich ein angesehener Mann. Was zum Teufel kann eine Frau noch mehr verlangen?«

Barbara zog eine schmerzliche Grimasse. »Es wäre mir lieber, wenn du den Namen des Bösen in diesem Haus nicht so laut aussprechen würdest.«

»Den Namen des Bösen! Wo sind die Kinder?«

»In der Schule natürlich, wo sonst?«

»Ach, ich dachte, es wäre schon später. Willst du da an der Treppe stehen bleiben?«

Barbara ließ das Treppengeländer los und setzte sich gleichfalls auf einen Stuhl, am Kopf des Tisches, möglichst weit von Gerhard entfernt. Sie mied seinen Blick. »Meine Mutter findet, daß ich zu beneiden sei.« Sie schüttelte den Kopf. »Wenn die wüßte…«

»Wenn sie was wüßte? Was? Barbara… erklär mir doch, was du eigentlich willst!«

»Ich möchte wieder sechzehn sein, könntest du dafür sorgen?« Sie zog einen schiefen Mund, als sie sein ungeduldiges Gesicht sah. »Weißt du… früher war es sehr schlimm für mich, wenn meine Mutter uns im Stich gelassen hat, um eine Weile für sich zu sein. Aber jetzt beginne ich sie zu verstehen.«

»Willst du damit sagen… daß du auch weg möchtest?«

Barbara sah Gerhard über die Länge des Tisches hinweg an. »Du scheinst den Gedanken gar nicht einmal so schrecklich zu finden, was?«

Ist das so? fragte sich Gerhard unsicher. Er konnte sich diese Frage nicht ohne weiteres beantworten, nicht, bevor er nicht überblickte, was das alles nach sich ziehen würde. »Und die Kinder?«

»Aha!«

»Was, aha?«

»Die Kinder, immer nur die Kinder. Mein ganzes Leben dreht sich um die Kinder, ich habe einfach nichts anderes mehr!«

»Gilt denn das nicht für jede Mutter, bis zu dem Tag, da die Kinder das Haus verlassen? So, wie jeder Vater immerfort für sie arbeiten muß.«

»Schuften, essen, schlafen, schuften, essen, schlafen, schuften, essen, schlafen, tagaus, tagein, jahraus, jahrein, während man immer rascher alt und steif und häßlich wird. Und dann ... und dann ... und dann werfen sie deinen Mann auch noch in den Kerker!« Barbara sprang mit einem Ruck auf und rannte die Treppe hinauf. Oben warf sie mit lautem Knall die Schlafzimmertür hinter sich zu. Trotz der geschlossenen Tür hörte Gerhard sie weinen. Nicht traurig, sondern mit wütendem, krampfhaftem Aufschluchzen.

Genauso hören sich die Kinder an, wenn sie nicht ihren Willen bekommen, dachte er verwirrt. Irgendwie fühlte er sich an ihrem Katzenjammer schuldig. Doch er wehrte sich gegen dieses Schuldgefühl. Wahrscheinlich liegt es ihr im Blut, dachte er. Vielleicht sollte er einmal mit ihrem Vater sprechen. Fragen, wie er Johannas Launen parierte. Oder erduldete.

Gerhards Gedanken machten einen Sprung zu Gertrude. Vernünftig, ausgeglichen, lustig – ein Leben mit ihr mußte die reine Seligkeit sein. Sein Neid auf Ambrosius wurde einen Moment lang so groß, daß es beinahe schon körperlich weh tat. Freilich ist ihr Leben gewiß um einiges leichter, sagte er sich in einem Anflug von Gerechtigkeit gegenüber Barbara. Mit nur einem heranwachsenden Kind hatte Gertrude natürlich kaum etwas zu tun, zumal sie auch noch eine Dienstmagd hatte. Kein Wunder, daß sich ihre Hände so makellos glatt anfühlten. Eine Dienstmagd, dachte er plötzlich. Damit Barbara weniger Arbeit hat. Das wäre vielleicht die Lösung. Wenn sie ein bißchen rechneten, konnten sie sich das wahrscheinlich schon erlauben. Zumindest für ein paar Tage in der Woche.

Begeistert von seiner Idee, lief er sogleich nach oben.

Barbara hatte sich inzwischen beruhigt. Sie saß auf einem Stuhl und starrte, die Hände still im Schoß, durch das geschlossene Fenster nach draußen. Im Gegenlicht glich sie aufs Haar einem Bildnis von Pieter Bruegel, das Gerhard kürzlich bei Christophe Plantin in dessen neuer Druckerei in Antwerpen gesehen hatte.

Erneut dem Schuldgefühl preisgegeben, das ihn nicht loslassen wollte, betrachtete Gerhard ihr Profil, als sie völlig unvermittelt in normalem Gesprächston sagte: »Gemma ist wieder hiergewesen.« Sie wandte den Blick nicht von der Straße unten vor dem Haus ab.

Für einen Moment verschlug es Gerhard die Sprache. »Der scheint tatsächlich zu riechen, wann ich nicht da bin!«

»Er hatte eher Augen für den gläsernen Globus im Atelier als für mich.«

»An den hast du ihn doch wohl hoffentlich nicht herangelassen?«

»Ich hatte gar nicht mitbekommen, daß er da war. Arnold hatte ihm aufgemacht.«

Gerhards Argwohn schnellte sofort in die Höhe. »Arnold?«

Barbara, die immer noch durchs Fenster schaute, nickte. »Ich hörte sie reden und ging nachsehen. Arnold hatte die Kerze im Globus angezündet. Dieses Licht scheint den Jungen wirklich zu faszinieren.«

»Verflixt noch mal, ich habe ihm doch so sehr eingeschärft, die Finger von meinen Sachen zu lassen!«

Jetzt sah Barbara ihn einige Atemzüge lang an und wandte den Blick dann wieder ab. »Du regst dich auf«, stellte sie überflüssigerweise fest.

»Darf ich vielleicht? Und Gemma? Was wollte der nun wieder?«

»Der hat sehr interessiert zugeschaut. Arnold hatte ein Papier um den Globus gewickelt, um ihm zu zeigen, wie schön die Zeichnungen vom Globus darauf abgebildet werden.«

»Herrgott nein!« Gerhard ließ sich auf die Bettkante sinken.

»Was ist denn so schlimm daran? Der Junge hat das vielleicht aus Bewunderung für dich getan, er hat dich einfach nachgeahmt.«

»Aus Bewunderung für mich!« Gerhard schüttelte den Kopf. »Es würde mich nicht erstaunen, wenn Gemma in diesem Moment dabei ist, gleichfalls einen solchen Globus anzufertigen!«

»Und was wäre daran so falsch?«

»Daß er sich mit meiner geistigen Leistung brüsten könnte, *das* ist falsch daran!« Gerhard wurde allmählich immer lauter, bis er beinahe schrie. »Und daß er dann womöglich auch noch Einkünfte daraus einstreicht, die mir zustehen. Letzteres dürfte dich wohl schmerzlicher treffen, nicht wahr?«

Barbara stand auf und ordnete ihre Kleider. »Warum sollte sich ein gelehrter Mann wie er mit deinen geistigen Leistungen brüsten? Überschätzt du dich nicht ein bißchen?«

»Du verstehst es nicht. Du verstehst rein gar nichts.«

»Natürlich nicht, ich bin ja auch nur eine dumme Frau.« Barbara ging zur Tür.

Gerade das bist du nicht, dachte Gerhard. Und das macht alles noch viel schlimmer. Mutlos sagte er: »Ich beginne wahrhaftig zu glauben, daß es dir Spaß macht, mir übel mitspielen zu können.«

Barbara blieb in der Türöffnung stehen, um auf Gerhard

hinabzublicken. »Du hast mir schon so oft übel mitgespielt.«

»Ach ja? Und wie, bitte, soll ich das gemacht haben?«

»Sechs Schwangerschaften und neun Monate im Kerker, mehr als fünf Jahre meines Lebens hat mich das gekostet, um nur ein Beispiel zu nennen. Und jetzt willst du auch noch ins Ausland ziehen!«

Gerhard sah verdutzt zu ihr auf. »Ich verstehe dich immer weniger, Barbara.«

»Dasselbe könnte ich von dir sagen.« Sie ging zur Treppe.

Verzweifelt fragte Gerhard: »Was sollen wir denn tun?«

»Ich gehe die Kinder holen«, erwiderte Barbara, die schon halb die Treppe hinunter war.

Erst jetzt fiel Gerhard wieder ein, weswegen er nach oben gekommen war. Er sprang auf, um Barbara hinterherzulaufen. »Und wenn wir eine Magd einstellen würden?«

Barbara blieb unten an der Treppe stehen, um ihn erstaunt anzusehen. »Eine Magd? Warum?«

»Um ... um dir Arbeit abzunehmen. Du sagst doch, daß ...«

»Ich will keine fremde Frau in meinem Haushalt! Und das Geld können wir besser anderweitig verwenden.« Sie band sich ein Kopftuch um.

Ihre entschiedene Ablehnung brachte Gerhard erneut auf. »Meinst du nicht, du solltest einmal den Chirurgen zu Rate ziehen?« sagte er mit gesenkter Stimme. »Vielleicht gibt es Kräuter, die ...«

»Wenn ich dir einen Gefallen damit tun kann, dann laß doch Gemma kommen.«

Und damit ging sie hinaus.

Kaum zwei Tage darauf wurde Gerhard zum Rektor der Universität bestellt. Die Tür zu dessen Studierzimmer stand offen, und Gerhard trat geradewegs ein.

Pieter de Corte war an seinem Schreibtisch beschäftigt. Er erhob sich schweigend, ging an Gerhard vorbei zur Tür und schaute kurz nach links und nach rechts auf den Gang hinaus, bevor er sie schloß. Dann setzte er sich zielstrebig wieder an seinen Schreibtisch. Er bot Gerhard nicht an, gleichfalls Platz zu nehmen. »Ich habe keine gute Nachricht für dich.«

Pieter de Corte hat nur selten gute Nachrichten, dachte Gerhard. Ein wenig ungeduldig blickte er auf den korpulenten kleinen Mann nieder, der selbst dann schwitzte, wenn es die Würmer aus dem Boden fror. Jetzt, da es in der Tat warm war, betupfte er sich fortwährend Stirn und Nase mit einem schmuddligen Tuch, das irgendwann einmal weiß gewesen war. »Ihr braucht mich nicht zu schonen.«

»Es sind erneut Hinweise über gewisse Äußerungen von dir eingegangen, die du gelegentlich bei deinen Vorlesungen vor Studenten machst.«

»Herrgott, nicht das schon wieder!«

De Corte machte eine beschwörende Gebärde. »Du sollst den Namen des Herrn nicht derart mißbrauchen!« mahnte er in vorwurfsvollem Ton. »Wir sind nicht so frei in unserem Tun und Lassen, wie wir es gerne wollten, Gerhard. Wir werden von gewissen Leuten immer genauer beobachtet. Und das wird sich vorerst nicht bessern, nun da die Reformation immer weiter auf dem Vormarsch ist und parallel dazu immer mehr Inquisitoren eingestellt werden.«

»Aber damit habe ich doch gar nichts zu tun!«

»Ach nein?« Der Rektor zog eine Grimasse. »Als du gerade aus der Grafenburg entlassen warst, sah es wahrhaftig eine Zeitlang so aus, als hättest du deine Lektion gelernt, das schon. Aber lange hat es nicht angehalten. Deine unorthodoxen Ansichten über die Schöpfung sprudeln schon wieder so munter wie die Gase in einer Jauchegrube.«

»Eine nette Metapher, muß ich sagen.«

»Mit Verlaub, so empfinden Leute, die den Glauben rein halten wollen, einige deiner Äußerungen.«

»Ach, so nennt man das jetzt! Den Glauben rein halten!«

De Corte tupfte sich enerviert die Stirn ab, als ärgere ihn der unermüdlich perlende Schweiß. »Ich bin nicht dein Feind, Gerhard. Das solltest du wissen.«

»Wo habe ich das nur schon gehört?«

»Mir sind Hände und Füße gebunden, ich habe sogar weit weniger Bewegungsfreiheit als du. Und mit deinen Äußerungen, wie etwa über den magnetischen Nordpol…« Der Rektor schüttelte den Kopf.

»Die Jesuiten werden von Schiffen aus weltweit Messungen anstellen, und die werden meine Hypothese zweifellos bestätigen.«

»Darum geht es nicht!«

»Was versucht Ihr mir eigentlich zu sagen? Will man mich etwa wieder unter irgendeinem Vorwand verhaften?« Die Wut ließ Gerhard das große Wort führen, doch in seinem Innern begann bereits die Beunruhigung zu nagen, die sich bis zu dem schmerzlichen Punkt oberhalb seines Magens durchfressen und ihm wohl in den kommenden Nächten wieder den Schlaf rauben würde.

»Man hat mich aufgefordert – und glaub mir, Gerhard, ich

wünschte, ich könnte derlei Zwang ignorieren –, dir weitere Vorlesungen zu untersagen.« Wieder wanderte das Tuch zu seiner Stirn, und diesmal versteckte de Corte auch die Augen dahinter, wohl um Gerhard nicht ansehen zu müssen.

»Das kommt mir gerade recht, ich habe vorläufig ohnehin keine Zeit dafür.«

De Corte sah Gerhard mit einem eigenartigen Blick an, als wäre er gern erleichtert, traute sich aber nicht so recht.

In gespielt unbekümmertem Ton sagte Gerhard: »Ich ersticke in Aufträgen. Und wenn ich bedenke, was mir die Schule bezahlt, kann ich meine Zeit wahrlich besser nutzen, viel besser. Einen guten Tag noch, Herr Rektor.« Mit diesen Worten drehte er sich um und ging, wobei er die Tür sorgsam hinter sich schloß.

Auf dem Gang stieß er beinahe mit Johannes Molanus zusammen, der dort auf und ab ging. Der etwas jüngere Molanus war einer der wenigen Dozenten, zu denen Gerhard ein kollegiales Verhältnis aufgebaut hatte. Was vielleicht darauf zurückzuführen war, daß sich auch Molanus hin und wieder zu anarchistischen Äußerungen hinreißen ließ. Beziehungsweise recht unverhohlen zu erkennen gab, daß er dem Protestantismus nicht abgeneigt war.

»Ich hörte, daß du zum Rektor zitiert wurdest«, sagte Molanus. Er lotste Gerhard verstohlen zum anderen Ende des Gangs. »Probleme?«

Gerhard sah den anderen einen Moment schweigend an. »Ich vermute, daß meine Tage hier am Kolleg gezählt sind. Das war schon seit einer Weile absehbar.«

»Gerhard… ich muß weg!«

»Wie, weg? Was meinst du?«

»De Corte hat mich gewarnt, sie wollen mir ans Leder.«

»Sie? Wer sie?«

»Jesus, Gerhard!«

Gerhard erstarrte. »Mein Gott, Johannes, bist du wieder unvorsichtig gewesen?«

»Auch das war absehbar. Löwen ist schon lange nicht mehr das, was es einmal war.« Molanus blickte verschreckt den Gang hinunter. »Ich gehe nach Deutschland, heute noch. Ich habe gute Beziehungen zu jemandem in Bremen. Mit etwas Glück kann ich dort eine Schule für schwer erziehbare Kinder leiten.«

Wenn es so weitergeht, ist bald jeder, der studiert hat, in Deutschland, dachte Gerhard. »Ich habe auch dahin gehende Pläne«, sagte er. »Und die haben jetzt noch konkretere Formen angenommen.«

Molanus nickte. »Ich muß gehen.« Erneut dieser ängstliche Blick den Gang hinunter. »Ich habe noch allerlei Dinge zu erledigen. Aber ich wollte mich zuerst von dir verabschieden.« Er gab Gerhard die Hand. »Dich werde ich vermissen, du warst einer der ganz wenigen, denen ich vertraut habe.«

»Wir werden einander wiedersehen«, erwiderte Gerhard. Bremen ist nicht so schrecklich weit von Duisburg entfernt, dachte er.

Er wartete, bis Molanus' eilige Schritte verklungen waren, und verließ dann seinerseits die Schule.

»Du bist blaß«, bemerkte Dee, der draußen auf ihn gewartet hatte. »Ist irgend etwas?«

»Ja, es ist etwas, es ist alles mögliche!« Zornentbrannt schaute Gerhard zum bewölkten Himmel auf. »Zu Hause warten Berge von Arbeit auf mich, aber ich habe keine Lust, nach Hause zu gehen.« Und ohne sich zu vergewissern, ob Dee ihm denn folgte, hielt er auf den weiter südlich gelegenen Fluß zu.

»Ich brauche Ruhe, um meine Aufgaben erfüllen zu können«, sagte er, als der junge Mann zu ihm aufgeschlossen hatte. »Geistige Ruhe, meine ich. Aber die scheint mir niemand zu gönnen. Ich werde ausspioniert und belauscht, man stiehlt mir meine Ideen, und meine Frau treibt mich zur Weißglut, von meinem ältesten Sohn ganz zu schweigen.«

»Es sind nun einmal turbulente Zeiten.«

Gerhard blieb abrupt stehen und sah Dee so durchdringend an, als wäre er an allem schuld. »John, ich will fort aus Flandern.«

»Das hast du schon häufiger gesagt.«

»Ja, aber jetzt mache ich Ernst damit. Ich bin diesen nervenaufreibenden Schwachsinn mehr als leid. Krank macht mich das, krank! Sobald ich kann, packe ich meine Siebensachen. Und das lieber heute als morgen.« Geharnischten Schrittes lief er weiter.

»Die Flucht kann höchstens einen Teil deiner Probleme lösen.«

»Ich glaube, daß auch Barbara sich verändern wird, wenn sie aus diesem engstirnigen Klima heraus ist. Über die Niederlande weht ein grausamer, bösartiger Wind. Und der dringt jedermann tief in die Knochen. Wer schwach ist, geht daran zugrunde, und wer stark ist, wird kleingemacht.«

»Übertreibst du jetzt nicht ein bißchen?«

Gerhard blieb erneut stehen. »Übertreiben? John, ich

habe neun Monate im Kerker gemodert! Und ich wette, daß sie erneut auf mich lauern. Weil ich es wage, bestimmte Dinge einmal auf andere Weise zu betrachten, bin ich kein guter Christ. Was sage ich? Kein guter Christ? Eine Gefahr für Kirche und Gesellschaft, das bin ich! Fort mit ihm! Auf den Scheiterhaufen mit diesem Ketzer!« Er holte tief Luft und stieß sie mit geblähten Wangen wieder aus. »Entschuldige.« Er klopfte Dee auf die Schulter. »Du bist so etwas wie mein Fels in der Brandung. Es gibt nicht mehr viele, denen ich noch traue.« Genau wie Molanus, dachte er. Er setzte sich wieder in Bewegung, langsamer jetzt. Unvermittelt fragte er: »Und wie steht es mit deinen Plänen, eine Familie zu gründen?«

»Ach, das hat keine Eile«, antwortete Dee, ein wenig überrascht über die plötzliche Wendung des Gesprächs. »Ich hatte schon zweimal ein Mädchen, aber es ging beide Male schief. Ich fürchte, ich bin ziemlich anspruchsvoll.«

»Das Recht hast du, falls auch du selbst etwas taugst.«

»Falls?«

Gerhard lächelte wider Willen. »Welchen Unterschied so ein kleines Wörtchen machen kann, nicht? Ich werde dich vermissen, wenn wir umgezogen sind.«

»Wer weiß, vielleicht komme ich ja mit.«

Gerhard blieb zum drittenmal stehen. »Ist das jetzt dein Ernst?«

»Ich habe hier nicht viel, was mich hält. Die Alternative wäre, wieder nach Hause zu gehen, nach England. Aber danach steht mir fürs erste nicht der Sinn. England hat genügend Astronomen und Mathematiker. Mein Vater würde wahrscheinlich verlangen, daß ich gleich ins Geschäft eintrete, und das will ich nicht. Das Tuchgewerbe…« Dee schauderte. »Nichts für mich.«

»Damit läßt sich sehr viel mehr Geld verdienen als mit der Wissenschaft. Zumal uns verboten wird, neue Ideen zu entwickeln.«

»Ach, Gerhard, Geld…«

»Völlig unwichtig, wenn man zu Hause in den großen Topf greifen kann.«

Dee schien nicht beleidigt zu sein. »Ich habe keine großen Bedürfnisse.«

»Das wird sich schon noch ändern, wenn du erst einmal Frau und Kinder hast.«

»Ein weiterer Grund dafür, das nicht zu übereilen.«

Gerhard zog eine Grimasse. »Bis dir ein schalkhafter Blick und ein vielversprechender Mund den Verstand rauben.« Oder ein Paar vorwitziger Augenbrauen, dachte er.

»Ehrlich gesagt seid ihr mir ein Rätsel. Barbara hat sehr unter deiner Haft gelitten, das weiß ich mit Sicherheit.«

»Das bezweifle ich nicht.«

»Das bezweifelst du nicht? Höre ich da eine gewisse Skepsis?«

Gerhard schaute nach oben. »Der Himmel bezieht sich, vielleicht sollten wir doch besser nach Hause gehen.« Er drehte sich um und lief in die Richtung zurück, aus der sie gekommen waren. Dee schloß sich ihm wohl oder übel an.

»Das Geld ging rasch zur Neige«, sagte Gerhard. »*Das* war Barbaras Problem.«

»Hm… tust du ihr da nicht vielleicht unrecht?«

Gerhard zog es vor, nicht weiter darauf einzugehen. Stattdessen sagte er: »Vielleicht kannst du sie ja davon überzeugen, daß es vernünftig wäre, so rasch wie möglich nach Duisburg zu übersiedeln. Es hilft bestimmt, wenn du ihr erzählst, daß du auch von hier wegmöchtest.«

»Warum sollte sie auf einen Grünschnabel wie mich hören?«

»Weil du so charmant bist«, antwortete Gerhard ernst.

Die ersten großen Regentropfen klatschten in den Staub, als sie das Augustinerkloster erreichten. Dee verabschiedete sich und rannte zu seiner Unterkunft.

Gerhard beschleunigte gleichfalls seine Schritte, verlangsamte das Tempo aber wieder, als er in seine Straße einbog und mehrere Menschen vor seinem Haus stehen sah. Aus der Haltung und den scheuen Blicken des halben Dutzends dunkel gekleideter Frauen, deren Züge weitgehend hinter Hauben und Kopftüchern versteckt waren, sprach Angst, wie Gerhard feststellte, als er beunruhigt näher kam. Und als er seinen Schlüssel hervorzog und auf die Haustür zutrat, liefen sie davon, als hätten sie es mit einem Mal sehr eilig. Einige von ihnen schauten sich noch einmal verstohlen um, bevor sie um die Ecke verschwanden.

»Wer war das da draußen? Ich dachte schon...« Gerhard verstummte, als er Barbara sah. Sie saß mit einem Gesichtsausdruck am Tisch, als hätte sie gerade ein Gespenst gesehen. Dorothea und Catharina klammerten sich mit bangen Gesichtern an sie. »Was geht hier vor?«

Barbara schaute zu ihm auf, als sähe sie einen Fremden. »Sie haben meine Mutter abgeholt.«

»Johanna? Wer hat sie abgeholt? Was redest du da?«

»Der Inquisitor mit seinen Bütteln. Eine Anklage, Hexerei.«

»Hexerei? Johanna? Sind sie denn jetzt völlig ...?«

Dorothea fing an zu schluchzen, und Barbara legte ihr tröstend die Hand auf den Hinterkopf und drückte ihr Gesichtchen an ihre Hüfte. »Jetzt droht ihr die Wasserprobe, Gerhard.« Sie schauderte sichtlich. »Und der Inquisitor sagte ... O mein Gott!«

»Was sagte er?«

»Er sagte, ich solle auf meine Worte achten, sonst könnte ich ... sonst könnte ich die nächste sein!«

»Aber warum denn um Himmels willen?«

»Irgend jemand muß sie angezeigt haben. Womöglich Clemens' Eltern. Barbara machte eine entmutigte Gebärde. »Sie verbreiten schließlich die Mär, daß meine Mutter ihren Sohn verflucht hätte. Und vielleicht glauben sie, daß ich auch etwas damit zu tun hatte. Wer weiß?«

Stumm und verbissen wandte sich Gerhard wieder zur Tür.

»Was hast du vor?«

»Ich gehe zum Schultheißen und notfalls zu den Granvelles. Sie können doch nicht einfach ...«

»Gerhard ...« Barbara holte tief Luft. »Das ist aussichtslos. Ich weiß, wovon ich spreche. Du bringst dich nur selbst wieder in Schwierigkeiten.«

»Aber Barbara, es geht um deine Mutter!«

»Es geht hier um Hexerei, benutze deinen Verstand!« herrschte ihn Barbara unwirsch an. Als Dorothea wieder zu weinen begann, sagte sie leiser: »Meine Mutter ist leichte Beute, Gerhard.«

Johannas Wasserprobe fand bereits drei Tage später in einem tieferen Abschnitt der Dijle, unweit des Großen Markts und im Schatten der Sint-Pieters-Kirche statt. Sie vollzog sich um elf Uhr vormittags unter strahlendblauem Himmel, vor den Augen einer geraumen Zahl Schaulustiger. Das Publikum schien eher fröhlich gestimmt zu sein. Sommerlich gekleidete Menschen drängten sich ungeduldig zu beiden Seiten des Flüßchens, damit sie auch ja nichts von dem Schauspiel verpaßten.

Johanna hing in gekrümmter Haltung, die Hände mit den Füßen zusammengebunden, am Ende eines Hebebaums unmittelbar über dem Wasser. Sie trug eine schwarze Kapuze über dem Kopf, so daß niemand ihr Gesicht sehen konnte. Am Fuß des Hebebaums hatte man etwas Platz frei gelassen; hier saß ein Schreiber an einem Tisch, um den Verlauf des Verfahrens zu notieren. Der diensthabende Inquisitor und der Schultheiß standen in exakt der gleichen Haltung brüderlich nebeneinander, das Gesäß an den Tisch gelehnt und die Arme abwartend verschränkt.

Der Henker wartete, bis der letzte Glockenschlag der elften Stunde über den Häuserdächern verhallt war, bevor er den Hebebaum hinunterließ. Unter dem erbärmlichen Knarren der hölzernen Seilwinde wurde Johanna allmählich in das Wasser eingetaucht.

Das Opfer leistete keinerlei Widerstand. So als gönnte sie dem Publikum nicht den Spaß, verschwand Johanna unter der Oberfläche des dunklen Wasserlaufs, ohne einen Mucks zu tun oder auch nur einen Finger zu rühren. Es schien beinahe, als wäre sie schon tot. Das Seil, an dem sie hing, erschlaffte. Die kreisrunden Wellen, die ihr Körper beim Eintauchen in Bewegung gesetzt hatte, klangen aus, und es wurde vollkommen still. Es war, als hielte das Publikum in gespannter Erwartung den Atem an. Wenn das Opfer auf den Boden sank, wäre es unschuldig. Kam Johanna jedoch wieder an die Oberfläche, war sie eine Hexe, und ihr Körper würde verbrannt und die Asche vom Wind zerstreut werden müssen. Das Ergebnis war freilich nur für ihr Andenken von Bedeutung, denn sterben würde sie so oder so.

Johannas Leichnam kam schließlich wieder an die Oberfläche, doch bis dahin war der größte Teil der ungeduldigen Zuschauer bereits enttäuscht abgezogen.

Der Inquisitor und der Schultheiß waren sich einig, daß die Probe keinen Aufschluß gegeben hatte. Man beschloß daher, den Leichnam im nachhinein noch auf den Scheiterhaufen zu werfen. Bei möglichen Jüngern des Satans ging man besser kein Risiko ein.

»Ich werde einfach nicht schlau aus dir«, sagte Christophe Plantin. »Jahrelang hast du gejammert, Paris sei für eine vernünftige Zusammenarbeit viel zu weit entfernt, und nun, da ich mich in Antwerpen niedergelassen habe, ziehst du nach Deutschland.«

»Die Umstände zwingen mich dazu.« Welche Umstände, das mochte Gerhard jetzt nicht erklären. Das ließ sich seiner Meinung nach auch nicht in wenigen Worten zusammenfassen. »Auch meine Frau möchte seit dieser elenden Geschichte mit ihrer Mutter so rasch wie möglich von hier fort.«

Plantin sah Gerhard forschend an. »Du hast doch hoffentlich nichts auf dem Kerbholz, oder?«

»O doch, eine ganze Menge. Insbesondere, daß ich zuviel nachdenke.« Gerhard schaute sich in dem großen Arbeitszimmer um, wo sie an einem langen, schmalen, völlig zugestellten Tisch saßen und Bier tranken. »Täusche ich mich, oder hast du schon wieder erweitert?«

»Hier arbeiten momentan sechsundzwanzig Leute in der Druckerei, und nächste Woche kommen noch einmal drei hinzu. Wenn wir so weitermachen, sind wir bald das größte Unternehmen der Niederlande.« Der junge Mann sagte das ohne Stolz, so, als hätte er selbst mit dieser Tatsache nichts zu tun.

»Strebst du das an?«

»Ich strebe drei Dinge an: der Beste, der Größte und der Reichste zu werden.« Plantin schmunzelte. »Wenn das keine noblen Ambitionen sind?«

»Der Beste bist du bereits«, sagte Gerhard ernst. »Wer gutes Druckwerk möchte, sieht sich einfach gezwungen, hierherzukommen.«

»Das klingt ja schon fast vorwurfsvoll.«

»Aber nein. Nicht mehr lange, dann wird, wer eine gute Seekarte will, sich auch gezwungen sehen, eine von mir zu kaufen.«

»So höre ich dich gern«, sagte Plantin zufrieden.

»Es sei denn, jemand kommt mir in die Quere.«

Plantin zog die Stirn kraus. »Das mußt du mir näher erklären.«

»Sagt dir der Name Gemma Frisius etwas?«

»Natürlich, er ist ein bedeutender Wissenschaftler, und er läßt mich gelegentlich etwas für sich drucken.«

»Hast du ihn kürzlich noch gesprochen?« Ohne es den

anderen merken zu lassen, beobachtete Gerhard genau, wie Plantin reagierte, doch dessen Miene blieb ungerührt.

»Seit dem Frühjahr nicht mehr. Darf ich fragen, warum du das wissen möchtest?«

Gerhard streckte den schmerzenden Rücken. Es schien, als begänne sein Körper seine angeborene Abneigung gegen das Reisen zu untermauern. »Ich habe eine neue Methode für die Gestaltung von Seekarten entwickelt, und…« – er zögerte kurz – »ich möchte nicht unbescheiden sein, aber ich bin mir ziemlich sicher, daß diese neuen Karten ihren Weg auf jedes Schiff auf den sieben Weltmeeren finden werden.«

»So?« sagte Plantin interessiert. Er wußte nur zu gut, daß Gerhard alles andere als ein Großsprecher war. Er richtete sich auf seinem Stuhl auf. »Kannst du mir mehr darüber erzählen?«

»Wenn du etwas von Navigation verstündest, könnte ich das, ja.«

»Du kannst mir doch wohl…«

Gerhard hob die Hand. »Sagen wir, es wird endlich möglich sein, daß ein Kapitän einen gänzlich auf Fakten und Berechnungen basierenden Kurs absteckt und nicht mehr teilweise auf Vermutungen und gut Glück angewiesen ist.«

»Das will was heißen«, sagte Plantin, der sichtlich beeindruckt war. »Aber, mit Verlaub, was hat Gemma Frisius damit zu tun?«

»Ich fürchte, daß er versuchen wird, mir meine Erfindung zu stehlen, um seinen Vorteil daraus zu ziehen.«

Plantin musterte Gerhard einen Moment schweigend. »Ich nehme an, daß das keine aus der Luft gegriffene Beschuldigung ist. Hm ... ich habe ja früher schon gesagt und sage es immer wieder, wie ungut es ist, daß Ideen ungestraft kopiert werden können. Und das Problem wächst kontinuierlich.« Er warf einen Blick durch das staubige Fenster des Raums zur angrenzenden Druckerei hinüber, wo fieberhafte Betriebsamkeit herrschte. »Die Zeiten, da jemand ein Jahr oder länger daran arbeiten mußte, eine Karte wie die deine zu kopieren, sind ein für allemal vorbei. Heute kann ich, wenn es sein muß, von jedem graphischen Entwurf oder Buch in nicht nennenswerter Zeit Tausende von Exemplaren liefern.«

»Beunruhigend.«

»Man könnte für wichtige Publikationen jedesmal ein Privileg beim Kaiser beantragen. Wird das erteilt, darf innerhalb der Reichsgrenzen niemand von deinem Werk Gebrauch machen, um sich selbst zu bereichern.«

»Ich hasse alle diese Umstände.«

Plantin lächelte. »Das haben Künstler und Wissenschaftler so an sich. Aber da es dir offenkundig nicht an Handelsgeist fehlt, wirst du zweifellos einen Weg finden.«

»Was mich wieder zu Frisius zurückbringt.«

Plantin nickte und griff zu seinem Becher. »Ich mache dir einen Vorschlag: Wenn dein Freund Frisius mit neuen kartographischen Arbeiten bei mir vorstellig wird, werde ich so tun, als wenn ich von nichts wüßte, und dann erst Rücksprache mit dir halten, bevor ich geschäftlich mit ihm übereinkomme.«

Gerhard nickte. »Das würde ich sehr zu schätzen wissen. Und die Gegenleistung?«

»Du gewährst mir das Recht zum Alleinverkauf aller deiner zukünftigen Land-, Welt- und Seekarten in den Niederlanden.« Plantin hob seinen Becher. »Zum Wohlsein!«

»Gut, damit kann ich leben«, antwortete Gerhard. Er hob gleichfalls seinen Becher. »Auf eine Zukunft ohne Schiffbruch.«

27

Im Jahre des Herrn fünfzehnhundertzweiundfünfzig«, sagte Maurus, während er eifrig im Register kritzelte. »So, hiermit seid ihr offiziell als Einwohner Duisburgs eingeschrieben.« Er streute Löschsand über die nasse Tinte. »Es hat doch weitaus länger gedauert, als ich erwartet hatte.«

»Ein Umzug ist kein Pappenstiel.« Gerhard blickte durch das sauber geputzte Fenster des bescheidenen Rathauses. Trotz des schönen Herbstwetters war der Platz vor dem Gebäude verlassen. »Wir hatten eine Reihe von Problemen zu überwinden.«

»Wie gefällt deiner Familie das Haus?«

Gerhard zögerte kurz. Maurus hatte ihm geholfen, eine vorläufige Bleibe in der Hammerstraße zu finden, und er wollte nicht undankbar sein. Vorsichtig sagte er: »Ich bin froh, daß wir ein Dach über dem Kopf haben. Aber Barbara und ich hoffen sehr, daß wir das Haus bei euch nebenan erwerben können.«

Maurus blies den Löschsand fort, schlug das Register zu und erhob sich. Er tat dies mit behutsamen Bewegungen, als vertraute er seinen Beinen nicht. »Das ist veranlaßt, du wirst auf jeden Fall den Vorrang haben.« Er machte eine ausholende Armbewegung. »Vielleicht tröstet es dich, daß auch der Stadtrat viel zu beengt untergebracht ist. Wir sind genötigt, unsere Sitzungen bei den Minderbrüdern abzuhalten, die nicht über Raumnot zu klagen haben.« Er sah Gerhard an. »Kann ich sonst noch etwas für dich tun?«

»Du hast schon genug getan, herzlichen Dank«, antwortete Gerhard, der den anderen ein wenig beunruhigt beobachtete. Gertrude hatte ihm anvertraut, daß Maurus schon jetzt unter Altersbeschwerden litt und es gut möglich war, daß er sein Amt nicht lange würde ausüben können.

»Ich sagte ja bereits, daß die Stadt gern bedeutende Menschen anlockt.« Maurus schmunzelte, während er steifbeinig zur Tür ging, um sie Gerhard aufzuhalten. »Und Gertrude, deren Menschenkenntnis ich sehr schätze, hält große Stücke auf dich.«

Gerhard warf dem anderen einen raschen Blick zu, doch Maurus schien keinerlei Hintergedanken zu hegen. »Ich hoffe, wir werden uns dieses Vertrauens würdig erweisen«, erwiderte er in neutralem Ton.

Ich muß aufhören, mich ertappt zu fühlen, obgleich ich nichts Unrechtes tue, dachte er unmutig, als er kurz darauf durch die Jörisstraße zu seinem Haus lief. Seine Laune hob sich freilich, als ihm die fünf oder sechs anderen Fußgänger, denen er unterwegs begegnete, allesamt freundlich zunickten. Das war in Löwen nur selten geschehen, dort wurde ein Unbekannter zusehends als potentieller Feind betrachtet. Und das galt im übrigen nicht nur für Löwen, sondern praktisch für die gesamten Niederlande.

Das Lächeln, mit dem er nach Hause kam, verflog, als er Barbaras Gesicht sah.

»Es geht nicht«, sagte sie unumwunden. »Hier können wir nicht wohnen.« Sie ließ sich auf einen Stuhl sacken und kämmte mit den Fingern durch ihre zerzauste Frisur. »Dieses Loch ist einfach viel zu klein.«

»Dann müssen die Kinder ein wenig enger zusammenrücken.«

»Zwei kleine Zimmerchen für acht Leute!«

»Acht Leute? Catharina und Rumold mit ihren zehn und elf Jahren sind zusammen gerade einmal so breit wie ein Erwachsener! Und bei Bartholomäus und Dorothea ist es auch nicht viel anders.«

»Und diese Küche hier, darin kann man sich überhaupt nicht bewegen! Überdies gibt es nicht einmal eine Pumpe, man muß jedesmal nach draußen, um Wasser zu holen. Das kann im Winter ja noch heiter werden!«

»Barbara, das ist doch alles nur vorübergehend!«

»Und wo gedenkst du zu arbeiten? Davon habe ich noch nichts gehört!«

»Ich darf fürs erste Ambrosius' Atelier benutzen, er kann ohnehin kaum etwas damit anfangen, seit er Bürgermeister ist.«

»Na ja, Hauptsache, du hast ein schönes Fleckchen.«

»Barbara ...« Gerhard seufzte und setzte sich gleichfalls. »Wir waren uns doch einig, daß wir nicht länger in Löwen bleiben wollten, oder?«

»Löwen? Löwen kann mir gestohlen bleiben. Aber ich vermisse mein Haus! Das hier ist doch keine Bleibe für einen, der Beziehungen zu Königen, Kaisern und Prälaten unterhält, das mußt du doch zugeben! Für einen angesehenen Mann, wie du dich selbst nennst!«

Gerhard zog eine schmerzliche Grimasse. »Nochmals, Barbara, es ist nur vorübergehend. Sobald die Witwe ...«

»Was heißt in Deutschland vorübergehend? Fünf Jahre? Zehn?«

»Vielleicht ist es nur eine Frage von Monaten.«

»Vielleicht?«

»Ich kann die Witwe nicht aus ihrem Haus jagen, Barbara!«

»War denn nichts Besseres zu bekommen als dieser Kaninchenstall?«

Gerhard schüttelte den Kopf. Mit aufkommender Ungeduld sagte er nachdrücklich: »Momentan sind in Duisburg keine größeren Häuser frei, wir werden hiermit zurechtkommen müssen.«

»Ich frage mich, wozu du in den vergangenen Monaten dreimal hierhergereist bist. Was hast du da eigentlich getrieben?«

Gerhard wandte sich von Barbara ab. »Es war eine Menge zu regeln: das Haus, Möbel, eine Schule für die Kinder...«

»Ach ja, Arnold will nicht auf die Schule am Flachsmarkt.« Barbara sah Gerhard herausfordernd an.

»So?«

»Die Schule grenzt auf der Rückseite an den Friedhof. Davor gruselt er sich und bekommt böse Träume, sagt er.«

»Böse Träume? Dem werd' *ich* böse Träume bescheren, wenn er sich nicht endlich benimmt! Wo ist er?«

»Die Umgebung erkunden.«

»Es ist eine gute Lateinschule, und er geht dorthin. Es gibt im übrigen auch keine Alternative. Es sei denn, er möchte sein Geld mit dem Auflesen von Pferdeäpfeln verdienen.«

»Er möchte Landvermesser werden und Landkarten

zeichnen wie du. Dafür braucht er nicht zur Schule zu gehen, sagt er.«

»Vielleicht könnte er auch eine Schlachterei aufmachen«, entgegnete Gerhard mürrisch.

Letzteres überhörte Barbara wohlweislich. »Es soll irgendwo eine Privatschule geben, bei einem Meister Dirik de Blinde.«

»Kommt nicht in Frage, Arnold ist nicht besser als Bartholomäus und Rumold.«

»Die Mädchen gehen doch auch auf eine besondere Schule!«

»Weil sie Mädchen sind!« Gerhard wollte noch etwas hinzufügen, doch da bemerkte er Barbaras alarmierten Blick. Er drehte sich um und stand Gertrude gegenüber.

»Entschuldigung, ich hatte angeklopft, aber es kam keine Reaktion, und die Tür stand offen.« Gertrude blickte unbehaglich vom einen zum anderen. »Komme ich ungelegen?« Sie wandte sich bereits zum Gehen.

»Nein, warte!« sagte Gerhard hastig. Er machte eine linkische Handbewegung zu Barbara hin. »Meine Frau, Barbara.«

»Und Ihr müßt Gertrude Vierlings sein«, stellte Barbara fest. Zu Gerhards nicht geringem Erstaunen sprach sie besser Deutsch als er selbst. Er hatte nicht einmal gewußt, daß Barbara eine Fremdsprache beherrschte. Sie erhob sich. »Ich habe schon viel von Euch gehört.«

»Ach ja?« Gertrudes Augenbrauen drückten aufrichtige Verwunderung aus. »Ich wußte gar nicht, daß ich so interessant bin.«

»Ich würde Euch gerne etwas zu trinken anbieten,

aber…« Barbara machte eine hilflose Gebärde. »Es ist hier ein einziges Durcheinander.«

»Deswegen bin ich hier. Ich wollte fragen, ob Ihr Hilfe benötigt. Wenn Ihr wollt, kann ich Euch Beate schicken, unsere Magd. Sie kann anpacken.«

»Und ich nicht, meint Ihr?«

Gertrude schwieg einige Augenblicke. Dann sagte sie in kühlerem Ton: »Ich versuche nur, Euch gefällig zu sein.«

»Natürlich«, sagte Barbara. »Entschuldigt, Frau Vierlings, ich bin einfach nicht mehr ich selbst. Die Umstände hier und die Reise mit sechs Kindern in einem turmhoch vollgestapelten Karren, das nimmt einen ja doch mit.«

Gertrudes Lächeln kam vorerst nicht zurück. Sie schaute sich um. »Wie gefällt Euch das Haus?«

»Wir können uns behelfen«, sagte Gerhard hastig, bevor Barbara antworten konnte. »In Erwartung besserer Zeiten, sagen wir mal.«

»Ich hörte von Ambrosius, daß du in seinem Atelier arbeiten wirst?«

»Solange er mir das gestattet, ja.«

»Schön, dann bekomme ich dich in der nächsten Zeit oft zu sehen. Mein Haus kann ein wenig Leben gebrauchen, nun, da mein Mann so viel fort ist.« Gertrude sah Barbara an, die ausdruckslos zuhörte. »Du darfst mich gern Gertrude nennen. Es sei denn, du hältst es lieber formell?«

»Ich empfinde es als große Ehre, die Frau des Bürgermeisters beim Vornamen nennen zu dürfen. Ich heiße Barbara, wie du schon weißt.«

Gertrude nickte. Sie schien noch etwas sagen zu wollen, wandte sich dann aber ab, als habe sie es sich anders überlegt. »Mein Angebot bleibt bestehen«, sagte sie, während sie zur Haustür lief. »Du brauchst nur zu rufen, wenn du Beate brauchen kannst. Einen netten Tag noch zusammen.«

»Welche Befreiung«, sagte Barbara.

Gerhard sah sie argwöhnisch an. »Befreiung?«

»Daß ich endlich weiß, was dich so unwiderstehlich in dieses deutsche Kaff gezogen hat.«

»Was meinst du denn jetzt damit?«

»Ach, Mann...« Barbara schob Gerhard beiseite, um in dem engen Raum an ihm vorüberzukönnen. Die Gebärde, mit der sie das tat, hatte beinahe etwas Verächtliches. »Du hast diese Frau angesehen wie...« Sie blieb kurz stehen und starrte auf den mit weißem Sand bestreuten Boden zu ihren Füßen. Schließlich nickte sie, als sei sie mit ihrem eigenen Gedankengang einig: »...So, wie du früher mich angesehen hast...«

Wenige Wochen später traf John Dee mit Gerhards Tiefdruckwerkzeug und dem Rest seines noch in Löwen verbliebenen Materials ein, so daß er sein vorübergehendes Atelier nun komplett einrichten konnte.

»Ich soll dich von Gemma Frisius grüßen«, war mit das erste, was der junge Mann sagte. Er wartete interessiert auf Gerhards Reaktion.

»Grüßen?«

Dee grinste. »Nun ja, er sagte so etwas wie: ›Gib dem Halunken einen Tritt in den mageren Arsch, wenn du ihn siehst.‹«

»Wie schön, daß sich unsere Freundschaft noch weiter vertieft hat.« Gerhard hob einige sorgfältig verpackte Kupferplatten von Dees Karren und ächzte kurz unter ihrem Gewicht. Er trat durch die offenstehende Tür in Gertrudes Haus ein. Dee folgte ihm mit einer Werkzeugkiste auf der Schulter.

»Er kocht vor Wut, weil du ihm angeblich bei Plantin in die Quere gekommen bist.«

»Ach, das«, sagte Gerhard.

»Frisius behauptet, er habe mehr als ein Jahr an irgendeiner speziellen Karte gearbeitet und Plantin lehne es jetzt aufgrund einer Vereinbarung mit dir ab, sie zu drucken.«

Gerhard stellte die Platten in einer Ecke des Ateliers ab. Maurus hatte mehr als die Hälfte des großen Raums für ihn ausräumen lassen. »Irgendeine spezielle Karte, hm?«

Dee ließ die schwere Werkzeugkiste von seiner Schulter auf einen leeren Arbeitstisch hinunter. »Hat er etwa deine Idee mit dieser Projektionskarte gestohlen?«

Gerhard nickte. »Das hatte ich erwartet. Ich habe beim Kaiser ein Privileg für die Anfertigung eines ganzen Satzes solcher Karten beantragt, aber Nicolas de Granvelle zufolge besteht die Möglichkeit, daß ich es nicht erhalten werde, weil ich jetzt Ausländer bin.«

»Das ist nicht dein Ernst!«

»Ich muß demnächst nach Brüssel, um einen astronomischen Ring und einen Himmelsglobus für den Kaiser zu liefern. Vielleicht kann ich ihn ja doch noch vom strategischen Wert meiner neuen Karten überzeugen.« Gerhard sah Dee an. »Hast du dich schon entschieden, was du machen wirst?«

»Mein Vater konnte mich davon überzeugen, daß es wohl doch das beste ist, wenn ich nach England zurückkehre. Er hat eine Frau für mich im Auge.« Dee grinste. »Wenn auch nur zehn Prozent von seinen lobenden Beschreibungen zutreffen, muß es mehr als lohnend sein, sie mir einmal anzusehen. Und ich kann in Cambridge eine gute Anstellung bekommen. Braucht ja nicht für das ganze Leben zu sein, das wird sich schon finden, wenn ich erst einmal dort bin.«

»Oh…«, entfuhr es Gerhard enttäuscht.

»Ich fürchte, Duisburg ist mir zu klein, Gerhard. Ich glaube, das würde mich schon bald verrückt machen. Auch die Sprache liegt mir nicht sonderlich. Und du…« – Dee legte eine Hand auf Gerhards Arm – »du wirst bald so viel zu tun haben, daß du für Freunde gar keine Zeit mehr haben wirst.«

Als sie gemeinsam wieder nach draußen liefen, fragte Dee: »Wie geht es denn jetzt mit Barbara?«

»Widerspenstig, böse, frustriert, zänkisch…«

Sie blieben beim Karren stehen. »Sie hatte schon einiges zu verkraften, Gerhard.«

»Ich auch. Und jetzt läßt mich auch noch mein so gut wie einziger Freund im Stich.«

»Wir bleiben in Kontakt. Kann ich bei euch übernachten?«

Gerhard zog eine Grimasse. »Ein paar Mäuse können wir mit ein wenig gutem Willen vielleicht noch unterbringen, aber das wär's dann auch schon.«

Dee nickte ergeben. »Dann wirst du mir den Weg zum Gasthof zeigen müssen.« Er blickte über Gerhards Schulter hinweg zum Haus. »Und wer ist die schöne Dame dort?«

»Gertrude«, antwortete Gerhard, ohne sich umzudrehen. »Die Frau von Bürgermeister Maurus, dem Eigentümer dieses Hauses.«

»Hm… Hat Barbara sie schon gesehen?« Dee schaute Gertrude nach, die ihm kurz zulächelte und dann zusammen mit ihrer Magd davonging.

»O ja, die beiden Damen haben sich schon kennengelernt. – Wollen wir weiter ausladen?«

»Gerardus Mercator«, stellte Maurus Gerhard einem gesetzten kleinen Mann vor, der an seinem Schreibtisch saß und sich nicht die Mühe machte aufzustehen. »Wilhelm der Reiche, Herzog von Jülich-Kleve-Berg.«

»Meine Verehrung, Hoheit.«

Was Gerhard an dem etwas pompös gekleideten Herzog am meisten auffiel, waren seine kleinen, nahezu schwarzen Äuglein, die in einem fort hin- und herzitterten, als hätten sie Mühe, sich auf einen Punkt zu konzentrieren. Links und rechts vom Herzog standen zwei Bedienstete mit scheinbar desinteressierter Miene.

»Wie ich vernehme, arbeitet Ihr für den Kaiser«, sagte der Herzog. »Vielleicht habe ich mir Euch deshalb größer vorgestellt. Von Gestalt, meine ich. Und ich frage mich, ob es da nicht unter Eurer Würde ist, für einen einfachen Herzog zu arbeiten?« Als er Gerhards Gesichtsausdruck sah, lächelte er breit, als wollte er seine ungewöhnlich weißen Zähne zeigen.

Vorsichtig erwiderte Gerhard: »Mein Problem ist die Zeit. Ich habe so viel Arbeit, daß…«

»Wie Ihr vielleicht bereits vom Herrn Bürgermeister vernommen habt, beabsichtige ich, hier in Duisburg ein akademisches Gymnasium zu errichten, das auf das Studium an der geplanten Universität vorbereiten soll. Und dafür benötige ich Dozenten.« Die zitternden Augen des Herzogs nahmen Gerhards Nasenrücken ins Visier. »Ihr habt Unterrichtserfahrung in der Mathematik, wie man mir sagte?«

»Darf ich fragen, welches Honorar ich erwarten darf?«

Der Herzog blickte kurz erstaunt, um sogleich wieder breit zu lächeln. »Ein geschäftstüchtiger Wissenschaftsmann, das hört man gern. Nun, Meister Mercator, da wir aufgrund von allerlei Umständen unter chronischem Geldmangel leiden, biete ich Euch drei fette Schweine pro Schuljahr.«

Einen Moment lang dachte Gerhard, der Herzog machte einen Scherz, doch dieser blickte todernst. Und drei fette Schweine stellten einen beachtlichen Wert dar, wie er rasch überschlug. »Damit kann ich leben«, sagte er.

»Mit drei Schweinen?« Der Herzog lachte dröhnend über seinen eigenen Scherz. Dann erhob er sich. »Ich werde auch Eure Kenntnisse als Landvermesser und Kosmograph noch gebrauchen können, aber darüber sprechen wir dann bei späterer Gelegenheit. Das natürlich gegen die übliche Vergütung«, fügte er wie nach näherer Betrachtung hinzu. Dabei zwinkerte er Maurus überraschend zu. »Es kann zwar noch eine Weile dauern, bis das Gymnasium seine Tore öffnet, doch ich habe immer schon gern vorab alles beisammen.«

»Das verstehe ich«, sagte Gerhard, der auch nicht viel vom Improvisieren hielt.

»Bis dahin könnt Ihr schon einmal an Eurem Deutsch arbeiten. Eine akzentfreie Aussprache ist sehr wichtig für eine rasche Einbürgerung.« Der Herzog lächelte abermals und verabschiedete sich mit einer Handbewegung. »Wir sehen uns noch.« Dann ging er mit den Bediensteten hinaus, wo sein Gefolge wartete.

»Interessante Persönlichkeit«, sagte Gerhard zu Maurus, als der Herzog verschwunden war.

»Das ist ein bißchen untertrieben. Aber er setzt falsche Prioritäten, wenn ich das bemerken darf.«

»So?«

»Er sollte besser zuerst ein größeres Rathaus bauen lassen, anstatt sich mit Plänen für eine Schule zu tragen. Aber gut, dieses Gymnasium ist offenkundig ein Steckenpferd Seiner Hoheit. Es gibt Schlimmeres.« Maurus setzte sich an seinen Schreibtisch und zog einen kleinen Stapel Dokumente zu sich heran. »Ich hörte übrigens, daß noch weitere Flamen in Duisburg erwartet werden. Ein halbes Dutzend Händler und Handwerksleute aus Brügge samt ihren Gesellen. Auf der Flucht vor der Inquisition wahrscheinlich. Wenn das so weitergeht, müssen wir hier womöglich bald Flämisch sprechen lernen.«

»Es gibt Schlimmeres«, sagte Gerhard im gleichen Ton wie Maurus zuvor.

Maurus nickte ernst. »Kommst du mit meiner Frau zurecht?«

»Äh… wie meinst du das?«

»Nun ja, belästigt sie dich nicht zu oft im Atelier? Sie langweilt sich bisweilen, mußt du wissen.«

»Ich fürchte, ich bin nicht sonderlich unterhaltsam, wenn ich arbeite.«

»Das ist ambitionierten Menschen nun einmal eigen, würde ich meinen.«

Die Wahrheit war, daß sich Gertrude so gut wie nie im

Atelier blicken ließ. Gerhard hielt es freilich für keine gute Idee, Maurus zu erzählen, daß er darüber ziemlich enttäuscht war. »Wenn sie sich für Kartographie interessiert, werde ich ihr natürlich gern das eine und andere erklären.«

»Ich fürchte, Gertrude hat andere Interessen«, antwortete Maurus. »Genau wie unsere Tochter.« Er schlug das oberste der Dokumente auf. »Entschuldige, ich würde mich gerne weiter mit dir unterhalten, aber ich habe noch zu tun.«

Eines Tages erschien Gertrude dann aber doch unverhofft im Atelier, als Gerhard gerade an seiner großen Europakarte arbeitete. Sie war jedoch nicht allein, wie Gerhard teils erleichtert, teils mit Bedauern feststellte. Ein etwas spitz aussehender junger Mann war bei ihr, den sie als ihren Neffen, Louis de Dieu, vorstellte.

»Ihr braucht einen guten Agenten«, ergriff der junge Mann das Wort, als Gertrude verstummt war. »Ich habe ausgezeichnete Kontakte und kann dafür sorgen, daß Eure Karten im ihnen gebührenden Maße über den gesamten deutschen und niederländischen Markt verbreitet werden.«

»Wirklich?« fragte Gerhard neugierig. »Und welches sind diese ausgezeichneten Kontakte, wenn ich fragen darf?«

»Ich bin mit Christophe Plantin in Antwerpen befreundet.«

»Ich auch.«

»Und ich kenne Peter Draeckx, der seinerseits Stadtpläne und Karten von Jacob van Deventer, Abraham Ortelius, Gerard de Jode, Arnold Nicolai und einigen anderen vertreibt.«

»Ich bin beeindruckt, daß Ihr diese Namen überhaupt kennt«, sagte Gerhard wahrheitsgemäß.

»Des weiteren bin ich gut eingeführt bei der zweijährlichen Frankfurter Messe, wo, wie Ihr zweifellos wißt, stets sehr wichtige Geschäfte in Sachen Bücher und Karten gemacht werden. Internationale Geschäfte sogar.«

»Louis ist kein Stümper«, sagte Gertrude, als sie Gerhards skeptischen Gesichtsausdruck sah. »Auch wenn sein Nachname vielleicht wie ein Fluch klingt. Ich möchte mich wirklich nicht in deine Angelegenheiten einmischen, aber ich glaube, du könntest jemanden wie ihn in der Tat gut gebrauchen. Deine Arbeiten sind zu wichtig, um nur in kleinem Umfang verbreitet zu werden. Und wenn du selbst nicht gern damit hausieren gehst...«

»Vielen Dank für das Kompliment«, warf Gerhard ein. Aber er sah, daß Gertrude außergewöhnlich ernst blickte. Und sie war ja auch Geschäftsfrau. Maurus baute Uhren, aber sie hatte ihm, bevor er Bürgermeister wurde, dabei geholfen, sie in weiten Teilen Europas an den Mann zu bringen.

Gerhard legte sein Werkzeug beiseite und lehnte sich auf seinem Stuhl zurück. Er verschränkte die Arme und sah de Dieu nachdenklich an. »Ich muß noch einige Aufträge fertigstellen, aber danach möchte ich gerne ein Projekt in Angriff nehmen, das...« Er stockte kurz. Das die Welt schockieren wird, hätte er beinahe gesagt, doch mit einem Mal fand er, daß das furchtbar hochtrabend klang. »Ich will es anders umschreiben: Ich habe eine neue kartographische Technik entwickelt, die vielleicht alle anderen Karten, insbesondere Seekarten, wertlos machen wird.«

»Fabelhaft!« rief de Dieu begeistert. »Nun noch einer, der sie in großem Stil verbreitet, und Ihr seid ein gemachter Mann.«

»Und was spränge dann für dich dabei heraus?«

»Ein angemessener Anteil an Eurem Gewinn.«

»Und was, wenn du wenig oder gar nichts verkaufst?«

»Die Gefahr besteht nicht.«

Gerhard sah Gertrude an. »Ich wollte, ich hätte auch so viel Selbstvertrauen.«

»Warum gibst du Louis nicht eine Chance? Du hast schließlich nichts zu verlieren.«

Gerhard sah de Dieu erneut an. Der junge Mann hatte einen offenen Blick, der Aufrichtigkeit suggerierte. Oder suggerieren *sollte*. Es kam gelegentlich vor, daß Vertreter bei ihm vorsprachen, die ihm Papier oder Kupferplatten oder neuartige Werkzeuge oder Fachbücher oder was auch immer andrehen wollten. In der Regel fand er sie ziemlich lästig und aufdringlich. Doch hin und wieder, wenn sie den richtigen Ton anschlugen und fachkundig Auskunft über ihr Produkt zu geben verstanden, kaufte er ihnen auch etwas ab.

»Ich habe zwei Bedingungen«, sagte Gerhard.

»Nur zu, dann können wir darüber ...«

»Es gibt nichts zu verhandeln. Zum ersten möchte ich, daß du ausschließlich für mich arbeitest. Also nicht wie dieser Draeckx, der für ein halbes Dutzend Kartographen arbeitet und natürlich immer denjenigen voranstellt, der ihm am meisten einbringt.«

»Hm ...«, machte de Dieu zögernd. »Das ließe sich vielleicht einrichten. Es wird natürlich davon abhängen, wie gut Eure revolutionäre Idee vom Markt aufgenommen wird.«

»Und zum zweiten möchte ich, daß du Gemma Frisius Hindernisse in den Weg legst, wann immer sich dir die Gelegenheit dazu bietet.«

De Dieu schien hierüber zu erschrecken. »Ich weiß nicht, ob ...«

»Ja oder nein«, sagte Gerhard. Er beugte sich wieder vor und nahm sein Werkzeug zur Hand.

»Könnt Ihr mir vielleicht etwas mehr über diese neuen Karten erzählen?«

Gerhard schüttelte den Kopf. »Du würdest es doch nicht verstehen.«

»Ich habe Erdkunde studiert.«

»Ach ja?« Gerhard blickte überrascht auf. »Und haben sie dir im Laufe deines Studiums etwas über das Problem erzählt, wie man die Kugelform der Erde auf eine plane Kartenfläche überträgt, ohne daß dabei die Relationen zwischen Längen und Breiten gänzlich verzerrt werden?«

»Ja, gewiß, das ist ein bekanntes Problem.«

»War«, sagte Gerhard. »Bald wird man sagen müssen, daß dies ein Problem *war*.«

»Aber das ist unglaublich! Habt Ihr wirklich ...«

»Genug für heute.« Gerhard zeigte zur Tür. »Ich stecke bis über beide Ohren in Arbeit.«

Gerhard sah Gertrude verstohlen nach, als sie de Dieu wortlos nach draußen folgte. Er hoffte vage, sie würde sich noch einmal umsehen, doch das tat sie nicht.

Wenig später wurde er erneut bei der Arbeit gestört. Er hörte zögernde Schritte, und als er aufschaute, stand Arnold vor ihm. »Was willst du hier?« fragte Gerhard nicht sonderlich freundlich.

Sein ältester Sohn sah ihn einige Atemzüge lang mit diesem seltsamen Blick an, aus dem niemand so recht schlau wurde. »Mutter hat mich geschickt«, antwortete er dann und hielt Gerhard ein zusammengerolltes Blatt Papier hin. »Ich habe eine Zeichnung gemacht.«

»Ach? Ich wußte ja gar nicht, daß du zeichnen kannst.«

»Das kann doch jeder.«

»Natürlich, nur kann es der eine besser als der andere.« Gerhard nahm die kleine Papierrolle entgegen. »Und hat Mutter gesagt, daß du mir das zeigen sollst?«

Arnold nickte. »›Vielleicht kann dein Vater noch etwas daraus lernen‹, hat sie gesagt.«

Gerhard sah Arnold scharf an, bemerkte jedoch keinerlei Spott. Vielleicht hatte sein heranwachsender Sohn unterdessen gelernt, seine wahren Absichten vollkommen zu verbergen. Als er freilich das Papier auseinanderrollte, wurde sein Blick von einer wunderbaren Zeichnung gefangen. Verblüfft starrte er auf die schön ausgearbeitete Darstellung eines Martichoras, eines Fabelwesens mit dem Körper eines Löwen und dem Gesicht und den Händen eines Menschen. Es diente auf Karten häufig zur Illustration ferner afrikanischer Länder. Der Martichoras stand aufrecht, war jedoch von Pfeilen durchsiebt, die drei im Hintergrund abgebildete schwarze Jäger abgeschossen hatten.

»Das ist aber sehr schön«, sagte Gerhard mit aufrichtiger Bewunderung. Vielleicht schöner, als ich es selbst könnte, wurde ihm überrascht bewußt. »Wie kommt es, daß ich so gar nichts von deinem Talent bemerkt habe?«

»Mutter sagt: Weil du immer nur siehst, was ich falsch mache.«

Gerhards Verblüffung war zu groß, als daß er sich über diese Antwort ärgern konnte. »Da könntest du mir hier ja wahrhaftig bei den Illustrationen helfen. Hast du noch mehr solcher Zeichnungen?«

»Äh... nein.« Arnold zögerte kurz. »Aber vielleicht... könnte ich noch weitere machen.«

»Ich glaube, ich werde dein Kunstwerk hier an die Wand hängen.«

»Mit meinem Namen darauf.«

»Hm, an Eitelkeit mangelt es dir nicht, wie ich höre. Aber gut...« Gerhard nahm Arnolds Hand in die seine und drückte sie, als besiegelte er einen Kontrakt. »Ich freue mich, daß du gekommen bist. Aber jetzt mußt du wieder nach Hause gehen, denn ich muß weiterarbeiten. Wir reden später noch darüber.«

Immer dasselbe Lied, dachte Gerhard mißmutig. Ungeachtet der täglichen Mühen kam er, seit sie in Duisburg wohnten, meist gut gelaunt nach Hause. Stand er dann jedoch Barbara gegenüber, war ihm, als erfaßte ihn eiskalte Zugluft. Es schien, als beschäftige sie sich während seiner Abwesenheit vor allem mit pessimistischen Gedanken.

»Du bist spät dran«, stellte sie fest. Einfache Worte, die durch den harschen Vorwurf, der darin mitschwang, eine boshafte Bedeutung erhielten.

»Daran wird sich auch vorerst nichts ändern, denn ich will unbedingt die Europakarte fertigstellen.«

»Der Kaiser wartet schon fünfzehn Jahre darauf, warum ist es dann jetzt auf einmal so dringlich?«

»Weil ich sie endlich abliefern will. – Wo ist Arnold?«

»Oben, und er soll es ja nicht wagen, sich hier wieder blicken zu lassen.«

Gerhard blickte aufrichtig verdutzt. »Nanu? Du bist böse auf deinen Lieblingssohn? Und das ausgerechnet jetzt, da sein Talent zutage gekommen ist?«

»Sein Talent!« Barbara schnaubte. »Sein größtes Talent besteht darin zu betrügen!«

»Jetzt verschlägt's mir aber die Sprache«, sagte Gerhard ungläubig. Er erschrak, als Barbara mit gellender Stimme rief: »Emerentia!«

Ihre älteste Tochter erschien so prompt oben an der Treppe, als hätte sie darauf gewartet, daß man sie rufen würde.

»Komm her«, kommandierte Barbara. »Zeig deinem Vater mal, was Arnold getan hat.«

Emerentia streckte Gerhard stumm die Hand hin. Ihr rechter Zeigefinger war geschient.

»Hübsch, nicht? Ich mußte mit ihr zum Doktor. Als wenn das alles nichts kosten würde!«

»Hat Arnold das getan? Beim Spielen?«

»Beim Spielen? Der Dummkopf hat ihr absichtlich den Finger gebrochen, weil sie ihm ihre Zeichnungen nicht geben wollte!«

»Ihre Zeichnungen?« fragte Gerhard, der immer weniger verstand. »*Ihre* Zeichnungen?«

»Er hatte mir weisgemacht, sie wären von ihm, und ich habe ihn sogar damit zu dir geschickt. Er war schon fort, als sie mich riefen: Emerentia sei ohnmächtig geworden.«

Jetzt machte Emerentia zum erstenmal den Mund auf: »Er hat gesagt... Arnold hat gesagt, daß er mich umbringt, wenn ich es erzähle. Ich sollte sagen, daß es ein Unfall gewesen ist.« Sie rieb sich mit dem Rücken der unverletzten Hand wütend im Auge, als ärgere sie sich über die aufquellenden Tränen.

»Hast *du* diese Zeichnung gemacht?« fragte Gerhard, als sei das das einzige, was ihn interessierte.

»Sie hat noch viele mehr«, sagte Barbara. »Ich wußte es auch nicht. Sie macht sie in der Schule.«

Emerentia nickte verschämt, als fühle sie sich ihres Talentes wegen schuldig. »Arnold sagt, Mädchen dürfen das nicht und ich muß meine Zeichnungen immer ihm geben.« Sie blickte auf ihren gebrochenen Finger. »Kann ich jetzt nie mehr zeichnen?«

»Das heilt wieder«, sagte Gerhard. Er zog das Kind an sich. »Tut es weh?«

Emerentia schüttelte den Kopf. »Aber vorhin schon.«

»Der Doktor hat gesagt, daß ich ihr frischen Saft aus Veronicablättern geben soll, gleich morgens, bevor sie etwas anderes ißt«, sagte Barbara. »Veronica wächst hier direkt vor der Tür, er hat mir gezeigt, wie es aussieht.«

Gerhard schaute sie an. »Was tun wir mit Arnold?«

»Er macht mir angst«, sagte Emerentia mit erstickter Stimme, das Gesicht fest an Gerhards Leib gedrückt. »Er tut allen weh ...«

»Nun übertreib mal nicht.« Barbara fand zu ihrem beherzten Ton zurück. »Arnold ist zu weit gegangen, und dafür wird er bestraft werden, fertig.«

»Barbara ...« Gerhard setzte sich auf einen Stuhl, Emerentia auf dem Schoß. »Arnold ist ein boshaftes Kind und noch dazu ein Betrüger.«

»Müssen wir darüber in ihrem Beisein reden?«

Nein, dachte Gerhard. Wir werden darüber reden, wenn du ihm schon wieder vergeben hast. »Vielleicht kannst du mir im Atelier helfen«, sagte er Emerentia ins Ohr.

Sie schüttelte langsam den Kopf. »Dann würde Arnold erst recht böse werden.«

Wenn er dich noch einmal anrührt, brech ich ihm das Genick und nicht nur einen Finger, dachte Gerhard. Aber diesen Gedanken behielt er wohlweislich für sich. Statt dessen sagte er: »Er muß aus dem Haus.«

Barbara sah ihn mit großen Augen an. »Was?«

»Johannes Molanus leitet in Bremen eine Erziehungsanstalt für Esel wie ihn, dorthin werde ich ihn für einige Jahre schicken. Das wird für alle das beste sein. Auch für ihn selbst.« Vielleicht hätten wir das schon längst tun sollen, dachte er.

»Aber Gerhard!«

»Mein Entschluß steht fest. Dann hat das Terrorisieren der anderen Kinder gleich ein Ende.«

»Arnold sagt, daß Mädchen nichts können dürfen außer Kinder bekommen und Essen kochen«, sagte Emerentia.

»Da hat er weitgehend recht«, meinte Barbara. »Männer haben Angst vor klugen Frauen, und deshalb bringen sie sie zum Schweigen.« Sie funkelte Gerhard hitzig an.

»Nochmals, Barbara, es wird für alle das beste sein.«

»Ich hasse Jungen«, rief Emerentia trotzig. »Außer Dietrich Heesters, der ist lieb.«

»Und wer ist Dietrich Heesters?«

»Ihr Schulfreund«, antwortete Barbara für Emerentia. »Wenn du mich fragst, ist es ziemlich ernst zwischen den beiden.«

»So, so, du hast einen Freund...« Gerhard wußte nicht so recht, was er dazu sagen sollte.

»Er trägt mir immer meine Sachen und... und er verteidigt mich. Ich wünschte, er wäre mein Bruder.«

»Ist das alles, was du dir wünschen würdest?« fragte Barbara. »Daß er dein Bruder wäre?«

»Also bitte, sie ist erst vierzehn«, sagte Gerhard vorwurfsvoll.

»Der Natur nach ist sie sehr wohl schon eine Frau.« Barbara wandte sich von Gerhard ab, als könne sie seinen Anblick nicht länger ertragen.

Gerhard schaute unwillkürlich nach oben, zur Tür des Kinderzimmers. Er erschrak über die unangenehmen Gefühle, die dabei in ihm aufkamen. »Ich werde es Arnold selbst sagen. Später, wenn sich mein Zorn ein wenig gelegt hat.«

Da die Zimmertür nicht geschlossen war, hatte Arnold alles gehört, was sich unten in der Küche abspielte. Ohne von den anderen Kindern Notiz zu nehmen, die ihm mit großen Augen zusahen, schnappte er sich daraufhin Emerentias Zeichnungen und zerriß eine nach der anderen in winzige Schnipsel.

28

Erstaunlich«, sagte Gerhard, als er mit Louis de Dieu zusammen die große Halle betrat, in der die zweijährliche Frankfurter Messe stattfand. »Ich hatte keine Ahnung, daß um Karten und Bücher ein derartiges Aufhebens gemacht wird.«

»Du solltest öfter einmal aus deinem Dorf herauskommen«, erwiderte de Dieu mit gutmütigem Spott. »Was wir hier sehen, ist erst der Anfang, Gerhard. Dieser Markt hat ein enormes Wachstumspotential. Vor allem Bücher gehen ausgezeichnet. Vielleicht solltest du mehr schreiben. Der Wissensdurst der Menschen wird von Tag zu Tag größer.« Er faßte Gerhard beim Arm, um ihn mitzulotsen. »Ich habe einen Tisch gemietet, um deine Arbeiten zu präsentieren.«

Die Begeisterung des jungen Mannes wirkte so ansteckend, daß Gerhard darüber ein wenig von seiner üblichen Nüchternheit verlor. Neugierig ließ er sich zwischen den vielen Interessierten, die die Tische entlangflanierten, hindurch mitziehen. Das Publikum bestand, nach Kleidung und Manieren zu schließen, vorwiegend aus gutsituierten Bürgern. Für einen aus dem gemeinen Volk war ein Buch noch immer ein sehr teurer Spaß, sofern er überhaupt lesen konnte. Karten benötigte er schon gar nicht.

»*Et voilà*«, sagte de Dieu mit hörbarem Stolz. Sein Vater

war französischer Abstammung, und bei passender oder unpassender Gelegenheit prahlte er gern mit den paar Brocken Französisch, die er sprach.

Verblüfft blickte Gerhard auf das Material, mit dem der Tisch, der ein Schild mit seinem Namen trug, geradezu überladen war. »Ich wußte gar nicht, daß ich schon so produktiv war.«

»Es hat erhebliche Mühe gekostet, die nötigen Kopien aufzutreiben oder anfertigen zu lassen«, sagte de Dieu. »Zum Glück hatte ich die Unterstützung Plantins und einiger weiterer Drucker, mit denen du früher schon einmal zusammengearbeitet hast. Und die Ausgaben, die du selbst erstellt hast, sind natürlich auch dabei.«

»Donnerwetter.« Gerhard blickte auf sein Werk, als wäre es das eines Fremden. »Du hast dich wirklich angestrengt, Louis.«

»Tue ich das nicht immer?«

Ja, das stimmte. Seit der junge Mann für ihn arbeitete, hatte sich Gerhards Umsatz praktisch verdreifacht. Überdies hatte de Dieu Christophe Plantin dazu bewogen, einige Privilegien auf seinen Namen zu beantragen und so auf einem Umweg zu erwirken, daß Gerhards Arbeiten besser geschützt werden konnten. Denn der Kaiser lehnte es auch weiterhin prinzipiell ab, Gerhard selbst Privilegien einzuräumen, nun, da er in Deutschland wohnte.

»Mein *Literarum latinarum.*« Gerhard nahm das Büchlein vom Tisch und blätterte darin, als hätte er es noch nie gesehen. »Ich wußte gar nicht, daß es das noch gibt.«

»Ganz im Gegenteil, ich habe Rutger Rescius überredet, eine neue Auflage zu drucken. Er hat die Platten noch, so daß es recht preiswert zu machen ist. Deshalb liegt dieses Exemplar auch hier, da können Liebhaber es gegebenenfalls schon vorab bestellen.«

»Hast du denn einen neuen Mäzen gefunden?«

»Nicht nötig, ich habe eine andere Regelung ausbedungen; du bekommst ein Honorar für jedes Exemplar, das der Drucker liefern darf.«

Gerhard schüttelte den Kopf. »Du bist wirklich unglaublich.«

»Das sagte ich dir doch!«

»Und an falscher Bescheidenheit leidest du auch nicht.«

»Bescheidenheit ist beim Geschäftemachen äußerst hinderlich.«

De Dieu verkniff sich das »wie du ja aus eigener Erfahrung weißt«, doch Gerhard hörte es ihn denken.

Der junge Mann postierte sich hinter dem Tisch. »Ich habe hier zu tun. Es macht dir doch hoffentlich nichts aus?«

Gerhard wollte nicht dabeisein, wenn der andere sein Werk in den Himmel hob. Auch ohne das genierte es ihn schon, hier am Tisch so den Blicken preisgegeben zu sein.

Gerade als er sich zum Gehen wandte, steuerte ein in unauffälliges Grau gekleideter junger Mann mit dünnem schwarzen Kranzbart zielstrebig ihren Stand an. »Mein Name ist Abraham Ortelius«, stellte er sich de Dieu auf flämisch vor, »Kartograph aus Antwerpen. Ich bin ein großer Bewunderer des Werkes dieses Mannes.« Er deutete mit seiner freien Hand auf den Tisch; die andere hielt eine dicke Mappe mit Papieren, die er sich unter den Arm geklemmt hatte. »Besteht vielleicht die Hoffnung, daß ich Meister Mercator hier irgendwo treffen kann?«

Ehe Gerhard reagieren konnte, hatte de Dieu schon auf ihn gedeutet. »Meister Gerardus Mercator höchstpersönlich.«

»Welch außerordentliches Vergnügen!« Ortelius drückte Gerhard mit großer Begeisterung die Hand. »Ich möchte Euch schon so lange kennenlernen, aber Ihr scheint sorgsam jeden Anlaß zu meiden, bei dem es zu Begegnungen zwischen Wissenschaftlern und graphischen Künstlern kommen könnte.«

»Sagen wir, ich verwende meine Zeit lieber nutzbringend.«

»Wie könnt Ihr denn da auf dem laufenden bleiben über das, was auf der Welt passiert?«

»Sehe ich oder sieht mein Werk etwa so aus, als würde ich hinter dem Mond leben?«

»Verzeiht, Meister Mercator, so meinte ich das nicht«, sagte Ortelius hastig. »Ich selbst unterhalte gute Kontakte zu Kapitänen, die in Antwerpen anlegen und mir Daten über Indien und die neue Welt verschaffen können. Und es würde mich natürlich außerordentlich interessieren, welches die Quellen des Wissens und der Informationen sind, von denen Euer Werk so offenkundig zeugt.«

»Der Versuch, eine beleidigende Frage mit einem schleimigen Kompliment wiedergutzumachen«, stellte Gerhard fest. Als er Ortelius' Miene sah, lächelte er. »Seit ich im Kerker gesessen habe, bin ich nicht mehr so freundlich wie früher. Nun, meine Wissens- und Informationsquellen gebe ich nicht so ohne weiteres preis. Kann ich Euch sonst noch mit etwas dienlich sein?«

Ortelius blickte sich suchend um. »Ich wollte mich gern

geschäftlich mit Euch unterhalten. Können wir uns irgendwo in Ruhe zusammensetzen?«

»Louis de Dieu hier ist der Mann, der meine geschäftlichen Angelegenheiten regelt.«

»Ich wollte Euch fragen, ob wir nicht in irgendeiner Form zusammenarbeiten könnten.«

»Zusammenarbeiten?« Gerhard runzelte bedenklich die Stirn. »Wie soll ich mir das vorstellen?«

»Ich glaube, daß wir uns in unseren Qualitäten ergänzen. Gemeinsam könnten wir möglicherweise mehr als jeder für sich.«

»Hm, das ist ein vollkommen neuer Gedanke für mich.«

»Ich verstehe Eure Zurückhaltung. Vielleicht, wenn ich Euch etwas von meinem Werk zeige…« Ortelius legte seine Mappe auf den Tisch und löste die Lederschnur, um einige Blätter herauszunehmen.

»Aha, Illustrationen.« Gerhard hielt die Zeichnungen ins Licht. »Und schöne noch dazu, fast so schöne wie die meiner ältesten Tochter.«

»Eurer ältesten Tochter, Meister Mercator?«

Gerhard ging nicht weiter darauf ein, das war ihm ganz unbedacht herausgerutscht. »Ich habe schon Karten von Euch gesehen.« Er gab die Zeichnungen zurück. »Und es fiel mir in der Tat auf, daß manche Kartuschen außergewöhnlich schön verziert waren. Etwas, worin ich weniger gut bin, muß ich zugeben. Da steht mir meine Ungeduld manchmal im Weg.«

»Vielleicht, weil Eure eigentlichen Ambitionen anderswo liegen?«

»Vielleicht…« Gerhard sah Ortelius nachdenklich an.

Der junge Mann strahlte eine Offenheit aus, die ihm gefiel. Doch was Gerhard in bezug auf Emerentia gesagt hatte, stimmte. Ihre Zeichnungen standen denen von Ortelius in nichts nach. Nur schade, daß ihr Name ungenannt bleiben mußte, weil sie ein Mädchen war.

»Da ist noch etwas anderes«, sagte Ortelius, während er die Zeichnungen in die Mappe zurücklegte. »*Der* große Unterschied zwischen Eurem und meinem Ansatz.« Er verschloß seine Mappe mit einer säuberlichen Schleife. »Ihr seid insbesondere in der rein wissenschaftlichen und vor allem kritischen Forschung bestens versiert, stimmt's?«

»Woher habt Ihr das?«

»Ich habe Beziehungen, auch nach Löwen.«

»Und Klatsch und Tratsch sind omnipräsent.«

»Ich bin demgegenüber, ohne mich rühmen zu wollen, recht gut in den angewandten Wissenschaften. Stellt Euch vor, was wir bewirken könnten, wenn wir unsere Kräfte bündelten.«

»Darin stecken zweifellos kommerzielle Möglichkeiten«, sagte de Dieu, der unbemerkt mitgehört hatte.

»Wißt Ihr was, Meister Mercator?« sagte Ortelius. »Ich besorge Euch einige Beispiele meiner sonstigen Arbeiten, und dann könnt Ihr, wenn es Euch recht ist, meine Qualitäten in aller Ruhe beurteilen.«

»Ich wohne jetzt in Duisburg, das ist ein ganzes Stück von Antwerpen entfernt. Seht Ihr darin kein Problem für eine mögliche Zusammenarbeit?«

»Ich reise für mein Leben gern.«

»Und das ist unheilbar?«

Ortelius lächelte. »Vorläufig schon.«

»Nun gut, ich werde mir Eure Arbeiten ansehen, wenn ich Zeit dafür erübrigen kann«, sagte Gerhard, eher um das Gespräch zu beenden, denn weil er wirklich auf den Vorschlag eingehen wollte.

»Ich kenne diesen Mann«, sagte de Dieu, als Ortelius gegangen war. »Er ist ein durchaus erfolgreicher Kartograph. Und er hat ausgezeichnete Kontakte, wodurch er seine Arbeiten mehr als gut zu verbreiten versteht. Unter anderem auch in England, und das ist nicht so einfach.«

»Dann benötige ich dich also nicht länger, wenn ich mich mit ihm einlasse?«

De Dieu ließ sich nicht ins Bockshorn jagen. »Ich habe andere Kontakte, ich könnte auch den Umsatz von Abraham Ortelius noch vergrößern.«

»Schade, daß du nur für mich arbeiten darfst, nicht wahr?«

»So ist es«, sagte de Dieu ernst. »Es sei denn natürlich, Ihr würdet Euch zusammentun.«

»So, so, Meister Gerardus Mercator in Frankfurt vertreten, daß wir das noch erleben dürfen.«

Gerhard brauchte sich nicht umzudrehen, um zu wissen, wer ihn angesprochen hatte. »Gemma Frisius«, sagte er zu de Dieu, der mit gerunzelter Stirn über Gerhards Schulter blickte, »dessen Vorgeschichte dir hinlänglich bekannt ist.«

»Die böse Zunge von Herrn de Dieu hat mir einigen Schaden zugefügt«, sagte Frisius. »Aber der wahre Schuldige ist natürlich der Anstifter.«

Gerhard erschrak, als er sich umdrehte, um den anderen anzusehen. Frisius sah alles andere als blühend aus. Sein ohnehin volles Gesicht war abscheulich aufgedunsen und seine blasse Haut mit dunkelroten Flecken durchsetzt. Seine

Augen waren blutunterlaufen und tränten unentwegt. Dazu stützte er sich schwer auf einen knorrigen Krückstock, der aussah, als hätte er ihn lieblos selbst gemacht. In der freien Hand hielt er ein Buch.

»Ich fürchte, ich muß dich enttäuschen«, sagte Frisius. »Mein körperlicher Verfall hat nichts mit dir zu tun. Ich bin krank und kann mich nicht heilen. Was dich gewiß nicht erstaunen wird, da du von meinen ärztlichen Qualitäten ja keine hohe Meinung hast. Warum ich dennoch die anstrengende Reise nach Frankfurt auf mich genommen habe? Nun, zum einen hat man mich hertransportiert, und zum anderen weigere ich mich, still dazusitzen und auf meinen Freund, den Tod, zu warten. Obgleich der nun täglich kommen könnte, um sein Werk zu verrichten.«

Mit einem gewissen Unmut registrierte Gerhard, daß ihn der andere dauerte. Der Anblick von Krankheit und Leid ließ ihn nie unberührt, nicht einmal dann, wenn es sich bei dem Betroffenen um jemanden handelte, dem er schon einmal Schlimmeres an den Hals gewünscht hatte. Unsicher sagte er: »Mein Gott, Gemma, das tut mir wirklich leid.«

»Wenn das jetzt noch deine Frau sagen würde.« Frisius versuchte zu grinsen, doch heraus kam nur ein schmerzverzogenes Gesicht.

»Wie steht es in Löwen?«

»Wir leben zwischen Gott und der Hölle. Der Kaiser hat die Ketzerverfolgung noch verstärkt, auf jegliche Form von Ketzerei steht fortan die Todesstrafe. Der Bürger soll als Spion gegen seine Mitbürger auftreten. Und als wären die kirchlichen Inquisitoren nicht schon schlimm genug, hat man jetzt zudem Staatsinquisitoren eingestellt. Es geht das Gerücht, daß der Kaiser den Thron seinem Sohn, Prinz Philipp, überlassen will. Ob das eine Verbesserung wäre, ist noch die Frage. Aber, ach, was kümmert es mich noch…« Frisius musterte Gerhard von Kopf bis Fuß und warf einen Blick über den Tisch, an dem sich de Dieu angeregt mit zwei Interessenten unterhielt. »Wenigstens dir scheint es im friedlichen Deutschland ja bestens zu gehen. Wie auch unserem Freund John Dee.« Er hielt das Buch hoch, das er in der Hand hatte, um Gerhard die Titelseite zu zeigen. »Sein neuestes Werk, dort hinten am Eingang zu kaufen. Eine, wie er selbst es umschreibt, detaillierte Darlegung seiner Theorien über die natürliche Magie. Wer mag ihm diese Ideen wohl eingeflüstert haben, fragt man sich?« Etwas ungelenk schlug Frisius eine Seite um und las ein kurzes Textstück vor: »*Ad Gerardum Mercatorem Rupelmundanum, Mathematicum et Philosophum Insignem.* Ach, und sieh mal da: …*humanissime, doctissimeque mi Gerarde.*« Er schlug das Buch zu. »Da fühlst du dich bestimmt sehr geehrt.«

Dee hatte Gerhard das eine und andere schon vor geraumer Zeit umständlich in einem Brief erklärt. Sich bedeckt haltend, erwiderte er: »Ein Mensch kann vielerlei Freunde haben, wie du zweifellos weißt.«

»Ach, vielleicht sollte ich mich gar geschmeichelt fühlen, nicht wahr, als der Lehrer, den der Schüler übertrifft?« Frisius schien noch etwas hinzufügen zu wollen, doch dann verzog er das Gesicht, ließ das Buch aus der Hand fallen und griff sich in die Magengegend. »Da sitzt ein Monster mit scharfen Zähnen, das mich von innen her auffrißt…« Er zischte die Worte stoßweise, so daß sie kaum zu verstehen waren. »Noch ein solcher Anfall, und ich steche eigenhändig ein Messer hinein!« Er wankte.

Erschrocken faßte Gerhard ihn beim Arm und wollte ihn zu einem Stuhl führen. Doch Frisius schob ihn mit einer ungeduldigen Gebärde von sich. »Ich brauche kein Mitleid«, sagte er. »Und schon gar keine Mildtätigkeit. Bedaure, daß ich dir das Vergnügen versagen muß.« Er holte zitternd Luft und blies sie langsam wieder aus. »So, jetzt, da das Zwerchfell entspannt ist, kann ich wieder ein paar Schritte weiter.« Er sah Gerhard an. »Alles Gute, Meister Mercator. Was du mir in deiner jugendlichen Dreistigkeit angetan hast, sei dir verziehen.« Er wandte sich um und schlurfte, schwer auf seinen Krückstock gestützt, davon.

Er verzeiht mir, dachte Gerhard fassungslos. Doch mit dem Bewußtsein, daß er den anderen vielleicht nie mehr lebend wiedersehen würde, verflog die Verärgerung.

Als Frisius zwischen den Messebesuchern verschwunden war, sah Gerhard, daß das Buch von John Dee auf dem Boden liegengeblieben war. Er hob es auf und erwog kurz, Frisius nachzulaufen und ihm sein Eigentum zurückzugeben. Doch er unterdrückte diese Regung. Er würde ihm das Buch schicken, mit einem kleinen Begleitbrief. Und vielleicht würde es sogar ein freundlicher Brief werden.

Arnold kehrte nach drei Jahren aus Bremen zurück. Molanus hatte ihm einen Brief mitgegeben, in dem stand, daß er nicht mehr viel für ihn tun könne. Arnold habe mit recht gutem Erfolg Kartographie und Mathematik studiert und Grundkenntnisse in Latein erworben. An seinem Benehmen sei während der gesamten Zeit nicht viel auszusetzen gewesen.

Über letzteres war Gerhard einigermaßen verwundert. Anscheinend hatte Arnolds eigene Familie die schlechtesten Seiten in ihm zum Vorschein gebracht. Die dreijährige Trennung war ganz offenkundig gut für ihn gewesen. Arnold wirkte ruhiger, mehr in sich gekehrt, und mischte sich nicht mehr in anderer Angelegenheiten ein, auch nicht in die seiner Schwestern. Was aber die wirkliche Ursache für Arnolds verändertes Verhalten war, bekam Gerhard einige Zeit später mit: Arnold hatte eine Liebste. Sie hieß Elisabeth Monhemius, und er hatte sie in Bremen kennengelernt.

Als Gerhard das Mädchen zum erstenmal sah, war ihm, als erschiene ihm ein Geist. Elisabeth sah aus wie eine junge Johanna Switten. Ihr Augenaufschlag, ihr Haar, ihre Art, sich zu bewegen, ja sogar ihre etwas freche Rede riefen bei Gerhard nostalgische Erinnerungen an Barbaras Mutter wach. Die Magie der Natur, dachte er. Der allmächtigen Natur, die mit dem Menschen spielte, als wäre er eine Maus in den Fängen einer jungen Katze.

»Ich brauche Geld«, sagte Arnold wenig später ohne irgendeine Einleitung, als er zu Gerhard ins Atelier kam. »Ich möchte Elisabeth heiraten.«

Gerhard schaute nicht von seiner Arbeit auf. Lapidar entgegnete er: »Niemand hindert dich daran, zu arbeiten und Geld zu verdienen.«

»Ich hoffte auf Unterstützung.«

»Die kannst du bekommen, ich habe Arbeit genug, die du übernehmen könntest.«

»Finanzielle Unterstützung, meine ich.«

Gerhard sah seinen Sohn an. »Du weißt, daß wir es nicht so dick haben, und wir müssen für ein größeres Haus sparen.«

Arnold nickte. »Mutter hatte mich schon gewarnt, daß ich von dir nicht viel zu erwarten bräuchte.« Er stellte die dünne Holzplatte, die er bei sich hatte, gegen ein Tischbein.

»Weil sie nur zu gut weiß, wie es um uns bestellt ist!«

»Hast du Einwände gegen Elisabeth?«

Gerhard streckte den Rücken, eine Bewegung, die schon einem Tic zu gleichen begann. »Ganz im Gegenteil.« Die Frage ist eher, ob du sie verdienst, dachte er. »Ich muß sagen, daß du mit ihr eine angenehme Überraschung mit nach Hause gebracht hast, Arnold.« Und wenn sie auch den Charakter derjenigen hat, der sie so sehr ähnelt, stehen dir noch aufregende Zeiten bevor. Doch diesen Gedanken laut auszusprechen wäre ihm nicht eingefallen.

»Ich wollte dir etwas zeigen.« Arnold nahm die Holzplatte auf, stellte sie auf den Tisch und drehte sie so zu Gerhard hin, daß dieser die Karte sehen konnte, die daraufgeklebt war.

»Island?« Gerhard beugte sich vor, um die Karte eingehender betrachten zu können. »Ist das deine Arbeit?«

Arnold nickte ausdruckslos. »Es ist eine Kopie eines Ausschnitts deiner Europakarte. Darauf hast du nämlich einen Fehler gemacht: Thule insula ist spiegelverkehrt abgebildet, du hast Westen und Osten vertauscht. Ich habe diesen Fehler korrigiert. Hekla Mons, die Westmone Insulae und das Saxa Gentilium befinden sich jetzt am geographisch richtigen Ort.«

Gerhard blickte mit wachsendem Erstaunen auf die Karte. »Mir war dieses Versehen bekannt, ich wollte es auch selbst irgendwann korrigieren. Aus Zeitmangel ist bisher nichts daraus geworden.« Er beugte sich noch weiter vor, um die Widmung zu lesen, die auf der Karte angebracht war. »*Dem edlen Carolus Malegherius aus Veurne und seiner großen Zukunft.*« Er sah Arnold an. »Ein Auftraggeber?«

»Ein Freund.«

»Ich sehe, daß Bremen dir zum Vorteil gereicht hat.«

»Es war gut, von zu Hause fort zu sein. Deshalb möchte ich auch so schnell wie möglich heiraten.«

»Nur weil du wieder von zu Hause wegwillst? Liebst du Elisabeth denn nicht?«

Arnold zögerte kurz. »Ihre Gesellschaft ist mir angenehm.«

»Nicht mehr als das?«

»Ist das denn nicht genug?«

Gerhard dachte an Gertrude, allein in ihrem Haus, so nahe, fast in Reichweite. »Ich weiß es nicht…« Schwache Antwort, warf er sich selbst vor. Aber er hatte auch keine Lektionen in der Liebe zu erteilen. »Du bist alt und klug genug, um zu wissen, was du tust.« Schon wieder eine Lüge, dachte er. Man war nie alt und klug genug, um zu wissen, was man tat.

»Wie findest du sie?«

»Hä? Ach, deine kartographischen Kenntnisse…« Gerhard lehnte sich zurück und verschränkte die Arme, die Augen auf die Karte von Island gerichtet. »Ich glaube, ich habe geeignetere Arbeit für dich. Du hast die Dreiecksvermessung gelernt, und es warten mehrere Aufträge zur Feststellung der korrekten Maße und Grenzen von Landbesitzen.« Er sah Arnold an. »Wäre das nichts für dich? Manche davon sind ein gutes Stück von hier entfernt, so daß du für längere Zeit aus dem Haus wärest.« Letzteres fügte er in leicht sarkastischem Ton hinzu. »Überdies ist die Arbeit recht gut bezahlt.«

»Kann ich das so einfach an deiner Statt tun?«

»Wenn sie wissen, daß du meinen Namen trägst, ja.« Gerhard vermied es absichtlich, zu sagen, »daß du mein Sohn bist«, doch das schien Arnold zu entgehen. »Und ich gebe dir natürlich die nötigen Empfehlungen mit. Wir werden ohnehin allmählich zum Familienbetrieb. Ich schaffe das alles nicht mehr allein, und der Name Mercator soll schließlich fortgesetzt werden.«

»Und Bartholomäus und Rumold?«

»Die gliedern wir auch schon irgendwie ein.« Gerhard stand nicht der Sinn danach, Arnold anzuvertrauen, daß er ein wenig enttäuscht war von Rumolds geistigem Vermögen. Mit seinem großen Arbeitseifer und seinem umgänglichen Charakter machte der Junge außerdem viel wett. Bartholomäus wiederum hatte zwar das wissenschaftliche Gespür seines Vaters geerbt, schwächelte aber gesundheitlich derart, daß er manchmal gar nicht arbeiten konnte.

Wenn Emerentia doch nur ein Junge wäre, dachte Gerhard mitunter. Seine älteste Tochter war kunstsinnig *und* klug. Aber Frauen hatten nun einmal eine andere Bestimmung.

»Ich werde es mir überlegen.«

Gerhard fuhr hoch. »Überlegen? Wenn du Geld brauchst, gibt es nicht viel zu überlegen. Danke Gott, daß du so schnell und leicht ans Werk gehen kannst! Und was diese Arbeit hier betrifft: Ich schlage vor, daß du die Korrektur auf die Platte meiner Europakarte überträgst. Dann können wir sie neu drucken lassen und zu Geld machen. Und davon bekommst du natürlich deinen Anteil.«

Arnold nickte ergeben und stellte die Holzplatte beiseite. »Wir wollen im Herbst heiraten«, sagte er.

Gerhard nickte. »Meinen Segen hast du. Und jetzt mach dich am besten gleich an die Arbeit, denn du wirst noch verflixt hart arbeiten müssen, um eine Familie gründen und ernähren zu können.«

Vielleicht wird doch noch alles gut mit ihm, dachte er, während er sein Zeichengerät wieder zur Hand nahm. Er hoffte es aus tiefstem Herzen. Vor allem für Elisabeth.

Es vergingen schließlich fast sechs lange Jahre, ehe Gerhard mit seiner Familie in das Haus an der Oberstraße ziehen konnte.

Ambrosius Maurus hatte sein Bürgermeisteramt unterdessen aus gesundheitlichen Gründen an einen gewissen Otto Vogel übergeben müssen, der gleichfalls in der Nachbarschaft wohnte. Er war daraufhin wieder häufiger in seinem Atelier aufgetaucht, allerdings eher um Gerhards Gesellschaft willen, als um an seinen Uhren zu basteln. Auch Gerhard hatte eine herzliche Freundschaft zu dem ungewöhnlich rasch alternden Mann entwickelt. Fast so, als lenkte er einen Teil seiner Gefühle für Gertrude auf Maurus um. Gefühle, die er nie zu äußern gewagt hatte. Auch Maurus sprach ihn nie darauf an, obgleich sich Gerhard ziemlich gewiß war, daß dem anderen die Blicke, mit denen er Gertrude nur allzuoft bedachte, nicht entgangen sein konnten.

Gerhard hatte den versprochenen Lehrstuhl am neuen Gymnasium bekommen, doch es zeigte sich schon bald, daß ihn diese Aufgabe viel zuviel von seiner wertvollen Zeit kostete. Überdies war die strikte Routine des Unterrichtens in den angewandten Wissenschaften nicht nach seinem Geschmack. Die Kosmographie und die Mathematik faszinierten ihn zwar nach wie vor außerordentlich, aber nur insofern, als sie ihm das Fundament lieferten, von dem aus sich sein Intellekt auf den Flügeln der Vorstellungskraft zu Entdeckungsreisen emporschwingen konnte. Und das ging nur in seiner eigenen Werkstatt. *Die Vorstellung, die sich über die unerschöpfliche Weite des Traumes erstreckt, ist weniger veränderlich, aber auch weit weniger launisch als das Universum der Mentalitäten.* Diesen Gedanken hatte er niedergeschrieben und an die Wand des Raums gehängt, in dem er unterrichtete. Er empfand den Unterrichtsraum als Gefängnis, wagte es aber nicht, irgend etwas zu sagen, was dem Herzog hätte mißfallen können. Häufig überließ er das Unterrichten seinem Sohn Bartholomäus.

Bis ihn das Schicksal barmherzig, wenn auch auf drastische Weise seiner Verpflichtung enthob. Es begann damit, daß Gerhard in heftige Diskussion mit dem Rektor des Gymnasiums geriet. Der Anlaß dafür war eher trivial, doch da Gerhard mit dem bornierten und selbstgefälligen Mann nie gut ausgekommen war, brauchte es nicht viel, um die Lunte ans Pulverfaß zu legen.

Es geschah in einer Kosmographiestunde, in der Gerhard über eine seiner eigenen Beobachtungen sprach, namentlich die veränderliche Umlaufgeschwindigkeit der Planeten. »Die Planeten durchlaufen, wenn sie sich der Sonne nähern, in derselben Zeit ein größeres Stück ihrer Umlaufbahn als sonst«, verkündete er. »Mit anderen Worten, sie bewegen sich nicht immer gleich schnell, genausowenig wie der Mond bei seiner Reise um die Erde.«

»Was für ein Unsinn!«

Gerhard schaute bei diesem unvermittelten Zwischenruf irritiert auf. Er hatte nicht gemerkt, daß der Rektor hereingekommen und an der Tür stehengeblieben war, um zuzuhören. »Unsinn, Herr Rektor?«

»Das ist doch hanebüchen! Setzen die Planeten etwa ein paar zusätzliche Segel, wenn sie sich der Sonne nähern, um so schnell wie möglich an ihr vorüber zu sein?«

Einige Schüler lachten, und das genügte, um Gerhard aufzubringen. In für ihn ungewöhnlich scharfem Ton sagte er: »Darf ich Euch darauf hinweisen, Herr Rektor, daß bereits der griechische Astronom Kallipos mehr als dreihundert Jahre vor Christus in seinen Schriften davon sprach, daß die Sonne unterschiedlich lange benötigt, um die vier gleichen Quadranten der Ekliptik zu durchlaufen?«

»Was habe ich mit...«

»Überdies, Herr Rektor«, unterbrach ihn Gerhard unwirsch, »war es schon zur Zeit des Hipparchos im zweiten Jahrhundert vor Christus bekannt, daß sich der Mond mit unterschiedlicher Geschwindigkeit auf seiner Bahn bewegt. Sogar bei den Chaldäern finden wir schon dahin gehende Hinweise.«

»Zweihundert Jahre vor Christus hatte man nicht einmal...«

»Aber wie könnten wir auch von einem, der vielleicht gerade einmal die Tierkreiszeichen auswendig kennt, derlei faktisches Wissen erwarten?«

Der Rektor trat erbost einen Schritt vor. »Meister Mercator, darf ich Euch darauf hinweisen, daß...«

»Meister Geldorp, das hier ist meine Klasse, und es geht

um mein Fachgebiet. Und wenn Ihr hundertmal dank Eurer guten Beziehungen zum Rektor ernannt wurdet, das gibt Euch noch lange nicht das Recht, hier vor meiner versammelten Schülerschaft völlig aus der Luft gegriffene Bemerkungen zu machen, um meine Glaubwürdigkeit und mein Wissen in Zweifel zu ziehen!«

Darauf wußte der Rektor nichts mehr zu erwidern. Weiß vor Wut machte er auf dem Absatz kehrt und verschwand.

Es dauerte fünf Wochen, bis sich der Stadtrat mit den Anwürfen des Rektors gegen Gerhard befaßte. Und Gerhard entdeckte auch bald, warum es so lange gedauert hatte. Bürgermeister Vogel hatte im Auftrag des Herzogs in astronomischen Kreisen Erkundigungen über Gerhards Behauptungen einziehen lassen. Die Folge war, daß der ohnehin schon umstrittene Geldorp entlassen wurde.

Auf Gerhards Fürsprache hin wurde bei Johannes Molanus in Bremen angefragt, ob er die Rektorenstelle in Duisburg übernehmen wolle. Froh, wieder in Gerhards Nähe sein zu können, sagte Molanus zu. Doch das erwies sich als keine glückliche Entscheidung. Denn der nachtragende Geldorp ließ nicht nach, auf allerlei versteckte und öffentliche Weise gegen das Gymnasium zu agieren, so daß dieses nach einiger Zeit wegen Schülermangels geschlossen werden mußte. Johannes Molanus blieb nichts anderes übrig, als wieder nach Bremen zu ziehen. Was ihm um so schwerer fiel, als er sich bei Mercator wie zu Hause fühlte.

Zur selben Zeit entschied sich Ambrosius Maurus, vom irdischen Leben Abschied zu nehmen.

Gerhard war gerade mit der mathematischen Auswertung einer Reihe von Messungen beschäftigt, die er im Zusammenhang mit einem Disput über die Grenzen des Herzogtums Kleve angestellt hatte, als Beate ihn holen kam. Die Magd war sichtlich aus der Fassung, was er bei ihr noch nie zuvor erlebt hatte.

Gertrude erwartete ihn an der Haustür. »Ich wagte nicht wegzugehen«, sagte sie. »Ich fürchte, es kann jetzt jeden Augenblick soweit sein. Und Ambrosius möchte dich sehen. Der Pfarrer von Sankt Salvator hat ihm schon die Letzte Ölung gegeben, er kommt später noch einmal wieder.«

Sie wirkte ruhig und beherrscht, aber Gerhard kannte sie inzwischen gut genug, um die unterdrückte Traurigkeit in ihren Augen lesen zu können.

Maurus lächelte schwach, als er Gerhard an seinem Bett erblickte. »Ich heiße den Tod willkommen«, sagte er. Seine Stimme war schwach, aber verständlich. »Aber ich brauche einen Freund, dem ich sagen kann, daß ich keine Angst vor dem Sterben habe.«

Maurus war entsetzlich abgemagert, als hätte er seit Wochen nichts gegessen. Seine Wangen waren eingefallen, und seine Augen lagen so tief in ihren Höhlen, daß sein Gesicht schon viel von einem Totenkopf hatte. Doch sein Gesichtsausdruck war ruhig und entspannt und nicht von Leiden gezeichnet.

»Dieser Pfarrer«, sagte er kopfschüttelnd, »hält protestantische Gottesdienste in römisch-katholischen Gewändern und umgekehrt. So etwas geht auch nur in meinem Duisburg.«

Gerhard sah zu Gertrude auf. »Was sagt der Arzt?«

»Der Arzt!« höhnte Maurus. »Der kann mir gestohlen bleiben mit seinen Blutegeln und Brenngläsern! Warum soll man sich solche Quälereien gefallen lassen, wenn man ohnehin stirbt?« Er heftete die Augen auf seine Frau. »Ich möchte kurz mit meinem Freund allein sein, bist du so lieb?« Und Gerhard forderte er auf: »Nimm dir einen Stuhl, ich muß ja zu dir aufschauen wie zu einem Kirchturm.«

»Einer nach dem anderen verläßt mich«, sagte Gerhard, als Gertrude und Beate weg waren. »Was ist das nur?«

»Ein Zeichen, daß du älter wirst«, meinte Maurus. Er hatte die Augen jetzt geschlossen, als ermüdete ihn das Schauen.

»Älter? Ich bin noch nicht einmal fünfzig.«

»Sieh dich um, Meister. Heutzutage erreichen viele nicht einmal dieses gesegnete Alter.« Maurus öffnete die Augen, um Gerhard anzusehen. »Aber du wirst mindestens hundert.«

Gerhard blickte kurz auf die Innenseite seiner Hand. »Vielleicht habe ich Glück, ich bin gesund, und man hat mir ein langes Leben prophezeit.« Und die, die mir das prophezeit hat, lebt auch schon nicht mehr, dachte er mit einem Nachhall von Traurigkeit.

»Schade, daß wir nie diese seegangresistente Uhr entwickeln konnten.«

»Ich habe von John Dee gehört, daß ein bekannter englischer Uhrmacher das zu seiner Lebensaufgabe erklärt hat. Die britische Admiralität soll eine beachtliche Prämie für den ausgelobt haben, dem es als erstem gelingt.«

»Es wäre eine Schande, wenn es einem Engländer gelänge. Die besten Uhrmacher gibt es hier in Deutschland!«

Gerhard fand es wichtiger, daß es so eine Uhr überhaupt geben würde, und wenn ein Buschmann sie erfände. Doch diesen Gedanken behielt er für sich. »Ach ja, die Zeit«, sinnierte er, »welch seltsames Phänomen...«

»Darüber wollte ich mit dir reden.«

»Über die Zeit? Oder über mein langes Leben?«

»Über dein langes Leben und über Gertrude.« Maurus' Augen suchten die Gerhards.

Gerhard mußte sich zusammenreißen, um nicht den Blick abzuwenden. »Über Gertrude?«

»Sie bleibt allein zurück, als recht wohlhabende und anziehende Frau, die noch lange nicht im Herbst des Lebens ist.« Maurus seufzte, als kosteten ihn die Worte besondere Mühe. »Irgend jemand muß über sie wachen, Gerhard.«

»Ich glaube, daß Gertrude stark genug ist, um...«

Maurus machte eine schwache Handbewegung. »Gertrude hat ein behütetes Leben gehabt, sie ist gegen das Böse nicht gefeit.«

»Meinst du jetzt...« Gerhard suchte nach den richtigen Worten. »Möchtest du etwa, daß sie für den Rest ihres Lebens allein bleibt?«

»Nein!« entgegnete Maurus so schnell, daß Gerhard erschrak. »Ich möchte... Es wäre mir lieb...« Er schloß erneut die Augen. »Ich sähe es am liebsten, wenn du mit ihr... wenn du...« Maurus verstummte und preßte die dünnen, bläulichen Lippen aufeinander. »Ich darf das nicht sagen«, flüsterte er kaum verstehbar.

»Ambrosius...« Gerhard legte die Hand auf die des anderen. Es war, als berührte er ein kaltes Stück Holz. »Ich hege schon sehr lange innige Gefühle für Gertrude, das möchte ich hier jetzt nicht länger leugnen.«

Maurus nickte vage. »Wenn du dich ihr auf ungebührliche

Weise genähert hättest, hätte ich das in ihren und deinen Augen gelesen. Da du deine Gefühle aber die ganze Zeit zu beherrschen wußtest, ist meine Achtung vor dir nur gewachsen. Vor dir und ihr.«

»Dein Tod wird nichts daran ändern, Ambrosius. Ich habe eine Familie.«

»Prinzipien«, murmelte Maurus. »Skrupel, Gewissen, Treue, Standhaftigkeit, Ehrgefühl ... Alles Dinge, die das Leben zugleich schön und schwer machen. Nun, da ich hier so liege, frage ich mich, ob es wohl die Mühe wert war, immer den schwierigeren Weg zu wählen. Was, wenn es so etwas wie ein Jenseits nicht gibt?« Maurus schien über seine eigene Äußerung zu erschrecken. »Welch entsetzlicher Gedanke!«

»In dem Fall stirbst du zumindest in dem Wissen, daß du das Richtige getan hast.«

Maurus sah Gerhard an, und sein Blick bekam etwas Zwingendes, als hätte er aus irgendeinem verborgenen Winkel noch ein wenig Kraft bezogen. »Ich möchte in dem Wissen sterben, daß es Gertrude weiterhin gutgehen wird.«

Gerhard nickte. »Ich werde alles, was in meinem Vermögen liegt, tun, um darüber zu wachen.«

»Gut, ich danke dir, Gerhard, das gibt mir Ruhe.«

Als Maurus nichts mehr sagte, fragte Gerhard: »Soll ich sie wieder hereinrufen?«

Maurus antwortete nicht. Ein vages Lächeln um die Lippen, lag er da und starrte an die Decke.

»Ambrosius?« Gerhard erhob sich langsam und beugte sich über das Bett, um an Ambrosius' Halsschlagader zu fühlen. Sein eigenes Herz schien einen Moment stillzustehen, als er die Berührung des Todes erfuhr. Behutsam schloß er seinem Freund die Augen und blickte noch einen Moment auf ihn nieder, ohne etwas zu denken. Dann begab er sich zur Tür.

Gertrude starrte einige Sekunden auf die Träne, die Gerhard über die Wange kullerte, bevor sie schweigend an ihm vorüber ins Schlafzimmer trat. Leise schloß sie die Tür hinter sich, als wollte sie ihren Schmerz vor der Welt verbergen.

29

Bessere Karten wären weiß Gott ein Segen«, sagte Kapitän Manasse. »Aber diese hier... da habe ich die stärksten Zweifel.« Er warf seinen Zirkel auf den Tisch und blickte skeptisch auf die beiden Nordseekarten, die zum Vergleich auf dem großen Tisch in seiner Kajüte nebeneinanderlagen.

Helios, der maritime Sondergesandte des Kaisers, entgegnete: »Aber ich meinte doch, daß wir Helgoland genau dort zu sehen bekommen hätten, wo wir es erwartet hatten, oder?«

»Stimmt, aber das eher trotz denn dank dieser eigentümlichen Karte von Mercator. Ich fand schon gleich, als ich sie zum erstenmal ausbreitete, daß sie seltsam aussieht. Grönland ist darauf größer als ganz Europa! Das ist doch absurd! Hatte der Mann zuviel Wein getrunken, als er diese Karte stach? Oder wird er allmählich senil?«

»Ich glaube verstanden zu haben, daß die Erklärung dafür und die Gebrauchsanweisung in diesen Kartuschen stehen.«

»In Lateinisch, Herr Helios. In Lateinisch. Welcher Kapitän oder andere Offizier kann schon Latein? Und Erklärungen hin oder her, diese Größenverhältnisse sind völlige aberwitzig. Wenn ich es nicht besser wüßte, würde ich denken, daß es sich um einen Scherz handelt. Eine winkeltreue Zylinderprojektion? Was zum Teufel soll ich mir darunter vorstellen?«

»Das wird in...«

»In diesen Kartuschen erklärt, eben. Die Karte strotzt von Kartuschen. In Lateinisch!« Mühsam buchstabierend, las Manasse vor: »*Distantiae locorum mensurandae modus.* Offenbar hat das etwas mit den räumlichen Abständen zu tun, aber *was*? Und was ist ein *Organum Directorium*?«

»Es handelt sich ja hier nur um die Kopie eines Versuchsexemplars, soweit ich verstanden habe.«

»Ach ja? Da bin ich aber sehr gespannt auf die endgültige Version. Wenn es die je geben sollte, nach Eurem negativen Bericht.«

»Schade«, sagte der Gesandte. »Einige unserer Wissenschaftler bei Hofe glaubten darin einen möglichen Durchbruch zu erkennen.«

»Wissenschaftler!« Manasse bemühte sich nicht, seinen Spott zu verhehlen. »Warum haben sie sich nicht alle mit auf der ›Tempus Fugit‹ eingeschifft? Da hätten sie mal am eigenen Leib erfahren können, welche Freude es ist, auf einem rollenden und stampfenden Schiff mit untauglichen Karten arbeiten zu müssen, um sein Ziel zu finden, ohne an irgendwelchen Klippen zu zerschellen. Von anderen Gefahren ganz zu schweigen.«

»Ich bin nur ein Abgesandter, Kapitän.«

»Natürlich, verzeiht«, lenkte Manasse ein. »Aber versucht bitte meinen Standpunkt zu verstehen, ich kann mir keinen Firlefanz erlauben. Ich möchte Euch nicht beleidigen, aber man hätte wenigstens jemanden mit entsenden können, der des Lateinischen mächtig ist. Daß man das nicht getan hat, gibt mir Anlaß zu der Vermutung, daß diese Karte wohl doch nicht sonderlich ernst genommen wurde. Und das macht das Ganze noch viel schlimmer. Steht es mir da nicht zu, verstimmt zu sein?«

Helios fühlte sich sichtlich unwohl in seiner Haut. »Man hat mir das eine und andere zu erläutern versucht, doch ich bin kein Navigator.« Er beugte sich über die Karte. »Man sprach unter anderem von Loxodromen, entsinne ich mich.«

Manasse schnaubte. »Was soll denn das jetzt wieder sein?«

»Wenn ich es richtig verstanden habe, sind das diese schiefen Linien, die alle Meridiane unter dem gleichen Winkel schneiden.«

»Ja, schief sieht das, gelinde gesagt, in der Tat aus. Das Tollste ist freilich, daß die Welt nach Norden hin immer größer wird. Man könnte schwören, die Erde wölbte sich nach innen und nicht nach außen.«

Helios seufzte. »Ihr sprecht da natürlich einen wichtigen Punkt an: Man hätte Euch vorab eine taugliche Übersetzung dieser Kartuschen anfertigen sollen.«

»Eben.« Manasse rollte die Karte zusammen und warf sie achtlos beiseite. »Da ich mein Schiff nicht zu verlieren wünsche, werde ich die Navigation, mit Verlaub, auf die bewährte Weise fortsetzen.«

Helios nickte, wenn auch widerwillig. Er hatte das Empfinden, daß sie etwas Wichtiges versäumten, aber er wußte nicht, was. Und der Kapitän war nicht gerade kooperativ. Aber das waren in die Jahre gekommene Kapitäne selten. Wofür Helios durchaus Verständnis hatte. Wer würde sich, wenn er lebenslange Erfahrung auf den Weltmeeren hatte, schon von einer Landratte Vorschriften machen lassen, die noch nie Schiffsplanken unter den Füßen gehabt hatte. »Ich werde Eure berechtigten Einwände gegen die Kartuschen und die widersinnigen Größenverhältnisse auf dem Nordteil der Karte an die Admiralität weitergeben«, versprach er.

»Gut«, sagte Manasse zufrieden.

Er ging an Deck und sog tief die salzige Seeluft ein. Skandinavien ist nahe, dachte er. Um das festzustellen, benötigte er keine Karten. Dafür hatte ein guter Seemann seine Instinkte.

»Da ist endlich dein Großvater«, sagte Barbara zu dem eingemummelten Würmchen, das sie im Arm hielt. Sie stand am Fenster zur Straße, auf der soeben ein Fuhrwerk gehalten hatte. Ortelius lud einige Koffer ab, Gerhard saß noch auf dem Bock, das Gesicht in den Händen, als hätte er gar nicht wahrgenommen, daß er zu Hause angelangt war. Die beiden Graveure, die vor zwei Monaten mit ihnen zusammen abgereist waren, waren nirgendwo zu entdecken. Wahrscheinlich waren sie schon vorher ausgestiegen.

Endlich richtete Gerhard sich auf und stieg mit hölzernen Bewegungen und schmerzverzerrtem Gesicht vom Bock. Er überließ es Ortelius, sich um das Gepäck zu kümmern, und ging gleich auf die Haustür zu, wobei er in den Manteltaschen ungeduldig nach dem Schlüssel suchte.

Barbara öffnete die Tür, bevor er den Schlüssel ins Schloß stecken konnte. Sie sahen einander einige Augenblicke lang stumm an, als wüßte keiner von beiden, was er sagen sollte. »Das mache ich nie wieder«, sagte Gerhard dann.

»Mein Gott, wie du aussiehst!« Barbara trat einen Schritt beiseite, um Gerhard vorbeizulassen. »So abgemagert.« Es klang wie ein Vorwurf. »Du bist doch wohl nicht krank?«

»Und ob ich krank bin!« brummte Gerhard. Er schien das Kind in Barbaras Armen gar nicht zu bemerken. »Krank von dieser elenden Reiserei!« Er ließ sich in der Küche auf einen Stuhl fallen. »Ich kann kaum glauben, daß ich lebend zu Hause angekommen bin. Zweimal sind wir unterwegs von Strauchdieben überfallen worden, zweimal!«

Beunruhigt fragte Barbara: »Haben sie dich beraubt?«

Gerhard schüttelte unwirsch den Kopf. »Philips hat einige von ihnen mit den Schädeln zusammengeschlagen. Ein Glück, daß wir diesen Riesen bei uns hatten. Für einen Graveur hat er verdammt kräftige Hände.«

»Ist das alles, was du nach einer zweimonatigen Reise zu erzählen hast? Daß du zweimal überfallen worden bist?«

»Das waren die aufregendsten Erlebnisse, der Rest bestand vor allem aus Unbequemlichkeiten und Langeweile. Herzog Karl mag ein großer Mäzen sein, aber er wird schon sehr tief in seine Schatzkiste greifen müssen, wenn er mich noch einmal nach Lothringen bringen will, um eine Karte von seinen Gebieten anzufertigen.«

»Wie war der Herzog?«

»Ach, ganz passabel. Er ist zwar ein überzeugter Anhänger der katholischen Liga, aber er tut in Lothringen viel Gutes.« Er schaute zu Ortelius auf, der sein Gepäck hereinbrachte und Barbara freundschaftlich umarmte. »Und dann dieser anstrengende Bursche hier! Eine Katastrophe, mit dem zusammen reisen zu müssen. Dem ist nichts weit und unbequem genug.«

Ortelius grinste. »Ärger ist eine höchst unfruchtbare Gefühlsregung«, sagte er. »So, ich reise gleich nach Antwerpen weiter.«

»Bist du denn von allen guten Geistern verlassen? Warum bleibst du nicht eine Nacht hier und ruhst dich aus?«

»Noch eine Nacht länger in deiner miesepetrigen Gesellschaft?« Ortelius beugte sich über das Kind in Barbaras Armen. »Und wen haben wir hier?«

»Ich bin besser zu ertragen, wenn ich nicht auf diesen dämlichen Karren brauche...« Nun erst schien Gerhard das Kind gleichfalls zu bemerken. »Wer ist denn das nun wieder?«

Barbara blickte Gerhard vorwurfsvoll an. »Dein erster Enkelsohn, er heißt Johannes.« Sie wiegte das Würmchen im Arm. »Kümmere dich nicht weiter um deinen Großvater«, sagte sie in einlullendem Ton zu dem Kind. »Der interessiert sich ohnehin nur für seine eigenen Angelegenheiten.«

Gerhard hatte sich erhoben. »Wirklich? Ist das Arnolds Sohn?«

»Dachtest du etwa, Elisabeth würde mit der Niederkunft warten, bis du wieder zu Hause bist?«

»Er sieht seiner Mutter ähnlich«, konstatierte Gerhard.

»Bist du jetzt erleichtert?«

»Offenkundig ist er wesentlich ruhiger als Arnold seinerzeit. Wo sind seine Eltern?«

»Arnold führt einen Auftrag für Herzog Wilhelm aus, der will, glaube ich, einen Stadtplan von Duisburg. Und Elisabeth versucht, ihren Haushalt in Ordnung zu bringen.«

Gerhard zog die Stirn kraus. »*Versucht*, ihren Haushalt in Ordnung zu bringen? Was hast du denn jetzt wieder gegen deine Schwiegertochter? Irritiert es dich etwa, daß sie deiner Mutter so ähnlich ist?«

»Ich gehe dann«, kündigte Ortelius hastig an. »Ich möchte eure Privatsphäre nicht länger stören.«

»Warte, ich begleite dich.« Als sie zum Karren liefen, sagte Gerhard: »Es ist absurd. Da kommt man nach zwei Monaten wieder nach Hause, und es ist, als wäre man keine Stunde weg gewesen. Der Streit geht einfach dort weiter, wo er unterbrochen wurde. Darauf war ich nun wahrlich nicht erpicht.«

»Du hast mein Mitgefühl«, sagte Ortelius, doch es war nicht so ganz deutlich, ob das ernst gemeint war. Er wollte schon auf den Bock steigen, als ihm noch etwas einfiel. »Du hast mir noch immer keine Antwort auf meine Frage gegeben, ob du dich an meinem *Theatrum Orbis Terrarum* beteiligen würdest.«

»Das ist ein beeindruckendes Projekt, Abraham. Eine Sammlung von mehr als fünfzig Karten verschiedener Kartographen ...«

»Der besten Kartographen«, verbesserte ihn Ortelius. »Zu denen ich mich selbst nicht zähle, so daß ich lediglich den Text schreiben möchte. Und neben der lateinischen Version möchte ich das Werk auch in verschiedenen anderen europäischen Sprachen veröffentlichen. Ohne dich wäre es eine höchst unvollständige Sammlung.«

»So eine Ehre kann ich natürlich kaum ausschlagen.«

»Warum dann dein Zögern, wenn ich fragen darf?«

Weil ich längerfristig selbst eine vergleichbare Kartensammlung plane, dachte Gerhard. Jedoch ausschließlich aus eigenen Arbeiten nach meiner Projektion. Eine Sammlung, die alle anderen Karten komplett überflüssig machen dürfte. Doch bevor es soweit war, würden natürlich genügend Zeit und Raum bleiben, daß auch Ortelius' Projekt sinnvoll und lukrativ sein konnte. Zumal Gerhard ohnehin noch eine Weile auf die Ergebnisse des ersten Tests warten mußte, der gerade mit einer seiner Versuchskarten auf der Nordsee angestellt wurde.

Er gab Ortelius die Hand. »Du hast meinen Segen und die Zusage meiner Mitwirkung.«

»Ich danke dir, Gerhard. Das bedeutet mir ungeheuer viel.«

Gerhard blickte über die Schulter des anderen zu Gertrudes Haus, wo er eine Bewegung hinter einem der Fenster im ersten Stock gesehen hatte. Das Fenster öffnete sich, und Gertrude beugte sich heraus. Sie winkte ihm zu.

»Du Glücklicher, daß du hier wohnst«, bemerkte Ortelius, als Gerhard den Gruß mit ungewöhnlicher Begeisterung erwiderte.

»Nichts hindert dich, gleichfalls hierherzuziehen.«

»O doch, ich liebe Antwerpen und seine Lebendigkeit. Und meine Zusammenarbeit mit Christophe Plantin ist so intensiv, daß die große Entfernung höchst unpraktisch wäre.«

»Und die Inquisition läßt dich in Ruhe?« Gerhards Blick blieb auf Gertrude gerichtet, bis sich diese nach nochmaligem Winken wieder zurückzog und das Fenster schloß.

»Ich bin vorsichtig, Gerhard.« Ortelius stellte den Fuß auf das Trittbrett und schwang sich behende auf den Bock. Man sah ihm in keiner Weise an, daß er schon eine unbequeme Tagereise hinter sich hatte. »Und nimm du dich auch in acht«, sagte er mit einem vielsagenden Blick zu Gertrudes Haus hin, während er zu den Zügeln griff.

Gerhard schaute dem Karren nach, wie er die Straße hinunterrumpelte. Ich werde ihn vermissen, stellte er mit einiger Verwunderung fest. Ortelius war ihm eine gute Gesellschaft gewesen. Ohne den jungen Mann hätte er, Herzog hin oder her, wahrscheinlich schon an der Grenze kehrtgemacht und wäre nicht bis nach Nancy weitergereist.

Er hatte auch Barbara während seiner Abwesenheit vermißt. Doch nun, da er wieder zu Hause war, wußte er nicht mehr so recht, warum.

»Du vernachlässigst mich«, sagte Gertrude, lächelte aber dabei. »Du bist schon zwei Tage wieder zu Hause, und erst jetzt kommst du mich besuchen.«

»Glaub mir, ich wünschte, ich hätte früher kommen können.«

»Ich dachte, Arnold und Bartholomäus würden dir jetzt Arbeit abnehmen. Und Emerentia.« Letzteres fügte sie etwas leiser hinzu, als wäre es ein Geheimnis, das niemanden etwas anging.

»Das hoffte ich auch. Ach, es wird wohl an mir liegen.«

Gerhard trat ans Fenster des großen Zimmers, in dem Gertrude einen Großteil ihrer Zeit mit Lesen und exquisiten Handarbeiten zubrachte. Manches von dem, was sie selbst kreierte, konnte sie sogar zu Geld machen.

Er schaute in den großen Garten hinaus, in dem sich einige Schweine tummelten. Drei davon gehörten ihm, aber Barbara lehnte es ab, sich um sie zu kümmern. So war Gerhard mit Gertrude übereingekommen, daß sie seine Tiere mitverpflegte und dafür eines von ihnen behalten durfte.

Nachdenklich sagte er: »Vielleicht bin ich zu ehrgeizig.«

»Das war Ambrosius auch.«

Bis ihm das Schicksal einen Strich durch die Rechnung machte, dachte Gerhard. Sein Blick wanderte zum Himmel, wo große graue Wolken mit glitzernden Rändern von einem steifen Westwind gen Osten getrieben wurden. »Ich träume schon lange von einer umfassenden Beschreibung des Kosmos. Ich möchte Astrologie, Astronomie, Kosmologie, Geographie und die Geschichte und Religion des Menschen in Zusammenhang zueinander setzen und zu einem übersichtlichen Ganzen ordnen. Seit Jahren schon trage ich mich mit diesem Gedanken. Es soll wie auch immer das *Scopus omnis laboris mei* werden. Doch allein schon der geographische Teil müßte vielleicht an die hundert gänzlich neue Karten umfassen.« Und nur Gott weiß, wieviel Zeit mir noch vergönnt ist, dachte er. Während der elenden Reiserei durch Lothringen hatte er erfahren müssen, daß er körperlich keineswegs mehr so bei Kräften war, wie er es gerne glaubte. Längeren Anstrengungen schien er nicht mehr gewachsen zu sein.

Gertrude stellte sich hinter ihn, um gleichfalls nach draußen zu schauen. Er bildete sich ein, ihre Wärme spüren zu können, obgleich sie ihn nicht berührte. »Das ist in der Tat ein außerordentlich ehrgeiziges Projekt«, sagte sie. »Können deine Söhne dir nicht dabei helfen?«

»Arnold und Bartholomäus sind gut in dem, was sie tun, doch ihnen fehlt das gewisse Etwas. Sie sind Handwerker, führen etwas aus, aber kreative Denker sind sie nicht. Womit ich mich befasse, verstehen sie nur ansatzweise.« Das gilt auch für Barbara, dachte er. Es war überhaupt das erste Mal, daß er mit jemandem über sein *Opus magnum* sprach.

»Und Rumold?«

Gertrudes Stimme klang irgendwie eigentümlich, und Gerhard drehte sich um. Doch ihr Gesichtsausdruck verriet nichts, nicht einmal ihre Augenbrauen zeigten irgendeine besondere Regung. »Ach, Rumold ist ein netter Bursche, aber...« – Gerhard zuckte die Achseln – »... für die wissenschaftliche Arbeit scheint er mir noch weniger geeignet als die anderen beiden.«

»Ich hörte, daß er Verleger wird?«

»Wer hat dir denn das erzählt?« fragte Gerhard verwundert.

»Meine Tochter.«

»Christina? Trifft sie sich denn mit Rumold?«

»Meine Tochter ist kein Kind mehr, Gerhard. Und dasselbe gilt für deinen jüngsten Sohn.«

»Meinst du damit, daß sie sich füreinander interessieren?«

»Was mich erstaunt, ist, daß es dich so erstaunt.«

Gerhard lehnte sich mit dem Gesäß gegen die Fensterbank, als ermüde ihn das Stehen. Es war nicht wirklich kalt draußen, aber dennoch spürte er die Kälte, die vom Fenster auf seinen Rücken abstrahlte. Es dürfte mich tatsächlich nicht erstaunen, dachte er. Sie waren Nachbarn, und Christina war ein anziehendes junges Mädchen, genauso anziehend wie ihre Mutter. Und Rumold war sanftmütig und sensibel. Es war eigentlich naheliegend gewesen, daß sich die beiden finden würden.

Ohne nachzudenken, sagte er: »Ich beneide ihn.«

Gertrudes linke Augenbraue schoß in die Höhe. »Ich wußte gar nicht, daß du auch ein Auge auf meine Tochter geworfen hattest?«

Gerhard schüttelte unwillig den Kopf. »Eher auf die Mutter...«

Gertrude nickte langsam. »Ich hatte mich schon damit abgefunden, daß du es nie eingestehen würdest.« Sie blickte ungewöhnlich ernst.

»Und es reut mich auch schon, daß ich es jetzt getan habe. Ich hätte das nicht sagen dürfen. Mein Gott, ich habe eine Familie!« Gerhard wandte sich unbehaglich ab und entfernte sich einige Schritte von Gertrude.

»Was sollte aus der Welt werden, wenn es uns nicht mehr erlaubt wäre, Menschen zu lieben, die uns sympathisch sind?« Gertrude sprach zu seinem Rücken.

»Es gibt verschiedene Arten, jemanden zu lieben, Gertrude.«

»Und bis jetzt war die deine nicht sündig, das meinst du doch.«

»Bis jetzt...«, wiederholte Gerhard vor sich hin.

Gertrude trat zu ihm und schlang völlig unerwartet die Arme um ihn. Stumm drückte sie die Wange an seinen angespannten Rücken. Die Gebärde sandte Wogen der Wärme aus, die Gerhard bis in sein Innerstes durchfluteten, so stark, daß ihn ein Schwindel erfaßte.

Gertrude drehte ihn zu sich um, zwang ihn, sie anzusehen. »Tränen?« fragte sie verwundert. »Warum?«

Gerhard holte tief Luft, damit seine Stimme nicht zitterte. »Ich weiß es nicht, ich weiß es wirklich nicht.«

»Gerhard...« Sie gab ihm mit der Faust einen kleinen Stoß gegen die Brust, um ihn zur Besinnung zu bringen. »Ich bin hier für dich da, und du brauchst deine Familie nicht im Stich zu lassen. Macht dich das schon ein wenig fröhlicher?«

Er schüttelte den Kopf wie ein bockiges Kind. »Es wäre nicht gut, für Barbara nicht und für dich nicht.«

Ihre Augenbrauen zogen sich zu einer Stirnfalte zusammen. »Es ist nicht an dir, zu bestimmen, was gut für mich ist, Gerhard.«

»Nein, natürlich nicht«, sagte er hastig. »Ich meine nur, daß…« Er zögerte, wußte plötzlich nicht mehr, was er denn meinte.

»Daß es nicht gut für dich wäre«, sagte Gertrude vorwurfsvoll. Sie trat einen Schritt zurück. »Du hast Angst, daß dir dein Gewissen allzusehr zu schaffen machen könnte.« Sie seufzte. »Ich hätte dich für mutiger gehalten, Gerhard.«

Er sah sie an, versuchte böse zu werden, doch das gelang ihm nicht. »Mut? Was meinst du, wofür es mehr Mut braucht, der Versuchung zu widerstehen oder ihr nachzugeben?«

»Ich gehe zum Markt, wünscht Ihr noch etwas Besonderes, gnädige Frau?«

Gerhard erschrak über die Stimme der Magd, die unvermittelt hinter ihm in der Türöffnung aufgetaucht war. Gertrude mußte sie kommen gesehen oder gehört haben, denn sie reagierte ganz ruhig. »Nein«, antwortete sie, »kauf einfach, was du selbst magst.«

»Vielen Dank, gnädige Frau.« Gerhard völlig ignorierend, wandte sich Beate um und ging.

»Ich glaube, ich gehe jetzt auch besser«, sagte Gerhard, obgleich alles in ihm danach schrie zu bleiben.

»Was ist es nur, das Menschen zwingt, sich stets für das zu entscheiden, was sie besonders unglücklich macht?«

»Eine Frage, auf die ich in meinen Philosophiestunden nie eine befriedigende Antwort erhalten habe«, gestand Gerhard. Wie auf so viele wichtige Fragen des Lebens, dachte er. In keiner anderen Wissenschaft schienen Buchweisheit und Alltagswirklichkeit so weit voneinander entfernt zu sein.

Aus einem plötzlichen Impuls heraus ergriff er Gertrudes Hand und küßte sie. Dann drehte er sich wortlos um und floh zur Tür hinaus.

»Johannes Molanus ist da«, sagte Barbara, als Gerhard nach Hause kam. »Er ist im Garten, mit Emerentia.« Sie sah ihn nicht einmal an, und dieses eine Mal war er froh darüber. Daß sie ihm mit gefurchter Stirn nachblickte, merkte er nicht.

Molanus saß auf der Bank an der Rückseite des Hauses, wo es windgeschützt war. Er schaute gedankenverloren Emerentia zu, die ein Sträußlein Bärenklau und Margeriten pflückte. Als ihr Vater erschien, ging sie schweigend mit den Blumen ins Haus.

»Das liebe Kind ist zu einer lieben Dame geworden«, sagte Molanus, nachdem sie sich begrüßt hatten.

»Emerentia?« Es fiel Gerhard schwer, Emerentia als erwachsene Frau zu sehen, obgleich sie bereits die Zwanzig überschritten hatte. Zum Teil war sie selbst daran schuld, denn sie hatte noch immer das entwaffnend Mädchenhafte an sich, das sie bewußt zu kultivieren schien, weil sie jeden damit um den Finger wickeln konnte. Auch arglose Männer wie Johannes Molanus, ging Gerhard plötzlich auf.

»Meine Frau ist tot«, sagte Molanus brüsk, als wollte er Gerhard für seinen Gedankengang strafen.

»Mein Gott, Johannes!« Gerhard setzte sich neben den anderen. »Was ist geschehen?«

»Nicht nur meine Frau.« Molanus sah Gerhard an. »Vielleicht hat man hier ja nichts davon gehört...« Er schlug die Hände vors Gesicht. »Die Pest, in Bremen. Die Menschen sind gestorben wie die Fliegen.«

»Davon wußte ich nichts.«

»Ich bekomme diese teuflische Krankheit nicht, ich bin ihr schon zweimal entgangen.«

Mit bangem Herzen fragte Gerhard: »Nicht nur deine Frau, sagtest du?«

»Meine ganze Familie, ich habe niemanden mehr.«

Die leise, scheinbar teilnahmslose Art, wie Molanus das sagte, berührte Gerhard mehr, als es ein theatralischer Gefühlsausbruch getan hätte. Und überdies machte ihn seine eigene Gefühlslage besonders sensibel. »Was wirst du jetzt tun?«

»In Bremen kann ich nicht mehr leben, da käme ich mir wie auf einem Friedhof vor, auf dem alle begraben liegen, die mir lieb und teuer waren.«

Gerhard legte dem anderen die Hand auf die Schulter. »Warum bleibst du nicht in Duisburg? Wir werden schon Arbeit für dich finden. Und fürs erste kannst du bei uns wohnen.«

Molanus nickte langsam. »Vielen Dank, Gerhard. Du bist ein wahrer Freund.«

»Ich habe noch etwas gutzumachen, seit ich dich hierherholte, um dieses unselige Gymnasium zu leiten.«

»Dazu mußtest du mich nicht groß überreden. Bremen... ach, ich weiß nicht. Ich habe nie eine große Affinität zu dieser Stadt gefühlt. Und jetzt verstehe ich auch, warum, ich muß das Unheil erahnt haben. Ich hätte niemals dorthin zurückkehren dürfen.«

»Ja«, sagte Gerhard leise. »Wir sollten alle etwas öfter auf die Stimme unserer Seele horchen.«

Kaum eine Woche darauf ertappte Gerhard sie, als er, von dem schönen Nachsommerwetter angelockt, kurz die Arbeit im Stich ließ, um ein wenig im Garten auszuspannen.

Sinnierend wanderte er zu den Bäumen im hinteren Teil des Gartens, um nachzuschauen, ob die Kastanien schon herunterfielen. Es wäre ein Jammer, wenn sie verfaulten, denn sie stellten ein ausgezeichnetes Schweinefutter dar. Es machte das Schweinefleisch rechtzeitig zur Schlachtung für den Winter würzig und saftig.

Eine Hecke aus niedrigen Holundersträuchern, aus deren Beeren Barbara Hustensaft machte, trennte das Dutzend Kastanienbäume gleichsam vom Rest des Gartens. Durch diese Hecke hindurch sah Gerhard mit einem Mal etwas Weißes schimmern. Er dachte schon, daß Kinder wieder irgendwelchen Plunder über die Gartenmauer geworfen hätten, als er eine Männerstimme hörte. Sie war zwar leise und unverständlich, kam aber zweifelsfrei hinter der Holunderhecke hervor und nicht etwa von jenseits der Mauer, wie er zunächst gedacht hatte. Und dann hörte er eine Frau lachen.

Nur wenige Schritte von der Stelle entfernt, von wo die Geräusche kamen, blieb Gerhard bei den Holundersträuchern stehen. Der weiße Gegenstand, auf den er als erstes aufmerksam geworden war, ließ sich noch immer nicht identifizieren, doch jetzt bewegte er sich rhythmisch auf und ab. Was das war, das er da sah und hörte, wollte Gerhard nicht in den Sinn. Bis die Frau erneut kicherte und er Ementia erkannte.

Im ersten Moment wollte er sich umdrehen und weggehen, so tun, als hätte er nichts gesehen. *Vergessen*, daß er etwas gesehen hatte. Doch irgend etwas, das stärker war als er selbst, stärker als die Hemmungen, die ihn beschlichen, zwang ihn weiterzugehen. Er schob sich geräuschlos zwischen den Holundersträuchern hindurch und drückte einige Zweige beiseite, die seine Sicht behinderten.

Der weiße Gegenstand war der entblößte Hintern von Molanus, der sich ein wenig krampfhaft auf und ab bewegte. Emerentia lag unter ihm, die Röcke bis zur Taille hochgeschoben. Sie kicherte und warf die Beine in die Luft, um Molanus' Mitte zu umschlingen. Doch in dem Moment bemerkte sie Gerhard. Sie riß die Augen auf und erstarrte.

Gerhard sprang hinter die Hecke zurück, als wäre *er* bei Obszönitäten ertappt worden, und eilte zum Haus zurück. Dort schloß er sich in seinem Atelier ein, mit dem Spukbild kämpfend, das auf seiner Netzhaut eingebrannt zu sein schien.

Er fuhr hoch, als an der Tür gerüttelt und anschließend angeklopft wurde. »Mach auf, Gerhard«, flehte Molanus. »Ich muß mit dir reden.«

Gerhard starrte zur Tür und hoffte, der andere würde einfach gehen. Er wollte keine Konfrontation, nicht jetzt. Doch Molanus gab nicht auf. »Komm schon, Gerhard, laß uns das aus der Welt schaffen!« sagte er hinter der verschlossenen Tür. Es klang ungeduldig.

Verkehrte Welt, ging es Gerhard durch den Sinn. Als wäre der andere der Ankläger. Er fragte sich, was Barbara an seiner Stelle getan hätte. Er wußte es nicht. Man hatte seine eigene Tochter nicht…

»Gerhard, das macht doch alles nur noch schlimmer!«

Da erhob sich Gerhard mit einem Ruck und riß die Tür auf. Bevor er den Mund aufmachen konnte, sagte Molanus: »Emerentia und ich wollen heiraten.«

Gerhard brauchte eine Weile, bis er die Stimme wiederfand, doch dann sagte er überraschend nüchtern: »Das wollte ich dir auch geraten haben!« Molanus bekam einen feuerroten Kopf, und seltsamerweise fühlte sich Gerhard dadurch auf einmal erheblich besser.

»Darf ich daraus schließen, daß du nichts dagegen hast?«

»Da du ja offenkundig schon das Vergnügen hattest, mußt du jetzt auch die Lasten auf dich nehmen.«

»Mein Alter stört dich nicht?«

»Ich bin es ja nicht, der das Bett mit dir teilen muß, und meine Tochter hat allem Anschein nach keine Probleme damit.«

»Gott im Himmel!« sagte Molanus, als würde ihm erst jetzt so recht bewußt, was gerade geschehen war. Er wischte sich mit dem Handrücken über die feuchte Stirn. »Was für eine Situation! Ich hoffe, du kannst mir das verzeihen.«

Gerhard hatte das Gefühl, allmählich wieder Herr der Lage zu sein, und damit rückten die mißlichen Empfindungen, die er gerade eben noch gehabt hatte, in den Hintergrund. »Mit dieser Bitte hättest du anfangen sollen, Johannes.«

Der andere nickte. »Entschuldige, Gerhard. Es hat mich einfach übermannt. Deine Tochter ist aber auch so …«

»Ich bitte dich!« sagte Gerhard hastig.

»Natürlich, entschuldige.« Je selbstsicherer Gerhard wurde, desto verwirrter schien Molanus zu werden. »Ich bin unendlich froh, daß du mich nicht hinauswirfst.«

»Wer sagt, daß ich das nicht tue?«

Molanus sah ihn so erschrocken an, daß Gerhard wider Willen beinahe gelacht hätte. »Wir regeln das schon«, sagte er beschwichtigend. »Aber...« Er zögerte kurz, warf instinktiv einen Blick zur Tür. »Meine Frau braucht nicht zu erfahren, was geschehen ist.«

»Barbara wird doch hoffentlich nichts einzuwenden haben gegen... äh... gegen die Heirat?«

»Sie ist dir jedenfalls wohlgesinnt.« Sofern Barbara jemandem wohlgesinnt sein kann, dachte Gerhard.

Er hörte Emerentia aus dem Garten kommen und rasch nach oben huschen. »Sprich mit ihr«, sagte er zu Molanus. »Sag ihr...« – er seufzte – »... sag ihr, daß ich nicht böse bin. Und daß sie ihrer Mutter nichts davon sagen soll.« Er sah Molanus an. »Hast du Geld? Ich meine, für die Hochzeit?«

»Äh... sagen wir mal, ich kann mich behelfen.«

»Gut, denn von mir brauchst du in der Hinsicht nicht viel zu erwarten.« Gerhard schüttelte den Kopf. »Und durch das ganze Theater habe ich meine anderen Schweine völlig vergessen.«

Molanus blickte verwundert. »Deine anderen Schweine?«

»Ach, laß nur«, sagte Gerhard.

30

De Dieu war in Hochstimmung, als er die Druckerei verließ. Christophe hatte für die bevorstehende Frankfurter Messe nicht weniger als hundert Exemplare von Gerhards Palästinakarte gedruckt. Doch kaum stand de Dieu draußen in der warmen Augustsonne, war es mit seiner Fröhlichkeit vorbei. Da kamen mit Stöcken und Hämmern bewaffnete Menschen vorübergerannt, und es wurde geschrien. Einen kurzen Moment dachte er, der Volksauflauf hätte etwas mit der Abreise Prinz Wilhelms von Oranien zu tun, der Antwerpen mit seinem Besuch beehrt hatte, doch die Losungen, die skandiert wurden, hatten überhaupt nichts mit dem Prinzen zu tun. Und im übrigen war der Prinz auch schon am Tag zuvor abgereist, wie de Dieu sich nun zu erinnern glaubte. Die Mienen der Menschen, die grüppchenweise in westlicher Richtung vorüberrannten, waren grimmig, ja geradezu haßerfüllt. So unbeliebt war Wilhelm der Schweiger nun auch wieder nicht. Zwar beugte sich der Prinz für gewöhnlich den Wünschen Philipps II., doch jedermann wußte, daß er es nur widerstrebend tat.

De Dieu trat auf einen älteren Mann zu, der in der Tür seines Hauses stand und zuschaute. Der Mann erschrak sichtlich und hätte beinahe die Tür zugeschlagen. »Ich habe nichts Böses im Sinn«, sagte de Dieu hastig. »Ich wollte nur fragen, ob Ihr wißt, was denn da vor sich geht?«

Der Mann blieb stehen, doch das Mißtrauen wich nicht von seinem Gesicht. »Wißt Ihr denn das nicht? Ja, wo kommt Ihr denn her?«

»Von außerhalb der Stadt, ich bin nur geschäftlich hier.«

»Die stürmen die Kirchen.« Bei dem »die« machte er eine verächtliche Gebärde zu den vorüberrennenden Menschen. »Die zerschlagen die Heiligenbilder und plündern alles. Gott möge sie strafen, diese Heiden!«

»Sie stürmen die Kirchen?«

»Spreche ich vielleicht französisch?«

»Ich verstehe das nur nicht so recht. Warum tun sie das?«

»Was weiß ich! Das sind Protestanten, aufgehetzt durch die calvinistischen Heckenpredigten. In Steenvoorde, im Westen, hat es angefangen, habe ich gehört. Und jetzt treibt das Gesindel hier sein Unwesen!« Er sah de Dieu verschreckt an und bekreuzigte sich. »Du bist doch wohl nicht einer von ihnen, hoffe ich?«

De Dieu setzte sich schon wieder in Bewegung, in dieselbe Richtung wie die Randalierer. Nicht, daß er von meuternden Massen so angetan gewesen wäre, doch ihn trieb die Neugierde.

Die Menge wuchs an, von überall her kamen Menschen aus den Häusern, die sich ihr anschlossen. Alle hatten große Hämmer und anderes Werkzeug bei sich. »Zur Sint-Joris! Zur Sint-Joris!« wurde geschrien.

De Dieu begann allmählich mulmig zu werden, aber jetzt konnte er nicht mehr zurück. Er mußte mit der Meute mitrennen, ob er wollte oder nicht. Denn sonst würde er niedergetrampelt werden. Als er kurz zögerte, packte ihn ein großer Mann unsanft beim Arm und schleifte ihn ein Stück mit. Erst am Ende der Straße ließ er ihn wieder los. Und da war an ein Entkommen überhaupt nicht mehr zu denken. De Dieu steckte mittendrin in der Masse rennender und schreiender Menschen, die ihn mitrissen wie ein wildschäumender Fluß einen Ertrinkenden. Und nun sah er auch ihr Ziel, eine große Kirche auf einem Platz am Park. Aus allen Richtungen strömten die Menschen hierher.

Offenbar waren die großen Holztüren der Kirche verschlossen gewesen. Eine von ihnen hing schief in den Angeln und war teilweise zersplittert, als habe man einen Rammbock eingesetzt. De Dieu nahm das alles ausschnitthaft wahr, als er stolpernd und schwankend mit in das Kirchenportal getrieben wurde. Dort geriet die Menge ins Stocken, weil sich bereits Plünderer von drinnen wieder nach draußen zu zwängen versuchten. Manche hatten Silbergegenstände in der Hand und scheuten sich nicht, sie als Schlagwaffe zu benutzen, um sich einen Weg zu bahnen. Aus der Kirche drang ein Heidenlärm nach draußen, als schlügen sie dort drinnen nicht nur die Heiligenbilder aus Gips und Holz kurz und klein.

De Dieu versuchte, das Durcheinander im Portal zu nutzen, um sich aus dem Gewühl zu befreien, und das wäre ihm auch fast geglückt, wenn er nicht plötzlich gegen einen der aus der Kirche kommenden Plünderer geschleudert worden wäre. Zwei Sekunden lang blickte de Dieu in ein grotesk verzerrtes Gesicht, dann bekam er einen enormen Schlag auf den Kopf. In der winzigen Zeitspanne, bevor es dunkel um ihn wurde, realisierte de Dieu mit wundersamer Klarheit, daß er tot sein würde, wenn er unter die stampfenden Füße der rangelnden Meute geriete. Und daß er Gerhard nicht mehr die Nachricht von den hundert Exemplaren der Palästinakarte würde überbringen können…

»Ich habe drei Dinge für dich mitgebracht«, sagte Ortelius, während er eine große Ledertasche auf den Tisch stellte. »Sie werden dich alle drei interessieren.«

Gerhard stand in der Tür und blickte auf den Garten hinaus, wo Barbara gemeinsam mit Bartholomäus und Rumold dabei war, aus Böcken und Latten einen großen Tisch zu improvisieren. Der größte Teil der Familie würde kommen, um die Verlobung von Rumold und Christina zu feiern, und draußen war viel mehr Platz als drinnen. Überdies war es ein herrlicher Sommertag mit milden Temperaturen und wenig Wind.

»Wie steht es in Antwerpen?«

»Als ich abreiste, herrschte so etwas wie Feststimmung, weil Wilhelm von Oranien dort war. Aber unter der Oberfläche brodelt es, wie überall in Flandern. Die Protestanten werden immer unverfrorener. Im Süden sollen sie da und dort schon Kirchen gestürmt haben, um die Heiligenbilder zu zerstören.«

Gerhard schaute immer noch auf den Garten hinaus und hörte nur mit einem Ohr zu. Emerentia saß ein wenig abseits auf einem Stuhl in der Sonne, das Gesicht mit geschlossenen Augen dem Himmel zugewandt. Sie war hochschwanger mit ihrem dritten Kind, die Niederkunft war nicht mehr weit. Wie sie so dasaß, schien sie von innen zu leuchten. Emerentia war nach wie vor Gerhards meistgeliebtes Kind, obwohl er das niemals laut gesagt hätte.

Nur ungern wandte er den zärtlichen Blick von ihr ab, um sich Ortelius zu widmen. »Es trifft sich gut, daß du gerade da bist, da kannst du dich nachher gleich mit zu uns an die Festtafel setzen. Die Frauen haben Unmengen Haschee gemacht. Wir müssen Fettreserven anlegen für den Fall, daß uns im Winter wieder eine Hungersnot droht, finden sie.«

»Da könnten sie durchaus recht haben.« Ortelius war ein notorischer Vielfraß, im Gegensatz zu Gerhard, für den Essen oft nicht mehr als eine zeitraubende Notwendigkeit war. »Und wie es der Zufall will, habe ich ein völlig neues Lebensmittel bei mir, das vielleicht gut zu dem Haschee paßt.« Er schnallte seine Tasche auf und nahm einen Leinenbeutel heraus, den er vorsichtig auf dem Tisch ausleerte. Heraus rollten einige bizarr geformte Knollen, die nach muffiger Erde rochen. »Das hier nennt man Erdäpfel. Sie wachsen in Südamerika an den Wurzeln einer Pflanze, die die Gelehrten *Solanum tuberosum* nennen. Ich habe sie von einem spanischen Kapitän, der sie mitbrachte.«

Gerhard nahm eine der Knollen in die Hand und betrachtete sie von allen Seiten. »An den Wurzeln? Sie sehen nicht gerade schmackhaft aus, finde ich.«

»Die Knollen werden geschält und in Wasser gekocht. Mit etwas Salz sind sie gar nicht schlecht. Und man braucht weniger Fleisch zu essen, um einen gefüllten Bauch zu haben.«

Gerhard legte die Knolle wieder zu den anderen. »Ich werde Barbara bitten, ein paar davon zu kochen.« Er klang wenig begeistert.

»Sie sind lange haltbar. Wenn die Bauern sie auch hier anbauen würden, könnten sie vielleicht dazu beitragen, die knappen Wintermonate zu überbrücken.«

»Tja, wenn man nur genügend Hunger hat, frißt man alles.«

Gerhard war nie leicht zu begeistern, gleichgültig, worum es sich handelte, das kannte Ortelius schon. Also ließ er sich nicht entmutigen. »Ich habe noch etwas anderes, was dich vielleicht mehr interessieren wird.« Er zog einige kerzengerade Holzstäbchen aus seiner Tasche. »Hast du mal ein Stück Papier?«

Als Gerhard sah, wie Ortelius mit so einem Stäbchen scharf konturierte und außerordentlich feine Striche auf das Papier zeichnete, war sein Interesse sehr wohl geweckt. »Woher zum Teufel hast du diese Wunderstäbchen?« Er nahm auch eines zur Hand und setzte die Spitze aufs Papier. Sie brach sogleich ab.

»Kein Problem«, sagte Ortelius und griff zu seinem Dolch. »Du kannst sie immer wieder anspitzen, bis nichts mehr übrig ist.« Und das setzte er auch gleich in die Tat um. »Für Skizzen wesentlich praktischer und feiner als Holzkohle. Die schwarze Mine darin heißt Graphit. Es ist ein Mineral, das in Cumberland abgebaut wird. Einen Nachteil hat es allerdings ...« Er kritzelte rasch eine stilisierte Katze auf das Papier und wischte mit dem Daumen darüber. Die Zeichnung verwandelte sich in einen glänzenden schwarzen Fleck. »Es ist nicht so dauerhaft wie Tinte.«

»Ich möchte zehn davon«, sagte Gerhard. »Wie heißen die Dinger?«

»Ich weiß nicht, wie sie heißen, und ich verkaufe sie auch nicht, aber ich kann sie dir besorgen.«

»Und was hast du noch?«

Ortelius zog ein Bündel Papier aus seiner Tasche. Es sah

aus wie ein dünnes Büchlein von ungewöhnlich großem Format und ohne festen Einband. »Das kommt aus England, sie nennen es dort Zeitschrift. Sie soll an die Stelle der Korrespondenz treten, die Wissenschaftler wie wir über ihre Erkenntnisse führen. Die Franzosen scheinen auch schon eine zu haben.«

Auf der Umschlagseite stand ein Titel. »*Subjects of Science*«, las Gerhard laut. »Und das in meiner Kursivschrift.«

»Hat de Dieu nicht seinerzeit einige Exemplare deines Büchleins zu diesem Thema an die Akademie der Wissenschaft in London geliefert?«

Gerhard nickte. »Offenbar haben sie es gut studiert.«

»Das ist die zweite Ausgabe. Darin steht ein besonders wichtiger Aufruf, wie ich finde.« Ortelius schlug die Zeitschrift auf und hielt Gerhard die Seite hin. »Ich verstehe nicht so recht, wieso sie dich hier nicht mit einbezogen haben.«

»*... Daß man die Deklinationen und Inklinationen des Kompasses beziehungsweise der Kompaßnadel in bezug auf den rechtweisenden Meridian an möglichst vielen Orten, und das wiederholt, bei jeder weiteren Reise, beobachtet. Der Kompaß wird nicht nur nützlicher werden als früher und sogar die Bestimmung des Längengrades der jeweiligen Positionen auf See ermöglichen ...*« Gerhard sah Ortelius erstaunt an. »Damit befasse ich mich seit Jahren! Überdies ... Herrgott, diese Engländer machen mich wahnsinnig! Überdies haben die Jesuiten schon vor sieben oder acht Jahren damit begonnen, ein Informationsnetz aufzubauen und die Kompaßbeobachtungen auf ihren Reisen nach Indien und Neufrankreich systematisch zu sammeln. Ich selbst habe ihre Ergebnisse übrigens verwertet. Ich habe ja gar nichts dagegen, daß man das jetzt noch einmal machen will, das kann gewiß nicht schaden. Aber warum wird mit keinem Wort erwähnt, was auf diesem Gebiet schon alles geleistet wurde?«

»Weil keine Engländer daran beteiligt waren, nehme ich an.«

»Und dieses, wie hieß es noch gleich ...?« Gerhard schlug die Zeitschrift zu, um auf die Titelseite zu schauen, »dieses *Subjects of Science*« – aus seiner Stimme sprach der blanke Hohn – »soll die Korrespondenz zwischen Wissenschaftlern ersetzen?«

»Vielleicht sind die Franzosen objektiver.«

»Ja, das glaube ich sofort!«

»Du könntest deine eigene Zeitschrift ins Leben rufen, du hast alles, was du dafür brauchst.«

»Ja, natürlich. Als wenn ich nichts anderes zu tun hätte!«

»Ich habe dich verärgert«, stellte Ortelius fest. »Das war nicht meine Absicht.«

»Nein, natürlich nicht.« Gerhard riß sich zusammen. »Ich weiß es ja auch sehr zu schätzen, daß du mich auf dem laufenden hältst, hier in diesem hintersten Winkel der Zivilisation.«

Ortelius legte die Zeitschrift auf den Tisch. »Ich fürchte, daß ich noch eine weitere schlechte Nachricht für dich habe.«

Gerhard seufzte. »Nur heraus damit.«

»Die ›Tempus Fugit‹ ist von ihrer Reise nach Dänemark zurück.«

Gerhard sah den anderen mit gefurchter Stirn an. »Dein Ton verheißt nichts Gutes.«

»Es tut mir wirklich leid, Gerhard.«

»Was tut dir leid? Hat sich die Admiralität bereits geäußert? Was haben sie gesagt?«

»Du willst es nicht hören.«

»Nein, vielleicht nicht...« Gerhard starrte nach draußen, versuchte seine Enttäuschung zu verbergen. »Was war das Problem?«

»Es heißt, der Kapitän habe nichts damit anfangen können.«

»Der Kapitän ist ein Esel. Wer war es?«

»Das weiß ich nicht. Wie verlautet...«

»Ich fahre mit dir nach Antwerpen, zu Antoine de Granvelle. Er muß seinen Einfluß geltend machen, um...«

»Der Kardinal wurde nach Spanien abberufen, weil er in Flandern zuviel Unmut ausgelöst hat. Man sagt, er wird nicht mehr in die Niederlande zurückkehren.«

Gerhard schloß die Augen, als wollte er die Welt ausklammern. »Was habe ich nur getan, daß Gott mir derart zürnt?«

»Ach, du hast einfach eine kleine Pechsträhne. Das ändert sich auch wieder.«

»Vielleicht können wir...«

In dem Moment kam Rumold hereingerannt. »Die Hebamme! Wir müssen die Hebamme holen!«

»Emerentia?« Gerhard sah, daß sich Barbara und Bartholomäus über seine Tochter gebeugt hatten. Sie halfen ihr, sich im Gras auszustrecken.

»Ihre Fruchtblase ist geplatzt!« stammelte Rumold, der in diesen Dingen etwas unbeholfen war. Er machte ein betretenes Gesicht.

»Lauf zur Witwe Maurus nebenan, ihre Magd weiß, was

zu tun ist. Beeil dich.« Dieser Ansporn war völlig überflüssig, denn Rumold war im Nu davon.

Jetzt kam auch Barbara zu ihm. Sie machte ein besorgtes Gesicht. »Irgend etwas stimmt nicht mit ihr«, sagte sie. »Sie verliert Blut. Ich glaube, wir holen am besten gleich den Arzt, wenn wir ihn finden können.«

»Ich habe mein Pferd hier, wo wohnt dieser Arzt?« fragte Ortelius.

»Nimm Bartholomäus mit«, antwortete Gerhard, »der kennt den Weg.« Er zuckte zusammen, als er Emerentia schreien hörte. Ihm war, als fühlte er selbst ihren Schmerz. Er rannte in den Garten hinaus.

»Johannes!« flehte Emerentia, als sich Gerhard neben sie kniete. »Wo ist Johannes?« Sie war leichenblaß, und der Schweiß stand ihr in dicken Tropfen auf der Stirn.

»Bei der Arbeit, wie es so schön heißt«, antwortete Barbara. »So ist das immer. Sie machen dir ein Kind, und dann bekommst du sie erst wieder zu sehen, wenn nachgeladen werden kann.«

»Mein Gott, es zerreißt mich von innen!« stöhnte Emerentia. »Bei den anderen Malen war es ganz anders...« Sie preßte die Augen zu und biß die Zähne zusammen.

»Wird wohl ein Junge sein.« Barbara stopfte Emerentia das Kissen, das sie mitgebracht hatte, unter den gekrümmten Rücken. »Die sind eckiger und brutaler.«

Irgendwo im Haus schlug eine Tür. »Johannes?« Emerentia versuchte sich aufzurichten, um zu sehen, wer da kam.

Es waren Rumold und Gertrude.

»Beate ist nicht da«, sagte Gertrude. »Ihr Bruder ist

schwer krank.« Sie blickte beunruhigt auf Emerentia und das Blut nieder, das das Gras unter ihren Beinen rot färbte.

»Würde dann bitte jemand wie der Blitz die Hebamme holen?«

»Der Sohn vom Bürgermeister ist schon auf dem Weg zu ihr«, antwortete Gertrude. Sie schien Barbara ihren barschen Ton nicht übelzunehmen. »Aber wenn sie gerade irgendwo auf dem Land ist…« Sie ließ das Ende ihres Satzes in der Luft hängen.

»Ortelius und Bartholomäus holen den Arzt«, sagte Gerhard, als Emerentia erneut aufstöhnte. »Himmelherrgott, irgendwer muß doch kommen!«

Gertrude ging in die Hocke und spreizte Emerentias Beine. »Hier hat offenbar jemand keine Lust zu warten.«

»O Gott!« stieß Rumold pikiert hervor. Er schlug sich die Hand vor den Mund und lief davon.

»Hier stimmt etwas nicht…« Mit ungeduldigen Bewegungen zerrte Gertrude Emerentia die Röcke hoch. »Das Kind verblutet!« zischte sie. Es war nicht ganz deutlich, welches Kind sie meinte. »Tücher! Und Wasser!«

Als Barbara davonrannte, um das Erbetene zu holen, hörten sie ein Pferd an der Gartenmauer vorbeigaloppieren.

»Emerentia?« Gerhard legte seiner Tochter die Hand auf die nasse Stirn. Sie starrte mit weit aufgerissenen Augen zum Himmel empor und tat keinen Mucks mehr. »Ich glaube, der Arzt ist da… Emerentia!?« Sein Blick schoß zu Gertrude, die ein blutiges Etwas in den Händen hielt, das die Formen eines Kindes hatte.

»Es lebt nicht.« Gertrude legte den kleinen Leichnam ins Gras. Sie mied Gerhards Blick und erhob sich schwankend.

»O mein Gott!« sagte Ortelius, den niemand hatte kommen hören. Sprachlos starrte er auf die Tragödie hinab.

»Der Arzt war nicht da«, sagte Bartholomäus, der Ortelius gefolgt war. »Sie wissen nicht, wo er ist.«

»Wir brauchen ihn nicht mehr«, murmelte Gerhard. Er erhob sich und lief davon, ohne jemanden anzusehen.

»Ich habe nie verstanden, welcher Richtung du anhängst, Gerardus«, sagte der Pfarrer. »Hier in der Salvatorkirche ist es gebräuchlich, daß die Katholiken während des protestantischen Teils der Riten kurz hinausgehen und umgekehrt. Aber du bleibst immer den ganzen Gottesdienst über da.«

»Spielt es eine Rolle, Vater, ob ich Protestant bin oder nicht?« Gerhard sprach mit gedämpfter Stimme, weil jeder Laut hohl in der Kirche widerhallte, die bis auf sie beide zu dieser Stunde des Tages völlig verlassen war.

»Ach nein, eigentlich nicht, da ich ja ohnehin für beide Gemeinden zuständig bin. Übrigens sehe ich dich hier außer zur Sonntagsmesse nie.« Letzteres klang wie eine Feststellung, nicht wie ein Vorwurf. Pfarrer Mahler gehörte nicht zu der Sorte Geistlicher, die ihren Gemeindemitgliedern fortwährend mit Hölle und Verdammnis drohten, wenn die Kirche nicht den Mittelpunkt ihres Lebens darstellte.

»Meine Tage sind sehr arbeitsreich, Vater.« Gerhard verlagerte ein wenig sein Gewicht. Er hatte geraume Zeit regungslos auf der harten Holzbank gesessen, bevor der Pfarrer aufgetaucht war. »Aber im Moment ist mir nicht nach Arbeit.«

Der Pfarrer nickte und setzte sich neben Gerhard. »Sein Kind zu verlieren, noch dazu auf diese Weise... Manchmal fragt man sich, was der Herr damit im Sinn hat.«

»Ich verliere einen geliebten Menschen nach dem anderen. Jetzt erfuhr ich wieder…« Gerhard stockte. Er hatte an diesem Morgen, drei Tage nach Emerentias Beerdigung, von de Dieu erfahren. »Wenn ich doch nur weinen könnte«, sagte er tonlos. Die Augen brannten ihm unaufhörlich, und der Kloß in seinem Hals erstickte ihn fast, aber die Tränen wollten nicht kommen. »Louis de Dieu, ein junger Mann, der für mich arbeitete, ein Freund auch, ist beim Bildersturm in Antwerpen umgekommen. Die Torheit der Menschen scheint gegenwärtig keine Grenzen mehr zu kennen. Zerstören, plündern und töten im Namen Gottes, so kann es doch wohl nicht gemeint sein?«

Der Pfarrer blickte auf einen leeren Fleck irgendwo in der Mitte des Kirchenschiffes. »Früher hatten wir hier auch ein Heiligenbild, das bei vielen Unmut erregte. Es war eine Holzstatue, die den heiligen Salvator darstellte. Manche bezeichneten sie als Abgott und Dorn im Auge Gottes, während andere sie als Gnadenbild verehrten und Trost darin fanden. Ihr wurden sogar wundersame Eigenschaften zugedichtet, aber darüber möchte ich mich lieber nicht weiter auslassen. Schließlich wurde eine typisch Duisburgische Lösung gefunden: Der Stadtrat ließ die Statue entfernen, bevor es zu einem Unglück kommen konnte.« Der Pfarrer sah Gerhard von der Seite an. »Kennst du die Geschichte von der Salvator-Statue?«

Gerhard schüttelte den Kopf. Die Stimme des Pfarrers lenkte seine Gedanken ein wenig ab, und ihr sanfter, leicht salbungsvoller Ton hatte etwas Tröstliches, ungeachtet der Bedeutung der Worte.

»Ein Bauer sollte die Statue heimlich an einen sicheren Ort in Köln bringen. Er fuhr mit seinem Karren über Neuss und Nievenheim Richtung Köln, gelangte jedoch, ohne es zu wollen, dreimal wieder nach Nievenheim zurück. Das betrachtete der Bauer daraufhin als ein himmlisches Zeichen und schenkte die Statue der Kirche des Ortes. Dort wird sie nun wie eh und je verehrt. Schade für uns, denn es war eine schöne Statue. Aber wenigstens hat das Ganze weder Gewalt noch Blutvergießen gefordert. Kein stofflicher Besitz wäre das wert.«

»Zuviel Elend in zu kurzer Zeit, ich weiß mir damit einfach keinen Rat.« Gerhard sah den Pfarrer an. »Was habe ich verbrochen? Warum werde ich so schwer gestraft?«

»Nur zwei kennen die Antwort auf diese Frage: Gott und du selbst.«

Gerhard starrte wieder vor sich hin. »Ich versichere Euch: Nur einer kennt die Antwort.«

»Sinnlose Prüfungen gibt es nicht, mein Sohn. Der Herr hat bei allem ein höheres Ziel.«

Es war eigenartig, von jemandem »mein Sohn« genannt zu werden, der jünger war als man selbst. Aber mittlerweile waren immer mehr Menschen um Gerhard herum jünger als er selbst. Um so erschreckender war daher ihr Tod.

Leise fragte der Pfarrer: »Ich habe Johannes seit der Beerdigung nicht mehr gesehen, wie geht es ihm?«

Die Heimkehr von Molanus am Tag von Emerentias Tod mitzuerleben war Gerhard erspart geblieben, weil er zu dem Zeitpunkt im nahe gelegenen Wald umhergeirrt war. Und dafür, daß er so darüber dachte, hatte er sich im nachhinein wiederum schuldig gefühlt. Für Molanus war es schließlich auch nicht der erste schwere Schicksalsschlag. Diesmal blieben ihm zwei mutterlose kleine Kinder.

»Ich kann nicht in seine Seele schauen«, sagte Gerhard. »Aber ich glaube, daß er es noch gar nicht so richtig fassen kann.«

»Manchmal ist der Schmerz zu groß, um ihn auf einmal fassen zu können. Dann muß man ihn in kleinen Stücken verarbeiten.«

»Habt Ihr selbst je einen solchen Schmerz erfahren… Vater?«

Der Pfarrer sah Gerhard ernst an. »Das klingt ja fast, als wolltest du mir etwas vorwerfen?«

»Euch etwas vorwerfen?« Gerhard schien über diese Frage zu erschrecken. »Was ich meine, ist…« Er suchte nach den richtigen Worten. Sie kamen ihm nur mühsam, wie ihm überhaupt das Denken in den letzten Tagen schwerfiel. »Gertrude Vierlings, die Witwe von Ambrosius Maurus…«

Der Pfarrer nickte mit leichter Ungeduld. »Ich kenne sie.«

»Sie hat einen vergleichbaren Verlust erlitten, und sie… sie war die einzige…« Gerhard verstummte hilflos. Gertrude hatte in dem einen Moment, da niemand sie sah, die Arme um ihn geschlungen und mit dem Kopf an seiner Schulter geschluchzt, als wäre sie die Betroffene, als würde sie mehr unter seinem Kummer leiden als er selbst. »Sie war die einzige, die mein Leid wahrhaft gelindert hat. Sie sprach keine leeren Worte, von denen man nichts hat. Viele plappern nur die gängigen, hohlen Worte des Trostes, reden nur, um zu reden. Während man sich wünschte, daß alle schwiegen, damit sich die Verzweiflung austoben kann, anstatt immer wieder gebremst zu werden.«

»Willst du denn, daß auch ich schweige?«

Gerhard antwortete nicht sogleich. Mit leerem Blick starrte er auf die Kerzen, die auf dem Altar vor ihm brannten. »Eure Stimme läßt meinen Geist zur Ruhe kommen, Vater. Was immer Ihr auch erzählt.«

»Es ist lange her, daß mir jemand etwas so Schönes gesagt hat.«

»Aber ich glaube, daß ich jetzt doch lieber allein sein möchte. Ich möchte beten.«

Der Pfarrer nickte schweigend und erhob sich. Er legte Gerhard kurz die Hand auf die Schulter und entfernte sich dann so geräuschlos, wie er gekommen war.

31

Herzog Wilhelm der Reiche«, kündigte ein Bediensteter in routiniertem Ton an.

Die Gespräche in dem bescheidenen Audienzsaal des Schlosses verstummten kurz, als der Herzog eintrat. Er machte eine Gebärde, daß man ihn nicht weiter beachten solle, und die Gespräche in der kleinen Versammlung von Akademikern und Würdenträgern kamen wieder in Gang. Der Herzog legte keinen großen Wert auf Formalitäten und protokollarisches Theater, wie er selbst es gelegentlich nannte. Er ging zwar nicht so weit, sich Wilhelm nennen zu lassen, aber im Grunde seines Herzens hätte er das vielleicht durchaus gern gewollt. Zu Anlässen wie diesem kleidete er sich auch stets so normal, daß er zwischen den Bürgern auf der Straße gar nicht aufgefallen wäre.

Der Herzog hielt sich gern in akademischen Kreisen auf und liebte die Diskussionen zwischen Wissenschaftlern. Die Sympathien waren gegenseitig, und das hatte mit der außerordentlich großen Freiheit des Denkens in seinem Herrschaftsgebiet zu tun, die seine Haltung bewirkte.

An diesem Tag waren außer Gerhard Mercator anwesend: Abraham Ortelius und Johannes Molanus sowie einige namhafte Vertreter aus der Umgebung des Hofes. Des weiteren die Kanzler und Ratgeber des Herzogs, Heinrich Olisleger,

Hendrik van Weze und Andreas Masius, zu dem Gerhard gute Beziehungen unterhielt, sowie Marschall Werner von Gymnich.

Auch aus der maritimen Welt gab es zwei Beteiligte. Der eine trug Uniform und Abzeichen eines Admirals, der andere normale Straßenkleidung. Sie hatten sich Gerhard vorgestellt, aber er konnte sich keine Namen merken. Das war ihm schon immer schwergefallen, doch in letzter Zeit schien es gravierende Formen anzunehmen.

Der Herzog blieb wenige Schritte von der großen Weltkarte entfernt stehen, die einige Zimmerleute kurz zuvor an der Wand befestigt hatten. »*Nova et aucta orbis terrae descriptio ad usum navigantium emendate accommodata*«, las er laut den Titel, der in eleganten und fast schon überreichlich illuminierten Lettern am oberen Rand der Karte angebracht war. »Beeindruckend, außerordentlich beeindrukkend. Und auch eigentümlich, muß ich sagen. Warum ist Grönland so groß? Und der Atlantische Ozean ist plötzlich zu nur einem Meer geworden, wie ich sehe. Hm ...«

»Was Ihr seht, ist eine Synthese der allerneuesten Daten, die ich in den vergangenen Jahren erhalten habe«, erklärte Gerhard. »So sind unter anderem die Erkenntnisse von Sir Francis Drake in bezug auf Panama und Mexiko darin verarbeitet.«

»Francis Drake?« Der Herzog warf einen Blick zu dem Admiral hinüber. »Das solltet Ihr lieber nicht an die große Glocke hängen. Drake ist bei der spanischen Flotte nicht eben beliebt.«

»Er ist ein geschulter Beobachter, und nur das ist für mich wichtig. Und die spanische Admiralität würde lediglich gesunden Menschenverstand beweisen, wenn sie von seinen Erkenntnissen profitierte.«

»Was sie dank Euch kann«, stellte der Herzog fest. Ob er das ironisch meinte, war nicht deutlich.

»Geschäft ist Geschäft, Hoheit. Drake fährt im übrigen nicht mit britischen Karten, sondern mit Karten von Ortelius.«

»So? Und warum, mit Verlaub, nicht mit den Euren? Hat er etwa größeres Vertrauen zu Eurem Antwerpener Freund?«

Gerhard zuckte scheinbar gleichgültig die Achseln. »Drake ist Engländer und daher allem abgeneigt, was nach Neuerung riecht. Womit ich keineswegs Ortelius' Können schmälern will. Seine Arbeiten sind von überragender Qualität.«

»Der Neuerung abgeneigt? Der berühmte Kapitän ist aber doch ständig auf der Suche nach neuen Gebieten.«

»Um dem Imperialismus der englischen Krone Genüge zu tun.«

»Kommt es mir jetzt nur so vor, oder könnte es sein, daß Ihr Sir Francis Drake nicht mögt?«

»Das ist nichts Persönliches, ich bin ihm im übrigen auch nie begegnet. Die Kontakte laufen über John Dee.« Gerhard wollte sich des Themas entledigen und zeigte daher auf die Wandkarte. »Was diese scheinbar ungewöhnlichen Maße Grönlands betrifft: Die gesamte Karte ist nach einem revolutionär neuen System gezeichnet worden, nämlich einer zylindrischen Projektion mit Loxodromen. Damit läßt sich die Position eines Schiffes überall auf der Welt akkurat ermitteln. Hätte man nun auch noch eine fehlerfrei funktionierende Uhr, wäre es sogar bis auf weniger als eine halbe Meile genau möglich.«

»Aber so eine Uhr existiert nicht«, bemerkte der Admiral, der näher gekommen war. »Uhren geraten auf See genauso ins Schwanken und aus dem Takt wie Landratten.« Der Mann hatte eine wettergegerbte Haut, wie es sich für einen alten Seebären gehörte, und eine schlohweiße Mähne, die er zu einem Schwänzchen gebunden trug. »Was sollen wir mit einer Karte, die beinahe so groß ist wie ein Bramsegel, so daß wir sie an die Wand hängen müssen, um sie uns ansehen zu können?«

»Auch ohne eine entsprechende Uhr wird die Navigation fortan erheblich akkurater zu machen sein«, sagte Ortelius. Er war eng am Entstehen der Weltkarte beteiligt gewesen, so daß sie ihm sehr am Herzen lag. Und im übrigen stammte ein Großteil der Ausschmückungen von seiner Hand.

»Aber seht Euch doch einmal Grönland an, junger Mann! Und die nördlichen Teile Amerikas und Europas. Die Besitzer dieser Gebiete werden sich freuen!« Der Admiral lachte über seinen eigenen Scherz, verstummte jedoch, als niemand einstimmte. In säuerlicherem Ton sagte er: »Einer meiner Kapitäne hat Eure Versuchskarte auf See erprobt, Meister Mercator. Seine Befunde waren nicht unbedingt positiv, um es freundlich auszudrücken.« Er blickte kurz zu seinem Begleiter, der in düsterem Schweigen zuhörte.

»Weil dieser Kapitän, soweit ich es verstanden habe, nicht aus den Instruktionen schlau wurde«, wandte Gerhard ein. »Er war des Lateinischen nicht mächtig. Ich nehme an, Ihr schon, Admiral?«

»Mm... ja, es geht. Unsere Ausbildung hat andere Prioritäten.«

»Schade«, sagte Gerhard. »Ohne gediegene Kenntnisse

des Lateinischen hinkt die geistige Entwicklung immer ein wenig hinterher.«

Jetzt mußten auch einige andere kichern, der Herzog eingeschlossen. Der Admiral schnaubte, gab aber lieber klein bei. »Wenn die Herren Kartographen einem simplen Geist wie mir dann vielleicht einmal in einer für ihn verständlichen Sprache erläutern möchten, was denn so Besonderes ist an dieser... äh... wie heißt es noch gleich? Dieser Zylinderkarte mit Loxo... mit Loxodromen?«

»Soll ich?« bot Ortelius an.

Gerhard nickte dankbar. Er hatte das Prinzip seiner Zylinderprojektion schon so oft Leuten erklären müssen, die schwer von Begriff waren, daß es ihm allmählich zum Halse heraushing. Er verglich das gelegentlich damit, wie man einem dreijährigen Kind nahebrachte, daß es von Speck groß und stark werden würde, aber nicht von süßem Kuchen.

Während Ortelius den interessierten Anwesenden sein Verslein aufsagte, wurde ein Nachzügler eingelassen. Der magere, kleine, fast gänzlich in grüne Seide gekleidete Mann blieb kurz stehen, um dem Herzog ehrerbietig zuzunicken und sich umzuschauen, bis er Gerhard sah.

»Herr Hooftman«, sagte Gerhard, als dieser ihm die Hand gab. »Es ist mir eine Ehre und Freude, daß Ihr gekommen seid.«

Gillis Hooftman war ein reicher und einflußreicher Antwerpener Kaufmann mit weltweiten Kontakten. Gerhard stattete ihn schon seit vielen Jahren mit Karten aus, und ihre Beziehungen waren stets erfreulich verlaufen.

»Ich war neugierig«, sagte Hooftman. »Über Euer neuestes Werk kursieren die verrücktesten Geschichten.« Er sah Gerhard ernst an. »Darf ich Euch zunächst mein aufrichtiges Beileid zum Tode Eures Sohnes bekunden. Bartholomäus war es, nicht wahr?«

Gerhard nickte. Bartholomäus war vor sechs Wochen in Köln einer Lungenentzündung erlegen. Seine schwache Konstitution war der Krankheit nicht gewachsen gewesen. »Er war achtundzwanzig. Ein Spätentwickler, er begann gerade erst, gute Arbeit zu leisten.« Gerhard schüttelte den Kopf. »Gott weiß mich in den letzten Jahren wahrlich zu finden. Es wäre mir lieber gewesen, wenn ich Ihm ein Unbekannter geblieben wäre.«

Hooftmans Blick fiel auf die Karte an der Wand. »Was für ein Ungetüm!« Als er Gerhards Gesicht sah, fügte er hastig an: »Was die Maße betrifft, meine ich. Wie soll man denn damit bloß arbeiten? Oder ist die Karte nur als Wandschmuck gedacht?«

»Bei einem kleineren Maßstab wäre es unmöglich, die Ortsnamen und alle nötigen Details und Hinweise lesbar darauf anzubringen, Herr Hooftman.«

Hooftman lauschte kurz Ortelius, der, wortgewandt wie immer, die Meriten der neuen Karte verteidigte. »Aha, das hier ist also die berüchtigte Projektion, die den Umfang der nördlichen Gebiete mit einem Mal wesentlich vergrößert hat.«

»Das scheint nur so, es ist ein rein visuelles Problem. Warum stolpert nur jeder darüber? Ist es nicht viel wichtiger, daß von nun an erheblich weniger Schiffe hoffnungslos in die Irre fahren und untergehen werden?«

»Hm... mein Vertrauen in Euer Können war von jeher groß, Meister Mercator. Und daran wird sich auch so schnell nichts ändern. Nur…« Hooftman blickte bedenklich und kratzte sich am roten Schopf.

»Nur was?«

»Tja, diese Maße.« Hooftman sah Gerhard an. »Seid Ihr jemals in einer Kapitänskajüte gewesen, dort, wo mit den Karten gearbeitet wird?«

»Das weiß ich schon mein Leben lang mit Erfolg zu vermeiden.«

»Recht habt Ihr.« Hooftman kicherte kurz. »Glaubt mir also einfach, wenn ich Euch sage, daß man dort mit einer Karte im Format eines Bettlakens nicht zurechtkommt.«

»Die Wahrheit ist, daß Meister Mercator, wie die meisten Kartographen, anscheinend keinerlei Rücksicht auf die praktischen Probleme nimmt, mit denen Benutzer seiner Arbeiten konfrontiert sind.« Diese Bemerkung kam von dem zweiten Marinevertreter, der unbemerkt mitgehört hatte. Er war eher untersetzt, aber seine Haut sah genauso gegerbt aus wie die des Admirals.

Manasse hieß der Mann, entsann sich Gerhard plötzlich. Irgendein Kapitän. Als er ihm vorhin vorgestellt worden war, hatte kurz etwas bei ihm geläutet, aber was und wieso, wußte er nicht. Unfreundlich sagte er: »Vielleicht solltet Ihr Kapitäne ein bißchen mehr Rücksicht auf *unsere* Probleme nehmen! Könnt Ihr Euch auch nur annähernd vorstellen, wieviel Forschung und Arbeit in so einer Karte stecken? Allein für dieses Exemplar brauchte es achtzehn Kupferplatten, die eine wie die andere mit äußerster Präzision und Sorgsamkeit graviert werden mußten.«

»Der Preis deutet das in der Regel durchaus an«, antwortete der andere trocken.

Gerhard holte schon Luft, um erneut zum Angriff überzugehen, als Hooftman bedächtig einwarf: »Ich hätte vielleicht eine Idee, Meister Mercator. Hoffentlich klingt es in Euren Ohren nicht wie ein Sakrileg, und ich weiß auch bei Gott nicht, ob es technisch möglich ist... aber wenn Ihr diese Karte nun in einige exakt gleich große Stücke aufteiltet? In der Praxis muß der Navigator dann nur jeweils den Teil benutzen, in dem sich sein Schiff gerade befindet, was doch um einiges handlicher wäre. Und wenn er eine größere Übersicht will, kann er so viele aneinandergrenzende Teile zusammenfügen, wie gerade nötig.«

»In exakt gleiche Stücke?«

Hooftman nickte. »Es hat mich schon häufiger gestört, daß jede Karte andere Maße hat, von den Maßstabsunterschieden ganz zu schweigen. Das erschwert nicht nur die Benutzung, sondern auch die Aufbewahrung. Wäre es nicht möglich, frage ich mich, hier nach festen Regeln zu verfahren?«

»Das scheint mir gar keine schlechte Idee zu sein«, mischte sich der Herzog in das Gespräch ein. »Meiner Erfahrung nach denken Wissenschaftler in der Regel doch ziemlich engstirnig. Gibt man da ein wenig simple Kaufmannsweisheit hinzu, gelangt man bisweilen zu ganz neuen Einsichten. Und das gilt natürlich in gleichem Maße für den Vater meines höchsteigenen Kosmographen.« Er sah Gerhard so erwartungsvoll an, als freute er sich bereits diebisch auf dessen giftige Reaktion.

Aber Gerhard hörte gar nicht richtig zu, weil Hooftman ihn auf eine Idee gebracht hatte. Derart gestückelt könnte er seine neue Weltkarte später in seine Kosmographie aufnehmen. Er wunderte sich, daß er nicht schon selbst daran gedacht hatte.

»Ihr habt recht, Hoheit«, sagte er daher. »Die erfrischendsten Einfälle kommen meist von Laien. Sie hocken nicht ständig mit der Nase über dem Problem und können die Dinge manchmal aus einem weiteren Blickwinkel betrachten.«

»Jetzt redet er mir doch wahrhaftig noch nach dem Mund«, sagte der Herzog zu Hooftman. »Das enttäuscht mich aber schwer von Euch, Gerardus.«

»Nein, nein, ich meine es ernst. Eine Karte in Teilstücken und in Buchformat herausgegeben... ich halte das für eine außerordentlich gute Idee. Mir fällt sogar schon ein Titel dafür ein«, Gerhard gestikulierte mit den Händen, als schreibe er schwungvoll etwas in die Luft, »*Schaubühne der Erdkugel.*«

»Ihr hättet selbst damit zu einem Verleger gehen sollen«, sagte der Herzog zu Hooftman. »Jetzt ist es natürlich zu spät. Es sei denn, Ihr sichert Euch noch auf die Schnelle ein Privileg dafür.«

Hooftman zuckte die Achseln. »Meine Belohnung wird darin bestehen, endlich handhabbare Karten für meine Schiffe zu bekommen.«

Der Herzog schüttelte den Kopf. »Die Atmosphäre hier gefällt mir nicht, hier sind alle so freundlich zueinander.« Er nahm einen Römer Wein von dem Tablett, das ihm ein Bediensteter hinhielt, und entfernte sich.

Manasse nahm Gerhard kurz beiseite. »Ich habe Leutnant Julius Rochat gekannt«, sagte er. »In seinen freien Stunden sammelte er Daten für Euch.«

Gerhard nickte. »Ich dachte vorhin schon, daß ich Euren Namen bereits irgendwo gehört hätte, aber es war mir wieder entfallen. Ihr seid der Kapitän, dessentwegen Julius die Lust an der Seefahrt verlor, nicht wahr?«

Manasse zuckte nicht mit der Wimper. »Rochat hatte gewiß seine Qualitäten, aber für die Marine eignete er sich nicht.«

»Weil er hin und wieder den eigenen Verstand zu gebrauchen wünschte?«

»Ja, hin und wieder, Ihr sagt es. Leider gebrauchte er ihn nicht immer.«

»Ihr sprecht Niederländisch?« fragte Gerhard mit einiger Verwunderung.

»Ich bin zwar spanischer Abstammung, aber Sprachen liegen mir. Wenn ich auch des Lateinischen nicht mächtig bin«, fügte er ein wenig provozierend hinzu. »Sprachkenntnisse sind praktisch, wenn man wie ich häufig in fremden Ländern anlegt.« Manasse sah Gerhard an. »Ich bin der, der Rochats Leiche fand.«

»Oh ...!« Gerhard wußte nicht so recht, wie er mit dieser Erklärung umgehen sollte. »Dann seid Ihr es also, dem ich es zu verdanken habe, daß mich seine letzte Nachricht erreichte?«

Manasse schien ihn nicht zu hören. Abwesend sagte er: »Dutzende, vielleicht gar Hunderte von Schiffen, die die Schelde ansteuerten, hätten auf das kleine Boot stoßen können. Doch die Vorsehung pickte ausgerechnet mich heraus, mich, unter dem Rochat gefahren war. In solchen Momenten beginnt man sich wirklich Fragen zu stellen.« Manasse starrte auf die Wandkarte. »Das Meer ist so unendlich groß, doch das Schicksal dirigierte mich zu diesem Zeitpunkt an diesen Ort. Warum?«

»Ich glaube, es gibt kein Warum, Kapitän. Ich fürchte, der Mensch ist zu nichtig, als daß sich die Natur oder irgendeine höhere Macht um das Schicksal eines einzelnen scheren würde. Denn wäre dem so, bliebe uns wohl eher manches Elend erspart.« Es sei denn, Gott ist schon genauso gewalttätig wie ein Teil seiner weltlichen Vertreter, dachte er. Aber er hatte endlich gelernt, derlei Gedanken nicht mehr offen auszusprechen. Nicht einmal im toleranten Kleverland.

»Seid Ihr je selbst auf See gewesen, Meister Mercator?«

»Nicht eine Meile, Kapitän.«

»Das dachte ich mir schon«, sagte Manasse und ging.

»Ein ausgezeichneter Kapitän«, bemerkte der Admiral, der sah, daß Gerhard Manasse nachstarrte. »Einer der besten. Daher gab ich ihm Eure Karte mit, um sie auszuprobieren. Wenn er nichts damit anfangen kann…« Der Admiral zuckte die Achseln.

»Sprachtalent, aber keine Silbe Latein«, sagte Gerhard ungläubig.

»Warum macht Ihr nicht selbst einmal eine Reise mit, damit…«

Gerhard winkte hastig ab. »Ich werde schon seekrank, wenn ich in eine Pfütze trete.«

»Hm, gar nicht so übel, so ein Dasein als Wissenschaftler. Euresgleichen braucht sich nicht in Gefahr zu begeben oder die Hände schmutzig zu machen, während andere für Euch die Kastanien aus dem Feuer holen dürfen.«

»Es wäre gut, wenn Euresgleichen noch lernen würde, die

eigenen Karten zu zeichnen, dann bräuchten wir uns darum auch nicht mehr zu kümmern.«

Die spitze Bemerkung schien am Admiral abzuprallen. Auf die Karte an der Wand blickend, fragte er: »Ist das schwer?«

»Nicht wirklich. Es genügt, etwas länger zur Schule zu gehen, sich einige spezielle Techniken anzueignen, vorausgesetzt, man besitzt Geschick dafür, zehn, fünfzehn Jahre Erfahrung zu sammeln, einige Dutzend Bücher über Mathematik, Sternkunde und Geographie vom Altertum bis heute zu studieren, weltweite Kontakte zu Hunderten von Menschen zu unterhalten, einen offenen Geist und die nötige Vorstellungskraft zu besitzen... und des Lateinischen mächtig zu sein natürlich.«

»Hm, vielleicht ist es doch leichter, eine Flotte zu befehligen.«

»Das scheint mir auch so. Was man dazu vor allem gut können muß, ist laut schreien, nicht wahr?«

Der Admiral hatte blutunterlaufene Augen, wie Gerhard jetzt bemerkte. Wahrscheinlich zuviel in die Sonne gestarrt. Einen Moment lang blitzte Wut in diesen Augen auf, doch das ging vorbei.

»Ihr seid nicht so langweilig, wie ich mir Euch vorgestellt hatte«, sagte der Admiral. Er schaute zu Ortelius hinüber. »Wenn Ihr die kleinen Unbequemlichkeiten scheut, warum schickt Ihr dann nicht einmal Euren jungen Freund mit auf eine Schiffsreise, damit er bei der Benutzung Eurer rätselhaften Karten assistieren kann? Die ›Tempus Fugit‹ legt nächste Woche zu einer Reise nach Gibraltar aus Antwerpen ab. Dafür ließe sich leicht das eine und andere regeln.«

»Heißt das, Ihr wollt einen weiteren Versuch wagen? Warum?«

Der Admiral zog die Stirn kraus. »Weil offenbar eine ganze Reihe wichtiger Leute Vertrauen in Euch setzen. Aber es muß mir doch von der Seele, daß Ihr eine seltsame Art habt, Eure Dankbarkeit zu zeigen, Meister Mercator.«

»Dankbarkeit? Ihr seid doch diejenigen, die mir dankbar sein müßten, weil ich mich abarbeite, um die Seefahrt sicherer zu machen!« Als es im Audienzsaal still wurde, wurde Gerhard bewußt, daß er mit erhobener Stimme gesprochen hatte. Die Rückschläge der letzten Zeit sowie das permanente Gefühl, nicht ernst genommen zu werden, begannen Wirkung zu zeigen. Überdies ging ihm die Selbstgefälligkeit des Admirals auf die Nerven. Er war nicht geneigt, seine Worte zurückzunehmen.

Falls der Admiral erbost war, verstand er es gut zu verbergen. Er wartete kurz, bis die Gespräche um sie herum wieder aufgenommen wurden, bevor er in ruhigem Ton sagte: »Wenn Ihr es so seht, werdet Ihr fortan ohne die Mitwirkung der Marine auskommen müssen, Meister Mercator.«

»Wenn die Marine zu dumm ist, ein paar einfache Instruktionen zu verstehen, werde ich mich wohl an die Kauffahrtei wenden müssen.«

Der Admiral sah Gerhard noch einige Atemzüge lang hitzig an, drehte sich dann aber ohne ein weiteres Wort um und wandte sich dem Ausgang zu. Im Vorbeigehen neigte er kaum merklich den Kopf vor dem Herzog.

Kapitän Manasse blickte Gerhard kurz fragend an, entschuldigte sich dann hastig bei dem Kanzler, mit dem er sich gerade unterhalten hatte, und folgte dem Admiral nach draußen.

»Ich liebe handfeste Diskussionen, aber Gezänk ist mir zuwider.«

Gerhard, der sich auf einen Stuhl gesetzt und verdrossen auf seine Schuhspitzen gestarrt hatte, schaute zum Herzog auf. »Ich fürchte, der Admiral und ich leben in verschiedenen Welten«, sagte er. Er wollte sich aus Höflichkeit erheben, doch der Herzog bedeutete ihm, sitzen zu bleiben.

»Wir leben alle in ein und derselben Welt«, sagte der Herzog. »Und wir wollen alle ein möglichst großes Stück von ihr, da drückt der Schuh. Wenn nicht in Form von Land oder Gold oder Gewürzen, dann in Form von Macht oder Ansehen. Und wer einmal zu Ansehen gelangt ist, wünscht respektiert zu werden.«

»Verzeiht, Hoheit, aber was versucht Ihr mir damit zu sagen?«

»Wie sehr es mich immer wieder erstaunt, daß Gelehrte wie Ihr so häufig Probleme im Umgang mit ihren Mitmenschen haben.«

»Das liegt vielleicht daran, daß wir uns in erster Linie mit relevanten Dingen beschäftigen möchten.«

»Hm, die größte Entdeckung ist wertlos, wenn man der Welt nicht weismachen kann, wie bedeutsam sie ist, Gerardus.«

»Dummheit stört mich nicht, doch wer stolz auf seine Dummheit ist, bringt mich in Rage. Mit anderen Worten, Schaumschläger wie der Admiral sind mir ein Greuel.«

»Mich bringen Wespen in Rage. Aber sie mit einem

Schüsselchen Bier zu fangen, ist weit einfacher, als wild um sich zu schlagen, um vielleicht eine zu erwischen.«

Gerhard spürte, wie sein Zorn verrauchte. »Ich verstehe, warum Ihr Diskussionen liebt«, sagte er. »Weil Ihr immer als Sieger daraus hervorgeht.«

Der Herzog lächelte. »Gut so, Gerardus, so hast du mit jemandem zu reden, der stärker ist als du.« Er beugte sich zu ihm hinunter und sagte in vertraulichem Ton: »Kanzler van Weze hat Anteile an einem Kauffahrteischiff, das die Westindienroute fährt. Ich denke schon, daß er seinen Kapitän davon überzeugen könnte, eine... äh... eine Loxodromenkarte von Euch auszuprobieren.«

Gerhard schaute zum Kanzler hinüber, der in ein lebhaftes Gespräch mit Marschall von Gymnich verwickelt war. »Warum sollte der Kanzler das für mich tun?«

»Die Tatsache, daß Ihr als Ehrengast hier seid, dürfte vollauf genügen. Aber ich sollte statt Eurer lieber Ortelius mit ihm reden lassen. Der Bursche ist besonders zungenfertig.«

Und er ist diplomatischer als ich, dachte Gerhard ergeben. »Ich danke Euch, Hoheit«, sagte er. »Wie macht sich Arnold übrigens?«

»Euer Sohn ist ein kundiger Landvermesser. Und ich bin sehr zufrieden mit dem Stadtplan von Duisburg, den er gestochen hat.«

Den größtenteils ich gestochen habe, dachte Gerhard. Aber daß sich Arnold gern mit fremden Federn schmückte, brauchte niemand zu wissen. Wie auch nie jemand erfahren hatte, daß manche der schönen Illuminierungen auf Gerhards eigenen Karten von Emerentia stammten. Hauptsache, es blieb in der Familie.

»Ich freue mich, daß Ihr mit ihm zufrieden seid«, sagte er zum Herzog.

Als er später mit Molanus und Ortelius zusammen nach Hause fuhr, sagte Gerhard zu letzterem: »Die besten Karten, die es gibt, zu einem Buch zusammenfassen, wie Hooftman anregte, würdest du das übernehmen?«

Der junge Mann sah ihn verwundert an. »Ist denn deine neue Weltkarte nicht die beste, die es gibt?«

Gerhard schüttelte ungeduldig den Kopf. »Das wird sie erst sein, wenn ein jeder das findet, und so weit scheinen wir noch lange nicht zu sein. Hast du mit Kanzler van Weze zu einer Einigung gelangen können?«

»Das ging wie von selbst, als sich der Herzog einschaltete. Wir sollen dem Kanzler schnellstmöglich eine Karte für die Route seines Schiffes beschaffen. Oder zumindest für einen Teil der Route.«

»Ich werde versuchen, Zeit dafür zu finden. Das ist zu einem noch größeren Problem geworden, seit Bartholomäus nicht mehr da ist, um mir zu helfen.«

Ortelius sah Gerhard besorgt an. »Du klingst erschöpft, Gerhard.«

»Mein Rücken muckt immer auf, wenn ich mit einem Karren gefahren bin.«

Der andere schien sich mit dieser Antwort zu begnügen, er hakte jedenfalls nicht weiter nach.

Molanus hatte den ganzen Weg über kein Wort gesagt. Seit Emerentias Tod sprach er überhaupt nicht mehr viel. Als sie aber durch den Waldstreifen nordöstlich von Duisburg fuhren, sagte er plötzlich: »Könntest du bitte kurz anhalten? Ich würde das letzte Stück gerne zu Fuß gehen, ich brauche ein wenig Bewegung, und es ist so schönes Wetter zum Spazierengehen.«

Ortelius zog die Zügel an, und der Karren kam zum Stehen. Molanus fischte ein Stück Seil hinten von der Ladefläche und sprang vom Bock. »Ich werde gleich etwas Reisig sammeln, mein Vorrat geht zur Neige.« Er wohnte allein in einem Häuschen am Stadtrand, in dessen Garten kein einziger Baum stand.

»Gib auf dich acht«, ermahnte ihn Gerhard. »Wenn du dir ein Bein brichst, kann es lange dauern, bis dich hier jemand findet.«

»Ich habe nicht vor, mir ein Bein zu brechen«, entgegnete Molanus mit leisem Lächeln. Er schlug dem Pferd mit dem Ende seines Seils auf die Flanke, und es setzte sich erschrocken in Bewegung.

Als sich Gerhard kurz darauf umschaute, war Molanus im Unterholz verschwunden. »Der Mann ist zutiefst unglücklich«, sagte er.

Ortelius nickte. »Und du fühlst dich immer noch für seine beiden Schicksalsschläge verantwortlich.«

»Ich hatte jedenfalls viel damit zu tun.«

»Nur weil dein Schicksal mit dem eines anderen verknüpft ist, hast du nicht auch sein Wohl und Wehe in der Hand, Gerhard.«

»Du bist viel zu weise für dein Alter«, befand Gerhard. »Aus dir wird bestimmt bald ein alter Sauertopf.«

Es dauerte drei Tage, bevor jemand Molanus' Leiche fand. Er hatte sich am Ast einer Buche aufgehängt.

Eine Nachricht hatte er nicht hinterlassen, aber das war auch nicht nötig. Jeder, der ihn kannte, wußte, daß ihm das Schicksal alle Lebenslust genommen hatte. Seine beiden Töchter hatten den Verlust Emerentias für ihn nicht wettmachen können. Sie selbst hatten etwas mehr Glück, denn sie wurden liebevoll von ihrer allein lebenden Tante in Aachen aufgenommen.

Bei Beerdigung und Trauerfeier hatte Barbara kaum ein Wort gesprochen. Erst als sie wieder daheim waren, in dem Haus, das viel zu groß wirkte, seit sie nur noch zu zweit darin wohnten, sagte sie: »Man könnte fast glauben, daß du allen, die mit dir zu tun haben, Unglück bringst. Hast du dir nicht schier die Finger verbrannt, als du vorhin in der Kirche das Weihwasser berührtest?«

Gerhard sah sie mit gerunzelter Stirn an. Sie ist häßlich geworden, konstatierte er mit erschreckender Distanziertheit, und das hat nichts mit dem Alter zu tun. Es hatte lange gedauert, aber nun begann ihr vergrämtes Wesen ihre Züge zu zeichnen. Ihre Mundwinkel waren nach unten gezogen, und sie hatte jetzt die Angewohnheit, boshaft die Augen zusammenzukneifen.

»Was willst du damit sagen?« fragte er.

»Daß du vielleicht vom Teufel besessen bist. Alle in deiner Nähe werden krank oder sterben.« Sie faßte sich demonstrativ an den Magen. »Ich fühle mich in letzter Zeit auch schon unwohl. Vielleicht bin ich ja die nächste?«

»Barbara…« Gerhard wollte zu ihr hingehen und den Arm um ihre hängenden Schultern legen, doch er tat es nicht. Seit Emerentias Tod hatte sie eine spürbare Mauer um sich herum aufgebaut, die nicht mehr überwindbar schien.

Müde sagte er: »Stets gibst du mir die Schuld an allem Unglück.«

»Überrascht dich das? Seit wir hier wohnen, haben wir nur Unglück gehabt.«

»Und dafür bin allein ich verantwortlich«, sagte Gerhard ergeben.

»Du warst es doch, der unbedingt nach Duisburg ziehen wollte.«

»Und in Löwen waren wir ja ach so glücklich.«

»Sarkasmus, darin bist du ganz groß!«

»Aber was du da sagst, ist doch völliger Unsinn!«

»Vielleicht hat es nichts mit dem Ort zu tun, wo wir leben, sondern einzig und allein mit dir.«

»Was hindert dich daran, zu gehen?« Gerhard erschrak über seine eigenen Worte.

Barbara kniff die Augen zu noch schmaleren Schlitzen zusammen als gewöhnlich. »Ich habe dir sechs Kinder geboren und aufgezogen und mein Leben lang für dich geschuftet. Und jetzt soll ich gehen? Willst du mich durch eine Magd ersetzen, mit der du nicht zu sprechen brauchst, wenn du keine Lust dazu hast? Ich werde es dir leichtmachen: Bezahl mir für meine tägliche Plackerei den Lohn einer Dienstmagd, und ich werde dir nicht mehr zur Last fallen. Ich werde sogar in einem anderen Zimmer schlafen und mich unsichtbar machen, wenn du da bist. Dann brauchst du keine Fremde ins Haus zu holen.«

Gerhard griff zu einem Krug Wein und schenkte sich einen Becher ein. »Ich frage mich seit Jahren, was ich dir getan habe.« Er schüttelte den Kopf. »Du wirst es wohl selbst nicht wissen.«

Im Stehen leerte er seinen Becher. Und jetzt ist es zu spät, dachte er. Ihrer Beziehung war schon längst das letzte bißchen Wärme abhanden gekommen. Nicht einmal der Tod von zweien ihrer Kinder hatte sie einander wieder näherbringen können. Im Gegenteil, die Kluft zwischen ihnen schien nur noch breiter geworden zu sein.

»Die falsche Wahl...«, murmelte Barbara. Sie wandte den Blick von ihm ab.

»Was sagst du?«

»Ein Mann, dessen Leben sich in seinem Kopf und in seiner Werkstatt abspielt... Ich hätte es besser wissen müssen.«

»Ach ja, du hättest eine glückliche Schlachtersfrau sein können. Mit einem Mann, dessen Leben sich inmitten von Blut und Eingeweiden abspielt.«

»Clemens war wenigstens ein ganzer Mann.«

Nach all den Jahren, dachte Gerhard ungläubig. »Könntest du mir bitte mal definieren, was du damit meinst?«

»Du immer mit deinen gelehrten Worten!«

»Entschuldige, daß ich zur Schule gegangen bin.« Gerhard schenkte sich seinen Becher erneut voll.

»Alles die Schuld meiner Mutter.«

»Was?«

»Sie war diejenige, die fand, daß ich dir den Vorzug vor Clemens geben sollte.« Barbaras Mund verzog sich zu einer wütenden Grimasse. »Warum hat *sie* dich nicht seinerzeit geheiratet? Du warst ja ohnehin vernarrt in sie!«

Das saß. Weil sie nicht ganz unrecht hatte, wie sich Gerhard eingestehen mußte. »Wie weit willst du es noch treiben? Bis ich dich in der Tat zur Dienstmagd mache?«

»Warum ziehst du nicht nach nebenan, zu deiner großen Liebe? Und läßt mich hier in Ruhe? Ich komme schon allein zurecht. Was man von dir nicht behaupten kann.«

»Meine große Liebe?«

»Ach, Mann, stell dich doch nicht noch dümmer, als du es bist!«

»Ambrosius hat mich, bevor er starb, gebeten, mich um seine Frau zu kümmern. Und das ist alles, was...«

»Dich um seine Frau zu kümmern!« höhnte Barbara. »Du hast dich schon eifrig um sie gekümmert, als ihr Mann noch bei bester Gesundheit war!«

Gerhard trank seinen Becher aus, langsam, wie um Zeit zu gewinnen. Dann fragte er scheinbar ruhig: »Und was sollte ich deiner Meinung nach an Gertrude finden?«

»Das ist ja wohl offenkundig. An ihr ist noch alles gut in Schuß, sie brauchte ja auch nur ein Kind zu gebären, verdammt noch mal! Und dann hat sie mir auch noch meinen jüngsten Sohn weggenommen!«

»Weggenommen? Wolltest du Rumold für den Rest deines Lebens auf dem Schoß behalten?«

»Ach, laß mich!« raunzte ihn Barbara an und rannte zur Treppe. Bevor sie oben im Schlafzimmer verschwand, schrie sie noch: »Weißt du, was? Geh zu Gertrude, und zwar jetzt gleich! Aber versuch danach nie wieder, dich mir zu nähern, nie wieder!« Und mit lautem Schlag fiel die Schlafzimmertür ins Schloß.

Gerhards Hand zitterte, als er seinen Becher zum drittenmal füllte. Er mußte den Krug mit beiden Händen festhalten, um nichts zu verschütten. Er blickte durch das Küchenfenster in den Garten hinaus und trank den Wein in kleinen Schlucken aus. Dann stellte er den Becher leise auf den Tisch und verließ das Haus.

Er ging zu Gertrude. Er zog sie ganz langsam aus, und sie half ihm dabei. Und dann lagen sie nackt und still beieinander, er mit dem Kopf auf ihrer linken Brust, so daß er ihr Herz kräftig und regelmäßig schlagen hören konnte. Nach einer Weile begann er leise zu schluchzen.

Gertrude ließ ihn. Während seine Tränen ihre Brust benetzten, strich sie ihm wie einem Kind übers Haar.

32

Dakar«, sagte Kapitän Navure. »Das Grüne Kap, genau am berechneten Ort.« Er schob sein Fernrohr zusammen. »Wie auch Lanzarote und Fuerteventura und alle anderen Orientierungspunkte auf Mercators Karte. Gillis Hooftman hatte recht: Diese Art des Navigierens ist weit verläßlicher. Wenn man erst einmal die Benutzung dieser Loxodromen beherrscht. Glaub mir, Bootsmann, ich finde es sehr bedauerlich, daß das Stückchen Karte, das sie uns mitgegeben haben, hier zu Ende ist! Wir segeln gleich über ihren Rand hinaus, und dann müssen wir auf unser altes System zurückgreifen.«

»Und obendrein schlägt das Wetter um.« Der Bootsmann, der neben Navure auf dem Achterkastell stand, blickte besorgt nach Westen, wo die ersten Unheilsboten eines nahenden Sturms das makellose Blau des tropischen Himmels trübten. Dicke Wolken mit dunkelgrauen, fast schon schwarzen Bäuchen, die sich mit beunruhigender Geschwindigkeit auf das afrikanische Festland zubewegten.

Der Kapitän nickte grimmig. »Ich begann mir schon Sorgen zu machen, weil die Reise bisher so glücklich verlief. Laß kontrollieren, ob die Ladung gut festgezurrt ist, und sichere die Luken an Deck.« Er blickte mit Bedauern zu den vierkant gebraßten Segeln empor, die die ›Santa Lucrezia‹

gleichsam mit stolzgeschwellter Brust zügig gen Süden vorantrieben. »Und laß schon mal die Marssegel, Besan und Bonaventura und die Blinde einholen.« Dadurch würde das Schiff zwar gehörig an Fahrt einbüßen, doch der Kapitän ging lieber auf Nummer Sicher. Mit dem Verkleinern der Segelfläche zu warten, bis die Masten unter dem Druck des anwachsenden Windes zu ächzen begannen und es lebensgefährlich wurde, die Besatzung noch in die Wanten zu jagen, entsprach nicht seiner Auffassung von guter Seemannschaft. Er hatte auf seinen gefährlichen Reisen ums Kap der Guten Hoffnung nur selten einen Mann verloren, und darauf war er stolz.

Die Sonne, die schon ein gutes Stück nach Westen vorgerückt war, verschwand hinter den ersten Wolken, und es war, als dämpfte jemand das Himmelslicht. Für einige Augenblicke krimpte der Wind um neunzig Strich, so daß die Segel wild zu killen begannen. Dann fiel er erneut aus der alten Richtung ein, nun aber kräftiger. Mit lautem Schlag blähten sich die Segel wieder, und der Bug tauchte unter dem plötzlichen Druck kurz etwas tiefer ins Wasser ein, als machte das Schiff eine demütige Verbeugung vor dem nahenden Sturm.

Unterdessen hatte der Bootsmann die Ordern des Kapitäns weitergegeben. Männer strömten an Deck und eilten an ihre Posten. Einige kletterten wie Affen in die Wanten. Sie brauchten nicht zur Eile ermahnt zu werden, denn sie waren erfahren genug, um das drohende Unheil auf einen Blick zu erfassen und die Befehle blitzschnell auszuführen.

Der Kapitän schob erneut sein Fernrohr aus und spähte nach Westen. Der Tag war noch lange nicht vorüber, doch der Sturm verdunkelte den Horizont derart, daß man meinen konnte, die Nacht wäre auf wundersame Weise herbeigesprungen gekommen. Derweil färbte sich die See weiß von den Schaumkronen, die der mächtige Wind zerstäubte und vor sich herjagte.

»Kapitän…« Der Bootsmann, ein großer, kräftiger Mann, dessen muskulöser Nacken fast so breit war wie sein Kopf, flößte der Besatzung normalerweise gehörigen Respekt ein, doch jetzt verriet seine Stimme Unsicherheit, und in seinen Augen lag ein eigenartiger Blick.

Es dauerte einige Atemzüge, bevor der Schiffer erkannte, daß es unterdrückte Angst war, die aus diesem Blick sprach. Das befremdete und beunruhigte ihn zugleich, denn er hatte noch nie erlebt, daß sich der Bootsmann fürchtete. »Ich weiß, was du denkst«, sagte er ernst. »Wir sind zu nah vor der Küste, um einen schweren Weststurm aussegeln zu können.«

Da es für die Navigation wichtig war, daß man mit dem Fernrohr Orientierungspunkte auf dem Festland ausmachen konnte, fuhren die Schiffe meist nicht weiter vor der Küste als einige Dutzend Meilen. Zumal in diesem Teil des Ozeans zu dieser Jahreszeit nur äußerst selten Weststürme vorkamen.

Ich suche nach Rechtfertigungen, registrierte der Kapitän plötzlich, verärgert über seinen eigenen Gedankengang. Dabei hatte er doch gar keinen Fehler gemacht. Oder doch? Mit der neuen Karte hätte er problemlos viel weiter draußen auf See fahren können, ohne daß die Zuverlässigkeit seiner Besteckrechnungen darunter gelitten hätte. Und auf offener See wäre das Schiff erheblich sicherer gewesen. Aber das hatte er ja nicht wissen können. Nicht, bevor er das eine und andere gründlich getestet hatte.

»Wir werden versuchen, auf Besan und Fock so gut es geht Höhe zu halten. Wenn wir Glück haben, ist es nur ein kurzer Sturm.«

Mit heiserer Stimme sagte der Bootsmann: »Heute morgen saßen hier zwei Vögel auf der Reling. Afrikanische Vögel, nehme ich an, ich kannte sie nicht. Klein und dunkel waren sie, fast schwarz, wie Krähen. Sie müssen todmüde gewesen sein von der weiten Strecke, die sie geflogen waren. Und dennoch …«

Der Kapitän schob sein Fernrohr zusammen. »Ja, und?« fragte er ungeduldig, als der andere nicht gleich fortfuhr.

»Sie pickten mit den Schnäbeln nacheinander, Kapitän.«

Ein böses Omen, dachte der Kapitän. »Aberglaube, Bootsmann. Bete lieber zu Gott, wenn du Schiß hast!« Das kam barscher heraus, als man es von ihm gewohnt war. Weil auch er sich Sorgen machte. Er hatte genügend Erfahrung, um einschätzen zu können, in welcher prekären Lage sich das Schiff befand, wenn der Sturm erst richtig losbrach.

Die Besatzung hatte die Segel nach Anweisung eingeholt und beeilte sich, an Deck und in die relative Sicherheit zurückzukommen. In dem Moment setzte der Wind plötzlich völlig aus. Die noch übrigen Segel flatterten und fielen ein. Die ›Santa Lucrezia‹ verlor Fahrt und begann auf der unregelmäßig gewordenen Dünung zu schaukeln. Mit dem Wegfall der frischen Brise senkte sich die tropische Hitze auf die Besatzung wie eine erstickende Last. Es war jetzt fast so dunkel wie in der Abenddämmerung.

Der Bootsmann starrte zur Küste hinüber, die mit dem

bloßen Auge nicht auszumachen war. »Dort leben Menschenfresser und greuliche Ungeheuer mit giftigem Geifer und dolchgleichen Zähnen. Selbst wenn wir nicht ersaufen...« Er verstummte und zog die Schultern hoch, als müßte er ein Schaudern unterdrücken.

Eine Wolke großer und kleiner Insekten stürzte sich auf das Schiff. Es schienen Millionen zu sein, und allesamt waren sie pechschwarz. Sie bissen und stachen in alles, was nackt, warm und verschwitzt war, und sie kribbelten wie verrückt. Für die hundert, die von panisch wedelnden Händen und trampelnden Füßen zu einem blutigen Brei zerquetscht wurden, kamen tausend weitere. Die Plage war so groß, daß einige Besatzungsmitglieder drauf und dran waren, über Bord zu springen, auch wenn das ihren sicheren Tod bedeutet hätte. Doch da wurde die ›Santa Lucrezia‹ vom ersten Windstoß des Sturms gegeißelt, und wie durch ein Wunder waren die Insekten auf einen Schlag weggeblasen. Es blieb freilich keine Zeit, die Erleichterung zu genießen. Denn zugleich krängte das Schiff unter diesem ersten Ausläufer des Sturms, der sich wütend auf die Steuerbordseite stürzte, bedenklich nach Lee. Das Großsegel schlug, daß es knallte wie Kanonenfeuer, und zerriß vom Topp bis zum untersten Bonnet. Heulend und brüllend wie eine ganze Legion verdammter Seelen und Berge von schäumendem, brodelndem, tosendem Wasser vor sich herjagend, brauste der Sturm heran. Die Besatzung der ›Santa Lucrezia‹ klammerte sich in blanker Todesangst an allem Erdenklichen fest, was sie vielleicht davor bewahren konnte, von den heranrollenden Wellen über Bord geschleudert zu werden. Das Schiff wurde hochgehoben und gen Küste geworfen, als wäre es aus Stroh.

Kapitän Navure hatte das Gleichgewicht verloren, war gestürzt und bis an die Backbordwand der Brücke gerollt, wo er sich an den Stützen der Reling festklammerte, um nicht ins Meer geworfen zu werden. Der Bootsmann rutschte und kroch auf allen vieren über das wild schlingernde, nasse Deck zu ihm hin. Navure wehrte seine helfenden Hände ab. »Laß das Schiff vor den Wind wenden!« schrie er über das Brüllen des Windes und das Rauschen des Wassers hinweg. Er wußte, daß keiner von ihnen überleben würde, wenn sie kenterten, bevor sie auf Strand liefen. Zumal auch so gut wie keiner an Bord schwimmen konnte – falls man denn damit in dieser Wasserhölle überhaupt etwas ausrichten konnte.

Der Bootsmann kämpfte sich schweigend wieder in Richtung Steuerstand zurück. Navure gelang es derweil mit Mühe, eine etwas sicherere Position einzunehmen, sitzend, mit dem Rücken an der Bordwand. Er hatte etwas knacken hören und gespürt, als er stürzte, und sein gefühllos gewordener rechter Arm verweigerte den Dienst.

Navure starrte dem Bootsmann nach. Und mit einem Mal, wie durch eine Offenbarung, wußte er mit hundertprozentiger Gewißheit, daß dieser den Steuerstand niemals erreichen würde. Erst danach sah er die Monsterwelle, die sich nach einer Reise von Abertausenden von Meilen über den Ozean aufgebaut hatte, wie eine lebende Felswand auf das Schiff zukommen.

»Dein *Theatrum Orbis Terrarum* ist ein großer Erfolg«, sagte Plantin. »Du wirst allerorten dafür gerühmt, sowohl für die Form als auch für den Inhalt.« Er schloß gewohnheitsmäßig die Tür zur Druckerei, um den Lärm auszusperren. »Es wird höchste Zeit, daß deine Übersetzung ins Niederländische fertig wird. Und es besteht auch bereits Interesse an einer spanischen Version.«

Ortelius blickte auf den schmalen Rücken des anderen. »Auch wenn ich einen Großteil der Arbeit verrichtet habe, die Idee zu dieser Ausgabe stammt von Gillis Hooftman und Gerhard.«

»Komm, komm, nicht so bescheiden.« Plantin lächelte, während er sich Ortelius gegenübersetzte. »Gerhard selbst hat offenbar keinerlei Probleme damit, dir die ganze Ehre zu lassen.«

»Gerhard ist ein guter Freund«, erwiderte Ortelius ernst. »Aber er täte besser daran, ein wenig ehrgeiziger zu sein, in seinem eigenen Interesse. Er hat sich nicht einmal gerührt, als dieser verdammte Italiener unlängst eine exakte Kopie seiner Europakarte auf den Markt brachte. Und das noch dazu, ohne Gerhards Namen zu erwähnen!«

Plantin nickte. »Pablo Forlani, ein versierter Kopist.« Er sah Ortelius fragend an. »Wie geht es Gerhard? Ich habe ihn schon geraume Zeit nicht mehr gesehen.«

»Schwer zu sagen.« Ortelius beobachtete eine Fliege, die auf seinem Handrücken gelandet war und nervös hin und her rannte. »Mal wirft er sich vor, er lebe zu lange, so daß ihm ein Kind nach dem anderen genommen wird …« – mit einer unwirschen Gebärde verscheuchte er die Fliege – »… jetzt ist wieder Dorothea krank; keiner weiß, was ihr fehlt, aber sie wird immer schwächer – und mal fürchtet er, er könnte sterben, bevor er seine Kosmographie vollendet hat.«

»Eine Arbeit, für die es eines langen Atems bedarf.«

»Nach meinem Empfinden eine zu große Aufgabe für einen Mann allein. Arnold hilft ihm zwar dann und wann bei den anderen Arbeiten, doch seine Beiträge sind rein technischer Natur. Die gesamte Denk- und Recherchearbeit muß Gerhard leisten. Und meistens hat Arnold auch angeblich zuviel mit seiner Landvermesserei für den Herzog zu tun. Aber sein größtes Problem, meinem Gefühl nach zumindest…« Ortelius verstummte kurz. Gerhards größtes Problem ist vielleicht seine Frau, dachte er. Statt ihn zu unterstützen, schien ihr einziger Lebenszweck darin zu bestehen, ihm das Leben schwerzumachen. Doch über das persönliche Leben seines Freundes zu klatschen war nicht Ortelius' Art. »…ist seine Zylinderprojektion mit Loxodromen«, fuhr er fort. »Aus irgendeinem obskuren Grund will oder darf es einfach nicht gelingen, die seefahrende Welt von den Meriten dieser Erfindung zu überzeugen.«

»Vielleicht ist er nicht dafür prädestiniert, weltberühmt zu werden.«

»Glaub mir, Christophe, das ist auch wirklich das letzte, worauf er aus wäre. Ihn treibt ganz einfach so etwas wie eine Berufung an, er möchte die Meere sicherer machen. Ach ja, bevor ich es vergesse: Er bittet dich, noch drei Ries Papier für ihn bereitzustellen.«

Plantin nickte und kritzelte etwas auf eine Schiefertafel, die er immer bei der Hand hatte. »Ich habe seine Projektion von zwei Experten studieren lassen, und beide sind zu der Meinung gelangt, daß es ein revolutionärer Ansatz ist, der für die Navigation auf See ein Segen sein könnte.«

»Eben!« Ortelius reagierte so enthusiastisch, daß er selbst darüber schmunzeln mußte. »Aber die Vorsehung stellt sich quer. Jedesmal wenn ein Kapitän bereit ist, Gerhard eine Chance zu geben, geht irgend etwas schief. Der letzte war Navure, von der ›Santa Lucrezia‹. Sein Schiff soll, wie verlautet, mit Mann und Maus untergegangen sein, irgendwo vor der afrikanischen Küste. Ein Sturm.« Ortelius schüttelte den Kopf. »Manchmal könnte man fast meinen, die See selbst wirkt Gerhard entgegen. Segelschiffe sind leichte Beute für sie, und sie will, daß es so bleibt.«

»Das glaubst du doch wohl selber nicht, oder?«

»Manchmal weiß ich nicht mehr, was ich glauben soll.«

»Ein heikles Thema«, sagte Christophe. Er schaute kurz durch das Fenster in die Werkstatt hinüber. »Ich erwäge, Antwerpen für eine Weile zu verlassen, es wird mir hier doch allmählich zu gefährlich. Ich muß sowieso nach Italien, und das scheint mir jetzt der geeignete Moment dafür zu sein.«

Nur halb im Scherz entgegnete Ortelius: »Ich wußte ja gar nicht, daß du ein Ketzer bist!«

»Das bin ich auch nicht.« Plantin hatte Ortelius nie erzählt, daß sein Freund und Geldgeber dem ›Haus der Liebe‹ vorstand, und er vermutete, daß auch Gerhard nichts darüber gesagt hatte. »Aber ich habe Besitz, und das ist heutzutage sehr gefährlich. Die Kirche braucht Geld, um ihre Kriege zu finanzieren. Und nun, da die Flotte des Papstes im Verbund mit einer Bande Südländer bei Lepanto Ali Paschas Türken zerrieben hat, ist Rom um so dreister. Alles, was nicht römisch-katholisch ist, ist böse und schlecht und muß daher getötet werden, darauf läuft es doch hinaus. Mit Spanien als treuem Vasallen bereitet das auch keine Probleme. Der Bildersturm hat höchstens noch Öl ins Feuer gegossen.« Plantin sah Ortelius eindringlich an. »Warum kommst du nicht mit nach Italien? Es könnte eine inspirierende Reise werden.«

Ortelius schüttelte den Kopf. »Ich brauche keine Inspiration, ich habe mehr als genug an dem, was ist. Und, ach... ich fühle mich wohl hier in Antwerpen, trotz allem. Ich habe viele Freunde hier und, soweit ich weiß, keine ernstlichen Feinde. Und ich würde nur ungern den Hafen missen.« Er erhob sich. »Ich möchte deine Zeit nicht länger in Anspruch nehmen. Wenn du in der Tat abreisen solltest, hoffe ich, daß wir uns vorher noch einmal sehen!«

»Natürlich.« Plantin erhob sich gleichfalls. »Schließlich bist du der erfolgreichste Kartograph, dessen Arbeiten ich herausgebe.«

Der erfolgreichste Kartograph, dachte Ortelius, als er in den kalten Herbstwind hinaustrat. Weil er sich und sein Werk besser verkaufen konnte als Gerhard Mercator, und vielleicht auch, weil er mehr Glück hatte.

Er fragte sich, ob Plantin bewußt »der erfolgreichste« und nicht »der beste« gesagt hatte.

Gerhard legte seinen Stichel beiseite und rieb sich mit beiden Fäusten wütend die Augen. Das hat Emerentia, als sie klein war, immer getan, wenn sie weinen mußte, dachte er unvermittelt. Die Augen gerieben, als wäre sie zornig über das Brennen darin.

Arnold, der an einem kleineren Tisch in einer Ecke des Ateliers beschäftigt war, schaute von seiner Arbeit auf. »Müde?« Es klang eher begierig als besorgt.

»Meine Augen.« Gerhard hörte auf mit der sinnlosen Reiberei und streckte den Rücken. »Wenn ich eine Weile konzentriert gearbeitet habe, sehe ich nur noch wie durch einen Schleier.« Er schob seinen Stuhl zurück und erhob sich. »Ich brauche frische Luft.«

»Warum stellst du keinen Graveur ein? Es ist doch mehr als genug Arbeit da!«

»Zur Zeit ja, aber ob das auch nächsten Monat noch so sein wird?«

»Das höre ich dich schon seit Jahren sagen, und dabei kommt immer mehr Arbeit hinzu.« Arnold sagte nicht, daß er Gerhard für geizig hielt, aber daß er es dachte, war ihm vom Gesicht abzulesen.

Ein Problem, das wir nicht hätten, wenn du ein bißchen vielseitiger wärst, dachte Gerhard. Aber er hatte gelernt, derlei sinnlose Vorwürfe für sich zu behalten. Überdies lag es ja vielleicht zum Teil an ihm selbst. Rumold hatte ihm jedenfalls einmal vorgeworfen, er hätte sie nicht streng genug erzogen, er hätte ihnen zu viele Freiheiten gelassen. Und unter den Folgen hätten sie nun zu leiden, meinte er.

»Ach, vielleicht hast du recht«, räumte Gerhard ein. »Ich werde mit dem Bürgermeister darüber reden, vielleicht kennt er ja einen guten Graveur in Duisburg.« Es wäre schön, wenn er mehr Zeit für seine Kosmographie erübrigen könnte. Aber auch das sagte er nicht laut.

Als Gerhard nach draußen gegangen war, wanderte Arnolds Blick argwöhnisch zu dem Haken an der Wand, an dem stets Gerhards Mantel hing. Der Mantel hing noch dort, trotz des feuchtkalten Wetters.

»Ich werde alt«, klagte Gerhard Gertrude gegenüber. Er ließ sich auf einen mit blauem Samt gepolsterten Stuhl sinken und nahm dankbar den Römer Wein an, den Gertrude ihm reichte.

»Du würdest mich gern sagen hören, daß das nicht stimmt, hm?«

»Meine Augen machen mir zu schaffen.«

»Gut, da siehst du nicht, daß auch ich älter werde.«

»Ach, Gertrude, du siehst noch fast so frisch aus wie deine Tochter.«

Gertrudes Augenbrauen zogen sich zu einem drohenden Stirnrunzeln zusammen. »Fast?«

Gerhard seufzte. »Ich werde es wohl nie lernen.«

»Weil du besser austeilen als salbadern kannst. Merkwürdig für einen Fisch, der von Jupiter regiert wird, du solltest eigentlich eine barmherzige Natur haben.«

»Ach, Gertrude, die Astrologie ...«

»Höre ich richtig?«

»Es läßt sich nun mal nicht leugnen, daß astrologische Stellungnahmen und Vorhersagen im Ergebnis oft hinter den Erwartungen zurückbleiben. Das liegt natürlich daran, daß sowohl unsere Wahrnehmungen als auch deren Interpretationen nicht perfekt sind. Und, ach ... in letzter Zeit beginne ich an so gut wie allem zu zweifeln. Normalerweise eine Eigenheit der Jugend, aber ich scheine es auf meine alten Ta ...« Gerhard verstummte unbehaglich.

Gertrude setzte sich auf die Lehne seines Stuhls. »Fische sind hoch sensibel und gefühlsbetont, Gerhard. Und du hattest in den vergangenen Jahren weiß Gott einiges zu verdauen.«

»Fische ...« Gerhard schmiegte den Kopf an Gertrudes Mitte. »Ich werde nicht nur von Jupiter regiert, sondern auch von Neptun. Das heißt, ich leide an gewissen perversen Neigungen.«

»Unangenehm für die, denen das unangenehm ist. Im übrigen ein Problem, das sich mit dem Älterwerden von allein löst.« Sie gab ihm einen spielerischen Klaps auf den Hinterkopf.

»Jesus, ich bin schon über sechzig.« Gerhard ließ das klingen, als würde es ihm erst jetzt bewußt. »Und nun will Hogenberg ein Porträt von mir machen. Hätte er das nicht machen können, als ich noch jung und hübsch war?«

»Gerhard...« Gertrude zog ihn unsanft am Bart und zwang ihn, sie anzusehen. »Was ist los?«

Der Blick in ihre hellen Augen verwirrte Gerhard zu sehr, so daß er sie beim Handgelenk faßte, damit sie ihn losließ und er wieder vor sich hin starren konnte. »Die, die mir lieb sind, werden mir einer nach dem anderen genommen. Meine Ehe ist eine Qual. Was zu meinem größten Erfolg hätte werden sollen, findet keine Anerkennung. Und mein Lebenswerk, die Kosmographie, wird vielleicht niemals vollendet...«

»Du bist gesünder, als du es dir selbst einzureden versuchst, du hast ein mehr als ansehnliches Einkommen, du hast Beziehungen zu vielen hochgestellten Persönlichkeiten, die dein Werk überaus schätzen, und du hast eine anziehende und verständnisvolle Freundin.«

»Freundin... Ich hasse das Wort, und du bestimmt auch.« Als Gertrude nicht reagierte, sagte Gerhard: »Vielleicht wäre es anders, wenn ich Söhne hätte, denen ich zutraute, daß sie mein Werk fortsetzen können. Doch Arnold traue ich das nicht zu, und Rumold...« – Gerhard zögerte – »...Rumold gibt sich alle Mühe, und Christina hat einen außerordentlich guten Einfluß auf ihn…«

»Aber?«

»Ich weiß nicht, vielleicht wird ja noch alles gut mit ihm.«

»Nun denn?«

Gerhard trank seinen Wein aus und stellte den Römer auf ein Tischchen, das neben seinem Stuhl stand. Ich wollte, ich könnte eine klare Antwort geben, dachte er. Oder besser noch… ich könnte das Gefühl der Unzufriedenheit abstreifen, das mich Tag und Nacht umtreibt. Gertrude hatte vielleicht recht, er hatte trotz allem genug, wofür er dankbar sein mußte. In den Niederlanden herrschte immerhin eine Pestepidemie, und hinzu kam eine gravierende Handelskrise. Die spanische Schreckensherrschaft nahm immer drastischere Formen an, gekennzeichnet von blutigen Exzessen in Antwerpen und anderen Städten. Nicht mehr lange, und es würde zum totalen Aufstand kommen, und der würde wahrscheinlich noch mehr Blutvergießen und Elend mit sich bringen. Und er saß hier in seinem komfortablen Haus auf seiner friedlichen Insel und grämte sich, weil seine Arbeit nicht ganz so lief, wie er es gerne gehabt hätte, und weil seine Frau zuviel keifte…

»Du wirst wohl recht haben«, sagte er – und dachte derweil: Leider siegt die Vernunft nur selten über die Empfindungen. »Ich sollte lieber wieder nach nebenan gehen, ich habe so viel zu tun.« Er machte jedoch keinerlei Anstalten, sich zu erheben.

»Womit bist du gerade beschäftigt?«

»Was bringt es uns ein?«

»Bitte?«

Gerhard zog eine Grimasse. »Das fragt Barbara immer.«

»Gerhard…« Gertrude stand auf, um den Weinkrug zu holen und Gerhards Römer noch einmal zu füllen. »Es wäre mir lieber, wenn du mir gegenüber nicht über deine Frau sprichst, das ist mir unangenehm.«

Gerhard nickte ergeben. »Natürlich, das war dumm, entschuldige.« Er starrte auf Gertrudes gepflegte Hand, die seinen Römer füllte. »Ich bearbeite gerade die *Geographia* des Ptolemäus für Gottfried von Kempen. Mit siebenundzwanzig Karten.« Gerhard nahm den gefüllten Römer entgegen. »Eine allgemeine Weltkarte, zehn Karten von Europa, vier von Afrika und zwölf von Asien. Ich konnte mir fünf verschiedene Ausgaben der *Geographia* besorgen, die älteste ist eine lateinische Übersetzung aus dem Griechischen im Auftrag eines Kardinal Nicolaus Cusanus. Sie enthält noch Kupferstiche. Die Karten sind erst Jahrhunderte später hinzugekommen, ursprünglich handelte es sich lediglich um eine Beschreibung von Ländern und Städten, mit Tabellen und den Angaben der geographischen Längen und Breiten. Ich möchte die *Geographia* im ursprünglichen Sinne des Ptolemäus rekonstruieren.«

»Lebte der nicht vor zweitausend Jahren?«

Gerhard nickte abwesend und nippte an seinem Römer. »Unterdessen mache ich natürlich weiterhin neue Karten, um ein Auskommen zu haben. Aber die *Geographia* soll auch Teil meiner Kosmographie werden.«

Gertrude setzte sich wieder neben Gerhard. »Aus wie vielen Teilen wird die Kosmographie denn bestehen?«

»Ich habe eine vorläufige Einteilung gemacht, aber die

kann sich noch ändern.« Gerhard sah zu Gertrude auf. »Bist du dir sicher, daß dich das interessiert?«

»Gerhard, ich bin die Witwe eines Mannes, der Uhrmacher und Bürgermeister war, und jetzt lebe ich mit meiner Dienstmagd unter einem Dach. Jedes Gespräch, das etwas anderes zum Thema hat als den Preis von Speck und Gemüse auf dem Markt, ist ein Segen.«

Gerhard schaute wieder vor sich hin, weil ihn der Nacken zu schmerzen begann, wenn er den Kopf zu lange zur Seite drehte. Man braucht nicht allein zu sein, um sich einsam zu fühlen, dachte er. Er verweilte einige Augenblicke bei diesem Gedanken, bevor er fortfuhr: »Soweit ich es jetzt sehe, werden es sechs Teile, die ich auch jeweils in verschiedene Abschnitte unterteilen möchte. Am Anfang soll die Erschaffung der Welt stehen. Dann folgen die Anordnung und Bewegung der Himmelskörper. Dann deren Natur, Strahlung und Ablenkung sowie Erkenntnisse zur möglichen Verbesserung der Astrologie... ja, ja« – Gerhard klopfte Gertrude leicht auf die Schulter – »...dann die Elemente, dann eine Beschreibung der Reiche und der ganzen Erde und zum Schluß die Genealogien der Fürsten vom Anbeginn der Welt an. In diesem letzten Teil soll den ersten Bewohnern der Länder und den Wanderungen der Völker nachgespürt und so die Chronologie der Ereignisse und deren zeitliche Bedeutung bestimmt werden.«

»Warum stellst du nicht jemanden ein, der dir dabei hilft?«

»Das hat man mich schon öfter gefragt.«

»Und?«

»Es ist nicht so einfach, einen versierten Mitarbeiter zu

finden, Gertrude.« Gerhard leerte seinen Römer und stellte ihn beiseite. »Emerentia besaß die nötigen Talente...«

»Wie auch Ambrosius ein außerordentlich patenter Mann war. Damit kommen wir nicht weiter, Gerhard. Schöne Erinnerungen sollte man hegen, aber nicht zu Fesseln werden lassen.«

»Ich hasse Leute, die immer recht haben, weißt du das?« Gerhard stemmte sich mit sichtlicher Unlust von seinem Stuhl hoch. »Ich muß wirklich wieder zurück an die Arbeit.«

»Ich hatte eigentlich etwas anderes im Sinn. Aber na ja, ich habe ja auch nichts Wichtigeres zu tun.« Gertrude lachte, als sie Gerhards Gesichtsausdruck sah. »Ach, nimm doch nicht alles so ernst!«

Ihr Haus bietet Wärme, dachte Gerhard, als er wenig später ins Freie trat. Während er bei sich daheim oft die Kälte eines Kellers verspürte.

Als er in sein Atelier zurückkam, fragte Arnold, ohne von seiner Arbeit aufzublicken: »War dir nicht kalt?«

Gerhard erschrak kurz, weil diese Frage direkt an seine Gedanken anzuschließen schien. »Wieso?«

»Das Wetter ist nicht das beste, und du hattest deinen Mantel hängen lassen.«

»Seit wann sorgst du dich denn um mein Wohl?«

»Ich sorge mich eher um das Wohl meiner Mutter.«

Gerhard schaute stirnrunzelnd auf seinen Sohn hinab. »Was soll das heißen?«

»Du könntest wenigstens auf etwas diskretere Weise nach nebenan verschwinden. Indem du zum Beispiel wartest, bis es dunkel ist.«

Gerhard setzte sich an seinen Tisch. Düster starrte er zu Arnold hinüber, der weiterarbeitete, als wenn nichts wäre. Seine Feder kratzte irritierend. Als er Gerhards Blick bemerkte, hielt er mit dem Schreiben inne. »Was ist?«

»Wie sehr haßt du mich eigentlich?«

»Dich hassen? Hm...« Arnold spitzte die Lippen, als müsse er ernsthaft über diese Frage nachdenken. »Mal sehen... Ich haßte dich jahrelang, nachdem ich mitbekam, wie übel du Mutter mitspieltest, ich haßte dich noch mehr, als du mich auf diese elende Schule in Bremen schicktest, und bei hunderterlei anderen Anlässen. Aber jetzt... Ich weiß nicht so recht, Haß ist ein so überfrachtetes Wort.«

»Wie wär's mit Verachtung?«

»Das kommt dem vielleicht näher, ja.«

Gerhard nickte. »Ich habe gerade einen Entschluß gefaßt: Ich werde nicht einen, sondern zwei Helfer einstellen. Und du kannst deine Sachen packen, ich will dich hier nicht mehr sehen.«

Arnold sah Gerhard einige Sekunden lang wütend an. »Meinst du, Mutter ist damit einverstanden?«

»Ich hoffe nicht, das würde meine Genugtuung sehr schmälern.«

Arnold tauchte seine Feder ins Tintenfaß. »Ich mache das hier erst noch fertig, ich brauche dieses Dokument, um...«

»Verschwinde!« sagte Gerhard leise. »Auf der Stelle!«

Arnolds Hand stockte. Einen Moment saß er regungslos da, dann schloß er mit gemessenen Bewegungen seine Bücher und stand auf. »Es ist verdammt leicht, dich zu hassen wie die Pest«, sagte er. Dann ging er ruhig hinaus, die Bücher lässig unter den Arm geklemmt.

Gerhard atmete tief durch. Erst jetzt merkte er, daß sein Herz schlug, als hätte er gerade eine große Anstrengung geleistet. Er zog ein Blatt Papier zu sich heran und griff zur Feder, um einen Brief an Rumold zu schreiben. »Du mußt nach Hause kommen«, schrieb er. »Ich brauche Dich, Du bist der einzige, zu dem ich noch Vertrauen habe.«

Mittendrin legte Gerhard die Feder nieder und massierte die schmerzenden Gelenke seiner rechten Hand. Es war ein Schmerz, der durch seinen ganzen Körper zu ziehen schien, von den Schultern über die Hüften bis zu den Knien und den Fußgelenken. Manchmal, so wie heute, ließen ihn Ellenbogen und Hände im Stich. Das hing, wie er schon beobachtet hatte, mit dem Wetter zusammen: Kälte und Feuchtigkeit waren eine Katastrophe. Und Spannungen. Ein Streit mit Barbara, und eine neuerliche Schmerzattacke war ihm gewiß. Noch war das alles erträglich, doch es schien sich stetig zu verschlimmern.

Er nahm die Feder wieder auf und schrieb weiter. »Ich kann die Arbeit allein nicht länger bewältigen, und Arnold mangelt es an der richtigen Einstellung. Meine Projekte dürfen nicht zum Erliegen kommen, wenn ich einmal nicht mehr bin. Ich setze meine letzte Hoffnung in Dich, mein Sohn…«

33

Gerhard legte den Brief nieder, den ein Kurier ihm an diesem Morgen zugestellt hatte, zusammen mit einigen anderen Schreiben von überall auf der Welt, die ihn manchmal erst nach langen Irrwegen erreichten. »Die Niederlande wollen einfach nicht zur Ruhe kommen. Der Herzog von Parma gibt sich anscheinend nicht geschlagen, ehe er nicht alles wieder unter Philipps Knute hat. Wenn sie statt dessen Energie und Mittel dafür einsetzen würden, das Los der Menschen zu verbessern, lebten wir längst im Paradies. Hat die Torheit denn nie ein Ende?«

»O doch«, entgegnete Rumold, der, einen Becher Milch vor sich, ihm gegenüber am Küchentisch saß. »Ausländische Besetzer bleiben nie ewig, das ist ein Naturgesetz. Irgendwann wird man sie endgültig vertreiben, und dann kehrt wieder Ruhe ein. Bis der nächste Besetzer kommt.« Er verzog den Mund zu einem für ihn ungewöhnlich bitteren Grinsen. Rumold besaß einen ausgeglichenen und eher philosophischen Charakter und ereiferte sich nur selten über Geschehnisse, gegen die er ohnehin nichts ausrichten konnte. »Die Franzosen zum Beispiel, wenn die ihre Chance sehen.«

»Ein Naturgesetz? Das Gesetz des Rumoldus Mercator?«

»Du wirst schon sehen, wenn es soweit ist.«

»Ich fürchte, daß ich nicht mehr lange genug leben werde, um das mitmachen zu dürfen.« Gerhard legte das Vergrößerungsglas nieder, mit dem er las und arbeitete, weil seine Augen immer schwächer wurden. Vor allem sein linkes Auge versagte ihm hin und wieder fast gänzlich den Dienst. Der Arzt hatte ihm Spülungen mit Salzwasser verordnet, doch das brachte keine Linderung.

Rumold beobachtete seinen Vater besorgt, während dieser vorsichtig seine Fingerknöchel massierte. Sie waren dicker geworden, und die Finger hatten sich ein wenig verkrümmt, so daß die Hand einer Klaue zu ähneln begann.

Gerhard war froh über die Hilfe Rumolds, der zu seiner Verblüffung immer besser zeichnete und gravierte. Und überdies hatten sie jetzt jemanden, der ein paarmal die Woche aushalf und gut mit dem Stichel umzugehen verstand.

»Wie dem auch sei, unser Freund, Sir Francis Drake, kostet die spanische Marine ordentlich Nerven. Er plündert eines ihrer Schiffe nach dem anderen. Dabei hat er nicht einmal einen Kriegsauftrag, sondern macht nur eine Weltreise.«

»*Nur* eine Weltreise«, wiederholte Gerhard. »Hörst du eigentlich, was du da sagst? Der einzige, der das bis heute geschafft hat, ist Magellan.«

»Drake ist ja auch ein ganz außergewöhnlicher Seefahrer.«

»Aber er fährt mit Abrahams Karten«, sagte Gerhard in einem Ton, als könne er das nicht so recht verstehen. »Man stelle sich vor, er würde meine benutzen«, ergänzte er leicht verbittert.

»Das kommt vielleicht noch. Einem intelligenten Menschen wie ihm muß früher oder später der gewaltige Unterschied auffallen.« Rumold trank von seiner Milch und wischte sich mit dem Handrücken über den Mund. »Obgleich ich finde, daß Ortelius ein gefährliches Spiel spielt. Wenn die Spanier dahinterkommen, daß er gegen ihr Verbot weiterhin an die Engländer liefert...«

»Drake wird es ihnen gewiß nicht verraten.« Und wir auch nicht, dachte Gerhard. Ansonsten wußte nur John Dee davon, weil er als Vermittler fungierte.

Rumold schob seinen leeren Becher von sich. »Wollen wir dann mal wieder ans Werk?«

Gerhard schien die Frage nicht gehört zu haben. Er starrte seinen Sohn nachdenklich an. »Rumold...« Er wandte den Blick ab. »Ich weiß nicht so recht, wie ich es sagen soll... Nun ja, ich war dumm, ich habe mich geirrt, ich hoffe, du kannst mir vergeben!«

Rumold sah ihn verwundert an. »Dir vergeben, Vater? Wofür denn?«

»Du hast mir einmal vorgeworfen, daß ich euch früher allzu viele Freiheiten gelassen, euch nicht genügend gelenkt hätte. Ich glaube jetzt, daß du recht hattest.«

»Ich verstehe dich noch immer nicht.«

»Ich habe deine Talente nie erkannt. Ich dachte immer, daß du...« – daß du nicht zu den Schlauesten gehörst, hatte er sagen wollen, doch er wurde sich gerade noch rechtzeitig bewußt, wie sich das für Rumold anhören würde. »Ich hätte deiner wissenschaftlichen Ausbildung größere Aufmerksamkeit schenken sollen. Du kannst es sehr wohl, wie ich in letzter Zeit immer deutlicher merke. Ich hätte mich mehr mit euch, vor allem mit dir, beschäftigen müssen als mit mir selbst.«

»Ach, Vater, steck mir etwas mehr Geld zu, und wir reden nicht mehr darüber.«

Gerhard fuhr auf, sah dann aber Rumolds Schmunzeln. Er hatte sich noch nicht so ganz an dessen Sinn für Ironie gewöhnt. »Ich bin dir jedenfalls sehr dankbar dafür, daß du deine Aufgaben in Köln im Stich gelassen hast, um mir beizustehen.«

»Das solltest du meiner Frau sagen, denn sie war es, die meine letzten Zweifel ausgeräumt hat. Vielleicht, weil sie so gern näher bei ihrer Mutter sein wollte. Bei Frauen weiß man nie.«

»Gemeinsam schaffen wir es vielleicht noch, du und ich«, sagte Gerhard ernst.

»Wovon sprichst du, was müssen wir schaffen?«

Unvermittelt streckte Gerhard die Hand über den Tisch aus, um die seines Sohnes zu ergreifen. »Rumold...« – er schloß kurz die Augen, als hätte die brüske Bewegung ihn schwindlig gemacht – »kannst oder willst du mir versprechen, daß du mein Werk fortsetzen wirst, wenn ich nicht mehr bin? Das würde mich sehr beruhigen.«

Rumold schaute seinem Vater einige Sekunden lang stumm in die Augen. »Und Arnold?«

Gerhard schüttelte langsam den Kopf. »Ich möchte *dich* darum bitten, Rumold.«

»Weißt du...« Rumold starrte auf Gerhards knochige Hand, die auf der seinen lag. »Ich habe schon seit einer Weile gespürt, daß du mir diese Frage stellen würdest, und ich habe darüber nachgedacht.« Der Druck von Gerhards Fingern wurde stärker. »Wenn ich mir vorstelle, daß meinetwegen deine ganze wichtige Arbeit umsonst gewesen wäre.

Christina würde es mir nicht verzeihen, von ihrer Mutter ganz zu schweigen.« Rumold sah Gerhard mit einem eigenartigen Gesichtsausdruck an.

»Du hast eine wunderbare Frau gefunden«, sagte Gerhard, der so tat, als hätte er den Blick nicht bemerkt.

Rumold nickte. »Und ich hätte Christina niemals kennengelernt, wenn wir nicht hierher nach Kleve gezogen wären. Vielleicht schulde ich dir ja größeren Dank als du mir.«

Gerhard ließ Rumolds Hand los. »Ich bin jedenfalls froh, daß du hier bist.«

Die ungewohnte Sentimentalität seines Vaters machte Rumold befangen. Er versuchte das mit einem kleinen Scherz von sich abzuschütteln: »Sorg lieber dafür, daß du deine Arbeit fertigbekommst, bevor du das Zeitliche segnest.« Er erhob sich. »Wollen wir dann nun endlich weitermachen?«

Als sie wieder im Atelier waren, hob Gerhard einen der Briefe, die er mitgenommen hatte, in die Höhe. »Du wirst doch demnächst einundvierzig, nicht? Nun, daraus wird nichts. Der Papst hat einen neuen Kalender erstellen lassen, und in diesem Jahr folgt nach dem vierten Oktober gleich der fünfzehnte Oktober. Pech, daß dein Geburtstag genau in die elf verschwundenen Tage fällt.«

»Elf verschwundene Tage? Was ist denn das für eine Geschichte?«

»Gregors Astronomen haben die durchschnittliche Jahreslänge noch einmal ganz genau, bis auf vier Stellen hinter dem Komma, berechnet. Dabei haben sie herausgefunden, daß der Julianische Kalender pro Jahr um einen Vierteltag nachgeht. Das wußten wir zwar längst, aber jetzt haben sie beschlossen, den Kalender ein für allemal zu präzisieren.« Gerhard griff zu seinem Vergrößerungsglas, um den Brief zu lesen. »Um die Fehler zu beheben, die wir seit Anbeginn unserer Zeitrechnung nach dem Julianischen Kalender gegenüber der astronomischen Wirklichkeit kumuliert haben, werden jetzt gleich elf Tage auf einmal abgezogen. Ergo, diesmal kein Geburtstag für dich, denn der fällt in ebendiese elf Tage.«

»Was hat Papst Gregor nur gegen mich? Ich kenne ihn nicht einmal persönlich.«

Gerhard legte den Brief und sein Vergrößerungsglas nieder. »Vielleicht können wir das bis nach dem fünfzehnten vor Christina verheimlichen, sonst entgeht uns ein Fest.«

Rumold sah seinen Vater verwundert an. »Seit wann legst du Wert auf Familienfeste?«

Gerhard zögerte kurz. »Vielleicht sehe ich euch alle viel zuwenig.« Und meine Familie scheint eher kleiner als größer zu werden, dachte er. Wenn das so weiterging, blieb er am Ende womöglich noch allein übrig. Doch diesen Gedanken schüttelte er eilends ab. »Deine Frau kocht so gut.« Er lächelte.

»Das hat sie von Beate gelernt.« Wieder sah er Gerhard mit diesem eigenartigen Blick an. »Viel Gutes ist aus dem Nachbarhaus gekommen...«

Gerhard setzte sich und wählte einen neuen Bleistift aus. »Ja«, sagte er, scheinbar abwesend. »Manche Häuser scheinen das an sich zu haben.«

Von Rumold und zunächst einem, dann sogar zwei Graveuren unterstützt, studierte und zeichnete Gerhard in einem schon fast unmenschlichen Tempo weiter. Trotz seiner Sehschwäche und der sich langsam verschlimmernden Schmerzen in seinen Gelenken produzierte er eine Arbeit nach der anderen. Es schien ihm unmöglich zu sein, auch nur einen Auftrag abzulehnen. Und abends, wenn das Tageslicht schwand, setzte er die Arbeit an seiner Kosmographie fort. Damit hörte er oft erst auf, wenn ihm vor schierer Müdigkeit Bleistift oder Feder aus der Hand fiel. Worauf er bisweilen auf seinem Stuhl im Atelier einschlief, um Stunden später von den Schmerzen in seinem verkrampften Körper geweckt zu werden.

»Ich fürchte, daß Vater sich noch totarbeitet«, sagte Rumold eines Tages zu Barbara, als er mit ihr allein in der Küche war. »Es ist paradox, er schuftet und schuftet, weil er den Tod im Nacken zu spüren glaubt und noch so viel erledigen möchte. Aber gerade weil er sich kaum Ruhe gönnt, schaufelt er sich noch selbst das Grab.«

»Mach dir keine Sorgen«, entgegnete Barbara gleichgültig. »Er gehört zu der Sorte Menschen, die nichts umbringt.«

Rumold saß am Tisch und aß ein Stück Brot mit geräucherter Brachse. Er studierte seine Mutter, die krumm am Feuer stand und in einem Kessel rührte, in dem sie Linnen färbte. Die gleiche krumme Haltung hatte sie inzwischen auch beim Gehen, und dabei blickte sie unter ihren grau gewordenen Augenbrauen vorwurfsvoll in die Welt. Ihr schlohweißes Haar hatte sie zu einem unordentlichen Knoten hochgesteckt. Und sie war so mager, daß ihre Arme und Beine Bohnenstangen glichen. Rumold wußte freilich, daß sie weit kräftiger war, als es den Anschein hatte. Wenn es ihm auch ein Rätsel war, woher sie diese Kraft nahm, denn sie schien kaum etwas zu essen.

»Ich höre dich nie etwas Freundliches über Vater sagen.«

Barbaras emsige Bewegungen stockten kurz, doch sie erwiderte nichts.

»Warum bist du schon dein Leben lang böse auf ihn? Den Eindruck habe ich zumindest.«

»Darüber kann ich nicht sprechen, ich möchte nicht, daß die Familie in den Schmutz gezogen wird.«

»Was sagst du da?«

»Kein Wort mehr darüber!«

»Schon gut«, sagte Rumold, erschrocken über ihren barschen Ton. »Ich finde es nur schade, daß ...« Er stockte. Er hatte sagen wollen: Ich finde es schade, daß Menschen mit Bosheit im Herzen alt werden und sterben. Doch ihm war mit einem Mal bewußt geworden, daß in diesem Haus schon viel zuviel vom Sterben gesprochen wurde.

»Kümmere dich um deine eigenen Angelegenheiten«, sagte Barbara, immer noch giftig. Aus dem Kessel, in dem sie mit einem rotgefärbten Stock rührte, stieg scharf riechender Dampf auf. »Ist deine schöne Christina denn noch immer genauso lieb wie damals, als sie sich dich geangelt hat?«

»Mutter, bitte!«

»Mutter, bitte? Wenn sie glaubt, sie könnte auf dem Rücken ihres berühmten Schwiegervaters reich werden, hat sie sich gründlich verrechnet.«

»Christina ist selbst wohlhabend.«

»Ach ja? Und warum mußt du dich dann noch für deinen Alten abrackern?«

Rumold wollte erst aufbrausen, doch sein Zorn war gleich wieder verraucht. Leise sagte er: »Weißt du, Mutter, manchmal tust du mir leid.«

»Was?!« Barbara warf wütend den Stock in den Kessel, stemmte die Hände in die Seite und funkelte Rumold giftig an. »Ich tue dir leid? Für wen hältst du dich eigentlich?«

Rumold blieb ruhig. »Es muß traurig sein, mit Wut im Herzen durchs Leben zu gehen, stets der ganzen Welt zu zürnen, kaum Freude zu kennen... Seltsam, daß mancher sich aus freien Stücken für ein solches Leben entscheidet.«

»Ich habe Freude gekannt, bevor ich deinem Vater begegnete. Ich war fröhlich und ausgelassen und spottlustig.«

»Aber was ist denn um Himmels willen passiert?«

»Abgesehen von den sechs Kindern, die ich zur Welt gebracht habe und von denen schon vier tot sind?«

Rumold schwieg einen Moment. »Es gibt Tausende von Müttern, die noch mehr Kinder geboren und begraben haben. Sind deswegen alle so verbittert? Das Leben ist nun mal hart.«

Barbara wandte sich wieder dem Feuer zu. »Ich habe dir nichts zu sagen.« Sie rührte wütend in dem dampfenden Kessel. Ein Schweißtropfen rann ihr ins linke Auge, doch sie tat nichts dagegen, das Brennen kümmerte sie offenbar nicht.

Als Rumold nichts mehr sagte, schaute sie aus dem Augenwinkel über ihre Schulter. Er war fort, ohne daß sie ihn hatte gehen hören. Die Hälfte seines Essens stand noch da, als wäre ihm plötzlich der Appetit vergangen.

»Männer!« murmelte sie haßerfüllt.

Sie feierten Rumolds Geburtstag in Gertrudes Haus. Arnold und seine Frau Elisabeth waren mit fünf ihrer neun Kinder gekommen. Die beiden Töchterchen von Rumold und Christina waren natürlich auch da, aber die verwaisten Enkelkinder Gerhards und Barbaras fehlten aus verschiedenerlei mehr oder weniger vorgeschobenen Gründen.

Beate hatte einen köstlichen fetten Eintopf mit Schweinefleisch, Möhren, Steckrüben und Bohnen gemacht. Und zum Nachtisch hatte sie Kuchen gebacken, die von Honig trieften.

Gerhard saß ein wenig abwesend dabei. Er hatte schon während des Essens mehr Wein getrunken, als dem Arzt zufolge gut für ihn war. Wenn er selbst auch fand, daß der Wein ihm gerade guttat, weil er die Schmerzen vertrieb. Wenigstens vorübergehend. Daß sie danach um so ärger wurden, kümmerte ihn jetzt nicht. Überdies machte der Wein seine Gedanken milder, als schwämmen sie in warmem Honig.

Barbara saß hölzern neben ihm. Sie kam sich vor wie in der Höhle der Löwin, wie sie es selbst ausgedrückt hatte. Am liebsten wäre sie zu Hause geblieben, aber unter der Voraussetzung, daß auch Arnold eingeladen würde, hatte sie sich doch überreden lassen, vor allem von Rumolds Kindern. Entgegen ihrer Gewohnheit hatte auch sie dem Wein zugesprochen. Trotzdem blieb sie steif und schweigsam.

»...Eine Differenz von zweieinhalb Ruten im Quadrat, und deswegen gingen sich Baron Ströber und sein Nachbar fast an die Gurgel«, erzählte Arnold gerade. »Und beide haben Landgüter, deren Grenzen sozusagen jenseits des Horizonts liegen. Aber weißt du, was das Ulkigste war? Ich stellte hinterher fest, daß ich einen Fehler gemacht hatte:

Die Differenz war weit größer, allerdings zugunsten des Barons. Das habe ich dann aber wohlweislich verschwiegen, sonst hätte ich womöglich noch einen Krieg entfesselt, wenn sie mich nicht sogar aufgeknüpft hätten.« Er kicherte über seine eigene Geschichte.

Als eine kurze Stille eintrat, sagte Gerhard unvermittelt: »*Atlas*!« Er nickte vor sich hin, als sei er mit sich selbst einig, und schlug mit der flachen Hand auf den Tisch. »Das ist es, ein Atlas!«

Rumold sah seinen Vater ein wenig beunruhigt an. »Was meinst du damit?«

»Für diejenigen hier am Tisch, die nicht studiert haben: Ich spreche nicht von dem mythologischen Atlas, der die Weltkugel trägt, sondern von dem Lehrer des etrurischen Königs Janus. Atlas ist für mich ein Vorbild an Weisheit und Gelehrsamkeit.«

»Äh … ja, und?«

»Atlas …«, sagte Gerhard vor sich hin, und es klang, als ließe er sich das Wort auf der Zunge zergehen, »Atlas soll mein großes Werk über die Kosmographie und die Geschichte der Welt nebst Kartensammlungen heißen.« Er machte ein entzücktes Gesicht. »Die einundfünfzig Karten von Frankreich, der Schweiz, den Niederlanden und Deutschland, die wir gerade für den Herzog von Kleve machen, können schon mal in den Atlas aufgenommen werden.«

»Die Pläne dafür hat er schon mindestens sechsundzwanzigmal geändert«, bemerkte Arnold säuerlich. »Jedesmal, wenn ich ihn von der Kosmographie reden höre, ist wieder etwas anderes daraus geworden. Die Kosmographie!« Er schüttelte den Kopf.

»Nur ein wendiger Geist ist in der Lage, sich mühelos auf Veränderungen einzustellen«, bemerkte Gerhard. »Ich kann mir vorstellen, daß du damit Probleme hast.« Ohne Arnold anzusehen, griff er zu seinem Römer Wein und leerte ihn in einem Zug.

Gertrude räusperte sich demonstrativ und stand auf. Sie nahm die Schale mit Honigkuchen, die auf einem Beistelltischchen stand. »Möchte noch jemand? Beate hat ihr ganzes Können hineingelegt.«

Die einzigen, die darauf eingingen, waren die Jüngsten.

Arnold ließ sich nicht ablenken. »Ach«, sagte er. »Was spielt es schon für eine Rolle, welchen Namen du einem Wahngebilde gibst?«

Gerhard nickte. »Das gilt auch für manche Menschen: Sie bekommen einen Namen, obgleich eine Nummer mehr als ausreichend wäre. Pure Vergeudung von Kreativität.«

»Ist das etwa auf mich gemünzt?« fragte Arnold scharf.

»Wie kommst du darauf? Ich habe nicht einmal in deine Richtung geblickt. Ich meinte einfach Bastarde im allgemeinen.«

Mit einem Mal sprang Barbara auf. »Ich verbiete dir, im Beisein aller meinen Sohn zu beleidigen!« herrschte sie Gerhard an.

»Habe ich denn einen Namen genannt?« fragte Gerhard mit betonter Verwunderung. »Oder eine Nummer?« Er grinste und zog den Krug heran, um seinen Römer zu füllen.

»Du bist betrunken!«

»Ja, ein herrliches Gefühl. Da traut man sich, Dinge zu sagen, die man sich sonst verkneifen muß.«

Unsicher setzte Rumold an: »Sollten wir nicht lieber…«

»Ach, laß ihm doch das Vergnügen, sich lächerlich zu machen«, unterbrach ihn Arnold ungeduldig. »Er platzt nun mal vor Frustration. Sein sogenanntes Lebenswerk, aus dem offenkundig nichts Rechtes wird, seine revolutionäre Kartenprojektion, mit der kein einziger Kapitän fahren möchte, die familiären Probleme, die er verursacht hat, daß wir aus Löwen fliehen mußten, weil er von niemandem mehr gelitten war, er…«

»Ich bitte euch!« Mit lautem Knall stellte Gertrude die Kuchenschale auf den Tisch. »Darf ich dich daran erinnern, daß du in meinem Hause zu Gast bist und ich nicht dulde, daß…«

»Misch dich nicht ein!« bellte Barbara.

Gerhard sah schräg zu ihr auf. »Nimm dich in acht, was du sagst, Frau. Es braucht ja nicht jeder zu wissen, von wem dein Sohn sein unverschämtes Benehmen hat.«

»Sein unverschämtes Benehmen? Er schleicht sich jedenfalls nicht alle naslang aus dem Haus, um es mit der Nachbarsfrau zu treiben!«

In der darauf eintretenden Grabesstille ließ Christina ihr Messer auf den Boden fallen. Es klang wie eine Explosion.

Nach einigen Augenblicken sagte Gertrude in überraschend sanftem Ton: »Gerhard, deine Frau hat offenkundig zuviel Wein getrunken, ich glaube, es ist besser, wenn du sie nach Hause bringst.«

»Wage es nicht, mich zu bevormunden, du!« herrschte Barbara sie an. »Du hast schon mit ihm angebändelt, als dein eigener Mann noch lebte! Dachtest du vielleicht, ich wäre blind und taub?«

»Rauben wir unserer Gastgeberin doch nicht die wohlwollende Illusion, dies wäre lediglich eine Folge des Alkohols«, erwiderte Gerhard, während er sich leicht schwankend erhob. »Meine aufrichtige Entschuldigung für diesen unangenehmen Vorfall«, sagte er, ohne dabei jemanden anzusehen. Auch Gertrudes Blick mied er.

Es drohte peinlich zu werden, als Barbara erneut aufbrausen wollte. Doch sie besann sich, preßte die schmalen Lippen aufeinander und wandte sich ruckartig zum Gehen. Beate beeilte sich, die Haustür für sie zu öffnen. Gerhard folgte ihr.

Trotz der Kühle des Oktoberabends hatte sich Barbara auf die Schwelle ihres Hauses gesetzt, anstatt hineinzugehen. Sie starrte vor sich auf die mondbeschienene Straße, auf der keine lebendige Seele zu sehen war. Sie reagierte nicht, als Gerhard auftauchte.

Er blickte einige Augenblicke schweigend auf sie hinab, bevor er vorwurfsvoll sagte: »Und das auf dem Fest deines eigenen Sohnes.«

»Weißt du … ich bedaure, daß ich schon wieder geschwiegen habe.«

»Wovon sprichst du?«

»Was für ein schöner Moment wäre das gewesen, um endlich aufs Tapet zu bringen, was ich schon so viele Jahre vor allen verborgen gehalten habe. Deine Geliebte hätte es gewiß genossen.«

»Barbara, willst du mir jetzt endlich erzählen …«

Sie hob das hagere Gesicht, das im Mondlicht gespenstisch weiß aussah, zu Gerhard auf. »Was würde deine ach so gesittete Gertrude wohl sagen, wenn sie wüßte, daß du deine eigene Tochter mißbraucht hast, als sie gerade erst laufen konnte?«

»Was habe ich? Meine eigene...?« Gerhard suchte instinktiv Halt an der Hauswand. »Hast du jetzt einen Alptraum, oder was ist in dich gefahren?«

»Ein Alptraum – ja, das ist es gewiß gewesen, vor allem für Emerentia. Und für Arnold, der das alles mit ansehen mußte.«

»Mein Gott, Barbara!«

»Und mit so einem mußte ich all die Jahre leben!« Barbara starrte wieder vor sich hin. »Um Arnold und des lieben Friedens willen, und um den Schein zu wahren gegenüber vornehmen Herrschaften, mit denen du Umgang hattest.«

»Barbara...« Gerhard holte tief Luft und versuchte, nicht außer sich zu geraten. »Woher zum Teufel stammt diese aberwitzige Geschichte?«

»Du hast Arnold gedroht, ihn zu erschlagen, wenn er dich verraten würde. Aber der arme Junge hat es mir dennoch erzählt.«

»Der arme...?« Gerhard ballte die Fäuste. »Der verdammte Schweinehund! Aber recht hat er, ich hätte ihn wirklich totgeschlagen, wenn ich das gewußt hätte! Wofür es im übrigen noch nicht zu spät ist!«

»Klapprig, wie du bist? Da könntest du vielleicht eine böse Überraschung erleben.«

»Barbara, dieses Monstrum hat dir eine unvorstellbar gemeine Lüge erzählt! Emerentia? Mein Gott, keinem der sechs Kinder habe ich mich so innig verbunden gefühlt wie ihr!«

»Ja, das kann ich mir denken.«

»Diese elende Ratte war ganz einfach eifersüchtig! Daß du das nicht kapiert hast!« Gerhard schrie jetzt so laut, daß seine Stimme durch die verlassene Straße hallte.

»Ach, du hast den Jungen immer gehaßt, Gerhard. Von Anfang an. Warum sollte ich dann dir glauben und ihm nicht?«

»Weil ich dein Mann bin, verdammt noch mal!«

»Und das gibt dir das Recht, deinen liederlichen Gelüsten nachzugehen? Mit den Kindern, mit der Nachbarin. Mit wem nicht noch alles, frage ich mich?«

»Das ist wirklich ein Alptraum«, sagte Gerhard verzweifelt. Er ging ins Haus und schlug die Tür hinter sich zu.

Barbara blieb regungslos sitzen. Die Kühle des Abends und der steinernen Schwelle machten sie frösteln, doch sie unterdrückte das Mißbehagen.

Von irgendwo näherte sich ein Grüppchen Menschen; Barbara hörte sie, noch bevor sie um die Ecke und auf sie zukamen. Sie hatten keine Fackel bei sich, der Mond spendete genügend Licht, daß man sehen konnte, wo man ging.

Barbara blieb still sitzen. Das war der Unterschied zu Löwen oder Antwerpen, wie ihr vage bewußt wurde. Dort bekam man immer Herzklopfen, wenn man im Dunkeln Fremde näher kommen sah. In Duisburg verlief das Leben weitaus friedlicher. Für die meisten zumindest.

Sie waren zu fünft, und es waren zwei Frauen darunter. »Hast du schon gehört?« rief eine der Frauen Barbara zu. »Sie haben Wilhelm den Schweiger ermordet, in Delft!«

Gleichgültig nahm Barbara die Nachricht zur Kenntnis. Die Niederlande schienen ihr so weit weg, daß die Mitteilung etwas Abstraktes hatte.

»Und die Franzosen sind in Flandern eingefallen, sie marschieren gegen Brabant auf!«

Das wird Rumold gefallen, dachte sie. Der hatte schon ein paarmal prophezeit, daß so etwas passieren würde.

»Hauptsache, sie lassen uns hier in Frieden!« rief einer der Passanten noch, bevor sie am anderen Ende der Straße wieder in der Dunkelheit verschwanden.

Der Rest der Welt kann in Flammen aufgehen, Hauptsache, man läßt uns hier in Ruhe, vervollständigte Barbara für sich den Gedanken. So empfand sie selbst es auch, ohne daß sie das Gewissen plagte. Vielleicht hätte sie sich dafür schämen sollen. Aber das konnte sie nicht so ohne weiteres. Irgend etwas in ihr war zerbrochen, so daß ihr Gewissen nicht mehr so funktionierte, wie es sich gehörte.

Wie von ganz weit her hörte sie Gerhard im Haus hinter sich herumpoltern. Vielleicht arbeitete er wieder, trotz seiner Trunkenheit und der späten Stunde. Verrückt genug war er. Vielleicht war das auch einfach seine Manier, ihrem Bett möglichst lange fernzubleiben.

Vielleicht hat er recht, dachte sie plötzlich traurig. Vielleicht hat Arnold seinerzeit gelogen. Der Junge hatte von jeher Flausen im Kopf gehabt und war zu einem arroganten Kerl geworden. So arrogant wie sein leiblicher Vater. Doch nur sie hatte das Recht, so etwas zu denken und zu sagen.

Widerstrebend erwog sie die Möglichkeit, daß Arnold sie damals angelogen hatte. Doch wie hätte sich ein sieben- oder höchstens achtjähriges Kind so etwas Schmutziges ausdenken können? Wenn jemand es ihm eingeflüstert hatte, beantwortete sie ihre eigene Frage. Clemens de Vilder hatte

Gerhard damals in den Kerker geredet, warum sollte er nicht genausogut imstande gewesen sein…?

Barbara atmete tief durch. Die Luft fühlte sich eiskalt an, und sie begann nun wirklich mit den Zähnen zu klappern. Nachher werde ich noch krank und sterbe, dachte sie. Sie verweilte kurz bei dieser Möglichkeit. Das Ergebnis ihrer Überlegung war unendlich traurig. Ohne sie wären alle besser dran.

34

Außerordentlich handlich«, sagte Herzog Wilhelm von Kleve, die gebündelte Landkartensammlung durchblätternd, die Gerhard ihm gebracht hatte. »Ich sehe, daß die Idee des guten Hooftman seinerzeit nicht auf taube Ohren gestoßen ist.«

»Frankreich, die Niederlande, die Schweiz und Deutschland, genau wie von Euch erbeten, Hoheit. Der zweite Teil folgt, so Gott will, Ende des Jahres.«

»Und das soll nun also Atlas heißen?«

Gerhard nickte. »Fortan sollen alle meine Kartensammlungen in solch gebündelter Form als Atlas angeboten werden. Zu Ehren des großen etruskischen Gelehrten Atlas.«

»Hm, es würde mich interessieren, wie unsere Nachkommen *deinen* Namen ehren werden.«

»Ach, Hoheit… ich vermute, die Welt wird mich ganz einfach vergessen, sobald ich und meine Werke zu Staub geworden sind.«

»Bescheidenheit wird nur selten honoriert, Gerardus.«

»Mag sein, aber sie ist leichter durchzuhalten als Hochmut.«

»Was mich immer wieder verblüfft, ist dein Eifer. Entschuldige die Frage, aber ich bin neugierig: Wie alt genau bist du jetzt eigentlich?«

Gerhard seufzte, als ermüde ihn diese Frage. »Ich bin vierundsiebzig geworden, Hoheit.«

»Verrate mir dein Geheimnis. Was treibt dich weiterhin an?«

Gerhard zuckte die Achseln. »Mein Herz, nehme ich an. Solange das nicht stehenbleibt, mache ich weiter.« Gerhard merkte, daß die Antwort den Herzog nicht befriedigte. »Der Punkt ist, daß ich mindestens hundert werden muß, wenn ich alles fertigbekommen will, was mir noch vorschwebt.«

»Und du hast schon jetzt beinahe zwei Leben gelebt!«

Gerhard lächelte schwach. »Ein drittes wäre mir recht.«

»Nun, was mich betrifft, sei es dir gegönnt. Ich hoffe, der Herr denkt auch so darüber. Wie geht es übrigens deiner Frau?«

»Nicht so gut.« Gerhard wandte den Blick ab. Es fiel ihm schwer, auf diese simple Frage zu antworten, die er in letzter Zeit immer häufiger zu hören bekam. »Ich fürchte, daß wir keine Besserung mehr erwarten dürfen.«

»Was sagt der Arzt?«

»Ach, Hoheit, der Arzt ...«

»Gegen den Willen des Allmächtigen können sie nichts ausrichten, nicht wahr?«

»Nein, Hoheit, aber vielleicht ist es schon Sein Wille, daß die Chirurgen sich ein bißchen mehr anstrengen. Wer weiß?«

»Ich hasse solche religiös-philosophischen Fragen. Und weißt du auch, warum, Gerhard?«

Gerhard nickte. »Weil sie nicht zu beantworten sind.«

Ein Lakai erschien in der Tür des Salons, in dem der Herzog und Gerhard saßen und sich unterhielten. »Kanzler Hendrik van Weze ist eingetroffen, Hoheit.«

Der Herzog zog eine leicht widerwillige Grimasse, während er sich erhob. »Ohne Politik wäre mein Leben erheblich angenehmer.«

Gerhard griff zu seinem Spazierstock, den er an seinen Stuhl gelehnt hatte, und erhob sich seinerseits, mit der eckigen Bewegung, die er sich angewöhnt hatte, um sein Kreuz nicht unnötig zu belasten. »Mir sind Gerüchte zu Ohren gekommen, daß König Philipp einen großangelegten Angriff gegen England plant.«

Der Herzog ging mit Gerhard zusammen zur Tür. »Er will eine Flotte von mehr als hundert Schiffen und dreißigtausend Mann Besatzung auf den Kanal schicken, die die Invasion des Herzogs von Parma unterstützen sollen. Der reine Wahnsinn. Sir Francis Drake wird womöglich keinen Span von der spanischen Flotte heil lassen. Aber eigentlich dürftest du das nicht wissen.«

Gerhard lächelte schwach. »Auch wenn ich nur selten aus Duisburg herauskomme, habe ich doch weltweit Augen und Ohren, Hoheit. Aber ich verspreche Euch, Königin Elisabeth nichts zu verraten.«

Gerhard brachte seinen Karren in dem Waldstück zum Stehen, das das herzogliche Schloß von der Stadt trennte. Es war ein schöner Spätsommertag, und die Temperatur unter dem dichten Laub der Eichen war äußerst angenehm. Gerhard konnte verstehen, daß sich Molanus seinerzeit diesen Ort ausgesucht hatte, um seinem Leben ein Ende zu machen. Hier herrschte eine friedliche Ruhe, die beinahe nicht von dieser Welt zu sein schien. So als wäre man schon ein klein wenig im Himmel. Die Luft duftete schwer nach Humus, und die Stille war so tief, daß man das Blut in den Ohren rauschen hörte. Gerhards Pferd stand so reglos da, als spürte es, was diesen Ort auszeichnete.

Friedlichkeit, dachte Gerhard. Was ihn betraf, konnte das das Synonym für Glück sein. Wer Frieden empfand, war glücklich. Leider konnte man dieses Gefühl nur selten lange festhalten. Ihn überkam mit einem Mal ein starker Widerwille, nach Hause zu fahren. Wenn er doch für immer hier sitzen bleiben könnte, hier an diesem magischen Ort, das wäre schön. Den Gedanken freien Lauf lassen, die Sinne erfüllt von der intensiven Aura der Natur rundum, inmitten dieser jahrhundertealten Bäume, die zum Himmel strebten, um das Sonnenlicht einzufangen und es lautlos in Lebenskraft umzusetzen. Warum trieb es die Menschen nur über die sieben Weltmeere bis ans Ende der Welt, wenn das Glück doch so nahe war?

Weil man nie lange an Orten wie diesem verweilen konnte, beantwortete Gerhard seine eigene Frage. Das Schicksal trieb den Menschen weiter, ob er wollte oder nicht. Wer sich nicht mehr von der Stelle bewegte, starb.

Wie Barbara. Sie war schon seit Wochen bettlägerig, von einer geheimnisvollen Krankheit umgeworfen, die der Arzt »Alter« nannte. Das hatte er im Flüsterton gesagt, damit Barbara es nicht hörte. Weil sie den Kampf gegen den Tod letztlich nicht gewinnen konnte. Ein frustrierender Beruf, Arzt, dachte Gerhard gelegentlich. Angesichts eines Widersachers, der immer das letzte Wort hatte.

Widerstrebend nahm Gerhard die Zügel auf, und das

Pferd setzte sich wieder in Bewegung. Es lief mit gleichmäßigem, federndem Gang. Ganz anders, als es sich in der Stadt bewegte. Weil die Stadt nicht natürlich ist, dachte Gerhard. Zuviel Stein. Häuser aus Stein, Straßen aus Stein... Es war, als versteinerte dadurch auch das Leben in der Stadt ein wenig.

Barbara war wach, als er nach Hause kam. Als er sich über sie beugte, öffnete sie die Augen. Sie starrte ihn einige Atemzüge lang forschend an und wandte dann schweigend den Kopf ab.

»Der Chirurg hat ihr etwas zur Beruhigung gegeben«, sagte Arnolds Frau Elisabeth. Sie wachte bei Barbara, wenn Gerhard nicht da war. »Tee aus getrockneten Hanfblättern. Er scheint gut zu wirken.« Sie sah Gerhard an. »Sie hat schon mehrmals nach Arnold gefragt.«

Gerhard hatte seinem Sohn endgültig das Haus verboten, dagegen hatte auch Barbara mit ihrer Wut nichts ausrichten können. Jenes denkwürdige Geburtstagsfest Rumolds lag zwar schon einige Jahre zurück, doch Gerhard fürchtete immer noch, daß er sich nicht würde beherrschen können, wenn Arnold ihm unter die Augen kam.

»Sollte der Wunsch einer Sterbenden nicht respektiert werden?« fragte Elisabeth leicht vorwurfsvoll.

Gerhard sah seine Schwiegertochter einen Moment brütend an und faßte sie dann beim Oberarm, um sie aus dem Zimmer zu lotsen. Erst als sie in der Küche waren, fragte er: »Hat Arnold dir etwa auch gewisse Dinge über mich erzählt?«

Elisabeth strich sich unsicher eine Haarsträhne aus dem Gesicht. Sie hatte sichtlich Schwierigkeiten mit Gerhards vertraulichem Ton. »Gewisse Dinge? Über dich? Was hätte er mir denn erzählen sollen?«

Gerhard deutete auf einen Stuhl. »Setz dich bitte. Möchtest du etwas trinken?«

Sie leistete seiner Aufforderung Folge. »Ein bißchen Wasser vielleicht.«

Gerhard schenkte ihr einen Becher Wasser ein und nahm auf einem Stuhl an ihrer Seite Platz. »Elisabeth...« – er suchte kurz nach Worten – »wir beide haben nie ernsthaft miteinander geredet. Ich weiß also überhaupt nicht, was du über mich denkst. Vielleicht sollte ich besser sagen...« – er zog eine Grimasse – »vielleicht sollte ich besser sagen: was Arnold dir über mich eingeredet hat.«

Elisabeth war sichtlich unbehaglich zumute, nicht zuletzt, weil Gerhard so dicht neben ihr saß. Sie wußte, daß er das tat, um ihr in die Augen sehen zu können. Und weil er so schlecht sah, mußte er das aus kaum einer Handbreit Abstand tun.

»Ist das denn so wichtig?« fragte sie.

»Für mich schon, Elisabeth. Was hat Arnold dir über mich weisgemacht?«

»Nicht viel... glaube ich. Mein Gott, was hat er erzählt? Arnold spricht nur selten über seine Familie. Ich weiß, daß ihr nicht gut miteinander auskommt, aber er will nicht, daß ich mich da einmische.«

Gerhard rückte ihr noch näher. »Von seiner Kindheit, von mir und seiner Schwester Emerentia.«

Elisabeth wandte den Blick ab. »Von seiner Kindheit spricht Arnold überhaupt nicht. Manchmal frage ich mich, ob er je Kind war.«

»O ja, das kannst du mir glauben. Und was für eins!«

Leise erwiderte Elisabeth: »Arnold ist kein schlechter Ehemann, ich hätte es weit schlechter treffen können. Warum hast du eine solche Abneigung gegen ihn? Gegen deinen eigenen Sohn?«

Gerhard lehnte sich auf seinem Stuhl zurück. »Wenn du es nicht weißt, ist es vielleicht auch besser, daß es so bleibt.«

»Warum, mit Verlaub, hast du dann überhaupt davon angefangen?«

»Es hat mit Barbara zu tun. Ich weiß nicht so recht, wie ich es anstellen soll, aber ich möchte, daß etwas geklärt wird, bevor sie ... Es ist wichtig, für sie und für mich und vielleicht auch für alle anderen.«

»Und was habe ich damit zu tun?«

»So, wie es sich anhört, gar nichts.« Gerhard empfand das als Erleichterung. Obgleich es ihn auch ein wenig erstaunte. Er hatte erwartet, daß Arnold sein Gift überall verspritzt hätte.

»Ich bin seine Frau. Wenn es um Arnold geht, dann ...«

Gerhard schüttelte den Kopf und erhob sich. In völlig verändertem Ton sagte er: »Ich bin dir dankbar für das, was du für Barbara tust, Elisabeth.«

»Wenn man dreizehn Kinder großgezogen hat, ist das eine Kleinigkeit.«

Ja, dachte Gerhard grimmig, während er Elisabeth nachsah, die langsam und bedächtig, als wollte sie keine Kraft vergeuden, wieder die Treppe hinaufging. Arnolds Männlichkeit war offenkundig weit ergiebiger als sein Verstand.

Elisabeth trat fast sofort wieder aus dem Zimmer oben. »Barbara möchte einen Priester«, sagte sie.

Gerhard starrte Elisabeth nur an, ohne zu reagieren.

Sie kam herunter, diesmal eilig. »Soll ich zur Pfarrei gehen?« Als Gerhard immer noch nicht antwortete, nickte sie vor sich hin. »Ich hole den Pfarrer.« Sie war schon auf dem Weg zur Tür, als sie plötzlich stehenblieb und sich umwandte. »Darf ich Arnold mitbringen?«

Gerhard sah sie verstört an. »Rumold ist im Atelier …« Er hatte sie offenbar nicht verstanden oder vielleicht gar nicht gehört.

»Laß sie nicht allein«, beschwor Elisabeth ihn. Dann rannte sie los.

Gerhard ging nun seinerseits nach oben. Er hatte von jeher Mühe mit dem Treppensteigen gehabt, doch jetzt kam es ihm fast so vor, als müsse er einen Kalvarienberg hinauf.

»Ist etwas mit Mutter? Ich sah Elisabeth so eilig davonlaufen.«

Gerhard hatte Rumold nicht hereinkommen hören. Ohne sich umzuschauen, antwortete er: »Sie bat um einen Priester.«

Barbara lag mit geschlossenen Augen da, so bleich, daß ihr eingefallenes Gesicht in dem teilweise verdunkelten Zimmer schon fast wie ein leuchtender weißer Fleck aussah. Es erinnerte Gerhard einen kurzen Moment an jenes Mal, da sie ihm ihre fürchterliche Beschuldigung an den Kopf geworfen hatte. Damals schon hatte sie ausgesehen, als hauste bereits der Tod in ihr.

»Barbara?« Gerhard legte die Hand auf ihre Stirn, die sich so kalt anfühlte, daß er einen winzigen, bangen Moment lang dachte, er käme bereits zu spät. Bis sie die Augen aufschlug.

»Arnold?«

Gerhard zog jäh die Hand zurück, als fühlte er sich ertappt. »Elisabeth holt den Priester. Sie bringt Arnold mit.«

Barbara schloß die Augen wieder. »Jetzt wirst du Gertrude bald heiraten können…«

Ihre Stimme war so schwach, daß Gerhard sie erst gar nicht verstand. »Müssen wir jetzt darüber reden?«

»Warum nicht? Weil du einer Sterbenden gegenüber nicht lügen kannst?«

»Barbara…« Gerhard verstummte, als sie erneut die Augen öffnete. Augen gleich schwarzen Löchern in einer weißen Maske. Wo waren ihre blauen Augen geblieben? Oder waren sie braun gewesen? Oder grau? Es verwirrte ihn, daß er das nicht mehr wußte.

Völlig unerwartet fragte sie: »Wirst du dein Werk noch fertigbekommen?«

»Daß du dir darüber Gedanken machst!« Gerhards Verwunderung war aufrichtig.

»Vielleicht, wenn du Arnold wieder helfen lassen würdest…«

Gerhard schwieg. Es erschien ihm absurd, mit einer Sterbenden zu argumentieren.

»Mutter?« Rumold legte die Hand auf die ihre, die auf der Decke lag, welche sie teilweise von sich geschoben hatte.

»Der auserwählte Sohn«, sagte Barbara, aber es klang nicht unfreundlich. Sie schien sogar leise zu lächeln. »Ich habe nachgedacht, lange nachgedacht. Über deine Ehe, über deine Frau Christina. Ich glaube…« – die Worte kosteten sie sichtliche Mühe – »…ich glaube, du hast es alles in allem doch nicht so schlecht gemacht…« Ihre tief in den Höhlen liegenden Augen wanderten wieder zu Gerhard. »Und nun, da Christinas Mutter mich ersetzen wird…« Sie ließ den Satz offen und schloß die Augen wieder, als erschöpfte sie das alles zu sehr.

»Ich hoffe, Elisabeth bleibt nicht zu lange weg«, sagte Rumold, sorgenvoll auf seine Mutter niederblickend, seine Hand immer noch auf der ihren.

Gerhard starrte gleichfalls auf Barbaras Gesicht. In seinem Innern wirbelten allerlei Gedanken und Regungen durcheinander, doch sie ließen sich nicht ordnen. Vielleicht auch, weil er es gar nicht wollte, konkrete Gedanken waren viel schwerer zu ertragen. »Möchtest du etwas trinken oder so?« fragte er Barbara. Er blickte auf das Tischchen neben ihrem Bett, auf dem Elisabeth verschiedenerlei bereitgestellt hatte.

»Oder so…«, murmelte Barbara.

Ich habe schon zu viele Menschen sterben sehen, dachte Gerhard bitter. Söhne, Töchter, Enkelkinder gar, Freunde, Bekannte. Das war der Fluch des Alters, einer der vielen Flüche des Alters. Und nun Barbara. Beinahe sein Leben lang war sie ihm ein Dorn im Auge gewesen, und doch… Er schüttelte den Kopf, sich weder seiner feuchten Augen noch Rumolds beunruhigten Blicks bewußt. Bis dieser einen Stuhl herantrug und Gerhard mit sanftem Druck dazu bewog, sich zu setzen. Als er saß, schloß Gerhard gleichfalls die Augen. Nun, da er Barbara nicht mehr sah, war ihm seltsamerweise, als wäre er ihr plötzlich näher.

Du hättest mit mir reden müssen, vor vierzig Jahren, dachte er. Wir hätten Arnold dazu bringen können, seine Lüge zu gestehen, und dann hätten wir nicht die ganze

Zeit… Gerhard holte tief Luft und ließ sie langsam wieder entweichen. Dann hätte das Schicksal ihnen gewiß einen anderen Fallstrick gelegt. Wem es nicht vorherbestimmt war, glücklich zu sein, der würde es auch nie werden. Und doch, das alles erschien ihm so schrecklich unsinnig, vierzig Jahre Verbitterung, nur weil ein Kind eine boshafte Lüge…

»Mutter?«

Arnolds unvermittelt im Raum ertönende, etwas rauhe Stimme ließ Gerhard hochfahren. Er war kurz eingenickt gewesen, wie ihm mit vagem Schuldgefühl bewußt wurde. Oder vielleicht waren auch nur seine Gedanken an einen anderen Ort, irgendwo außerhalb seines Körpers, gereist.

Der Priester war inzwischen auch da. Das Zimmer schien plötzlich voller Menschen zu sein, zum Ersticken voll. Elisabeth war an der Tür stehengeblieben, als wollte sie nicht im Weg sein.

Der Geistliche war ein junger Mann, den Gerhard noch nie gesehen hatte. Er hatte einen Helfer bei sich, der gerade dabei war, das geweihte Öl und andere Utensilien für die Letzte Ölung aus einem in Tücher gewickelten Behältnis zu nehmen. Der Priester nickte Gerhard freundlich zu, als dieser sich mühsam von seinem Stuhl erhob.

Arnold hatte Rumold mehr oder weniger beiseite gedrängt und sich über Barbara gebeugt. »Mutter?« sagte er abermals. Es klang, als wollte er suggerieren, daß sie sich nur ein bißchen anstellte.

»Arnold…« Gerhard schob resolut seinen Stuhl zurück, wie um zu demonstrieren, daß er ohne Stütze auf den Beinen stehen konnte. »Ich habe dich zu einem bestimmten Zweck herkommen lassen.«

Arnolds Blick schoß zu ihm hinüber. »Meine Mutter liegt im Sterben, ich hätte es dir niemals verziehen, wenn du mich nicht hättest rufen lassen!«

»Du mir verziehen?« Gerhards Ton wurde schlagartig schärfer. »Mein Gott, *du* bist hier derjenige, der Vergebung braucht! Und genau deswegen bist du hier.«

»Was soll dieser Unsinn?«

Gerhard vergaß die anderen im Raum, die ihn erschrokken anstarrten. »Was hast du deiner Mutter vor vierzig Jahren über Emerentia und mich weisgemacht? Was für eine dreckige Lüge hast du ihr erzählt, durch die ich ... durch die wir ...« Er wußte nicht weiter und lief rot an.

»Du faselst wirres Zeug«, erwiderte Arnold. »Vielleicht solltest du dich lieber wieder hinsetzen, bevor dir dein Herz versagt.«

Vorwurfsvoll wandte der Priester ein: »Denkt an die Sterbende, meine Herren. Vielleicht solltet Ihr besser hinausgehen, bis ich hier fertig bin.«

»Kommt gar nicht in Frage«, entgegnete Arnold. »Ich gehe nicht weg, bevor ...« Er verstummte und biß sich auf die Unterlippe.

In der darauf eintretenden Stille fragte Barbara mit überraschend klarer Stimme: »*War* es eine Lüge, Arnold?«

Arnold starrte in die dunklen Höhlen, in denen irgendwo ihre Augen saßen, und sein Gesichtsausdruck veränderte sich, Zeichen der Beunruhigung schlichen sich in seine Miene. In völlig verändertem Ton fragte er: »Aber wovon redet ihr überhaupt?«

»Kannst du in Gegenwart eines Priesters, der die Letzte Ölung vornimmt, an einer Lüge festhalten?«

»Arnold...« – Gerhard hatte sich wieder beruhigt – »diese üble Geschichte über Emerentia und mich, die du deiner Mutter als Kind erzählt hast...« Er zögerte kurz, beschloß, es dann aber trotz der Zeugen doch zu sagen. »Daß ich deine Schwester mißbraucht hätte...« – er konnte den Schock, den seine Worte bei den anderen im Raum auslösten, beinahe körperlich spüren – »... das war eine Lüge, das wissen wir doch beide. Und ich möchte, daß deine Mutter das jetzt auch endlich erfährt.«

»Laß mich nicht in Ungewißheit sterben, Arnold...«, flüsterte Barbara.

Als Arnold nicht antwortete, drängte Elisabeth plötzlich von der Tür her: »Arnold, bitte! Wenn es keine Lüge war, dann sag es doch!«

Unter den Worten seiner Frau zuckte Arnold sichtlich zusammen. Sein Blick huschte schreckhaft von Barbara zu Gerhard und dann zum Priester, der mit gefalteten Händen Unverständliches murmelte. »Ich war doch noch ein Kind, ich wußte nicht, was ich tat.«

»Mein Gott...!« Gerhard sank auf seinen Stuhl nieder. »O mein Gott...!«

»Und später... später habe ich mich nicht mehr getraut, davon abzurücken.« Arnold starrte unverwandt auf eine Stelle über dem Kopf seiner Mutter, als wollte er vermeiden, daß ihm irgend jemand in die Augen sehen konnte.

Beinahe flüsternd sagte Gerhard: »Du *wolltest* nicht davon abrücken, weil du mich nun mal haßtest. Was für eine Genugtuung, daß du deine Mutter mit hineinziehen konntest, was für ein Triumph muß das für dich gewesen sein.«

Tonlos entgegnete Arnold: »Mein Leben ist auch gezeichnet.«

»Eine einzige gemeine, abscheuliche, unverzeihliche Lüge von einem Kind...!«

Arnold starrte einige Atemzüge lang auf Gerhard nieder, dann wandte er sich dem Priester zu. »Vater, könnt Ihr mir nachher die Beichte abnehmen?«

Der Angesprochene war leicht irritiert, weil er bei seinem Gebet gestört wurde, doch dann nickte er stumm.

Die Beichte, dachte Gerhard. Was für ein fabelhafter Ersatz für ein Gewissen. So etwas konnte sich nur ein Verbrecher ausgedacht haben... Über seine eigenen Gedanken erschreckend, blickte er schuldbewußt zum Priester, doch der war bereits wieder ins Gebet vertieft.

Und dann sagte Rumold, der die ganze Zeit reglos und schweigend dabeigestanden hatte: »Sie ist tot!«

Der Priester bekreuzigte sich. »Ich werde ihrer Seele das *Extremo Unctio* mitgeben«, sagte er und griff mit plötzlicher Ungeduld zum geweihten Öl, das ihm sein Helfer reichte.

Gerhard hatte sich langsam erhoben, um auf Barbara hinabzusehen. Es war, als starrte sie an die Decke, doch ihre Brust bewegte sich nicht mehr. Er konnte die Gegenwart des Todes körperlich spüren, wie den Atem eiskalter, feuchter Erde in einer Herbstnacht, der einen frösteln ließ.

Er würde niemals erfahren, ob Barbara Arnolds Geständnis noch gehört hatte.

35

Im Frühjahr 1587, neun Monate nach Barbaras Tod, heiratete Gerhard Gertrude Vierlings. Die Trauung wurde ganz diskret, nur im Beisein der beiden Trauzeugen Rumold und Christina, in der Salvatorkirche vollzogen.

Gertrude zog bei Gerhard ein, behielt aber ihr eigenes Haus. Sie konnte sich nicht damit anfreunden, es einem Fremden zu überlassen. Lieber räumte sie Beate das Recht ein, bis an ihr Lebensende dort zu wohnen, wenn sie Gerhard und ihr dienen würde, solange es ihre Gesundheit zuließ. Nicht, daß Beate auch nur einen Moment daran gedacht hätte, Gertrude im Stich zu lassen, doch so war alles ordentlich geregelt.

Abraham Ortelius blieb ein treuer Freund, der auch weiterhin regelmäßig nach Duisburg zu Besuch kam, obgleich auch er älter wurde und die Straßen in Flandern von Zeit zu Zeit recht gefährlich waren. Durch ihn blieb Gerhard unter anderem auf dem laufenden, was sich so alles in den Ländern an der Nordsee abspielte, die ihm dem Gefühl nach manchmal weiter entfernt zu sein schienen als die fremden Kontinente jenseits der Ozeane.

Nicht lange nach Gerhards zweiter Eheschließung bewahrheitete sich, was man bereits vorhergesehen hatte. Eine Armada aus einhundertdreißig spanischen Kriegsschiffen zog durch den Ärmelkanal gegen England. Und wie der Herzog von Kleve prophezeit hatte, wurden die Spanier im Kanal von den Schiffen des Sir Francis Drake erwartet. Mit Unterstützung der erfahrenen Seebären Howard und Hawkins brachte er den Spaniern eine vernichtende Niederlage bei – und ermutigte damit die Niederlande, sich aufzumachen und den Fremdherrscher endgültig wieder nach Hause zu schicken.

»Ich habe Neuigkeiten für Gerhard«, sagte Ortelius zu Gertrude.

Sie saßen in dem kleinen Salon, den Gertrude in Gerhards Haus hatte einrichten lassen, damit geschäftliche und andere Besucher in gebührendem Rahmen empfangen werden konnten. Gerhard selbst war nicht da, er machte eine Spazierfahrt durch den Wald. Das tat er in letzter Zeit hin und wieder mal, um sich ein wenig frischen Wind um die Nase wehen zu lassen, wie er es nannte. Gertrude unterstützte das, weil ihn diese Ausfahrten sichtlich ruhiger machten.

»John Dee hat Sir Francis Drake dafür gewonnen, eine Karte in Gerhards Projektion mit Loxodromen auszuprobieren.«

»Drake? Ich wußte gar nicht, daß Gerhard eine Karte für ihn gemacht hatte.«

»Die habe ich gemacht, aber ohne meinen Namen darunterzusetzen. Und…« – Ortelius zog eine Grimasse – »…ich habe die Benutzungsanleitung ins Englische übersetzt.«

Gertrude runzelte bedenklich die Augenbrauen. »Sollen wir Gerhard überhaupt davon erzählen? Angenommen, es wird wieder nichts.«

»Hm… vielleicht hast du recht. Das wäre dann die wer weiß wievielte Enttäuschung.« Er schüttelte den Kopf. »Das schreit wirklich zum Himmel. Er hat eine großartige Erfindung gemacht, aber man kriegt es partout nicht in diese dummen Dickschädel hinein.«

»Vielleicht geht es ja diesmal gut. Und Drake ist nicht irgendwer.«

Ortelius sah Gertrude an. »Du redest so ganz anders, als es Barbara getan hat. Oder darf ich das nicht sagen?«

Gertrude lächelte. »Du darfst alles sagen, Abraham. Vor allem, wenn es sich um Komplimente handelt.« Sie runzelte die Stirn. »Das *war* doch ein Kompliment, oder?«

»Gerhard hätte dir schon viel früher begegnen müssen.«

»Das ist er, aber da war ich noch mit dem zukünftigen Bürgermeister von Duisburg verheiratet.«

»Warst du gleich von Gerhard angetan?«

»Ehrlich gesagt fand ich ihn ziemlich langweilig.« Gertrude grinste. »Ich habe ihn erst später schätzengelernt.«

»Sensibel und integer…«

Gertrude blickte verwundert. »Sind das nicht Qualitäten, die Männer für gewöhnlich nur mäßig schätzen?«

Ortelius nahm sich Zeit, bevor er bedächtig antwortete: »Vielleicht bin ich ja kein gewöhnlicher Mann, Gertrude.«

»Oh!« machte Gertrude, die nicht so recht verstand, worauf er anspielte. Doch bevor sie weiterfragen konnte, erschien Beate. Sie klopfte demonstrativ mit den Fingerknöcheln an den Türrahmen des Salons.

»Frau Elisabeth Monhemius«, kündigte sie an. Doch da wurde sie von Elisabeth schon ungeduldig zur Seite geschoben.

»Ich suche Gerhard, wo ist er? Arnold ist schwer krank, und er möchte seinen Vater sehen.«

Beate musterte Elisabeth mißbilligend von Kopf bis Fuß und ging achselzuckend davon.

»Gerhard ist im Wald.« Gertrude und Ortelius hatten sich beide erhoben. »Schwer krank? Wie schwer?«

»Ich glaube… ich fürchte, daß…« Elisabeth preßte die Lippen aufeinander, als wollte sie die fatalen Worte zurückhalten. »Der Chirurg sagt, daß er eine Lungenentzündung hat und daß… und daß… Mein Gott, ich glaube, er stirbt.«

Mit der Beschreibung der Chronologie des Menschen dürfte man viel schneller fertig sein als mit der des Kosmos, dachte Gerhard, als er auf Arnold hinabsah. Und wunderte sich sogleich über den zynischen und unpassenden Gedanken, der da in ihm aufgekommen war. Eine Fluchtreaktion des Geistes, sagte er sich. Die Wissenschaft war kühl und emotionslos, und das vermittelte Ruhe und Halt.

Arnold war fahl und grau und beängstigend mager. Er hatte die gleichen tief in den Höhlen liegenden Augen wie Barbara, als sie… Gerhard schloß kurz die Lider. Vielleicht wäre es besser, wenn man gänzlich blind wäre, dachte er. Denn wenn man nur noch die Häßlichkeit des Verfalls und des Todes sehen durfte…

Elisabeth tupfte Arnold den Schweiß von der Stirn. »Ihm ist furchtbar heiß, aber der Arzt sagt, daß er ganz zugedeckt bleiben muß.« Es klang, als wäre sie nicht damit einverstanden, halte sich aber dennoch geflissentlich an die Anweisungen.

»Catharina hatte auch einmal eine Lungenentzündung,

als sie noch klein war«, sagte Gerhard leise. »Damals hat der Arzt empfohlen, sie abwechselnd in heißes und eiskaltes Wasser zu setzen.« Frisius, dachte er. Der selige Doktor Gemma Frisius...

Und ich bin inzwischen fünfundsiebzig, mag ich auch halb blind sein und mein Rücken ein Folterwerkzeug. Aber mein ältester Sohn, der ein Vierteljahrhundert jünger ist, liegt hier im Sterben. Vielleicht sollte ich mich erhängen, damit mich wenigstens eines meiner Kinder überlebt...

Zum zweitenmal war Gerhard verwundert über seinen Gedankengang. Obgleich, so abwegig war der gar nicht. Der Tod war schon so lange äußerst präsenter Bestandteil seines Lebens, daß er fast nicht mehr anders konnte, als morbide Gedanken zu hegen. Vielleicht fuhr er ja deshalb so oft in den Wald, um beim Geist von Johannes Molanus zu sein und seinen eigenen Zweifeln nachhängen zu können...

Gerhard fuhr aus seinen düsteren Überlegungen hoch, als Arnold die knochige Hand nach der seinen ausstreckte und sie umklammerte. Seine Finger fühlten sich überraschend warm und feucht an. »Ich kann dich nicht um Vergebung bitten...« Arnolds Stimme klang heiser, und er schnappte nach Luft, als hätten diese wenigen Worte ihn große Anstrengung gekostet. Sein Atem pfiff. »Aber krepieren... sterben, während man gehaßt wird... Das ist nicht gut...«

»Du bist noch nicht tot«, sagte Gerhard. »Catharina hat das gleiche Leiden einst überstanden.«

»Wenn man alt ist wie ich, bedeutet krank sein etwas völlig anderes.«

»Wenn man *was* ist?«

Gertrude legte die Hand auf Gerhards Arm. »Die falsche Diskussion«, flüsterte sie ihm ins Ohr.

Gerhard starrte auf seinen Sohn nieder wie auf einen Fremden. Auf dem Weg zu ihm hatte er befürchtet, daß ihn allerlei Emotionen übermannen würden, doch nun empfand er vor allem Leere. Vielleicht ist es ja ein Toter zuviel, dachte er vage. Vielleicht hat ein Mensch nur einen begrenzten Trauervorrat, und der meine ist aufgebraucht.

Auch Groll konnte er nicht mehr aufbringen. Aber das lag vielleicht an Arnolds Schwäche. Groll brauchte immer wieder neue Nahrung. Und die konnte Arnold ihm nicht mehr geben.

»Wir haben schon gleich falsch angefangen, du und ich«, hörte Gerhard sich sagen. »Die Umstände...« Er schüttelte den Kopf. »In einem anderen Leben, in einer anderen Welt wären wir vielleicht sehr wohl miteinander ausgekommen.« Die Vorsehung hat es uns nicht gegönnt, dachte er. Wer war dann schuldig? Gab es überhaupt einen Schuldigen?

Er sah zu Elisabeth auf. »Sollte nicht ein Priester geholt werden?«

»Ich möchte bei Arnold bleiben«, flüsterte sie mit erstickter Stimme.

»Ich gehe schon«, sagte Ortelius, der mitgekommen war. So schnell, wie er davonlief, sah es aus, als fliehe er.

Arnold hielt immer noch Gerhards Hand umklammert. »In einer anderen Welt, hm? Mit Worten warst du immer schon sehr gewandt...«

»Das ist manchmal ganz praktisch.« Gerhard versuchte einen leichteren Ton anzuschlagen, doch das mißlang ihm kläglich. »Da ist kein Haß mehr, Arnold.« Weil es keinen

Sinn mehr hat, dachte er. Aber vielleicht war gar nichts mehr zu empfinden ja die größte Verachtung, die man jemandem entgegenbringen konnte.

Arnolds Hand löste sich von der Gerhards und fiel aufs Bett, als sei schon alles Leben aus ihr gewichen. Arnold schloß die Augen und murmelte etwas Unverständliches.

»Ich glaube, wir lassen Elisabeth besser mit ihm allein, bis der Priester da ist. Das würde ich jedenfalls so wollen«, sagte Gertrude leise. Sie sah Elisabeth fragend an, die kaum erkennbar nickte.

»Vielleicht hast du ein größeres Herz, als du selbst glauben willst«, sagte sie kurz darauf zu Gerhard, als sie in Elisabeths Küche standen.

»Ach, Gertrude, es ist so leicht, einem Sterbenden zu vergeben«, entgegnete Gerhard. Aber seine Augen war glasig.

Gertrude schlang die Arme um ihn und drückte ihn mit überraschender Kraft an sich, das Gesicht an seiner Schulter.

Der Trost, der von ihrem warmen Körper und ihrem Geruch ausging, war so überwältigend, daß es Gerhard kurz schwindlig wurde. »Ohne dich, Gertrude...« Er stockte, fand keine Worte, um auszudrücken, was sie ihm bedeutete.

»Und daß du es ja nicht wagst, vor mir zu sterben«, flüsterte sie ihm ins Ohr.

Gerhard stürzte sich mit womöglich noch größerer Intensität in seine Arbeit. Darüber vergaß er sogar seine Spazierfahrten in den Wald. Seine beiden Graveure waren fast ununterbrochen im Einsatz, um Gerhards neue Kartensammlung mit dem Voranschreiten von Zeichnungen und Illustrationen druckfertig zu machen. Dreiundzwanzig Karten von Italien, dem Balkan und Griechenland sollte der Atlas umfassen, den Gerhard dem Großherzog der Toskana Ferdinand de Medici widmete.

Abends, wenn Rumold und die Graveure fort waren, plagte sich Gerhard mit der Überarbeitung seiner *Harmonisierung der Evangelien*, die er bereits vor mehr als zwanzig Jahren in seine *Chronologia*, den zuerst veröffentlichten Teil seiner Kosmographie, aufgenommen hatte und nun in einer gesonderten Neuauflage herausbringen wollte. Mühe hatte er vor allem mit einem Abschnitt, in dem er die Thesen Luthers Punkt für Punkt mit der römisch-katholischen Version der christlichen Lehre verglich. Ein ums andere Mal ertappte er sich dabei, daß er seine eigenen Zweifel zu Papier brachte. Manchmal strich er drei Viertel seiner Auslassungen wieder, weil er die möglichen Folgen fürchtete, wenn er seine Ansichten zu den vier Evangelien bekanntmachte. War er eher ausgelassener Stimmung, dann überspitzte er solche Passagen sogar noch. Freilich nur, um ihnen am nächsten Tag wieder energisch zu Leibe zu rücken, erzürnt über seine bisweilen geradezu kindische Aufsässigkeit.

»Mit welchem Recht maßt sich die Kirche an, dem wissenschaftlichen Denken Zügel anzulegen?« fragte er Gertrude eines Tages unvermittelt, als sie zusammen beim Essen saßen.

Gertrude antwortete nicht, da sie wußte, daß diese Frage nicht an sie gerichtet war. Gerhard tendierte seit einiger Zeit dazu, laut mit den Phantomen zu diskutieren, die in den dunklen Nischen seines Geistes lebten. Sie machten ihm das Leben schwer, weil sie selten mit den von ihm dargelegten Ansichten übereinstimmten.

»So kann Gott es nicht gemeint haben«, murrte er weiter. »Warum legen die kirchlichen Machthaber Seine Wünsche stets auf eine Weise aus, die jeglichen Grundsätzen der Menschlichkeit widerspricht? Was hoffen sie damit zu erreichen? Und eine Frage, die mir noch gravierender erscheint: Tun sie das bewußt, was von einer unermeßlichen Niedertracht zeugen würde? Oder sind es einfach Dummheit, Kurzsichtigkeit und Engstirnigkeit, die sie zu dem machen, was sie sind?« Er sah Gertrude an. »Oder bin ich es, der alles falsch versteht?«

Gewißheit, dachte er. Es mußte herrlich sein, sich selbst und seiner Gedanken gewiß zu sein, absolut davon überzeugt zu sein, daß man die Weisheit für sich gepachtet und die Wahrheit auf seiner Seite hatte. Doch diese Seligkeit war vielleicht nur Idioten vergönnt. Idioten waren Geistliche zwar in der Regel nicht, aber dennoch führten sie sich auf, als hätten sie nicht die geringsten Zweifel an dem, was sie verkündeten.

»Wissen sie etwas, was ich nicht weiß?« fragte Gerhard die geduldig schweigende Gertrude. »Verfügen sie über ein geheimes Wissen, das gewöhnlichen Sterblichen nicht zugänglich ist? Entgeht mir irgend etwas Wichtiges, weshalb ich ihr Verhalten nicht verstehe? Wird der Papst wahrhaftig von Gott gelenkt, wie er selbst behauptet? Mir erscheint das unvorstellbar anmaßend und unglaubwürdig, aber es gibt so viele, die anders darüber denken. Bin ich dann nicht derjenige, der falsch argumentiert? Läßt mein Denkvermögen zu wünschen übrig? Haben sie recht, und sehe ich es falsch?«

»Ich dachte, du wolltest nicht mehr über dieses Thema sprechen?«

»Hä?« Gerhard schien aufzuschrecken, als hätte er von Gertrude keine Reaktion erwartet, als hätte er kaum wahrgenommen, daß sie ihm gegenüber am Tisch saß. »Ach, das hat mit meiner Arbeit zu tun, ich befasse mich gerade ausführlich mit der Schöpfungsgeschichte.« Er blickte kurz zu Beate, die in ihre eigenen Gedanken versunken zu sein schien. Auf seinen ausdrücklichen Wunsch aß die Dienstmagd mit ihnen zusammen am Tisch. Beate hatte sich zuerst eine Weile unbehaglich dabei gefühlt. Doch mit der Zeit hatte sie sich daran gewöhnt. Und inzwischen schien es die normalste Sache von der Welt zu sein.

»Und hier kann mich die Außenwelt nicht hören«, schloß Gerhard.

»Wer nicht an den Dingen zweifelt, wird niemals Wissenschaftler«, sagte Gertrude.

»O doch!« Gerhard schob seinen Teller von sich. »Ich kenne eine ganze Reihe sogenannter Gelehrter, die nur studiert zu haben scheinen, um Argumente zu sammeln, mit denen sie alle, die dümmer sind als sie, davon überzeugen können, daß sie recht haben. Welche Vergeudung! Ein solches Verhalten sollte schwerer bestraft werden als Ketzerei. Ein Ketzer mag in der Hölle landen, aber er fällt wenigstens keinem anderen zur Last. Wer jedoch anderen seine Meinung aufzwingt, kann Leben zerstören. Und ganz schlimm wird es, wenn diese Meinung nicht nur mit Worten, sondern auch noch mit dem Schwert in der Faust aufgezwungen wird. Den Namen Rom nenne ich jetzt bewußt nicht.«

Beate bekreuzigte sich. »Entschuldigt«, sagte sie, »aber ich werde alt und möchte meine Chance auf die ewige Seligkeit nicht verspielen.« Es war nicht eindeutig, ob sie das ernst meinte oder ganz gegen ihre Gewohnheit einen Scherz zu machen versuchte.

»Recht hast du«, sagte Gerhard. »Ich halte es für sehr vernünftig, sich nach allen Seiten hin möglichst gut abzusichern.« Er schob seinen Stuhl zurück und erhob sich mit gemessenen, vorsichtigen Bewegungen. »Ich bitte, mich zu entschuldigen, ich muß weiterarbeiten. Der Drucker wartet schon ungeduldig auf meine hehren Einsichten zu den vier Evangelien.«

»Arbeiten«, sagte Beate kopfschüttelnd, als Gerhard fort war. »Immer nur arbeiten! Wenn ich so begütert wäre...« Sie warf Gertrude einen schuldbewußten Blick zu. »Entschuldigt, gnädige Frau, ich meinte das nicht anmaßend.«

Gertrude lächelte schwach. »Gerhard würde wahrscheinlich sagen: Deine Wahrheit ist nicht die meine, was noch nicht heißen muß, daß du falsch denkst...« Sie blickte verwundert auf, als Gerhard wieder in der Tür auftauchte.

»Ich habe es mir gerade anders überlegt: Ich ändere kein Wort mehr daran. Das Ganze geht jetzt so, wie es ist, nach Düsseldorf. Und ich möchte den Rest des Tages mit dir verbringen.«

»Fürwahr ein inspirierter Gedanke«, sagte Gertrude. Sie erhob sich, trat zu Gerhard und zog ihn außer Hörweite Beates. »Und was gedachte mein Herr Gemahl den Rest des Tages mit mir zu machen?«

»Was ein Herr Gemahl mit seiner Frau zu tun hat, es ist schon viel zu lange her.« Gerhard machte eine Kopfbewegung zur Treppe. »Wollen wir?«

»Ganz die deine«, antwortete Gertrude.

»Moritz von Oranien hat Breda eingenommen«, sagte Rumold. Er sah die Briefe durch, die der Kurier gerade gebracht hatte. Wegen der Probleme mit seinen Augen überließ Gerhard das schon seit einer Weile seinem Sohn. »Er scheint eine List angewendet zu haben. Irgend etwas mit einem Torfschiff, auf dem siebzig Soldaten versteckt waren, die auf diese Weise ungesehen in die Festung eindringen konnten.«

»Ein Torfschiff? Seltsam…« Gerhard legte sein Vergrößerungsglas und seinen Bleistift nieder und massierte mit beiden Daumen wütend seine Schläfen. »Moritz von Oranien hat in Leiden studiert, weißt du. Bei dem Mathematiker Simon Stevin. Und er soll dadurch zu einem äußerst fähigen Strategen geworden sein, der seine Taktik auf mathematischer Basis berechnet. Eine wissenschaftliche Art der Kriegsführung sozusagen. Ich kann allerdings nicht so recht erkennen, was ein Torfschiff dabei verloren hat. Aber gut, wenn überhaupt jemand den Herzog von Parma und mit ihm die Spanier schlagen kann, dann Moritz.«

»Als ob sich die Spanier so einfach verjagen ließen! Und selbst wenn, dann könnten die Franzosen erneut vorrücken. Auch nicht unbedingt eine Verbesserung.«

»Ach, sollen sie doch machen, was sie wollen.«

Rumold sah seinen Vater nachdenklich an. Sie saßen einander gegenüber an dem großen Zeichentisch. Die Graveure waren an diesem Tag nicht da. »Ich kann mich des Gefühls nicht erwehren, daß dich dein Geburtsland nicht mehr sonderlich interessiert.«

»Es ist reiner Zufall, wo man geboren wird, Rumold. Damit hat man selbst nicht das geringste zu tun. Was ist also so wichtig daran? Außerdem kamen deine Großeltern hier aus dem Rheinland, was meine Geburt in Rupelmonde noch zufälliger macht.«

»Hast du denn nie das Bedürfnis verspürt, einmal wieder dorthin zu gehen?«

»Doch, schon... Himmel, habe ich plötzlich Kopfschmerzen.«

»Doch, schon, sagtest du?«

Gerhard hörte auf, seine Schläfen zu massieren. Er ließ die Hände im Schoß ruhen und starrte vor sich hin ins Leere. »In den letzten Jahren habe ich gelegentlich an Rupelmonde gedacht, wie es dort wohl inzwischen sein mag... Aber eine Reise wäre es mir nicht wert gewesen. Und jetzt ist es ohnehin zu spät, ich würde es nicht überleben.«

»Bedauerst du das nicht?«

»Sag mal, was stellst denn du für Fragen!«

Rumold nickte. »Du bedauerst es, sonst würdest du nicht so bockig werden.«

»Ich werde nicht bockig!« entgegnete Gerhard irritiert. Kurz darauf sagte er in gänzlich verändertem Ton: »Nostalgie ist eine eigenartige Regung, bar jeder Rationalität. Aber das gilt per definitionem für alle Gefühlsregungen.«

Rumold erbrach das Siegel eines weiteren Briefes. »Von Albert Busius aus Düsseldorf, eine Rechnung wahrscheinlich.« Doch als er den Brief zu lesen begann, wandelte sich sein Gesichtsausdruck.

»Bitte keine schlechten Nachrichten«, sagte Gerhard, der spürte, daß etwas in der Luft lag.

»Der Papst hat deine *Harmonisierung der Evangelien* auf den Index gesetzt. Er verwirft eine Passage über die These Martin Luthers... Vater?«

Gerhard saß regungslos da und starrte mit weit aufgerissenen Augen ins Nichts. Seine Atmung ging stoßweise, seine Hände bebten.

»Vater?« rief Rumold noch einmal. Er war aufgesprungen und lief um den Tisch herum zu Gerhard. »Was ist mit dir?«

Gerhard reagierte nicht, er schien seinen Sohn gar nicht zu sehen. Das Beben seiner Hände wurde noch schlimmer, und er verdrehte die Augen, bis nur noch Weiß zu sehen war. Dann glitt er langsam vom Stuhl, als wiche alle Kraft aus seinem Körper.

»Gertrude!« schrie Rumold. Er faßte Gerhard unter den Achseln und versuchte ihn zu halten. »Gertrude!«

Noch bevor dieser zweite Schrei verklungen war, flog die Ateliertür auf. »Lauf, hol den Arzt!« rief Gertrude Beate zu, während sie sich über Gerhard beugte. Sie half Rumold, den nun ganz und gar schlaff gewordenen Körper auf den Boden zu legen.

»Er ist bewußtlos«, stellte Rumold fest, das linke Ohr an Gerhards Brust gedrückt. »Sein Herz scheint normal zu schlagen.«

»O mein Gott! Beate! Der Arzt!« schrie Gertrude noch einmal zur Küche hin.

Irgendwo schlug eine Tür, und sie hörten davoneilende Schritte.

»Er hatte starke Kopfschmerzen, und dann auf einmal...« Rumold starrte unglücklich auf Gertrudes Hände, die hastig Gerhards Oberbekleidung aufzerrten. »Ich glaube, es kam durch die Nachricht vom Papst.«

Gertrude hörte ihm nicht zu. »Hol ein Kissen!« forderte sie ihn auf. »Für seinen Kopf.« Sie strich Gerhard die widerspenstigen schneeweißen Locken aus der feuchten Stirn. »Nicht gehen!« flüsterte sie ihm zu. »Du darfst nicht gehen…«

Rumold reichte ihr das erbetene Kissen. Als sie es Gerhard unter den Kopf schob, öffnete er die Augen. »Die Evangelien…«, murmelte er, »der Papst… ich muß ein Stück umschreiben…« Er machte unkoordinierte Bewegungen, als wollte er sich hochrappeln. Seltsamerweise blieben sein linkes Bein und sein linker Arm dabei völlig reglos liegen. Als Gerhard das merkte, sah er sich das Phänomen verdutzt an, als gehörten diese Körperteile jemand anderem.

»Du mußt gar nichts«, sagte Gertrude. »Du solltest lieber…«

»Gertrude… ich fühle meinen linken Arm nicht mehr, und mein Bein…« Gerhard sprach mühsam, und sein Mund verzog sich merkwürdig schief. »Ein Schlaganfall, ich glaube, ich habe einen Schlaganfall gehabt.«

»Das laß mal den Doktor entscheiden.«

»Der Doktor kann mich…« Wieder machte Gerhard einen halbherzigen Versuch, sich aufzurichten, mußte aber erneut aufgeben.

»Seine linke Seite ist gelähmt«, stellte Rumold nervös fest.

»Er darf sich nicht bewegen«, sagte Gertrude. Sie zwang Gerhard, sich auf dem Boden auszustrecken. »Du bleibst jetzt mäuschenstill liegen, bis der Arzt da ist.«

Der Arzt war erstaunlich schnell da. »Der Chirurg war ganz in der Nähe«, sagte Beate. »Er ist mir direkt in die Arme gelaufen.«

»Und es gab kein Entkommen«, bemerkte der Arzt säuerlich. Er war auch nicht mehr der Jüngste und sichtlich aus der Puste vom schnellen Gehen. »Was haben wir denn hier?« Er stellte seine Ledertasche auf den Boden und kniete steif neben Gerhard nieder.

»Ein Schlaganfall«, sagte Gerhard. »Mein linkes Bein will nicht mehr und mein Arm auch nicht.«

Der Arzt nahm eine große Nadel aus seiner Tasche und pikte Gerhard damit an verschiedenen Stellen in die gelähmten Körperteile. »Er fühlt es nicht«, konstatierte er überflüssigerweise. »Ich vermute, er hatte einen Schlaganfall.«

Gertrude holte tief Luft. »Das gibt sich doch wieder, oder?«

»Schwer zu sagen...« Der Arzt horchte Gerhards Brust ab. »Er hat auf alle Fälle noch ein starkes Herz.« Er erhob sich. »Er muß ins Bett und ruhen.«

»Wir werden ihm hier ein Bett machen«, sagte Gertrude. »Dort in der Ecke. Er ist es ohnehin gewohnt, hier zu schlafen.«

»Und Kompressen aus frischem Salbei und Wein auf Hals und Herz«, sagte der Arzt. »Das bringt den Blutkreislauf zur Ruhe. Aber Achtung: den Salbei nicht mit Stahl berühren. Pflücken, nicht abschneiden.«

»Und die... äh... Lähmung?« fragte Rumold.

»Das, mein Sohn, liegt in Gottes Hand.«

Gerhard hielt es ganze zwei Tage in seinem improvisierten Bett aus, von wo aus er die Arbeit von Rumold und den Graveuren mit wachsender Ungeduld beobachtete. Am dritten Tag zwang er Rumold, ihm einen Stock zu holen, auf den er sich stützen konnte, und ihm dann aufzuhelfen. Das Gefühl in seinem Bein war zu einem kleinen Teil wiedergekehrt, aber sein linker Arm blieb vollkommen leblos. So humpelte er, halb von Rumold getragen, zu seinem Stuhl am Arbeitstisch.

»Ich kann mein Vergrößerungsglas nicht mehr halten, ich brauche ein Stativ, um schreiben zu können«, schimpfte Gerhard, als ärgere ihn ein lästiges Insekt.

»Solltest du es nicht lieber lassen? Wenn Gertrude das sieht...« Rumold blickte beunruhigt zur Tür.

Gerhard sah seinen Sohn einige Augenblicke lang an und sagte dann überraschend milde: »Gertrude ist eine ganz außergewöhnliche Frau, Rumold. Aber auch außergewöhnliche Frauen verstehen nicht immer ganz, was einen Mann bewegt.«

»Ehrlich gesagt verstehe ich das auch nicht so recht, Vater. Ich würde meinen, daß du eine ernste Warnung erhalten hast. Du solltest...«

Gerhard winkte ab. »Der Herr hat mich vor zwei Tagen darauf aufmerksam gemacht, daß ich nicht mehr viel Zeit habe. Als wenn ich das nicht wüßte! Aber gut. Mein Buch muß so schnell wie möglich von diesem verdammten Index herunter, und das geschieht nicht von selbst. Ich muß unverzüglich ein Stück umschreiben. Und dann sind da noch meine kosmographischen Betrachtungen über die Schöpfung...« Gerhard kratzte sich den Bart.

»Und die Karten, die noch bestellt sind? Ich meine ja nur... wenn du schon mal dabei bist.«

Gerhard überhörte Rumolds ironischen Ton. »Bitte deinen Neffen Michael, uns zu helfen. Der Junge hat die nötigen Studien hinter sich gebracht und möchte gerne arbeiten. Und jetzt, da Arnold tot ist, wird seine Mutter das bißchen zusätzliche Geld gewiß gut brauchen können. Denn ehrlich gesagt fürchte ich« – Gerhard massierte seinen linken Arm, der nutzlos an der Seite herabhing – »... daß mir das Zeichnen auf diese Weise reichlich schwerfallen wird.«

Land- und Seekarten erschienen ihm mit einem Mal trivial, aber das sagte er lieber nicht laut. Kartographen gab es zur Genüge, er hatte andere Ambitionen. Es war, als hätte der kalte Atem des Todes, den er schon im Nacken spürte, endlich seine lebenslange Bescheidenheit vertrieben. Er wollte jetzt, daß man ihn dereinst in die Galerie der allergrößten Gelehrten, der »Giganten der Wissenschaft«, aufnehmen würde. Daß sein Name in einem Atemzug mit Ptolemäus und Aristoteles und Hipparch, mit Naburiannu, Kidinnu, Seleukos und Heraklit genannt würde. Und vor allem mit Kopernikus, der in Definitionen festgelegt hatte, daß sich die Erde und die anderen Planeten um die Sonne drehten und nicht umgekehrt. Und der seine Erkenntnisse schließlich doch, trotz seiner Angst vor den Bannflüchen aus Rom, publiziert hatte. Das Feuer der Aufklärung würde immer weiter um sich greifen, da war sich Gerhard ganz sicher. Es war nur noch eine Frage der Zeit, und nichts auf der Welt würde das rasch anwachsende Wissen noch unterdrücken können.

»Bring mir mein Manuskript von der Harmonisierung der Evangelien«, sagte er zu Rumold. »Und sorge für ein Stativ und mehr Licht.«

36

Die ›Duiveland‹, der Kauffahrer der seeländischen Rebellen, hatte alle Segel gesetzt und flüchtete vor dem Wind nach Süden. Sie wurde von einem ungewöhnlich großen Viermaster verfolgt, der zu der von Dünkirchen aus operierenden Kaperflotte des Herzogs von Parma gehörte. Das Kaperschiff führte zwei Kanonen im Bug, was gleichfalls höchst ungewöhnlich war. Damit feuerte es unaufhörlich auf die flüchtenden Rebellen. Das Achterkastell der ›Duiveland‹ war schon zweimal getroffen worden, und auch in den Bonaventura-Besan hatte eine Kanonenkugel direkt unterhalb der Rah ein klaffendes Loch gerissen.

»Er macht nicht so viel Fahrt wie wir«, stellte der wachhabende Offizier der ›Duiveland‹ fest. »Wenn wir ihn uns vom Leibe halten können, bis es dunkel wird, gelingt es uns vielleicht, zu entkommen.« Er blickte nach Westen, wo soeben die Sonne hinter dem Horizont verschwunden war. Instinktiv zog er den Kopf ein, als schon wieder ein Kanonenschuß übers Meer hallte und die Kugel mit giftigem Pfeifen direkt neben dem Schiff ins Wasser einschlug. »Wir werden ...«

Die zweite Bugkanone des Kapers spie Feuer und Rauch, und mit dem Knall eines gigantischen Peitschenschlags flog fast im selben Moment der Besan der ›Duiveland‹ in Stücke. Daraufhin fiel auch der schon ramponierte Bonaventura-

Besan in einem Gewirr aus Leinen und Tauen auf das Achterkastell herab. Ein Matrose wälzte sich laut wimmernd und heftig blutend auf dem Deck; er hatte ein Splitterstück vom Mast ins Gesicht bekommen. Man hob ihn auf und trug ihn eilig davon.

Der Kapitän, der kurz Halt an der Brückenreling gesucht hatte, faßte sich wieder. »Ich vermute leider, daß wir ziemlich weit nach Westen abgedriftet sind«, sagte er. »Und dort liegen die Scillys.« Untiefen, Klippen und Felsen. Begriffe, die bei jedem erfahrenen Seemann schaurige Assoziationen weckten. Nicht unbedingt ein Gebiet, in das man sich im Dunkeln verirren wollte. Außerdem war es ziemlich bewölkt, so daß sie nicht auf nennenswertes Licht von Mond und Sternen zu zählen brauchten.

»Nun, wenn wir wählen müssen, ob wir lieber auf die Klippen auflaufen oder uns von diesen Schweinehunden zur Strecke bringen lassen...«, erwiderte der Offizier grimmig.

Der Kapitän nickte. »Übernimm du hier das Kommando. Ich schaue mal auf die Karte.«

Letzteres war leichter gesagt als getan. Obgleich seine Kajüte relativ großzügig bemessen war, hatte der Kapitän Mühe, die riesige Karte des gerade befahrenen Gebiets auseinanderzurollen. Sie war viel größer als der Tisch und unmöglich im Ganzen überschaubar. Zudem enthielt sie eine Fülle ungebräuchlicher Linien und Hinweise.

»Dieses verdammte Latein!« fluchte der Kapitän laut. »Welcher Seemann soll denn das bloß verstehen!« Frustriert warf er Lineal und Zirkel in die Ecke. »Diesen Kartographen sollte man unter den Kiel binden und mit ihm auf Grund laufen!«

Er sah durch eines der großen Fenster der Achtergalerie nach draußen. Von dort, wo er stand, konnte er das Kaperschiff näher kommen sehen. Plötzlich wurde er sich der Gefahr bewußt, der er in seiner eigenen Kajüte ausgesetzt war. Er befand sich praktisch direkt vor den Läufen dieser verdammten Kanonen, die gerade in diesem Moment ein weiteres Mal gleichzeitig abgefeuert wurden.

Der Kapitän sah eine der Kanonenkugeln direkt auf sich zukommen. Er hatte keine Zeit, sich zu fragen, ob das denn möglich war. Das Fenster, durch das er sah, zerbarst in tausend Scherben, und im nächsten Augenblick war seine linke Schulter mitsamt Arm verschwunden. Er fühlte nicht den geringsten Schmerz, und so starrte er denn auch einige Sekunden lang ungläubig auf die Wunde. Bis das Blut herausspritzte, auf die ausgerollte Karte.

Ein Ruck ging durch die ›Duiveland‹, und wie von ganz weit her hörte der Kapitän den Kiel krachen, als würde er vom Schiff gerissen. Er taumelte und suchte mit der ihm noch verbliebenen Hand Halt am Tisch. Das mißlang jedoch, weil die glatte Karte über den Rand hing. Und dann kam doch noch der Schmerz. Er ging in die Knie und wälzte sich blutend und in Todesnot wimmernd auf dem Boden, wie es der Matrose zuvor auf dem Deck getan hatte. Zu Gott betete er freilich nicht. Die einzigen Worte, die ihm noch über die Lippen kamen, waren: »Möge Gerhard Mercator ewig in der Hölle schmoren…!«

»Gerhard? Was ist mit dir? Gerhard?« Gertrude tastete im Dunkeln nach dem Zunderkästchen, um eine der Kerzen neben dem Bett anzuzünden. Gerhard gebärdete sich so wild, daß ihr die erste Kerze aus der Hand fiel und sie nach einer zweiten tasten mußte. Er stöhnte erbärmlich, und sein Körper zuckte, als hätte er einen epileptischen Anfall.

Als es Gertrude endlich gelang, Feuer zu schlagen, und das flackernde Licht der Kerze das Zimmer erleuchtete, hörten Gerhards wilde Bewegungen auf. Als hätte er mit Dämonen gerungen, die vom Licht in die Flucht geschlagen worden waren. Nur massierte er sich noch krampfhaft den gelähmten linken Arm.

Gertrude beugte sich besorgt über ihn. »Hattest du einen Alptraum? Gerhard?« Als er nicht reagierte, rüttelte sie ihn sanft an der Schulter. »Was hast du?«

Er lag auf dem Rücken, und seine Augen sprangen nervös hin und her. Seine Atmung ging stoßweise, und Speichel lief ihm aus beiden Mundwinkeln. Dann hefteten sich seine Augen auf Gertrude, und er murmelte etwas Unverständliches. Er blickte angsterfüllt, als wäre sein Alptraum noch immer nicht beendet.

»Möchtest du etwas trinken?« Gertrude griff zu dem Becher Wasser, der auf dem Schränkchen neben dem Bett stand. Sie wollte Gerhard helfen, sich aufzusetzen, doch er arbeitete nicht mit. Er blieb ausgestreckt liegen, als wäre er aus Holz.

Erneut murmelte er etwas, es klang so ähnlich wie »ssslucke…« Er faßte sich mit der rechten Hand an die Kehle. »K-kann ni…« Er knurrte wie ein Hund, als mache ihn etwas fuchsteufelswild.

Gertrude war, als greife eine eiskalte Hand nach ihrem Herzen. »Gerhard, was hattest du vorhin?« Als er vergeblich zu antworten versuchte, legte sie ihm die Hand auf den

Mund. »Sch, laß nur.« Sie suchte nach einem Tuch, um ihm den Mund abzuwischen. »Soll ich Beate nach dem Arzt schicken?«

Er schüttelte ungeduldig den Kopf, versuchte wieder etwas zu sagen und kniff krampfhaft die Augen zu, doch sein Mund weigerte sich, die richtigen Laute hervorzubringen.

Ein weiterer Schlaganfall. Er konnte nicht mehr verständlich sprechen. Und wer weiß, was ihm noch fehlte. Gertrude kämpfte gegen die Panik an, die in Wellen kam und ging. »Ich mache dir eine Salbeikompresse«, sagte sie. Hastig entzündete sie eine zweite Kerze und stieg aus dem Bett, erleichtert, daß sie wenigstens etwas tun konnte.

Gerhard folgte ihr mit den Augen, bis sie aus dem Zimmer war, während ihm die langsam schwächer werdenden Bilder seines Alptraums im Geist herumschossen wie aufgescheuchte schwarze Ratten.

Er versuchte nun selbst, sich aufzusetzen, und zu seiner eigenen Verblüffung gelang ihm das auch. Sein Körper schien nicht ärger mitgenommen, denn als er zu Bett gegangen war. Nur seine Kehle funktionierte offenbar nicht mehr. Er versuchte, etwas Wasser zu trinken, doch das Schlucken erwies sich als unmöglich. Als er den Kopf in den Nacken legte, um so einen Schluck Wasser hineinlaufen zu lassen, mußte er auf einmal fürchterlich husten.

Auf der Stelle kam Gertrude hereingerannt. »Mein Gott, Gerhard! Geht es?« Sie klopfte ihm mit flacher Hand auf den Rücken, bis der Husten nachließ.

Er zeigte auf das Wasser und auf seine Kehle. »K-kann nni… k-kann nn… nni…«

Gertrude sah jetzt, daß es nicht an Gerhards Mund lag.

Seine Lippen schienen sich normal zu bewegen, doch in seiner Kehle bildeten sich kaum Laute. »Was immer du auch davon hältst, wir müssen den Arzt kommen lassen. Ich gehe Beate wecken.«

Sie wollte zum zweitenmal weggehen, doch Gerhard hielt sie mit überraschender Kraft zurück. Er schüttelte trotzig den Kopf und deutete neben sich aufs Bett. »Ssla... sslaaf... Mmorge...« Er ging mit gutem Beispiel voran und legte sich wieder hin.

Gertrude zögerte noch kurz. »Na gut, wie du willst. Aber ich behalte dich für den Rest der Nacht im Auge.«

Letzteres versuchte sie in der Tat, bis Gerhard zu schnarchen begann. Da blies sie die Kerzen aus und schmiegte sich mit dem Bauch an seine Seite, damit sie sofort spürte, wenn er einen erneuten Anfall bekam. Obwohl sie bei Gott nicht wußte, was sie tun sollte, wenn es noch schlimmer mit ihm wurde.

Am nächsten Morgen konnte Gerhard mit einiger Mühe wieder schlucken und relativ verständlich sprechen. Prompt begab er sich in sein Atelier.

Das größte Problem waren seine Augen, die immer mehr nachließen. Schließlich konnte er nicht einmal mehr mit dem Vergrößerungsglas lesen und schreiben. Um seine Arbeit dennoch fortsetzen zu können, blieb ihm als einzige Möglichkeit, seine Texte Rumold zu diktieren, der alles niederschrieb. Nach jedem Absatz mußte Rumold das Geschriebene vorlesen, damit Gerhard die nötigen Verbesserungen anbringen konnte. Mehrmals verwarf er ganze Seiten, um von neuem zu beginnen.

»Ich verstehe nicht, wo er immer noch die Kraft hernimmt«, sagte Rumold einmal zu Gertrude, als sie nicht in Gerhards Hörweite waren. »Trotz seines malträtierten Körpers macht er unermüdlich weiter. Und wenn ich zu erschöpft bin, um noch eine Feder führen zu können, will er, daß Michael weitermacht.«

»Selbst nachts«, sagte Gertrude. »Er tut, als ob er schläft, aber oft höre ich ihn vollständige Sätze zu seiner Kosmographie murmeln. Wenn er sich doch nur damit abfinden könnte, daß die Zeit, die ihm noch bleibt, ohnehin viel zu kurz sein wird für alles, was er noch geschrieben haben will.«

Rumold betrachtete seine Schwiegermutter etwas eingehender. Sie sah müde aus. Und auch bei ihr begann sich das Alter den Weg an die Oberfläche zu bahnen. Irgendwie hatte er nie darüber nachgedacht, daß Gertrude ebenfalls älter wurde. Auch wenn sie um einiges jünger war als sein Vater.

»Schläfst *du* denn ausreichend?«

Gertrude lächelte und klopfte Rumold auf den Arm. »Deine Besorgnis tut mir gut.«

»Das ist keine Antwort auf meine Frage, Gertrude.«

»Ich muß ja nicht arbeiten, ich benötige nicht so viel Ruhe. Und...« – sie zögerte kurz, entschied dann aber offenbar, daß kein Grund dazu bestand, etwas vor Rumold geheimzuhalten – »... ich möchte die Zeit, die mir noch mit deinem Vater bleibt, nicht damit vergeuden, daß ich einfach schlafe.«

Rumold starrte auf ihre linke Augenbraue, die ein wenig herausfordernd in die Höhe ging. Er hatte sich immer gefragt, ob diese Pantomime mit ihren Augenbrauen wohl eine

Angewohnheit war oder ein angeborenes Talent. Christina machte das jedenfalls nicht, trotz aller sonstigen Übereinstimmungen mit ihrer Mutter, für die er mehr als dankbar war.

»Ich habe vielleicht nicht das Recht, über meinen Vater zu urteilen, aber…« – Rumold zögerte seinerseits, wenn auch nicht lange – »… ich finde, daß auch er die Zeit, die ihm noch bleibt, besser dir widmen sollte. Das würde ich zumindest tun, wenn ich er wäre.«

Gertrude lächelte. »Aber Rumold, wenn ich es nicht besser wüßte, würde ich noch glauben, daß du mir den Hof machst!«

Rumold errötete nicht, das Stadium hatte er seit Jahren hinter sich. »Ich sage einfach, was ich denke, Gertrude.« Es gab nur wenige Menschen auf der Welt, bei denen er das konnte. Selbst seinem Vater gegenüber hatte er noch immer gewisse Vorbehalte. Und seine eigene Mutter hatte er früher schon gar nicht ins Vertrauen ziehen können oder wollen.

Gertrude umarmte ihn und zog ihn an sich. »Außer Gerhard sind du und meine Tochter für mich die wichtigsten Menschen auf der Welt, Rumold. Versprich mir, daß du mich nie meinem Schicksal überlassen wirst.«

Nun war Rumold doch befangen, nicht wegen der Intimität des Moments, sondern wegen Gertrudes beinahe flehentlichem Ton. Daß sie sich so schwach gab, war er nicht von ihr gewöhnt. »Ach, Gertrude, wie könnte ich das?« antwortete er ein wenig unbehaglich.

Sie hielt ihn bei den Schultern auf Armeslänge von sich, so daß sie ihm in die Augen sehen konnte. »Du bist aus demselben Holz geschnitzt wie dein Vater«, stellte sie fest.

»Auch wenn keiner von euch beiden das zu erkennen scheint. Du wirst Gerhards Arbeit fortsetzen, wenn er nicht mehr ist, dessen bin ich mir gewiß. Du und Michael. Es wäre gut, wenn dein Vater das einsehen würde. Es würde ihm vielleicht die Ruhe bringen, die er jetzt nicht findet.«

Rumold nickte. »Ich werde versuchen, ihm das begreiflich zu machen.«

Obgleich er wußte, daß er damit nicht viel ausrichten würde. Denn alles deutete darauf hin, daß sein Vater mit seiner Emsigkeit dem Tod ein Schnippchen schlagen wollte. Als fürchtete er, von der ewigen Kälte eingeholt zu werden, wenn er es wagte, zu lange auf der Stelle zu treten.

Die überarbeitete Version der Evangelienharmonie fand die Billigung des Papstes. Das sorgte bei Gerhard freilich höchstens kurzfristig für Befriedigung. Fieberhaft diktierte er Rumold weitere Abschnitte seiner Kosmographie.

Rumold enthielt sich jeden Kommentars. Teils, weil er die größte Mühe hatte, das blumige Latein seines Vaters fehlerfrei zu Papier zu bringen, teils auch, weil er es aufgegeben hatte, Bemerkungen zu Gerhards Arbeit zu machen. Selbst wenn er nach seiner Meinung gefragt wurde, zog er es vor, ausweichend zu antworten. Oder er gab Gerhard einfach recht, manchmal wider besseres Wissen. Er hatte die Erfahrung machen müssen, daß er keine Diskussion gegen seinen Vater gewinnen konnte. Nicht nur, weil sein Wissen und seine Erfahrung dafür nicht ausreichten, sondern auch, weil Gerhard, was seine Arbeit betraf, immer halsstarriger und ungeduldiger wurde und Widerspruch immer weniger dulden konnte.

Rumold schaute auf, als sein Vater nicht weiterdiktierte. Gerhard starrte ausdruckslos vor sich hin. Ins Leere, wie Rumold wußte, denn er konnte kaum noch etwas sehen. Oder auf Bilder, die seine Gedanken in seinem Kopf heraufbeschworen.

»Du reagierst kaum noch auf das, was ich sage«, stellte Gerhard schließlich fest. »Du schweigst sogar, wenn ich absichtlich Unsinn rede.« Sein glasiger Blick wandte sich Rumold zu. »Warum? Betrachtest du mich als alten Toren, den man lieber in Ruhe Unsinn faseln lassen sollte?«

Rumold erschrak kaum über diese Frage. »Die Wahrheit ist, daß ich mich in gewissen Dingen nicht für kompetent genug erachte, um mit dir zu disputieren.«

»Wirklich? Dann begehst du einen Denkfehler, Rumold. Menschen, die immer recht bekommen, glauben auf die Dauer, daß sie auch recht *haben*. Und das ist sowohl bedauernswert als auch gefährlich.«

»Ich glaube nicht, daß die Gefahr bei dir besteht, Vater.«

»Ich fürchte, daß keiner von uns dagegen gefeit ist.« Gerhard schob seinen Stuhl ein wenig zurück, so daß er seinen Stock zwischen seinen Beinen aufstellen und sich mit beiden Händen auf den Knauf stützen konnte. Das war für ihn eine bequeme Haltung, und so setzte er sich oft hin, um nachzudenken. »Heute nacht habe ich mich gefragt, warum ich denn nun wirklich so hart daran arbeite, noch allerlei Dinge fertigzustellen. Daß ich derlei Zweifel hatte, ist mir noch nie passiert. Und da dachte ich…«

»Ja?« sagte Rumold, als Gerhard schon geraume Zeit schwieg.

»Wie?« Gerhard schien kurz mit seinen Gedanken abgeschweift zu sein. »Ach ja, ich dachte … ich plage mich so sehr, weil ich unbedingt alle davon überzeugen möchte, daß ich recht habe. Genau wie die Kirche und alle anderen, die die Weisheit für sich gepachtet zu haben glauben. Und was, wenn meine Darlegungen nun falsch sind? Wenn ich mit vollster Überzeugung sage, daß etwas weiß ist, aber du sagst mit der gleichen Überzeugung, daß es schwarz ist, wer hat dann recht? Vielleicht argumentieren wir von einer unterschiedlichen Logik aus, aber welche Logik ist die richtige? Und existiert überhaupt so etwas wie eine richtige Logik? Und vielleicht … wer weiß, vielleicht gibt es ja viele Wahrheiten, die alle nebeneinander Gültigkeit besitzen, so daß wir allesamt recht haben.«

»Tja, wenn alle so darüber denken würden, hätte es doch keinen Sinn mehr, noch Wissenschaft zu betreiben, oder?«

»Man kann sich in der Tat fragen, ob Wissenschaft einen Sinn hat. Bringt sie die Menschheit weiter? Schließlich geht es dabei in allererster Linie um die Befriedigung der persönlichen Neugierde des Forschers. Und …« – Gerhard zog eine Grimasse – »… darum zu beweisen, daß er recht hat.«

»Darf ich fragen, worauf du hinauswillst? Hinterfragst du plötzlich deine eigene Lebenseinstellung?«

»Ach, Rumold, was heißt plötzlich? Ich glaube, daß ich das schon mein Leben lang tue, meine eigenen Einsichten hinterfragen. Wenn auch vielleicht nicht immer bewußt.« Gerhard wandte den Blick dem Atelierfenster zu, das für ihn nicht viel mehr war als ein rechteckiger Lichtfleck. Und der dahinter liegende Garten ein grünblauer Schleier.

»Es ist mir ein paarmal vergönnt gewesen, einen Blick in die Ewigkeit werfen zu dürfen. Gerhard drehte das Gesicht der Decke zu, als schaue er zu einem imaginierten Himmel empor. »Was man dann sieht...« Er wandte sich Rumold zu. »Vielleicht solltest du das auch endlich einmal tun. Oder vielleicht gerade nicht, denn es verändert das Denken über bestimmte Dinge. Ist das eine gute Veränderung? Auch das weiß ich mit einem Mal nicht mehr so genau.«

»Ich fürchte, ich kann dir nicht recht folgen.«

»Dieser Anblick des Weltalls macht etwas mit dir... Dein menschliches Ego scheint plötzlich nicht mehr zu sein als ein Kakerlak, den man unter dem Absatz zertreten kann. Auch daran mußte ich heute nacht wieder denken. Ich sitze hier und verkünde meine tiefen Erkenntnisse über die vier Evangelien und im weiteren Sinne einen Teil des christlichen Glaubens, aber...« – Gerhard schüttelte entmutigt den Kopf – »... ein einziger Blick auf den Kosmos, und plötzlich wirst du dir bewußt, daß die Erde und alles, was auf ihr lebt, so trivial ist, so nichtig, so völlig unbedeutend, daß es vollkommen aberwitzig erscheint, daß sich Gott oder irgendeine vergleichbare Größe in irgendeiner Weise darum scheren sollte. Geschweige denn um jedes einzelne Individuum. Das erscheint mir eine Milliarde mal unwahrscheinlicher, als daß sich ein Mensch um das individuelle Verhalten und Denken eines einzelnen Insekts in einer Ameisenkolonie schert. Nein, jeder Ameise in jeder Ameisenkolonie auf der Welt.«

Rumolds Blick wanderte zu den vollgeschriebenen Seiten, die vor ihm auf dem Tisch lagen. »Aber... warum hast du dann all die Jahre an deinem Glauben festgehalten?«

»Ja, warum... Vielleicht weil bei aller Unwahrscheinlichkeit eben doch noch eine Möglichkeit besteht? Denn, wie gesagt, es gibt kein Wissen, es gibt keine Gewißheit, es gibt nur… ja, das *Gefühl*. Aber woher kommt das Gefühl? Wird uns nur eingeredet, daß es noch ein anderes Leben gibt als das hier unter dem Mond? Oder ist das ein angeborenes Wissen? Jedes neue Volk, das entdeckt wird, verfügt offenkundig über irgendeine Religion. Auch wenn sie sich manchmal enorm von der unsrigen unterscheidet. In der Regel ist es eine Religion, die aus dem Herzen kommt, und nicht eine, die von einer reichen und mächtigen und repressiven geistlichen Macht aufgezwungen wird. Denn da drückt natürlich zum Teil der Schuh: Eine aufgezwungene Religion weckt paradoxerweise Zweifel. Sonst hätten Luther und Calvin niemals so viel Erfolg haben können.«

»Und was jetzt?«

»Wieso, was jetzt?«

»Ja, was soll jetzt mit dir werden?«

»Mit mir…« Gerhard umklammerte den Knauf seines Stocks noch etwas fester, als bräuchte er eine Stütze. »Wenn ich mit dem Tode ringe… ich möchte, daß mir ein protestantischer Geistlicher den letzten Segen erteilt und nicht ein katholischer.«

Rumold nickte langsam, als überrasche ihn diese Äußerung nicht. »Weiß Gertrude darüber Bescheid?«

»Ja, natürlich. Aber falls sie nicht dasein sollte…« Gerhard sah seinen Sohn an.

Rumold nickte abermals. »Du kannst auf mich zählen.« Er deutete auf die Papiere vor sich. »Machen wir heute noch weiter?«

»Ich weiß nicht… ich habe auf einmal keine Lust mehr. Erstaunlich, aber es kommt vielleicht durch die Gedanken von heute nacht.«

»Vater, ich habe schon mit Gertrude darüber gesprochen. Wenn… äh… wenn du nicht mehr bist, dann werden Michael und ich deine Arbeit fortsetzen, in dem Geiste und in der Tradition, die dir vorschwebte.«

»Das ist gut, Rumold. Das ist sehr gut. Ein tröstlicher und beruhigender Gedanke.«

»Vater… fühlst du dich gut?«

Gerhard winkte ab. »Ich weiß, daß ich mich seltsam aufführe. Betrachte das einfach als das Vorrecht eines alten Mannes, der seinem begrenzten Verstand sein Leben lang zuviel abverlangt hat.«

»Falls ich auch so alt werden sollte wie du, bete ich darum, daß mein Verstand dann noch so klar sein möge wie der deine.«

»Bete vor allem darum, daß du *nicht* so alt wirst!« Das kam so unwirsch heraus, daß Rumold erschrak. »Ist es vielleicht ein Segen, die eigenen Kinder sterben zu sehen? Ist es vielleicht ein Segen, in einem Körper weiterzuleben, der bereits zerfällt? Ist es vielleicht ein Segen, nach so vielen Jahren erkennen zu müssen, daß die Welt immer grausamer und schlechter wird, daß die Fülle dessen, was uns die Erde bietet, zu nichts anderem benutzt wird als dazu, des Menschen Torheiten zu verwirklichen? Wenn der Reichtum, mit dem man jetzt Kirchen und Paläste anfüllt und mit dem man Waffen herstellt und Kriege führt… wenn all dieser Reichtum dazu benutzt würde, des Menschen Los zu verbessern, würden wir allesamt in einem Paradies leben und bräuchten nicht mehr von einem Himmel zu träumen, den es vielleicht gar nicht gibt. Doch wer das Sagen hat, entscheidet sich resolut für den anderen Weg, den Weg in die irdische Hölle.

Ist es das, was Gott gewollt hat? Sind das die Befehle, die der Papst angeblich geradewegs von seinem großen Meister dort oben erhält? Daß ich nicht lache!«

»Du lachst nicht«, stellte Rumold fest.

»Nein, ich lache nicht. Was ich empfinde, ist Verbitterung, und das ist nicht gut. Es ist nicht gut, verbittert zu sterben, genausowenig wie mit Schuldgefühlen.«

»Du läßt es jetzt gerade so klingen, als hätte es in deinem Leben nichts Positives gegeben.«

Gerhard grinste schief. »Das klingt schon fast wie eine Grabinschrift. Aber du hast natürlich recht. Das Schicksal hat Gertrude meinen Weg kreuzen lassen...« Rumold sah den aufgeflammten Zorn seines Vaters abebben. »Und du hast dich für mich als eine große Stütze erwiesen.«

»Und du hattest und hast gute Freunde.«

Gerhard nickte vor sich hin. »Julius Rochat, John Dee, Abraham Ortelius, Wilhelm von Kleve... Ach ja, Abraham kommt wieder zu Besuch. Er hat Gertrude geschrieben, daß er höchst erfreuliche Neuigkeiten hat. Ich hatte und habe gute Freunde, ja. Nur... ach, ich weiß nicht.«

»Was wolltest du sagen?«

»Ich fürchte, daß... daß ich ihnen nicht gerecht geworden bin, daß sie alle mehr für mich empfanden und taten als ich für sie.«

»Du bist, wer du bist, Vater. Wenn sie dich nicht geschätzt hätten, hätten sie dir nicht ihre Aufmerksamkeit geschenkt.«

»Woher plötzlich all diese Weisheit?«

»Zweifellos von dir geerbt. Genau wie deine Vorliebe für außergewöhnliche Frauen«, fügte Rumold hinzu, als Christina das Atelier betrat.

»Mutter fragt, ob ihr etwas essen kommt«, sagte sie. Sie hatte Rumolds letzte Worte gehört und lächelte ihm zu.

Als sie bei Tisch saßen, sagte Gerhard: »Ich habe keinen Appetit. Vorhin schon, aber jetzt nicht mehr.«

Gertrude sah ihn aufmerksam an. »Hast du wieder Grillen im Kopf?«

»Immer«, antwortete Gerhard, »mein Kopf ist ein Tummelplatz für Ungeziefer.«

»Du siehst müde aus.«

»Was erwartest du? Wenn man sich seit mehr als achtzig Jahren auf die Hinterbeine stellen muß...«

»Solltest du dich nicht ein wenig hinlegen?«

»Liegen? Dafür habe ich noch eine Ewigkeit Zeit.« Gerhard schien kurz nachzudenken. »Ich fragte mich plötzlich: Falls es einen Himmel gibt oder von mir aus auch eine Hölle... begegnet man dann allen seinen verstorbenen Feinden noch einmal? Und fängt dann der ganze Ärger wieder von vorne an? Ich beginne mich ernstlich zu fragen, ob die Existenz eines Jenseits wohl ein Segen ist.«

»Ich glaube, daß du im Himmel nur die wiedersiehst, die du geliebt hast, und in der Hölle alle deine Feinde«, sagte Christina.

»Dann wird die Hölle erheblich größer sein müssen als der Himmel, würde ich meinen.«

Der Themen ein wenig überdrüssig wandte Gertrude ein: »Könnten wir bitte über etwas anderes reden?«

»Entschuldige«, sagte Gerhard. »Das beschäftigt mich einfach momentan. Weiß einer von euch vielleicht, woher das kommt?« Er griff zu seinem Stock, der neben ihm am Tisch lehnte, und stemmte sich hoch.

»Was hast du vor?« fragte Gertrude besorgt.

»Nach näherer Überlegung deinem wie immer vernünftigen Rat folgen.« Er blickte unsicher zur Treppe. »Ich fühle mich heute etwas wackelig auf den Beinen, ich glaube, ich lege mich ein wenig auf die Bank im Garten. Es ist so schönes Wetter.«

»Aber Gerhard, es ist bitterkalt, es hat heute nacht gefroren!«

»Das ist gut, Kälte verzögert die Fäulnis.«

Rumold war bereits aufgesprungen und half seinem Vater hinaus. Die beiden Frauen starrten ihnen nach.

»Das hat er noch nie gemacht«, sagte Gertrude. »Er legt sich nie mitten am Tag hin. Selbst nachts bekomme ich ihn nur mit Mühe ins Bett. Und warum ist er so scharf gegen alle?« Sie nahm ein Stück Brot und legte es sogleich wieder hin. »Irgend etwas ist mit ihm …« Sie erhob sich bedächtig und ging gleichfalls hinaus.

Gerhard lag rücklings auf der Bank an der sonnenbeschienenen Hauswand, wo es weniger kalt war, als Gertrude erwartet hatte. Er hatte die Augen geschlossen.

Rumold breitete gerade eine Decke über seinen Vater. »Vielleicht sollten wir lieber den Arzt holen«, sagte er zu Gertrude.

»Kommt nicht in Frage«, protestierte Gerhard, ohne die Augen zu öffnen. »Ärzte versuchen nur, das Leben hinauszudehnen. Wie unglaublich dumm! Als wäre es nicht schon lang genug. Was, zum Teufel, hat ein Mensch von diesen Jahren des Ächzens und Keuchens, der Schmerzen und Unannehmlichkeiten, des körperlichen Unvermögens und geistigen Verfalls, der Schwäche und Abhängigkeit, die sie noch drankleben? Es muß ein Segen sein, jung zu sterben, bevor der Verfall die Chance bekommt, seine gräßlichen Zähne in dein Fleisch und deinen Geist zu schlagen. Johannes Molanus war ein weiser Mann ...« Letzteres kam nur noch murmelnd heraus. »Ein friedlicher Ort inmitten des Waldes, weit entfernt von dem sinnlosen Menschengewimmel.«

»Ich hole trotzdem den Arzt«, flüsterte Rumold Gertrude ins Ohr. Er schlich sich geradezu davon.

»Meine Ohren funktionieren immer noch ausgezeichnet«, sagte Gerhard, das Gesicht Gertrude zugewandt. »Sag ihm, er soll den Pfarrer mitbringen, dann haben wir das wenigstens schon hinter uns.«

Ortelius traf gerade in dem Moment ein, als der Pfarrer Gerhards Haus wieder verließ. »Doch wohl hoffentlich nichts Schlimmes mit Gerhard?« fragte er, während er hastig vom Bock seines Karrens stieg.

»Der Chirurg ist bei ihm. Und Magister Mercator hat mit Gottes Hilfe schon so manches böse Tief überstanden. Ich kann leider nicht länger bleiben.« Der Pfarrer tippte an seinen Hut und marschierte eilig davon.

»Abraham!« sagte Gertrude erfreut, als sie ihn sah. »Gerhard wird sich freuen, daß du da bist.«

Von dieser Freude ließ sich Gerhard nicht viel anmerken. Er begrüßte Ortelius mit den Worten: »Sieh an, der Kartograph, der längst nicht so gute Karten gemacht hat wie ich und dennoch weit größeren Erfolg erntete.«

»Was nicht zuletzt meinem einnehmenden Wesen zu verdanken ist«, konterte Ortelius. Er wußte seine Besorgnis über Gerhards Schwäche, die im Sonnenlicht des Gartens gnadenlos sichtbar wurde, meisterhaft zu verbergen. »Ich habe übrigens Neuigkeiten für dich.« Er blickte sich fröstelnd um. »Normale Menschen sitzen jetzt mit einem Glas warmem Wein am Feuer.«

»Schwächlinge wie du, meinst du wohl. Neuigkeiten? Ach ja, das stand schon in deinem Brief. Entschuldige, daß ich nicht aufgeregt hochspringe, aber einfach liegenzubleiben gelingt mir im Moment etwas besser.«

»Ich habe ein Gutachten von Sir Francis Drake dabei.«

»Von Drake? Darfst du sein persönlicher Kartograph werden oder so?«

»Nein, aber du vielleicht.«

»Ach, Abraham...« Gerhard schloß müde wieder die Augen.

»Der Pfarrer nannte dich Magister. Es ist lange her, daß ich diesen Ehrentitel hörte.«

»Meine Herren«, sagte der Arzt, der mit sichtlicher Ungeduld zugehört hatte. »Es wäre besser, den Patienten jetzt ruhen zu lassen, damit...«

»Den Patienten«, sagte Gerhard. »Hast du das gehört, Abraham? Im Niederländischen sagte das bis vor kurzem noch der Henker zu seinem Opfer. In jedem Falle ist ein Patient einer, der einer unangenehmen Behandlung unterzogen wird, sei es durch den Henker oder den Arzt. Würde also bitte jemand so gut sein, den Herrn Doktor hinauszuwerfen?«

»Vielleicht solltet Ihr wirklich besser gehen«, sagte Gertrude leise zum Arzt, der eher unglücklich als empört dreinschaute. »Legt das Rezept unten auf den Tisch. Und Beate wird Euch bezahlen.«

»Gerhard …« – Ortelius bemühte sich, vergnügt zu klingen – »Drake ist mit einer deiner Karten gefahren, und das mit eklatantem Erfolg.«

»Und dann ist sein Schiff auf Klippen aufgelaufen und gesunken. Schade um Drake, ein großer Verlust für England. Richte Ihrer Majestät der Königin mein aufrichtiges Beileid aus.« Gerhard legte die Hand unter den Kopf. »Herrlich ist das hier draußen. Da fragt man sich, warum sich die Menschen immer in ihren muffigen Häusern einschließen. Schämen wir uns inzwischen davor, uns der Natur zu zeigen? Also wenn ich jetzt so darüber nachdenke …« – Gerhard sah Ortelius an – »je mehr Menschen zu verbergen haben, desto mehr Kleider tragen sie. Bis ihre menschlichen Formen gänzlich verhüllt sind und nur noch ihre Augen herausschauen. Weil sie sonst überall anstoßen würden, wahrscheinlich, sonst würden sie die bestimmt auch noch verstecken.«

»Gerhard …« Ortelius seufzte. »Hörst du gelegentlich noch einem anderen zu?«

»Ach, Abraham, ich habe so viel mit all den Stimmen in meinem Kopf zu tun, daß ich kaum dazu komme. Wolltest du mir etwas Wichtiges sagen?«

Mit Nachdruck mischte sich jetzt Gertrude ein: »Solltest du jetzt nicht doch besser ins Bett gehen, Gerhard? Nachher holst du dir noch eine Lungenentzündung.«

»Ach, liebe Gertrude, dieser Körper ist so verschlissen, daß sich gar nichts mehr entzünden *kann*. Und im übrigen, wozu brauche ich meine Lungen noch, wenn ich ohnehin kaum atme?«

Gertrude starrte einige Sekunden lang fassungslos auf ihn

nieder und wandte sich dann brüsk ab, um sich ein Stück weit in den Garten hinaus zu entfernen.

Christina ging ihrer Mutter nach und legte den Arm um ihre Schulter. Sanft sagte sie: »Er macht es dir nicht leicht, hm?«

Gertrude holte tief Luft. »Ich würde ihn tausendmal mehr hassen, wenn er jammern würde. Glaube ich zumindest.« Sie schaute sich zu Gerhard um, der in einer für ihn ungewöhnlich entspannten Haltung auf der Bank lag, als genösse er eine Mittagspause. »Heute morgen machte er den Eindruck, als ginge er nur widerwillig an die Arbeit, und das hatte ich noch nie erlebt. Und jetzt...« Sie verstummte hilflos.

»Mutter... Gerhard ist zweiundachtzig.«

»Ja, ich weiß. Und daß er der Welt überdrüssig ist, weiß ich auch. Aber was kann ich dafür, daß ich das selbstsüchtig finde? Er hat gefälligst an mich zu denken und nicht...« Gertrude verstummte erneut und biß sich auf die Unterlippe. »Und jetzt bin *ich* selbstsüchtig.«

Christina zog ihre Mutter schweigend an sich. Bis sich Gertrude zu fassen schien und sagte: »Ich will hören, was Bram zu erzählen hat.« Sie gingen wieder zur Bank zurück.

»Ach, meine zwei persönlichen Engel«, sagte Gerhard. »Es ist seltsam, aber wenn ich euch sehe, werden meine Augen immer gleich viel besser. Es ist, als strahlte euer Bildnis durch alles hindurch.« Er lächelte und faßte nach Gertrudes Hand. »Wenn ich für immer so liegenbleiben darf, kann mir der Himmel gestohlen bleiben.«

»Also eins muß man ihm lassen, *wenn* er mal ein Kompliment macht...«, entgegnete Gertrude.

»Man sollte das nicht zu oft tun, sonst verliert es auf die Dauer seine Wirkung«, meinte Gerhard. Sein Blick suchte den von Ortelius. »Was wolltest du mir nun eigentlich so Dringendes erzählen? Du bringst deine Geschichte immer nur halb zu Ende, wirklich, eine ermüdende Angewohnheit.«

»Ich habe ein Gutachten von Sir Francis Drake dabei, in dem er die Meriten deiner Karte mit Loxodromen rühmt. Er will der britischen Admiralität empfehlen, sämtliche existierenden Seekarten durch die deinen zu ersetzen.«

»Er will es der Admiralität empfehlen, also hat er es noch nicht getan. Ergo können noch eine Menge Dinge schiefgehen, bevor es soweit ist. *Falls* es je soweit kommt.«

»Deine Dankbarkeit rührt mich«, sagte Ortelius.

Vorwurfsvoll bemerkte Rumold: »Es hat Meister Ortelius viel Mühe gekostet, das zu erreichen, Vater. Von gewissen Risiken ganz zu schweigen.«

»Natürlich«, räumte Gerhard ein. Er starrte zum stahlblauen Winterhimmel empor. »Weil die Säuernis an meinem Geist frißt, kann ich nur noch boshafte Äußerungen machen. Ich stehe nicht gut da, wenn ich demnächst vor meinem Richter erscheinen muß.«

»Gerhard...« Gertrude schüttelte ungeduldig Gerhards Hand, um seine Aufmerksamkeit auf sich zu lenken. »Dringt überhaupt zu dir durch, was Abraham gerade erzählt hat?«

»Ja...«, flüsterte Gerhard, jetzt kaum noch hörbar. »Rumold wird verdammt hart arbeiten müssen. Und Michael auch.«

»Ich habe dich in einem deiner vielen Anflüge von Schwarzmalerei einmal verkünden hören, dein Leben würde keine Spuren in der Geschichte hinterlassen«, entgegnete Ortelius. »Da könntest du dich aber gründlich getäuscht haben.«

»Ach ja, die Galerie der Giganten«, murmelte Gerhard.

»Die Welt kennt momentan zahlreiche Weltbeschreiber, Gerhard. Ich bin einer von ihnen, und vielleicht sogar einer der erfolgreichsten. Aber du… du bist ihr König.«

»Ihr Prinz«, flüsterte Gerhard. »Irgendwer hat mal zu mir gesagt, ich sei ihr Prinz. Ich weiß nicht mehr, wer, vor langer Zeit…«

Er lag schon eine Weile völlig reglos da, während die anderen angespannt auf ihn hinabsahen. Auch seine Atembewegungen waren kaum noch sichtbar. Da zeichnete sich plötzlich ein leises Lächeln um seine Mundwinkel ab. Er öffnete die Augen und schaute sie der Reihe nach an. »Ich dachte gerade… ich habe alle die Menschen auf der Welt um mich, die mir wirklich etwas bedeuten, einfach in Greifweite. Was kann mich alles andere da noch kümmern?«

Gertrude sank langsam auf die Knie und legte die Wange auf seine Brust. »Ich möchte, daß du dich für immer an meine Berührung erinnerst«, flüsterte sie.

Sie fühlte seine Hand liebkosend auf ihrem Rücken. Einen kurzen Moment noch. Bis seinen Arm ein für allemal die Kraft verließ.

Die Turmuhr von Sankt Salvator schlug eins.